GOLDMANN
ESOTERIK

W0218477

Buch

Ausführlich hat der Autor in diesem Buch alle vorliegenden Informationen der parapsychologischen Forschung zusammengetragen und entwickelt aus ihnen ein grandioses Gesamtbild der menschlichen Existenz, wie es uns in seinen einzelnen Zügen nur aus religiösen oder spirituellen Lehren bekannt ist. Passian zeigt, daß unsere Persönlichkeit über den Tod fortexistiert. Er beschreibt aber auch, in welchem Zusammenhang damit die uns beunruhigenden Phänomene wie Spuk, Geisterstimmen und Materialisations-Phänomene stehen. Seine Erklärungen berücksichtigen den Spiritismus ebenso wie die Aura, Od und Kirlian-Effekte. Er verfolgt sogar die Frage, was aus unseren Haustieren nach ihrem Tod wird und ob es eine enge Seelenbindung zwischen Tierhalter und dem tierischen Gefährten gibt.

Autor

Rudolf E. Passian, Jahrgang 1924, stammt aus Böhmen. Krieg und lange Gefangenschaft brachten ihn zum Nachdenken über das Todesproblem. Mit der Tatsache, daß die christlichen Glaubensgemeinschaften auf die wichtigen Lebensfragen nach dem Wesen des Sterbevorganges und dem Woher und Wohin keine unserem Wissensstand angemessene Antwort zu geben vermögen, wollte er sich nicht abfinden. So stützte er sich bei seinen Forschungen auf parapsychologische Erkenntnisse, die sich in den letzten 100 Jahren zu einem enormen Hintergrundmaterial für die Beantwortung seiner Fragen entwickelt haben.

RUDOLF

PASSIAN

Abschied ohne Wiederkehr?

Tod und Jenseits aus parapsychologischer Sicht – Forschungen und Erfahrungen im Grenzbereich

GOLDMANN VERLAG

Der Goldmann Verlag
ist ein Unternehmen der Verlagsgruppe Bertelsmann

Made in Germany · 6/89 · 1. Auflage
© 1984 by Otto Reiche Verlag, D-5041 St. Goar
Umschlaggestaltung: Design Team München
Umschlagillustration: Günter Vierow, mit freundlicher
Genehmigung entnommen aus dem Buch „Wie Erde und Wind“,
Hermann Bauer Verlag, Freiburg
Druck: Elsnerdruck, Berlin
Verlagsnummer: 11854
Lektorat: Michael Görden
Herstellung: Gisela Ernst
ISBN: 3-442-11854-9

INHALT

Einführung, von Prof. Dr. Hermann Oberth 7

1. Dinge gibt es zwischen Himmel und Erde 17
Die „Dreieinigkeit“ Leib – Seele – Geist 27
Jetzt bin ich gestorben, dachte ich 40
Wir nannten ihn Alex 42
Der heilige Diamant 44
Der Schatz des alten Juden 46
Der Sterbevorgang – von Hellsehern beobachtet 61
Hilfe in aussichtsloser Lage 69
Erlebnis eines katholischen Geistlichen in Frankreich 72
Ein ungewöhnlicher Zweikampf 75
Die Stradivari-Violine 78
Der Fall Harry Price 82
Aus dem Jenseits zurückgekehrt 84
Traumerlebnis eines Arztes 86
Ein deutsches Medium am Zarenhofe 89
Erlebnisse eines Kosaken-Heerführers 98
ASW im Kriege 104
Visionäre Erlebnisse 116

2. Nachricht von „Drüben“: ein Sohn an seine Mutter . . 125
Weiteres über mediales Schreiben und Schrifttum 139
Apporte und Materialisations-Phänomene 160
Gespenster, Spuk und arme Seelen 183
Schutzengel – Schutzgeister 199
Aura, Od und Kirlian-Effekt 211
Telepathie – Suggestion – Hypnose 231
Psychometrie – Hellsehen – Prophetie 243
Gefahren medialer Betätigung 264
Vatermedien und Offenbarungs-Spiritismus 281

3. Der Tod – und was kommt danach? 290
Parapsychologie und Religion 336
Die Wiederverkörperungslehre 350
Selbstmord, ein Irrtum 360
Überleben auch unsere Haustiere? 366

Die Tonbandstimmen, von Fidelio Köberle 378
Schlußbetrachtungen 381
Begriffserklärungen 400
Quellenangaben 405
Literaturhinweise 410

Dem Andenken des verdienten Naturwissenschaftlers

Freiherrn Dr. CARL DU PREL

Der Mensch ist durch die Wissenschaft herabgewürdigt worden; man hat uns glauben machen wollen, er sei nur die Summe von Eltern und Amme, von Erziehung und leiblicher Nahrung. Aber der Mensch ist überhaupt keine Summe, sondern eine Einheit, eine metaphysische Individualität. Man gebe ihm diesen Glauben zurück, so wird er sich seiner auch würdiger benehmen.

Carl du Prel

Die Wissenschaft hat herausgefunden, daß nichts spurlos verschwinden kann. Die Natur kennt nicht Vernichtung, sondern Umwandlung.

Wenn nun Gott dieses fundamentale Prinzip gebraucht, wenn es um den kleinsten und unbedeutendsten Teil des Universums geht —

ist es dann nicht logisch, damit zu rechnen,
daß er dieses Prinzip auch anwendet,
wenn es um das Meisterwerk seiner Schöpfung geht,
um den Menschen?

Wernher von Braun

Einführung

Zunächst: Wem dieses Vorwort zu schwer geschrieben sein sollte, der möge es überspringen; das Buch selbst ist viel einfacher, verständlicher und unterhaltsamer.

Der Verfasser bat mich, ein Vorwort dazu zu schreiben. Ich bin seiner Bitte gerne nachgekommen, denn ich glaube dies Buch ist Gold wert. Rudolf Passian hat mit Bienenfleiß eine Fülle von Tatsachen zusammengetragen. Aufgrund meiner eigenen parapsychologischen und philosophischen Studien kenne ich bei vielen die näheren Begleitumstände und weiß, daß sie stimmen. Viele der Begebenheiten waren mir auch neu; doch ich kann auch hier sagen, daß sie *stimmen könnten.*

In einigen Punkten bin ich mit meinem Urteil zurückhaltender als der Verfasser. Ich bin nämlich ein „notorischer Widerspruchsgeist". Wenn ich etwas Neues höre, so ist mein erster Gedanke nicht: „Was ist daran Wahres?" sondern: „Was könnte man dagegen ins Feld führen?" Dann untersuche ich aber weiter, ob man nicht auch die Gegenargumente anfechten kann, usf., und erst, wenn mir dann keine weiteren Widersprüche mehr einfallen, gebe ich mich mit dem Resultat zufrieden und fange an, darauf aufzubauen. Auf diese Weise entstand vor 65 bis 50 Jahren der Beweis für die Möglichkeit der Weltraumfahrt. Wer meine eigenen Ansichten über Philosophie und Psychologie erfahren will, den verweise ich auf meine beiden Bücher: „Stoff und Leben" und auf „Katechismus der Uraniden", die Passian ja auch in seinem Schriftenverzeichnis anführt.

Beispielsweise glaube ich kaum, daß wir über Lohn und Strafe im Jenseits etwas sicheres erfahren können. Für mich persönlich ist jedenfalls erst soviel erwiesen, daß das Leben nach dem Tod weitergeht. Ich komme noch darauf zurück.

Ebensowenig kann ich die Ausführungen über den Selbstmord hundertprozentig unterschreiben. Ich habe z. B. als Medizinstudent in Krankenhäusern soviel Qual und Elend gesehen, daß ich es für richtiger erachten würde, man läßt in so einem Fall eine Kommission von Experten darüber entscheiden, ob man den Kranken einen schönen Tod schenken soll, eine Gnade, die man ja schließlich auch jedem Haustier gewährt, statt den Arzt zu zwingen, mit höllischen Künsten dem Tod vorzuenthalten, was ihm gehört.

Dies nur als Beispiele. Wichtiger ist aber, daß ich im großen und ganzen dem Verfasser beipflichte.

Im Grunde sind die meisten heute lebenden Leute Materialisten, mindestens waren sie es noch vor 10 Jahren. Nach Umfragen des Meinungsforschungsinstitutes Allensbach scheint sich die allgemeine Meinung inzwischen mehr zu Gunsten des Seelenglaubens verschoben zu haben. Doch daß viele Leute dem Namen nach irgendeiner Bekenntniskirche angehören, tut im Grunde nichts zur Sache. *Tatsächlich* glauben sie folgendes:

Die Welt besteht aus kleinsten, leblosen Körnchen, vielleicht den Positronen und Elektronen. Durch entsprechende Aneinanderfügung derselben entstehen Atome, Moleküle, Stoffe und Körper; darunter auch die Maschinen, Automaten und Lebewesen. Die Lebewesen sind im Grunde auch nichts anders als besonders kunstvolle Automaten. Ihre Tätigkeit hängt durchaus von ihrem Bau und ihrem Zustand ab. Um zu funktionieren, brauchen sie keine Seele. Es gibt überhaupt keine Seelen, und wer sich seines vermeintlichen Seelenheils wegen einen greifbaren Vorteil entgehen läßt. ist ein Esel!

Dieser Glaube ist nun nicht etwa, wie seine Anhänger fälschlicherweise meinen, die Frucht der naturwissenschaftlichen Forschung, es ist vielmehr das Ergebnis des Verhaltens der christlichen Kirchen, die sich seit mehr als 14 Jahrhunderten oft genug aus sehr weltlichen Gründen dem gottgegebenen Forschungsdrang und Wahrheitssuchen der Menschheit entgegenstellen und neue Forschungsergebnisse unterdrücken, wenn sie nicht in ihre Lehre passen.

Dies forderte den Widerstand aller ehrlichen Forscher heraus. Theorien, die dem Kirchenglauben widersprachen, wurden lieber gehört als solche, die ihn zu bestätigen schienen. Diese waren den Forschern von Anfang an verdächtig, einmal sagte einer ganz klar: „Ich möchte mich dazu nicht äußern, denn ich habe noch nicht entdeckt, wo der Schwindel nun eigentlich steckt!"

Dazu kam dann noch etwas: Wer selbst eine Theorie aufgestellt hat, kennt auch ihre Voraussetzungen und Schwächen; er ist daher stets bereit, sich eines Besseren belehren zu lassen. Sein Schüler dagegen hält diese Theorie unbewußt für wahr. Er fühlt sich für ihre Richtigkeit nicht mehr verantwortlich und geht in ihrer Anwendung meist noch einen Schritt über seinen Lehrer hinaus. Als z. B. d'Alembert in der „Enzyklopädie" geschrieben hatte: „Die Natur zeigt uns nichts als Materie und Bewegung", da fand sich alsbald ein Schwarm kleinerer Lichter, die nachbeteten: „Die Welt besteht nur aus Materie und Bewegung." Damit hatte die Geburtsstunde des Materialsmus geschlagen, und in der zweiten Hälfte des vorigen Jahrhunderts waren fast alle Naturforscher und Ärzte Materialisten.

Nun ist das Weltbild des Gelehrten von heute die Religion des kleinen Mannes von morgen, zum Teil mögen bei dieser Entwicklung der Menschheit zum Materialismus auch dunkle Kräfte mitgeholfen haben, die sich sagten, daß man unter Materialisten besser im Trüben fischen kann, als unter Leuten, die sich für ihr Tun und Lassen Gott verantwortlich fühlen.

Bezeichnenderweise bezweifelten und bezweifeln gerade die Gelehrten mit dem *weitesten* Wissen den Materialismus. Darwin z. B. glaubte noch an Gott. — Ernst Haeckel wollte zwar nicht mehr „das uralte Seelengespenst aus der Mottenkiste hervorholen und theologischen Erschleichungen Tür und Tor öffnen", doch erkannte auch er, daß das Streben der Natur nach Kunstformen und der Menschen nach schöner Kunst vom Materialismus nicht erklärt werden kann, und daß man auch nicht sagen könne, wie in einen aus tot und empfindungslos gedachten Atomen zusammengesetzten Körper plötzlich ein Bewußtsein hineinkommen könne, und er begründete daher den „Monismus". Das ist die Lehre, daß schon die einzelnen Atome ein Ich-Empfinden und ein Bedürfnis nach Kunst haben.

Heute wissen wir, daß Materie überhaupt nur sozusagen „eingefrorene Energie" ist, und die meisten Spezialisten unter den Gelehrten sind der Meinung, man werde die Frage nach der Herkunft des Bewußtseins und nach dem „Jenseits" überhaupt nicht lösen können, denn das Bewußtsein sei je etwas Abstraktes, und mit Hilfe unserer Sinnesorgane, Forschungs- und Meßgeräte könne man nur konkrete Dinge und materielle Vorgänge feststellen. Das sagen sie schon, um sich nicht zu „zersplittern", denn heutzutage muß ein Gelehrter bereits auf seinem Spezialgebiet soviel studieren, daß ihm für etwas anderes kaum noch Zeit und Kraft bleibt. Diese Leute heißen in der Philosophie „Agnostiker" (vom griechischen „a": un-, also Verneinung, und „gnosis": Erkenntnis). Ich selbst konnte dann in „Stoff und Leben" Seite 31 bis 38 zeigen, daß die Tatsache des Bewußtseins sehr wohl auf die materielle Welt einwirken kann (fühllose Automaten wären nämlich niemals darauf verfallen, über Bewußtsein zu sprechen und zu schreiben, eben weil sie ja *laut Annahme* keines haben sollen und es daher auch nicht entdecken könnten. Und sprechen und schreiben sind zweifellos materielle Vorgänge, zum Teil wahrscheinlich auch schon das Denken). Daher ist auch die Forschung nach dem Träger unseres Bewußtseins durchaus möglich und berechtigt.

Im 19. Jahhundert verwiesen schließlich die meisten Naturforscher und Ärzte auch die Hypnose in das Reich der Fabel. Um die Jahrhundertwende aber mußten sie diese Annahme fallen lassen, denn die Tatsachen sprachen doch allzu deutlich, und heute benützt man die

Hypnose sogar in der Heilkunde. Die Atheisten (das sind die Leugner Gottes und der Seele, in gewissem Sinne also auch die Monisten) nehmen an, daß bei der Hypnose die Nerven in Unordnung geraten und Erscheinungen hervorbringen, die bei normalen Menschen nicht vorkommen.

Die heute nicht mehr bestrittene Tatsache wiederum, daß die Stimmung eines Kranken den Ablauf der Heilung beeinflussen kann, ja daß bei seelischer Erregung sogar „Blitzheilungen" möglich sind, erklären die Atheisten daraus, daß unsere Stimmungen auf Nerven, Herz und Drüsen einwirken, von denen dann der Widerstand abhängt, den der Körper der Krankheit entgegensetzt. Es ist ja z. B. auch bekannt, daß die Nerven auf der Haut eines Hypnotisierten Brandblasen hervorrufen, wenn man ihm ein kaltes Geldstück auflegt und ihm suggeriert, es sei glühend heiß.

Den ersten unwiderleglichen Beweis für die Existenz außersinnlicher Kräfte erbrachte dann J. B. Rhine an der Duke-Universität in Virginia (USA) zwischen 1930 und 1960 mit seinen inzwischen berühmt gewordenen und vielfach nachgeahmten und weiter entwickelten Kartentests.

Beim Nachweisen der Telepathie (Gedankenübertragung) z. B. konzentriert sich der „Sender" auf eine vor ihm liegende Karte und der „Empfänger", der ihn weder sehen noch hören kann, muß dann sagen, welche Karte es ist. Für gewöhnlich benützt man dabei nicht Spielkarten, sondern Karten, auf denen ein Stern, ein Kreuz, ein Viereck, Wellenlinien oder ein Kreis abgebildet sind. Zu jedem Spiel gehören von jeder Figur je 5 Karten, und im ganzen sind es also 25 Karten und nach den Regeln der Wahrscheinlichkeitsrechnung würde der Empfänger bei einer großen Zahl von Versuchen bei einem Fünftel rein zufällig die richtige Figur nennen. In Wirklichkeit liegt aber die Trefferzahl bei geeigneten Personen (die man vorher durch nicht registrierte Versuche heraussucht) ganz wesentlich höher, und die Möglichkeit, daß das alles nur Zufall gewesen sein könnte, verhielt sich zur Wahrscheinlichkeit, daß hier Gedankenübertragung im Spiele sei, im Jahre 1959 schon wie 1 zu einer 34 stelligen Zahl. Wenn man unsere Erde in Staubteilchen zerreiben wollte, die im Ultramikroskop gerade noch sichtbar sind, und jemanden mit verbundenen Augen in diese Staubwolke führen und ihm auftragen würde, ein ganz bestimmtes Teilchen herauszugreifen, so wäre es theoretisch zwar möglich, daß er gerade das richtige erwischt; aber diese Möglichkeit wäre sehr, sehr unwahrscheinlich, wenn auch nicht unwahrscheinlicher, als die Möglichkeit, daß sich Rhine bei all seinen Telepathieversuchen bis 1959 geirrt haben könnte. Heute ist es soweit gekommen, daß nur noch solche Gelehrte die Telepathie bestreiten, die sich nicht die Zeit genommen haben, diese Dinge zu studieren.

Rhine machte solche Versuche nicht nur zum Nachweis der Telepathie, sondern auch zum Nachweis über das Hellsehen in die Zukunft: Z. B. kannten weder Sender noch Empfänger die Karten, die vor ihnen umgekehrt auf dem Tisch lagen und der Empfänger sollte erraten, welche Karte nun beim Umblättern erscheinen würde.

Ferner untersuchte Rhine auch die Psychokinese, d. h. die Fähigkeit, Gegenstände zu bewegen, ohne sie zu berühren, und seine Frau ging vor allen Dingen der Untersuchung von „Spontanphänomenen" nach, wie sie auch in diesem Buch in großer Zahl gebracht werden und im Grunde viel lehrreicher und eindrucksvoller, aber leider nicht wiederholbar sind. In manchen Fällen bediente man sich bei der Überprüfung geradezu forensisch anmutender Methoden. Manchmal wurden die Leute gebeten, ihre Aussagen vor dem Lügendetektor zu wiederholen oder wurden von Psychologen auf ihre Glaubwürdigkeit und ihren Geisteszustand untersucht.

Inzwischen sind auch an anderen Universitäten Forschungsstättten für PSI oder Parapsychologie entstanden, das ist das Sammelwort für Gedankenübertragung, Hellsehen und Telekinese. Man weiß heute auch schon bis zu einem gewissen Grade, wann jemand für telepathische Leistungen disponiert ist oder warum ein PSI-Experiment mißlang.

Nun versucht ein Teil der Parapsychologen solche Erscheinungen zu erklären, ohne dabei eine unsterbliche Seele anzunehmen. Das sind die sogenannten Animisten. Die Parapsychologen des Ostens bekennen sich (mindestens öffentlich) durchwegs zum Animismus, denn sonst würde man sie ins Arbeitslager schicken. Die russische Regierung sagt sich nämlich mit Recht, daß die griechisch-orthodoxe Kirche wieder zur Macht kommen und die Kommunisten beseitigen würde, wenn zuviel seriöse Leute von der Existenz Gottes und der Seele überzeugt wären. Schwerer als die Aussagen unter Zwang wiegen aber die Aussagen von Parapsychologen diesseits des Eisernen Vorhangs, die ohne Scheu ihre wahre Meinung sagen können. Es sind darunter auch recht bedeutende, wie z. B. Professor Dr. Hans Bender oder Professor Dr. Milan Ryzl.

Prof. Bender z. B. hat sich 1941 als Nervenarzt habilitiert. Nach Kriegsende gründete er allen Widerständen zum Trotz das parapsychologische Institut an der Universität Freiburg i. B. und seit 1954 ist er daselbst Ordinarius für Psychologie und Grenzgebiete der Psychologie. Er hat sich also über 30 Jahre lang mit diesen Dingen befaßt und zwar nicht nur wie ein interessierter Amateur, sondern als Nervenarzt, der mit seinem Mitarbeiterstab fast täglich 8, 10, 12 ja 14 Stunden und darüber theoretisch und praktisch auf diesem Gebiet tätig war. Die Dinge, die in diesem Buch vorgebracht werden, kennt er sicher alle, und es will schon etwas bedeuten, wenn er in seiner lesenswerten Schrift „Telepathie, Hellsehen und Psychokinese", R. Piper & Co. Verlag, München 1972, auf Seite 75 schreibt:

„Persönlich möchte ich bemerken, daß ich durchaus bereit bin, mich von einem zwingenden Beweis überzeugen zu lassen und keine Vorurteile gegen die Hypothese des Überlebens habe. Doch fühle ich mich als Wissenschaftler an den alten scholastischen Grundsatz verpflichtet „Entia non sunt numeranda praeter necessiatem" — Prinzipien sollen nicht über das notwendige Maß hinaus erweitert werden. Auf die Kontroverse Animismus-Spiritismus angewandt, heißt das: Wir machen als Parapsychologen bei spontanen Phänomenen und im Laboratorium ständig die Erfahrung von den Raum und Zeit transzendierenden Fähigkeiten der leibgebundenen Psyche. Wir verfügen aber über keine unmittelbare Erfahrung, daß die Psyche als personale Entität leibfrei existieren kann."

Die Berichte Dr. Carl A. Wicklands z. B., den Passian als Zeugen für das Fortleben der Seele zitiert, könnte man immerhin auch animistisch deuten: Unser Gehirn gleicht einer riesigen Telefonzentrale. Auf seinen Nervenbahnen laufen ständig Impulse, doch nur, was durch eine ganz enge Stelle nahe der Zirbeldrüse geht, wird unserem „ICH" oder unserer Persönlichkeit bewußt. Alles andere verläuft unbewußt. Es wird aber normalerweise von unserer bewußten Persönlichkeit und vom Willen im Zaume gehalten und nur benützt, um angeregte Gedankengänge auszuarbeiten. (Man kann sich von der Existenz dieses „Unterbewußtseins" z. B. folgendermaßen überzeugen: Wenn man etwas zu schreiben oder zu berechnen hat, und es geht einem schwer von der Hand, so tut man oft gut daran, die Sache nur in einigen wenigen Stichworten bzw. Zahlenausdrücken zu umreißen und die Sache dann für einige Zeit in die Schreibtischschublade zu legen. Wenn man sie dann nach einigen Tagen wieder in die Hand nimmt, merkt man, daß die Arbeit verhältnismäßig leicht und reibungsfrei vonstatten geht). — Bei den sogenannten Besessenen nun gelingt der Persönlichkeit das Herrschen über das Unterbewußtsein aber nicht mehr. Diese Wissenspartien machen sich selbständig und arbeiten oft dem bewußten Willen entgegen.

Bei ihrer hohen mediumistischen Begabung konnte sich nun Mrs. Wickland mit diesen renitenten Teilpersönlichkeiten der Besessenen in Verbindung setzen und in ihrem Namen mit Dr. Wickland verhandeln. Dabei brauchte nichts von dem, was sie da vertrat, vorher in ihr selbst zu stecken. Ungeklärt bleibt hierbei allerdings noch die Frage: „Was ist denn nun überhaupt der Wille?" — Doch wenn man den Willen ebenfalls nur als Funktion der bewußten Materie hinnimmt, so braucht man sich diese Frage ja eigentlich gar nicht zu stellen.

Dem von Bender geäußerten scholastischen Prinzip möchte ich nun aber einen Grundsatz der Maschinenbaukunde entgegenhalten, der sich auch auf die Philosophie anwenden läßt: Es ist wahr, man sollte eine Maschine immer so einfach als möglich bauen, solange sie dadurch nichts an Brauchbarkeit einbüßt, denn ES KANN VORKOMMEN, daß eine Maschine *besser* arbeitet, wenn man daran noch ein bis zwei Zusatzteile anbringt, ja, daß die Maschine dann sogar vielseitiger verwendbar wird.

Auf die Philosophie übertragen heißt das: Wenn eine Theorie zur Not noch ausreicht, einen gegebenen Tatbestand zu erklären, wenn man dann aber noch ein bis zwei Zusatzannahmen macht, kann man mitunter erreichen:

a) daß alles auf einmal viel natürlicher, ungezwungener und plausibler erscheint und

b) daß da plötzlich Zusammenhänge zwischen Tatsachen klar werden, die man vorher aus dieser Theorie allein nicht hätte ableiten können. Und je mehr eine Theorie erklärt, *desto wahrscheinlicher* wird sie.

Die Animisten haben alles auf einige (wenn auch nicht restlos erklärte) Prinzipien zurückzuführen versucht, vielleicht hat bei ihnen (wenn auch natürlich nur unterbewußt) auch der uralte Haß mitgesprochen, der zwischen Priestertyrannei, Unaufrichtigkeit, Hexenjagden, Volksverdummung, Religionskriegen, Inquisition, Ketzerverbrennung und Index auf der einen Seite und Forschungsdrang, Wahrheitsstreben, Gerechtigkeit, Bildung und Aufklärung auf der anderen Seite besteht.

Ich will es dem Leser überlassen, auch das erwähnte Buch Benders zu lesen und selbst zu entscheiden, ob die Theorie *ohne* oder *mit* der Annahme von Gott und Seele besser ist. Soviel zu Punkt a.

Zu Punkt b. Außerdem wird durch die Annahme einer unsterblichen Seele manches auf einmal klar, was ohne diese Annahme bisher nicht erklärt war:

So wie sie heute ist, besteht unsere Welt nicht seit ewig. Vor 34 Milliarden Jahren (übrigens eine Frage: Das Jahr ist die Zeit, die die Erde heutzutage zu einem Umlauf um die Sonne braucht; wieso können wir die Zeit, da dies noch nicht der Fall war, auch in Jahren ausdrücken? Am Anfang gab es sicher weder Erde noch Sonne!) Vor 34

Milliarden Jahre... also war alle Materie auf einen ganz engen Raum zusammengedrängt, dann gab es eine Art Riesenexplosion, den Big Bang" oder „Urknall", und alles stob auseinander. Zuerst bildete sich ein Nebel aus Teilstücken von Atomen, dann fanden sich diese zu Atomen, Molekülen, zu Milchstraßennebeln und Weltkörpern zusammen. Wie das alles im einzelnen vor sich ging, das ist noch nicht restlos geklärt (vergleiche hierzu Dr. Irene Sänger-Bredt „Ungelöste Rätsel der Schöpfung", Econ-Verlag, Düsseldorf). Dafür aber, daß dies Weltbild im großen und ganzen stimmt, gibt es zwei physikalische und einen philosophisch-biologischen Beweis.

a) Zunächst einen optischen Beweis: Wir können mit Hilfe des Spektrums feststellen, daß alle Milchstraßensysteme auseinanderstreben, und daß sie um so schneller von uns fortfliegen, je weiter sie sind, und daß ihre Geschwindigkeit und Entfernung so ist, als ob vor 34 Milliarden Jahren alles auf einem Haufen zusammengelegen und dann auseinandergeflogen wäre.

Weiter braucht das Licht zu seiner Ausbreitung Zeit, und die fernsten Welten erblicken wir noch in jenem Zustand, in dem sich unsere eigene Milchstraße vor soviel Milliarden Jahren befand, als das Licht brauchte, um von diesen Milchstraßen zu uns zu gelangen. Dies beweist, daß die Milchstraßensysteme gleich alt sind.

b) Weiter ergibt es einen thermodynamischen Beweis, daß die Welt nicht seit ewig bestehen kann. Alle physikalischen Vorgänge verlaufen so, daß dabei letzten Endes Bewegung in Wärme übergeht, und in unvorstellbar langer Zeit werden alle Weltkörper wieder aufeinanderfallen und die entstehende Wärme wird als Strahlung in den Raum hinausdringen und die Welt wird den „Wärmetod" sterben.

Wenn die Welt nun schon unendlich alt wäre und nicht vor einer zwar riesengroßen aber doch nicht unendlichen Zeit entstanden wäre, so wäre dieser Zustand eben schon vor unendlicher Zeit eingetreten.

c) Der biologische, oder, wenn man will, religiöse und parapsychologische Beweis für das begrenzte Alter der Welt lautet:

Die Entwicklung der Welt schreitet vom „Chaos" (griechisch: Wirrwarr) zum „Kosmos" (griechisch: schöne Ordnung) fort:

Erst gab es nur zerrissene Atome, dann auch ganze, dann Weltkörper,dann in den Atmosphären hinlänglich abgekühlte Weltkörper-Moleküle. Und von hier weiter können wir die Entwicklung wenigstens noch auf unserer Erde verfolgen. Die Moleküle wurden immer komplizierter und größer, dann entstanden aus komplizierten organischen Molekülen die Lebewesen, diese vervollkommnen sich immer weiter, ihr Körper enthält immer mehr organisierte Materie. Schließlich entstand der Mensch. Bei diesem ist die Materie nicht nur in seinem eigenen Körper organisiert, er ordnet sie auch außerhalb seines Körpers und schafft sich Werkzeuge, Maschinen und Automaten. Und während sich in der Tierwelt lediglich der Kampf ums Dasein zeigt, zeigt die Menschheit deutlich das Bestreben zum Zusammenwachsen, zur Bildung größerer Verbände, und manchmal scheint schon (nach geologischen und astronomischen Maßstäben gemessen) die Zeit nicht mehr allzu fern, da die ganze Menschheit der Erde in einer zweckvollen Organisation zusammengefaßt sein wird, in der jeder seinen Wünschen und Trieben entsprechend heranwächst und gerade durch seine Verschiedenheit und dem, was er am liebsten tut, dem Ganzen am meisten nützt (Teilhard de Chardin).

Und die Erfindung der Weltraumfahrt zeigt, daß diese Entwicklung nicht auf die Erde beschränkt bleiben wird, sondern daß die Erdenmenschheit auch noch unentwickelte Weltkörper in diesen Entwicklungsprozeß hineinziehen wird und daß sie, inzwischen sittlich reif geworden, auch mit anderen Menschheiten den Kontakt aufnehmen und das ganze Universum zu einem „Kosmos" machen wird.

Aber ... Wenn es die Welt seit ewig geben würde, warum ist dann diese kosmische Kulturgemeinschaft nicht schon längst zustande gekommen? Die Antwort auf alle diese Fragen kann nur lauten: Weil unsere Seelen erst vor einer meßbaren Zeit begonnen haben sich zu entwickeln. Im „Katechismus der Uraniden" habe ich unter anderem zu beweisen versucht, daß sich die Rätsel der Entwicklung der Arten, der Entwicklung des Individuums im Mutterleibe, der Entstehung neuer Arten und vieles andere mehr am einfachsten erklären lassen, wenn man annimmt, die Seelen werden während ihres Erdenlebens geübt und später wiedergeboren und lernen das einst gekonnte leichter wieder. Die Tatsache wieder, daß wir über Lohn und Strafe im Jenseits noch nichts wirklich handgreifliches erfahren können, erklärt sich einfach daraus, daß die Vorsehung uns die Gelegenheit geben muß, uns in der Organisation der Materie und im Wunsch nach dem Guten um seiner selbst willen zu üben. Wenn wir über Lohn und Strafe im Jenseits völlige Gewißheit hätten, würden uns gute Werke nicht mehr erziehen, sondern sie hätten erzieherisch nur noch den Charakter einer Anleihe auf Wucherzinsen, und es spricht sehr für die Existenz einer Vorsehung, daß die Erde bis jetzt infolge von Vorkommnissen, die an sich jeder Logik entbehren, noch nicht zu einem Paradies geworden ist.

Auf den Einwand Ryzl's, daß der Seelenglaube „denn doch allzu kindlich naiv" sei, möchte ich antworten, daß nach den Lehren der Geschichte der Philosophie eine Theorie um so besser ist, auf je einfachere und bekanntere Dinge sie die beobachteten Tatsachen zurückführen kann. Und das Wissen um unser ICH mit seinen Empfindungen, Gefühlen und Wünschen ist ja das sicherste Wissen, das wir überhaupt haben. Schließlich könnte jemand all das, was er zu erleben vermeint, auch bloß träumen, aber daß sein ICH es ist, das dies alles erlebt oder träumt, das ist unbestreitbar. Und oft genug hat sich bei der Forschung dann auch die einfachste Theorie zuletzt als die richtigste erwiesen. —

Welche Erklärung ist besser? Diejenige, die die Erlebnisse auf unsere Seele zurückführt, also auf das, was wir selbst fühlen und anstreben, oder diejenige, welche eine unerklärliche Erscheinung nur auf eine andere unerklärliche Erscheinung zurückführt, denn was dem Hellsehen in Zukunft, Gegenwart oder gar Vergangenheit zugrunde liegt, das wissen wir ja schließlich auch noch nicht. In Fällen, wo von bis dahin niemand bekannten Erlebnissen Verstorbener berichtet wird, liegt es doch wirklich näher, dem Seelenglauben den Vorzug zu geben.

Passians Buch ist verglichen mit dem Umfang des Stoffes verhältnismäßig kurz und vor allen Dingen klar und verständlich geschrieben. Mit Beweisen und der forensischen Untersuchung der erzählten Begebenheiten hält er sich kaum auf, doch ich kann dem Leser versichern, die Beweise für einige von diesen und ihnen ganz ähnlichen Begebenheiten sind in der parapsychologischen Literatur niedergelegt, nur erscheinen sie da oft in einer so gelehrten Sprache, daß sie dem einfachen Menschen unverständlich werden, während dies ein Buch fürs Volk ist, und so wünsche ich ihm eine weite Verbreitung und eine große Leserzahl.

Hermann Oberth

14. 9. 1972

Dinge gibt es zwischen Himmel und Erde ...

Der Vater der Schriftstellerin M. Schrimpf war im Jahre 1885 Gefängnisinspektor zu Aranyos-Maroth in Ungarn. Eines Tages brachte man einen Zigeuner. Der arme Teufel war gefesselt, grün und blau geschlagen und beteuerte weinend, fluchend und schwörend in einem Atemzug seine Unschuld. Ihm wurde ein Mord zur Last gelegt. Der Pächter Karoly aus Tapolcsany wurde vermißt. Eine blutbesudelte Hacke und ein Halstuch waren in der Nähe seines Gehöftes gefunden worden.

Die Zigeuner lagerten in der Nähe und so galt die erste polizeiliche Untersuchung ihnen. In ihrem Wagen fand man den Dolman*) des Pächters, seinen Stock und eine silberne Tabaksdose mit seinem Monogramm. Der Verhaftete war der Vajda (das Oberhaupt) der Sippe und hieß Peter Barna. — „Damals lebte in Maroth ein alter Staatsanwalt namens Simony, ein seelensguter Mensch" erzählt Frau Schrimpf. „Ihm und meinem Vater dauerte der alte Zigeuner, der sich wie rasend gebärdete, seinen Kopf gegen die Wand schlug und sich die Haare raufte. Aber was war zu machen? Die angeführten Gegenstände waren bewiesenermaßen die des Pächters und im Wagen des Barna gefunden worden."

Der Staatsanwalt war Junggeselle, hatte aber seine verwitwete Schwester bei sich als Haushälterin. Diese wiederum hatte „ein Töchterchen, damals ca. 12 Jahre alt, die meine Freundin war. Wir Kinder hörten mit großen Augen zu, als der Staatsanwalt und mein Vater an einem Sonntagnachmittag den Fall besprachen. Die kleine Klara war ein aufgewecktes Kind, durfte alles mit anhören und auch dreinreden, wenn ihr Onkel mit jemandem sprach, denn der alte Herr war ein wenig schwerhörig." Auch bei diesem Gespräch hatten die Kinder zugehört und Klara rief: „Aber Onkel, frag doch das Tischchen!" „Ach, Unsinn" erwiderte Simony. „Aber Onkel, du weißt doch, wie es uns so schön Bescheid gab, wo du den Dieb zu suchen hast, der dir die schönen Weintrauben von der Laube schnitt!" — „Ja ja, aber hier handelt es sich um Leben und Tod eines Menschen; mit so etwas spielt man nicht." Die Kleine aber gab keine Ruhe und richtig wurde am Abend das Tischchen herbeigeholt. Geübtermaßen wurde nun das Alphabet geklopft und es ergab sich folgender Text:

„Nem Peter — Lajos a gyilkos" (Nicht Peter — Lajos ist der Mörder). „Nezzetek a Lajosnal" (Schaut bei Lajos nach). — Wer in aller Welt mochte aber dieser Lajos sein? An jenem Abend erhielt man hierüber keine Auskunft mehr. Einige Tage später jedoch, als man wieder am

*) ein knapp anliegender, mit einem Gurt befestigter ungarischer Rock (Husarenwams).

Tischchen saß, kamen folgende Sätze zum Vorschein: „Én Karoly mondom sogjátok a Bihary Lajost" (Ich, Karoly, sage: Nehmet den Bihary Lajos).

Nun stellte sich heraus, daß sich in der Nähe von Tapolcsany noch ein anderer Pächter befand, der Bihary hieß. Bei diesem wurde nun eine Untersuchung angeordnet. Als er die Männer kommen sah, erschrak er so heftig, daß er sich kaum auf den Beinen halten konnte. Man ließ ihn nicht aus den Augen. Dennoch gelang es ihm, in die Nähe eines Tisches zu kommen, auf dem neben einem Laib Brot ein großes, spitzes Messer lag. Blitzschnell hatte er dieses ergriffen und schnitt sich die Halsschlagader durch. Er starb im Spital zu Maroth.

Die Hausdurchsuchung führte zum Auffinden der Leiche Karolys. Mit gespaltenem Kopf lag sie im Misthaufen versteckt. Man erfuhr sodann, das Bihary dem Ermordeten einen namhaften Betrag schuldete, der um die Zeit des Mordes zurückzuzahlen gewesen wäre. Der Zigeuner Barna wurde sofort freigelassen. — Wie aber kamen jene Gegenstände Karolys in den Zigeunerwagen? Ein kleiner Zigeunerjunge gestand schließlich, daß er von Karoly, der ein großer Don Juan war, bestochen worden sei um ihm zu verraten, wie er einmal mit der schönen Schwester des Jungen ungestört zusammenkommen könne. Der Junge versteckte Karoly eines Abends im Stroh des großen Planenwagens und verriet ihm, daß seine Schwester mit den kleineren Geschwistern in dem Wagen schliefe. Bei diesem Rendezvous scheint Karoly verscheucht worden zu sein und ließ die erwähnten Sachen zurück; wohl wissend, daß es ihm übel ergangen wäre, wenn die Zigeuner ihn erwischt hätten. —

Hier haben wir also einen Fall des berühmt-berüchtigten „Tischklopfens" oder „Tischrückens". Der englische Physiker und Entdecker des Thalliums, William Crookes (sprich: kruks) sah in diesem Klopfen die elementarste Art spiritueller Kundgebungen. Es kann in den verschiedensten Lautstärken vorkommen. Prof. August Messer hörte dieses Klopfen bei Rudi Schneider wie ein dumpfes Pochen, bei der Grazerin Mutter Silbert dagegen wie ein feines Ticken, deutlich an- und abschwellend. — Ein anderer Fall:

Eine mit den „Klopflauten" wahrscheinlich oft verwandte Art „übersinnlicher" Erscheinungen sind die sogenannten Fernbewegungen — früher Telekinese, heute Psychokinese genannt. Es gibt Menschen, die eine solche Befähigung besitzen: wenn sie ihre Hände über einen Kompaß halten, bewegt sich dessen Nadel. Die Russin Nelja Michailowa ist solch ein Mensch. Seit Jahren stellt sie sich der sowjetischen parapsychologischen Forschung zur Verfügung. Mittels entsprechender Apparaturen stellte man in ihrer Nähe ein verstärktes Magnetfeld fest. Versteckte Magneten aber waren nicht zu entdecken. Wenn sie einen

Kompaß beeinflussen soll, hält sie ihre Hände parallel zum Tisch in etwa 15 cm Höhe über den Kompaß und beginnt sodann, ihre Hände kreisförmig zu bewegen. Es können zwanzig und mehr Minuten verstreichen, bis die Nadel zu zittern beginnt. Langsam bewegt sich die Magnetnadel im entgegengesetzten Uhrzeigersinn und zuletzt wirbelt der ganze Kompaß im Kreis herum.

Auch nichtmagnetische Gegenstände kann Nelja bewegen: Streichhölzer kann sie über die ganze Tischplatte marschieren lassen, bis sie über deren Rand hinunterfallen. Solche Experimente sind für Frau Michailowa sehr anstrengend; ihr Puls fliegt, und während einer halben Stunde verliert sie zwei bis drei Pfund an Gewicht und ist nach solchen Experimenten sehr erschöpft. Sie kann aber noch mehr: im Beisein sowjetischer Wissenschaftler und unter strengsten Kontrollbedingungen setzt sie ein auf dem Tisch liegendes Stück Brot in Bewegung; erst bewegt es sich ruckartig, dann gleichmäßiger und schneller. Frau Michailowa neigt sich zur Tischplatte herab, öffnet den Mund . . . und das Stück Brot wandert schnurstracks hinein!

Phantastereien? Hexerei? Zaubertricks? — Keine Spur! Man schlug z. B. ein rohes Ei in einen Glasbehälter, der mit Kochsalzlösung gefüllt war. Nelja stand in etwa 2 m Entfernung und trennte „per Distanz" das Eiweiß vom Dotter! Danach vereinigte sie beides wieder. — Hypnotisiert sie die Anwesenden? Nein. Sonst hätten diese Vorgänge nicht gefilmt werden können; die Filme zeigen dasselbe.[1]) Was geht hier vor? Welche Kraft ist da am Wirken? Fernbewegung bzw. Psychokinese besteht darin, leblose Gegenstände in einer uns unerklärlichen Weise in Bewegung zu setzen, ohne direkte Berührung. Das polnische „Medium" Stanislawa Tomczyk wurde um die Jahrhundertwende von dem deutschen Parapsychologen Dr. von Schrenck-Notzing beobachtet und fotografiert, wie sie beispielsweise eine Schere schweben ließ, ohne sie anzufassen. Etwa um die gleiche Zeit experimentierten Forscher mit dem englischen Medium Eglinton. Bei einer „Sitzung" rutschte eine Schiefertafel auf dem Fußboden bis zu den Beinen des Barons von Hellenbach und kroch an demselben empor.[2]) Das Schweben von Gegenständen sowohl, als auch von lebenden Personen nennt man Levitation. In religiösen Überlieferungen ist vielfach die Rede davon. Zu allen Zeiten und bei allen Völkern gab es „außersinnliche" Wahrnehmungen (ASW) und Erscheinungen, die den bekannten Naturgesetzen zu widersprechen schienen. „Die Tatsachen bleiben; nur die Erklärungen wechseln" bemerkt Freiherr Dr. Carl du Prel im Vorwort zu seinem Buch „Das Rätsel des Menschen".

Zu den paraphysischen Phänomenen gehört auch die sogenannte Materialisation. Hierunter fallen die in reichlicher Anzahl bezeugten Gespenster- und Doppelgänger-Erscheinungen:

Ein Gastwirt aus Thun in der Schweiz war, als er in wirtschaftliche Schwierigkeiten geriet, plötzlich verschwunden. Da seine Frau befürchtete, er könnte sich ein Leid angetan haben, ging sie zu einem Mann im Kandertal, von dem man wußte, daß er in solchen Angelegenheiten Auskunft zu geben vermag. — Der Mann weigerte sich anfangs, gab aber schließlich den drängenden Bitten der Gastwirtsfrau nach. Nachdem er ihr eingeschärft hatte, ihn auf keinen Fall zu stören, versank er in einen Zustand der Bewußtlosigkeit. Nach seinem Erwachen sagte er, der verschollene Gastwirt (den er kannte), befinde sich im Hafen von New York in einer Kneipe, wo er kartenspielenden Matrosen zuschaue und auf die Abfahrt des Schiffes warte, welches ihn wieder nach Europa zurückbringe; er werde bald wieder zu Hause sein. — Der Gastwirt traf nach kurzer Zeit tatsächlich in Thun ein. Er erzählte, daß er vor seiner Einschiffung in einer New Yorker Hafenkneipe gewesen sei und dort kartenspielenden Matrosen zugeschaut habe. Auf einmal habe er den ihm bekannten Strahm aus Emdtal im Kandertal erblickt, der dann aber plötzlich verschwunden sei. Eine Nachprüfung des Zeitpunktes des Geschehens (unter Berücksichtigung des Zeitunterschiedes zwischen New York und der Schweiz) ergab die genaue zeitliche Übereinstimmung. —

Diese von Kassationsgerichtspräsident Georg Sulzer aus Zürich geschilderte Begebenheit stellt einen Fall von „Doppelgängerei" dar, wobei der Aussender (Strahm) sich „im Geiste" auf die Suche nach dem Verschollenen begab, d. h. er sandte seinen Fluidal- oder Astralkörper aus. Diese Fähigkeit ist in außereuropäischen Gebieten viel verbreiteter als bei uns. Das Vorhandensein eines feinmateriellen Körpers ist heute dank des russischen Kirlian-Verfahrens erwiesen: jeder Mensch, überhaupt jedes Lebewesen, besitzt einen solchen Fluidalkörper. Die Russen sind in der Lage, diesen Körper zu fotografieren und zu beobachten.

Daß es Spukfälle gibt, weiß so gut wie jeder oder hat zumindest jeder davon gehört. Es gibt personengebundenen Spuk und solchen, der ortsgebunden erscheint. Der Spuk führt uns bereits ins Transzendente, d. h. in Bereiche, die wir als „Jenseits" bezeichnen müssen, nämlich als „jenseits unserer Sinne" befindlich. Pfarrer Wilhelm Horkel wurde von einer bekannten Psychologin berichtet, daß in ihrem Hause ein Mann, der sich in jungen Jahren dort erschossen hatte, immer wieder seinen Eltern erscheint. Er plaudert so laut mit ihnen, daß es im oberen Stockwerk zu hören sei. Die Eltern seien jedoch keine Spiritisten, sondern krasse Materialisten.[3])

Nicht minder geheimnisvoll ist das Gebiet des Hellsehens. Der bekannteste Hellseher der Gegenwart ist zweifellos der Holländer

C r o i s e t. Die Kriminalpolizei hat sich seiner schon oft mit Erfolg bedient. Es gibt Menschen, die Jenseitige sehen zu können behaupten. Einer von ihnen war der bayerische Brunnenbauer I r l m a i e r (gestorben 1959). Er schaute „Mandln und Landschaften, Verstorbene als graue Schemen, und Lebendige".[4]) Die „Frau mit den zehn Sinnen", die Saarländerin Maria M i c h e l y sah Tote stets „in Wolken", also schemenhaft; Lebende dagegen ohne solche (gemeint sind auch hier die Fluidalkörper oder „Doppelgänger" von Lebenden, die ein Hellseher zu sehen vermag).

William T. S t e a d kannte einen Mr. Boursnell, der hellsehend und zugleich hellhörend war. Dieser sah in unmittelbarer Nähe von W. T. Stead einen alten Buren. Auf Befragen gab der „Geist" seinen Namen an: Piet B o t h a. Nun gab es damals den berühmten Burenführer und späteren Ministerpräsidenten der Südafrikanischen Union, Louis Botha (1862—1919), und Stead wußte, daß es noch einen Philip und einen Christ Botha gab; aber von einem P i e t Botha war ihm nichts bekannt. Doch Boursnell, der von Beruf Photograph war, wiederholte: „Er behauptet, daß es sein Name ist." Schließlich bat Stead, eine Aufnahme zu machen. Der Theorie zufolge soll es „Jenseitigen" möglich sein, im Beisein eines kraftabgebenden „Mediums" ihre Gestalt soweit zu verdichten, daß eine fotografische Aufnahme gelingen kann.

Als die Platte entwickelt worden war, sah man hinter Stead eine hohe, kräftig gebaute Gestalt, die wie ein Bure oder ein russischer Bauer aussah. — Als General Botha nach Beendigung des Burenkrieges nach London kam, schickte Stead ihm das Bild durch einen Mr. Fisher, der Premierminister im Oranje-Freistaat gewesen war. Am nächsten Tag kam ein Mr. Wessels, einer der General Botha begleitenden Delegierten, zu Mr. Stead ins Büro und fragte, woher dieser das Bild habe, denn der hinter Stead stehende Mann sei niemals in England gewesen. — Stead erzählte schließlich, wie er zu dem Foto gekommen war. Mr. Wessels wollte allerdings nicht an ein Wunder glauben. Auf Steads Frage, warum er sich so für dieses Bild interessiere, antwortete dieser: „Weil dieser Mann ein naher Verwandter von mir war. Ich habe sein Bild zu Hause hängen. Er war der erste Burenoffizier, der bei der Belagerung von Kimberley fiel." „Wie hieß er?" — „Petrus Johannes Botha" antwortete Mr. Wessels, „aber der Kürze wegen nannten wir ihn immer Piet Botha". Theologie-Professor H. Nielsson, der diesen Vorfall in einem seiner (in Leipzig 1926 im Druck erschienenen) Vorträge schilderte, bekam einen Abdruck dieses Bildes im Sommer 1919 von Mrs. Estelle Stead geschenkt. —

Charles A. L i n d b e r g h überflog 1927 als erster den Atlantik auf der Strecke New York — Paris. In seinem Buch „Mein Flug über den

Ozean" schildert er, was er in seiner zweiundzwanzigsten Flugstunde erlebte (den Hinweis darauf verdanke ich ebenfalls Herrn Pfarrer W. Horkel): „Während ich auf die Instrumente starre, füllt sich die Kabine hinter mir mit Geistern . . . verschwommenen, durchsichtigen Gestalten, die sich schwebend bewegen. Ihr Erscheinen überrascht mich nicht, weil es ohne Plötzlichkeit geschieht." Interessant ist nun eine neue Art des Gesichtssinnes, die Lindbergh erlebt: „Ohne den Kopf zu drehen, kann ich sie so klar sehen, als wären sie in meinem normalen Gesichtsfeld. Meine Sicht ist nicht mehr begrenzt, sondern wie e i n großes Auge, das gleichzeitig überall hinblickt." Kritiker werden natürlich sofort auf „Halluzinationen" tippen; allein es ist sehr fraglich, ob ein unter Sinnestäuschungen Leidender, mithin ein „Halbverrückter", einen derartigen Pionierflug gut hinter sich gebracht hätte. Aber hören wir weiter:

„Die Phantome — freundliche Schatten, wie Nebel, ohne (feste) Substanz — sind jederzeit in der Lage, zu erscheinen oder zu verschwinden. Die Wände des Flugzeugs sind für sie kein Hindernis. Manchmal stehen sie dicht gedrängt hinter mir, dann wieder sind nur einige da. Bald einer, bald ein anderer lehnt sich nach vorne, um über das Motorengeräusch hinweg mit mir zu sprechen . . . Zuweilen kommen ihre Stimmen auch direkt aus der Luft, deutlich, doch von weit her . . . vertraute Stimmen, die meinen Flug mit mir besprechen, mir technische Ratschläge erteilen, über Probleme der Navigation mit mir diskutieren; Stimmen, die mich beruhigen und mir Botschaften überbringen, wie sie im täglichen Leben nicht erhältlich sind."

Man wird sich wielleicht wundern, daß ein gewiß nüchterner Mann, wie es dieser amerikanische Oberst war, es wagt, in einem Buch, welches sicherlich in alle Kultursprachen übersetzt worden ist, so offen von Geister-Erscheinungen zu sprechen. Man muß aber wissen, daß parapsychologische Probleme — und hierbei besonders die Frage, ob ein nachtodliches Weiterleben denkbar erscheint — in keinem zivilisierten Lande (mit Ausnahme des Ostblocks) so „tabu" ist wie in Deutschland, ja überhaupt im deutschen Sprachraum. Mittelalterliches Denken, das alles dem „Teufel" zuschreibt, was über das Erfahrungswissen unserer fünf Sinne hinausgeht, spukt in vielen frommen Gemütern. Oder man läuft Gefahr, als Schwärmer, Phantast und „reif für die Nervenheilanstalt" angesehen zu werden, wenn man zugibt, vom Vorhandensein einer geistigen Welt überzeugt zu sein. — In den USA, in England, Frankreich, Italien und anderen Ländern gehört die Tatsächlichkeit paranormaler Erscheinungen zur Allgemeinbildung, vornehmlich in höheren Gesellschaftskreisen. Bei uns dagegen wagen nur wenige Gelehrte, für die Spiritologie — die Lehre vom Geist — einzutreten, und schon du P r e l klagte: „Es ist ein wissenschaftlicher Skandal, daß über die wichtigste Frage der Menschheit, über die Unsterblichkeit, noch immer tiefe Unwissenheit herrscht." — Hören wir nun, was Lindbergh weiter schreibt:

„Raum und Zeit haben ihren früheren Sinn verloren und jedes Gefühl für Materie ist dahin: mein Körper hat kein Gewicht mehr, der Steuerknüppel keine Härte und das Fleisch keine Empfindung. Ich bin von den Gesetzen der Körperwelt unabhängig und fühle mich fast eins mit diesen nebelgleichen Wesen in meinem Rücken . . . Obwohl meinen geisterhaften Freunden der feste Körper fehlt, sind sie doch menschengleich in ihrer äußeren Erscheinung: Besucher aus einer Welt, die dem Sterblichen verschlossen ist. Ich bin auf der Grenze zwischen dem Leben und einem größeren Reich jenseits. Von Kräften geführt, auf die ich keine Einwirkung habe und die eine Macht darstellen, wie sie mir in dieser Stärke bisher nie begegnet ist. — Die Sendlinge aus der Geisterwelt sind für mich weder Eindringlinge noch Fremde. Eher ist es wie ein Zusammentreffen mit der Familie, mit Freunden nach Jahren der Trennung . . . als hätte ich sie in einem früheren Leben alle gut gekannt. Eine Umwertung aller Werte geht diesseits wie auch jenseits meines Verstandes vor sich." Und Lindbergh schließt aus dem Erlebten:

„So wäre der Tod nicht das unwiderbringliche Ende, das er bisher zu sein schien, sondern vielmehr das Tor zu einer neuen und freien Existenz, die allen Raum und alle Zeit umschließt?"

Wilhelm Horkel schließt dieser Schilderung noch ein ähnliches Erlebnis von Hermann Buhl, dem vor einigen Jahren verstorbenen Bezwinger des Nanga Parbat an: „In einer Höhe von 6000 m aufwärts begleiten mich schemenhafte Wesen und Stimmen. Sie sprachen mir Mut zu; ohne ihre Hilfe wäre ich nie ans Ziel gelangt." (Aus „Das Wort", Mai 1962)

Sollte es wirklich eine Geisterwelt, ein Jenseits geben, in das unser Ich nach Ablegung des irdischen Körpers — der „von Erde genommen, wieder zu Erde werden" muß — vollbewußt eintritt? Eine bange Frage für den Unwissenden . . .

Der frühere Reichstagsabgeordnete, Pfarrer Johannes Greber, erzählte oft ein Erlebnis aus seiner Zeit als Seelsorger im Hunsrück; die nächste große Stadt war Koblenz. Dort hatte Greber einen Hilfsbund zur Verschickung hungernder Stadtkinder (während des ersten Weltkrieges) gegründet. Auch Erwachsene konnten sich in Notfällen dorthin wenden. Zweimal in der Woche begab sich Greber nach Koblenz, um sich der vielen auf ihn Wartenden anzunehmen.

Zu Fuß mußte er, um die nächste Bahnstation Boppard zu erreichen, einen ziemlich steil abfallenden Bergpfad benutzen. Einmal nun, im Winter, hatte starkes Tauwetter eingesetzt und der weite Weg nach

Boppard war schwierig zu gehen. Pfarrer Greber wollte trotz der Beschwerlichkeiten nach Koblenz, weil er wußte, daß ihn dort eine notleidende Familie dringend erwartete; ihr wäre, wenn Greber nicht in letzter Minute eingegriffen hätte, das gesamte Hab und Gut versteigert worden.

Als der Priester die Sache in Koblenz in Ordnung gebracht hatte und von Boppard aus den Fußmarsch heimwärts antrat, herrschte bereits stockdunkle Finsternis. Das Schmelzwasser hörte er in Sturzbächen von den Hängen rauschen. Der steile Bergpfad, den er nun aufwärts gehen mußte, führte an einem Abgrund empor. Ein einziger falscher Schritt hätte böse Folgen haben können ... In dieser Gefahr und dem bangen Gefühl der Hilflosigkeit begann Johannes Greber innig zu beten. Und auf einmal sah er vor sich, dicht über dem Erdboden, ein Licht schweben, direkt vor seinen Füßen! In ergriffener Dankbarkeit kniete er nieder und dankte Gott für die sichtbare Hilfe. — Als er dann den ersten Schritt tat, schwebte das Licht vor ihm her und erleuchtete so seinen Weg, bis er die Höhe sicher erreicht hatte, wo die Schlucht aufhörte und er in der Ferne die Lichter seiner Heimatgemeinde erblicken konnte. Aber noch einmal, an einer gefährlichen Stelle, leuchtete das Licht auf, um dann für immer zu verschwinden. „Mein Mann wußte", so schrieb Frau Greber, die erst vor wenigen Jahren starb und mit der ich noch korrespondierte, „daß Gott seine Boten geschickt hatte, um den zu führen und zu helfen, der seinerseits sein Leben einsetzte, um die Not seiner Mitmenschen zu lindern."

In Norddeutschland kennt man den Begriff des „Spökenkiekers". Menschen also, mit der Gabe des „Zweiten Gesichts", Hellseher. Georg Holmsten[5]) kannte einen Westfalen, der in Berlin als Pförtner eines Ministeriums beschäftigt war. Angestellte und Besucher ließen sich von dem Greis mit den wasserhellen, seltsam klaren und großen Augen zuweilen ein wenig „wahrsagen". Mehr aus Neugierde fragte Holmsten am Tage vor seiner Einberufung zum Militär (der Vorfall spielt in der Zeit des zweiten Weltkrieges), was ihm wohl bevorstehe. Nachdem ihn der Greis eine Weile starr angeblickt hatte, sprach er mit stockender Stimme: „Ich sehe ... ich sehe Soldaten. Viel Soldaten marschieren, laufen, sich hinwerfen ... ja, und dann Berge, viele Berge ... Da, Sie brechen zusammen, Blut rinnt über Ihren Kopf ... aber Sie stehen wieder auf ... Und jetzt, weiß, alles weiß. Menschen in weißen Kitteln. Sie auch in Weiß ... und dann? wieviel? Ja, sieben Monate später wohl sehe ich Sie in einem großen Haus, mit vielen Leuten, die meisten in Uniform, graugrün, mit viel Silber, Rot und Gold ... Sie sitzen in einem großen Zimmer und schreiben, telefonieren, aber seltsam, ohne Uniform. Ja, ohne Uniform ... lange, lange Zeit, vielleicht Jahre. Ja, Sie werden noch lange leben."

Holmsten betont, daß er damals solchen Voraussagen sehr skeptisch gegenüberstand und über die Prophezeiungen des Alten gelächelt habe. Aber „das Unwahrscheinliche geschah: ich wurde einige Wochen nach meiner Ausbildung bei einem Gefecht im jugoslawischen Bergland oberflächlich am Kopf verwundet und dann als Sanitäter in ein Lazarett versetzt. Genau sieben Monate nach meiner Einziehung wurde ich als Presse- und Informationsoffizier in Zivil in eine Abteilung des Oberkommandos der Wehrmacht beordert, wo meine Haupttätigkeit in der Tat im Schreiben und Telefonieren bestand ..."

Das weiland von Dr. G e l e y geleitete Institut Métapsychique Internationale in Paris plante, das Hellsehen wissenschaftlich zu untersuchen und wandte sich dieserhalb an alle als zuverlässig bekannten Pariser Hellseher mit der Bitte um loyale Zusammenarbeit bei methodischen Experimenten während zwei bis drei Stunden in der Woche. Die aufgeforderten Berufshellseher lehnten aber alle ab. Um so bemerkenswerter waren die Umstände, die zur einzigen Ausnahme führten: die sehr angesehene Hellseherin Mme. B. stellte sich rückhaltlos zur Verfügung. Als Dr. Geley Frau B., die er bei dieser Gelegenheit zum ersten Mal sah, aufsuchte und sie um ihre Mitwirkung bat, kam diese in so starke Erregung, daß sie kaum sprechen konnte. „Herr Doktor," sagte sie, „entschuldigen Sie, ich bin ganz überwältigt. Sie können aber die Gründe meiner Verwirrung nicht erraten. — Vor nunmehr zehn Jahren ließ mich der Tod meines Mannes mit meinen kleinen Kindern in Not zurück. Da wandte ich mich an die Geister mit der Bitte, mir zu helfen, meinen und der Kinder Lebensunterhalt mit meinen medialen Gaben zu verdienen. Ich gelobte, mich im Fall des Gelingens nach zehn Jahren dem Dienst ihrer Sache und dem Beweis der Wahrheit zu widmen. Meine Bitte wurde erhört! — Heute, Herr Doktor, sind es auf den Tag genau zehn Jahre, daß ich mein Gelübde ablegte, das ich nur intimen Freundinnen anvertraut hatte. — Als ich Sie Ihren Plan darlegen hörte, begriff ich, und sagte mir: Dort steht der Gläubiger . . . Ich bin bereit, mein Versprechen zu halten. Ich werde alles tun, um Sie zufriedenzustellen."[6])

Auch das Traumleben gehört zum weit gefächerten Feld der ASW-Forschung. Nicht alle Träume sind Schäume ... Als der Dichter Heinrich Josef von C o l l i n am 28. 7. 1811 in Wien starb, kam sein Freund Hartmann durch den Verlust von 120 Gulden in Not, die er für den inzwischen Verstorbenen — unter Zusage der Rückerstattung — bezahlt hatte. Eines Nachts nun sah Hartmann den Hinübergegangenen im Traum. Collin forderte seinen Freund auf, vor der nächsten Lotterieziehung 2 Gulden auf die Nummer 11 zu setzen; nicht mehr und nicht weniger. Hartmann tat es und erzielte einen Gewinn von genau 120 Gulden![7])

Der Parlamentspräsident von Toulouse übernachtete auf der Rückreise von Paris in einem Dorfwirtshaus. Nachts erschien ihm das Gespenst eines blutenden Greises, der ihm eröffnete, er sei der Vater des Schankwirtes, von diesem ermordet und im Garten verscharrt worden. — Die gerichtliche Untersuchung ergab die Bestätigung und der Täter wurde hingerichtet. — Später erschien die Gestalt noch einmal und fragte den Präsidenten, wie sie ihm danken könne. Dieser bat, ihn vor seiner einstigen Todesstunde rechtzeitig zu benachrichtigen, um sich vorbereiten zu können. Das „Gespenst" versprach, ihn acht Tage vorher zu mahnen.

Eines Tages wurde an der Tür des Präsidenten heftig geklopft, ohne daß jemand zu sehen war. Da es sich noch einmal wiederholte, sah der hinaustretende Präsident das Phantom, das ihm seinen bevorstehenden Tod ankündigte. — Die Freunde suchten ihm die Sache auszureden, und auch er selbst zweifelte, da er den achten Tag gesund erlebte. Abends wollte er in sein Bibliothekszimmer gehen, um ein Buch zu holen; da fiel ein Schuß . . . man fand den Präsidenten in seinem Blute, tot. Ein in das Kammermädchen verliebter Bursche hatte einem Nebenbuhler aufgelauert, den Präsidenten dafür gehalten und seine Pistole abgedrückt.[8])

Josef Pscheidl berichtet in der „Passauer Neuen Presse" vom 19. 11. 1971: Daß die Verstorbenen ihre Angehörigen manchmal mahnen und vor Schaden bewahren wollen, beweist ein Vorfall, der sich in der Nachbarpfarrei südlich von Regen zugetragen hat. Ein alter Bauer hat ihn mir erzählt. Als dieser noch ein junger Bursch war und auf Freiersfüßen ging, wollte er in der Samstagnacht „fensterln" gehen. Seine Braut stand nicht im besten Ruf, und sein Vater, der kurz vorher verstorben war, hat ihn dringend davor gewarnt. Aber er, jung und frisch, schlug alle Warnungen in den Wind. Und wie er nun nachts dahineilte und über einen Steg wollte, erhielt er plötzlich einen nicht gerade sanften Schlag ins Gesicht, und ganz deutlich hörte er seinen Vater rufen: „Bub, geh heim. Du rennst ins Unglück!" — Zitternd am ganzen Leibe kam er daheim an. Er beherzigte die Mahnung seines Vaters und mußte nach Jahren feststellen, daß ihn das Mädel — wenn er es geheiratet hätte — um Haus und Hof gebracht haben würde.

„Ein Beweis dafür, daß der Mensch sich seiner Aufgabe hier auf Erden nicht ungestraft entziehen kann" liefert nach Ansicht des mir von Herrn Dipl.-Chemiker H. aus D. gesandten Berichtes folgender Fall:

Eine Bekannte des Chemikers, die während des letzten Krieges Kunstschülerin in B. war und in den Ferien einen Hilfsdienst bei einem Bauern in der Nähe von M. ableistete, bekam dort ein kleines Zimmer

— mit dem Blick zur Dorfstraße — zugewiesen. Von der ersten Nacht an, die sie in jenem Zimmer verbrachte, wurde sie stets genau um 23.45 Uhr durch ein Geräusch vom Fenster her wach, das sich wie schleppende Schritte anhörte. Anfangs leise, wie von fern kommend, schwoll dann das Geräusch stärker an, bis es dicht vor dem Fenster zu sein schien. Dann entfernte es sich allmählich wieder. Und jedesmal ging eine undeutlich zu sehende menschliche Gestalt am Fenster vorüber.

Dieser gespenstische Vorgang spielte sich allnächtlich pünktlich um die gleiche Zeit ab. Zwei Tage vor Beendigung ihres dortigen Aufenthaltes sah die junge Dame — nachdem sie wiederum geweckt worden und jene Geräusche vernommen hatte — ganz deutlich das Gesicht eines Mannes an der Fensterscheibe, der ins Zimmer blickte und danach verschwand. Jetzt erst bekam es die Bekannte meines Berichterstatters mit der Angst zu tun und konnte nicht mehr einschlafen. Als sie den Wirtsleuten am nächsten Morgen ihre Erlebnisse erzählte und erklärte, in jenem Zimmer nicht mehr nächtigen zu wollen, erfuhr sie folgendes:

In dem fraglichen Zimmer hatte früher ein Bruder des Bauern geschlafen. Eines Morgens fand man ihn mit durchschnittener Kehle in demselben Bett liegend, welches jetzt die junge Dame benutzte. Es wurde eindeutig Selbstmord festgestellt. Da sich dieser Vorfall aber schon vor längerer Zeit abgespielt hatte und das Zimmer seither nicht mehr benutzt worden war, trug man keine Bedenken, die Hilfsdienstlerin dort unterzubringen. Diese fuhr noch am gleichen Tag nach Hause. — Ob der Berichterstatter recht hat, wenn er meint: „Der Geist des Selbstmörders fand also keine Ruhe und es ist anzunehmen, daß er an den Ort seiner Tat gebannt war und vielleicht jede Nacht erneut den Selbstmord erleben mußte"?

Die „Dreieinigkeit" Leib — Seele — Geist.

„Ist ein natürlicher Leib, so ist auch ein geistiger Leib" heißt es im 1. Korintherbrief, Kap. 15, Vers 44. Paulus meint damit: wenn es einen derbmateriellen, fleischlichen Körper gibt, so muß es auch das Gegenstück, einen geistigen bzw. feinstofflichen Körper geben.*) Mit dieser Behauptung allein ist allerdings vom naturwissenschaftlichen Stand-

*) Unwillkürlich wird man an diese Bibelstelle erinnert, wenn man heute die Sowjets von einem bioplasmatischen oder „Gegenstück-Energiekörper" reden hört.

punkt aus kaum etwas anzufangen — und so bleibt uns eben nichts anderes übrig, als zu glauben, daß wir Menschen auch einen subtilen Leib, mitunter „Seelenkörper“ genannt, besitzen, der nach Ansicht aller Hochreligionen den Tod des irdischen Zellenleibes überdauern soll.

Glauben aber heißt „nicht wissen“. Der sich klug dünkende Durchschnittsmensch von heute glaubt nicht mehr blindlings alles (und das mag sein Gutes haben); ob jedoch der Nur-Glaube an das, was wissenschaftlich festgestellt zu sein scheint, wirksam genug vor *Irrtümern* zu schützen vermag, sei dahingestellt. Fest steht jedenfalls, daß das Rätsel des Menschen noch lange nicht gelöst ist und folglich noch allerlei Überraschungen erwarten läßt. —

Über die Beschaffenheit unseres organischen Körpers und die Frage, wie er am Leben erhalten werden muß, bedarf es keiner Diskussion mehr. Aber schon beim Fragenkomplex seines Funktionierens zeigt sich unser Wissen ergänzungsbedürftig. Dies ist erst recht der Fall, wenn wir das Gebiet der Seele und des Geistes betreten, denn dann beginnt schon das Labyrinth der Hypothesen und Spekulationen. Da beide, Seele und Geist, nur im Begrifflichen, Abstrakten zu liegen scheinen, müssen über deren eigentliches Wesen notgedrungen die unterschiedlichsten Auffassungen entstehen. — Wir wollen nun die „Seele“ näher zu definieren suchen, denn sie scheint der Träger sehr vieler ASW-Erscheinungen zu sein bzw. in direktem oder indirektem Zusammenhang mit „übersinnlichen“ Phänomenen, die zum Erfahrungsgut aller Zeiten und Völker gehören, zu stehen.

Der Begriff „Seele“ (griech.: psyche, lat.: anima) scheint ursprünglich rein religiöser Natur gewesen zu sein. Man verstand hierunter „das Heilige im Lebendigen“, das sich beim Tode vom sterblichen Körper angeblich lostrennt und selbständig fortwirkt. Die Seele wurde so (und wird noch heute) mit dem eigentlichen persönlichen „Ich“, dem uns innewohnenden G e i s t , begrifflich vermengt. Wenn man z. B. katholischerseits von „armen Seelen“ spricht, für die man beten solle, so sind im Grunde genommen die G e i s t e r der Verstorbenen gemeint. Dieselbe Begriffsvermengung sehen wir bei dem Ausspruch: „Er (oder sie) ist eine treue Seele“. Die Verschiedenartigkeit der Ansichten über Seele und Geist hängen letztlich von der weltanschaulich-philosophischen bzw. religiösen Einstellung des Einzelnen ab. An sich wäre es Aufgabe der Psychologie (Seelenkunde), uns über unsere Seele und deren Wesen und Wirken ein gut fundiertes Wissen zu verschaffen. Aber da gilt mehr als anderswo Goethes Wort: „In bunten Bildern wenig Klarheit, viel Irrtum und ein Fünkchen Wahrheit . . .“

Überall in der Natur begegnen wir dem Dreier-Prinzip. Selbst beim Aufbau der lebenden Zelle erkannte man dasselbe in der sogenannten

„genetischen Schrift" der Ketten-Moleküle.*) Hinsichtlich des Menschen nun unterscheidet die Spiritologie (die Lehre vom Geist) ebenfalls streng zwischen den Begriffen Körper, Seele und Geist. In der Parapsychologie und Metaphysik (Lehre von den übersinnlichen Erscheinungen) wird man, soweit dies nicht bereits geschieht, diese Dreiteilung gleichfalls beachten müssen, wenn man zu klärenden Ergebnissen kommen will.

Seele und Geist sind also zweierlei Dinge, die sich durch unseren Körper äußern. Unter dem Begriff G e i s t kann sowohl der Ideengehalt eines Werkes, einer Zeitperiode oder eines Autors verstanden werden, als auch die besondere Beweglichkeit und Schärfe des Denkens an sich. Nach religiöser Auffassung wiederum ist „Geist" einerseits ein körperloses, denkendes und handelndes Wesen, andererseits (im Christentum) die Gesamtheit des göttlichen Seins und Wirkens. Die Spiritologie lehrt: Der Geist ist das wahre, unverwechselbare und unvergängliche I c h des Menschen, ist das bewußte Empfinden seiner Individualität. Die S e e l e hingegen entspricht etwa dem „geistlichen Leib" nach Paulus. Ihr Träger ist, im Gegensatz zum grobmateriellen Körper, von feinstofflich-fluidaler Beschaffenheit. Dieser normalerweise unsichtbare Organismus belebt und bewegt den grobstofflich-physischen Leib so, wie es der Geist seinerseits als Beweger und Beleber des Fluidalkörpers tut. Friedrich Funcke sagt: „Beim Menschen ist der *Körper* das Gewand der Seele; beim Geiste ist die *Seele* das Gewand, seine Erscheinungsform. Wie beim Menschen die Seele den Körper belebt, erhält und gestaltet, so gestaltet und bildet der Geist die Seele.**) — Der Mensch ist somit eine Dreiheit von Geist, Seele und Körper, oder von Geist, Kraft und Stoff. Im Menschen wirkt der Geist auf die Seele, die Seele auf den Körper. Das Feinere wirkt in stufenweisen Übergängen auf das Nächstgröbere."[9])

Den alten Griechen war die Seele als „Eidolon" bekannt. Der jüngere Fichte sprach von einem „Ätherleib", Baron L. v. Hellenbach von einem „Metaorganismus". Die Seherin von Prevorst redete vom „Nerven-

*) nach einem von Prof. Gerhard Schramm im August 1966 im deutschen Südwestfunk gehaltenen Vortrag.

**) Die Ansichten über das Wesen der Seele sind verwirrend vielfältig. Carl du Prel lehrte: „Wenn eine notwendige Beziehung besteht zwischen Seele und Leib, der Leib nur äußerlich zeigt, was die Seele innerlich ist, dann muß die Seele selbst in gewissem Sinne ein geformtes Wesen sein, das wieder irgendwie materiell zu denken ist" (du Prel, „Monist. Seelenlehre", S. 132). Der „Astralleib" galt ihm als Träger der seelischen Funktionen, den er andererseits nicht mit der eigentlichen Seele verwechselt wissen wollte (du Prel, „Der Tod, das Jenseits . . .", S. 55). — Emanuel nennt die Seele „das geist", Paracelsus vom „siderischen oder Astralleib". Die Spiritisten nannten ihn „Perisprit", die Alten Ägypter „Ka", die Kabbalisten „Nephesch". Und alle meinten dasselbe: unseren Fluidalkörper. Dieser galt seit jeher nicht als abstrakter Begriff, sondern bestand aus Stoff, aus Materie, wenn auch aus äußerst feiner. Reichenbach nannte diesen fluidalen Stoff „Od", Prof. Crookes „die strahlende Materie", die Griechen „nephos" (Nebel), van Helmont „Blashumanum", Paracelsus „Alkahest", Descartes „subtile Materie" und Newton „spiritus subtilissimus". Es gibt noch mehr solcher Benennungen und man ersieht daraus, daß die Alten mehr wußten als unsere derzeitige Wissenschaft, für die erst das russische Kirlian-Verfahren den wunschgemäß exakten Nachweis des Vorhandenseins eines feinstofflichen Körpers erbringen muß. — Bei den sog. Grenz- oder Geheimwissenschaften unterteilt man den Fluidal- oder Astralkörper in weitere, noch feinere Beschaffenheitsgrade; ich möchte jedoch in diesem Buche bei der einfachen Dreiteilung des Menschen verharren, um möglichst von jedermann verstanden zu werden und wiederhole:

Der Geist selber ist das unsterbliche „Ich" oder „Selbst". Der Seelenkörper oder Fluidalleib dagegen ist als Ausdrucksmittel des Geistes von ätherisch-subtiler Beschaffenheit und gewissen Wandlungen unterworfen. Der grobstoffliche Zellenkörper schließlich ist eine Voraussetzung dafür, daß der Geist — das ICH — sich auf unserer derbmateriellen Daseinsebene, der sogenannten Erde, überhaupt äußern und betätigen kann. Die fluidische Seele fungiert hierbei als das notwendige Bindeglied zwischen Körper und Geist und gibt die Dreiheit, „Mensch" genannt. Sitz der Seele bzw. des Fluidalleibes ist nach Carl Ludwig Schleich[10]) der ganze Körper. Dies stimmt mit den Beobachtungen und Aussagen aller Zeiten überein, wonach die Seele das Aussehen des irdischen Leibes besitzt. Auch das wird durch die Kirlian-Fotografie bestätigt.

Das zweifelsfrei beobachtete Auftreten von „Gespenstern" und „Doppelgängern" deutet auf die Möglichkeit hin, den Fluidalkörper unabhängig vom physischen Leib in Bewegung zu setzen, ihn „auszusenden". Manche Asiaten, z. B. Yogis, verstehen sich auf diese Kunst. Die Franzosen de Rochas und H. Durville waren erfolgreiche Pioniere auf dem Gebiet der experimentellen Nachaußenversetzung (Ex-

---

Gewand des Geistes", spricht ihr jedoch keine Individualität zu. — Fr. Funcke (in „Christentum als Weltanschauung . . .", S. 61/62) versteht unter Seele die „Gesamtheit der den Körper durchdringenden und ihn umgebenden Fluide". — Dr. med. Joh. Urban unterteilt Geist und Seele in das Höhere und das Niedere Ich des Menschen (in „Das Rätsel des Menschen", S. 3). An einer naturgemäß richtigen Definition der Seele wird man wohl noch lange herumlaborieren.

teriorisation) des Fluidalkörpers. Dabei wurde wieder und wieder festgestellt, daß dieser Fluidalleib *Träger der Empfindungen* ist, d. h. während der Exteriorisation (des „Außer-sich-seins“) ist der physische Körper empfindungslos. Dasselbe ist der Fall, wenn Mystiker in Ekstase sind oder wenn Somnambule sich im künstlich herbeigeführten Schlaf (dem sog. magnetischen Tiefschlaf) oder Hypnotisierte sich in hypnotischem Zustand befinden. Englische und amerikanische Forscher sollen die Erfahrungen von de Rochas und Durville bestätigt gefunden und erweitert haben, und die PSI-Forschung des Ostblocks bedient sich dieser Erkenntnisse ebenfalls.

Bei dem aus solcherlei Experimenten gewonnenen Wissen besteht allerdings die große Gefahr ihrer mißbräuchlichen Anwendung. Aber wo gibt es irgend etwas in unserem Lebensbereich, das noch nicht mißbraucht worden wäre und täglich, stündlich mißbraucht wird? Es liegt nun mal im persönlichen Ermessen der menschlichen Willensfreiheit, an sich neutrale Naturkräfte genau so wie alle Erfindungen, für aufbauende oder zerstörerische Zwecke zu benutzen. Im Ostblock hat man z. B. die Parapsychologie als zukunftsträchtigen Machtfaktor längst erkannt, und so ist leider zu befürchten, daß auch diese vielversprechende junge Wissenschaft der Menschheit nicht zum Segen, sondern zum Fluch wird. —

Wir sprachen vom „Doppelgänger“. Die Möglichkeit der Aussendung des Fluidalkörpers war seit jeher bekannt. Und dieser Doppelgänger ist (nach du Prel) das „ätherische Faksimile“ des lebenden Menschen; nach Eileen Garrett der „Träger der telepathischen und hellseherischen Projektion“. Normalerweise ist dieser fluidische Doppelgänger nur hellseherisch veranlagten Personen sichtbar. Liegt jedoch ein entsprechend hoher Verdichtungsgrad vor, kann er von jedermann gesehen werden. Er ist nach Form und Aussehen dem irdischen Körper gleich und mit diesem durch ein „fluidisches Band“ von unglaublich anmutender Dehnbarkeit verbunden (die „Silberschnur“ der Okkultisten und Mystiker). Zerreißt dieses Band, so tritt für den irdischen Leib augenblicklich der Tod ein. Der vorübergehende Austritt des Fluidalkörpers ist somit nichts anderes als eine Vorwegnahme des Sterbevorgangs.[11]) Dies wird durch die totenähnliche Verhaltensweise derer, die „außer sich“ sind, augenscheinlich bewiesen.

Schon H. Durville hat experimentell nachgewiesen, daß die Aussendung des Doppelgängers bei geeigneten Personen auch auf hypnotischem Wege erreichbar ist. Dasselbe ist im Stadium des Somnambulismus möglich, wie nach Franz Anton Mesmer (1733—1815, Begründer der Lehre vom sog. tierischen Magnetismus) und den beiden erwähnten

Franzosen, auch neuere Forscher auf diesem Gebiet, wie Dr. Milan R y z l und Dr. med. Léon C h e r t o k [12]) nachweisen konnten.

Der Hypnotiseur kann dem Doppelgänger einen bestimmten Auftrag erteilen, ihn beispielsweise in einen anderen Raum des Hauses oder an einen anderen Ort des Landes schicken und ihn fragen, was er dort wahrnimmt bzw. sieht. Je nach der Befähigung der Versuchsperson oder deren Ausbildungsstadium wird diese in der Lage sein, mehr oder weniger gute bzw. richtige Beobachtungen zu machen. Bei genügender Übung jedoch und bei Menschen, die auf Grund eines Willensaktes von selbst ihren Körper verlassen können (sog. Astralwanderer), werden die Ergebnisse in der Regel einwandfreie sein. „Die Intelligenz des ausgesendeten Doppelgängers" schreibt der Kriminalpsychologe Georg S u l z e r , „ist — selbst wenn dieser einen ihm erteilten Auftrag genau ausführt und von den Menschen, denen er denselben überbringt, gesehen wird — stark herabgemindert, so daß er Fragen, die mit diesem Auftrag in keinem Zusammenhang stehen, nicht zu beantworten vermag. Das ist sehr zu beachten, denn solche Doppelgänger erscheinen zuweilen in spiritistischen Sitzungen." [13])

Entfernungen spielen für den Doppelgänger keine Rolle. Jeder aber, der solche Experimente unternimmt — ob Hypnotiseur oder Magnetopath — lädt sich große Verantwortung auf. Alles was geschieht, selbst im für uns unsichtbaren gedanklichen Bereich, ist dem Grundgesetz der Kausalität, dem Naturgesetz von Ursache und Wirkung unterworfen. Die T a t ist zwar frei, aber die F o l g e n sind es nicht; diese müssen ge- und ertragen werden, bis „der letzte Heller bezahlt" ist (Lukas 12, 59). Es wird noch darauf zurückzukommen sein. —

Wenn nun die Aussendung des Fluidalkörpers auf hypnotischem, auf somnambulem und auf autosuggestivem Wege nicht nur möglich, sondern bereits tausendfach erwiesen ist (man ist versucht zu sagen: nur ein Narr vermag noch zu zweifeln), daß man also ohne den *Gebrauch* des fleischlichen Körpers vollbewußt Wahrnehmungen machen, sich an ferne Orte begeben und dort ggfs. sogar Handlungen ausführen kann, so liegt doch der einzig logische Schluß nahe, daß solches auch ohne den *Besitz* desselben möglich sein muß! Gegen diese schon von du P r e l sehr nachhaltig vertretene These sind vernünftige Einwände schlechterdings ausgeschlossen. Denn „das Gesetz von der Erhaltung der Kraft kann auch durch den Tod nicht aufgehoben werden" (du Prel). Wenn wir schon in diesem Erdenleben den Körper mehr oder weniger lange verlassen können, dann ist das auch beim Tod der Fall, und zwar für dauernd. Beim Tod verschwinden wir nur optisch, aber nicht im Sinne einer totalen Auflösung oder Vernichtung unsers Ichs oder des

Aufgehens in einer imaginären „Weltseele". „Der Tod ist kein Absturz ins Nichts, sondern eine Umwandlung in ein anderes Sein" (Jakob Böhme). Ja nicht einmal eine Umwandlung (die ja dann schlagartig erfolgen müßte) ist es, denn hierzu wäre ein längerer Zeitraum erforderlich, wie wir an der Schmetterlingspuppe ersehen können. Die Natur macht bekanntlich keine Sprünge. So werden wir durch den Tod auch keineswegs zu Engeln oder Heiligen, sondern bleiben, was wir im Diesseits waren und setzen unser ichbewußtes Leben — ohne den schwerfälligen derbmateriellen Körper — fort. Für die Zurückbleibenden sind wir optisch verschwunden. Für uns selbst aber tut sich eine neue Welt auf, die ihren eigenen Naturgesetzmäßigkeiten unterliegt. Somit befindet sich das Jenseits nicht irgendwo weit über den Wolken, sondern mitten unter uns; es ist (nach du Prel) nur „ein anders angeschautes Diesseits". Und daß der Fluidalkörper — oder besser gesagt: der Fluidalmensch — nicht gesehen werden kann, liegt daran, daß er das Licht nicht reflektiert . . . nur bei entsprechender Verdichtung kann er für uns mehr oder weniger gut sichtbar werden. Denselben physikalischen Vorgang können wir beim Wasser verfolgen: es kann sich bis zur Unsichtbarkeit sublimieren (verfeinern) und bis zum festen Eis verdichten. —

In den nun folgenden Erfahrungsberichten wollen wir der Einfachheit halber bei der Bezeichnung „Doppelgänger" verharren, um den Neuling von der auf parapsychologischem Gebiet herrschenden Begriffsverwirrung zu verschonen. Zudem soll dieses Buch ja kein Lehrbuch sein, sondern lediglich einer allgemeinen, grob umrissenen Orientierung dienen und eventuell zu eigenem Denken anregen.

Analog der von du Prel getroffenen Einteilung[14]) wäre die Trennung des Fluidalleibes vom irdischen Körper denkbar:

1. Im Leben
   a) als unwillkürliche Trennung: Doppelgänger
   b) als willkürliche Trennung: bei den Indern „Majavi-Rupa" genannt
   c) als Trennung durch fremden Willenszwang: z. B. durch Hypnose
   d) durch Narkotika oder Drogen
2. Beim Sterben
3. Nach dem Tode
   a) als willkürliche Darstellung: Gespenster
   b) als veranlaßte Darstellung: Materialisation

Eine weitere Unterteilung der Kategorie 1.a) besteht darin, daß der Doppelgänger sowohl von fremden Personen, als auch vom Aussender selbst zuweilen gesehen werden kann, wie die Erfahrungen bezeugen.

Ferner besteht die Möglichkeit der Exteriorisation mittels Narkotika oder Rauschgift. Versuche wurden neuerdings mit der „Hellsehdroge" Meskalin unternommen. Vor derlei Praktiken kann aber nicht eindringlich genug gewarnt werden, auch wenn Wissenschaftler sie durchführen; da sie von der fluidalen Beschaffenheit des Menschen nichts wissen, kann ein Experimentieren mit Drogen nur mit jenem eines kleinen Kindes verglichen werden, das in einer Scheune mit Streichhölzern spielt.

Sichtbar wird der Fluidalkörper besonders häufig bei der sogenannten „Fernwirkung" Sterbender und überhaupt bei seelisch stark erregten Personen. Die Londoner Gesellschaft für psychische Forschung hat über 700 Beispiele aus neuerer Zeit sammeln können[15]). — Nachfolgend seien nun einige Erfahrungsberichte wiedergegeben, und der Leser möge selbst beurteilen, in welche der genannten Kategorien der eine oder andere Fall einzuordnen wäre.

Prof. Maximilian P e r t y berichtet in seinen „Mystischen Erscheinungen" (Bd. 2, S. 146) jenen geradezu legendär gewordenen Ausspruch von Pfarrer S t e i n m e t z , dessen Fluidalkörper oft beobachtet werden konnte und der ihn auch selber sah. Gelegentlich der Anwesenheit eines Besuchers in seinem Arbeitszimmer, sah er wieder einmal seinen Doppelgänger auf seinem Lieblingsplatz im Garten sitzen. Mit dem Finger zeigte er nun zuerst auf sich und dann auf das Phantom mit den Worten: „Dies ist der sterbliche, und jener dort der unsterbliche Steinmetz."

Dem in jedem einschlägigen Werk verzeichneten Fall der Französin Emilie S a g é e will ich hier nur kurz andeuten: die aus Dijon stammende Dame war Erzieherin in adeligen Familien und Internaten, verlor aber immer wieder ihre Stellung (obwohl sie sehr tüchtig war) durch die bei ihr häufig vorkommende Lostrennung ihres Fluidalkörpers. Ihr selbst war dieser Vorgang unbewußt, aber der Doppelgänger wurde von allen gesehen — meistens zugleich auch sie selbst — und gab zu allerlei „Erschröcklichkeiten" Anlaß.

Aus dem 2. Band von Dr. E. Mattiessens fundamentalem Werk „Das persönliche Überleben des Todes" möchte ich aus dem 6. Abschnitt einige Fälle wiedergeben:

Miß Rosemary Coreham, Angehörige erster englischer Gesellschaftskreise, war in einem Landhaus in Hampshire zu Gast und stand eines Abends, nachdem sie sich zum Dinner umgezogen hatte, träumerisch vor einem langen Spiegel. Sie erzählt: „ . . . als ich plötzlich zur Seite meines eigenen Leibes zu stehen und ihn zu beobachten glaubte. Ein flüchtiges Gefühl äußerster Leichtigkeit begleitete diesen Eindruck . . . Wie der Blitz war ich wieder im Leibe zurück. Das Spiegelbild zeigte ein spukig blasses Gesicht . . ."

Eine sehr ähnliche Beobachtung teilt der Schriftsteller H. v. Gumppenberg mit; die für eine Loslösung des Fluidalkörpers anscheinend günstige Situation trat auch hier in einem Zustand des „Wachträumens" ein, begünstigt durch Ermüdung. — „Eine junge Dame meiner nächsten Verwandtschaft saß am Bett einer schwerkranken Freundin . . . in regungsloser Versonnenheit auf ihrem Stuhl. Da wurde ihr plötzlich klar, daß ihr bewußtes Ich hoch oben an der Decke des Krankenzimmers sich befand, denn sie sah die Decke in unmittelbarer Nähe und sah mit vollkommenster, normaler Deutlichkeit unter sich ihre eigene Gestalt sitzen; sah auf die schlafende Kranke aus der Vogelperspektive. Das Phänomen wirkte auf sie wie eine angstvolle Beklemmung, währte aber nur wenige Augenblicke . . ."

Ausdrücklich auf Übermüdung zurückgeführt wurde folgende Erfahrung, die Dr. Mattiesen von einer Bekannten, einer sehr lebenstüchtigen Dame, mitgeteilt wurde (die Betreffende war Pensionsinhaberin in einem Ostseebad): „Nach tagelangem Abhetzen und wenig Schlaf legte ich mich gegen 12 Uhr nachts in Kleidern aufs Bett, weil ich zu abgespannt war, um mich für die Nacht zu pflegen. Die Nerven beruhigten sich sehr langsam, aber dann kam ein köstliches Ruhegefühl über mich, und plötzlich schwebte mein Ich hoch hinauf zur Decke, und ich *sah* meinen Körper in Kleidern ganz ruhig unter mir liegen. So müde ich gewesen war, so munter, leicht und fröhlich war mir jetzt zumute. Und staunend blickte ich immer wieder auf meinen unter mir liegenden Körper. — Dieser Zustand währte aber nicht lange, und ich fühlte förmlich, wie ich wieder nach unten gezogen wurde. Eine gewisse Ruhe blieb zurück; ich stand nun auf und machte meine Nachttoilette. — Diesen Zustand habe ich noch zweimal gehabt, aber nie wieder so deutlich — und immer nach großer körperlicher Anspannung."

Dr. I. K. Funk hatte schon mehrmals „die Beherrschung seines Körpers in einer Art kalter Erstarrung" verloren, ehe dieser Zustand sich zum ersten bewußten Austritt steigerte. — „Es erschienen Lichter vor meinen Augen, die Ohren klangen mir und es war einen Augenblick, als verlöre ich das Bewußtsein. Als dieser Zustand schwand, war mir, als schwebte ich in der Luft. Worte können das Wohl- und Freiheitsgefühl nicht beschreiben, das ich empfand, noch auch die Klarheit meines Bewußtseins. Nie in meinem Leben war mein Geist so wach und so frei gewesen . . . Ich wurde mir bewußt, daß ich mich in meinem Zimmer befand und auf einen im Bett aufgestützten Körper hinabsah, den ich als meinen eigenen erkannte. Es ist unsagbar, welche seltsamen Empfindungen mich überkamen! Dieser Körper schien in jeder Hinsicht tot. Kein Anzeichen des Lebens war in ihm zu bemerken, und dennoch — hier war i c h , getrennt vom Leibe; mein Geist völlig klar und munter, und mit dem Bewußtsein eines *anderen* Körpers, dem Stoffe irgendwelcher Art keinen Widerstand leisteten . . . Nachdem ich etwa ein oder zwei Minuten den Körper betrachtet hatte, begann ich den Versuch, ihn zu beherrschen, und in sehr kurzer Zeit hörte das Bewußtsein der Trennung vom fleischlichen Leibe auf . . . Nach einer lang erscheinenden Weile war ich imstande, mich zu bewegen, stand vom Bett auf, zog mich an und ging hinunter zum Frühstück."

Dr. K. Kuchynka, tschechischer Pionier der Parapsychologie, kannte ein Frl. Amalie Br., die als ruhig, begabt und geistig völlig normal bezeichnet wurde und nie an Sinnestäuschungen irgendwelchen Ursprungs gelitten hatte: Eines Tages fuhr sie plötzlich aus tiefem Schlafe auf und erblickte zu ihrem Erstaunen ihren eigenen Körper in ruhiger Lage im Bett liegend, wobei sie sich bewußt war, daß hier ihr eigenes Ich mit allen Attributen ihrer wirklichen Persönlichkeit der *Beobachter* war. — Die Vision (wenn man sie als solche bezeichnen darf) dauerte einen kurzen Moment. Sie merkte schließlich, daß sie genau so im Bett lag, wie sie es vor einer Weile gesehen hatte. —

Mrs. Quentin, eine Bekannte des Parapsychologen Prof. James Hyslop, berichtete: „Vier- oder fünfmal habe ich, während ich im Bett lag, die unbeschreibliche Empfindung erlebt, von meinem Körper getrennt zu sein. Ich habe dann das Gefühl, daß ich in der Luft schwebe — über meinem Körper hängend — den ich betrachte . . . ich erfahre dann das herrliche Gefühl unbegrenzter Freiheit; doch erscheint eine leichte Anstrengung meinerseits erforderlich, es zu verlängern. — Nach einigen Augenblicken überkommt mich ein seltsames Gefühl, das mich veranlaßt zu denken: Ich muß wieder in meinen Körper eingehen. Ich bin überzeugt, daß es mir gelungen ist, diese Zeit der Freiheit durch eine Willensanstrengung zu verlängern, aber nur um kurze Augenblicke . . . denn etwas geht in mir vor, was mich nötigt, allmählich in den Leib wieder einzugehen."

Eindeutig aus einem Krankheitszustand heraus, und zwar bezeichnenderweise in zeitlicher Nähe des erwarteten Todes, erfuhr ein österreichischer General und Gegner des Okkultismus (!) folgendes: Er lag schwer krank darnieder und litt unsäglich. Es scheint, daß die Agonie bereits eingesetzt hatte. Plötzlich sah er sich mitten im Zimmer stehen; neben dem Bett, in dem sein Körper lag, nahm er seinen Bruder und den behandelnden Arzt wahr. Nichts jedoch erfüllte ihn so sehr mit Verwunderung und einem beseligenden Glücksgefühl, als die Empfindung, völlig gesund, kräftiger und jünger als je zu sein. Doch unvermutet empfand er einen furchtbaren Schmerz und fand sich in all dem Elend und Jammer seiner Krankheit in seinem Bett wieder. Der Arzt hatte ihm eine Kampferinjektion mitten ins Herz gegeben. — Der General schloß seinen Bericht mit den Worten: Die Leute mögen reden, was ihnen beliebt; für ihn sei das Problem des Todes gelöst, denn einen Tod gebe es gar nicht. —

Bankier M. J. Ramel aus Genf schrieb im November 1920 an den bekannten Astronomen und parapsychologischen Forscher Camille Flammarion, daß er während eines Herzleidens mehrmals in eine Art von Betäubung verfallen sei. „Einmal hörte ich alle Meinigen um mich herum sprechen, aber . . . mein Ich stand zur Seite, aufrecht, in einem fluidischen und weißen Körper. Ich beobachtete den Schmerz derjenigen, die sich bemühten, mich wiederzubeleben und ich dachte: wozu dient diese jämmerliche abgestreifte Hülle, die sie wieder ins Leben zu bringen suchen? Indem ich aber ihre Traurigkeit feststellte, kam mir ein starkes Verlangen, zu ihnen zurückzukehren. Und das geschah auch. Gleichwohl will mir scheinen, daß — wenn ich gewollt hätte — ich im Jenseits geblieben wäre . . . ich habe das Tor sich ein wenig öffnen gesehen, kann aber nicht sagen, was dahinter war."

Der ausgeprägte Wille, den trauernden Hinterbliebenen noch klarzumachen, daß doch „alles ganz anders" sei, mag der Anlaß zu folgendem Erlebnis gewesen sein: Die schwerkranke Cousine der Schriftstellerin H. A. Dallas hatte bereits in bewußtlosem Zustande die letzte Ölung empfangen. Der Arzt meinte, daß sie die folgende Nacht nicht überleben werde. — Nach ruhigem Schlaf kam sie aber etwas gekräftigt zu sich und forderte Nahrung, damit sie Kraft erhalte, etwas äußerst Wichtiges mitzuteilen. Sie berichtete, sie sei „tot" gewesen und habe eine allmähliche Entfernung von ihrem Leibe gefühlt. Dann stand sie am Fußende des Bettes, blickte auf ihren Körper hinab und sah darin ihr Herz wie eine kleine flackernde Flamme. Sich selbst habe sie als schimmerndes Licht empfunden. Sie fühlte sich kräftig und sehr glücklich und wußte, daß alles „ganz in Ordnung" sei und man nicht um sie weinen dürfe, denn sie war froh, ihrem Leibe entronnen zu sein . . . Dies wiederholte sie immer wieder mit Nachdruck. Sie betonte, daß sie selbst es gewesen sei, die außerhalb ihres Leibes war, nicht ein Teil von ihr: „Ich war es wirklich, ich selbst, meine eigene Person, eben ich." Nach 24 Stunden starb sie.[16])

S. J. Muldoon erfuhr von einem Nachbarn ein Erlebnis dieser Art. Der Mann befand sich an einem Wintertag mit einer Holzladung auf einem Pferdeschlitten auf dem Heimweg, als ein Jäger seine Flinte auf ein Kaninchen abschoß. Die Pferde — erschrocken — sprangen an, gaben dem Schlitten einen starken Ruck und warfen den Fahrer mit dem Kopf voran zu Boden. Dieser erzählte nun, daß er, auf der Erde angelangt, sich sogleich bewußt war, aufrecht zu stehen und seinen anderen

Körper reglos neben der Straße liegen zu sehen . . . Er sah den Schneefall ringsumher, die dampfenden Pferde, sah den Jäger auf sich zueilen. Es habe ihn völlig verwirrt, sich *zweimal* zu sehen. — Als der Jäger herankam, schien sich alles zu verdunkeln. Der nächste bewußte Eindruck war, daß er auf dem Boden lag und der Jäger Wiederbelebungsversuche an ihm machte . . . als er wieder aufstehen konnte, suchte er an jener Stelle, wo er „gestanden" hatte, nach Spuren im Schnee.[17])

Frl. Sophie S w o b o d a war eines Tages unter heftigen Kopfschmerzen auf dem Sofa eingeschlafen. Sie glaubte zu bemerken, daß ihre Mutter leise das Zimmer verlasse und erwachte daraufhin anscheinend. Sie fühlte sich leicht und schmerzlos, erhob sich und eilte der Mutter nach, um ihr von der plötzlichen Schmerzfreiheit zu berichten. — Sie fand die Mutter strickend beim Vater sitzen, der ihr vorlas, stellte sich neben die beiden, blieb aber unbeachtet. Selbst als sich die Mutter nach einiger Zeit erhob um nach der Tochter auf dem Sofa zu sehen, konnte sie sich ihr nicht bemerkbar machen, sah sich aber selbst leichenblaß und mit geschlossenen Augen auf dem Sofa liegen. — Sie fühlte sich dann wie von einem Schlag auf das Ruhebett geworfen und öffnete schwer und mühsam die Augen. Ihre Eltern setzte sie in Erstaunen, als sie ihnen die gelesene Stelle und im Gespräch geäußerte Ansichten z. T. wortgetreu wiederholte, obgleich sie drei Zimmer von ihnen entfernt und bei geschlossener Tür, gelegen hatte.

Herr L. L. H y m a n s berichtet: „Ich war in London in einem Hotel. Ich erwachte morgens ein wenig unwohl (ich habe ein schwaches Herz) und gleich nach dem Erwachen fiel ich in Ohnmacht. — Zu meinem größten Erstaunen befand ich mich bald im oberen Teil des Zimmers, von wo aus ich meinen leblosen Körper im Bett betrachtete, dessen Augen geschlossen waren. Ich versuchte ohne Erfolg, in meinen Körper wieder einzugehen und schloß daraus, daß ich t o t sei. Ich begann darüber nachzudenken, was die Leute vom Hotel, meine Verwandten, meine Freunde sagen würden. Ich fragte mich, ob gerichtliche Nachforschungen stattfinden und wie sich meine Geschäfte abwickeln würden. Ich hatte weder das Gedächtnis, noch das Selbstbewußtsein verloren. Ich sah meinen leblosen Körper wie einen Gegenstand für sich; ich war imstande, mein Gesicht zu betrachten. Doch konnte ich das Zimmer nicht verlassen; ich fühlte mich sozusagen angekettet, festgelegt in der Ecke, wo ich mich befand. — Nach ein bis zwei Stunden (!) hörte ich mehrmals an die abgeschlossene Tür klopfen, ohne ein Lebenszeichen geben zu können. Kurze Zeit später erschien der Hotelinhaber auf dem Balkon, zu dem eine Feuerleiter emporführte. Ich sah, wie er das Zimmer betrat, ängstlich meinen Körper anschaute und dann die Tür öffnete. Bald kamen die Hotelverwalterin und andere herein. Ein Arzt traf ein. Ich sah ihn den Kopf schütteln, als er mein Herz abhorchte, und dann einen Löffel zwischen meine Lippen bringen. Ich verlor das Bewußtsein und erwachte im Bett. Alles dies hat zwei Stunden gedauert."

Dr. Osty erhielt zwei vom 3. Mai 1930 datierte Berichte von Mme. N. Annenkoff, wovon der erste wie folgt lautet: „Vor vier Jahren wußte ich nicht, daß dergleichen möglich sei, da ich keinerlei Vorstellung von solchen Dingen hatte. — An einem sehr schönen und warmen Tage im Frühjahr 1926 saß ich auf dem Friedhof am Rande des Grabes meiner kleinen Tochter. Ich war bedrückt und traurig, aber bei guter Gesundheit. Ich erinnere mich genau, daß ich während des Beobachtens der Futter suchenden Ameisen mich körperlich und seelisch immer leichter werden fühlte. Mein erster Eindruck war, daß meine Beine und Arme kein Gewicht mehr hatten, dann der Unterleib, dann die Brust. Und plötzlich befand ich mich über und zur Seite meines Körpers, den ich am Rande des Grabes sitzen sah. — Ich betrachtete meine müde aussehende Gestalt und bemerkte, daß mein Mantel mit Erde beschmutzt war. Ich hatte die Empfindung, über meinem Körper zu schweben in einem völligen Glücksrausch. Ich hatte das Gefühl einer großen und leuchtenden Lebenslust, als lebte ich tausend Leben zugleich, und einer vollkommenen Ruhe. Ich konnte mich nicht bewegen und fühlte kein Bedürfnis danach. Aber ich konnte sehen, begreifen und das Gefühl eines innerlichen und glücklichen Lebens haben. Mein Körper erschien mir wie ein alter Fetzen, wie etwas Abgetanes. Ich dachte: dies ist der Tod! — Und doch war ich voll Lebenslust! — Ich sah den Friedhofswärter sich meinem Körper nähern, ihn befühlen, mich anrufen und dann davoneilen. Er sagte mir später, daß er gegangen sei, eine Ambulanz zu holen, und daß meine Hände und Gesicht schon angefangen hätten zu erkalten. — Als ich ihn forteilen sah, begriff ich, daß er mich für tot hielt und wurde plötzlich von Schrecken erfaßt . . . dies ist der Tod, dachte ich; wie wird mein Mann ohne mich leben? — Aber ich fühlte mich so lebendig, daß ich mir sagte: ich muß mich in meinen Körper zurückbegeben. Ich versuchte, wieder in ihn einzugehen und fürchtete doch, daß ich nicht dazu imstande sein würde. — Zuerst kehrte das Gefühl der Schwere wieder, dann die Schmerzen, die kleinen Unbehaglichkeiten, an die wir so sehr gewöhnt sind, daß wir sie nicht mehr bemerken. Schließlich kam die Traurigkeit und das Bedürfnis, zu weinen . . ."

Es mögen nun ein paar längere Erzählungen folgen. Zuerst die meines Freundes, des Parapsychologen Hans T r e b u s aus W.:

Jetzt bin ich gestorben, dachte ich ...

Als Spezialist für komplizierte optisch-elektromechanische Geräte, was für die Fähigkeit nüchternen und klaren Denkens sprechen dürfte, war mein Freund im Kriegseinsatz gewesen. 1945 geriet er in sowjetische Gefangenschaft. Mit anderen Gefangenen mußte er schwerste Arbeit bei einem Minimum an schlechter Ernährung verrichten: demontierte Maschinen auf Schiffe verladen. Er erzählt: „Im Juli traten die ersten Fälle von Ruhrerkrankungen im Lager auf. Rasch griff die Krankheit um sich. Täglich kamen neue Opfer ins Krankenrevier. Kein Wunder, denn die Verpflegung bestand aus Hundekuchen, Rübenschnitzeln und verschimmeltem Brot. Medikamente gab es nicht, und so konnten der betreuende Arzt und sein Helfer nur die Fieberkurven der Kranken aufzeichnen und evtl. den Tod feststellen. Das letztere geschah täglich.

In den ersten Tagen des Monats August 1945 packte auch mich die grauenvolle Seuche und ich wurde — wie viele vor mir — auf einer Decke ins Krankenrevier geschleppt. Nach einer Woche war ich so schwach, daß ich mich kaum noch von meinem Lager erheben konnte. Das Bett stand mit dem Kopfende vor einem Fenster. Ich lag auf einem mit Holzwolle gefüllten Sack und einer Kokosmatte, die ursprünglich als Fußabtreter gedient hatte. So dauerte es nicht lange, bis mein abgemagerter Körper wundgelegene Stellen aufwies."

Am 11. August, dem Vorabend zu meines Freundes 25. Geburtstag, hörte er ungewollt die Bemerkung des Arztes, daß „nichts mehr zu machen" und das Bett nächstentags für einen anderen Kranken freizumachen sei. „Apathisch und ohne Furcht lag ich auf dem Rücken. Meine Gedanken gingen heim zu meinen Lieben. Gern hätte ich mich noch einmal mit ihnen unterhalten ... Zwei bis drei Stunden mochten so vergangen sein — das Licht war bereits gelöscht, und nur eine kleine Notbeleuchtung erhellte spärlich den Raum — als ich mit sanftem Schlaf meine Schmerzen verblassen fühlte . . . Plötzlich wurde ich wach und glaubte, im Schlaf gestört worden zu sein. Ich öffnete die Augen und staunte, daß ich nicht mehr in meinem Bett lag, sondern an dessen Kopfende stand. Zu meiner weiteren Überraschung stellte ich fest, daß mein kranker, abgemagerter Körper noch im Bett lag! Sofort dachte ich, daß ich gestorben sein müsse; wenigstens für die Kameraden und deren Welt ...

Das veranlaßte mich, meinen nunmehr neuen Zustand zu betrachten. Zunächst stellte ich fest, daß ich einen Körper besaß, der mir in blau bis weiß — etwa in der Farbe eines Blitzes, aber nicht ganz so hell — erschien. Ich stand mitten in der ca. 50 cm dicken Steinwand; das Fensterkreuz ging genau durch meinen Rücken. — Die Wand, mein Bett, die Kameraden und alles was ich sah, erschien mir in einer veränderten Art. Es war durchsichtig wie ein Gas. Mein neuer Körper durchdrang diese Materie mühelos und es schien mir, als weiche der Stoff den Bewegungen meines Körpers aus, während dieser selbst den Eindruck einer festen Form machte. Ich befühlte ihn. Meine Hände waren fest wie in der früheren Form; sie boten sich gegenseitig einen festen Widerstand. — So machte ich mich mit meinem neuen Lebensbereich vertraut und verabschiedete mich im Stillen von meinen Leidensgenossen.

... über mir bemerkte ich einen hellen Schein. Anscheinend genügte der einfache Wunsch, dorthin gelangen zu wollen, denn schon begann ich mich von der Erde abzuheben ... immer schneller und schneller ging es aufwärts. Unter mir verblaßten die Umrisse der alten Kaserne, in der wir untergebracht waren. — Plötzlich fühlte ich, wie ich in ein anderes, mir fremdes Kraftfeld eintauchte und ich verlor die Sicht für die Erde. Dafür rollten vor meinem geistigen Auge eine Reihe von Bildern ab, die mich so eindringlich trafen, daß ich deren Bedeutung genau erkannte. Ich sah, wie viele Menschen auf einem großen Erdhügel umherliefen. Gleich einem riesigen Ameisenhaufen krochen und rannten sie durcheinander. Keiner schien zu wissen, was er genau wolle, und keiner kannte seinen Weg. Alle taten sie gerade das Gegenteil von dem, was sie hätten tun sollen, um *richtig* zu handeln ... jedenfalls hatte ich diesen Eindruck in sehr klarer und nachhaltiger Weise.

Als ich erkannte, daß es sich bei dem Geschauten um die Erdenmenschen handelt, erwachte in mir der Wunsch — oder besser gesagt: das dringende Verlangen — diesen irrenden Menschen den Weg zu zeigen und ihnen zu sagen, wo sie irren, was sie falsch machen. — Sofort begann ich wieder in die Tiefe zu gehen und spürte, daß ich jenes seltsame Kraftfeld wieder verließ. Trotzdem waren mein Bewußtsein und mein Einfühlungsvermögen so klar wie nie zuvor in meinem Leben. Fast war mir, als müsse ich nicht denken, sondern könne alles auf einmal erkennen ...

Unter mir tauchte aus dem Dunkel der Nacht die Kaserne auf. Ich erkannte, daß von meiner Magengegend (Sonnengeflecht; plexus solaris) ein etwa fingerdickes, leuchtendes Band hinab ging, das mit meinem Erdenkörper verbunden war. — Beim Eintauchen in den grobstofflichen Bereich verlor ich mein Erkennungsvermögen und sank kurz in einen dumpfen, schlafähnlichen Zustand, aus dem ich sofort wieder erwachte. Zu meiner Überraschung schlug ich aber diesmal die körperlichen Augen auf und stellte befriedigt fest, daß ich in meinen Erdenkörper wieder zurückgekehrt war. In diesem begann es nun zu kribbeln, als wären sämtliche Glieder „eingeschlafen“ gewesen. Erst allmählich kam ich wieder in die Lage, meine Glieder zu bewegen.“

Mein Freund fragte nun einen Kameraden nach der Uhrzeit (man richtete sich nach den Schlägen einer fernen Turmuhr). Dann rief er den Krankenpfleger und bat um etwas zu essen . . . — „Nach 16 Tagen wurde ich entlassen und wegen Arbeitsuntauglichkeit in die Heimat abgeschoben. Etwa drei Monate später hatte ich mich recht gut erholt und stand wieder fest auf den Beinen.“

Der hier geschilderte Austritt seines Fluidalkörpers bei vollem Bewußtsein dessen, was mit ihm vorging, war für meinen Freund Anlaß und Ausgangspunkt für das Erkennen seiner irdischen Lebensaufgabe, der er sich seitdem — in voller Überzeugung von der Tatsächlichkeit des Weiterlebens nach dem Tode — widmet.

Lassen wir nun zwei Beispiele des bewußten (gewollten) Austritts aus dem Körper folgen. Aus dem zweiten Weltkrieg berichtet Heinz Werner im Dezember 1953 in einer deutsch-amerikanischen Zeitschrift die nachfolgende Begebenheit.

Wir nannten ihn „Alex“

Nach einem Nachtgefecht gingen die Sanitäter los, um nach Verwundeten zu sehen. In einer Mulde fanden wir einen kleinen Russen, einen schlitzäugigen Mongolen, der einen Lungenschuß hatte. Ausdruckslos sahen die schmalen Augen zu uns empor. Fest umklammerten seine Hände eine kleine, geschnitzte Buddhastatue. Wir verbanden ihn rasch. — Der Kleine hatte Glück. Gerade war der Arzt zur Stelle, der sich sonst rückwärts beim Bataillonsstab aufhielt. Es war nichts Lebensgefährliches. Wir pflegten den Kleinen mit unseren eigenen Verwundeten in den nächsten Wochen gesund. — Inzwischen hatten wir uns an unseren Gefangenen gewöhnt. Der Hauptmann entschied, daß er bei uns bleiben könne. Er trug einen unaussprechlichen Namen. Der Einfachheit halber nannten wir ihn Alex.

Unser Alex machte sich sehr nützlich. Er war ein geschickter Bastler und richtete uns Fahrzeuge und Autos wieder zurecht. Einen merkwürdigen Einfluß hatte dieser Mann auf Pferde. War eines erkrankt, strich er dem Tier ein paarmal über die Augen, und in kürzester Zeit war es wieder gesund. — Der Mongole blieb sonst immer scheu und zurückgezogen und redete kaum ein Wort. Alex war Anhänger einer Buddhasekte, die für die Priesterkaste vorbehalten war. Irgendwie war der kleine Mongole ein merkwürdiges, unergründliches Wesen. Seit der Zeit, während der er bei uns war, gelang dem Gegner kein Angriff mehr. Jedesmal, Stunden, ehe der Gegner antrat, wurde Alex unruhig. Dann nahm er den geschnitzten Buddha in seine Hände und starrte minutenlang mit fast geschlossenen Augen ins Leere. „Heute kommen Feind in der Nacht" sagte er zum Chef und verbeugte sich tief. — Zuerst lachten wir über den komischen kleinen Kauz. Nachdem jedoch einige Male seine Voraussagen prompt eintrafen, bekamen wir großen Respekt vor dem Mann.

Eines Tages kam ein Melder der Division mit dem persönlichen Befehl des Generals, eine wichtige geheime Kommandosache, die auf keinen Fall in die Hände des Feindes fallen dürfe, durch einen verläßlichen Kurier dem weit vorn liegenden Regiment weiterzuleiten. Bei Gefahr war das Dokument durch den Kurier zu vernichten. Von der Durchführung des Befehls hing das Schicksal des ganzen Frontabschnittes ab.

Der Chef bestimmte einen tüchtigen Unteroffizier zur Überbringung der Meldung. Er sollte sich durch die verworrenen Linien unbedingt zum Kommando des Regiments durchwinden.

Etwa zwei Stunden, nachdem sich der Unteroffizier auf den Weg gemacht hatte, kam die Meldung durch, daß die Truppe vorn durch einen gegnerischen Großangriff versprengt und in Auflösung begriffen sei. Dem Chef war klar, daß unser Kurier angesichts dieser Sachlage dem Gegner direkt in die Arme lief. Es war unmöglich, den Mann noch zurückzurufen; der schlug sich irgendwo durch die sumpfigen Wälder und suchte das Regiment . . .

Da stand plötzlich unser Mongole in der Stube und sagte leise: „Ich Mann zurückholen!" Dem Hauptmann war jedes Mittel recht, er sagte zu. Auf einem Zettel teilte er dem Unteroffizier mit, sofort zurückzukehren und den Geheimbefehl wieder mitzubringen. Dann gab er Alex den Zettel.

Wir erwarteten nun, daß sich Alex auf den Weg machen würde. Der nahm jedoch die Buddhastatue aus der Tasche und den Zettel fest in die Hand. Die Augen schlossen sich langsam und der Mongole sank regungslos zu Boden. — Der Hauptmann fühlte ihm den Puls; er atmete kaum und das Herz schlug fast nicht mehr. Wir glaubten, der Mann sei ohnmächtig geworden. — Der Chef wurde nervös . . . Mein Gott, es mußte ja etwas geschehen, um den Unteroffizier zurückzuholen!

Plötzlich erfaßte uns ein Grauen . . . Der Mann hatte den Zettel, den wir eben noch fest von seiner Hand umschlossen gesehen hatten, nicht mehr! Wir durchsuchten die Taschen des Regungslosen: nichts, das Papier war nicht mehr zu finden. Der Chef entschloß sich, nun doch einen zweiten Mann starten zu lassen. Auf einmal kam Leben in den am Boden liegenden Mongolen. Langsam öffnete er die Augen und sprang dann katzengleich auf die Beine. „Mann gleich zurückkommt!" sagte er. „Mensch, wo hast du den Befehl? Gib ihn her!" schrie der Hauptmann.

Da hörten wir plötzlich Pferdegetrappel. Die Tür ging auf, und der Unteroffizier stand keuchend vor uns. Entgeistert starrten wir ihn an. „Mensch, Berger, um Gottes Willen, wo kommen Sie denn her?" — „Herr Hauptmann haben mir doch den Alex, mit dem Befehl, zurückzukehren, geschickt", erwiderte der Unteroffizier und wurde blaß, als er den Mongolen in der Ecke stehen sah . . .

Unteroffizier Berger behauptete, daß in einer Waldschneise, die er mühsam durchquerte, plötzlich der Mongole vor ihm gestanden und ihm den schriftlichen Befehl des Hauptmanns, sofort zurückzukehren, übergeben habe. Als Berger sich umsah, war der Mongole verschwunden.

Im Zuge der bald einsetztenden Absetzungsbewegungen der ganzen Front im Osten, verschwand eines Tages der Mongole spurlos. Der Hauptmann fand in seiner Manteltasche nur noch den kleinen Buddha, der ihm als Talisman dienen sollte. — Kenner des nördlichen buddhistischen Ostens versichern, so schließt der Bericht, daß in den Priesterkasten der Lamas die Kunst der Doppelgängerei und der Dematerialisation gelehrt werde. —

So unglaubwürdig dieser und manche andere Berichte in diesem Buch klingen mögen, so muß dennoch ganz entschieden betont werden, daß es keine „Wunder" gibt und geben kann. Schon Augustinus sagte: „Ein Wunder geschieht nicht im Widerspruch mit der Natur, sondern im Widerspruch zu demjenigen, was uns von der Natur bekannt ist." Und du Prel bemerkt: „Der Unglaube neuen Erscheinungen gegenüber ist meistens nur der Glaube an das alte System, worin für Neues kein Platz mehr ist."[18]) Ich möchte vermeiden, die verschiedenartigen Erklärungsversuche und -systeme für diese oder jene Fakten darzulegen; das würde ins Uferlose führen und den Leser ermüden. Lassen wir deshalb weitere Erlebnisse folgen. Die nächsten beiden Schilderungen spielen ebenfalls in Kriegszeiten und stammen von dem Wiener Parapsychologen Hermann Medinger.

Der „heilige Diamant"

„Er war ein Heiliger, der jüdische Branntweinschenker Aaron Diamant im Städtchen B. in Russisch-Polen zur Zeit des ersten Weltkrieges", meint Hermann Medinger, der damals Leutnant der k. u. k.-Armee war und sich beim Diamant auch öfters ein Gläschen Wodka genehmigte. Der Jude war oft „geistesabwesend", in einem eigenartigen Zustand, und das nutzten die Soldaten aus, um ihm, sobald er sich nur ein wenig umwendete, ganze Flaschen Schnaps zu stehlen. Ein Wiener

Deutschmeister-Korporal hatte ein Spottlied auf den Schenkenwirt verfaßt, und das wurde „in vorgerückter Stunde bis zur Bewußtlosigkeit gegrölt", wie der Erzähler bemerkt. Diamant aber stand hinter seinem Schanktisch, mit Kaftan und Schläfenlöckchen, im Zustand der „Entrücktheit", und füllte den Soldaten die Gläser.

Einmal geschah es, daß Medinger den „heiligen Diamant" allein im Laden antraf. Wieder saß er so ganz weltentrückt hinter seinem Verkaufspult. „Ja, ja", sagte er plötzlich zum Berichterstatter, „mit ihne, Herr Leitnant, kenn iach ja reden. Bei ihne seh iach, se sennen keiner von dene rohen Krieger, sondern en Salonsoldat und a geistiger Mensch. Iach seh stehen hinter ihnen ihren Nepesch*), er werd se nicht verlassen, und se werden güt heimkehren aus dem Krieg, den iach nicht werd überleben."

„Mei Vader war a chasiddischer Jid**), der hat noch gekennt güt de Vorschriften des Wunderrebbe (=rabbi), des heiligen Baal-Schem, der wo hat gelehrt, ma müaß sach Gott zwingen mit sein Gebet. Nicht soll traurig werden gebetet, sondern me müß sach sein fröhlich dabei und lachen. Und wenn ma könn nicht lachen von alleinig, so mag ma trinken Wodka und Rum, und dann ise ma lüstig und stark, daß ma kenn zwingen Gott ins zu helfen.

So ise sach mei Tate (Vater) a Schnapshändler geworden, hat eingerichtet die Schank, welche iach heint noch führ und hat leider selbst alle Tag getrunken mit andere Jidden, getanzt und gebetet und hat wollen zwingen Gott, ihnen zu helfen. Niemals is es aber güt gewesen für an Jiden, Schnaps zu trinken ... Es ist sach gewesen a Pogrom, und da haben sie ihn und die Mutter erschlagen mit meine sechs Brieder. Mich haben se nicht gesehen, denn ich bin gewesen mit meinem Geiste heraußen aus mein Körper und se haben geglobt, iach sei tot. Dann haben se de Kassa ausgeleert, den Schnaps ausgesoffen und das Haus angezündet.

Und da hab iach gesehen, daß Gott das nicht will, was der heilige Baal-Schem hat gelehrt, und bin geworden ganz still. Iach weiß, daß der Diamant, der da im Schnapsladen steht und Wodka verkauft, nur is a Roboter, so a Golem. Der echte Diamant is meist nicht drin im Körper, sondern der schwebt herum, weit in die Welt hinaus, und sieht und lernt draußen viel mehr als a Jidd in zehn Leben kann lernen in ünserem weltverlassenen Dorf. Iach war schon mit mein Geistkörper in der ganzen Welt!"

Medinger bemerkt: „Wahrlich, er erzählte mir dann ganz verblüffende Berichte seiner Astralwanderungen und sagte unvermittelt, daß

*) Schutzgeist; Schutzengel.

**) Chassidim (= die Frommen) sind besonders gesetzestreue Anhänger einer 1750 gegründeten jüdischen Glaubensrichtung.

er eben in Wien zu Schönbrunn war und dort sah, daß des alten Kaisers Franz Josef I. Geistkörper schon ganz ‚heraußen' wäre und daß alle Erzherzöge bei seinem Sterbebett stünden, um darauf zu warten, daß seine Seele endlich aus der irdischen Hülle befreit würde." Tatsächlich sei am nächsten Tag die Todesnachricht Sr. Majestät eingetroffen.

„Iach brooch fast gar nichts ze acheln (essen), iach nehm mei Kraft vom Himmel. Iach hab alle verloren, die iach hab gehabt gerne. Meine Frau und meine Kinder sennen worden erschossen von de Russen 1914 . . . aber es is nur ihr Irdisches, was se haben da ermordet. Sie sind immer noch bei mir und iach bei ihnen, es hat sach nichts geändert, nur daß se sennen schon teilweise frei von ihrer irdischen Hüll und iach bin manchmal noch fest eingesperrt darin."

Der alte Diamant erzählte unserem Berichterstatter noch vieles. Beispielsweise von Buddha, den er sehr bewunderte; von Jesus Christus und seiner Lehre, wie der Entstellungen derselben durch die Kirche; auch die Lehren Mohammeds mit all ihren unguten Begleiterscheinungen schien er gut zu kennen. Auf die Frage Medingers, wo er denn, bei seinem umfassenden Wissen, seine Bibliothek habe, oder aber, wo in dieser Wildnis solch ein Bücherschatz angehäuft wäre, antwortete Diamant: „Wozü a Bibliothek; iach waas dies alles, weil se haben mer dies selber gesagt: Buddha, Christus, Mohammed und noch viele andere. Alle und noch mehr kenn ich güt. Mit alle hab ich schon geredet."

Medinger fragte noch, wie lange der Krieg wohl dauern würde und wie das Ende sei. „Iach will dem Herrn Leitnant nicht machen bang, se werden schweres Leid mitmachen das e r s t e Mal. Das z w e i t e Mal noch mehr Unglück ertragen müssen. Überleben werden se all de beiden Machoimes.„ — Mit dem „zweiten Mal" wußte Medinger damals nichts anzufangen . . . der zweite Weltkrieg war damit gemeint.

Das zweite Vorkommnis, das Hermann Medinger im Februar 1958 erzählte, spielt ebenfalls in Galizien während des ersten Weltkrieges. Lassen wir ihn selbst berichten:

Der Schatz des alten Juden

Ich hoffe, eine alte Schuld an einem Toten damit abzugelten, denn seit rund 40 Jahren bin ich über nachfolgende tragische Begebenheit nicht hinweggekommen, und noch heute erscheint mir oft das Phantom des alten Juden, der seinen Schatz sucht.

Bei den orthodoxen Juden des alten Galizien war es Brauchtum, an der Eingangstüre in einer Glasröhre, die gleich einem Thermometer an zwei Metallhalftern befestigt war, einen Spruch aus der Thora — dem heiligen Buche der Juden — anzubringen. Während des ersten Weltkrieges war ich einmal bei einem reichen Juden namens Leib Nußbaum, in einem kleinen galizischen Städtchen einquartiert. An einem Winterabend saß ich mit meinem Chauffeur beim Kamin, und während dieser dem vom Hausherrn spendierten Schnaps eifrig zusprach, las ich im „Faust", den ich in Nußbaums Bibliothek vorfand. Von der nahen Front dröhnte Kanonendonner herüber. Eine dicke Nacht, dachten wir, und ließen es uns beim flackernden Feuer wohlergehen.

Plötzlich hatte mein Fahrer, inspiriert vom Alkohol, die geschmacklose Idee, die Thorarolle aus der Glasröhre zu entfernen und an ihrer Stelle ein Blättchen Papier mit einem unanständigen Zitat von Goethe zu schieben. — Hier begann meine Schuld damit, daß ich ihm dies nicht verbot, sondern untätig zusah!

Kaum war der Frevel verübt, wurde die Tür aufgerissen und das angstverzerrte Gesicht Leib Nußbaums sichtbar. „A schaine Machoime", stammelte er, „beim Schloime Mandes, nicht weit von hier, hat a verirrter Granatsplitter die hl. Thora heruntergerissen, und gleich drof is er vom Schlag getroffen gestorben, der arme Schloime." Kaum ausgesprochen, trat ihm Schaum vor den Mund, und ohnmächtig sank er zusammen.

Ich blickte, magisch angezogen, auf die Thorarolle an unserer Tür, die unvermittelt hell aufleuchtete! Und dabei war doch nichts anderes drin als das klassische Zitat Goethes aus dem Götz . . .

Während ich noch über die geheimnisvollen Zusammenhänge nachsann, krachte es, und ein Treffer krepierte in allernächster Nähe, wobei — ebenso wie beim Schloime Mandes — die Throrolle samt falschem Inhalte von unserer Tür gerissen wurde! — Draußen die sich vermehrenden Einschläge, drinnen der gelähmte Jude, der immerfort lallte: „Die Thora auf der Tür. Er hat mich bestraft, mei Nepesch. Mei Schatz, mei Schatz!" Plötzlich richtete er sich hoch auf und befahl, man müsse die Thorarolle, die eben weggeschossen worden war, suchen, denn darin hätte er auf der Rückseite den genauen Lageplan seines vergrabenen Schatzes aufgezeichnet. Aber der Papierstreifen war nicht mehr auffindbar; mein Fahrer hatte ihn ins Feuer geworfen. So starb Leib Nußbaum unter Schluchzen und Heulen. —

Jahre vergingen, der Krieg war lange vorbei. Ich spazierte in einer milden Frühlingsnacht in der Leopoldstadt und sah vor mir einen polnischen Juden in Kaftan und Schläfenlöckchen dahinwallen. Doch als ich näher hinblickte, merkte ich zu meinem größten Erstaunen, daß seine Füße den Boden gar nicht berührten, er schwebte! — Unvermittelt drehte er sich um, und ich prallte vor dem Gesicht des verstorbenen Leib Nußbaum zurück . . . Sein Ausdruck war wie in jener Sterbestunde, angsterfüllt und verzerrt. Da öffnete er seinen zahnlosen Mund und röchelte einige hebräische Worte, die mit dem Satz „Thorarolle — mei Schatz, mei Fluch. Fluch dir" endeten.

Ein kurzes Stoßgebet zu meinem Schutzgeist und für seinen Frieden bewirkte, daß sich das schauerliche Phantom auflöste.

Obzwar alter „Okkultist", war ich über diese Begebenheit auf offener Straße doch schwer benommen, da ich mich gerade Leib Nußbaum gegenüber seinerzeit nicht fair benommen hatte; besser gesagt, es nicht verhinderte, daß mein Chauffeur an ihm so frevelte. — Letzterer hat übrigens diese „Heldentat" nicht lange überlebt und fiel bald darauf in Galizien. Ich habe ihn selbst begraben.

Bei allen Berichten über selbsterlebte Geschehnisse, ganz gleich welcher Art, muß man natürlich immer das Subjektive, die persönliche Färbung der Schilderungen berücksichtigen. Schon bei Reiseberichten ist es doch so, daß die Beschreibungen derer, die in der betreffenden Stadt oder einem bestimmten Land oder einem anderen Erdteil zu verschiedenen Zeiten und an verschiedenen Orten waren, sehr unterschiedlich sind und voneinander abweichen. Dasselbe ist der Fall bei den sogenannten „Exkursionserfahrungen" derer, die einen oder mehrere Austritte ihres Ichbewußtseins aus dem physischen Körper erlebt haben. In gewissen Hauptpunkten jedoch herrscht grundsätzliche Übereinstimmung. Und aus dieser kann man brauchbare Schlüsse auf die Tatsächlichkeit des Geschehens selbst ziehen, auf die Art der Voraussetzungen zur Auslösung eines solchen Vorganges, und auf die veränderten Daseinsbedingungen als „Fluidalmensch". Anhand der hier bislang wiedergegebenen Erfahrungsberichte und aus zahllosen anderen Mitteilungen ähnlicher Art läßt sich mühelos eine gewisse Basis herausarbeiten, die allen Fluidalleib-Exkursionen gemeinsam ist. Erinnern wir uns: übereinstimmend wird bezeugt

1) das Erstaunen, den eigenen Körper zu sehen und aus den verschiedensten Perspektiven zu beobachten,
2) das angeblich unbeschreibliche Glücksgefühl der Schwerelosigkeit und des Freiseins,
3) das Vorhandensein des vollen Ichbewußtseins und die Klarheit des Denkens.

In der übergroßen Mehrzahl aller Fälle wird ferner konstatiert

4) die Durchsichtigkeit und Widerstandslosigkeit materieller Gegenstände, einschließlich der von Mauern und Wänden,
5) das verbindende „Band" zwischen dem Fluidalkörper und dem physischen Leib,
6) die Art des Fortbewegens in „Gedankenschnelle", und
7) die Unmöglichkeit, sich Zurückbleibenden (Angehörigen etc.) bemerkbar machen zu können.

Allein aus den Punkten 4 bis 6 müssen wir schließen, daß

a) das geheimnisumwitterte „Jenseits" räumlich schon im Diesseits beginnt, und

b) in diesem „Jenseits" offenkundig andere Naturgesetze herrschen und demzufolge andere Daseinsbedingungen gegeben sind, als auf der physischen Seinsebene.

Letzteres als verwunderlich anzusprechen, scheint mir verfehlt; wir brauchen ja nur die Raumfahrt als Vergleich herzunehmen: im Weltraum bringen die Naturgesetze andere Wirkungen hervor als bei uns auf der Erde (siehe Schwerkraft).

Gerade die so häufig bekundeten Doppelgänger-Erlebnisse und Austritte des Ichs sind doch in ihrer typischen Art so aussagekräftig, daß als *logische Folgerung* die Annahme der Tatsächlichkeit eines sofortigen Weiterlebens nach dem Tode und des Vorhandenseins eines „Jenseits" geboten erscheint. Freilich kann man die Aussagen dadurch zu entkräften suchen, daß man allen, die so etwas erlebt haben wollen, Krankheit, Sinnestäuschungen, Neigung zur Schwärmerei oder Hysterie unterstellt, . . . daß solche Personen nicht „bei Sinnen" waren und eben deswegen nicht ernst zu nehmen seien. — Gewiß, man kann alles bezweifeln, und das betonte Hervorkehren des kritischen Skeptizismus verleiht einem sogar eine interessante Persönlichkeitsnote, aber gewonnen ist damit nichts. Du Prel hat fraglos recht, wenn er sagt: „Der Skepizismus gehört nicht zu jenen Dingen, die um so besser werden, je weiter man sie treibt. Kritisch besonnen und wissenschaftlich gerechtfertigt ist nur jener Zweifel, der genau am richtigen Punkt haltzumachen versteht."[19]) Wir sollten Übersinnliches nie deswegen für unmöglich halten, weil es unserer Alltagserfahrung und dem Weltbild, das wir uns selbst zurechtgezimmert oder durch die Schule übermittelt bekommen haben, in keiner Weise entspricht. Und wenn wir feststellen müssen, daß sich unsere Erklärungsversuche als unzureichend erweisen, so halten wir es doch am besten mit der Weisheit unseres großen Goethe, der seinen diesbezüglichen Standpunkt in die Worte formte: „Derlei Dinge brauchen nicht erklärbar zu sein; es genügt, wenn sie *wahr* sind!"

Unter diesem Gesichtspunkt wollen wir die Reihe der geschilderten Erlebnisse durch einige Beispiele ergänzen, bei denen vermehrte Wahrnehmungsfähigkeit eintritt:

„Im folgenden Fall", schreibt Dr. E. Mattiesen im zweiten Band seines Grundlagenwerkes „Das persönliche Überleben des Todes" (Berlin 1936), „scheint ausgesprochenes Fernhellsehen auf der Höhe der Exkursion zu den üblichen Bestandteilen derselben hinzugetreten zu sein." Der Bericht stammt von dem reformierten Geistlichen L. J.

Bertrand, der sich einer Bergsteigergruppe angeschlossen hatte. Während des Aufstiegs trennte er sich von seinen Gefährten und ließ sich am Rande eines Abhanges nieder. Plötzlich fühlte er sich von einer Lähmung ergriffen, die ihn sogar verhinderte, ein gerade entflammtes Streichholz fortzuwerfen, mit dem er sich eine Zigarre anzünden wollte und das ihm nun die Finger verbrannte. — Bertrand hielt den Anfall für hereinbrechenden „Schneeschlaf", beobachtete das allmähliche Absterben der Hände und Füße, dann der Ellbogen und der Knie, des Rumpfes und Kopfes, und schließlich das „Ausgehen" des Lebens. Er hielt sich nun für tot, hatte jedoch vollbewußt das Gefühl, wie ein Ballon in der Luft zu schweben. „Niederblickend war ich erstaunt, meine eigene totenblasse Hülle zu erkennen. Seltsam, sagte ich zu mir selbst; dort ist der Leichnam, in dem ich lebte und den ich als mein Ich bezeichnete ..."

Er sah die Zigarre in der Hand seines „Leichnams" und stellte sich vor, was die Gefährten sagen würden, wenn sie seinen Körper fänden. — Dann nahm er wahr, daß diese einen Weg zum Gipfel wählten, den zu meiden sie ihm versprochen hatten, und daß der Bergführer sich heimlich einige Speisevorräte seiner Schutzbefohlenen aneignete. — „Hallo, sagte ich, dort geht meine Frau nach Lungern ... und sie sagte mir doch, sie werde nicht vor morgen abreisen." — Er fühlte sich abwärts in den Körper zurückgezogen, geriet in „Verwirrung und Chaos" im Gegensatz zu der völligen Klarheit zuvor und fand, als er zu voller Besinnung kam, daß die Genossen ihn aufgefunden und „wiederbelebt" hatten. — Er hielt ihnen nun ihren Wortbruch und dem Führer seinen Diebstahl vor, und der Mann, der den Teufel selber vor sich zu haben glaubte, nahm Reißaus unter Verzicht auf seinen Lohn. — Auch was Bertrand bezüglich seiner Frau gesehen hatte, erwies sich später als zutreffend.

Aus der Zeitschrift „Light" des Jahrgangs 1917 stammt folgender Bericht: Mrs. M. S. aus Edinburgh, eine passionierte aber nicht berufsmäßige Krankenpflegerin, saß eines Tages am Krankenbett einer sechsjährigen, von ihrer Mutter arg vernachlässigten Kleinen namens Nelly. Unversehens zeigte das schwerkranke Kind ein freudestrahlendes Gesicht, wobei das ganze Zimmer lichterfüllt schien. — Während nun die Pflegerin über dem Bett der Kranken ein „Kind" erblickte, welches die Sterbende gleich darauf mit dem Namen ihrer verstorbenen Schwester Lilly anrief, sah sie gleichzeitig „einen Nebel aus dem Kopfe des kranken Mädchens aufsteigen und sich mit einem darüber befindlichen Gebilde verschmelzen", das wie eine zweite, in Nebel gehüllte kleine Mädchengestalt aussah. — Diese Gestalt war bereits zur Hälfte verdichtet, als die Mutter der Sterbenden das Zimmer betrat; alsbald verschwand alle fluidische Verdichtung und kehrte in den

Körper des Kindes zurück, während der Ausdruck der Freude auf dessen Gesicht in den des Leidens überging. Erst als die Muttter sich auf Anraten der Krankenpflegerin entfernte, trat der anfängliche Zustand wieder ein, das Kind starb, und beide Gestalten entschwanden dem Blickfeld von Mrs. S.

Sara A. Underwood gibt die Erlebnisschilderung einer nicht genannt sein wollenden Ärztin wieder, die ihr folgendes mitteilte:

„Als ich sah, daß der Kranke nur noch wenige Augenblicke zu leben hatte, überlegte ich mir, wie ich die Familie vorbereiten sollte. Plötzlich hatte ich das Gefühl einer „Anwesenheit" mir zur Seite. Ich wendete mich um und verharrte wie vom Blitz getroffen: vor mir sah ich den Kranken in Person, der im selben Augenblick verschieden war. Diese „Geistform" schien sich meiner Gegenwart nicht bewußt zu sein, sondern blickte mit einem aus großer Betroffenheit und Schrecken gemischten Ausdruck auf ihren eigenen Leichnam. Ich richtete den Blick ebenfalls einen Moment auf den starren Körper des Toten; als ich mich wieder umkehrte, war jene Gestalt verschwunden. Aber die Überzeugung blieb mir, daß ich dem Abschied einer Seele beigewohnt hatte."

Eine andere Art der Wahrnehmung des eigenen Körpers erzählte 1957 Ottmar Hess, der von einem Blitz getroffen worden war: „Wir waren über Land, ein Unwetter kam langsam auf uns zu. Da sich keine andere Schutzmöglichkeit bot, stellten wir uns unter ein niedriges Gebüsch. Der Donner rollte, der Regen wurde immer stärker. Da ... etwas Grelles, soweit ich mich nachher daran erinnern konnte. Ich verlor für Augenblicke das Bewußtsein und fühlte mich unsagbar *leicht* werden, als ich plötzlich wieder zu mir kam. — Jegliches Körpergefühl war weg, aber trotzdem fühlte ich mich vollwach, in ungekannter Schwerelosigkeit. Da fiel mir wieder das Gewitter ein, das ich ganz vergessen hatte.

Wie durch einen Schleier sah ich meine Begleitung noch unter dem Gebüsch zusammengekauert, daneben lag eine Gestalt am Boden. Ich hätte fast lachen oder an einen Zaubertrick glauben mögen: das war ich, mein Anzug, meine Schuhe ... Jedes Zeitgefühl war mir abhanden gekommen. Ich stand oder schwebte zwischen dem nassen Boden und dem Strauchwerk und staunte mehr über meine Verfassung, als daß ich beunruhigt gewesen wäre. — Mittlerweile ließ ich meinen Blick weiterschweifen, soweit ich es durch den leichten Nebelvorhang konnte." Infolge des Blitzschlags scheint H's Fluidalkörper in Mitleidenschaft gezogen worden zu sein, so daß sein geistiges Sehen beeinträchtigt war. — „Etwas Dunkles schien sich zu nähern. Meine Begleiter erhoben sich und winkten. Eine Gestalt trat heran, aber sprechen hörte ich nicht; ich trachtete auch gar nicht nach akustischen Eindrükken, da mich mein Leichtigkeitsgefühl fast in einen Freudentaumel versetzt hatte.

Nun befiel mich der Gedanke, mich bemerkbar machen zu sollen, und ich sprach die Menschen an. Sie hörten es nicht. Darauf versuchte ich, mich durch Gestikulationen verständlich zu machen, trat an sie heran, aber sie gingen durch mich hindurch, als ob ich Luft wäre! Das entsetzte mich doch. Dann wäre ich ja *tot*, wie ich das aus vielen Schilderungen her kannte. — Man hob meinen Körper auf und trug ihn über eine Wiese auf ein dunkles Etwas zu, das ich jetzt als Auto erkannte. Ich wurde sorgsam hineingelegt. Der Wagen raste davon, ich immer nebenher, ohne Schwierigkeit. — Dann hielt das Fahrzeug. ‚Ich' wurde ausgeladen, auf ein Sofa gelegt. Ein Mensch massierte mein Herz, machte Atemgymnastik mit meinem Körper. Ich stand immer noch daneben, neugierig, wie das enden würde. Plötzlich fühlte ich mich jäh erlahmen, mein Bewußtsein zerflatterte, so sehr ich mich auch an es anzuklammern versuchte ...

Als ich mit dumpfer Betäubung langsam wieder zu mir kam, erinnerte ich mich zuerst, daß ich während des Unwetters vom Blitz getroffen worden sein mußte. — Nur sehr langsam fand ich wieder mit der Umwelt Kontakt. Eine bleierne Schwere lastete auf meinem Gehirn, die in krassem Widerspruch stand zu dem eben erlebten Zustand der Schwerelosigkeit ... Endlich hatten sie mich so weit, daß ich meine Umgebung erkannte, und dann war es verhältnismäßig leicht, mich dem irdischen Denken wiederzugeben. — Eines ist mir klar: In der jenseitigen Welt ist es um kein Haar anders als im Diesseits, nur fehlt die Körperschwere."

Von anderer Art ist ein Vorkommnis, über das man damals in der franzöischen Kolonie von Rio de Janeiro noch lange redete: Im Jahre 1858 wanderte eine elsässische Familie — Mann, Frau und Kind — nach Rio aus, wo sie sich Landsleuten anschließen wollten. Noch vor Erreichung des Zieles erkrankte jedoch die Frau und erlag schließlich den Strapazen. Am Tage vor ihrem Tode war sie in Ohnmacht gefallen und hatte nach dem Erwachen zu ihrem Manne gesagt: „Jetzt bin ich beruhigt, denn nun weiß ich, daß für unser Kind gesorgt ist. Ich war in Rio" (wo sie noch nie gewesen war) „und habe dort unseren Freund Fritz getroffen, den Zimmermann. Er stand gerade an der Schwelle des Hauses. Ich habe ihm das Kind gezeigt und ich bin sicher, daß er es bei deiner Ankunft wiedererkennen wird und sich seiner annimmt." Kurz darauf starb sie. Der Mann wunderte sich zwar über das Gehörte, legte ihm jedoch keine Bedeutung bei.

Am selben Tage und zur gleichen Stunde — wie sich später herausstellte — stand Fritz, der elsässische Zimmermann, unter der Tür des Hauses, das er in Rio bewohnte, als er eine Frau auf sich zukommen sah, die ihm mit einer flehenden Gebärde ein kleines Kind entgegenhielt. Die Frau war sehr abgemagert, aber er glaubte dennoch die Züge von Lotte, der Ehefrau seines Landsmannes Schmidt, zu erkennen; doch fiel ihm ihr seltsamer Gang und das gespenstische Wesen auf. — Als sie sich entfernte, rief der Zimmermann seinen Gehilfen heraus, der auch aus dem Elsass stammte, und fragte ihn: „Ist das nicht unsere Landsmännin Schmidt?" Der Gehilfe vermochte jedoch keine Auskunft zu geben. —

Fritz merkte sich den Vorfall genau. Als einige Zeit darauf sein Freund Schmidt mit einem kleinen Kind auf dem Arm an Land stieg, rief er ihm zu, noch bevor dieser ein Wort sagen konnte: „Ich weiß alles! Deine Frau ist gestorben. Aber vorher war sie noch bei mir, um mich zu bitten, mich dieses Kleinen anzunehmen." Er nannte Tag und Stunde, und alles stimmte. —

Prof Heinrich Jung, genannt „Stilling" (1740—1817) erfuhr ein seltenes Doppelgänger-Erlebnis aus dem Munde des Erlebers selbst, dem königlich-schwedischen Kammerherrn Baron Sulza: Der Baron kam gegen Mitternacht von einem Nachbarbesuch heim. Es war im Sommer, wo die Nächte in Schweden so hell sind, daß man im Freien lesen kann. — „Als ich in unsere Besitzung eintrat, kam mir vor dem Eingang mein Vater entgegen; er war wie gewöhnlich gekleidet und in der Hand trug er einen Stock, den er sich selbst einmal geschnitzt hatte. Ich begrüßte ihn und wir plauderten lange Zeit zusammen. So kamen wir ins Haus und bis zum Eingang seines Zimmers. Ich trat ein . . . und sah meinen Vater ausgekleidet in seinem Bett liegen! Er lag in tiefem Schlaf. Im selben Augenblick löste sich die Gesalt, die mich begleitet hatte, auf. Bald darauf erwachte mein Vater und sah mich verwundert an. ‚Gott sei gedankt, Eduard', sagte er, ‚daß ich dich heil und gesund vor mir sehe, denn ich war im Traum schwer besorgt um dich. Ich sah, wie du ins Wasser fielst und in Ertrinkungsgefahr schwebtest.' — Nun war ich denselben Tag wirklich in solcher Gefahr gewesen", bemerkte der Baron, „ich fischte im Fluß nach Krebsen, wäre aber beinahe von der Strömung erfaßt und mitgerissen worden."

Dr. Bruno Winkler berichtete in der „Zeitschrift für Seelenleben" vom 15. 10. 1940 eine gut verbürgte Begebenheit um den Tod des Generalfeldmarschalls Hellmuth von Moltke (1800—1891), dessen Biograph Eckart von Naso darüber geschrieben hatte: Es war am 24. April 1891 in Berlin, als zwei Kavallerieoffiziere, Prinz Max zu Hohenlohe und Graf Harald von Gröben, ein Gebäude am Königsplatz verließen. Sie waren zum Generalstab kommandiert worden und hatten lange gearbeitet. Jetzt wollten sie zum Abendessen gehen.

Als sie das Portal verlassen hatten und um das Gebäude herumbogen, kam ihnen Generalfeldmarschall von Moltke entgegen. Die Offiziere nahmen militärische Haltung an und grüßten. Auch der Wachtposten präsentierte das Gewehr. Der Schweigsame aber grüßte nicht und ging ruhigen Schrittes an ihnen vorüber. — Seltsam, dachten die Offfiziere, der Feldmarschall hatte weder Mütze noch Degen getragen (beim preußischen Militär eine Unmöglichkeit!). Und als ihm die Offiziere nachschauen wollten, fanden sie ihn nicht mehr. — Zur gleichen Stunde war Moltke in die Ewigkeit gegangen, war gestorben, wie er gelebt hatte: still, einsam und bescheiden ... Nebenbei bemerkt: Graf Moltke war Spiritualist und wußte um das Weiterleben Bescheid. —

Wie bereits betont, kann es auch durch Narkotika oder Rauschgiftgenuß zum Austritt aus dem physischen Körper kommen. Bei Zahnbehandlungen und Zahnextraktionen in der Zeit vor rund hundert Jahren wurden die Patienten chloroformiert. Schon aus dieser Zeit stammen die ersten Berichte vom Austritt des Fluidalkörpers als Folge der narkotisierenden Wirkung:

J. A. Hill erzählt von einem Fräulein Hinton, die als 17jährige zum Zweck eines Zahnziehens chloroformiert wurde. Als alles vorbei war, zog sich ihr Erwachen in bedenklicher Weise hinaus, was große Besorgnis erregte. Als sie schließlich doch erwachte, gab sie an, daß sie sich *über* ihrem fleischlichen Leibe befunden habe, die ihren Körper umstehenden Anwesenden gesehen und vergeblich versucht hatte, zu ihnen zu sprechen. In der Annahme, daß sie tot sei, habe sie sich darüber gewundert, daß sie nicht dem göttlichen Gerichte verfiel!

Die Afrikareisende und -schriftstellerin Mrs. Edith Archdale unterzog sich in Johannesburg einer Zahnoperation, vor der sie wiederholt weitere Chloroformgaben forderte, weil sie noch nicht schlafe. „Plötzlich sah ich mich aufrecht neben dem Stuhl, in welchem mein Körper lag, und empfand den lebhaften Wunsch, nicht wieder in ihn einzugehen."

De Rochas berichtet von einem Kapitän Volpi, der ihm erzählte: „Vor sechs Jahren (d. i. 1883) atmete ich Chloroform ein, um Krämpfe abzuschwächen, hervorgerufen durch eine Steinoperation. Da bemerkte ich mit Staunen, daß mein Ich, d. h. meine Seele und meine denkende Vernunft, mit gestalteter Körperlichkeit umkleidet, zwei Meter von meinem Leibe entfernt sich befanden. Mein Ich sah meinen Körper unbeweglich ausgestreckt auf dem Bett liegen ..."

1926 berichtete in der „Zeitschrift für Parapsychologie" der damals bekannte Nervenarzt Dr. Marcinowski von einer ans Bett gefesselten Kranken, der zwei Zähne gezogen werden sollten. Entgegen aller Befürchtungen wurde dies von der feigen Person völlig laut- und regungslos hingenommen. Erst nachträglich „brüllte diese". Die Erklärung: „Die Patientin, von klein auf mit Doppelgängerbildung behaftet, hatte ihren Körper verlassen und dem ganzen Vorgang von außen her interessiert zugeschaut." Erst als sie in ihren Körper zurückgezogen worden war, kam es auf einmal zu dem vorher nicht vorhandenen Schmerzgefühl . . .

Auch Dr. Franz Hartmann behauptet, unter der Einwirkung des Chloroforms sich neben dem Operationsstuhl stehend gesehen zu haben, „in welchem mein Körper lag. Ich erschien mir selbst als dieselbe Person, wie in meinem normalen Zustande. Ich sah alle Gegenstände im Zimmer und hörte alles, was gesprochen wurde; als ich aber versuchte, eins von den Instrumenten von einem kleinen Tisch neben dem Stuhle aufzuheben, war ich dazu nicht imstande, weil meine Finger hindurchgingen." Ähnliches will er oft erlebt haben. —

Eine ausführliche Schilderung des Fluidal-Austritts während einer Operation erhielt H. Durville von einem Herrn Roger von C. — Dieser war vor der Operation narkotisiert und anschließend operiert worden. Plötzlich fand er sich vor dem Fenster eines großen Saales stehend: „Die Sonne glänzte so hell draußen, ich sah Bäume und Blumen . . . Mir schien alles sehr bekannt, und doch konnte ich mich seiner nicht entsinnen . . . Die Sonne schien so warm, daß ich noch weiter ins Freie kommen wollte. Meine Füße berührten den Boden gar nicht; mein Leib war schon zur Hälfte aus dem Fenster. Ich suchte mich an irgend etwas festzuhalten, um nicht zu fallen, aber ich fiel nicht. Zu meiner größten Überraschung schwebte ich frei in der Luft.

Auf der Seite gegenüber dem Fenster (innerhalb jenes Raumes) waren Gestalten, die sich vor einem Tische hin- und herbewegten. Auf dem Tisch lag etwas, das ich noch nicht erkennen konnte. Ich näherte mich. Niemand schien mich zu bemerken. Mehrere Männer standen dort und zwei Frauen, die alle aufmerksam auf den Gegenstand am Tisch hinsahen. Einer von den Männern hatte die Hand von Blut gerötet und legte ein Messer weg. Ich begriff, daß eine Operation stattgefunden habe. — ‚Wie geht der Puls?' fragte der Chirurg.' ‚Er ist recht schwach.' ‚Dann muß er beschleunigt werden. Schnell eine Kompresse!' — Die Krankenschwester reichte ihm das Verlangte. Der Arm des Chirurgen ging dabei durch mich hindurch! ‚Den Äther weg jetzt, Doktor; ich bin fertig. Eine Bandage!' — Die Schwester reichte ihm die Verbandrolle durch mich hindurch, ohne daß ich das geringste gespürt hätte!

Die mit dem Tuch bedeckte Gestalt auf dem Tische schien mir sehr bekannt. Das Gesicht war zu verdeckt, als daß ich etwas hätte unterscheiden können. Mir kam eine dunkle Erinnerung, als wäre ich auch ganz ähnlich behandelt worden. — Darauf suchte ich mich wieder dem Fenster zu nähern, aber es ging nicht mehr."

Der Kopf des Patienten wurde nun freigemacht und der Erzähler betrachtete das Gesicht. Es kam ihm bekannt vor, er konnte sich aber nicht erinnern, wo er es schon einmal gesehen haben mochte (man ersieht daraus, daß das klare Erkennungsvermögen hinsichtlich des eigenen Körpers nicht in jedem Falle gegeben ist). Während Herr von C. die Gesichtszüge des Daliegenden betrachtete, gewann er allmählich die Überzeugung, daß dieser Körper ihm gehören müsse. „Der Körper kam allmählich zu sich, seine Wimpern begannen sich zu bewegen und ein schmerzlicher Ausdruck breitete sich über sein Gesicht ... Mich zog ein unwiderstehliches Verlangen, von diesem Körper Besitz zu ergreifen. Nun kam etwas Seltsames: es war mir, wie wenn dieser Leib aufs engste an mich gebunden sei, wie wenn er ein Teil von mir selbst würde. — Plötzlich aber vergingen mir die Sinne, die Gestalten im Saale verschwanden vor meinen Augen und ich wurde bewußtlos. — Als ich wieder erwachte, lag ich im Bett und litt fürchterliche Schmerzen; die Folgen der Operation."[20]

Von den Naturvölkern wissen wir, daß sich deren Medizinmänner mit Hilfe von Räucherungen oder Dämpfen, durch den Absud giftiger Pflanzen oder das Kauen solcher Pflanzen selbst, in den Zustand der sog. Trance versetzen, ja sogar ihren Körper verlassen können. In Indien und Tibet dagegen scheint man das Verfahren der Meditation vorzuziehen. Bei uns heute hat der Mißbrauch von starken und stärksten Drogen seuchenartig um sich gegriffen. Was der amerikanische Schriftsteller Fitzhugh Ludlow schon 1903 in einem Buch u. a. berichtete, wird auch mancher unserer derzeitigen Hasch-Jünger schon erlebt haben: den mehr oder weniger bewußten Austritt des Fluidalkörpers.

Eines Tages habe Ludlow während des Hasch-Deliriums bemerkt, daß „die Seele ... den Körper verlassen habe ... Aus der Luft, in der ich schwebte, blickte ich hinab auf mein ehemaliges Behältnis. Die Brust hob und senkte sich, die Schläfen pulsten und die Wangen färbten sich ..." (mithin anders, als bei einem „normalen" Austritt; doch lassen sich aus einem einzigen Beispiel keine Rückschlüsse ziehen.) „Der Geist war sich bewußt des Besitzes aller menschlichen Fähigkeiten, Verstand, Gefühl, Wille ... und stand doch völlig unabhängig beiseite. In diesem meinem Zustand wurde ich durch keinen Gegenstand der dichteren Welt gehemmt. Für mich selbst war ich sichtbar und berührbar, und doch wußte ich, daß kein körperliches Auge mich sehen könne. — Durch die Wände des Zimmers konnte ich aus- und rückwärts hindurchgehen, und durch die Decke die Sterne unverdunkelt schauen. Dies war weder Sinnestäuschung noch Traum ... Eine Stimme forderte mich auf, in den Körper zurückzukehren, indem sie sagte: ‚Die Zeit ist noch nicht da!' — Ich kehrte zurück."

Ludlow bezeichnete dieses Erlebnis ausdrücklich als „einmalig", mit anderen Worten: im allgemeinen wird ein vollbewußter Fluidalaustritt durch Haschisch-„Genuß" nicht erreicht. Mit Sicherheit dagegen erzielt man durch dauerndes „Haschen" recht nachhaltige Gehirnschädigungen, wie Düsseldorfer Ärzte mit Hilfe der elektronischen Gehirnstrommessung neuerdings an 150 Jugendlichen, die regelmäßig Haschisch rauchten, feststellen mußten. Mit Rauschdrogen den „sechsten Sinn" aktivieren oder „Zustände der Schwerelosigkeit" erleben zu wollen, ist eine mehr als fragwürdige Angelegenheit und auf keinen Fall zu empfehlen, auch wenn „Fachleute" dafür plädieren zu dürfen glauben.

Interessant ist Ludlows Aussage, wonach ihm von „einer Stimme" gesagt worden sei: „Die Zeit ist noch nicht da!" Ich zweifle nicht an der Realität des Erlebten und gehe wohl kaum fehl in der Annahme, daß er die Stimme seines Schutzgeistes (Schutzengels) vernahm. Mit diesen Worten wird zum Ausdruck gebracht, daß die Zeit, seinen Körper zu verlassen und in einen höheren Seinszustand überzugehen, noch nicht gekommen sei. Wie schon betont, sind ja all diese Austritts-Erlebnisse eine regelrechte Vorwegnahme des Sterbens ... und wenn uns mitunter ein übersinnliches Erleben, ein Wahrtraum, eine Vision, ein Hellgesicht oder ein vorübergehender Austritt unseres eigentlichen Ich zuteil werden mag, so geschieht dies lediglich zu unserem Trost und zur Stärkung unserer ansonsten auf recht schwachen Füßen stehenden Gewißheit, daß es „jenseits der Schwelle" ein besseres Leben gibt für den, der „strebend sich bemüht" ... das enthebt uns aber nicht der Pflicht, unsere irdischen Aufgaben zu erfüllen und mitzuhelfen, daß das Erden-Dasein für alle erträglicher wird. —

Hinlänglich bekannt ist das Gefühl des Nochvorhandenseins eines abgenommenen Gliedes bei *Amputierten.* Der Beinamputierte kann jede Zehe des fehlenden Fußes bewegen, der Armamputierte jeden Finger. Somnambule und Hellseher behaupteten schon immer, statt des nicht mehr vorhandenen Körperteils ein phantomartiges „Ersatzglied" zu sehen. Magnetiseure vermögen sogar Schmerzen wegzustreichen, die der Versehrte im fehlenden Glied zu haben vorgibt (üblicherweise Phantom- oder Nervenschmerzen genannt; aus eigener Erfahrung kann ich dies vollauf bestätigen). Die Unversehrtheitsgefühle Amputierter werden medizinischerseits als „Einbildung" abgetan, als „Erinnerungs- und Wunschvorstelllungen der verlorenen Gliedempfindungen und der daraus entspingenden Illusionen und Halluzinationen". Das klang bisher sehr wissenschaftlich, in Zukunft aber nicht mehr; die russische Kirlian-Methode zur Sichtbarmachung des Fluidalkörpers (die Sowjets sprechen vom „Energie- oder Bioplasmakörper") hat die Halluzinationstheorie ad absurdum geführt. Als jedoch das Kirlian-Verfahren noch nicht existierte, hatten es die Verfechter der Lehre vom Fluidalkörper schwer, ihrer Überzeugung Gehör zu verschaffen, obwohl gewisse Vorkommnisse und sogar Experimente die Richtigkeit derselben nahelegten. So berichtete Jules Lermina zwei interessante Fälle in seiner „Magie practique":

Ein Chirurg mußte seinem Freund, der in einem Sägewerk verunglückt war, eine Hand abnehmen. Nach der Operation wurde die Hand in ein mit Sägemehl gefülltes Kistchen getan und vergraben. Der Patient aber fand keinen Schlaf und behauptete, in seiner abgetrennten Hand Sägespäne zu fühlen; außerdem sei ein Finger derselben durch einen Nagel verwundet und verursache ihm große Schmerzen. Die Klagen steigerten sich so, daß man um seinen Verstand fürchtete. Endlich entschloß sich der Arzt, das Kistchen ausgraben zu lassen. Und in der Tat: beim Vernageln desselben war ein Finger durchbohrt worden. Man zog den Nagel heraus und wusch die Hand. Zur gleichen Zeit erklärte der Verunglückte, man habe soeben den Nagel entfernt und seine Hand gewaschen; jetzt gehe es ihm besser. —

Etwas Ähnliches passierte einem Angestellten der Nähmaschinenfabrik Singer, dem ebenfalls eine Hand abgenommen werden mußte. Er beklagte sich fortgesetzt über Schulterschmerzen und einen Krampf in den Fingern, die er nicht mehr besaß. Die Kontrolle ergab: tatsächlich waren die begrabenen Finger derart eingezwängt, daß sie in jener Stellung am Körper unweigerlich zu einem Krampf geführt haben würden. —

Hier haben wir somit die Tatsache der sogenannten *Reperkussion*, d. h. die Übertragung von Verletzungsempfindungen des Fluidalkörpers auf den physischen Leib. Die Realität dieses magisch anmutenden Vorganges wurde schon durch die Experimente von de Rochas und H. Durville überzeugend nachgewiesen (sie blieben in diesem Buch nur angedeutet, um keine Anregungen für üble Praktiken zu geben). In Nordamerika ging man schon um die Jahrhundertwende dazu über, amputierte Glieder zu verbrennen, um den Patienten irgendwelche Reperkussionsschmerzen zu ersparen. Allerdings mußte man während der Zeit der Verbrennung des betreffenden Gliedes seinen Besitzer anästhesieren, weil er sonst die Einäscherung als Schmerzen mitempfunden hätte.

Der schon erwähnte S. J. Muldoon kam einmal als Knabe mit einer Starkstromleitung in Berührung. Es war an einem Sommertag des Jahres 1916, als er einen vom Sturm über die Straße und den Bürgersteig geworfenen elektrischen Leitungsdraht aus dem Wege räumen wollte. Als er den Draht ergriff, wurde er von der Hochspannung sofort bewußtlos nieder- und über die halbe Straße geschleudert. Muldoon erzählt:

„Alsbald kam ich außerhalb meines Leibes zu mir und sah ihn daliegen ... Ich konnte die furchtbare Elektrizität mit rasenden Schmerzen mich durchströmen fühlen, während ich mehrere Fuß von meinem natürlichen Leibe entfernt stand, der in Berührung mit dem Drahte war. Ich konnte mich aus eigenem Willen nicht rühren. Die Arme meines astralen (fluidalen) Leibes wurden starr gehalten — als griffen sie einen Draht, der nicht da war ... Inmitten dieser Höllenqualen konnte ich die anderen Knaben neben mir stehen sehen, die stumm vor Angst mich nicht zu berühren wagten ... Vergeblich schrie ich ihnen zu, nach Hilfe zu laufen, aber sie konnten mich weder sehen, noch meine flehentlichen Bitten hören ... Plötzlich schienen sie zu sich zu kommen. Ich konnte sehen, wie sie umherliefen, mit aller Kraft um Hilfe schreiend. So stand ich da, hilflos, mehrere Minuten lang, die mir wie Jahre erschienen. — Dann, gottlob, konnte ich Leute sehen, die aus allen Richtungen der Nachbarschaft der Stelle zurannten, und glaubte zu wissen, daß irgendwer mich aus meinen Qualen befreien würde. Unter ihnen war M., der — fast einen Häuserblock entfernt — über einen Zaun kletterte, einer meiner besten Freunde ... Auch zwei Frauen aus den umliegenden Häusern kamen herbeigelaufen; ich kannte sie. Und dort liefen ein Mann und sein Sohn auf mich zu. Der Mann mit einem Beil in der Hand und in Gummistiefeln. Dieser bückte sich, um meinen physischen Körper aufzuheben, und während er dies tat, war mir, als schwänge ich mich in ihn zurück und wäre wieder bewußt da, während alle Nachbarn mich umstanden und zusahen. Alle waren ersaunt, daß ich ‚ins Leben' zurückkehrte — wie sie sagten —, und der herbeigerufene und untersuchende Arzt war gleichfalls verblüfft, angesichts der Zeit, die ich am Draht gehangen, und dessen Hochspannung. Tatsächlich hatten die Zuschauer geglaubt, der Tod sei schon längst eingetreten. Es waren etwa 10 Minuten verstrichen (!), von meiner ersten Berührung bis zum Abgenommen-werden."

Es scheint mitunter sogar möglich zu sein, daß sich das fluidale Glied in ausreichendem Maße materialisieren (verdichten) kann, um die Funktion des fehlenden (amputierten) Gliedes ersatzweise zu übernehmen. Abbé H a n n a p i e r führt solche Fälle in seinem Werk „Tératoscopie du fluide vital et de la mensambulance" an. Er schreibt:

„Man muß Dr. Richerand recht geben, daß die Lebenskraft oder das Vitalprinzip jedes Molekül des Körpers, jedes einzelne Organsystem belebt. Wir besitzen also außer unserem dichtmateriellen Körper noch einen fluidischen, der der belebende Organisator des ersteren ist. Dieser Fluidalkörper ist es auch, der dem physischen Gehirn alle Empfindungen übermittelt. Wenn also dem Leibe ein Glied amputiert wird, so besteht der fluidische Teil des betreffenden Organs unverändert weiter. Der Schmerz, der von den Operationen im amputierten Glied empfunden wird, ist durchaus reell, nicht eingebildet." Hannapier fährt fort:

„Ich kenne einige Fälle, wo das physische Glied durch den sich verdichtenden Fluidal geradezu ersetzt wurde ... In dem einen Falle war ein junges Mädchen erst kürzlich operiert worden, indem man ihr das Bein am Oberschenkel amputiert hatte. Mehrmals jedoch, ihres Zustands vergessend, ging sie durchs Zimmer, wie wenn sie noch beide Beine besessen hätte; erst als man ihr zurief, daß sie doch um Himmels willen ihre Krücke nehmen solle, dachte sie daran. — Ferner hat mir ein Arzt versichert, daß er einen Offizier kannte, dem ebenfalls das Bein am Schenkel abgenommen worden war und der trotzdem bis zur Mitte seines Zimmers ging und dann erst bemerkte, daß er seine Beinprothese vergessen hatte. Von diesem Augenblick an war er unfähig, sich länger aufrecht zu halten."

Derartige Verdichtungen des Fluidalkörpers sind der Parapsychologie als sogenannte *Materialisationen* längst bekannt und letztlich sind sämtliche Doppelgänger-Erscheinungen und gespensterartigen „Phantome" nichts anderes als eben solche Materialisationen. Bei dem weiland weltberühmten Medium Eusapia Paladino aus Neapel konnte zuweilen — bei Tageslicht — das seltsame Phänomen der zusätzlichen „Erzeugung" eines (demnach dritten) Armes beobachtet werden. Während eines dieser Experimente mit der Neapolitanerin im Frühjahr 1894, im Beisein der Professoren Lombroso, Richet, Danilewski, Dr. Dobrzycki, Dr. v. Schrenck-Notzing und anderer, wird von einem Abdruck berichtet, den Eusapias fluidische Hand auf einem mit Ruß geschwärzten Teller (der sich auf dem scharf beobachteten Sitzungstisch befand) erzeugte. Das Medium selbst war gefesselt. Von allen Händen der Anwesenden, einschließlich Eusapia, zeigte keine einzige irgendwelche Rußspuren. Als Eusapia später auf normale Weise einen ähnlichen Abdruck erzeugte, erwies ein Vergleich der beiden Abdrücke die völlige Identität in der Anordnung der Hautlinien!

Mancherlei ähnliche Beobachtungen bestätigen immer wieder dasselbe: das offensichtliche Vorhandensein eines fluidalen Körpers, der sich vom irdischen Leib lösen läßt. Die Art des Herganges solcher „Abspaltungen" geschieht unter sehr unterschiedlichen Begleitumständen. Eine schematische Aufgliederung derselben ist angesichts der Seltenheit geeigneter Versuchspersonen und im Hinblick auf die noch immer anhaltende offizielle Ächtung solcher Forschungen vorerst kaum möglich. Erst wenn einmal die tiefeingewurzelte Voreingenommenheit unserer Wissenschaftler gegenüber den ASW-Erscheinungen der Bereitschaft zu vorurteilsfreiem Forschen gewichen sein wird, kann mit nützlichen Fortschritten auf den bisherigen „Grenzgebieten" der Wissenschaft gerechnet werden.

Der Sterbevorgang — von Hellsehern beobachtet

Von Bismarck stammt der Ausspruch: „Das Leben hätte keinen Wert, wenn der Tod das Letzte wäre", und Schiller läßt in seinem „Don Carlos" den von seinem nahen Tode überzeugten Posa zur Königin sagen: „Gewiß, wir sehn uns wieder" — und zu Carlos: „Du verlierst mich, Carl, auf viele Jahre ... Toren nennen es auf ewig!"

Der Tod, oder besser ausgedrückt: der Sterbevorgang als ein bestimmten Naturgesetzen unterworfener Scheideprozeß, wurde von hellseherisch veranlagten Personen schon oft beschrieben. Die Berichte stimmen in allen wesentlichen Merkmalen überein, vor allem in der Tatsache des Heraustretens unseres Fluidalkörpers aus dem absterbenden irdischen Leib (der, „von Staub genommen- wieder zu Staub werden" muß). Die endgültige Trennung tritt durch das Zerreißen des beide verbindenden „Lebensbandes" ein. Der Fluidalmensch, im Besitze seines vollen Ichbewußtseins, verläßt den naturgesetzlichen Bereich der physischen Seinsebene und unterliegt hinfort anderen Daseinsbedingungen. — Hören wir nun, was uns Hellseher über den Sterbevorgang als solchen berichten und berücksichtigen wir bei allen hellseherischen Aussagen die Tatsache, daß es *vielerlei Intensitätsgrade der Hellsehfähigkeit* gibt und daß außerdem die Todesumstände enorm verschieden sein können; eine hundertprozentige Übereinstimmung aller Beobachtungen bis in die kleinsten Nebensächlichkeiten hinein ist demzufolge ausgeschlossen.

Der amerikanische Seher Andrew Jackson Davis war einmal am Sterbebett einer älteren Frau zugegen und hat den Verlauf ihres Sterbens, so wie er sich aus *seiner* geistigen Sicht zeigte, wie folgt beschrieben:

„Ich sah, daß der körperliche Organismus nicht länger die verschiedenartigen Anforderungen des geistigen Prinzips erfüllen konnte. Aber die Organe des Körpers schienen sich der Entfernung der lebenspendenden Seele widersetzen zu wollen. Das Muskelsystem kämpfte darum, die Fähigkeit, sich bewegen zu können, zu behalten. Das Nervensystem bemühte sich, das Gefühl zu bewahren, und das Gehirn strengte sich an, die Intelligenz oder das Bewußtsein festzuhalten. Der Körper und die Seele glichen zwei Freunden, die fühlen, daß sie nun für immer scheiden mußten. Diese inneren Streitigkeiten zeigten sich den äußeren Sinnen als qualvolles Leiden. Aber ich bin dankbar und glücklich, erfahren zu haben, daß diese Erscheinung kein Zeichen von Schmerz oder Unglück war, sondern nur daher kam, daß der Geist im Begriff stand, die irdsiche Kleidung für immer abzulegen.

Nun wurde der Kopf in eine schöne, mildleuchtende Atmosphäre eingehüllt, und gleichzeitig sah ich das große und das kleine Gehirn ihre innersten Teile erweitern. Ich sah sie die für sie eigenen (typischen) galvanischen Funktionen abbrechen, und später merkte ich, daß sie sich an der Lebenselektrizität und dem Lebensmagnetismus — die untergeordneten Organen gehören — sättigten. Das Gehirn zeigte sich plötzlich zehnmal mehr positiv magnetisch, als es im gesunden Zustand je gewesen war. Dieses Phänomen geht in der Regel der physischen Auflösung voraus.

Nun hatte der Sterbeprozeß angefangen. Das Gehirn zog nach und nach die lebenspendenden Fluide aus den übrigen Teilen des Körpers an sich, und in demselben Grad, wie die Extremitäten des Organismus dunkel und kalt wurden, erschien das Gehirn hell und strahlend. Ich sah in der milden geistigen Atmosphäre, die vom Kopf der Sterbenden ausging, wie die unbestimmten Außenlinien eines anderen Kopfes gebildet wurden, wie er sich nach und nach entwickelte und endlich so kompakt und strahlend wurde, daß ich länger weder durchsehen noch ihn so unverwandt ansehen konnte, wie ich gern mochte. — Während dieser Kopf *über* dem materiellen Kopf gebildet und organisiert wurde, sah ich, wie die aus dem Kopf strömende leuchtende Atmosphäre in lebhafter Bewegung war" (Bewegung der Fluide). „Aber während der neue Kopf deutlicher und vollkommener wurde, verschwand nach und nach die leuchtende Atmosphäre ... Auf dieselbe Weise, wie der geistige Kopf gebildet und organisiert wurde, sah ich später, wie der Nacken, die Schulter, die Brust, ja der ganze menschliche Organismus sich nach und nach harmonisch entwickelte. Ich fühlte auch, daß es seelische Eigenschaften" (die schon von du Prel erkannte Seele als organisierendes Prinzip) „waren, die sich entwickelten und den neuen Organismus vollendeten. Die physischen Gebrechlichkeiten, die dem sterbenden Körper anhafteten, waren in dem neuen geistigen Körper fast vollständig entfernt."

„Während dieser Geistkörper sich — meiner inneren Beobachtungsfähigkeit vollständig sichtbar — entwickelte, äußerte der materielle Körper vielerlei Symptome von Schmerzen vor den Anwesenden. Diese Anzeichen waren indessen ganz trügerisch, sie wurden nur durch die Entfernung der Lebenskraft von den Gliedern nach dem Gehirn und darnach durch ihre Ausströmung vom Gehirn in den neuen Organismus verursacht.*)

Nun richtete sich der Geistkörper in aufrechter Haltung über dem Kopf des abgelegten Körpers empor. Aber unmittelbar vor der endgültigen Auflösung des Bandes, das so viele Jahre diese beiden Körper miteinander verbunden hatte, sah ich etwas sehr Eigentümliches: einen Lichtstrom in starker Bewegung zwischen dem Kopf des ausgestreckten physischen Körpers und den Füßen des aufrechtstehenden geistigen Körpers. — Alles dieses lehrte mich, daß das, was allgemein Tod genannt wird, nur eine Geburt des Geistes zu neuem Leben auf einer höheren Daseinsebene ist. Ja, die Übereinstimmung zwischen der Geburt eines Kindes in diese Welt hinein und der Geburt des Geistes in eine höhere Welt ist so vollkommen, daß nicht einmal die Nabelschnur, die bis zuletzt die beiden Organismen verbindet, fehlt." (Vgl. die „Silberschnur" oder das „dehnbare Band" bei den Doppelgänger-Erlebnissen). „Und hier beobachtete ich etwas, wovon ich früher keine Ahnung hatte, nämlich, daß ein bedeutender Teil der Lebenselektrizität beim Bruch dieser Nabelschnur in den sterbenden Körper zurückströmt und sich dort gleich durch den ganzen Organismus ausbreitet ,offenbar um den sofortigen Verfall zu verhindern."

Sobald der weibliche Geist, dessen Abtrennung vom physischen Körper ich beobachtet hatte, ganz befreit war, sah ich, wie er begann, die geistigen (fluidalen) Bestandteile der umgebenden irdischen Atmospähre einzuatmen. Erst schien er nur mit Mühe diese neue Lebenskraft ertragen zu können" (hier drängt sich ein Vergleich mit dem der Puppe entschlüpften Schmetterling auf, der seine Flügel langsam entfaltet), „doch im Verlauf einiger Sekunden atmete er mit größter Leichtigkeit und Freude dieses Element ein und aus. Und nun sah ich, daß er in Besitz von Organen gekommen war, die in jeder Hinsicht denen entsprachen, die seinem abgelegten irdischen Körper gehörten, nur veredelt und verschönt. Diese Änderung war jedoch nicht so durchgreifend, daß die Frau ihre Gestalt oder das Charakteristische in ihrem Äußeren verändert hätte. Sie glich ihrem früheren Ich in so hohem Maße, daß ihre alten Freunde — wenn sie von ihnen so gesehen worden wäre — ganz sicher ausgerufen hätten: Wie gesund du doch aussiehst! Wie hast du dich zu deinem Vorteil verändert!

Diese Verwandlung hatte zweieinhalb Stunden gedauert (!), aber eine bestimmte allgemeine Zeitspanne für den Sterbeprozeß gibt es natürlich nicht. — Ohne meine Stellung oder meine geistige Beobachtung zu ändern, fuhr ich fort, die Bewegungen des neugeborenen Geistes zu betrachten. Sobald die weibliche Gestalt sich an die neuen Elemente, die sie umgaben, gewöhnt hatte, stieg sie durch eine Willensanspannung von ihrem erhabenen Platz oberhalb des Leichnams her-

*) Prof. H. Oberth bemerkte hierzu: „Die von mir postulierten ‚Zellseelen' (vgl. „Stoff und Leben", S. 100—104) dürften diese Schmerzen wohl wirklich empfinden. Die Zeichen waren nicht ‚trügerisch'."

unter und ging durch die offene Tür aus dem Schlafzimmer, wo sie solange krank gelegen hatte. — Es war Sommer und alle Türen standen offen, so daß ich ihr mit dem Blick aus dem Hause und ins Freie folgen konnte. Es war eine Freude zu sehen, wie leicht sie vorwärts schritt ... sie schritt buchstäblich auf der Luft, ganz wie wir auf der Erde.

Gleich nachdem sie aus dem Hause getreten war, begegneten ihr zwei freundliche Gestalten, und nachdem sie zärtlich Wiedersehen gefeiert hatten, fingen sie an, durch die Luft in die Höhe zu steigen. Es war, als ob sie eine Vergnügungstour einen Berg hinauf machten. Ich folgte ihnen mit meinem geistigen Gesicht so lange ich konnte, aber bald entschwanden sie mir.

Ich kehrte in meinen gewöhnlichen Zustand zurück, aber welcher Gegensatz! An Stelle der jugendlich schönen Gestalt, die ich eben entschwinden sah, lag nun hier der leblose kalte Leichnam, die Puppe, die der jubelnde Schmetterling vorhin verließ." Univ.-Professor Haraldur N i e l s s o n bemerkt zu der vorstehenden Schilderung:

„Ich finde, daß diese seine Beschreibung vom Augenblick des Todes außerordentlich interessant und trostreich ist, wenn wir glauben dürfen, daß das, was er sah, Wirklichkeit ist. Seitdem er sein Buch geschrieben hat, sind viele Jahre vergangen; doch soweit mir bekannt ist, sind sowohl Theosophen, wie Okkultisten und Spiritisten — dieses Wort in seiner wahrsten Bedeutung genommen — darüber einig, daß seine Beschreibung im Großen und Ganzen stimmt." Prof. Nielsson erwähnt sodann eine Engländerin namens Joy S n e l l, die seit ihrer Kindheit hellsehend gewesen sei, aber nie als Medium gewirkt habe. Während einer 20jährigen Tätigkeit als Krankenschwester habe sie häufig Gelegenheit gehabt, Sterbende zu beobachten. Sie sei hierbei zu den gleichen Resultaten gekommen wie A. J. Davis, ohne jedoch dessen Bücher zu kennen. Joy Snells Buch „Ministry of Angels"[21]) sei das schönste Buch, das Nielsson kenne: „Ich begnügte mich nicht damit, ihr Buch zu lesen; ich suchte sie schon im Jahre 1919 in London auf." Von Joy Snell und ihrem Ehemann schreibt er: „Wenn ich zwei Menschen nennen sollte, die ich für würdig halten würde, in unseren Tagen Jünger Jesu genannt zu werden, dann würde ich diese beiden nennen. Ihre Freundschaft ist etwas vom herrlichsten, was mir das Leben geschenkt hat."

Die Verfasserin schildert Sterbeszenen, bei denen sie Zeugin war. Sie erlebte oftmals, daß der Sterbende selber einen oder mehrere Freunde erblickte, die „von der anderen Seite" gekommen waren, ihn zu empfangen. So erzählt sie unter anderem, wie ein sterbender alter Mann kurz vor dem Abscheiden seinen Jungen sah und es seiner Frau, die am Bett saß, erzählte. Die Krankenschwester hatte den reizenden Jungen mit dem schönen Haar längst gesehen und beobachtet, wie er auf den Vater wartete: „Es war ein herrlicher Anblick; es machte den Tod, den die meisten Menschen als etwas Furchtbares und als ein unverständliches Mysterium ansehen, in meinen Augen schön und segenbringend ... in Wahrheit der höchste Beweis für die unendliche Güte und nicht erkennbare Liebe unseres himmlischen Vaters. Wenn ich nicht auf die weinende Mutter hätte Rücksicht nehmen müssen, würde ich in die Hände geklatscht und vor Freude gejubelt haben."

Die „Zeitschrift für Parapsychologie" (Jahrg. 1927, S. 475) brachte den Bericht eines Mannes aus San Francisco, bei dem spontanes Hellsehen auftrat, als er mehrere Stunden am Sterbebett seiner Gattin zubrachte:

„Am 23. Mai 1902, Viertel vor zwölf Uhr nachts, verschied meine Frau. Zugegen waren einige unserer vertrautesten Freunde, der behandelnde Arzt und zwei Krankenpflegerinnen. Die rechte Hand der Kranken in der meinigen haltend, saß ich an der Seite ihres Bettes. So vergingen zwei Stunden, und noch keine Änderung war eingetreten. Der Diener lud zum Essen ein, aber niemand war geneigt, dieser Aufforderung zu einer Stärkung nachzukommen. Gegen 18.30 Uhr forderte ich doch dringend die Anwesenden auf, sich zum Essen zu begeben, da man ja nicht wissen könne, wie lange sich die Nachtwache noch hinziehen könne. So verließen denn alle das Zimmer."

Nach etwa einer Viertelstunde blickte der Mann unwillkürlich zur Tür und bemerkte, wie drei getrennte, aber deutliche Wolkenschichten hineingeweht wurden ... „Mein erster Gedanke war nun, daß einige Freunde vor dem Schlafzimmer ständen, Zigarren rauchend, und die Rauchwolken drängen ins Zimmer ein. In diesem Gedanken sprang ich auf, um ihnen meine Ungehaltenheit kundzugeben. Aber da stand niemand an der Türe, noch war jemand auf dem Gang oder in den Nebenzimmern zu sehen ... Erstaunen überkam mich, und ich sah nach den Wolken. Diese näherten sich leise dem Bett, bis sie dasselbe vollständig eingehüllt hatten. Als ich dann in den Nebel hineinstarrte, gewahrte ich zu Häupten meines im Sterben liegenden Weibes eine weibliche Gestalt, durchsichtig, dennoch wie ein lichter Schein von leuchtendem Gold; eine Frauengestalt, so erhaben von Anblick, daß mir die Worte fehlen, sie genauer zu beschreiben. Eingehüllt in ein griechisches Gewand mit langen, lose herabwallenden Ärmeln. Auf ihrem Haupt eine strahlende Krone ... so stand die Gestalt in ihrem vollen Glanze und in ihrer Schönheit unbewegt da, ihre Hände über meiner Frau erhoben. Sie schien ihr gleichsam ein Willkommen zu bieten mit heiterer, stiller Miene, würdevoll Ruhe und Frieden ausstrahlend. Zwei andere Gestalten in Weiß knieten an der Seite meines Weibes und lehnten sich anscheinend an sie an. Andere Gestalten schwebten über dem Bett, mehr oder weniger deutlich."*)

---

*) Einer A. v. Vay zuteil gewordenen Belehrung gemäß, sollen beim Sterben eines Menschen sieben jenseitige „Geburtshelfer" (denn unser Tod wird drü-

Nun bemerkte der Beobachtende, daß sich über dem Körper seiner Gattin, jedoch mit diesem „durch ein Band" verbunden, eine unbekleidete, weiße Gestalt schwebte: der Fluidalkörper seiner Frau. Zeitweise habe sich dieser fluidale Leib vollständig ruhig verhalten. Manchmal aber schien er in sich zusammenzuschrumpfen, wand sich hin und her, als ob er mit aller Gewalt vom irdischen Körper loskommen wolle. Dies dauerte jeweils so lange, bis der Fluidal entkräftet zu sein schien. Dann wurde er ruhig und nahm an Größe zu, bis das nämliche Spiel von neuem begann. „Diese Vision, oder was es auch sein mochte, habe ich ununterbrochen während der ganzen fünf Stunden gehabt, die dem Scheiden meiner Frau vorausgingen. Unterbrechungen, z. B. wenn ich mit meinen Freunden sprach, meine Augen schloß und den Kopf abwandte, vermochten das Blendwerk nicht im Mindesten zu beeinflussen; denn sobald ich meinen Blick wieder auf das Sterbebett richtete, war auch die Geistererscheinung zu sehen." Er habe die ganze Zeit über „ein seltsames Gefühl der Bedrückung" empfunden. „Eine schwere Last lag auf meinem Kopf und meinen Gliedern. Meine Augen waren schwer und voll Schlaf." (Von dieser geradezu typischen körperlichen Verfassung berichten viele ASW-Begabte). Die Erscheinungen blieben dem Ehemann der Sterbenden ständig sichtbar, so daß er mehr als einmal äußerte, er fürchte seinen Verstand zu verlieren.

„Endlich trat der verhängnisvolle Augenblick ein: ein Keuchen, der Fluidalkörper wand sich hin und her. Einige Augenblicke atmete sie noch, und dann war alles still. Mit ihrem letzten Atemzuge war das Verbindungsband plötzlich gerissen und der Fluidalkörper verschwunden. Die Wolken und die Geistergestalten verschwanden ebenfalls augenblicklich." Seltsamerweise hörte auch jenes schwere Gefühl auf, welches den Mann belastet hatte. Er sei wieder „er selbst" gewesen und habe ruhig und besonnen die Anordnungen betreffs der Bestattung usw. treffen können. „Ich muß es nun meinen Lesern überlassen" schließt der Bericht, „darüber zu urteilen, ob ich einer Sinnestäuschung unterworfen war infolge des Grams, des Herzeleids und der Ermattung, oder ob nicht doch ein Schimmer jener geistigen Welt mit ihrer Schönheit, Glückseligkeit, Ruhe und Frieden meinen sterblichen Augen vergönnt war."

Maria M i c h e l y , die Seherin von Altenkessel, weilte oft bei Sterbenden. Auch sie gab an, stets ein „fluidisches Zwischenband" zu sehen, das beide Körper miteinander verband, und so lange dies der Fall war, „lebte" der Sterbende noch, „Wenn's dann aber plötzlich einen kleinen Ruck gibt und der Fluidalleib sich langsam entfernt, geleitet oft von früher verstorbenen Angehörigen, so ist der ‚Tod' eingetreten." In

---

ben als Geburt ins geistige Leben empfunden) anwesend sein, wovon jedem einzelnen bestimmte Aufgaben obliegen.

Wirklichkeit sei dieser Augenblick nichts anderes als ein Weiterleben in einem anderen Körper, versicherte die Seherin. „Es gibt keinen Tod!"

Ein schwerkranker junger Mann aus der Nachbarschaft ließ Maria Michely zu sich an sein Krankenlager bitten und sie unterhielten sich über das Warum unseres Daseins und Leidens. Zuletzt fragte der Kranke, was sie bezüglich seines Zustandes meine. Und obwohl die Seherin vom baldigen Abscheiden des jungen Mannes überzeugt war, wollte sie den Kranken doch nicht mit dieser Gewißheit zurücklassen und sagte deshalb ausweichend: „Wenn ein Wunder geschieht, Franz, ist alles möglich." Worauf dieser entgegnete: „Dann meinen Sie also, ein Wunder könne mir helfen?" — „Ja, Franz, das meine ich; und gib acht, wenn Du Deinen Onkel Johann siehst, dann wird dies Wunder bei Dir geschehen."

Kurze Zeit später starb der junge Mann. Seine letzten Worte waren: „Onkel Johann! Gut, daß du kommst! Nimm mich mit!" — Einen Tag danach betrat Maria Michely das Sterbezimmer — allein — um zu beten. Da fühlte sie, wie eine Hand sich auf ihre Schulter legte, sah aber niemand im Raume. Als sich diese Empfindung wiederholte, sah sie schärfer hin und erkannte den hinübergegangenen Franz neben sich. Deutlich vernahm sie seine Worte: „Sehen Sie, Frau Michely, nun ist das Wunder geschehen bei mir. Ich bin erlöst von meinen Leiden. Und mein Onkel Johann hat mich geholt."

Über das Rätsel des Todes scheint man sich bei den alten Völkern erheblich mehr Gedanken gemacht zu haben als heutigentags bei uns. Nach den Lehren der indischen Sankhya-Schule, die den Ansichten des christlichen Spiritualismus sehr verwandt scheinen, ist der Tod die Trennung der Seele vom Leibe, ihre Befreiung vom irdischen Joch bzw. die Ablösung vom derbmateriellen Organismus. Der Tod sei keineswegs ein Aufhören des Lebens. Die Seele selbst sei unvergänglicher und göttlicher Natur. (Sankhya-Karika, Art. 18)

Für Diogenes war der Tod nur ein Wechsel des Aufenthalts, indem sich die Seele vom Körper trenne. Schon während des irdischen Lebens solle man sich dementsprechend verhalten. — Nach den heiligen Traditionen der Perser (Anquetil, III, S. 384) leitet die Seele den Körper während des Erdendaseins. Nach dem Tode aber verlasse sie ihre Behausung und kehre in die höheren Sphären unsichtbarer Wesen zurück. „Wieviel würde die Menschheit gewinnen" schrieb der Arzt und Wahrheitssucher Carl Ludwig Schleich, „wenn sie *so* lebte, als gäbe es eine Vorbereitung auf ein Jenseits. Die Unsterblichkeit — wenn es sie nicht gäbe — müßte aus psychologischen Gründen, als einzig mögliches Lebensregulativ, besonders erfunden werden. Erst sie gibt Würde und jenen Zauber, der um alle Genies ausgegossen ist.

Denn wahrlich, wir, die Unsterblichkeitsgläubigen, befinden uns in historisch guter Gesellschaft: es hat keinen epochalen Menschen gegeben, der nicht den Glauben an Allmacht und Unsterblichkeit besessen hätte. — Sollten nur diese ganz Großen unsterblich sein, oder sollte die gefühlte Unsterblichkeit den Menschen erst groß und ganz machen . . .?[22])

„Alle Beobachtungen deuten darauf hin" sagte Univ.-Prof. Dr. Walter H i n z in einem Vortrag an der Technischen Hochschule Zürich am 31.3. 1966 unter anderem, „daß der Mensch bei seinem Tod den irdischen Leib abstreift und als Geist-Ich, mit einem Seelenleib, in die jenseitige Welt eintritt. Das haben die Menschheitsreligionen seit alters verkündet. Das hat im besonderen Jesus Christus gelehrt, wie im Johannes-Evangelium nachzulesen ist. Doch ist damit das Problem für den Menschen von heute keineswegs gelöst und erledigt; im Gegenteil: wir beobachten vielmehr, daß die moderne Gesellschaft mit der durch den christlichen Glauben gegebenen Antwort weithin nichts mehr anzufangen weiß . . . Vom Sterben und von dem, was möglicherweise danach kommen könnte, will die moderne Welt nichts hören und nichts wissen." So betrachtet, muß man jenem Münchener katholischen Priester recht geben, der am Grabe eines 19jährigen die Worte sprach: „85% der Menschheit ist ungläubig, sie glauben nicht an ein Fortleben nach dem Tode. Für mich lebt der eben Verstorbene weiter, ja vielleicht ist er sogar hier[23]). Da ich nicht annehme, daß die hier Anwesenden" (es waren durchweg junge Leute, Arbeitskollegen des Toten, am Grabe) „zu den 15% Gläubigen gehören, habe ich auch nichts zu sagen." Sprachs, betete das Vaterunser, drehte sich um und ging!

In Pressemeldungen tauchen neuerdings verhältnismäßig häufig Kurzberichte von Leuten auf, die vorübergehend „tot" waren. Die Zeitschrift der Kanadischen Medizinischen Vereinigung zum Beispiel veröffentlichte einen Bericht des damals 68jährigen Kanadiers Leslie Sharpe aus London/Ontario, der im Mai 1970 einen Herzanfall erlitten hatte. Ärztliche Kunst holte Sharpe, dessen Herz nicht mehr schlug, ins Leben zurück. „Vom Tode ist nichts zu befürchten", meint er. „Ich weiß das, denn ich war bereits für drei Minuten und 11 Sekunden tot." Seitdem verwendet er viel Zeit darauf, anderen Menschen die Angst vor dem Sterben zu nehmen. Er versichert, daß er in seinem damaligen Zustand in der Lage war, sich selber „von Angesicht zu Angesicht" zu betrachten. Er sei durch einen „Nebel fremdartiger Farben" hindurchgeflossen und fährt fort: „Als mein Kopf nach dem Herzanfall, den ich in einem Krankenhausbett erlitt, zurücksank, sah ich mich fast sogleich meinen Körper verlassen. — Ich entwich dabei aus dem Körper durch den Kopf und die Schultern. Diese Gestalt war wie durchsichtig, obwohl sie nicht völlig nebelhaft war. Während ich das feststellte, dachte ich bei mir: das passiert also, wenn man stirbt."

Die Redewendung „er hauchte seine Seele aus" besitzt also auch einen Wahrheitskern, wie so viele unserer Sprichwörter und Redensarten; ist damit doch nichts anderes als die Trennung des Fluidalkörpers vom physischen Zellenleib gemeint.

Die Filmschauspielerin Liz T a y l o r kann ebenfalls auf ein Erlebnis des Gestorbenseins zurückblicken; vor der Öffentlichkeit sprach sie erst nach elf Jahren darüber: 1961 wohnte sie mit ihrem damaligen Ehemann, dem Schlagerinterpreten Eddie Fisher, in einem Londoner Hotel. Sie war schon eine Zeitlang krank gewesen und niemand wußte so recht, woran es eigentlich fehlte. Am Morgen des 4. März stieg das Fieber beängstigend hoch, Liz rang verzweifelt nach Luft. Herbeigerufene Ärzte stellen „Schwere Lungenentzündung" fest und ordnen sofortige Überführung ins Krankenhaus an. Im Operationssaal ist der Höhepunkt der Krise da. Liz Taylor erinnert sich genau, daß sie furchtbare Angst empfand. „Ich wollte aus dem Bett heraus, aber mein Körper war vollkommen bewegungslos; ich konnte mich nicht aufrichten und nicht einmal den Kopf zur Seite wenden." — Sie weiß noch, daß dann ein herrliches Gefühl der Ruhe und des Friedens über sie kam . . . und dann sah sie sich selbst auf dem Bett liegen. „Ich war von meinem Körper völlig getrennt; er war nicht mehr ein Teil meiner selbst, und ich fand das in bester Ordnung, ich wehrte mich nicht . . ."
Elizabeth Taylor weiß nicht mehr, wie lange dieser Zustand anhielt. Sie erfuhr erst später, daß ihr Leben durch einen gelungenen Luftröhrenschnitt gerettet worden war. Sie mußte damals noch im Krankenhaus verbleiben und reiste schließlich nach den Vereinigten Staaten zurück, wo sie sich erholte. — Seit jenem Erlebnis ist sie fest überzeugt: „Es gibt ein Weiterleben nach dem Tode."

Lassen wir nun ein buntes Mosaik weiterer Begebenheiten übersinnlicher Art folgen, deren wahrheitsgetreue Schilderung in jedem Falle verbürgt ist.

Hilfe in aussichtsloser Lage

Der vor einigen Jahren verstorbene Schriftsteller und Parapsychologe Richard H a m p hielt sich als Lehrer längere Zeit in Rußland auf, wo er in deutschen Wohnsiedlungen unterrichtete. Nach dem ersten Weltkrieg, im Jahre 1920, befand er sich auf der Heimkehr nach Deutschland und wurde vor der russisch-polnischen Grenze von einer GPU-Streife festgenommen. Dem örtlichen Kommandanten vorgeführt, ließ dieser sein Gepäck untersuchen. Dabei fand man eine Landkarte, die dem Heimkehrer in den Weiten Rußlands zur Orientierung gedient hatte. „Wegen dieser Landkarte", so berichtet Hamp, „erklärte mich der Kommandant als Spion und ordnete meine Erschießung an. Damals waren die meisten Funktionäre noch Analphabeten und kannten sich auf einer Landkarte nicht aus. Der Kommandant war jedenfalls der Meinung, wer eine Landkarte besitze und sich darauf orientieren könne, unbedingt ein Feind des Regimes und ein Spion sein müsse."

Es war gegen 18 Uhr und schon ziemlich dunkel, als das Todesurteil ausgesprochen wurde. Eben wegen der Dunkelheit sollte die Erschießung nicht sofort, sondern erst am nächsten Morgen vorgenommen werden. Der Kommandant ordnete an, daß fünf Posten den Spion bewachen sollten und bestellte — es war Winter — zwei Schlitten für den nächsten Morgen 7 Uhr, die das Erschießungskommando und den Delinquenten in den Wald fahren sollten.

Hamp blieb in einer Stube desselben Bauernhauses, in welchem der Kommandant mit seinem Stab untergebracht war. Während der Todeskandidat auf einem Schemel hockte, nahmen die fünf Posten mit aufgepflanzten Bajonetten auf einer langen Bank entlang einer Stubenwand Platz. Als nun der Bauer ein Bündel Stroh auf dem Fußboden ausbreitete, flüsterte er Hamp zu, daß — falls er noch Wertsachen bei sich habe — er dieselben beim Austreten im Stall im Pferdemist verstecken solle. Die anderen Todeskandidaten hätten ihm, dem Bauer, auf diese Weise ebenfalls etliches zukommen lassen. „Meine mit Stoff überzogenen Goldmünzen, die ich in der Ukraine für Vorträge und Unterricht geschenkt bekommen hatte, waren bei meiner Leibesvisitation nicht entdeckt und daher nicht abgenommen worden. — Eine Liebe ist der andern wert, dachte ich, und so landeten die Goldstücke im Pferdemist, der dadurch einen höheren Kurs erhielt. Der Bauer hatte mir immerhin ein bequemes Nachtlager für meine letzte Nacht bereitet, und für mich hatten die Goldmünzen nun doch keinen Wert mehr . . ."

Der Erzähler legte sich auf das Stroh nieder. Die Stube war von einer Petroleumlampe mit einem total verräucherten Zylinder nur schwach erleuchtet. Die Posten saßen auf der Bank, ihre Gewehre zwischen den Knien haltend, und schlummerten. „Ich nahm Abschied von diesem Leben. Und wie ein Film rollte mein bisheriges Leben vor meinem geistigen Auge ab. Ich kam bis zu der Stunde, wo meine Mutter auf ihrem Sterbebett sich um 10 Uhr abends von mir für immer verabschiedete, als ich acht Jahre alt war. ‚Morgen früh um 5 Uhr, wenn die Sonne aufgeht, muß ich fort von hier. Der Heiland hat mich gerufen,' sagte meine Mutter und fuhr fort: ‚Dir, mein jüngster Sohn, hinterlasse ich den Rat: immer, wenn du in Not und Gefahr kommst, wende dich an Gott, nur an Gott und sonst niemand!' — Als am nächsten Morgen die Uhr fünf

Schläge ertönen ließ und die ersten Sonnenstrahlen durchs Fenster blinzelten, ging meine Mutter zu ihrem Heiland. —

In den Wirren des Lebens hatte ich den Rat meiner Mutter längst vergessen. Aber jetzt, in meiner Todesstunde, hörte ich ihre Worte wie einen Glockenschlag in meiner Seele, so als wenn sie aus einer anderen Welt kämen. — Ich wandte mich an Gott, nahm seelischen Kontakt mit ihm auf, wurde von Licht durchflutet und bekam die Gewißheit, daß eine lichte Gestalt neben mir sei. Ich schlug die Augen auf und sah die Gestalt meiner Mutter! Vor freudiger Überraschung rief ich aus: Mutter!"

Die schlummernden Posten schreckten zusammen, griffen nach ihren Waffen und fluchten. Als sie sich überzeugt hatten, daß der Verurteilte ruhig auf dem Stroh lag, beruhigten sie sich und dösten weiter. Sie mochten ähnliche Aufschreie wohl schon öfters bei anderen Todeskandidaten gehört haben...

„Meine Mutter" so setzt Richard Hamp seinen Bericht fort, „teilte mir dann mit, daß ich nicht erschossen werde. Ich solle nur am kommenden Morgen den Kommandanten zur Rede stellen und ihm das sagen, was sie mir mitteilen werde." Nachdem dies geschehen war, verabschiedete sie sich von ihrem Sohn mit den Worten: „Gottes Friede erfülle dich."

In, wie Hamp betonte, noch nie vorher erlebtem inneren Frieden schlief er dann ein, bis man ihn um sieben Uhr mit Kolbenstößen weckte und aufforderte, zum Schlitten zu kommen. „Kannst bald weiterschlafen", sagten die Posten. Hamp verlangte, den Kommandanten sprechen zu wollen. Die Posten lehnten jedoch ab und forderten energischer, mit ihnen zu den Schlitten zu gehen. Sie versuchten schließlich, laut fluchend und schimpfend, ihn mit Gewalt auf einen der Schlitten zu zerren. Hamp wehrte sich und gab einem der Posten einen Stoß, daß dieser stolperte und hinfiel. Die anderen entsicherten ihre Gewehre und legten auf ihn an. Im selben Augenblick kam der Kommandant schlaftrunken und halb angekleidet und wollte wissen, was da vor sich gehe. „Ich verlangte, ihn unter vier Augen sprechen zu dürfen. Er willigte ein und schickte die Posten aus dem Zimmer, nachdem er sich eine Pistole geholt hatte, die er entsicherte. Dann sagte ich ihm, was meine Mutter mir mitgeteilt hatte. Das waren aber keine Liebenswürdigkeiten, keine Bitten, sondern ich schleuderte ihm in derber russischer Art alle Schandtaten ins Gesicht, die er begangen und zählte mit selten gelöster Zunge sein ganzes Sündenregister auf, ihn dabei scharf ansehend."

„Zuerst zitterte seine Hand, in der er die Pistole hielt und schien keine Kraft zu haben, die Waffe auf mich anzulegen und abzudrücken. Dann begann er am ganzen Körper zu zittern und immer blasser zu werden. Auch fing er an sich zu winden, so als ob er heftige Schmerzen im Leibe verspürte und von Krämpfen befallen wurde. — Gequält fragte er mich, woher ich das alles wisse, und ich antwortete, daß meine verstorbene Mutter es mir in der vergangenen Nacht mitgeteilt habe und seine unschuldigen Opfer sich an ihm rächen würden ..."

Der Russe ließ Hamp nicht zu Ende reden, sondern preßte hervor: „Geh wohin du willst, aber geh schnell fort von hier." Hamp forderte jedoch zuvor eine Bescheinigung, damit er nicht von der nächsten Patrouille wieder festgenommen würde. Unverzüglich wurde ihm der gewünschte Passierschein ausgestellt, und als Hamp fortging, sagte er aufatmend: „Tod, wo ist dein Stachel — Hölle, wo ist dein Sieg!"*)

Erlebnis eines katholischen Geistlichen in Frankreich

Im Jahre 1948 erschien in verschiedenen deutschen katholischen Kirchenblättern der nachfolgend gekürzt wiedergegebene und aus dem „Kath. Digest" Nr. 5/1948 übersetzte Bericht eines Abbé L a b u t t e. Dieser betreute mit vier anderen Geistlichen eine Gemeinde von rund 35.000 Seelen und betont zu Beginn seiner Erzählung, daß es unmöglich sei, alle diese Menschen persönlich zu kennen. Dieser Abbé erlebte 1944 folgendes:

Eines Abends war er sehr müde von der Tagesarbeit und konnte erst gegen Mitternacht sein Brevier beten. Plötzlich schellte die Glocke an der Tür des Pfarrhauses so heftig, daß er erschrak. Auf der Schwelle stand eine Frau von etwa 40 Jahren. Flehend hob sie ihre Hände und sprach: „Herr Abbé, kommen Sie schnell. Es handelt sich um einen jungen Mann, der sterben wird!" Der Pfarrer antwortete: „Madame, ich werde morgen früh vor der Sechs-Uhr-Messe kommen." Da sagte sie: „Herr Abbé, es wird zu spät sein, ich beschwöre Sie, zögern Sie nicht!" „Gut, schreiben Sie nur bitte die Adresse, Namen nebst Straße, Hausnummer und Stockwerk in mein Vormerkbuch."

Die Frau eilte in das Empfangszimmer. Jetzt erst sah sie der Abbé in voller Beleuchtung: ihr Gesicht war schmerzerfüllt. Sie schrieb den Namen in sein Buch und dahinter „37, rue de Descartes, 2. Stock." — Auf die Worte des Geistlichen „Sie können sich auf mich verlassen, Madame! Ich werde in zwanzig Minuten dort sein" antwortete sie halblaut: „Sie sind müde. Gott möge Sie dafür in der Stunde der Gefahr beschützen!" Dann verschwand sie in der Nacht. —

Der Priester ging durch die dunklen, menschenleeren Straßen der Stadt. Er machte sich Gedanken über die Tatsache, daß er sich zu einer ihm unbekannten Familie begab. Er bedauerte, seine Pfarrkinder nicht alle zu kennen. — Nicht ohne Mühe entdeckte er die Nr. 37 in der Rue

*) 1. Kor. 15, 55.

Descartes: ein Miethaus mit fünf Stockwerken. Die Haustür zum Glück nur angelehnt. Im Schein seiner Taschenlampe begab er sich in den zweiten Stock und klingelte an der bezeichneten Tür. Schritte wurden hörbar, ein Lichtstrahl zeigte sich, dann knarrte ein Sicherheitsriegel und die Tür ging auf. Ein junger Mann von etwa 20 Jahren betrachtete den nächtlichen Besucher mit ehrfürchtigem Erstaunen. „Ich komme zu einem Kranken in Todesgefahr" sagte dieser, das ist doch hier?" „Nein, Herr Abbé, das ist wohl ein Irrtum." „Doch, man hat mir gesagt, in Nr. 37 der Rue Descartes, 2. Stock." „Das ist zwar Nummer 37 dieser Straße, 2. Stock. Ich bin ein junger Mann" fügte er lächelnd hinzu, „aber ich bin durchaus nicht im Sterben."

Der Abbé bemerkte nun, daß eine Frau von ungefähr 40 Jahren bei ihm gewesen sei; sie selbst habe diese Adresse aufgeschrieben. Darauf zeigte er dem jungen Mann das Vormerkbuch. „Wahrhaftig, Herr Abbé, mir scheint, daß ich diese Schrift kenne; wie gleicht sie derjenigen meiner . . . aber nein, das ist doch sonderbar! Ich wohne allein mit meinem Vater, der augenblicklich Nachtdienst in der Fabrik hat. Das alles ist sicher ein Irrtum. Die Frau hat wahrscheinlich ‚Rue Despartes' schreiben wollen und hat aus Versehen ‚Descartes' geschrieben. Doch treten Sie nun einige Minuten ein, Herr Abbé! Sie frieren; ich mache Ihnen schnell einen Grog."

In dem eleganten kleinen Salon lagen offene Bücher auf dem Diwan. „Ich hörte soeben ein wenig ungarische Musik" sagte der junge Mann und stellte das Radio ab. Dann fuhr er fort: „Herr Abbé, es sind schon zwei Jahre, daß ich Sie sprechen wollte, aber ich fand nicht den Mut, Sie aufzusuchen." Er lächelte verlegen und gestand: „ich bin ein verlorener Sohn".

Auf dem Diwan sitzend, erzählte er nun dem Geistlichen sein ganzes Leben . . . „Ich verließ ihn, nachdem ich ihn mit Gott ausgesöhnt hatte" berichtet der Abbé und fährt fort: „Dann eilte ich nach der Rue Despartes. Unterwegs dachte ich immer noch an den merkwürdigen Besuch, den ich eben gemacht hatte . . . aber wir Geistlichen sind an solch sonderbare Vorkommnisse gewöhnt. — Von den Türmen der Stadt schlug es gerade viertel zwei Uhr. Plötzlich fingen die Sirenen an zu heulen. Fliegeralarm! Ich begann zu laufen was ich konnte, aber es gab überhaupt keine Nummer 37 in der ganzen Rue Despartes. Die Straße endete mit der Nummer 16."

Schon fielen die ersten Bomben im Norden der Stadt. Der Abbé flüchtete in den nächsten Luftschutzkeller. Dort verbrachte er mit vielen Menschen eine schreckliche Dreiviertelstunde. Als er herausging, beleuchtete greller Feuerschein die Dächer der Stadt. Überall die Straßen verschüttet, geborstene Häuser, Verzweiflungsschreie, Rauchwolken und Staub! „Ich begab mich zur nächsten Unfallstation. Schon waren in einem Hof mehrere hundert Verwundete und Tote beisammen, besonders Frauen und Kinder; die meisten an der Stirne verletzt. Ich ging von einem zum andern, erteilte die Absolution und spendete die letzte Ölung. Plötzlich mußte ich mich an der Wand anlehnen; ich erbleichte. ‚Was haben Sie, Herr Abbé? Einer Ihrer Verwandten vielleicht' fragte ein Arzt. ‚Nein, ein Pfarrkind.'

Ich war mit dem Fuß an die Leiche des jungen Mannes gestoßen, den ich von der Nr. 37 der Rue Descartes her kannte. Vor kaum einer Stunde hatte ich ihn verlassen . . . Ich suchte nach seiner Brieftasche, in der Hoffnung, darin weitere Papiere zu finden. Die Arbeitskarte trug den Namen B. N. . . ., 21 Jahre alt. Unter den verschiedenen anderen Papieren befand sich auch ein vergilbter Brief mit Fotos. Das eine davon stellte eine Frau von ungefähr 40 Jahren dar. Ich sprang auf. Das war ohne Zweifel das Bild der Frau, die mich gegen Mitternacht im Pfarrhaus gebeten hatte, gleich den jungen Mann zu besuchen. Auf der Rückseite des Bildes stand das Wort ‚Mama'. Eine andere Fotografie stellte sie auf dem Totenbett dar, die Hände gefaltet, mit dem Rosenkranz, und enthielt die zwei Daten 1898 — 8. April 1939."

Die Schrift auf dem vergilbten Brief ähnelte sehr stark jener, mit der die Unbekannte in des Pfarrers Vormerkbuch geschrieben hatte. — „Denken Sie nun von diesem Vorfall was Sie wollen" schloß der Abbé seinen Erlebnisbericht. „Für mich besteht kein Zweifel. Es war die Mutter des jungen Mannes gewesen, die aus der Ewigkeit gekommen war."

Der katholische Parapsychologe Bruno Grabinski hat sich vergewissert, daß die geschilderte Begebenheit auf Tatsachen beruht. Er schreibt: „Es ist mir gelungen festzustellen, daß der Berichterstatter, Abbé Labutte, noch am Leben ist." Mit Hilfe von Freunden in Frankreich kam Grabinski in den Besitz einer vom 29. 12. 1947 datierten Erklärung von ihm, in der er auf seine priesterliche Ehre versichert, daß die von ihm berichteten Vorgänge auf Wahrheit beruhen.

Einen ähnlichen Vorfall soll 1956 die sowjetische Zeitung „Iswestija" gemeldet haben. Dem Bericht zufolge soll während einer Sprechstunde von Prof. Dr. G. W. S u g a r e w ein Mädchen in einem rosa Kleid zu ihm gekommen sein und ihn dringend beschworen haben, sich sofort zu ihrer kranken Mutter zu begeben. Der Mediziner habe jedoch abgelehnt, weil er keine Hausbesuche zu machen pflegte. Die Mutter solle in die Sprechstunde kommen. Das Mädchen aber bat immer dringlicher um des Arztes Hilfe, teilte ihm die Anschrift mit und verschwand.
Prof. Sugarew tat es nun doch leid, so entschieden abgelehnt zu haben und eilte dem Mädchen ins Wartezimmer nach. Die dort Wartenden fragte er nach dem Verbleib des Mädchens, welches soeben das Behandlungszimmer verlassen habe. Unglaubwürdigerweise wurde ihm versichert, daß gar kein Mädchen herausgekommen sei.

Der verblüffte Arzt beeilte sich, die noch Wartenden abzufertigen, fuhr dann zu der angegebenen Wohnung und fand eine kranke Frau vor. Als er ihr von dem Besuch des Mädchens erzählte, war die Frau sehr erstaunt und erklärte, niemand geschickt zu haben; ihre einzige Tochter sei vor zwei Tagen gestorben, der Sarg stehe noch im Nebenraum. Prof. Sugarew ließ sich hinführen und erkannte mit Entsetzen in der Toten jenes Mädchen im rosa Kleid wieder, das ihn eine Stunde zuvor in seiner Sprechstunde aufgesucht hatte!

Ein ungewöhnlicher Zweikampf

Dr. Robert Friese, Freund des Astrophysikers Prof. Zöllner, erzählt in seinem Buch „Stimmen aus dem Reich der Geister", daß er zwar nicht beabsichtige, „jene hundert- und tausendfach angestellten und genau beschriebenen Experimente über die Bewegung schwerer Körper noch um eins zu vermehren, aber das folgende Duell wirft ein gar zu charakteristisches Licht auf das originelle Wesen unseres Geisterfreundes Walter, als daß ich es ganz für mich behalten könnte."

Eines Nachmittags saß Dr. Friese mit weiteren drei Herren und einem englischen Medium, einer Dame, beisammen. Letztere, von zarter Konstitution, schwächlich und zur Zeit der Begebenheit gesundheitlich nicht auf der Höhe, betätigte sich zumeist schreibmedial, brachte aber auch erstaunliche physikalische Phänomene zuwege. Der unter dem Namen „Walter" erwähnte Jenseitige war gewissermaßen „ein alter Bekannter" dieses Kreises und gab an, Amerikaner und in jungen Jahren im Kriege gefallen zu sein.

Walter meldete sich meist durch Klopfen in einem 50 kg schweren Kirschbaumtisch, mit einer Platte 1,10 x 0,66 m. — Anfangs wollte Walter nicht schreiben. „Wir pflegten ihn dann mit seiner Trägheit zu hänseln, aber es war doch immer der Zustand des Mediums, der ihn hinderte, dessen Kraft zu benutzen." Man spielte und sang schließlich sein Nationallied, den Yankee doodle, den er sehr liebte, und Walter begann den Takt dazu zu klopfen. Sodann wurde ihm angedeutet, daß einer der anwesenden Herren sehr stark sei und den Tisch gegen ihn — Walter — halten wolle, sofern er die Herausforderung annehme. Darauf schrieb Walter durch die Hand des Mediums: „Ich bin (will sagen: das Medium ist) jetzt nicht sehr stark. Morgen will ich es versuchen."

Als der betreffende Herr fortfuhr, mit seiner Kraft zu prahlen, schrieb Walter: „Komm und stelle Dich neben das Medium. Ich will jetzt nur sehen, wie stark Du bist." — Als das geschehen war, schrieb Walter: „Ja, ich weiß jetzt, daß ich doch noch stärker bin als Du. Nur darf ich nicht ohne weiteres die Kraft des Mediums gebrauchen, sofern sie nicht ganz wohl ist. Und das ist sie jetzt eben nicht." Walter ließ sich nicht umstimmen und so wurde das Duell auf den nächsten Nachmittag verschoben.

Schließlich war es so weit. Walters Gegner war ein sehr kräftiger Mann von etwa 30 Jahren, der fast zwei Zentner wog und vier Zentner zu heben vermochte. Er wurde auf Walters Anordnung dem Medium gegenüber an die schmale Seite des Tisches postiert, legte seinen schweren Körper darauf und klammerte sich mit seinen beiden kräftigen Armen an den Längsseiten des Tisches so fest, daß in der Tat eine bedeutende Kraft erforderlich war, den Tisch auch nur einige Zentimeter wegzuschieben. „Das Medium allein, kränklich und schwach, berührte — während sie s a ß — den Tisch mit ihren Händen auf der Tischplatte. Wir drei anderen standen und hielten unsere sechs Hände zusammen, etwa drei Fuß hoch ü b e r der Tischplatte."

Kaum war das geschehen, als auch schon die ersten Stöße erfolgten. Der Zweizentnermann wurde mitsamt dem Tisch 4—6 Zoll in horizontaler Richtung fortgeschoben. Er ärgerte sich offensichtlich, geschoben worden zu sein, wo doch *er* zu schieben gedachte, und stieß den Tisch wieder zurück. Doch schon wurde er abermals zurückgeschleudert, und von Neuem schob er ihn, noch ärgerlicher, gegen das Medium hin, „so daß wir die Dame bitten mußten sich zu erheben, um sie nicht zu gefährden". Dann bäumte sich der Tisch auf, drehte sich rechts, dann links mehrere Fuß weit fort und wieder begann das Stoßen aufs Neue, daß Tisch und Ritter nur so flogen und die Tischbeine zu brechen drohten. Es wurde so arg, daß Walter sich genötigt sah, den wilden Recken zur Vorsicht zu ermahnen. Er schrieb: „Ich forderte Dich nur heraus, den *Tisch* zu halten, aber Du darfst den Tisch nicht gegen ein schwaches Weib stoßen und mußt Dich hüten sie zu verletzen. Du *kannst* den Tisch gegen mich nicht halten, noch irgend ein anderer, aber ich ringe nicht mit Dir um den Besitz desselben."

Der Kampf ging jedoch in derselben Weise fort, denn der massive Herr ließ sich nicht belehren. Wie ein Stier stieß der Tisch gegen ihn, hob sich auf der Längsseite in die Höhe, ließ sich fallen, bäumte sich auf, um — wie es schien — den Gegner herabgleiten zu lassen; was ihm allerdings nicht gelang, denn dieser stand fest auf seinen Füßen. — Die Dame hatte wieder Platz genommen und Walter schrieb eine weitere Ermahnung, doch auf das Medium Rücksicht zu nehmen und den Tisch lediglich zu *halten* versuchen. Auf dringliches Zureden von Dr. Friese erhob sich das Medium wieder und berührte nunmehr stehend, mit den Fingerspitzen die Tischplatte. — Der starke Mann hatte die Pause benutzt, sich den Schweiß von der Stirne zu wischen; dann legte er sich wieder über die halbe Tischplatte und der Kampf ging weiter. Mit einem gewaltigen Ruck drehte sich das unbelastete Ende des Tisches um den belasteten Teil als Zentrum erst rechts, dann links und ging mit einem Fuß hoch, um die Last abzuschütteln. Doch die saß fest. Hierfür schien aber des Mediums Kraft nicht auszureichen und so begann Walter wieder jene Horizontalstöße — wie ein antiker Mauerbrecher — gegen die massive Körperlichkeit seines Gegners zu richten. „Immer gewaltiger folgte Stoß auf Stoß, daß der Tisch krachte und knarrte, und wir drei, die wir die Sekundanten dabei spielten, vor Jubel über diesen Zweikampf unserem Geisterfreunde ‚Bravo' zuriefen und ihn baten, lieber den Tisch in Stücke zu brechen, als in dem Kampf zu unterliegen."

Nach einer halben Stunde schweren Ringens schrieb Walter: „Ich muß Dich darauf aufmerksam machen, daß ich die Kraft des Mediums zu einem weiteren Kampf nicht benutzen darf. Das nächste Mal suche den Tisch auf dem Boden zu halten, ich werde ihn und Dich dazu aufheben. Du mußt Dich nicht so aufregen, Du schwächst Deine Kraft."

Am Schluß stand, „vor Aufregung keuchend und vor Anstrengung zitternd, unser irdischer Kämpe wie ein Krebs da, den man eben aus dem Kessel hebt," fügt Dr. Friese hinzu. Dennoch wollte der „Krebs" noch immer nicht glauben, daß er gegen eine ihm unbekannte Kraft gekämpft hatte. Er war fest überzeugt, daß „das zarte Weib, welches eben mit fester Hand Walters Abschiedsworte geschrieben und mitleidsvoll lächelnd ihm gegenüber stand", ihm diese gewaltigen Stöße versetzt hätte.

Zu einer Fortsetzung des gleichermaßen ungewöhnlichen wie amüsanten Zweikampfes kam es nicht mehr, weil man den betreffenden Herrn nicht mehr einlud und die Zeit für wichtigere Dinge zu benützen wünschte. — Wie steht es nun hier, fragt Dr. Friese, mit dem Gesetz von der Erhaltung der Kraft? Das Medium war nach derlei Experimenten stets ruhig, von Erwärmung war keine Spur festzustellen, und die Atmung war so, als ob nichts geschehen wäre. Kann demzufolge keine befriedigende Antwort auf Dr. Frieses Frage gegeben werden?

Bekanntlich ist mit jeder Kraftäußerung, mit jeder geleisteteen Arbeit, die Verausgabung einer entsprechenden anderen Kraft oder der Verbrauch einer Materie verbunden, in welcher eine gleich große Kraft latent vorhanden oder als Vorrat aufgespeichert ist. Wenn dieses Gesetz auch bei mediumistischen Leistungen der geschilderten Art Gültigkeit haben soll, so zwingt sich uns die Annahme auf, daß die erforderliche Menge an mediumistischer bzw. feinstofflicher Substanz, die dem Medium und mit anwesenden Personen für ein bestimmtes Experiment entzogen wird, den Gegenwert an latenter Kraft für die geleistete Arbeit enthält. Da wir aber weder von dieser Substanz selbst, noch deren Quelle und Art der Erzeugung etwas wissen, kann jene Annahme nicht bewiesen, aber auch nicht widerlegt werden.

Prof. Oberths Meinung beipflichtend, wonach wir auch Stellungnahmen, die auf außersinnlichem Wege zu uns gelangten, als Arbeitshypothese akzepieren sollten, so lasse ich hier jene Antwort folgen, die Dr. Friese auf Befragen erhielt:

„Wir Geister ermüden darum nicht, weil diese Bewegungen ohne Gebrauch eines materiellen Körpers durchgeführt werden. Und das Medium empfindet wenig von einer Ermüdung, weil das entsprechende Quantum Kraft, welches dasselbe den Jenseitigen leiht, ohne Anstrengung und Abspannung seiner Muskeln und Nerven abgegeben wird."

Die Stradivari-Violine

Der inzwischen hochbetagt verstorbene Züricher Jenseitsforscher Eduard Umbeck berichtet in seiner lesenswerten Schrift „Begegnungen mit dem Übersinnlichen" (2. Aufl., Zürich 1972) eine hochinteressante Begebenheit. Er hatte 1919 in Heidelberg die Bekanntschaft mit der Familie B. gemacht, deren Tochter Else mit außerordentlichen Gaben ausgestattet war. Zu Beginn der diesbezüglichen Entwicklung war dem Vater die Mitteilung geworden, jenseitige Freunde hätten den Schutz Elses und der ganzen Familie übernommen, man müsse aber ihren Anordnungen genau Folge leisten. Zu diesen Anweisungen gehörte von Anbeginn die regelmäßige Einhaltung der Ausbildungsstunden.

1924, als in Deutschland die Inflation unheilvoll grassierte und zahllose Menschen zur Verzweiflung trieb, erhielt die Familie folgenden Auftrag von Drüben: „In der Kinderkrippe in der . . . straße hat man keine Mittel mehr und weiß nicht, was man morgen früh den Kindern zu essen geben soll. Wir sehen augenblicklich nur eine Möglichkeit zu helfen und zwar durch Euch. Ihr habt in der Kasse . . . Mark. Bringt das Geld morgen früh hin, aber bis spätestens 8.30 Uhr."

Als am folgenden Morgen Vater und Sohn ihr Geschäft öffneten, sagte der Vater: „Du weißt, was gestern Abend gesagt worden ist; aber da fällt mir ein, daß wir bis 10 Uhr die beiden Akzepte einlösen müssen, für welche ich das Geld zusammengekratzt habe. Was meinst Du?" Nach kurzer Überlegung entschied der Vater: „Na, nimm das Geld und gehe einmal hin, um zu sehen, ob es wirklich so ist, wie es gestern abend geheißen hat. Ist es so, dann kannst du es geben, und wir müssen uns dann anders einrichten."

Gegen 8.15 Uhr machte sich der Sohn auf den Weg zu dem Kindergarten. Um 8.25 Uhr betrat ein Japaner das väterliche Geschäft und kaufte ein Fernrohr, das seit 20 Jahren keinen Liebhaber gefunden hatte. Der Kauferlös machte ein Vielfaches der Summe aus, die B. zur Einlösung der Wechsel benötigte! — In der Krippe gestand man erleichtert, daß dies wirklich eine Hilfe vom Himmel in größter Not sei!

Nun zu dem Erlebnis mit der Geige. Umbeck befand sich eines Vormittags bei der Familie B. in deren Werkstatt. Da kam die Rede auf das Musizieren. Hans meinte: „Könnt' ich nicht auch noch ein Instrument erlernen?" Auf die Frage seines Vaters, was er denn lernen möchte, erwiderte Hans, daß er es nicht so recht wisse. Da mischte sich der Kleine in die Unterhaltung und sagte: „Frog der Geischt." — „Du hast recht", sprach der Vater, „wir wollen heute abend fragen."

Als die Familie abends — im Beisein Umbecks — beisammen war und Else kaum die Augen geschlossen hatte, zeigte ein Ruck ihres Körpers an, daß ein Jenseitiger eingetreten war. Und schon sprach die wohlklingende Stimme des leitenden Schutzgeistes der Familie aus ihr: „Nun, Hans, du möchtest Musik lernen? Was möchtest du denn lernen?" — Hans: „Ja, was meinst du, was ich noch lernen könnte?" — „Etwa Violine?" „Gerne." — „Ich will euch jemand schicken, der dir helfen wird."

Gleich darauf ein abermaliger Ruck und eine sonore Stimme mit italienischem Akzent sagt: „Du wollen lernen Violin?" — Vater B.: „Wer bist du, lieber Freund?" — „Ich war Francesco Stradivari. Du, Vater B., wirst hier einen Mann finden, der wird den Rohkasten machen, und dann wollen wir weiter sehen."

Man schaute im Adreßbuch nach, fand aber keinen Instrumentenmacher angegeben. — Vater B. war Mitglied des örtlichen Männer-Gesangsvereins und erkundigte sich am folgenden Abend bei den Sangesbrüdern, ob in Heidelberg ein Geigenbauer bekannt sei. Niemand vermochte Auskunft zu geben. Am darauffolgenden Tag jedoch sprach einer der Vereinsmitglieder Herrn B. auf der Straße an: „Du hast doch wegen einem Geigenbauer gefragt. Da ist mir eingefallen, daß früher in der . . . gasse ein Mann wohnte, der Reparaturen machte." — B. begab sich daraufhin an die bezeichnete Adresse und fand in einer armseligen Dachkammer einen Mann, bei dem es nicht nach Ordnung und auch nicht nach Arbeit aussah; an der Wand hingen einige Holzstücke, die auf Rohmaterial eines Geigenbauers schließen ließen. Auf die mürrische Frage des Alten, was der Besucher wünsche, sagte ihm B., er habe gehört, er sei Geigenbauer, und ob er bereit sei, einen Rohkasten anzufertigen? — „Vielleicht." — „Bis wann könnte ich den Kasten haben?" — „In ein bis anderthalb Monat." — B. erklärte sich einverstanden, hinterließ seine Anschrift samt einer Anzahlung und ging.

Zu Hause angekommen und seiner Familie von der eigenartigen Begegnung berichtend, gab er seinem Zweifel unverhohlen Ausdruck, ob jener merkwürdige Mann wohl überhaupt imstande sei, das Gewünschte zu liefern. Acht Tage später jedoch betrat dieser Mann den Laden und legte den fertigen Instrumentenkörper auf die Theke. Man rief Vater B., der natürlich nicht wenig erstaunt war, und auf seine Frage, was er nun schuldig sei, die Antwort erhielt: „Geben Sie mir was Sie wollen; nur, daß ich nichts mehr mit diesem Kasten zu tun habe." — Auf die Frage nach dem Warum holte man mit Mühe einige Angaben aus ihm heraus, so z. B., daß es ihm einfach keine Ruhe gelassen, sogar nachts aus dem Bett geworfen habe, sobald der Leim getrocknet gewesen war, um weitermachen zu können usw.

Der Familie B. war klar, daß hier etwas Außergewöhnliches vorlag; also, Sitzung mit Else. Kaum war das Mädchen in Trance gesunken, als Francesco lachend gestand: „Ich ihn haben machen arbeiten." — Sodann gab Francesco Anweisung, welche Werkzeuge besorgt und welcher Pflanzenextrakt hergestellt werden sollte. Zudem solle man für Else eine große Wachsschürze beschaffen, denn sie werde bei der Arbeit, die Francesco mit ihr vorhabe, ihre Kleider schützen müssen. Jedesmal aber, wenn man eine Sitzung mache, solle Kasten und Material bereit liegen.

In der Folge wurde mehrere Monate lang an der Violine gearbeitet, wobei Francesco allerlei Fröhliches aus seinem Leben als fahrender Musikus zum Besten gab, zuweilen auch die anwesenden Familienmitglieder unter Bezug auf ihre persönlichen kleinen Schwächen neckte. Stradivari soll ja mehr Musiker als Geigenbauer gewesen sein und nur wenige, aber hervorragend gute Instrumente gebaut haben.

Umbeck bemerkt an dieser Stelle: „Eine gewisse Sorte frommer Leute würde mit dem, was dem Instrumentenmacher in Heidelberg passierte, sofort den Teufel in Verbindung bringen wollen. Das wäre bequem, um allem Nachdenken und lästigen Forschungen aus dem Wege zu gehen; könnte aber dem vorliegenden Falle gewiß nicht gerecht werden, in dem offenbar eine geistige und materielle Hilfe beabsichtigt war. Denn da, wie man sich denken kann, der Fall den Sangesbrüdern bekannt und von diesen weitererzählt wurde, interessierte man sich für diesen Mann. Man brachte ihm mehr und mehr Arbeit, so daß er wieder Mut bekam, sich ein kleines Atelier mieten und wieder besser leben konnte."

Umbeck war auch zugegen, als Else zum letzten Male die mediale Arbeit an der Violine leistete. Wie immer hatte sie zum Schluß mit dem Handballen (alles bei geschlossenen Augen und im Zustand des Tiefschlafes) die Tinktur ins Holz gerieben, als die Anweisung Francescos erfolgte, daß man das Instrument, das nun fertig sei, zum Trocknen aufhängen solle. — In dem großen Zimmer, in welchem sich dies alles abspielte, befand sich als Beleuchtungskörper eine Gaslyra. Am Knauf derselben hing Vater B. die Geige auf.

Am nächsten Morgen begab sich Else, die mit einem Mädchen zusammen die anfallenden Haushaltsarbeiten erledigte, in besagtes Zimmer, um das Bett des Jüngsten, das dort stand, zu richten. Beim Eintreten sah sie sich einem Mann mit grauem Spitzbart und altmodischer Kleidung gegenüber, welcher sich an der Violine zu schaffen machte. Sie erschrak heftig und sank rücklings auf das Kinderbett. So fand sie das Hausmädchen. Als dann auf deren Hilferuf hin der Bruder Elses herbeieilte und sich ihr näherte, sprach es aus ihr: „Deine Schwester hat sich erschrocken, als sie mich gesehen hat, aber es macht nichts. Ich habe nur die Violine noch einmal untersucht. Sie ist jetzt gut, Ihr könnt die Saiten aufziehen. Ich werde Dir nun beim Lernen helfen; aber du mußt lernen, Du kennst mich ja."

Vater B. ließ nunmehr einen feinen Lederkasten anfertigen. Die Geige darin wirkte etwas komisch, denn sie sah aus, als habe man mit Teebrühe Flecken darauf gemacht. Francesco hatte gesagt, das werde sich verteilen und nach und nach der Glanz kommen.

Einige Zeit danach sah Else in der Stadt Plakate hängen, die ein Konzert des Solisten K. ankündigten. „Könnte man den nicht einmal fragen," sprach sie zu ihrem Vater, „was er von dem Instrument hält? Ich habe so viel schmutzige Arbeit damit gehabt, da möchte ich doch gerne wissen, ob es wirklich etwas Besonderes ist." — Erkundigungen ergaben, daß jener Künstler im Grand-Hotel Unterkunft bezogen hatte. Vater B. telefonierte mit dem Hoteldirektor, einem Sangesbruder, und dieser erbot sich, Else und ihren Bruder dem Solisten vorzustellen. Die Beiden zogen also mit ihrem Kasten los und wurden von K., der über den Zweck ihres Besuches orientiert war, freundlich empfangen. K. öffnete den Kasten, stutzte über das merkwürdige Aussehen der Violine, zupfte an ihren Saiten, nahm sie schließlich heraus und begann zu spielen. Plötzlich nahm er das Instrument schräg in die Hand, schaute hinein und sprach: „Ja, woher haben Sie denn das Instrument? Das ist ja eine Francesco Stradivari! Da ist sein Zeichen ... Würden Sie mir das Instrument verkaufen?"

Umbeck erklärt abschließend: An jenem Morgen, als der Geist Stradivari die Geige in der Hand hielt, entnahm der dem Energiefeld Elses die Kraft, die er brauchte, um sein Zeichen in der Violine anzubringen. — „Ich bin kein Geiger, aber ich hatte den Eindruck, daß der Ton dieser Geige außerordentlich voll sei."

Hinrich Ohlhaver, der nicht nur ein tüchtiger Kaufmann, sondern auch ein erfolgreicher Erfinder war, versetzte mit seiner „Revalo-Geige" in den zwanziger Jahren die gesamte Geigenbauerzunft in Aufruhr. In den „Psychischen Studien" des Jahrgangs 1922 fand ich (S. 401) einen diesbezüglichen Hinweis. Die Revalo-Geige scheint aber eine persönliche Erfindung des bekannten Spiritualisten zu sein; mit den eben geschilderten Heidelberger Vorkommnissen besteht anscheinend kein Zusammenhang. Sollten noch Nachfahren Ohlhavers aus Hamburg oder von der Familie B. aus Heidelberg unter uns weilen, ließe sich vielleicht Näheres ermitteln und ich wäre für eine Kontaktaufnahme — auch unter Zusicherung evtl. erwünschter Diskretion — jederzeit dankbar. Hinrich Ohlhaver hatte seinerzeit die „Revalo-Tonveredelungs-A.G." in Berlin N-24 ins Leben gerufen, bei der er mit 50 % beteiligt war. Namhafte Fachleute traten damals in musikalischen Fachzeitschriften für die Güte des Revalo-Veredelungsverfahrens für Streichinstrumente ein, und die „Welt am Montag" schrieb unterm 27. 12. 1921, daß sich die Revalo-Geigen „der Konkurrenz mit den alten Italienern nicht zu schämen brauchen."

Der Fall Harry Price

Harry Price war ein weithin bekannter englischer Parapsychologe und Medienforscher. Hunderte von Medien hatte er untersucht, in deren Sitzungen sich angeblich „Geister" von Verstorbenen kundgaben. Dies hatte ihm im Laufe der Zeit den Spitznamen „Geisterjäger" eingebracht. Nun, auch dieser Mann weiß inzwischen mehr, denn am 29. März 1948 war er dahin abberufen worden, von wo angeblich noch niemand zurückgekommen sein soll. Und dieser Harry Price lieferte ein besonders eindrucksvolles Beispiel des bewußten Weiterlebens nach dem sogenannten Tode, wie der bedeutendste schwedische Parapsychologe, Dr. J. Björkhem berichtet.[24])

Als die folgende Begebenheit geschah, war Dr. Björkhem Assistenzarzt in Lund. Am 9. Oktober 1948 meldete sich ein Patient, den Dr. Björkhem an seinen Stationsarzt verweisen wollte. Der Patient betonte jedoch, nur mit Dr. Björkhem und sonst mit niemand sprechen zu wollen, weil es sich um eine spezielle Angelegenheit handele. — Laut Krankenblatt war der Mann erst Tags zuvor ins Krankenhaus aufgenommen worden. Grund: starke Abmagerung. Alter: 31 Jahre. Aber nicht deswegen wollte der Mann Dr. Björkhem sprechen. Vielmehr erzählte er dem interessiert zuhörenden Arzt, daß er Ende März oder Anfang April 1948 eines Nachts aufgewacht sei und einen fremden Herrn über sein Bett gebeugt stehen sah. Eigenartigerweise habe er keine Furcht empfunden. Die Erscheinung begann zu ihm zu sprechen, aber auf Englisch, was unser Freund nicht verstand.

Die Erscheinung wiederholte sich jedoch des öfteren, und allmählich verstand der Mann, was Mr. Harry Price — so nannte sich die Erscheinung — wollte: Price habe sich während seines Erdenlebens mit der Erforschung von Geistern und Spuk befaßt. Und nun sollte der Schwede ein bestimmtes Krankenhas aufsuchen. Er zweifelte nicht an der Realität des Erlebten, zumal auch seine Frau und eines seiner Kinder die Erscheinung mehrfach gesehen hatten. „Und Mr. Price war es nun auch gewesen", berichtet Dr. Björkhem, „der ihm ausdrücklich den Auftrag gegeben hatte, ins Bezirkskrankenhaus von Lund zu fahren, denn dort würde er Hilfe gegen seine Krankheit — die Abmagerung — finden. Es sollte sich um eine Entzündung im oberen Teil des Rückgrates handeln. Mr. Price hatte ihn eindringlich aufgefordert, seine Erlebnisse demjenigen Arzt zu erzählen, der ihn bei der Aufnahme untersucht, aber niemand sonst. Mr. Price zufolge sollte das, was geschehen war und sich noch weiter ereignen könnte, gleichsam der Wissenschaft etwas zu denken geben . . ."

Dr. Björkhem, der sich zu jener Zeit schon mit parapsychologischen Problemen befaßt hatte, versuchte zu erfahren, ob der Patient schon früher einmal den Namen Harry Price gehört habe, was dieser mit Bestimmtheit verneinte. Dr. Björkhem war dieser Name sehr wohl bekannt, aber er hatte nicht gehört, daß der bekannte „Geisterjäger" verstorben sei. — Zwei Tage nach diesem Gespräch bekam Dr. Björkhem einen Brief von Professor J. T., mit dem er vor längerer Zeit über die Arbeiten des Spukforschers Harry Price korrespondiert hatte. In diesem Schreiben war beiläufig bemerkt, daß Price gestorben sei. „Nachdem Price sein ganzes Leben dem Spuk nachgejagt ist, hat er ja jetzt Gelegenheit, selbst zu spuken, wenn er will", schrieb der Professor. — Am 29. März war Price gestorben, und kurz danach dem schwedischen Textilarbeiter erschienen. Zufall?

Was den Patienten betrifft, so ist interessant zu hören, daß er im Krankenhaus behandelt worden war, aber eine organische Erkrankung konnte nicht festgestellt werden. Ein Psychiater glaubte daraufhin, ein Nervenleiden schizophrenen Ursprungs konstatieren zu müssen und so wurde der Mann in eine Nervenklinik gebracht. Von dort kam zwei Monate später ein Anruf, man habe die wirkliche Ursache der Abmagerung entdeckt: Entzündung im oberen Teil des Rückgrates, hervorgerufen durch irgend eine Infektion. — Das war die Diagnose, die Harry Price gestellt hatte! Der Patient war geistig vollkommen gesund. Die fragliche Entzündung wurde ausgeheilt.

Dr. Björkhem grübelte vergeblich über dieses eigenartige Vorkommnis nach. War Harry Price wirklich „von den Toten zurückgekehrt"? War alles nur „Zufall", waren es Sinnestäuschungen, oder stand ein ordnender Wille dahinter? Wollte Price der Wissenschaft eine Nuß zu knacken geben? Aber warum kam er dann zu einem Textilarbeiter in Malmö? — „Je mehr man fragt, desto unmöglicher wird es, zu antworten", resignierte Dr. Björkhem.

Jahre später meldete sich — aufgrund des inzwischen veröffentlichten Vorganges — eine Dame, die mit Harry Price bekannt gewesen war. Zu ihr hatte der Jenseitsforscher gesagt: „Wenn ich einmal gestorben bin, werden alle Medien Englands schwören, daß ich mich gemeldet hätte. Aber wenn ich in der Lage sein sollte, mich zu äußern, so wird dies in ganz neuartiger Weise und jenseits des Meeres geschehen ..."

Aus dem Jenseits zurückgekehrt

Im Jahre 1910 (die Veröffentlichung des folgenden Falles geschah 1912) starb in Vorbruck eine 95jährige Frau namens André, geborene Vallentin. Noch zwei Tage vor ihrem Tode verrichtete sie ihre häuslichen Arbeiten in gewohnter Weise, denn sie war noch sehr rüstig. Dennoch sah sie dem Sterben geradezu mit Freude entgegen und schon in all den Jahren hatte sie zuweilen ihren Verdruß darüber ausgedrückt, daß sie immer noch hier bleiben müsse. Fragte man sie nach dem Grund dieser Einstellung, erzählte sie gerne ihr großes Erlebnis:

Zweimal war sie verheiratet gewesen. Als ihr erster Mann starb, zählte sie 28 Jahre und hatte zwei Kinder. Der zweiten Ehe entsprossen vier Kinder. Alle sechs waren noch ziemlich klein, als sie auch den zweiten Mann verlor. Sie brachte sich und ihre Kinder mit dem Verkauf von Brot und Kleingebäck durch, das sie selbst herstellte. Sie hatte auf dem Markt einen kleinen Stand, wo man sie stets mit einer Strickarbeit beschäftigt sitzen sah.

So vergingen einige Jahre. An einem kalten, regnerischen Herbsttag fror sie an ihrem Stand erbärmlich. Als sie nach Hause kam, schüttelte sie das Fieber und am nächsten Tag vermochte sie nicht mehr aufzustehen. Eine böse Lungenentzündung hatte sich entwickelt. Ihre beiden Ältesten mußten sich an den Stand setzen, und die vier Kleineren pflegten die Mutter schlecht und recht, so gut sie es eben verstanden. Ab und zu sah wohl eine Nachbarin nach der Kranken, brachte ihr ein wenig Suppe oder dergleichen, aber bei ihr sitzen bleiben und ihr Umschläge machen konnte keine. Die Nachbarsleute waren zumeist auch arm und mußten hart arbeiten.

Am dritten Tag wurde der Mutter sehr schlecht. Die Kinder liefen um Hilfe, aber bis der Armenarzt kam, konnte er nur mehr den Tod der armen Frau konstatieren.

Am nächsten Tag kam der Totenbeschauer, und schließlich eine Frau, die die Tote wusch und ankleidete. Als sie fort war, kletterten die kleineren der vier Kinder auf das Bett der Mutter. Laut weinend und jammernd schüttelten und rüttelten sie die Verstorbene hin und her, sich über sie werfend und sie immer wieder rufend.

Es mochten auf diese Weise etwa zehn Minuten vergangen sein, da hob ein schwerer Seufzer die Brust der Entschlafenen ... dann noch einer, und sie hob mühsam die Augenlider! Kaum hatten die Kinder dies bemerkt, als sie sich mit lautem Jubel von neuem auf sie warfen, sie in die Höhe zerrten, und es dauerte keine fünf Minuten, da hatten sie ihre Mutter wieder lebend und bei vollem Bewußtsein!

Ob dieses Wunders lief das ganze Städtchen zusammen. Man überhäufte die Wiedergekommene und ihre Kinder mit Lebensmitteln und Geld, und nach ungefähr drei Wochen saß sie wieder munter und tüchtig hinter ihrem Stand am Markt.

Frau André lebte nach diesem Vorfall noch 58 Jahre lang. Nie wieder wurde sie von einer Krankheit heimgesucht. Alle ihre Kinder sind ihr im Laufe der Zeit im Tode vorangegangen(!), und sie war nicht imstande, ihm auch nur eines abzuringen ...

Über 30 Stunden war diese Frau „tot" gewesen. Was mochte sie während jener Zeit empfunden haben? Oder war „alles aus"? — Sie erzählte darüber folgendes:

„Als mich plötzlich ein arges Unwohlsein überkam, fühlte ich, wie mir die Sinne schwanden. Dann fühlte ich eine starke, schaukelnde Bewegung, als ob sich das Bett unter mir hob und senkte. Dann war es mir, als ob ich von irgendeiner Höhe hinabstürzte, tiefer und tiefer. Ein schreckliches Angstgefühl und furchtbare Beklemmung war alles, was ich wußte. Plötzlich schien es mir, als ob ich Boden unter die Füße bekommen hätte. Ich stand auf einer Heide. Weit und breit war nur eine öde, steppenartige Gegend sichtbar. Vor mir ein holpriger, ausgetretener Fußweg schien in diese Endlosigkeit hineinzuführen. Eine eigentümliche Dämmerung vervollständigte noch die Trostlosigkeit dieser Gegend. Es erschien alles wie an einem naßkalten Herbstabend, grau und unfreundlich. — Ich stand einen Augenblick ganz ratlos und unschlüssig. Da erhellte sich plötzlich ein kleiner Teil des Firmaments in der Gegend, wo der Weg hinführte. Ein Lichtschein wurde heller und immer heller, gerade als ob die Sonne an einem recht nebeligen Morgen sich durch Dunst und Wolken kämpft. — Ich weiß nicht mehr, bin *ich* dem Lichtschein entgegengegangen oder kam *er* mir entgegen ... plötzlich war um mich herum hellichter Tag geworden, und ich stand zu meiner größten Überraschung unter einer Schar von Bekannten, die mich alle aufs herzlichste begrüßten! Es waren alle meine Lieben, die mir vorangegangen waren: meine Eltern, meine Geschwister, meine beiden Gatten ... ein unendliches Glücksgefühl hatte sich meiner bemächtigt, eine nie gekannte Ruhe und Heiterkeit. Sie umringten mich jubelnd, und in ihrer Mitte schritt ich vorwärts, einem unsichtbaren Ziele zu.

Da erschütterten mich plötzlich heftige Stöße; ich wankte, man fing mich auf, und bedauerlich hörte ich einige bekannte Stimmen sagen: ‚Also ist sie heute nur auf Besuch zu uns gekommen? Und bleibt noch nicht bei uns? — Wann kommt sie ganz zu uns?' Dann schwanden mir die Sinne, ich verspürte wieder die schaukelnde, fallende Bewegung. Verworrene Stimmen schlugen an mein Ohr. Man rief mich ... mühsam öffnete ich die Augen, ich lag im Bett und meine Kinder schrieen durcheinander: ‚Sie lebt! Sie lebt wieder!'

Ich war ja froh, daß ich meinen Kindern wiedergegeben wurde. Aber wenn ich allein war, überkam mich stets eine unendliche Sehnsucht nach jener Gegend, gleichsam, als ob ich dort meine Heimat hätte. — Und ich warte mit Ungeduld auf den Tag, da ich ihnen folgen darf. Leider läßt er so lange warten auf sich."[25])

Traumerlebnis eines Arztes

Oberkonsistorialrat Friedrich M o s e n g e i l aus Meiningen[26]) hatte sich als Schriftsteller einen Namen gemacht; zwölf Bände waren aus seiner Feder erschienen. Mosengeil war mit einem Arzt bekannt gewesen, dessen seltsames Erlebnis er wie folgt schildert:

In einer Stadt Thüringens lebte ein erfahrener, frommer Arzt, dessen Ruf ihm große Ehre und reichliches Einkommen erwarb, aber auch zugleich so viel Arbeit und Gemütsbewegung zuzog, daß er zuweilen darunter fast erliegen zu müssen fürchtete. Väterlich und brüderlich nahm er an den Leiden seiner Kranken teil und redete ihnen dabei in Stunden der Gefahr so erbaulich und eindringlich ins Herz, daß sie in diesem leiblichen Arzt auch zugleich den geistlichen fanden. Traten Zeiten ein, wo ansteckende Krankheiten herrschten und wo gleichsam der Tod mit aller Macht an dem großen Lebensbaum schüttelte, dann war die Mühe des Arztes ebenso groß als seine Gefahr, und sein Testament lag daher immer bereit. — Sehr oft wurde er mitten in der Nacht herausgerufen und mußte sich den Schlaf aus den müden Augen wischen, um vielleicht durch Regenstürme oder Schneegestöber zu Neuerkrankten hinzueilen. So mühevoll und lange nicht genug gewürdigt ist das Amt eines guten, pflichtgetreuen Arztes.

Einst, als sich der Doktor von seinen vielen Besuchen ganz ermattet zur Ruhe begeben hatte, sank er augenblicklich in einen tiefen Schlaf, der ihm ein wunderbares Bild vor die Seele stellte, als sollten Körper und Geist zugleich für die kommende Arbeit gestärkt und für die vergangene belohnt werden.

Sein Traum führte ihn in einen Garten, dessen Pracht alles übertraf, was er bis jetzt jemals gesehen hatte. Das Schönste aus dem Pflanzenreich, wie es sich in allen Erdteilen verstreut findet, war hier vereinigt. Der Arzt, ein Kenner, kam fast außer sich vor Entzücken, als er große Prachtblüten und edle Baumarten in höchster Vollkommenheit erblickte, wie er sie bis jetzt nur von Bildern und aus Beschreibungen kannte. Ein erquickender Wohlgeruch duftete aus schattenkühlen Büschen, der Rasen glich einem großen Kunstgewebe, in das auf goldgrünem Grunde vielfarbige Blumen in den zierlichsten Formen gestickt waren. Hie und da murmelten Quellen, erhoben sich kristallhelle Wasserfontänen und fielen, mehr klingend als plätschernd, in dunkelblaue Becken herab. Darüber schwebten Vögel mit buntschimmerndem Gefieder ...

Anfangs merkte der Arzt in seinem Entzücken nicht, daß er ganz allein war. Dann aber, als er eine Weile hierhin und dorthin seinen Lauf gerichtet hatte und ein neues Naturwunder jeweils das vorherige zu überbieten schien, fiel ihm auf, daß dieser herrliche Garten menschenleer sei, und sein Herz sehnte sich nach einer mitfühlenden Brust, an die er fallen und rufen könnte: Ach Bruder, wie schön ist es hier, und wie groß ist der Schöpfer!"

Während er dies dachte, sah er einen Mann aus der Ferne heranschreiten. Und je näher derselbe kam, desto mehr wuchs des Doktors Freude ... denn immer deutlicher erkannte er seinen geliebten (verstorbenen) Vater. Mit lautem Freudenruf des Wiedersehens wollte er ihm um den Hals fallen; doch jener machte eine abwehrende Handbewegung, wiewohl er in verklärter Freundlichkeit und Liebe lächelte. — Da sprach sein Vater: „Dir ist ein großes Heil widerfahren, welches selten einem Sterblichen zuteil wird, denn du bist an einem Orte, welchem du noch nicht angehörst. Verlangst du einen Beweis, so brich nur eine jener Rosen, die hier neben dir blühen."

Der Sohn langte hin, eine der königlichen Blumen zu pflücken; doch kaum berührte er sie, als das zarte Gebilde wie ein Nebel zerrann. — „Blick her!" sprach der Vater, knickte eine der Blumen ab und steckte sie sich an die Brust. Es schien, als ob sie dort noch anhaltender glühe. Da fragte der Sohn traurig: „Was muß ich denn tun, mein Vater, daß ich würdig werde, hier zu wohnen, und daß die Blumen dieses Gartens nicht vor mir zerfallen?"

„Arbeiten und beten, vergeben und beten, wie du es bisher getan", antwortete der Vater. Der Sohn fragte noch vieles, worauf er Bescheid erhielt; vieles aber blieb ihm verborgen. An manches wußte er sich später nicht mehr deutlich zu erinnern ...

Indem sie so miteinander sprachen, klang — erst in großer Ferne —, dann immer näher und durchdringender ein Ton durch den Garten, den der Doktor nachher nur mit dem Akkord einer großen Orgel vergleichen konnte; der Klang strömte stark und herzergreifend, und blieb dabei doch so sanft, wie das Säuseln von Harfensaiten, wenn der leise Wind sie anhaucht. „Dies ist das Zeichen", sprach der Vater, „daß die Bewohner dieser Gegend sich zur Anbetung des ewigen Vaters versammeln. Darum, so lebe nun wohl, auf kurze Zeit, bis wir uns wiedersehen." „Nur noch eine einzige Frage", flehte der Sohn. „Sage mir, ehe du scheidest, was bedeutet das unaussprechlich schöne Rosenlicht, das dort am Horizont heraufflammt, als wollte eine neue Sonne aufgehen? Niemals habe ich so etwas mitten am Tage gesehen!" „Die Werke des Allmächtigen sind unendlich und unergründlich", war des Vaters Antwort. „Wir alle, die wir hier wohnen, wissen uns jenes entzückende Licht nicht zu deuten, sondern wir sehnen uns dorthin, so wie ihr auf Erden euch nach dem Himmel sehnt. Denn ohne Sehnsucht lebt keine Seele, weder auf Erden, noch im Himmel." — Dann breitete der Vater segnend seine Hände aus zum Scheidegruß. In diesem schmerzlichen Augenblick kam eine andere Gestalt dem Sprechenden näher, und der Arzt erkannte seine geliebte Schwester, die Gattin eines werten Freundes, in dessen Hause er seine frohesten Stunden genoß.

Vater und Tochter sanken sich in die Arme. — Dann erst wandte sie sich erstaunt zum Bruder hin. „O darum", rief sie, ihm entgegenfliegend, „darum mußte ich vergebens auf dich warten!" Doch ehe er sie noch mit seinen Armen umschlingen konnte, war es ihm plötzlich, als sinke er durch unermeßliche Räume nieder ... Der erste Laut, dessen er sich bewußt wurde, war ein lautes Rufen seines Namens. „Lieber Herr!" erscholl es vor der verschlossenen Tür, „so wacht doch auf und öffnet mir, denn es hat gewiß große Gefahr!"

Nun erst ward es dem Arzt klar, daß er bislang geträumt hatte, und daß jetzt wieder die wirkliche Welt ihre Ansprüche an ihn stellte. Hastig kleidete er sich an. „Wer ist's denn, der nach mir verlangt?" rief er dem harrenden Boten vor der Tür zu. „Es ist eure Schwester!" erscholl es zur Antwort, „sie ist plötzlich erkrankt, und schon eine gute Weile habe ich euch zu wecken versucht."

Der Arzt eilte erschrocken hinab, durchlief mit steigender Angst die Straßen bis hin zum befreundeten Hause und trat hastig ein. Da fiel ihm der Gatte seiner Schwester schluchzend um den Hals. „Zu spät!" seufzte er, kaum des Wortes mächtig. „Unsere Freundin ist schon bei

Gott. Ein Schlaganfall hat plötzlich ihr Leben beendet." — Da faltete der Doktor die Hände und konnte weder weinen noch sprechen ... Es währte lange, bis er seinem Freunde den wunderbaren Traum erzählen konnte ...

Der üblichen Redewendung „Träume sind Schäume" mag wohl nur teilweise eine Berechtigung zukommen, denn in der Art des Träumens kann es erkleckliche Unterschiede geben. Überhaupt stellt unser Traumleben zuweilen einen Schlüssel dar, welcher uns das Tor zu anderen Welten vorübergehend aufzuschließen vermag. „Das gewöhnliche Traumleben", so bekundet ein Jenseitiger, „hat mit unserer Welt keine Verwandtschaft". Das Entrücktwerden im Schlafe, wie es obiger Arzt erlebte, sei eine Ausnahme. Andererseits scheint es wenig Menschen zu geben, die solche Ausnahmen nicht schon erlebt hätten. Man merkt den Charakter solcher ausnahmsweisen Träume schon daran, daß sie einen nachhaltigen Gemütseindruck hinterlassen und nicht vergessen werden.

Es ist nahezu unmöglich, den Unterschied zwischen visionären Traumerlebnissen und der üblichen „Massenware" an Träumerei begreiflich machen zu wollen. Pfarrer Oberlin, dessen verstorbene Gattin ihm fast allnächtlich in Visionen und Träumen erschien, wußte dieselben sehr genau in objektive und subjektive Kategorien zu unterscheiden. Als ihn jedoch einige junge Geistliche um ein Unterscheidungsmerkmal zwischen gewöhnlichen und außergewöhnlichen Träumen fragten, da antwortete er ihnen, daß diesen Unterschied jemand begreiflich zu machen, der nichts Ähnliches erlebt habe, genau so schwer sei, wie einem Blinden den Unterschied zwischen Blau und Grün erklären zu wollen. — Auf keinen Fall aber kann das rätselhafte Phänomen unseres Traumlebens mit materialistischen Theorien wie der Freud'schen Psychoanalyse erfaßt, erklärt und ausgelotet werden, solange man die menschliche Seele lediglich als Schuttabladeplatz unterdrückter Begierden auffaßt. —

Ein deutsches Medium am Zarenhof

Mit Rücksicht auf zahlreiche Träger des Namen jenes Mannes, von dem nachfolgend die Rede sein wird, möchte ich von der Namensnennung, wie auch von einer Quellenangabe, absehen. Die Begebenheit ist jedoch einwandfrei verbürgt.

Die handelnde Person war ein damals 27jähriger Mann, dessen Mutter Sprechmedium, und dessen Vater ein bekannter Arzt und Schriftsteller war. Der junge Mann selbst besaß ebenfalls ASW-Fähigkeiten und hatte sich im Laufe der Zeit zu einem ausgezeichneten Schreib-, Sprech- und physikalischen Medium entwickelt. Sein leitender geistiger Führer nannte sich „Dabot" und eröffnete ihm eines Tages, es war am 21. August 1879, daß die Zeit der Erfüllung einer politischen Mission in Rußland gekommen sei und daß der junge Mann sich darauf vorbereiten solle. Von da an wurde immer wieder von der „Mission" gesprochen, aber die Eltern waren verständlicherweise dagegen und zwar besonders die Mutter. Die Mutter *befürwortete* jedoch das Unternehmen, wenn sie sich *im Trancezustand* befand! Hierbei wurde sie öfters von einem Jenseitigen beeinflußt, der sich als Napoleon I. ausgab.

Nun wird jeder erfahrene Spiritualist bestätigen, daß man bei der Nennung berühmter Namen durch ein Medium sehr vorsichtig sein muß. Die Identitätskontrolle ist, wenn nicht gleichzeitig eine hellsichtig begabte Person anwesend ist, kaum möglich. — In diesem Falle aber schien es seine Richtigkeit zu haben, denn auf die Frage: „Wie kommt es, daß du nun diesem Lande (Rußland) helfen willst, das du doch bei Lebzeiten zerschmettern wolltest?" erfolgte in feierlichem Ton die Antwort: „Millionen sind durch mich in diesem Reiche zu Unglück gekommen, und ich leide schwer für meinen Egoismus. Ich muß und kann mein Verbrechen nur dadurch sühnen, daß ich Millionen wieder zum Glück verhelfe."

Auf jenseitiges Anraten wurde schließlich ein dieser Familie bis dahin unbekannter Schmied namens Sch. aus Tiengen bei Freiburg/Breisgau, der über die Gabe der Zukunftsschau verfügte, hinzugezogen, und nach einer letzten Sitzung, die mit einem feierlichen Gebet und den Worten schloß: „Blicket auf den, der alles zum Guten und Erhabenen lenkt", bewilligten die Eltern das Reisegeld.

Das Medium reiste nunmehr nach Leipzig und traf mit dem russischen Staatsrat Alexander Aksàkow (dem Herausgeber der „Psychischen Studien" und Verfasser des parapsychologischen Standardwerks „Animismus und Spiritismus") zusammen. Allein „Dabot" hatte gesagt, daß dies nicht der Mann sei, durch dessen Vermittlung das Medium vor den Zaren geführt werden könne. Und nun begannen die vorausgesagten „schweren Zeiten" für den jungen Mann. — Während die Eltern bangend auf eine Nachricht aus Petersburg — dem heutigen Leningrad — warteten, erreichte sie am 4. 9. 1879 aus Leipzig ein Brief mit der niederschmetternden Meldung: „Ich bin aus Petersburg ausgewiesen worden!"

Was war geschehen? — Just am Tage der Ankunft des jungen Mannes in Petersburg war der Zar nach Warschau gereist. General Sarow, damals Stadtkommandant, dem sich das Medium unter Angabe seines Reisezwecks vorgestellt hatte, ließ den jungen Mann einem Arzt vorführen, der ihn für „verrückt" erklärte. Daraufhin erfolgte natürlich die sofortige Ausweisung.

In Leipzig ging dem jungen Mann das Geld aus. Die Eltern hatten bereits jeden Glauben an die „Mission in Rußland" aufgegeben und betrachteten „Dabot" als einen Foppgeist, der sie irregeführt hatte[a]). Da erreichte sie überraschend ein Brief aus Berlin, datiert vom 3. 1. 1880 mit der Nachricht: „Morgen reise ich nach St. Petersburg!". Und das kam so:

Unser junger Mann hatte mittlerweile die Gabe des Hellhörens bekommen und stand auf diese Weise in fortgesetztem Kontakt mit seinem Schutzgeist. Dieser forderte ihn eines Tages auf, die Reise nunmehr zu wiederholen. Auf den Einwand, daß kein Geld vorhanden sei, wurden ihm zwei Adressen in Berlin angegeben, an die er sich wenden solle. Tatsächlich wurden ihm dort „aus Dankbarkeit für erhaltene Beweise aus dem Jenseits", an beiden Stellen je 300 Mark ausgehändigt! Hierüber in größtem Maße erstaunt, packte das Medium unter dankbaren Tränen seinen Koffer und reiste ab.

„Hurra, die Geister haben es erreicht!" begann ein am 19. Januar von Petersburg angelangter Brief, der folgendes besagte: Am Abend in Petersburg angekommen, lispelte ihm sein Schutzgeist ins Ohr: „Gehe morgen in das Hotel de l'Europe und frage nach der Gräfin G . . .; durch diese Dame wirst du mit dem Großfürsten Konstantin zusammenkommen." Dieser war der Bruder des Zaren Alexander II. — Die Neugierde, ob eine Gräfin solchen Namens im bezeichneten Hotel zu finden sei, war mit Bangen gemischt. Doch wie war er erstaunt, die volle Bestätigung zu finden!

Die Gräfin verlangte spirituelle Beweise, die das Medium — in Trance — sofort zu geben vermochte. Dadurch wurde die Dame so in Erstaunen versetzt, daß sie versprach, den Großfürsten in Kenntnis zu setzen. Dieser ließ das Medium sodann kommen, verlangte aber ebenfalls Beweise. — Als der junge Mann aus dem Trancezustand erwachte, holte der Großfürst eine Tafel aus seinem Schreibtisch und sagte: „Ich habe Ihnen eine politische Frage gestellt; dieselbe Frage, die ich vor einiger Zeit dem Medium S l a d e[b]) gestellt hatte, worauf ich folgendes erhielt. Lesen Sie selbst." — Auf der Tafel stand: „Diese Frage wird Dir demnächst durch ein deutsches Medium beantwortet werden." — „Dieses Medium sind Sie", fuhr der Großfürst fort, „und ich werde Sie dem Kaiser vorstellen."

Ein Dankgefühl unaussprechlicher Art ergriff die Eltern des jungen Mannes, als sie diese Nachricht erhalten hatten; denn nun hatten sie die Bestätigung der Mission ihres Sohnes, der von der Vorsehung ausersehen war, großes Unheil zu verhüten. —

Der junge Mann erhielt nun freie Wohnung und ein mäßiges Monatsgehalt, und verheiratete sich mit einer ihm von seinem Schutzgeist bestimmten Schwedin. —

Damals machten in Rußland die sogenannten Nihilisten[c]) viel von sich reden, die mit terroristischen Mitteln einen politischen Umsturz anstrebten. Für die Sicherheit des Zaren war in jener Zeit, in der unser Bericht spielt, der in Petersburg allmächtige Melikoff verantwortlich. Dieser merkte bald, daß ihm in dem Deutschen eine unliebsame Konkurrenz erwachsen war. So hatte das Medium z. B. ein Attentat auf den 17. November 1880 in Form einer vorbereiteten Sprengung des Speisesaales im Winterpalast vorausgesagt. Der Kaiser wollte es partout nicht glauben. „Majestät, ich will Ihnen die Linie auf der Straße ziehen, unter welcher der Draht läuft, der vom gegenüberliegenden Hause kommt." — „Nein, junger Freund," erwiderte der Zar, „dazu kann ich den Befehl zur Untersuchung nicht erteilen. Das wäre ein Mißtrauensvotum gegen meine getreuen Livländer, die die Wache haben." (Dieses Vertrauen, so heißt es im Oirginalbericht, sei ein schöner Zug des äusserst gutmütigen Charakters Alexanders II. gewesen, von dessen Herzensgüte das Medium später viele Beispiele erzählte). „Nun, dann muß das Schicksal seinen Lauf nehmen" gab das Medium zur Antwort, „in einer halben Stunde wird die Katastrophe eintreten".

Zu jenem Zeitpunkt weilte Fürst Ferdinand von Bulgarien besuchsweise beim Zaren. Beide besprachen nun, ehe sie sich in den Speisesaal begaben, die gehörte Warnung, wodurch eine halbstündige Verzögerung des Beginns des Gastmahles eintrat. Und in dem Moment, als die Herrschaften den Saal betreten wollten, erfolgte die Detonation! Bald danach erschien ein kaiserlicher Lakai bei unserem jungen Mann, um ihn zu holen. Mit Tränen fiel der Zar ihm um den Hals und sagte: „O lieber junger Freund, hätte ich Ihnen doch gefolgt!"

Daß Melikoff unter solchen Umständen nicht gut auf das Medium zu sprechen war, läßt sich denken; denn er wollte allein die Ehre und das Verdienst haben, das Leben des Zaren zu schützen. Und als der Kaiser im Mai 1880 nach Livadia reiste (im Vertrauen auf des Mediums Versicherung, daß er wohlbehalten wieder zurückkehren werde), schickte Melikoff das Medium mit wichtigen Dokumenten und dem Auftrag, die Nihilisten in Paris, Marseille und Lyon auszukundschaften, nebst 1000 Rubel ins Ausland. Zugleich aber gab er insgeheim den Befehl, dem jungen Mann, bevor er die russische Grenze passiert, alles wieder abzunehmen.

Im Eisenbahnzug verfiel der Reisende in einen plötzlichen, ihm unerklärlichen Schlaf. Als er erwachte, fand er sich beraubt[d]). Merkwürdigerweise aber besaß er noch die Hauptsache: die Dokumente! — In Berlin deponierte er dieselben bei der Reichsbank und erbat sich sodann eine Audienz beim Reichskanzler Bismarck, dem er offen von seinem Schicksal und seiner Mission am Zarenhofe berichtete. Als Bismarck ihn schon nächstentags wieder kommen ließ, empfing ihn dieser in ziemlicher Erregung: „Was spielen Sie am russischen Hofe für eine Rolle? Wie ist man dazu gekommen, Ihnen solche wichtigen Dokumente anzuvertrauen?" Das Medium wußte zwar durch seinen Schutzgeist, was jene Dokumente enthielten, frug aber dennoch — sich unwissend stellend — ob in den Papieren denn so Wichtiges stehe? „Wichtig?! Solange ich Kanzler bin, ist mir kein so wichtiges Dokument unter die Augen gekommen!" versetzte Bismarck.

Bei der dritten, zweieinhalbstündigen Audienz war auch Generalfeldmarschall Graf Helmut von Moltke (1800—1891) anwesend. Der Berichterstatter bemerkt: „Was da, während das Medium in Halbtrance war, gesprochen wurde, verschwieg mir das Medium. Nur das erfuhr ich, daß Moltke selbst medial veranlagt gewesen sein muß; denn er erzählte, daß er kurz vor Abmarsch gegen Frankreich (1870) eines Morgens in seinem Bett, in keinem Traum-, aber auch in keinem Wachzustande lag, als sich plötzlich vor seinen Augen eine weiße Fahne aufrollte, worauf mit goldenen Buchstaben zu lesen war: Sei mäßig im Siege! — ‚Wissen Sie, Bismarck, wie oft ich Sie an diese Fahne habe erinnern müssen? Sie haben stets *mehr* gewollt'."

Der Berichterstatter durfte zur Zeit der Niederschrift dieser Schilderung vieles, was er aus dem Munde des Mediums erfuhr, noch nicht veröffentlichen. Ein gesondert abgefaßtes Manuskript, welches den vollständigen Bericht enthielt, sollte erst nach dem Tode des Schreibers der Öffentlichkeit zugänglich gemacht werden; es scheint jedoch bei der Bombardierung Freiburgs (1944) mit verbrannt zu sein. —

Als das Medium sich bei Melikoff verabschiedete, sagte es ihm: „Bis ich wiederkomme, sind Sie nicht mehr am Ruder; denn Sie vermögen es nicht, Se. Majestät vor einem Attentat zu schützen." — In der Tat wurde während der Abwesenheit des Mediums alles außer Acht gelassen, was an Vorsichtsmaßregeln angeraten worden war, so z. B., daß der Zar niemals im Schritt, sondern stets im Galopp nach dem Palast fahren solle. — Das auch von verschiedenen anderen Medien vorausgesagte Ende, wonach Alexander II. durch Bomben zerrissen würde, traf am 13. März 1881 ein. —

Dem Medium und dessen Gattin ging es in der Folgezeit wirtschaftlich nicht gut. Dennoch waren sie glücklich und zufrieden. Schließlich verloren sie (durch Nichtbefolgung eines jenseitigen Rates) bei einem Brand all ihre Habe. — Aus Platzgründen übergehe ich die Wiedergabe näherer Einzelheiten, möchte jedoch das Genfer Erlebnis des Mediums nicht unerwähnt lassen:

Russischerseits schien man den jungen Mann stets im Auge zu behalten, denn er bekam eines Tages Besuch von der russischen Gesandtschaft in Deutschland und wurde gefragt, ob er nach Genf zu reisen bereit sei, wo ihn drei russische Generale erwarten würden. — Am 8. 10. 1882 langte das Medium in Genf an und traf abends jene drei Herren in einem Hotel. Man wünschte durch ihn zu erfahren, wo sich zur Zeit drei Nihilisten befänden, deren Fotos man ihm zeigte. — Bald darauf begab sich das Medium zur Ruhe, löschte das Licht und legte die drei Fotos unter sein Kopfkissen. Nach einem inbrünstigen Gebet und Bitte um Hilfe, hörte er das ihm wohlbekannte Lispeln in den Ohren: „Die erste, oberste Photographie wohnt Straße . . . Nr. 24, eine Treppe hoch, erste Türe rechts; die zweite . . ." usw. — Am nächsten Morgen waren die Herren früh zur Stelle und staunten nicht schlecht: „Ja mein Gott, wie haben Sie das herausgefunden? Wie war das möglich? Was beginnen wir nun?" wurde zu gleicher Zeit gefragt. Zwei der Generale wußten einiges vom Geisterverkehr; doch der dritte, der nun zum ersten Mal so etwas erlebte, konnte vor Erstaunen nicht ruhig frühstücken. Dann fuhr man per Droschke in die entsprechende Straße, aber keiner der Herren wollte in das bezeichnete Haus gehen, solchen Respekt hatten sie vor den Nihilisten. Jeder wollte dem andern „die Ehre gönnen", bis einer doch Mut faßte. Das Medium hatte geraten: „Aber meine Herren, es ist doch nichts dabei zu riskieren; Sie gehen hinauf, klopfen an und sagen, Sie hätten gehört, daß hier ein Zimmer zu vermieten sei."

Wenige Minuten später kam der Betreffende aufgeregt zurück: „Ich habe ihn gesehen, er war es, er war es wahrhaftig. Ich versichere Ihnen, er war es!" Der General mußte vom Medium ermahnt werden, alles auffällige Gebaren zu vermeiden. — Beim Aufsuchen der beiden anderen Adressen ging es mit der militärischen Courage schon besser. Die Gesuchten waren alle zuhause. — Nach der zweiten Nacht konnte das Medium vielerlei Einzelheiten über jene Nihilisten erzählen, die es von seinen jenseitigen Freunden erfahren hatte, so daß die Herren Generäle — besonders der Neuling auf diesem Gebiete — das Medium als ganz ungewöhnlichen Menschen anstaunten.

Am Nachmittag des dritten Tages kamen die drei Herren zum Medium (welches sich mittlerweile ein Privatzimmer gesucht hatte) und berichteten, daß sie von zwei Männern verfolgt würden. „Und da kommen Sie, als Verfolgte, zu mir? Da bin ich ja mit verraten! Sie sind mir schöne Generäle! Doch ich will mir diese Kerle einmal ansehen." — Während er sich ans Fenster begeben wollte, fühlte er ein Zerren an seinem Rock und vernahm das bekannte Flüstern: „Sage den Generälen, sie sollten sofort mit dem nächsten Zuge abreisen; denn für heute

Abend seien sie dem Tode geweiht. Du kannst noch bleiben, mußt aber morgen früh auch abreisen." — Es braucht wohl nicht gesagt zu werden — schreibt der Berichterstatter — daß diese Warnung von den Generälen sofort befolgt wurde.

Als das Medium nach einigen Besuchen, die es Freunden abgestattet hatte, spät abends in die Unterkunft zurückkehrte, fühlte es beim Öffnen der Haustür wieder das Zupfen am Rock und hörte gleich darauf die Worte: „Spreche erst in den Hausgang hinein!" — Auf die Frage „Wer ist da?" erfolgte keine Antwort. „Wer ist da? Antworte oder ich schieße in den Gang!" Hierauf vernahm er das Rauschen eines Kleides und erblickte im Scheine des Gaslichts eine Dame, zwischen 30—40 Jahren, mit einer Pistole in der Hand auf ihn zukommen: „Wer sind Sie? Was haben Sie an sich, daß ich meine rechte Hand nicht erheben kann? Warum ist mein rechter Arm gelähmt?" Das Medium zog nun die Dame näher in den Lichtkegel der Gaslaterne und fragte in ruhigem Ton: „Sagen Sie mir, was ich Ihnen zuleid getan, daß Sie mir nach dem Leben trachten?"

Die Frau schilderte nun, daß heute auf sie das Los gefallen sei, ihn zu töten, so, wie auch die drei anderen gewiß schon erledigt seien. Ihr Vater sei unschuldigerweise nach Sibirien verbracht worden, wo er elend zugrunde ging; sie sei damals 16 Jahre alt gewesen und habe sich geschworen, ihren Vater zu rächen. So sei sie Nihilistin geworden. — Sie verriet sodann, daß für das nächste Frühjahr der gewaltsame Sturz des zaristischen Regimes geplant sei, und als sich der Bann löste — sie hatte bis dahin anscheinend unter einem unerklärlichen Zwang gestanden — erschrak sie sehr ob ihres vermeintlichen Verrates und begann zu schluchzen. Das Medium beruhigte sie und gab beim Abschied der Hoffnung Ausdruck, daß sie sich vielleicht einmal unter besseren Verhältnissen wiedersähen. —

Am 28. Oktober 1882 trat der junge Mann abermals eine Reise an den Zarenhof an. Der Berichterstatter bemerkte damals bzw. später: „Das Merkwürdige, was nun alles geschah, ist mir zu veröffentlichen noch nicht erlaubt. Nur so viel sei gesagt, daß durch die stets richtigen Aussagen, welche in den meist allabendlichen Privatsitzungen mit Zar Alexander III. und dessen Gemahlin erhalten wurden, die Macht der Nihilisten gebrochen wurde. Der Zar mußte jedoch versprechen, nur notorische Verbrecher (Mörder etc.) nach Sibirien zu schicken. Die jungen Leute aber, namentlich die nihilistischen Studenten, ‚zur Strafe' in die Kriegsschule zu stecken. ‚Durch solche Milde entsteht Versöhnung und Ihr gewinnt dadurch intelligente Offiziere'. So lautete die Weisung von drüben."

Die kaiserliche Krönung am 8. Mai 1883 wurde erst dann ernstlich beschleunigt, nachdem durch das Medium angegeben worden war, daß in Moskau 87 Kisten, soundso bezeichnet und als „Glaswaren aus New Orleans, N.A." deklariert, angekommen seien. Nach Angaben der Jenseitigen sollten diese Kisten flache Glasschalen enthalten, die am Boden mit einer Chemikalie versehen sind. Sobald ein solches Glas — das unter jeder Mütze getragen werden kann — in die Luft geworfen wird, zerplatze es unter starker Detonation und habe verheerende Wirkung. Bei den sofort angestellten Nachforschungen erwiesen sich alle Angaben als zutreffend!

Einmal fuhr das Medium mit dem Kaiserpaar von St. Petersburg nach Moskau, kam während der Reise in Trance und muß wunderbar gesprochen haben; denn als es erwachte, fand es die Majestäten in Tränen. — Auch während der Krönungszeit in Moskau mußte sich das Medium stets in der Nähe des Zaren aufhalten. Als alles gut abgelaufen war, fragte der Zar den jungen Mann: „Nun, mein lieber . . ., mit welchem Wunsche kann ich auch Sie erfreuen?" — Da war es, wie das Medium später schilderte, als ob eine mächtige Hand sich auf seinen Mund gelegt hätte, und es war gezwungen zu antworten: „Majestät, ich habe keinen Wunsch." — Wohl war der Zar hierüber erstaunt, erhöhte aber das monatliche Gehalt von 100 auf 200 Rubel (das waren damals 400 Mark).

Zar Alexander III. und seine Gattin wurden vom Medium als höchst wohlwollende Menschen geschildert, als musterhafte Ehegatten, die nur das Wohl der Völker Rußlands im Auge hatten. Oft war der Kaiser geneigt, eine freiere Verfassung und ein Volksparlament einzusetzen, wurde aber durch die Jenseitigen belehrt, daß dies noch zu früh sei, daß das Volk erst durch gute Schulen, und die Beamten durch strenge Überwachung ihrer Bestechlichkeit zur größten Ehrlichkeit erzogen werden müßten usf.

Als Geschenk für die den Jenseitigen geleisteten Dienste bekam das Medium in jener Zeit die Fähigkeit des Heilens verliehen. Mit dieser Begabung gelangen ihm in Petersburg mehrere große Erfolge, was ihm ein Gerichtsverfahren als „Scharlatan" einbrachte. Die Klage wurde niedergeschlagen und die in großer Zahl erschienenen Mediziner gingen ergrimmt wieder nach Hause. — Schließlich aber bekam das Medium die Politik satt; es sehnte sich mit der Gattin zu deren Eltern zurück und wollte den Mitmenschen nur noch mittels der erhaltenen Heilkraft dienen. Zudem teilten die jenseitigen Freunde dem Medium mit, daß der Zar nunmehr selbst wissen müsse, wie er künftig zu handeln habe. Drei volle Jahre hatte der Kaiser Hilfe von oben erhalten! Die Kraft der Nihilisten, durch deren Macht eine für das russische Reich katastrophale Revolution ausgebrochen wäre, war gebrochen. Die Krönung, die durch Sprengstoffe in furchtbarer Weise gestört werden sollte, war wider Erwarten ohne die geringste Störung verlaufen. Ein

Krieg mit England wegen Afghanistan wurde verhindert (und zwar mit Vorteilen für Rußland, welches Merw ohne Schwertstreich erhielt) und vieles andere mehr. Der Zar hat persönlich, wie kein anderer Potentat, Beweise aus der Geisterwelt erhalten, die ihn — wie der Berichterstatter schrieb — von der großen Wahrheit des modernen Spiritualismus überzeugten. Und was das Medium betraf, so sagte einst Bismarck zu ihm: „Wenn Sie mit Veröffentlichung aller in Ihren Händen befindlichen Beweise in die Öffentlichkeit treten würden, könnten Sie die ganze europäische Politik aus den Fugen heben."

Am 20. März 1896 bekamen die Eltern die erfreuliche Nachricht von der Rückkehr ihres Sohnes und seiner Frau. Nachdem ein neuer Haushalt gegründet worden war, begann eine Zeit segensreichen Wirkens als Heilmagnetiseur. Schon während des ersten Jahres kamen Briefe und Patienten aus aller Welt. Das Medium vermochte zu erfühlen, ob der Betreffende geheilt werden darf oder nicht (es wurden aber nur wenige als unheilbar erklärt). Bekanntlich ist jede Krankheit heilbar, aber nicht jeder Kranke. Auch das scheint ein Naturgesetz zu sein. Wenn karmische (schicksalhafte) Belastung vorliegt, kann bestenfalls nur eine Linderung des Leidens erreicht werden.

Das interessante weitere Schicksal des Mediums zu schildern, würde hier zu weit führen. Der Fall selbst ist einwandfrei verbürgt. Bestätigung verschiedener Fakten und ergänzende Mitteilungen wurden mir von Nachkommen des Mediums zuteil. —

---

a) Unter der Bezeichnung „Foppgeister" pflegt man erdverhaftete Entkörperte zu verstehen, die sich falsche Namen zulegen. Neben leicht durchschaubaren Possenreißern gibt es leider auch solche, denen es auf raffinierte Weise gelingt, Gutgläubige irrezuführen.

b) Der Amerikaner Dr. Henry Slade war szt. weltberühmtes Medium für physikalische Experimente (Durchdringung der Materie) und für eine besondere Art automatischer Schrift: dieselbe entstand auf der Innenseite zusammengeklappter und verpackter Schiefertafeln. Der bekannte Astrophysiker J. K. F. Zöllner (1834—1882) berichtet im dritten Band seiner „Wissenschaftlichen Abhandlungen" über seine Experimente mit Slade. Zöllner gelangte zu dem Schluß, daß das physikalische Gesetz von der Undurchdringlichkeit fester Materie im dreidimensionalen Raum nur bedingt gültig sein kann und daß es „Intelligenzen eines vierdimensionalen Raumes" geben muß.

c) Nihilisten nannten sich seit Turgenews Roman „Väter und Söhne" (1861) in Rußland die Anhänger einer radikalen politischen Bewegung. Nach dem 1. Weltkrieg kam diese Bezeichnung außer Gebrauch.

d) Dieser Schlaf scheint durch jenseitige Einwirkung herbeigeführt worden zu sein, so daß es dem Medium erspart blieb, gegebenenfalls zusammengeschlagen zu werden.

Erlebnisse eines Kosaken-Heerführers

Im Jahrgang 1950/51 der schweizerischen Zeitschrift „Neue Wissenschaft" veröffentlichte der 1892 geborene Heeresataman (Oberbefehlshaber) der ukrainischen Kosaken I. Poltawetz von Ostranitza eine Reihe interessanter Begebenheiten aus seinem reichbewegten Leben, wovon einige hier im Auszug wiedergegeben seien. Der Herausgeber jener Zeitschrift, Dr. Peter Ringger bemerkt einleitend: „Der knappe, sachliche Stil dieser Berichte mit seinen präzisen Einzelangaben erinnert mehr an militärische Meldungen, als an Erzählungen aus dem Bereich des sogenannten Übersinnlichen." Dadurch sei die Gewähr gegeben, daß wir es mit schlichten, wahrheitsgetreuen Schilderungen eigener Erlebnisse zu tun hätten.

Von Ostranitza berichtet, daß er beim Tode seines Vaters, der bei einem Gefecht mit Gebirgsräubern gefallen war, zwei Jahre alt gewesen sei. — Im Alter von vier Jahren habe er einmal im elterlichen Park allein gespielt und plötzlich auf einer nahen Bank einen Mann in Kosakentracht sitzen sehen. Er sei daraufhin ins Haus gelaufen und habe seine Mutter auf den Mann im Garten aufmerksam gemacht. Als beide in den Garten kamen, war nichts mehr zu sehen. Auf einmal fiel die Mutter in Ohnmacht, und der Junge sah jenen Mann wieder, aber etwas abseits von der Bank, an einem Baum stehend. „Trotzdem er mich freundlich anlächelte, schlug ich kollossalen Lärm, so daß ein Teil der Dienerschaft herbeilief." Im Hause erzählte er seiner Kinderfrau alles, wie es sich zugetragen hatte. „Wir waren in einem Nebenzimmer, und noch ehe meine Mutter wieder zu sich gekommen war, fiel mein Blick auf die Photographie eines Mannes an der Wand. Es war derselbe Mann, den ich eben gesehen hatte, und ich sagte zur Kinderfrau: ‚Das ist er, dort hängt er im Bild. Das ist derselbe Mann, der im Garten war!' Die Kinderfrau fing an zu weinen und sagte mir, das sei doch mein Vater. Da sagte ich erfreut: ‚Dann brauche ich mich doch nicht zu fürchten vor ihm!' — Dann stieg ich auf einen Stuhl unter der Photographie und betrachtete sie zum ersten Mal in meinem Leben ganz genau. Je länger ich das Bild betrachtete, desto mehr überzeugte ich mich von der Ähnlichkeit der Erscheinung im Garten mit meinem Vater."

Man unterbrach ihn in seinen Betrachtungen und rief ihn zu seiner Mutter. Diese bestätigte ihm, daß es der Vater sei, denn sie habe seine Erscheinung ebenfalls gesehen. „Danach vergingen einige Tage. Ich spielte wieder einmal im Park und . . . zu meiner großen Freude sah ich abermals meinen Vater auf der Bank sitzen. Ich sprang zu ihm, setzte mich auf die Bank und begann eine Unterhaltung mit ihm. Er bat mich, der Mama zu sagen, daß es ihm leid täte, wenn er sie erschreckt habe. Aber er sei gekommen ihr zu sagen, daß sie dieses Jahr nicht in den Kaukasus fahren solle, weil dort eine gefährliche Krankheit ausbrechen würde, mit der ich angesteckt werden könnte; das aber würde nicht ohne Gefahr sein. — Nachdem er mir dies gesagt hatte, war er plötzlich wieder verschwunden. Ich ging zur Mutter und teilte ihr mit, was mir der Vater aufgetragen hatte. Dieser zweite Besuch meines Vaters regte die Mutter wieder sehr auf; aber als er mir dann öfters erschien, gewöhnte sie sich daran und war sogar froh, wenn ich ihr wieder eine Mitteilung von ihm brachte. Diese Erscheinungen meines Vaters hielten ununterbrochen bis zu meinem 12. Lebensjahr an. Er begleitete mich fast überall hin und ist mir auch ein paar Mal in Gefahren beigestanden."

Von zwei solchen Fällen des Schutzes in Gefahr sei hier der nachfolgende erwähnt: In der Herbstzeit war man dabei, Feld- und Gartenfrüchte im Keller einzulagern. Dorfmädchen halfen mit und sangen dabei viele schöne Lieder. Es sei für die Kinder stets eine lustige Zeit gewesen. „Ich packte einen Sack mit Gurken, um ihn auch hinunter in den Keller zu tragen. Als ich an die Kelleröffnung kam und meinen Sack hinunterreichen wollte, bekam ich plötzlich Übergewicht und fiel mit dem Kopf nach unten in eine gut viereinhalb Meter tiefe Grube, wobei ich geradenwegs auf einen Stein zuflog. Aber im Fallen bekam ich einen Stoß und flog auf die Seite, so daß ich glücklich auf einem großen Haufen Gurken landete. An der Stelle, wo sich der Stein befand, sah ich wieder meinen Vater stehen."

Hier hatte also der Vater offensichtlich die Aufgabe eines „Schutzengels" übernommen. Seine zeitweiligen Vorwarnungen ließen darauf schließen, daß er das Leben seiner Familie — besonders aber das des Buben — ständig beobachtete. Von Ostranitza betont, daß die Erscheinungen all die Jahre über stets gleich geblieben seien. Der Vater „trug immer eine weiße Pelzmütze, eine weiße Tscherkesska, aber merkwürdigerweise waren auch seine Stiefel und ebenso sein Gesicht weiß. Er erschien immer ganz plötzlich und war hell und durchsichtig, wie ein heller, durchscheinender Stoff, durch den das Licht scheint. Das Gesicht war immer gleich deutlich, dagegen hob sich die Gestalt von einem dunklen Hintergrund besser ab als von einem hellen. Er sprach mit leiser, gedämpfter Stimme. Wenn er mich streichelte, empfand ich eine gewisse Kühle. Seine Anwesenheit war bei mir überhaupt immer mit einem gewissen Kältegefühl verbunden, auch an heißen Tagen.*) Wenn er mich aber bei der Hand nahm, hatte ich nicht das Gefühl des Druckes einer menschlichen Hand, sondern es war eher ähnlich, als legte sich

*) Ein typisches Merkmal; die meisten Sensitiven sprechen von diesem „Kältegefühl". Solche Wahrnehmungen mögen mit zur allgemeinen Geisterfurcht beigetragen haben.

Watte um meine Hand; zugleich aber entstand in meinem ganzen Körper eine solche Spannung, daß ich genau fühlte, wie ich gehalten wurde, was ich ja auch zugleich immer sah. Er schien wie ein richtiger Mensch zu gehen, nicht zu schweben."

Diese Beobachtungen sind interessant und decken sich mit unzähligen anderen Fällen ähnlicher Art. Das jeden Menschen umgebende biophysikalische Kraftfeld war bei diesem Jungen offensichtlich so stark, daß die Erscheinungen am hellichten Tage stattfinden und auch von anderen beobachtet werden konnten.

Im Jahre 1907 erlebte der inzwischen 15jährige Berichterstatter die Vollmaterialisation einer Selbstmörderin, ohne die Betreffende gekannt zu haben. Lassen wir ihn wieder selbst erzählen: „Wir, meine Familie und ich, waren zu Besuch bei meiner Tante, der Fürstin Daschkow. Seit unserer Ankunft waren bereits einige Tage vergangen. Eines Nachmittags, als die älteren Leute nach dem Essen schliefen, begab ich mich in die Bibliothek, nahm ein Buch und ging von dort in einen Pavillon im Park, wo ich mich hinsetzte und zu lesen begann. So verging etwa eine Stunde. Da sah ich auf einmal auf dem Parkweg eine junge Dame auf mich zukommen, die ich zuvor nicht bemerkt hatte und die mir auch sonst unbekannt war." — Da die Familie sehr groß war, nahm von Ostranitza an, daß neue Gäste gekommen seien. Er ging der Dame entgegen und begrüßte sie, wobei er ihr die Hand gab. Sie erwiderte seinen Gruß sehr freundlich und sagte: „Ich wäre Ihnen sehr dankbar, wenn Sie mit mir in die Bibliothek gehen wollten." Der Erzähler betont, daß er sonst nicht gerade schüchtern war, aber in jenem Moment das Gefühl hatte, dem Wunsch der jungen Dame unbedingt Folge leisten zu müssen. — „Wir begaben uns in das Haus, ins Bibliothekszimmer, und ich bemerkte, daß die Dame sich dort offenbar recht gut auskannte, weil sie schnell und sicher durch die Räume lief, geradenwegs auf die Tür der Bibliothek zu. In derselben begab sie sich sofort an einen Schrank in der Mitte und öffnete ihn. Die Bücher standen dort in drei Reihen hintereinander; sie griff in die hinterste Reihe, zog ein Buch heraus, reichte es mir und sprach: ‚Ich bitte Sie, dieses Buch meiner Mutter zu geben.' Sie hatte kaum das letzte Wort gesprochen, als sie auch schon urplötzlich verschwunden war. Ich stand wie gebannt, denn ich war nicht im geringsten darauf vorbereitet gewesen . . . So blieb ich eine ganze Weile stehen . . . Dann begann ich das mir gegebene Buch, das ich noch immer in der Hand hielt, näher zu betrachten. Auf dem Vorderblatt stand ‚M. Daschkow. Tagebuch'. Ich blätterte es schnell durch und sah, daß die Eigentümerin am Ende auseinandersetzte, warum sie Selbstmord begehen wolle."

Als sich später alle zum Nachmittagskaffee versammelten, übergab von Ostranitza das Tagebuch der alten Fürstin Daschkow und erzählte ihr, wie er es erhalten hatte. „Meine Tante war äußerst erschüttert über dieses Ereignis und teilte mir mit, daß sie schon seit Jahren nach dem Tagebuch ihrer Tochter gesucht hätte. Sie fügte hinzu, daß sie nach dem Tode ihrer Tochter sehr oft in einen merkwürdigen Zustand geraten sei, so oft sie sich in deren Zimmer begab, in dem sie Stöhnen und Weinen und andere seltsame Geräusche zu hören vermeint habe. Erst durch diese Erzählung meiner Tante erfuhr ich etwas von der Existenz meiner verstorbenen Cousine, an die ich mich persönlich nicht erinnern konnte, weil ich erst 5—6 Jahre alt war, als sie sich das Leben nahm." —

Des Kosakenatamans prägnantestes Erlebnis war das von einem „Geistertheater". Es war im August 1913, die Zeit der Manöver. Die jungen Offiziere freuten sich auf die zu erwartende Abwechslung gegenüber dem öden Kasernenleben. So auch unser Erzähler und sein lebenslustiger Freund, Oberleutnant Kabanow. Spät traten sie aus dem Regimentskasino, um sich ins Quartier zu begeben. Am nächsten Morgen war für 4 Uhr der Abmarsch angesetzt. — Weil die Mondnacht angenehm milde war, schlug von Ostranitza vor, den Weg zu Fuß zu gehen. Plaudernd durchschritten sie die vom Mondlicht überfluteten Straßen und Gassen, als Kabanow plötzlich stehen blieb und angestrengt horchte. „Hör doch einmal, es scheint, irgendwo wird, nicht weit von uns, ein Walzer gespielt!" Sein Begleiter begann nun ebenfalls zu lauschen . . . „Und tatsächlich vernahm ich Musik — einen Walzer. Wir gingen den Klängen nach. In wenigen Minuten standen wir vor einem offenen Tor, hinter welchem sich ein Garten befand. Eine kurze Allee führte von dem Tor zum Hauseingang, der höchstens hundert Schritt vom Tor entfernt und im Garten lag . . ." erzählt von Ostranitza und fährt fort: „Die Fenster waren offen, das Haus beleuchtet. Wir erblickten durch die geöffneten Fenster, daß das Haus wirklich voll von Gästen war, welche teilweise saßen und sich unterhielten, während die andern tanzten und sich amüsierten. ‚Was meinst du' fragte mich Kabanow, ‚es wäre gar nicht dumm, wenn wir auch ein wenig teilnähmen! Ich glaube, die Gastgeber werden uns schon verzeihen, wenn wir uns dort einfinden.' Ich sah auf die Uhr; es war 11.45 Uhr. ‚Einverstanden', sagte ich. ‚Nur dürfen wir unsere Zeit nicht verpassen, da wir schon um 4 Uhr zum Manöver aufbrechen müssen.' ‚Wir werden es schon schaffen' sagte Kabanow, ‚jetzt denke nicht dran! Wir leben nur einmal, und darum darf man keine schöne Stunde im Leben versäumen!' — Mit diesen Worten gingen wir durch das Tor. Kaum gelangten wir zum Eingang des Hauses, als sich plötzlich die Tür öffnete, und vor uns stand ein Lakai in Livrée, welcher, ohne etwas zu sagen, uns mit Handbewegung aufforderte, einzutreten. ‚Siehst du', sagte Kabanow, ‚ich habe doch gewußt, daß die Gastgeber uns sehr freundlich aufnehmen würden!' Als er mir dies zugeflüstert hatte, machte der Lakai die zweite Tür auf, und vor uns war ein herrliches Bild mit vielen tanzenden Paaren in einem wunderschönen Saal, der nicht allzu groß und mit außergewöhnlichem Geschmack eingerichtet war. Wir gingen direkt in den Saal und versuchten, den Tanzenden auszuweichen, um zu der Ecke, wo einige Gäste saßen, zu gelangen. Da erhob sich in dieser Ecke eine sehr schöne Dame, ging auf uns zu, begrüßte uns freudig und bat uns, an ihren Tisch zu kommen. Sie sagte nichts, aber trotzdem sprach sie, und das haben wir beide gefühlt und innerlich gehört: ‚Es ist sehr nett und freut mich sehr, meine Herren, daß Sie kommen. Wir haben Sie bereits erwartet.' Dieser schweigende Lakai und nun diese schweigende schöne Dame machten auf uns einen eigenartigen Eindruck. Kabanow aber gab nicht weiter darauf acht und begann, etwas Unterhaltendes zu erzählen. Ich merkte jedoch dabei, daß die Gesichter der zuhörenden Gäste irgendwie unbeweglich waren und auf eine oft sehr witzige Rede nicht reagierten. Dies alles war mir unerklärlich, und ich wollte schon dem Kabanow unbemerkt einen Rippenstoß geben und vorschlagen, wieder wegzugehen. Da er sich aber mitten im Gespräch befand, wollte ich ihm die Freude nicht verderben; nützte aber die Gelegenheit, die Gäste genauer zu betrachten."

„Ich zog mein silbernes Zigarettenetui aus der Tasche, bat um Erlaubnis, rauchen zu dürfen, und habe auch den Gästen angeboten, von denen aber zu meinem Erstaunen niemand rauchte. Kabanow war inzwischen auf dem Höhepunkt seiner Unterhaltung angelangt, als ich merkte, daß das Gesicht der schönen jungen Dame sich plötzlich in Schrecken verwandelte. ‚Mein Mann ist gekommen', sagte sie und drückte einen seidenen Schal, welchen sie um ihren Hals gebunden hatte, zusammen, und ich sah, wie darunter Blut hervorlief. Ich war ganz erstarrt und wußte nicht, was das zu bedeuten hatte. Ich wollte aufspringen, um ihr Hilfe zu leisten, da ich annahm, es sei irgendeine Verletzung. In dem Moment sah ich vor unserem Tisch einen Herrn in schwarzem Anzug, welcher ebenfalls sprach und wiederum nicht sprach; aber es war deutlich zu erkennen, und ich habe gehört, wie er sagte: ‚Mein Herr, Sie brauchen sich nicht zu bemühen, es ist schon zu spät!' Und er warf mir und seiner Frau einen haßerfüllten Blick zu . . . und zu meinem Entsetzen sah ich aus seiner rechten Schläfe Blut tropfen. Ich blickte auf Kabanow, der ganz erstarrt war, und mit aller Kraft sagte er nur: ‚Sofort weg!' Dabei bemerkten wir, daß die Gäste auch weniger wurden."

Als die beiden ins Freie gelangt waren, fragte Kabanow: „Was soll das bedeuten?" — „Ich wußte es selbst nicht", setzt von Ostranitza seine Erzählung fort, „was ich ihm antworten sollte und brachte vor Schrecken nur ein Wort heraus: ‚Teufelswerk!' — Die Uhr zeigte zwei

Uhr nachts (!). Wir gingen rasch, mit dem Gefühl, daß uns jemand hinterherjagt. Kaum erreichten wir aber die nächste Querstraße, die drei- bis vierhundert Schritt von dem merkwürdigen Hause entfernt lag, als wir hinter uns einen herzzerreißenden Schrei hörten . . . Wir blieben auf der Stelle stehen. ‚Kabanow', sagte ich, ‚es ist etwas passiert. Wir müssen zurück und Hilfe leisten!' — Wir zogen unsere Pistolen, und im Laufschritt ging es zurück. Nach wenigen Minuten standen wir wieder vor diesem verzauberten Haus, und in diesem Augenblick hörten wir einen zweiten Schrei um Hilfe, als ob er von der Rückseite des Hauses käme. Wir liefen um das Haus herum, mußten aber stehenbleiben, da sich dort ein tiefer Graben befand. Dann erfolgte abermals dieser grauenvolle Hilferuf und wir sahen, als ob jemand aus einem Fenster in den Graben hinabstürzte. Wir kletterten den Graben hinunter, konnten aber dort niemanden finden und hörten nur ein helles, satanisches Lachen, worauf eisige Stille herrschte . . . Wir waren sprachlos. — Seelisch ermattet stiegen wir aus dem Graben herauf, gingen wieder zum Eingang und — vor uns stand kein schönes, gepflegtes Barockhaus mehr, sondern ein verkommenes, fast schon zur Ruine gewordenes Gebäude . . . Fenster sowie Türen waren mit Brettern verschlagen!"

Schweigend standen die beiden Offiziere vor diesem Rätsel und wußten nicht, wie ihnen geschah. Da bemerkte Kabanow an der Tür einen Zettel. Sie entzündeten ein Streichholz und lasen: „Dieses Haus ist zu verkaufen oder zu vermieten. Anfragen beim Portier an der Ruschejnastraße 8, Ecke Kamenoostrowski-Prospekt 42."

Herr von Ostranitza wollte sich eine Beruhigungszigarette anstecken, fand jedoch sein Zigarettenetui nicht. Da erinnerte er sich, es auf dem Tisch, an welchem sie gesessen hatten, liegen gelassen zu haben. Da in das Haus aber nicht hineinzukommen war, traten sie den Heimweg an und verabredeten sich für acht Uhr morgens bei dem Portier. Von Ostranitza wollte sich beim Regimentsadjudanten einsetzen, die Genehmigung für einige Stunden Urlaubs einzuholen.

Punkt acht Uhr trafen sich die beiden Freunde beim Portier des bezeichneten Hauses. Dieser verwies sie ins Hochparterre, wo sie bei Marakoff läuten sollten. Obwohl es noch so früh am Tage war, klingelten sie. „Nach wenigen Minuten wurde uns vom Dienstmädchen geöffnet. Hinter ihm stand eine junge Dame, welche mit der Gastgeberin von heute Nacht eine große Ähnlichkeit aufwies. Wir sagten ihr, daß wir das Haus besichtigen möchten, um es eventuell zu mieten. Die junge Dame erwiderte darauf, daß ihre Großmutter leider krank und darum nicht in der Lage sei, uns zu empfangen. Trotzdem äußerte ich die Bitte, da ich heute Nacht dort mein Zigarettenetui habe liegen lassen. Das Gesicht der jungen Dame zeigte großen Schrecken. Sie sagte weiter nichts, als: ‚Bitte!' — Wir folgten ihr in einen großen, schönen Salon, wo am Fenster eine Dame im Alter von ungefähr 90 Jahren saß. Wir erzählten kurz unser Erlebnis. Als wir endeten, atmete sie schwer, hielt ihre Hand vors Gesicht und sagte stöhnend: ‚Mein Gott, mein Gott, wenn sie doch endlich Ruhe finden könnten! — Und das findet jedes Jahr statt am Tag der furchtbaren Tat meines Bruders, welcher in seiner grenzenlosen Eifersucht bei einer großen Einladung in seinem Haus seine Frau durch Schuß ermordete, indem er die Halsschlagader getroffen hatte; und dann machte er mit sich selbst auch ein Ende.' — Wir wollten die alte Dame nicht länger belästigen und baten um den Schlüssel. Die junge Dame begleitete uns. Mit einer Autodroschke erreichten wir in Kürze unser Ziel und standen vor dem verzauberten Haus. Zu dritt gingen wir an die Tür. Ich öffnete diese mit dem Schlüssel, und wir standen wie gebannt . . . Es war weder ein Vestibül, noch der herrliche Saal vorhanden. Alles war verstaubt, und am Boden lag der Staub sogar sehr hoch. Aber das Merkwürdige war, daß wir in diesem Staube *unsere Fußspuren* entdeckten, die zu der Ecke, wo Tisch und Diwan standen, und wo die schöne Frau mit ihren Gästen gesessen hatte, führten. Und auf dem Tisch lag mein silbernes Zigarettenetui und fünf ausgerauchte Zigaretten . . ."

Nach fast 25 Jahren seit diesem merkwürdigen Erlebnis erhielt von Ostranitza einen Brief seines damaligen Freundes Kabanow, der nach Amerika ausgewandert war. Er schrieb, daß die harten Lebensumstände ihm Zeit und Lust genommen hätten, frühere Verbindungen aufrecht zu erhalten, aber zufällig habe er von Ostranitzas Adresse erfahren. Er denke immer noch an die alten verklungenen Zeiten, und auch an den Geisterball, den sie gemeinsam erlebt hatten und den er bis heute weder vergessen noch enträtseln könne. „Merkwürdig ist", so schrieb Kabanow, „daß ich einen ungarischen Husaren kennenlernte, welcher mir erzählte, daß ein ganz ähnlicher Fall sich in Wien abgespielt habe." Das war der einzige und letzte Brief, den unser Erzähler von Kabanow erhielt. „Dann kam der zweite Weltkrieg, und seitdem verlor ich von ihm jede Spur." — Dieser Brief hat der Schriftleitung der Zeitschrift „Neue Wissenschaft" im Original vorgelegen. —

ASW im Kriege

Krieg, Revolution, Katastrophen . . . das sind Zeiten, in denen zahllose Menschen unter oft grauenvollen Umständen sterben müssen, Zeiten, vor und während denen sich außersinnliche Wahrnehmungen und sonderbare Begebenheiten naturgemäß zu häufen pflegen. Wie oft vernimmt man, daß zu Hause plötzlich das Bild eines an der Front stehenden Vaters, Bruders oder Sohnes von der Wand gefallen sei, ohne daß der Haken herausgerissen wurde; und später stellte sich heraus, daß der Betreffende am gleichen Tag schwer verwundet oder gestorben war. Diese Todesanzeigen geschehen in verschiedenster Weise, manchmal durch das Auftauchen von Doppelgängern, sehr häufig in Form von Wahr- und Warnträumen, durch Stimmen- oder Rufehören und so fort.

Alle diese Vorkommnisse lassen sich in der Art ihrer Wahrnehmung und ihrer Erscheinungsform nach unschwer in ein gewisses System gleichartiger Manifestationen einordnen; an ihren typischen Merkmalen erkennt der Parapsychologe ihre Echtheit. Echt vor allem in Hinblick auf die Tatsächlichkeit ihres Vorkommens. Derartige völlig unerwartet und spontan auftretenden übersinnlichen Erlebnisse vermögen den Betroffenen ohneweiteres vom Vorhandensein einer „anderen Welt", von der Tatsächlichkeit des persönlichen Weiterlebens nach dem, was wir Tod nennen, zu überzeugen. „Es gibt heutzutage wohl kaum einen Menschen" schreibt I. P. v. Ostranitza, „der nicht auf irgend eine Weise in Berührung mit dem Jenseits gekommen wäre. Aber *nur wenige haben hieraus bestimmte Folgerungen gezogen;* die meisten sind daran vorübergegangen . . . Diejenigen aber, welche ‚Ohren haben, zu hören und Augen haben, zu sehen', werden es bestätigen können, daß jenseits der Schwelle unseres Lebens sich eine andere Welt befindet, in der es kein Heute und Morgen, keine Gegenwart und keine Zukunft, nichts Unbekanntes und Unerreichbares mehr gibt." Und die gläubige altrussische Volksseele spricht aus den Schlußworten dieses Mannes, wenn er bekennt: „In den höchsten Höhen jener Welt gibt es nur noch den Willen des Allmächtigen, der sich nie irren kann . . . und der in gewissen schicksalhaften Augenblicken sich uns auch kundgibt und uns die Wege weist, die wir gehen sollen."

ASW-Vorgänge in Kriegszeiten kann man in zwei große Gruppen teilen: in erster Linie in solche, die von den Leidtragenden *passiv* ertragen werden, und in solche, die von ASW-begabten Menschen (oder mit deren Hilfe) *aktiv* bewirkt werden, um Vorteile im Kampf gegen den „Feind" zu erlangen. Letzteres gehört bereits zur Rubrik „Schwarze Magie", die es keineswegs nur im afrikanischen Busch gibt. Wir wollen aus beiden Gruppen einige Fälle herausgreifen und ich überlasse es wiederum dem Empfinden oder der Urteilsfähigkeit des Lesers, in dem einen oder anderen Falle das Hereinwirken einer „Geisterwelt" in die unsrige zumindest als denkbare Möglichkeit anzuerkennen oder nicht. An den Tatsachen selbst wird unsere persönliche Meinung allerdings kaum etwas zu ändern vermögen . . .

Aus der umfangreichen Materialsammlung des mir persönlich bekannten Pfarrers Wilhelm Horkel stammen die beiden folgenden Begebenheiten:

Zu Beginn des zweiten Weltkrieges ging ein Münchener Bildhauer eines Tages über einen Platz. Dabei fiel ihm ein junger Mann von so ungewöhnlich edlem Körperwuchs auf, daß er ihn ansprach und bat, er möge ihm in seinem Atelier als Modell dienen. Der junge Mann sagte zu. Bald wurden die beiden Männer Freunde, und die plastische Arbeit gelang dem Künstler so gut, daß er sie zu seinen besten Arbeiten zählte. — Der Kriegsausbruch rief den jungen Mann zu den Waffen. Eine Zeitlang kamen fröhliche Briefe ins Atelier des Künstlerehepaares, die dann plötzlich aussetzten.

Eines Tages fiel dem Bildhauer auf, daß sich in der Tonmasse jenes von ihm modellierten Jünglingskopfes, am Hals- und Nackenansatz, seltsame Risse gebildet hatten. Er maß ihnen jedoch keine sonderliche Bedeutung bei. Am nächsten Morgen aber lag der Kopf des Jünglings auf dem Boden; er war abgesprungen. — Zwei Wochen später erhielt das Ehepaar ein kleines Päckchen zugeschickt: die geringen Habseligkeiten und das Tagebuch des Soldaten mit allerlei Aufzeichnungen und Versen. Aus der beigelegenen Mitteilung ergab sich, daß der junge Freund genau an jenem Tage verstorben war, an dem sich in der Plastik die eigenartigen Risse gezeigt hatten.

Zu der folgenden Begebenheit schreibt Pfarrer Horkel[27]): „Ebenso eindrucksvoll ist ein Bericht, den der Geistliche Rat und Studienprofessor P. G. veröffentlicht hat." Der Neffe des Professors hatte als Schreinerlehrling eine Engelsfigur ausgebessert, die danach wieder neben dem Tabernakel auf dem Altar Platz gefunden hatte. 1939 mußte der Neffe einrücken. Am 6. September 1943 (dem Tag des katholischen Schutzengelfestes) hatte der Geistliche die Messe zelebriert und dabei seinen Neffen und dessen fünf Brüder, die alle im Felde standen, dem besonderen Schutze des Engels empfohlen. Tags darauf, also Montag, „sah der Mesner die Figur jenes von Joseph (dem Neffen) ausgebesserten Engels vor den Kommunion-Schranken auf dem Boden liegen. Die linke Hand war ihr abgeschlagen, und zwar am Gelenk, während an der rechten Hand Daumen und Zeigefinger unverletzt geblieben, aber die übrigen drei Finger schwer beschädigt waren. Der Engel mußte von seinem herkömmlichen Standplatz auf dem Altar, über Blumen und Kerzen hinweg, etwa vier Meter (!) von einer geheimnisvollen Kraft getragen worden sein, ohne an Blumen oder Kerzen irgendeine Unordnung hinterlassen zu haben." Der Kirchendiener stellte außerdem fest, daß eine hoch oben an der Altarrückwand angebrachte Dreifaltigkeitstafel herabgefallen war. Obwohl aus etwa 5 m Höhe gestürzt, war das Bild völlig unversehrt. Der Hängering des Bildes ebenfalls, und der Haken an der Wand saß nach wie vor fest.

Wie sich später herausstellte, war der Neffe auf der Fahrt zur Front — an jenem Sonntag — in einen Fliegerangriff geraten und schwer verwundet worden. Noch in der gleichen Nacht mußte seine linke Hand — am Handgelenk — amputiert werden. An der rechten Hand waren nur Daumen und Zeigefinger unverletzt geblieben; die übrigen Finger am Mittelgelenk abgeschlagen. „Erst nach Wochen erfuhren wir dies harte Schicksal. — Seine Verletzungen entsprachen genau denen seines Engels."

Aus dem gleichen Büchlein entstammt folgende Schilderung aus Rußland: „Wir befanden uns mit unserer Kampfgruppe auf dem Rückzug. Dabei waren wir in ein unwegsames Sumpfgelände geraten. Wir waren auf eine Art Insel gelangt, von der aus wir nicht weiterkommen konnten, da sich kein Weg finden ließ, der durch den Sumpf hindurchgeführt hätte. Die Russen hatten uns inzwischen entdeckt und ihre Flieger bewarfen uns unaufhörlich mit Bomben. Die Lage war völlig aussichtslos, wir sahen den Tod vor Augen. — Nun befand sich bei unserer Truppe ein Soldat, der den Spitznamen ‚Der Fromme' trug. Der Führer unserer Kampfgruppe sagte zu ihm in spöttischem Ton: ‚Jetzt ist nichts mehr zu machen! Jetzt können Sie ruhig beten!' — Die Kameraden lachten, aber der Fromme ließ sich dadurch nicht stören, ging einige Schritte abseits, kniete an einem Gebüsch nieder und begann zu beten. Da trat plötzlich ein Feldgrauer zu ihm, den er nicht kannte, und sagte: ‚Ich werde euch herausführen. Ich kenne die Wege hier.' — Der Fromme ging zum Hauptmann und sagte ihm, der Feldgraue wolle sie alle aus dem Sumpf herausführen. Die anderen Soldaten waren inzwischen verstummt, und alle folgten dem unbekannten Führer. Er brachte uns auf sicheren Wegen bis dahin, wo wir wieder festen Boden unter den Füßen hatten. Dort angekommen, wollte der Hauptmann den Unbekannten sprechen. Aber dieser war spurlos verschwunden. — Über diesen Vorfall wurde ein offizieller Bericht an die vorgesetzte Dienststelle aufgesetzt. Der Erfolg war, daß uns allen aufs Strengste verboten wurde, über dieses Vorkommnis zu sprechen."

Die Alten Germanen waren der Ansicht, daß ihre gefallenen Helden nach Walhall eingehen und von dort die auf Erden Weiterkämpfenden unterstützen ... Ob etwas Wahres daran sein mag?

Bekannt unter Goethe-Freunden ist des Dichters Erlebnis auf dem Schlachtfeld zu Jena. Der Dichterfürst hatte von verschiedenen glaubwürdigen Leuten vernommen, man sehe dort zur Nachtzeit einen französischen Bagagewagen, von vier dürren schwarzen Pferden gezogen und mit französischen Soldaten besetzt, die anstatt ihrer Gesichter Totenschädel hätten. — Goethe forderte den Studiosus Klemm auf, mitzukommen. Dieser folgte der Aufforderung um so lieber, als er diesen „Zauber" gern entlarven wollte. Die Beiden begaben sich also zur Nachtzeit bewaffnet an einen Hügel, unter welchem man ein französisches Massengrab vermutete. Dort sahen sie zwar keinen lautlos sich bewegenden Bagagewagen, aber einen napoleonischen Wachposten, der langsam hin- und herging. Die Erscheinung verschwand spurlos, als Goethe und sein Begleiter so nahe herangekommen waren, daß sie die Gestalt hätten fassen können.[28])

Der Maler W. G a s c h bekam im Mai 1916 an der Front in Frankreich den Auftrag vom Prinzen Johann Georg von Sachsen, Handzeichnungen vom Frontgeschehen in vorderster Linie anzufertigen. Gasch, der damals Unteroffizier bei einem sächsischen Fußartillerieregiment war, wurde daraufhin zum Artillerie-Meßtrupp 44 nach Amifontaine versetzt. Auf dem Marsch zu dieser Einheit näherte er sich gegen Mittag einem zerschossenen Gutshof. Eine hohe Mauer lockte, in ihrem Schatten Rast zu halten. „Ich erleichterte mich von meinem schweren Gepäck und streckte mich aufatmend ins Gras nieder. — Plötzlich gellte mir aufschreiend die Stimme meiner (verstorbenen) Mutter ins Ohr: ‚Walter, schnell fort von hier!' — Säbel, Helm und Packtasche an mich reißend, sprang ich erschrocken auf und rannte in den schweren Reiterstiefeln so schnell ich konnte etwa 50 Meter querfeldein. Und schon fauchte der ungeheure Tatzenschlag einer schweren Granate hernieder, mit ohrenbetäubendem Donner die schattenspendende Mauer zermalmend. Und dann surrten und flubberten armlange Granatfetzen um mich herum, sich mit stumpfem Laut ins Erdreich bohrend . . . Mein Herz hämmerte, als ich schwer keuchend allmählich den Lauf mäßigte, mich scheu nach der zusammengeschlagenen Mauerschutthalde umblickend, wo schwelender Qualm langsam breitzog. — Ich dankte meiner guten verewigten Mutter" schließt Gasch, „für die blitzschnelle Warnung aus dem Geisterreich. Ich bekam ihre schützende Hand noch oft in den schweren Schlachten an der Somme, in der Champagne und bei Verdun zu spüren; ebenso später im zweiten Weltkrieg und als amerikanischer Gefangener im Hungerlager Kreuznach."

Prof. Franz N e u h o l d [29]) erzählt: „Im Sommer 1944 begannen Amerikaner und Engländer von ihren in Italien errichteten Luftstützpunkten aus, die Städte Südosteuropas mit Bomben zu belegen." Eines Tages sei der Bahnhof von Klausenburg von britischen Maschinen angegriffen worden. „Es gab einige Tausend Tote und Verletzte." Tags zuvor war der Berichterstatter und sein Freundeskreis über ein Medium gewarnt worden, sich um die Mittagszeit des nächsten Tages in die Nähe des Bahnhofs zu begeben. „Die Warnung der geistigen Welt war nicht umsonst gewesen, wie es der Bombenangriff bewies." — Die Gestapo erfuhr von dieser Warnung und vermutete in dem Medium eine Spionin. „Obwohl die arme Frau von der ganzen Sache gar nichts wußte, weil sie ja im Trancezustand gesprochen hatte, wurde sie von der Geheimpolizei verhaftet und interniert, weil diese Leute an eine geistige Welt, an den Verkehr mit Geistwesen und an eine Warnung aus dem Jenseits nicht glauben konnten."

Der bayerische Brunnenbauer Alois Irlmaier warnte angesichts der zunehmenden Luftangriffe zuweilen vor der Benutzung bestimmter Bunker. Er weilte öfters bei einer Verwandten in Rosenheim zu Besuch. Einmal sagte er, sie solle nicht in die Mitte des Bunkers am Salinenplatz gehen, weil er dort lauter Leichen sehe; dagegen sei der Eingang des Stollens sicher. „Das sprach sich in Rosenheim herum, und als ein schwerer Luftangriff erfolgte, flüchteten die erschreckten Passanten in den Bunker, mieden aber die Mitte. Als schon die Bomben fielen, kamen noch verschiedene Soldaten, drängten sich trotz der Warnung der Einheimischen in die Mitte und fielen gleich darauf einem Volltreffer zum Opfer. Die anderen am Stolleneingang blieben unverletzt. — Dutzende von derartigen Fällen sind noch wohlbekannt und unvergessen" schreibt Irlmaiers Biograph, Dr. Adlmaier.[4])

Die Konsultation ASW-begabter Menschen zur Erlangung von Auskünften über das Schicksal von Vermißten ist in Kriegszeiten überall gang und gäbe. Irlmaier wurde von Tausenden aufgesucht, auch nach dem Kriege noch; die Leute standen vor seiner Tür Schlange. Daß bei einer derartigen Überbeanspruchung auch Fehlleistungen auftreten müssen, liegt auf der Hand. Unverständige sind dann nur allzu schnell mit ihrem Urteil fertig und hängen dem, der helfen will, den Makel des Betrügers an. Man ist versucht, mit August Bebel zu sagen: Du hast im Leben tausend Treffer; man siehts, man nickt, man geht vorbei. Doch laut ertönen tausend Kläffer, schießt du ein einzig's Mal vorbei! —

In Frankreich lebte nach dem ersten Weltkrieg eine Hellseherin, Mme. B., die ähnlich wie Irlmaier die Jenseitigen sah und beschrieb. Ein Dr. Z. beispielsweise hatte seinen Sohn im Kriege verloren, d. h. er war offiziell als vermißt gemeldet worden. Die Eltern wußten überhaupt nichts vom Schicksal ihres Kindes. Da beschrieb Frau B. einen jungen Mann, den sie in Dr. Z's. Nähe zu sehen behauptete. Sie nannte seinen Kosenamen und wiederholte die genauen Angaben des Gefallenen über die Örtlichkeit seines Grabes. Er nannte den Ort, bezeichnete einen der dortigen Soldatenfriedhöfe, gab genau den Gang dieses Friedhofes an, in welchem das Grab lag, sowie die Nummer des Grabes.[30]) Keine dieser Einzelheiten, die sich später restlos bestätigten, war bekannt gewesen. —

1942 machte eine ASW-Begebenheit in der Sowjetpresse Schlagzeilen, die zu einem Sieg über die Deutschen geführt hatte: demnach war an einem Maitag der Soldat Kolja Zwanzow in einem Frontabschnitt vor Charkow eingeschlafen. Plötzlich sah er im Schlaf feindliche Panzer, die an einer durchlässigen Stelle der sowjetischen Linien durchzubrechen drohten. Gleichzeitig erfolgte ein Bombenangriff. — Der Soldat erzählte im Morgengrauen seinem Vorgesetzten diesen Traum, der daraufhin seine Verteidigungsmaßnahmen entsprechend ausrichtete. Tatsächlich habe sich alles so abgespielt, wie es der Träumer vorausgesagt hatte, und die Angreifer konnten infolgedessen abgewiesen werden.[31])

Aufsehen erregte in der Öffentlichkeit das offizielle Eingeständnis des britischen Luftmarschalls Lord D o w d i n g , der auf dem Internationalen Spiritualistischen Kongreß im September 1957 die praktische Verwertung von ASW-Fähigkeiten im Kriege bekanntgab. „Ich gestehe", sagte der hochdekorierte vormalige Chefkommandeur der Luftverteidigung über London in seinem zweistündigen Referat, „daß ich die Luftverteidigung von London zwischen 1940 und 1943 nicht so erfolgreich hätte durchführen können, wenn es mir nicht gelungen wäre, mit den Geistern der abgeschossenen englischen Piloten und sogar mit den Geistern der deutschen Piloten, die bei den Angriffen ums Leben kamen, in Verbindung zu treten." Atemlose Stille herrschte in dem mit über 500 Personen besetzten Saal . . . was nun folgte, verschlug sogar den zahlreich anwesenden Kritikern die Sprache: „Sie erzählten mir auf dem Umweg über ein Medium" fuhr Lord Dowding fort, „wie es dazu kam, daß sie abgeschossen wurden. Die Deutschen dagegen sagten mir, wie die Angriffe aufgezogen wurden. Daraus zog ich meine Lehren und rüstete unsere Jagdgeschwader entsprechend aus. Ich weiß heute, daß ich Hunderten von Menschen auf diese Weise das Leben retten konnte. — Allerdings gestehe ich, daß ich schon vorher spiritistische Erfahrungen hatte, und zwar nach dem Tode meiner ersten Frau, die schon wenige Tage nach ihrem Ableben Kontakt mit mir aufnahm. Später übergab sie alles, was sie mir noch zu sagen hatte, dem Geist eines Chinesen mit Namen Chang, der von jenem Augenblick für mich der ‚Sprecher aus dem Jenseits' war." Dieser Jenseitige sei es auch gewesen, der Lord Dowding den Rat gegeben habe, Kontakt mit den Geistern der abgeschossenen Piloten aufzunehmen.

Dieses Bekenntnis eines nüchternen Generalstabsoffiziers, sowie die in einer französischen Zeitung 1959 erschienene Meldung, wonach die US-Kriegsmarine auf dem Atom-Unterseeboot „Nautilus" Telepathieversuche durchführte, alarmierten die Militärs der Roten Armee und wurden der Anlaß zu der seitdem im Ostblock zielbewußt vorangetriebenen ASW-Forschung.

Bei dieser jungen Wissenschaft konnten die Tschechen einen erfahrungsmäßigen Vorsprung von nicht zu unterschätzender Gewichtigkeit vorweisen, denn in der Tschechoslowakei war schon vor dem zweiten Weltkrieg die ASW-Forschung intensiv betrieben worden. Bereits 1925 erschien dort für die Armee ein Handbuch zur praktischen Anwendung von Hellsehen, Hypnose und Magnetismus. Der heute noch lebende Oberst B. versetzte mediale Soldaten in Trance und schickte sie auf hellseherische Spähtrupps aus. Die tschechische Militärzeitschrift „Periskop" gab 1966 zu, daß ASW schon 1919 mit verblüffenden Erfolgen eingesetzt worden sei. Damals habe es während des kurzen Krieges mit Ungarn eine besonders erfolgreiche tschechische Truppeneinheit gegeben. Einige Soldaten dieser Einheit konnten im Trancezustand die Stellungen der ungarischen Truppen angeben, Vermißte auffinden usw. — Einmal gelang es auf diese Weise, eine ganze Kompanie Ungarn gefangenzunehmen, die in einem See gebadet hatten und von den für sie unsichtbaren Hellseh-Spionen ausgekundschaftet worden waren! — Man hat ferner Wünschelrutengänger zum Aufspüren von Hinterhalten, Waffenlagern und Trinkwasser eingesetzt[32]). Verständlich, daß die ASW-Forschung im Ostblock mit Vorrang betrieben wird . . . dem Westen wird es eines Tages die Sprache verschlagen.

In England scheint man aber während des letzten Weltkrieges auch noch andere ASW-Möglichkeiten für strategische Zwecke ausgenutzt zu haben, und zwar das sogenannte *Pendeln.* Die in Fachkreisen bekannte Parapsychologin Frau Dr. Gerda W a l t h e r wurde, obwohl sie wegen okkultistischer Betätigung schon einmal kurzfristig verhaftet worden war, 1942 in eine Dienststelle des Oberkommandos der Marine gerufen, wo man ihre Pendelfähigkeit prüfte. Sie traf dort noch andere „Grenzwissenschaftler" und ASW-begabte Personen an. Bei den Besprechungen wurden hauptsächlich technische Fragen erörtert, Material des Pendels, Länge und Material des Fadens, Fingerhaltung usw. Schließlich erfuhr Frau Dr. Walther den Zweck des Ganzen: Deutsche U-Boote waren in auffallender Menge von den Engländern versenkt worden. Auf dem Spionagewege hatte man in Erfahrung gebracht, daß in der Nähe Londons ein Institut existierte, wo „mit Hilfe des Pendels die Position deutscher Kriegsschiffe und vor allem der U-Boote festgestellt wurde. Die Erfolge seien geradezu verblüffend und recht beunruhigend. Dem wollte man nun auf deutscher Seite möglichst schnell etwas Ähnliches entgegensetzen." Nach Angaben Frau Dr. Walthers beabsichtigte man Pendellehrgänge für geeignete Matrosen. Sie habe jedoch darauf aufmerksam gemacht, daß man in England — im Gegensatz zu Deutschland — die Parapsychologie seit Jahrzehnten ernst nehme, daß dort Medien gefördert und ausgebildet worden seien; dieser Vorsprung wäre nicht so ohne weiteres aufzuholen.[33])

Wie die Autorin berichtet, hätten die damals vom Oberkommando der Marine „engagierten" Parapsychologen das von ihnen Geforderte als „schwarzmagische Betätigung" empfunden und sich aus moralischen Gründen dagegen gewehrt. Einige Monate später sei jene Dienststelle aufgelöst worden, weil deren „Arbeitsergebnisse" nicht den in sie gesetzten Erwartungen entsprachen. Diese begrüßenswerten Skrupel schienen jedenfalls bei den Engländern keine Rolle zu spielen und damit kommen wir zur zweiten Kategorie der ASW im Kriege: der sogenannten „Schwarzen Magie". Man versteht darunter die Ausnutzung von ASW-Fähigkeiten zum Schaden anderer. Wie jede technische Erfindung, wie jede Naturkraft sowohl in aufbauendem, dem Leben und der allgemeinen Wohlfahrt dienenden, als auch in zerstörerischem Sinne ge- bzw. mißbraucht werden kann, so verhält es sich auch mit außersinnlichen Fähigkeiten und deren Anwendung. Die Sache an sich ist stets neutral; erst durch die Benutzung durch den Menschen kommt das Kausalitätsprinzip zur Wirkung. So ist es z. B. mit dem Geld: es kommt ganz darauf an, wie und wodurch es verdient, und wofür es ausgegeben wird. Oder nehmen wir einen beliebigen Gegenstand, einen Hammer; ich kann damit ein Haus bauen helfen oder aber auch einen Menschen totschlagen. Ich sagte schon an anderer Stelle: Die Tat ist frei, die Folgen sind es nicht. Über sein Tun entscheidet der Mensch selbst, und aus eben demselben Grunde muß er selbstverantwortlich die Folgen tragen. Da die Kausalkette von Ursache und Wirkung — wie wir aus den zahlreich in diesem Buch angeführten Erfahrungsberichten ersehen — mit dem sogenannten Tode keineswegs aufhört, so erklärt sich daraus die Immunität vieler Parapsychologen und ASW-begabten Menschen gegenüber der Versuchung, anderen Unrecht oder gar Leid zuzufügen; auch dann nicht, wenn es sich um „Feinde" handelt. Gerade wegen ihres Wissens um das persönliche Überleben des Todes hat das Gebot der Nächsten- und Feindesliebe für Viele einen verständlichen Sinn bekommen.

Aus machtpolitischem Denken heraus ist es heute schon soweit gekommen, daß man Hellseher für Spionagezwecke drillt, daß man durch gezielte Suggestion Menschen beeinflußt und sie Handlungen begehen läßt, die sie im Normalzustand unterlassen würden. Forschungen auf dem Gebiete der experimentellen Telepathie ergaben die erschrekkende Möglichkeit, Menschen sogar auf Entfernung wie Automaten zu lenken und ihr Gedächtnis zeitweilig auszuschalten. Damit nicht genug ist es außerdem gelungen, Menschen auf beliebige Entfernung zusammenzuschlagen, ohne daß das Opfer seinen Gegner zu Gesicht bekam. In der Sowjetunion hat man diesen „ko-Test" bereits an weit über tausend Personen mit Erfolg durchgeführt: die Versuchsperson wird in einen isolierten Raum gebracht und über ein Hausfernsehgerät beobachtet. In einem anderen Raum konzentriert sich ein (naturgemäß willensstarker) Telepath auf die Versuchsperson, aktiviert in höchstmöglichem Grade seine Vorstellungskraft und boxt jene Person, deren Foto er vor sich hat, „im Geiste" nieder. — „In einer Versuchsreihe", so bekundete der sowjetische Parapsychologe Eduard Naumow, „brachte man eine Versuchsperson acht- von zehnmal zu Fall."[34]) Auch der Tscheche Bretislav Kafka, obwohl als Pionier der tschechischen parapsychologischen Forschung geltend, kann nur mit großem moralischen Vorbehalt akzeptiert werden; denn es ist verwerflich, Menschen über Jahre, ja sogar lebenslänglich, in Hypnose zu versetzen. Selbst wenn die Versuchspersonen mit den Experimenten einverstanden sind, kommt man hier um die Tatsache nicht herum, daß man auf diese Weise psychische Zombies (das sind „lebende Tote" des haiitischen Woodoo-Kultus) schafft. In Kafkas parapsychologischem Laboratorium wurden Hypnotisierte so lange „ausgebildet", bis ihre ASW-Fähigkeiten genügend entwickelt schienen. Dr. Milan Ryzl, obwohl Kafkas Praxis nachahmend — wenn auch nicht so kraß — bezeichnete dieselbe als „grausames Training". Ryzl bewies, daß man unter sachkundiger Leitung in wesentlich kürzerer Zeit und ohne Persönlichkeitsveränderung, ASW-Anlagen auf hypnotischem Wege aktivieren kann. Allerdings blieb ihm die Feststellung nicht erspart, daß entwickelte mediale Gaben den Träger bzw. Besitzer derselben keineswegs glücklich machen, im Gegenteil . . . Bei Josefka, einem seiner besten Medien, war dies der Fall.

Von ASW-Erlebnissen und -Aspekten im Kriegsgeschehen überleitend zur Politik schlechthin, stellt man sehr bald fest, daß wir auch hier Dingen begegnen, die in den Bereich des Transzendentalen gehören: von der Astrologie und Wahrsagerei bis hin zu anscheinend direkten Eingriffen aus dem Jenseits. US-Präsidenten haben ihre Jeane Dixon und Bonner Politiker konsultieren Madame Buchela. Aber auch im atheistischen Ostblock scheint der Einbruch des Übersinnlichen nicht unmöglich zu sein: Auf dem XXII. Kongreß der KPdSU in Moskau war es, wo Nikita Chrustschow bekanntlich den Stalin-Kult zerstörte. In der Diskussion hierüber ergriff u. a. eine ältere Delegierte das Wort, Darja Lasurkina, die ihr Schicksal unter Stalin zu schildern begann. Als junge Idealistin hatte sie einst Lenin persönlich kennengelernt und wurde eine seiner leidenschaftlichsten Anhängerinnen. In der Zeit der mit großen Schauprozessen verbundenen „Säuberungen" war sie verhaftet und nach Sibirien deportiert worden. Die keineswegs robuste Lasurkina überstand neunzehneinhalb Jahre in Zwangsarbeitslagern! Als Begründung ihres Überlebens führte sie an, daß Lenin stets in ihrem Herzen gewesen sei. Er habe sie beraten und am Leben erhalten. „Gestern", rief sie aus, „habe ich Lenin wieder konsultiert. Er kam. Es war, als ob er in Person vor mir stünde. Lenin sagte: Es ist für mich unerfreulich, neben Stalin begraben zu liegen. Er hat so viel Schaden angerichtet." — Der Regierungszeitung „Iswestija" zufolge, habe Lasurkinas Rede „einen donnernden und stürmischen Applaus" ausgelöst, während westliche Berichte von einer „seltsamen Atmosphäre der Magie und des Übernatürlichen" sprachen, die während der letzten Kongreßtage geherrscht haben soll. — Bald darauf wurde Stalins Leiche aus dem Mausoleum am Moskauer Roten Platz entfernt.[36])

Hier liegt zweifelsohne eine Parallele zu gleichartigen Erscheinungen im Bereich des religiösen Fanatismus vor, der sich ja von seinem politischen Bruder nur durch das jeweilige Objekt, nicht aber prinzipiell unterscheidet. Die Frage, ob Lasurkinas „Lenin" das Produkt ihrer stark ausgeprägten Verehrung seiner Persönlichkeit gegenüber und des daraus erwachsenden Wunschdenkens war, oder ob es ihr persönlicher Schutzgeist (der sich als Lenin ausgab, weil sie zu diesem das größte Vertrauen besaß) oder tatsächlich Lenins Geist selber war, wird kaum zu entscheiden sein. Immerhin ist erstaunlich, daß mystische Erlebnisse einer Kommunistin den Beifall des höchsten Gremiums dieser betont atheistischen Weltbewegung fanden; denn aus ihren Behauptungen ergäbe sich ja notgedrungen die Folgerung, daß Lenin nicht tot ist, sondern lebt (nicht nur symbolisch in den Herzen seiner Anhänger, denn ein Symbol kann nicht reden), nur eben ohne seinen irdischen Körper. Und warum sollte dies nur bei Lenin, und nicht auch bei anderen Menschen der Fall sein ...?

Im übrigen ist meine persönliche Überzeugung die, daß es gerade die stark erlebnisfähige slawische Volksseele sein wird, die uns ein erneuertes, gereinigtes Tatchristentum und den wissenschaftlich einwandfrei fundierten Nachweis vom Weiterleben nach dem sog. Tode bringen wird. Die Kirlian-Fotografie ist der Anfang davon. „Ex oriente Lux" — Aus dem Osten kommt das Licht . . . aber anders, als Viele denken. —

Interessant mag in diesem Zusammenhang die spiritistische Aussage anmuten, wonach Politiker vorwiegend von „erdgebundenen" Jenseitigen beeinflußt werden; Verstorbene also, die auf noch sehr tiefer Entwicklungsstufe stehen. Sehr unwahrscheinlich klingt das nicht, wenn man unsere politischen Weltverhältnisse betrachtet. Aber auch da mag es Ausnahmen geben, z. B. im Falle des indonesischen Staatspräsidenten S u h a r t o. Dieser zieht von Jugend an seinen spirituellen Lehrer R. M. Darjatmo, der über mediale Gaben verfügt, zu Rate. Nach dem erfolglosen kommunistischen Umsturzversuch 1965 untersagte Suharto auf Anraten eines Dukuns (Mediums) die Verfolgung Sukarnos. Auch gegenüber aufbegehrenden Studenten ließ der Präsident Milde walten, weil es ihm von „Drüben" angeraten worden war. Das Vermeiden jeglicher Gewaltanwendung spricht für die Einflußnahme höherentwickelter Jenseitiger, deren geistiger Horizont mit der Fähigkeit, die Kausalkette zu überblicken, erheblich gewachsen ist.

Selbst der nüchterne französische General und nachmalige Staatspräsident de Gaulle bediente sich während seines Exils in England einer Hellseherin. Dieses Geheimnis lüfteten Journalisten der französischen Zeitung „Francé Dimanche" im Februar 1971. Demzufolge war de Gaulle mit einem der besten englischen Medien, Mrs. Bertha Harris bekannt geworden, die ihm im Jahre 1941 anläßlich eines Empfanges durch einige Angaben persönlicher Art verblüffte. Mrs. Harris prophezeite seine Rückkehr nach Frankreich, den weiteren Kriegsverlauf und seine zweimalige Präsidentschaft. — Einmal besuchte de Gaulle die Hellseherin sogar in Begleitung Winston Churchills! Die jetzt 80-jährige Mrs. Harris selbst sowie der Präsident der „Spiritualists National Union", Mr. J. Duffield, bestätigten die Ergebnisse der journalistischen Recherchen. Die Hellseherin hatte de Gaulle versprechen müssen, bis zu seinem Tode über diese Konsultationen Schweigen zu bewahren. —

Wieviel „Übersinnliches, Mystisches und Magisches" gegenwärtig und künftig in der Weltpolitik eine Rolle spielen mag, wissen wir nicht. Daß aber von jenseitiger Ebene aus an den Kämpfen, Nöten und Irrungen der Menschheit teilgenommen wird, darf als sicher gelten. Der Bericht über die Mission eines deutschen Mediums am Zarenhofe legt dafür Zeugnis ab.

Wenn dem so ist, wird der mitdenkende Leser vielleicht fragen, dann müßte sich die jenseitige Welt doch auch an den *sozialen* Zuständen auf Erden interessiert zeigen und ihrerseits Anstrengungen unternehmen, der sich immer aussichtsloser in Schuld verstrickenden Menschheit bei der Schaffung gerechter sozialer Zustände auf der ganzen Welt behilflich zu sein ... Nun, das ist auch der Fall, und das nachfolgende Erlebnis eines katholischen Pfarrers mag als Beispiel dienen. Aber zuvor sei die Gegenfrage gestattet: vor rund 2000 Jahren lebte ein außerordentlich ASW-begabter Mann auf unserer Erde, den wir als Jesus von Nazareth kennen. Er gab der Menschheit sehr einfache Verhaltungsmaßregeln, die — ohne Ansehen der Person angewandt — in der Praktizierung unweigerlich zu paradiesischen Zuständen führen müssen. Seine einfache, kurze und prägnante Lehre fand im Laufe der Jahrhunderte Millionen und aber Millionen Anhänger ... Aber wurde jemals von einem christlichen Monarchen oder einer christlichen Staatsführung oder von der Kirche selbst der ernsthafte Versuch unternommen, die einfache Lehre jenes Mannes in größerem Maßstab wirksam in die Tat umzusetzen? — Was also und mit welchem Recht wollen wir nun etwas *Neues* erwarten, wenn wir Christen als Gesamtheit doch zur Genüge unser Versagen dokumentiert haben? — Daß die jenseitige höhere Welt dennoch Anteil an unseren sozialen Problemen nimmt, möge der folgende Beitrag erkennen lassen, den ich einem persönlichen Freund des Pfarrers Johannes Greber, Herrn Hermann Ulm aus Sparrowbush/USA verdanke.

Visionäre Erlebnisse

Der 1944 hinübergegangene katholische Priester und ehemalige Reichstagsabgeordnete Johannes Greber, von dem mehrfach in diesem Buche die Rede ist, leitet seine Erzählung mit der Bemerkung ein, daß man Visionen gewöhnlich als Selbsttäuschung oder Halluzination, als Erscheinungsformen der Hysterie oder der Tätigkeit des Unterbewußtseins entspringend bezeichnet. „Ich muß leider bekennen, daß auch ich vor der Zeit, in der ich selbst Visionen hatte, solche als Ergebnisse der Selbsttäuschung und schwacher Nerven ansah. Aber wie auf allen anderen Gebieten des Wissens, so ist auch hier das persönliche Erlebnis der beste Lehrmeister . . . Für mich wurden die Selbsterlebnisse auf dem Gebiete der Visionen deshalb von so folgenschwerer Bedeutung, weil meine ganze religiöse Anschauung solchen Dingen feindlich gegenüberstand; denn meine Kirche lehrte, daß solche Dinge vom Teufel herrühren und daß gottgewollte Visionen nur dem zuteil würden, der ein heiliges Leben führte. Nun war ich mir aber voll bewußt, daß ich kein Heiliger war, sondern ein schwacher, fehlerhafter Mensch, wie alle andern; darum konnten für mich Visionen überhaupt nicht in Frage kommen. — Als mir daher die erste Vision meines Lebens gezeigt wurde, geriet ich in eine große innere Aufregung und glaubte zuerst, daß der Teufel mit mir sein Spiel treibe. Doch als die Vision sich später genau in der Weise verwirklichte, wie ich sie geschaut hatte, war ich überzeugt, daß es weder der Teufel war, der mir diese Vision gegeben hatte, noch daß sie ein Produkt meiner eigenen Phantasie sein konnte."

Bevor der Erzähler mit der Schilderung seiner ersten großen Vision begann, betonte er rückblickend: „Alle Visionen, die mir gegeben wurden, erfolgten in einem Augenblick, wo ich irgendeine wichtige Aufgabe zum Wohl meiner Mitmenschen zu erfüllen hatte, aber persönlich nicht im geringsten wußte, ob und auf welche Weise ich eine solche Aufgabe erfüllen könne." Hier nun das erste seiner visionären Erlebnisse, erfolgt am 2. Mai 1905:

„ . . . ich vollendete an diesem Tage mein 31. Lebensjahr. Ich war seit einem Jahre Pastor einer großen Pfarrei in einem der ärmsten ländlichen Bezirke Deutschlands (Hunsrück). Fast alle Familien meiner Pfarrei waren kleine Bauersleute mit einem Grundbesitz von durchschnittlich 10 Acker Land. Bis zur nächsten Stadt hatten wir 20 km Fußweg. Eine Eisenbahn oder sonstige Verkehrsmittel standen uns nicht zur Verfügung. Um zur Stadt und zurück zu gelangen, mußten wir daher 40 km Fußweg zurücklegen.

In meiner großen Pfarrei, die vier Dörfer umfaßte, waren viele an Tuberkulose erkrankt. Aber auch andere Krankheiten, besonders Typhus und Diphterie, forderten zahlreiche Opfer. In einer Familie starben einmal in einer einzigen Nacht drei Kinder an Diphterie. Der Arzt mußte aus der Stadt geholt werden, und es war für ihn eine ganze Tagesreise, wenn er zu einem Kranken gerufen und die 40 km zu Fuß zu machen hatte. Infolgedessen waren die Arztgebühren so hoch, daß die meisten meiner Pfarrkinder sie nicht bezahlen konnten und ihre Kranken daher ohne ärztliche Behandlung blieben. In dem ganzen Bezirk gab es auch keine Krankenschwester. Daher mußten die Kranken von ihren eigenen Familienangehörigen gepflegt werden, die von Krankenpflege nicht viel verstanden und in den meisten Fällen das Gegenteil von dem taten, was in dem betreffenden Falle hätte geschehen sollen. Dazu kam noch der besonders schlimme Umstand, daß im Falle der Erkrankung einer Mutter mit vielen kleinen Kindern niemand da war, der sich dieser Kinder und des Haushaltes annehmen konnte, weil der Vater seinen landwirtschaftlichen Arbeiten nachgehen mußte. War nun der Vater einer Familie erkrankt, dann blieb draußen auf dem Felde und zu Hause im Stalle und in der Scheune die Arbeit liegen, weil niemand da war, der pflügte, säte, die Ernte mähte und einbrachte, und Scheune und Stall versorgte; denn die armen Familien hatten kein Geld, um fremde Arbeitshilfe einzustellen. Unter diesen Verhältnissen litt ich seelisch unsagbar, wußte aber nicht, wie ich Hilfe bringen sollte. Ich wandte mich an die Regierung, aber auch sie wußte keinen Ausweg.

An jenem 2. Mai 1905 stand ich am Krankenbett einer Wöchnerin, die nach der Geburt des vierten Kindes Wochenbettfieber hatte. Ich sah, daß sie bald sterben würde und hatte ihr bereits die Sterbesakramente gespendet. Ihr Mann war lungenkrank und saß weinend in der Ecke des Zimmers. In der Kammer nebenan lagen drei schlafende Kinder, das älteste war sieben Jahre alt. Der Säugling lag im Zimmer der Mutter. Als ich nun neben dieser sterbenden Mutter saß und ihre Hand in der meinen hielt, merkte ich, daß eine große Unruhe auf ihrer Seele lag und sich auch auf ihrem Antlitz widerspiegelte. Ich neigte meinen Kopf so nahe wie möglich an ihr Ohr und fragte: „Anna, wenn dich etwas bedrückt, dann sage es mir bitte." Mit Tränen in ihren sterbenden Augen hauchte sie die Worte hervor: „Meine armen Kinder!"

Ich neigte mich wiederum zu ihr und sagte: „Anna, du kannst ohne Sorge sein, denn für deine Kinder werde ich sorgen, und besser sorgen, als du es hättest tun können. Darauf kannst du dich verlassen." — Da ging ein Lächeln über ihr Antlitz, sie zog meine Hand an ihre Lippen und küßte sie . . . wenige Minuten später war sie verschieden. —

Es war schon nach Mitternacht, als ich von diesem Sterbelager nach Hause ging. Die Sterne funkelten freundlich und hell in die ruhige Nacht, als ich auf meinem Heimweg durch ein Wiesental schritt. Ich dachte an all das Leid und die Hilflosigkeit dieser armen Menschen in den abgelegenen Distrikten meines Vaterlandes. — Da plötzlich, wie von einer inneren Gewalt getrieben, rief ich laut die Worte aus: „O Gott, du allweiser Schöpfer, ich möchte so gern diesen armen, verlassenen Menschen helfen, aber ich weiß nicht wie. Zeige du mir den Weg! Ich bin zu jedem persönlichen Opfer bereit!" — Das war ein Aufschrei meiner gemarterten Seele, und das Gebet eines mit einer übergroßen Not ringenden Herzens.

Kaum hatte ich das letzte Wort in die stille Nacht gerufen, da fühlte ich etwas, was ich bisher noch nie in meinem Leben empfunden hatte . . . Es war mir, als ob ein Feuerstrom mich durchrieselte und als ob ein tiefer Schlaf über mich kommen wollte. Ich lehnte mich an einen Baum, um einen Halt für meinen zitternden Körper zu haben. In demselben Augenblick verschwand alles um mich her . . . Ich sah weder Wiesental, Straße noch Sterne, sondern ein Bild — wie in einem Film — das plötzlich vor mir lag. In diesem Bilde sah ich ein Mädchen aus meiner Pfarrei in der Tracht einer Krankenpflegerin, und eine Stimme sagte mir: „Lasse dieses Mädchen als Krankenpflegerin ausbilden."

Ich kannte das Mädchen und wußte, daß sie für eine Ausbildung als Krankenpflegerin nicht mehr in Frage kam, da sie nach dem Landesgesetz für eine solche Ausbildung zu alt war. Da kam mir sofort der Gedanke: Jetzt bist du in Teufels Händen, der dir Dinge vorgaukelt, die unmöglich sind. Aber es wurde mir keine Zeit gegeben, länger über den Teufel nachzudenken, sondern sofort kam ein zweites Bild, das meinen Geist voll in Anspruch nahm: Ich sah dieses Mädchen als ausgebildete Krankenschwester in Begleitung von zwei anderen Mädchen aus meiner Pfarrei, die aber keine Krankenpflegerinnen waren, in ein Haus gehen, wo eine kranke Frau im Bett lag, eine Mutter von fünf Kindern. Ich sah, wie die Pflegerin sich nur um die Kranke kümmerte, sie pflegte, ihre Krankenkost bereitete und alle anderen Arbeiten einer Krankenschwester verrichtete. Von den beiden anderen Mädchen aber sah ich die eine das Haus in Ordnung bringen, die Kinder waschen, kämmen und ankleiden, das Essen für die Kinder und deren Vater zubereiten, während das andere Mädchen im Stalle die Kühe melkte, die Schweine fütterte und andere landwirtschaftliche Arbeiten verrichtete.

Dann verschwand auch dieses Bild und sofort trat ein drittes an seine Stelle, so daß ich nicht einmal Zeit hatte, über die früheren Bilder nachzudenken. — Nun sah ich die Krankenpflegerin an der Seite eines Arztes in eine Reihe von Häusern gehen, wo Kranke waren. Ich sah, wie alle Arten von Krankenpflege-Geräten zur Verfügung standen und benutzt wurden, und zwar alle Gerätschaften, wie man sie gewöhnlich in den Krankenhäusern unserer Städte vorfindet. Dann verschwand auch dieses Bild und ein anderes erschien:

Ich sah Gruppen von zehn bis zwanzig Männern pflügen, säen, mähen und die Ernte einfahren, jedoch nicht auf ihren eigenen Feldern und für ihre eigenen Scheunen, sondern auf den Feldern jener Familien, die Kranke hatten . . . So sah ich auch eine Heuernte, wo Gruppen von Frauen und Mädchen das von Männern gemähte Gras wendeten und bearbeiteten, bis es zu Heu getrocknet war . . . und eine Stimme sagte mir laut und deutlich: „Alle diese Leuten arbeiten für die Familien, die wegen Krankheit ihre Arbeiten nicht verrichten können."

Dann fragte ich in Gedanken: „Aber wer bezahlt das alles? Wer bezahlt den Arzt, die Krankenpflegerin und alle Krankengerätschaften?" — Da erschien das letzte Bild, das mir Antwort auf alle diese Fragen geben sollte: Ich sah, wie zwei Schulmädchen, jedes mit einer Liste in der Hand, von Haus zu Haus gingen und zwar nicht nur in meiner Pfarrei, sondern auch in drei Nachbarspfarreien. Daraus konnte ich entnehmen, daß auch diese Pfarreien sich der Hilfsorganisation anschließen würden. — Das eine der Mädchen, die mit ihrer Liste von Haus zu Haus ging, erhob einen Beitrag zur Begleichung der Kosten für den Arzt, und zwar — wie ich deutlich sehen konnte — von jeder Person monatlich 10 Pfennig. Das andere Mädchen erhob von jeder Familie, ohne Rücksicht wie groß oder klein sie war, monatlich 25 Pfennig, zur Begleichung der Kosten für Krankenpflegerin und Gerätschaften. Dann sprach wiederum eine Stimme zu mir: „Nun danke Gott und gehe nach Hause und tue, wie dir gezeigt worden ist!" —

Erstaunt schaute ich um mich . . . alles war verschwunden. Ich sah die Sterne flimmern wie zuvor und wußte nicht, was ich zu dieser Vision sagen sollte . . .

Pfarrer Greber schildert sodann, wie er auf seine Uhr sah und fand, daß er nur einige Minuten dort gestanden haben konnte, während es ihm eine lange Zeit dünkte. — Zu Hause habe er sofort Berechnungen angestellt, ob die geringen Beiträge überhaupt ausreichen würden, um ein so großes Vorhaben finanzieren zu können. Zu seiner Überraschung ergab sich eine recht beträchtliche Summe, die völlig ausreichte. Er hegte nun nur noch Bedenken, ob seine Leute bereit sein würden, Arbeiten für Familien mit Kranken ohne Bezahlung zu verrichten.

Nächstentags begab sich der Priester zu jenem älteren Fräulein, die er als Krankenpflegerin gesehen hatte. Sie erklärte, daß sie eine solche Arbeit gern tun würde, aber wohl zu alt sei, um noch alles zu lernen, was für eine derartige Ausbildung erforderlich sei. „Ich machte ihr jedoch Mut und sie erklärte sich bereit. Sofort reiste ich zu dem leitenden Professor eines unserer besten Krankenhäuser und sprach mit ihm über die Not der Bevölkerung meines Distriktes. Er war über das, was ich ihm erzählte, tief erschüttert und versprach, alles zu tun, was in seinen Kräften stand, um mir bei der Lösung meiner Aufgabe zu helfen. Er war sofort bereit, ausnahmsweise das gesetzlich zu alte Mädchen als Krankenpflegerin auszubilden, die Ausbildung persönlich zu überwachen und so zu beschleunigen, daß das Mädchen nach einem halben Jahr so gut ausgebildet sei, wie sonst nach einem Kursus von drei Jahren.

Meinen Pfarrkindern legte ich in einem Sonntagsgottesdienst an Stelle der Predigt meinen Plan in allen Einzelheiten vor. Dabei betonte ich besonders die Pflicht der Nächstenliebe durch Ausübung praktischer Hilfe. Ich stellte es meinen Leuten anheim, freiwillig meiner Organisation beizutreten mit der Verpflichtung, auch bei den Arbeiten mitzuhelfen, die im Notfalle in den Familien der Kranken auftraten.

Alle Familien meines Pfarrdistriktes traten dieser Organisation, die wir Hilfsbund nannten, bei . . . nur eine einzige Familie nicht. Es war die Familie, die sich als die reichste betrachtete, weil sie 40 Acker Land besaß. Der Mann dieser Familie sagte, daß er von keinem Hilfe haben wolle. Im Falle von Krankheit sei er in der Lage, sowohl Arzt als auch Krankenpflegerin zu bezahlen. —

Nach einem halben Jahre kam unsere Krankenschwester nach vollendeter Ausbildung aus dem Krankenhaus zurück, um ihre Arbeit zu beginnen. Alle Gerätschaften waren bereits gekauft. Auch ein Vertrag mit dem Arzt aus der Stadt war abgeschlossen, durch den er sich verpflichtete:

1) Jeden Montag in meinen Distrikt zu kommen und in Begleitung der Krankenschwester zu den Kranken zu gehen, und daß er für jeden Besuch nur eine Mark erhielt.
2) Im Notfalle bereit zu sein, zu jeder Tages- oder Nachtzeit zu kommen, und für einen solchen besonderen Besuch nur sechs Mark zu berechnen.
3) Als festes Gehalt monatlich 300 Mark zu beziehen.

Wir eröffneten unsere Wohlfahrtsorganisation an dem Sonntag nach der Rückkehr unserer Krankenpflegerin mit einem feierlichen Gottesdienst. Als danach die Leute auf dem Nachhauseweg waren, ereignete sich etwas, was alle tief erschütterte: der Bauer nämlich, der als einziger unserem Hilfsbund nicht beigetreten war, wurde bei dem Heimweg aus der Kirche von einem fremden Motorradfahrer überfahren und lag in seinem Blute auf der Straße. Er war der erste, der unsere Krankenpflegerin, unser Verbandszeug, unsere Tragbahre und den Fahrstuhl sowie unseren Arzt in Anspruch nehmen mußte. — Alle hatten das Gefühl, daß die Hand Gottes in diesem Falle sichtbar eingegriffen hatte."

Das Modell des Greberschen Hilfsbundes bewährte sich dermaßen, daß immer neue Bezirke sich ihm anschlossen. Bald waren sieben Krankenpflegerinnen tätig. Die Sache ging durch die Presse. Freiwillige Helfer kamen von überall her, sogar Prinzessinnen kamen, wohnten inkognito in den armseligen Bauernhäusern und halfen. Alle empfanden bei ihrer Tätigkeit ein inneres Glücksgefühl, wie sie es zuvor nicht gekannt hatten. Pfarrer Greber schließt seine Ausführungen: „Nach dem ersten Jahre unserer Wohlfahrtstätigkeit kam eine Regierungskommission. Sie war erstaunt über das, was hier ohne jede Hilfe des Staates geleistet wurde. — Man schrieb eine Flugschrift über unsere Organisation, die in 50.000 Exemplaren über ganz Deutschland verbreitet wurde. Die Folge war, daß in vielen armen Distrikten und selbst in Städten, die soziale Arbeit nach unserem Muster eingeführt wurde. Auf internationalen Kongressen wurde ich persönlich als großer Organisator gepriesen, und doch war ich nur das Werkzeug einer höheren Kraft, die mir in einer Vision gezeigt hatte, wie das scheinbar Unmögliche möglich gemacht werden konnte. Das Lob, das man mir spendete, war also durchaus nicht am Platze."

Neben den aus diesem Bericht erkennbaren sozialen Mißständen der „guten alten Zeit" ist vor allem eins erkennbar: daß es offensichtlich grundverkehrt ist, Christi Wort „Mein Reich ist nicht von dieser Welt", so aufzufassen, als ob man als Christ keine Verpflichtung habe, aktiv im öffentlichen Leben mitzuwirken. Mir scheint vielmehr, daß der Christ ganz besonders verpflichtet ist, sein Teil dazu beizutragen, daß Wahrhaftigkeit, Gerechtigkeit und Menschenwürde überall in der Welt und auf allen Lebensgebieten zum Zuge kommen. —

Eine weitere Vision Pfarrer Grebers wurde zum Ausgangspunkt seiner nachmalig berühmt gewordenen Kinder-Erholungsaktion während des ersten Weltkrieges. Nur seine intimsten Freunde wußten, auf welche Weise er befähigt worden war, die unlösbar scheinende gewaltige Aufgabe zu bewältigen. Nach seiner Auswanderung in die Vereinigten Staaten bekannte Greber offen, daß er auch in diesem zweiten Falle „nur das Werkzeug in der Hand eines Höheren war".

Es war am 1. August 1914. Pastor Greber war zu dem auf einem Hügel außerhalb des Ortes gelegenen Friedhof gegangen und wollte eben das Tor öffnen, als plötzlich überall die Kirchenglocken zu läuten begannen und die allgemeine Mobilmachung verkündeten. „Ich schaute auf die weithin sichtbaren, im Sonnenglanz schimmernden Ährenfelder und die vielen Menschen, die auf den Feldern arbeiteten. Ich sah, wie die jungen Männer ihre Sensen und Sicheln fallen ließen und nach Hause liefen, denn sie hatten sich bei ihrem Truppenteil zu stellen. Die Zurückbleibenden standen wie gebannt auf ihren Feldern . . . Da wurde auch mir so weh ums Herz, und Tränen traten in meine Augen . . . Ich wollte nun das Tor zum Kirchhof öffnen, aber da sah ich plötzlich keinen Kirchhof mehr, sondern vor mir lag eine Landkarte Deutschlands; sie war ringsum von Kriegsschiffen umgeben. Unwillkürlich dachte ich an meine erste Vision und blieb ruhig. Aber ich konnte nicht verstehen, was diese Kriegsschiffe um Deutschland herum zu bedeuten hatten . . . Da sagte eine Stimme laut und deutlich: „Man wird versuchen, Deutschland auszuhungern, indem man durch Kriegsschiffe verhindert, daß Nahrung vom Ausland nach Deutschland gebracht wird." Dann verschwand diese Landkarte, aber sofort kam an ihre Stelle ein anderes Bild:

Ich sah hinunter in die Straßen einer großen Stadt, ohne zu erkennen, welche es war. In der Stadt sah ich, wie Scharen abgemagerter Kinder von einem Mülleimer zum anderen gingen, um sich Reste von Brot oder Kartoffelschalen und sonstige Abfälle herauszusuchen und zu essen. Da hörte ich dieselbe Stimme zu mir sagen: „Nimm dich dieser Kinder an!" — Ich verstand nicht, was damit gemeint war; denn wie konnte ich als einfacher Landpastor, der keinerlei Verbindung mit großen Städten hatte, mich der armen, halbverhungerten Kinder einer solchen Stadt annehmen? — Zudem glaubte man allgemein, daß der Krieg nur vier Wochen dauern würde, und es war ja auch alles in Hülle und Fülle vorhanden. — Doch da kam die Stimme zum dritten Mal und sagte: „Der Krieg wird lange dauern, und es soll dir gezeigt werden, wie du die Aufgabe lösen sollst, die dir zugedacht ist. Gehe nach Hause und setze dich an dein Schreibpult und schreibe nieder, was dir dort eingegeben wird."

Dieser Weisung folgend, ging ich sofort nach Hause, setzte mich an meinen Schreibtisch und schrieb folgendes nieder; was mir nicht durch eine Stimme — wie ich sie vorher gehört hatte — eingegeben wurde, sondern durch eine sehr starke Inspiration, die ich wie ein inneres Diktat vernahm. Sie lautete: Du mußt in diesem Kriege eine große Aufgabe lösen, die aber zuerst im kleinen ausprobiert werden muß, damit du später die Fehler nicht im großen Maßstabe machst. — Nimm schon nach einem Monat, von heute ab gerechnet, arme Stadtkinder in deine Pfarrei und bringe sie unentgeltlich in den Bauernfamilien unter; in solchen Familien, die bereit sind, ein armes Kind für sechs Wochen aufzunehmen. Gib dann genau auf alle Fehler acht, die du bei dieser ersten Unterbringung armer Kinder machst und lasse dir diese Fehler als Lehre dienen, wenn du deine Aufgabe auf ein weit größeres Gebiet ausdehnst, damit diese Aufgabe ihren ungestörten Lauf nehmen kann."

Ich folgte dieser Weisung und wartete zunächst einen Monat, dann machte ich von der Kanzel bekannt, daß sich die Familien bei mir melden möchten, die bereit seien, ein armes Stadtkind für sechs Wochen unentgeltlich aufzunehmen und es gut zu pflegen. Sofort meldeten sich 52 Familien. — Da in meiner Pfarrei nur Katholiken wohnten, entschloß ich mich, auch nur arme katholische Kinder in Pflege zu nehmen. Ich ließ durch einen katholischen Priester in Köln 52 erholungsbedürftige Kinder auswählen und holte sie persönlich von Köln ab. Doch als ich mir unterwegs die Kinder näher ansah und mich mit ihnen über ihre Familienverhältnisse unterhielt, fand ich sofort, daß ich einen großen Fehler gemacht hatte, denn die meisten Kinder waren weder arm noch erholungsbedürftig. Für die Auswahl dieser Kinder schien nur die Frage maßgebend gewesen zu sein, ob sie fleißig in die Kirche gingen. — Doch das war nicht die einzige Enttäuschung, die ich bei diesem ersten Kindertransport erlebte; eine noch viel größere folgte:

Am dritten Tage nach der Unterbringung dieser Kinder in den Familien meiner Pfarrei mußte ich zu meiner größten Überraschung feststellen, daß sich unter den 52 Kindern mehrere 14jährige Mädchen befanden, die moralisch vollständig verdorben waren . . . Da alle Briefe, die an die Kinder aus ihrer Heimat geschickt wurden, durch meine Hand gingen, fiel mir auf, daß drei Briefe, die am selben Tage ankamen und an verschiedene Mädchen gerichtet waren, von ein und derselben Hand stammten. — Da sprach die Stimme, die ich am Kirchhof gehört hatte, wieder zu mir und sagte: „Öffne diese Briefe und sorge dafür, daß diese drei Kinder so bald wie möglich nach Hause geschickt werden." — Ich tat es und sah, daß die Briefe von einem Zuhälter geschrieben waren, der den Mädchen mitteilte, daß man auf sie warte und sie viel Geld verdienen könnten. — Ich brachte die Mädchen sofort zurück . . .

Pfarrer Greber erkannte, daß bei längerer Dauer des Krieges auf diese Weise viel Gutes getan werden könne, daß er diese Aufgabe aber unmöglich nebenbei ausfüllen kann. Als er hierüber nachdachte, kam wiederum jene geheimnisvolle Stimme und sprach: „Laß' dich für sieben Jahre beurlauben. Das Weitere wird dir später gesagt werden."

Greber verließ Anfang 1915 seine Pfarrei und arbeitete weiter an jenem Hilfswerk. Dies geschah alles nach Anweisungen, die er visionär übermittelt bekam. Von da ab erfolgte die Auswahl der zu verschikkenden Kinder mit Hilfe ärztlicher Untersuchungen. Dann reiste Greber in ländlichen Bezirken Deutschlands umher und hielt Vorträge für seine Kinderhilfsaktion. „So war ich in der Lage, bis Juni 1916 über 7000 unterernährte Stadtkinder in ländlichen Familien unterzubringen. Ich hatte keinerlei Hilfe von irgendeiner Seite; im Gegenteil stand man dieser Sache fast feindlich gegenüber, weil man glaubte, die Stadtkinder würden die Landjugend moralisch verderben." Vor allem von kirchlicher Seite wurden Schwierigkeiten gemacht, und so mußte Pfarrer Greber alles allein tun. „Ich besaß zu diesem Zweck kein Kommitee, kein besonderes Büro, und habe überhaupt keinen Pfennig für sogenannte Verwaltung dieses Werkes ausgegeben. Der Transport der Kinder wurde von der Eisenbahn unentgeltlich geleistet. Ich selbst bezog kein Gehalt, sondern fand immer Familien, die mir Essen und eine Nachtherberge ohne Bezahlung gaben."

Als im Verlaufe des Krieges auch ländliche Familien nicht mehr in der Lage waren, Kinder mit durchzufüttern, beschloß Greber, ins neutrale Ausland, vor allem nach Holland, zu gehen. Die Widerstände gegen diesen Plan waren ungeheuer . . . „Aber bei dem Gedanken, daß die höhere Kraft, die mich mit dieser Aufgabe betraut hatte, stärker sei als alle Hindernisse, gab ich nicht auf, obwohl auch die deutschen Behörden den ganzen Plan als Utopie bezeichneten." — Aber von all den befürchteten Hindernissen wurde keines zur Wirklichkeit. Insgesamt gelang es Pfarrer Greber, 14.175 halbverhungerte Kinder bei ausländischen Familien unterzubringen. Viele blieben zwei Jahre dort. Von den insgesamt über 20.000 Kindern starben nur zwei außerhalb ihrer Heimat. „Ich fühlte, wie ich auf Schritt und Tritt von einer höheren Gewalt geleitet und geführt wurde. Und nur dieser leitenden Kraft habe ich den Erfolg zu verdanken; denn zuweilen war es, als ob sich alle bösen Mächte gegen mich stellten, um mein Werk mit Gewalt zu vernichten. Aber immer wieder kam im letzten Augenblick Hilfe von der Hand Gottes, die alle Anschläge gegen dieses Werk der Liebe zunichte machte." —

Die visionären Erlebnisse dieses katholischen Priesters habe ich aus zweierlei Gründen verhältnismäßig ausführlich wiedergegeben: erstens, weil sie noch nie offiziell publiziert worden sind, und zweitens, weil ich es dem Empfinden des Lesers überlassen möchte, zu beurteilen, ob es sich bei Grebers Schauungen um C. G. Jung'sche „Archetypen"*) handelt, oder ob hier echte Einblendungen aus einer höheren geistigen Welt, die von ichbewußten Menschen (ohne grobstofflichen Körper) bewohnt zu sein scheint, vorliegen könnten. —

*) Archetypen = urtümliche Bilder, die im Traum, Dämmerzustand oder ähnlicher Ablenkung der „oberbewußten Aufmerksamkeit" auftauchen können und nach C. G. Jung als „Produkte eines kollektiven Unbewußten" anzusprechen sind.

Nachricht von „Drüben": ein Sohn an seine Mutter

Die Schriftstellerin Trude Payer aus Wien hatte noch in den letzten Kriegswochen des Jahres 1945 ihren einzigen Sohn verloren. Als Soldat einer Panzereinheit fiel er in Ungarn. Beide verband ein sehr inniges Verhältnis zueinander. „Seit er von mir gegangen war, fühlte ich eine grenzenlose Leere in mir. Ich zweifelte an Gott und der Welt."

„Nun traf es sich," fährt Trude Payer fort, „daß ich eines Abends ohne bestimmte Veranlassung und ohne mir etwas dabei zu denken, einen Bleistift zur Hand nahm und ein wenig auf einem Schreibblock zu kritzeln begann, der auf meinem Schoß lag." Am Vormittag war ihr — wegen genauer Brillenbestimmung — Atropin in die Augen getropft worden, so daß sie weder lesen noch schreiben konnte. „Plötzlich fühlte ich, wie eine fremde Kraft von meiner Hand Besitz ergriff und den Bleistift lenkte: auf und ab ging derselbe, ohne daß ich etwas dafür oder dagegen tun konnte. Und wenn die Zeile zu Ende war, fing es bei der neuen wieder an: auf — ab — auf — ab. Was war das nur? Ich war sehr neugierig geworden und holte rasch einen Stoß weißer Papierblätter heran. Ich legte sie auf den Tisch, schrieb jedoch auf den Knien weiter, weil ich es so gewöhnt bin."

„Auf einmal hob eine mir unbekannte Kraft meinen rechten Ellenbogen und den Arm hoch, und meine Hand wurde auf den Tisch geworfen. Ich beachtete dies nicht und wollte auf meinem Schoß weiterschreiben. Da wurde meine rechte Hand wieder auf den Tisch geschleudert. Erst beim dritten Mal begriff ich, daß ich auf dem Tisch schreiben sollte."

„Nun kamen schon einzelne Buchstaben, dann ganze Worte, die ich ob meiner verminderten Sehkraft nur undeutlich erkennen konnte. Das Seltsamste aber war mir, daß — bevor der erste richtige Satz geschrieben worden war — die Worte erschienen: ‚Lasset uns beten!'. Und jeder der sehr großen Buchstaben war wohl an die zehnmal nachgezogen worden." Der Mutter Hand aber lockerte sich immer mehr, und es gab mitunter wilde Achter- und Schneckenlinien. Da bekam sie es mit der Angst zu tun. „Bin ich denn von einem bösen Geist besessen?" stammelte sie erschrocken. Gleich danach stand die Antwort auf dem Papier: „Hab keine Sorge! Böse Geister dürfen zu Dir nicht kommen. Waldmann und Dein Sohn halten sie Dir ferne!" Waldmann schien der Name eines Jenseitigen zu sein, der Trude Payer im automatischen Schreiben zu schulen begonnen hatte. „Ja, aber wie werde ich denn heute Ruhe finden könnnen? Ich bin doch aufgewühlt bis ins Innerste . . ." Da kam der Satz: „Bete ein Vaterunser und Du wirst sofort schlafen können." — Nun ließ das krampfartige Zucken in ihrem Arm nach und sie konnte ihn vom Tisch zurückziehen; er war wieder frei. „Und ich faltete die Hände und betete — wiewohl ich sonst das Beten verlernt hatte — das andächtigste Vaterunser meines Lebens! Dann begab ich mich zur Ruhe und schlief sofort ein."

Um sechs Uhr früh erwachte die Mutter gestärkt und frisch. Da sie ihre normale Sehkraft wiedererlangt hatte, eilte sie zum Fenster, um jene Sätze zu lesen, die sie am Vorabend nicht hatte entziffern können: „Wir sind glücklich und froh, wieder wen zu haben, durch den wir sprechen können zu den armen, bedrückten Menschen auf der Erde. Waldmann."

Von da an war Trude Payer das, was man ein Schreibmedium zu nennen pflegt. Wenn sie schrieb, war sie bei vollem Bewußtsein. Nur *was* sie schreiben würde, wußte sie nie vorher. — Der Tag, der dem Durchbruch ihrer Schreibmedialität folgte, war der 26. Juli 1947, zwei Jahre und vier Monate nach dem Hinübergang ihres Sohnes Reinhart in die andere Welt.

Am frühen Abend war die Mutter wieder bereit, Kontakt aufzunehmen. Schon fühlte sie ein Ziehen im rechten Arm, dann ein leises Zukken. Gleich darauf wurde die Hand kräftig geschüttelt, wie im Krampf. Nun schrieb „es" wieder durch sie: es begann wie am Vortag mit Auf und Ab und Girlanden. In der vierten Zeile wuchs aus diesen Übungslinien organisch, aber noch undeutlich, der Satz hervor: „Jetzt kannst Du schon schreiben!" Dennoch ging das Zickzackschreiben noch eine Weile weiter. „Dabei dachte ich — möglicherweise sprach ich die Worte auch leise aus: Reinhardt, willst du wieder mit mir sprechen?" Sofort entwickelten sich aus den Übungslinien neuerlich Worte, in einer Schreibweise, die jener Reinharts sehr ähnelte: „Ja Mutter, und ob ich mir Dir sprechen will ..."

Hier brach die Schrift ab, auch das Zucken in ihrem Arm hörte mit einem Schlag auf. Die rechte Hand lag reglos auf dem Tisch. „Was war das jetzt?" dachte sie. Im nächsten Augenblick floß der ihr schon bekannte Kraftstrom wieder durch den Arm und schrieb: „Die Kraft war plötzlich unterbrochen. Das kommt vor. Aber jetzt kannst Du wieder fortfahren zu schreiben." — Ohne Störung ging es nun weiter und die Mutter wurde gebeten, ihren eigenen Willen möglichst ganz auszuschalten, um das Schreiben zu erleichtern. „Wenn im Schreibfluß eine kleine Pause eintrat", berichtete Trude Payer, „warf es meine Hand mehrere Male hintereinander auf das Papier, so daß dort hart eingegrabene Punkte entstanden. Die Schrift selbst war nur zu Beginn dieses zweiten Schreibversuches noch etwas undeutlich. Das besserte sich zusehends. Jetzt wurde auch schon Interpunktion gesetzt."

Bangen Herzens fragte nun die Mutter nach den näheren Umständen des Todes ihres Sohnes. In der amtlichen Todesanzeige war „Kopfschuß" als Todesursache angegeben. — Etwas zögernd kam die Antwort: „Nein, Mutter, ich bin durch Halsschuß gestorben." — „Durch Halsschuß?!" rief die Mutter fassungslos. In wildes Schluchzen ausbrechend, vergrub sie ihr Gesicht in der linken Hand. „Vergessen war das Schreiben. Ich empfand nur das bittere Leid um Reinhart, der, wie ich fürchten mußte, bei seinem Sterben Schmerz gefühlt haben mochte . . ." Da bemerkte die Weinende plötzlich, daß ihre rechte Hand über das Papier raste. Sie hob erstaunt den Kopf und las: „Mutter, Mutter, weine nicht! Ich bitte Dich, weine nicht! Spürst Du denn nicht, daß ich jetzt wirklich ganz nahe, ganz fest mit Dir verbunden bin . . ."

Die Mutter glaubte zu träumen. Während sie mit dem Gesicht weinend auf dem Tisch gelegen hatte, waren diese Worte von Reinhart mittels ihrer rechten Hand geschrieben worden! Die Schrift ähnelte noch viel mehr derjenigen ihres Sohnes als alles bisher Empfangene. — Die Erfüllung der unter Tränen vorgebrachten Bitte der Mutter, Genaueres über seinen Tod damals in Ungarn zu berichten, lehnte Reinhart entschieden ab. Er könne ihr Weinen nicht ertragen. — Trotz der an sich tröstlichen Tatsache, daß sie mit Reinhart schreiben konnte, war sie an jenem zweiten Abend seelisch schwer erschüttert. „Reinhart war durch Halsschuß gestorben! Er hatte gelitten. Das erregte mich zutiefst und ich weinte mehr als in der letzten Zeit."

Am dritten Abend versuchte die Mutter abermals, medial zu schreiben. Wieder setzten anfangs Schreibübungen ein, aber nur eine halbe Seite lang. Dann hieß es: „Waldmannlehrer ist da. Du solltest heute ruhen, Trude! Wenn Du Reinhart sprechen willst, mußt Du eine Frage an ihn richten." — Verzweifelt rief Truder Payer aus: „Sag mir, Waldmannlehrer, hat Reinhart bei seiner Verwundung leiden müssen, oder war er sofort tot?" — „Er hat gelitten", lautete die Antwort, „aber dann war er bald erlöst von allen Leiden und ist eingegangen in die ewige Seligkeit . . ." Und die Weinende tröstend: „Nur nicht verzweifeln, liebe gute Seele. Du wirst Reinhart wiedersehen!" — „Wie lange muß ich noch leben?" — „Frage nicht solche Sachen! Du mußt noch leben und hast auch noch eine Aufgabe auf der Welt. Grüble nicht so viel, aber sei versichert, es kommt alles gut und richtig für Dich." Nun fragte sie nach dem verschollenen Sohn einer Freundin und bekam die Versicherung, daß er lebe. Nach Wochen bekam dessen Mutter tatsächlich Nachricht, daß ihr Sohn in Gefangenschaft geraten und am Leben sei. — Nach einigen weiteren Fragen endete Waldmann: „Heute sollst Du nur noch Deinem Sohne ein paar liebe Worte sagen. Er ist traurig, weil er sieht, daß Du Dich seit gestern wieder so sehr über seinen Tod kränkst. Tu es nicht, Trude! Gönne ihm das Glück, in das er eingekehrt ist. Aber dieses Glück ist immer nur dann beschieden, wenn er Dich in bester, innerer Ausgeglichenheit weiß. Also sag ihm, daß Du wieder froh sein willst. Und dann lasse das Schreiben für heute sein. Ich weiß, es lockt in der ersten Zeit unendlich, alles aufzuschreiben, was aus dem Jenseits gesendet wird. Und Dir möchten viele gern diktieren, weil Du ein ausnehmend gutes Medium bist. Werde aber deshalb nicht überheblich; es ist nicht Dein Verdienst, sondern nur eine hohe, sehr hohe Gnade! Bedenke dies stets! — Und jetzt sollst Du mit Deinem Sohne sprechen. Sag ihm, daß Du Dich bemühen wirst, wieder froh zu sein. Ich grüße Dich und segne Dich, liebe gute Seele! Werde nicht eitel! Und nun Schluß! Waldmannlehrer"

Ein bißchen war die Mutter durch die freundlichen Worte doch getröstet worden, zumal ja Reinhart jetzt wieder zu ihr sprechen würde. Schon fühlte sie, daß die Schrift steil wurde und lateinische Buchstaben formte, während Waldmann in der alten deutschen Kurrentschrift schrieb. „Willst Du kommen, Reinhart?" flüsterte sie. „Und ob!" schrieb ihre Hand. „Ich warte ja schon voll Ungeduld darauf. — Mutter, liebe Mutter, vergiß doch, daß ich Dir gestern sagte, daß es schlimm war. Jetzt ist es doch immer schön für mich! Ich freue mich so sehr, weil ich jetzt mit Dir sprechen kann. Und ich bin auch stolz auf meine Mutter, weil sie ein so prächtiges Medium geworden ist. So etwas gibt es nicht so leicht ein zweites Mal, das kann ich Dir sagen. Bei Dir braucht man den Gedanken kaum fertig zu denken, hast Du ihn schon übernommen und zu Papier gebracht! Aber Mutter, ich warne Dich! Solche Fähigkeiten bergen auch große Gefahren. Im Mittelalter wärest Du als Hexe verbrannt worden. Aber Gott sei Dank — lebt Ihr ja im 20. Jahrhundert; da denkt man etwas moderner über diese Dinge. — Vor die Öffentlichkeit lasse Dich nicht zerren, Mutter! Das möchte ich nicht haben, und es würde auch uns wieder viel von Dir und Deiner seltenen Kraft nehmen. Du bist doch jetzt vielen von uns die Antenne, die die Sendung zur Welt übernehmen muß. Frage aber bitte immer Waldmannlehrer, ob Du für den betreffenden Geist schreiben darfst. Und ich bin ja auch immer bei Dir und würde Dich sofort warnen, wenn sich ein böser Geist oder auch nur ein ungeschickter, der Dich beim Diktieren quälen würde, einschleichen wollte!"

Am nächsten Tag kam Elgo zu Trude Payer, der Gatte einer Freundin, ein „Wissender". In seiner Gegenwart hatte sich Trudes starke Medialität zum ersten Mal gezeigt.In Elgos Gesellschaft schrieb sie wiederum mit Reinhart, Waldmannlehrer und erstmalig mit „Wotan", einem anscheinend recht energischen Jenseitigen, der sich in Elgos Kreis zu melden pflegte. Elgo stellte Fragen, und in dreierlei Schrift kamen die Antworten. Wotans Buchstaben waren mit starkem Duktus überdimensional groß geschrieben; eine kurze Mitteilung von ihm beanspruchte eine ganze Seite. — Trude fragte ihren Sohn, wie das Schreiben vor sich gehe. Ob er ihre Gedanken lenke? Seine Antwort: „Ich lenke nicht Deine Gedanken, sondern es sind *meine* Gedanken, die Du übernehmen und zu Papier bringen mußt."

Plötzlich machte Elgo eine unliebsame Entdeckung: er hatte seine Brieftasche, die einen größeren Geldbetrag und einen Ausweis enthielt, verloren und war sicher, sie auf der Straße noch gehabt zu haben. Während man noch beriet, wo er sie gelassen haben könne, schrieb Wotan mit seinen Riesenbuchstaben durch Trudes Hand: „Sei unbesorgt, Elgo. Deine Geldtasche liegt daheim auf dem Schreibtisch." Elgo aber beharrte auf seiner Meinung, sie nach seinem Weggehen von zu Hause noch gesehen zu haben. — Am darauffolgenden Morgen rief er Trude Payer an: die Brieftasche hatte tatsächlich auf seinem Schreibtisch gelegen!

An einem der nächsten Abende drängte es die Mutter, von ihrem Sohn Reinhart doch noch nähere Angaben hinsichtlich seines Todes zu erbitten; sie glaubte sich ruhig und gefaßt genug, die zu erwartenden Mitteilungen ertragen zu können. Reinhart schrieb:

„Mein Gott, Mutter, es war nicht schön damals in Ungarn — und dann wurde es von Tag zu Tag schlimmer. Keinen Augenblick mehr war man seines Lebens sicher. Bei Tag und Nacht wurden wir beschossen und immer noch mußten wir nach vorne und Posten stehen. Nun, und eines Morgens — am 13. März — hatte ich Nachtdienst gehabt und sollte im Morgengrauen abgelöst werden. Ich höre Schritte und sehe die Ablösung leise herankommen. Erlöst — in dem Gefühl, endlich wieder in Deckung und nach hinten gehen zu können — richte ich mich ein wenig auf. Da trifft mich die feindliche Kugel am Hals und durchschlägt die Halsschlagader. Der Kamerad steht mir sofort bei und schleppt mich zurück nach Simontorja, wo unsere Einheit lag. Aber am Weg dorthin habe ich meine Seele ausgehaucht..."

„Es war schon arg, weißt Du Mutter. Doch fürchtet man sich viel zu sehr vor dem Tode. Er ist an sich nicht schlimm; nur der Übergang vom Leben in die Ewigkeit ist ein schrecklicher Augenblick. Wenn man dann drüben aufwacht, ist es so herrlich schön; ach, das läßt sich nicht schildern! — Natürlich ist es dann in der ersten Zeit recht schwierig; man muß sich umstellen auf die neuen Begriffe: zeitlos, raumlos, körperlos. Man sieht, hört und fühlt mit dem Geiste. Man geht oder läuft oder steht nicht — man schwebt und fliegt. Die erste Zeit leiden junge Seelen durch die Trauer ihrer Angehörigen! Deine Trauer, liebe Mutter, tat mir furchtbar weh..."

Reinhart kam dann im Verlauf seiner weiteren Mitteilungen auf verschiedene gemeinsame Bekannte zu sprechen, die nach seines — Reinharts — Hinübergang die Mutter besucht hatten. Darunter befand sich Friedrich K., damals Psychologiestudent und ausgesprochener Materialist, der das Weiterleben nach dem Tode für Hirngespinste hielt. Reinhart schrieb hierzu: „... als Du im Vorjahr von T. heimkamst und die erste indirekte Nachricht von mir — über Dagmar R. — bekommen hattest, und Du an jenem Abend zu Friedrich davon sprachst, hätte ich ihm an die Kehle springen mögen! ‚Ich werde deine Gefühle ehren, aber du verlangst doch von mir nicht, daß ich es glaube', hatte er gesagt. Das heißt mit anderen Worten: ‚Ich habe nichts dagegen, daß du ein Kretin bist.'"

Das Wort „Kretin" schien Trude Payer doch etwas zu hart. Sie strich es, unter Willensanstrengung, aus. Sogleich korrigierte Reinhart: „... daß du ein Dummkopf bist." Und in Klammern dahinter: „(Eigentlich hatte ich ‚Kretin' diktiert!) Und Du, arme, liebste Mutter, ließest Dich beinahe erschüttern von Friedrichs Gerede! — Auch das Büchlein für ‚gebildete Laien', das er Dir am nächsten Tag brachte! Darin wird allerhand Unsinn verzapft. Weil die Herren Schulwissenschaftler alles mit dem Verstand erklären wollen! Das kann man aber in diesem Falle nicht! Nun grüße ich Dich, geliebte Mutter. In Liebe bin ich immer bei Dir! Dein Reinhart."

Interessant sind ferner die Angaben Reinharts hinsichtlich der Lage seines Grabes. In der amtlichen Todesnachricht hatte nur gestanden: „Bei Simontorja gefallen, in Szilas-Balhas begraben." Dies bestätigte Reinhart, gab — ebenfalls auf medialem Wege — eine Lagezeichnung durch und bemerkte, daß es das vierte von links in der dritten Reihe der Soldatengräber sei, die sich dort auf dem kleinen Friedhof, direkt an der Kirche, befänden. Er bat, über das Österreichische Rote Kreuz Erkundigungen einzuziehen. Von dort wurde Trude Payer an die Ungarische Gesandtschaft verwiesen und erhielt schließlich die Weisung, sich an eine ungarische Gerichtsdolmetscherin in Wien zu wenden, deren Adreßkarte man ihr mitgab. Sie suchte diese Dame auf: „Ich saß der in gebrochenem Deutsch sprechenden Oberstengattin an einem großen runden Tisch gegenüber. Sie hatte ein dickes Buch herangeholt und suchte im Index nach dem Ortsnamen Szilas-Balhas, konnte ihn aber nicht finden. Nur ein ‚Mezö-Szilas' in der Nähe von Simontorja war angegeben. Ob das wohl der gesuchte Ort sein könne, fragte die Dame. Das wußte ich leider nicht, denn ich kannte nur die spärlichen Angaben der Todesnachricht. Recht unschlüssig berieten wir, ob die Dame aufs Geratewohl nach Mezö-Szilas schreiben solle?

Auf dem Tische lag ein Bleistift, der nicht mir gehörte. Dennoch fühlte ich plötzlich den unwiderstehlichen Zwang, ihn zu ergreifen. Die Adreßkarte der Dolmetscherin lag daneben; und ehe ich es recht gewahr wurde, stand auf der Karte der Satz — in Reinharts Schrift von meiner Hand geschrieben: ‚Ja, ich weiß, daß das der rechte Ort ist. Mezö-Szilas hieß er früher.' Erstaunt las ich es. — Inzwischen war der Gatte, ein Offizier der alten österreichisch-ungarischen Armee, heimgekehrt. Er suchte seinerseits in einem Generalstabswerk nach und zog außerdem ein neueres Ortsverzeichnis von Ungarn zu Rate. Sehr bald wurde mir bestätigt: der fragliche Ort hatte bis vor wenigen Jahren ‚Mezö-Szilas' geheißen und war erst in jüngster Zeit in ‚Szilas-Balhas' umbenannt worden. — Doch ergaben sich neuerlich Schwierigkeiten: ob der Brief an die Friedhofsverwaltung oder an die Ortsgemeinde gerichtet werden solle. Auch diese Frage beantwortete Reinhart, denn im nächsten Augenblick stand auf der Adreßkarte: ‚Schreibt an den Bürgermeister, nicht an die Friedhofsverwaltung. Die gibt es dort nicht. R.'" — Drei Wochen später hielt Trude Payer ein Schreiben des Gemeindearztes Dr. Ernö Feszl aus „Mezöszilas/Szilasbalhas" in Händen, welches die Angaben ihres Sohnes vollkommen bestätigte.

Bei der Sensitiven Trude Payer ist somit eine hochgradige Veranlagung zur Fähigkeit des sog. „Automatischen Schreibens" zu konstatieren. Abgesehen davon, daß sie Dinge schrieb, die ihr nicht bekannt sein konnten und die auch völlig außerhalb ihres Vorstellungsbereiches lagen (z. B. wegen des Halsschusses), läßt der Vorfall mit dem „Kretin" klar erkennen, daß das jeweils Geschriebene nicht ihrem Eigenwillen unterworfen war. Dies zeigt besonders deutlich ihr Schreiben mit der rechten Hand, während sie — ihr Gesicht weinend in der auf dem Tisch ruhenden linken Hand vergrabend — den Kopf auf den Tisch gesenkt hält und in diesem Moment an ein Weiterschreiben gewiß nicht dachte. Interessant in diesem Zusammenhang der Hinweis des Sohnes, daß eine „Übernahme" seiner Gedanken erfolgt, die das Medium zu Papier bringen muß.

Die jenseitige Warnung, das mediale Schreiben nicht zu übertreiben und nicht überheblich zu werden, darf ebenfalls als Beweis für die Unabhängigkeit der Mitteilungen von der Person des Mediums angesehen werden und ist für den erfahrenen Jenseitsforscher nichts Neues. Desgleichen der Hinweis, daß intensive Trauer der oder eines Zurückgebliebenen, vom Hinübergegangenen schmerzhaft und hemmend empfunden wird. — Die Bemerkung Reinharts (bezüglich des Zustandes nach dem sog. Tode): „zeitlos, raumlos, körperlos . . ." kann sich natürlich nur auf das Nichtvorhandenseins des *irdischen* Körpers beziehen; denn auch das Geistige hat Form, erst recht der Menschengeist, der in seinem Fluidalkörper weiterwirkt.

Was die Fähigkeit des medialen Schreibens selbst anbelagt, so wird ein Kritiker letztlich doch immer auf die Betrugs- oder Einbildungshypothese zurückgreifen; schon aus Gründen der Selbstberuhigung im

Hinblick auf die persönlichen Konsequenzen, die sich aus der Tatsache eines nachtodlichen Weiterlebens ergeben müßten. Dennoch stünde es zweifellos besser um die Menschheit, wenn das Wissen um unsere Unsterblichkeit mehr zum Allgemeingut würde. Prof. Hermann Oberth, der bekannte „Raketenvater", berichtet in seinem 1966 erschienenen Büchlein „Katechismus der Uraniden" von einem eigenen ASW-Erlebnis und schreibt u. a.:

„Jedermann kann durch eine positive, menschenfreundliche Lebensführung seinen inneren Menschen so weit entwickeln, daß er vom Jenseits *mehr* erfährt als der Durschnittsmensch seiner Zeit erfahren darf" und fährt fort: „Allerdings in einer Form, die nur ihn persönlich restlos überzeugen kann." Lediglich um dies zu erklären, schildert Prof. Oberth ein eigenes Erlebnis:

„Ich hatte einen Bruder, der im ersten Weltkrieg gefallen ist. Wir sind in Siebenbürgen aufgewachsen. — 1929 traf ich im Hause einer Bekannten in Berlin ein Schreibmedium, eine Berlinerin. Die Dame hatte niemals etwas zu Gesicht bekommen, was mein Bruder geschrieben hatte; sie kannte also seine Handschrift nicht, ja sie wußte überhaupt nicht, daß ich einen Bruder gehabt hatte. Trotzdem schrieb sie in *seiner* Schrift Dinge, die außer ihm niemand gewußt haben konnte, und die ich *später* für wahr befunden habe. Dies ist," schreibt Prof. Oberth, „für mich persönlich ein hundertprozentiger Beweis. Er ist es aber nicht für andere! Erstens wissen sie ja nicht einmal, ob ich sie nicht angelogen habe. Gründe ließen sich schließlich denken. Doch selbst wenn sie nicht daran zweifeln sollten, daß ich wahrheitsgemäß berichtet habe, so kennen sie die Lage nicht genügend, um mit Sicherheit auszuschließen, daß ich einer Selbsttäuschung zum Opfer gefallen bin. Sie können von ihrem Standpunkt aus zu diesem Fall nur sagen: ‚Kann sein — kann sein auch nicht!' Wenn sie sich aber bemühen, positive Menschen zu werden, und dabei auch am Schicksal ihrer Mitgeschöpfe Anteil zu nehmen, dann zweifle ich nicht, daß auch sie schließlich mehr vom Himmelreich erfahren werden."[36])

Vor der Jahrhundertwende bezeichnete man das automatische Schreiben als „Psychographie". Dr. R. Tischner führte dann den Ausdruck „Automatismen" ein (in seinem Buch „Ergebnisse okkulter Forschung", 1950) und unterteilte diese in „motorische" und „sensorische" (sensorisch = die Sinne betreffend). Bei den Animisten unter den Parapsychologen erfreut sich dieser Ausdruck großer Beliebtheit, denn „da wo die Begriffe fehlen, stellt ein Wort zur rechten Zeit sich ein". Auch Dr. Milan Ryzl spricht gern von „motorischen Automatismen". Erklärt ist aber damit noch gar nichts; man ist hinterher „so klug, als wie zuvor". Das psychographische Schreiben hat es schon immer gegeben. So berichtet Görres in seiner „Christlichen Mystik" (Bd. I, S. 491) von Maria von A g r e d a , die sich ihr Buch „Die Stadt Gottes" als aus göttlicher Inspiration entstanden erklärte, weil sie unter innerem Sträuben und so rasch schrieb, daß sie selbst kaum zu folgen vermochte. Auch das berühmte Buch der Mystikerin de la M o t h e G u i o n „Les Torrents spirituels" ist schreibmedial entstanden. „Ich hatte dabei," berichtet sie, „nie einen Gedanken, achtete nie darauf, wo ich stehen geblieben war und las nie etwas nach. Vor dem Schreiben wußte ich nicht, was ich schreiben würde . . . In dem Maße, als ich schrieb, fühlte ich mich erleichtert und befand mich dann besser."

Daß unerklärliche, krampfartige Schmerzen speziell im rechten Arm ein Anzeichen zur Fähigkeit des automatischen Schreibens sein können, finden wir oft bestätigt. So auch bei der Baronin Adelma von V a y (1840—1925), zu deren außergewöhnlich vielseitiger ASW-Begabung auch das Psychographieren gehörte. Zur Behebung der zeitweilig auftretenden unklaren Beschwerden empfahl ihr ein Dr. Gardos, das automatische Schreiben zu versuchen. Als Katholikin wies sie ein derartiges Ansinnen jedoch von sich. In Ihrem Buch „Studien über die Geisterwelt" erzählt sie:

„Ich hatte den Rat des Dr. G. beinahe vergessen, als ich eines Tages, an solchen Krämpfen leidend, meinem Manne scherzweise erklärte, ich wolle nun das magnetische Schreiben als Heilungsversuch anwenden. Gesagt, getan. Ich nahm einen Bleistift zur Hand, als ich plötzlich meinen Arm wie durch elektrische Ströme bewegt fühlte. Meine Hand wurde hin- und hergerissen, und es schrieb in großen Buchstaben: ‚Ich bin Thomas, dein Schutzgeist — schreibe magnetisch, es tut dir gut, du wirst ganz gesund. — Heinrich — Sarg 1867 für euch ein Trauerjahr — Napoleons Sturz 1870.' Erschöpft hielt ich inne und fing an, mit meinem Mann das Geschriebene langsam zu entziffern, da ich keine Ahnnung des Wortlautes hatte."

Die Voraussage über Heinrich, den Bruder ihres Gatten, traf ebenso ein (er starb 1867), wie der Sturz Napoleons III. „Meinem Manne und mir", berichtet Adelma von Vay weiter, „wurde es sehr unheimlich, ich fühlte mich unbehaglich; das Unbekannte und Geisterhafte war uns beiden unangenehm. Ich nahm mir vor, dieses magnetische Schreiben — wie man es damals nannte — nicht mehr zu versuchen." Sie versicherte, keine Ahnung vom Spiritismus oder von der Existenz spiritistischer Bücher gehabt zu haben; sie hatten sich beide niemals mit Mystizismus oder Magnetismus beschäftigt. „Das Wort ‚Geister' hatte stets etwas Unheimliches, Grauenvolles für mich . . ."

Als gute Katholikin hatte Adelma von Kindheit an für die sog. „armen Seelen" gebetet. Bald aber erkannte sie — da sie das mediale Schreiben schließlich doch fortsetzte — daß es vorwiegend solche „arme Seelen" bzw. leidende Jenseitige waren, die sich durch sie kundgaben und um Gebetshilfe baten. Wir kommen auf dieses Kapitel der ASW-Phänomene noch zurück. — Die Baronin erfuhr sodann eine regelrechte systematische Ausbildung. Als die Kenntnisse ihres Schutzgeistes Thomas erschöpft waren, wurde sie durch den Geist ihres Vaters Ernö geleitet, der sie auf die wichtigsten spiritistischen Werke der damaligen Zeit aufmerksam machte. Schließlich entwickelte sich in ihr das dem Kristallsehen verwandte „Schauen im Wasserglas". Die Erklärungen zu den Bildern, die sie im Wasserglas sah, bekam sie durch automatische Schrift. Auch zahlreiche Krankheitsdiagnosen und Behandlungsvorschläge kamen auf diese Weise zustande. Hier griff der Geist von Hahnemann, des Begründers der Homöopathie ein und verordnete zuweilen homöopathische Arzneien von doppelter Stärke als damals üblich. Selbst ein Arzt ließ sich — bei unsicheren Diagnosen — über Adelma von Vay beraten. Zahlreiche Kranke, sogar aus Übersee, wandten sich brieflich an die Baronin um Hilfe. In einem Falle, bei einer Anfrage aus Rußland, schrieb sie die Antwort medial in russisch, obwohl sie weder der russischen Sprache noch der Schrift mächtig war.

Das Hauptwerk Adelmas — und offensichtlich auch ihre Lebensaufgabe — war die Herausgabe einer Schöpfungsgeschichte unter dem Titel „Geist, Kraft, Stoff". Damit kommen wir wieder zum Phänomen der automatischen Schrift, denn dieses in seiner Art einzigartige Werk entstand innerhalb eines Zeitraums von nur 36 Tagen. Mit seinen geometrischen Figuren und Zahlentabellen ist es „unmöglich, anzunehmen, daß diese großartige Konzeption über eine Lehre des Welterschaffens im Kopfe einer Frau entstanden sein soll", gestand Dr. Franz Hoffmann, weiland Professor der Philosophie an der Universität Würzburg und Freund des bekannten Philosophen Franz Baader. „Es war Prof. Hoffmann unfaßlich", heißt es in Adelmas zweibändigem Werk „Aus meinem Leben" (S. 297), „wie ich binnen so kurzer Zeit dieses Buch ohne Vorarbeiten, ohne nachzudenken, samt den Figuren und dem Zahlengesetz, schreiben konnte. Er meinte, ich sei eine Frau von 70 Jahren, eine eifrige Studentin der Kabbala und des Plato und Ekkartshausen. Als ich ihm dann schrieb, ich sei erst 30 Jahre alt und hätte noch kein philosophisches Werk gelesen, konnte er es kaum glauben."

Zur Vorgeschichte des genannten Buches ist bemerkenswert, daß Adelma und ihrem Gatten von den jenseitigen geistigen Leitern eine streng vegetarische Lebensweise für den Zeitraum von neun Monaten vorgeschrieben worden war, bevor mit dem „Diktat" begonnen wurde. Zu dem Werk selbst äußerten die geistigen Verfasser: „Der Zweck unserer Arbeit ist, euch durch *Logik* den Beweis der höchsten Intelligenz: G o t t e s , zu geben."[37)]

Ein anderes Buch, das sein Erscheinen ebenfalls der ASW-Fähigkeit eines sensitiven Menschen verdankt, ist das Werk „Die Schutzgeister". Untertitel: und eine vergleichende Übersicht der Erscheinungen des Lebensmagnetismus, durch ein Medium erhalten und herausgegeben von Dr. Georg von Langsdorff.

Der Vater des Genannten war als russischer Gesandter im Kaiserreich Brasilien tätig gewesen. Er war Arzt und ein bekannter Naturforscher, der in den damaligen Schulbüchern als „Weltumsegler" rühmend genannt wurde. Der Sohn studierte in Freiburg/Breisgau Medizin. Als Angehöriger der Freiburger Turnerschaft spielte Georg von Langsdorff während der 1848er Revolution eine führende Rolle und mußte nach Amerika fliehen. Dort lernte er den Spiritualismus kennen, d. h. anfänglich wollte er — als Arzt — die ASW-Phänomene auf Hysterie zurückführen, mußte sich aber durch eine Hellseherin, die „Geister" sah und genau beschrieb, eines Besseren belehren lassen.

Dr. Georg von Langsdorff (1822—1921) leistete auf zahnmedizinischem Gebiete Hervorragendes. Ich verdanke einem Nachfahren dieses ehrenwerten Mannes, Herrn Dr. v. L. in D. den Hinweis auf eine Würdigung, die 1953 in der Fachzeitschrift „Zahnärztliche Welt" unter dem Titel: „Dr. Georg von Langsdorff — das Lebensbild eines Vorkämpfers für die Entwicklung der deutschen Zahnheilkunde und des Zahnärztestandes" erschien. Man ersehe daraus, daß man einen solchen Mann nicht als Schwärmer oder Phantast abtun kann.

Ein naher Verwandter des Genannten entwickelte hervorragende ASW-Fähigkeiten und schrieb „automatisch" das oben erwähnte Buch. Im Vorwort heißt es: „Der erste und zweite Teil ist im Jahre 1882 begonnen und jeweils zwischen 2—3 Uhr nachmittags mit fabelhafter Geschwindigkeit in Absätzen von ein bis zwei Bogen mit Bleistift niedergeschrieben worden." — „Dabei betone ich, daß das Geoffenbarte durch eine aus dem ‚Jenseits' stammende und wirkende Geisteskraft — aber durch Menschenhand übermittelt — entstanden ist, und zwar durch die Hand eines jungen Mannes, der keine sog. akademische Erziehung erhalten, keine medizinische oder philosophische Bücher gelesen oder je in der Hand gehabt, sondern die Gedanken haben in des Mediums Zustande Formen erhalten, indem sie mit blitzartiger Schnelle während des magnetischen *Schlafes* in dieser schönen und logischen Sprache auf das Papier geworfen worden sind."

Hier haben wir also einen Fall, wo sich der Schreibende infolge eines tranceartigen Schlafzustandes, des Schreibens nicht bewußt ist. Dr. v. Langsdorff schreibt weiter: „Wie hätte auch sonst das Medium aus den ganz richtig angeführten Bibelstellen, aus Justinus Kerners ‚Seherin von Prevorst' und — was das allermerkwürdigste ist — die mehr als

119 Zitate aus dem 1818—24 erschienenen und seitdem gänzlich vergessenen, mit Mühe entdeckten ,Archiv für thierischen Magnetismus' so richtig angeben können, wenn nicht (wie das Medium behauptete) die längst verstorbenen Verfasser des Archivs und die ,Seherin von Prevorst' (Geist der Frau Friderike Hauffe) selbst dabei mit tätig gewesen wären?"

In der Tat enthält das Werk eine Fundgrube an Fakten zum Studium des Somnambulismus und seiner Phänomene, mit zahlreichen Literaturhinweisen. Das Interessanteste aber kommt noch: Auf Seite 219 heißt es: „... hier spricht die Analogie des durch äußere Mittel erhöhten organisch-psychischen Zustandes mit dem Somnambulismus in die Augen.

NB. Hier brach das Medium ... plötzlich ab, und da seit 15 Jahren keine Fortsetzung erfolgte, unternahm ich es, das noch Fehlende zu ergänzen, um das Manuskript als Ganzes dem Drucke übergeben zu können."

Was war geschehen? — Das Medium hatte eine nicht ungefährliche politische Mission übernommen und nach deren Beendigung keine Neigung mehr zur Fortsetzung jenes Manuskripts gezeigt. Um das Werk nicht ungedruckt zu lassen, entschloß sich Dr. v. Langsdorff nach 15-jährigem Warten, es nach eigenem Wissen fertigzustellen. Das Buch erschien 1897 in einem Leipziger Verlag.

Kürzlich fand ich in der älteren Literatur Hinweise auf das Vorhandensein eines Buches von Dr. H. Werner, erschienen 1839 bei Cotta, mit fast dem gleichen Titel wie dasjenige von Dr. v. Langsdorff. Als ich mir das Buch aus der nächstgelegenen Bibliothek kommen ließ, stellte ich mit nicht geringem Erstaunen die nahezu hundertprozentige textliche Übereinstimmung der beiden Bücher fest! — Leugner paranormaler Phänomene werden natürlich sofort auf einen Betrug Dr. von Langsdorffs oder des Mediums tippen. Wer jedoch Dr. von Langsdorffs zahlreiche Bücher, Schriften und Aufsätze einigermaßen kennt und desgleichen über seinen Lebenslauf orientiert ist, wird diesem charakterlich untadeligen Mann weder eine Unredlichkeit noch mangelndes Fachwissen unterstellen wollen. Zudem hätte Dr. von Langsdorff nicht nötig gehabt, zweimal nach Stuttgart zu reisen, wo er das im Manuskript so häufig erwähnte „Archiv" zu finden hoffte, um die Richtigkeit der darauf bezogenen zahlreichen Zitate nachzuprüfen. Ihm wurde jedoch bedeutet, daß er das Gesuchte wahrscheinlich bei Hofrat Dr. Theobald Kerner, dem Sohn von Dr. Justinus Kerner in Weinsberg finden würde. Von dem damals 84 Jahre alten Hofrat freundlich empfangen und in sein Bibliothekszimmer geführt meinte dieser, daß das Gewünschte nichts anderes sein könne als das zwölfbändige „Archiv für thierischen Magnetismus", welches Dr. von Langsdorff dort zum ersten

Mal zu Gesicht bekam. Dieses grundlegende Werk, „in Verbindung mit mehreren Naturforschern herausgegeben von

Prof. Dr. C. A. v. Eschenmeyer (Tübingen),
Prof. Dr. D. G. Kieser (Jena),
Prof. Dr. C. G. Nees van Esenbeck (Bonn) und
Prof. Dr. Em. Nasse (Halle)"

liegt wahrscheinlich noch heute in irgendwelchen Bibliotheken und verstaubt ungenutzt. — Dr. von Langsdorff beschreibt nun die Suche nach jenen Zitaten: „Ich fuhr dann fort: Hier heißt es z. B. in einem Zitat ‚Archiv VIII, 2.p.118'. Was soll das ‚2' bedeuten? — Herr Hofrat K. nahm eines der Hefte und sagte: „Hier habe ich just Band VIII, Stück 2 in Händen. Jeder Band hat 2—3 Abteilungen. Wie ist die Seitenzahl und was wollen Sie finden?" — Da soll auf Seite 128 ein im somnambulen Zustande niedergeschriebenes Gedicht in italienischer Sprache stehen, eine Verherrlichung des Magnetismus enthaltend. — Wir schlugen nach und richtig, da standen die Verse!"

Gegen die Betrugshypothese spricht auch der Umstand, daß Dr. v. Langsdorff das vom Medium unfertig gelassene Manuskript selbst vollendete. Wozu diese Arbeit, wenn ihm das 1839 erschienene Original von Dr. Werner bekannt gewesen wäre?

Übrigens sind auch in neuester Zeit Bücher auf dem Wege des automatischen Schreibens entstanden und herausgegeben worden: 1953 im Verlag O. Walter, Olten und Freiburg i. Br. das Buch „Einklang der Welten" (umfaßt in der französischen Originalausgabe zwei Bände), worin die Mitteilungen des 1946 verstorbenen knapp 15jährigen Sohnes der Madame Marcelle de Jouvenel enthalten sind; 1970 das Buch „Du, ich und die Anderen" (aus dem Italienischen übersetzt von Gertrud Flum), welches Kundgaben eines sich Allan Kardec nennenden Jenseitigen enthält, die der italienische Psychiater Dr. Ripi erhalten hat (Reichel-Verlag, Remagen), und die beiden Bände „Mediale Schriften, Mitteilungen eines Arztes aus dem Jenseits" des Dozenten und ehem. Direktors der Wiener Nervenheilanstalt Maria-Theresienschlössel Dr. med. Karl Nowotny, empfangen von Frau Grete Schröder (1968 und 1970, Krauss-Verlag, München). Dr. Nowotny schildert seinen Hinübergang folgendermaßen:

„Es war an einem Frühlingstag (am 18. April 1965), und ich befand mich auf dem Lande in meinem Haus. Als wir weggingen, war ich müde und glaubte, nicht gehen zu können. Plötzlich fühlte ich mich ganz gesund. Was ist mit mir geschehen, dachte ich, daß ich plötzlich keine Beschwerden mehr hatte, keine Müdigkeit, keine Atemnot! Was war das? Ich stand da — und gleichzeitig sah ich mich am Boden liegen. Ich befühlte das Herz des Liegenden, ja es stand still — ich war tot! Aber ich lebe doch! — Ich sprach meine Freunde an, aber sie sahen mich nicht und gaben keine Antwort! Ich ging zu meinen Kollegen in die Universität, sie sahen mich aber auch nicht und erwiderten nicht meinen Gruß. Was sollte ich tun? — In dem Augenblick, da mir bewußt wurde, daß ich die irdische Welt verlassen hatte, sah ich meine gute Mutter. Strahlend kam sie auf mich zu und sagte mir, daß ich jetzt im Jenseits sei!"

Auch Dr. Nowotny mußte zur Kenntnis nehmen, daß man durch den Tod allein kein Anderer wird. Man behält all seine Eigenschaften und Gewohnheiten, die guten sowohl als die unerfreulichen. Deshalb die Weisung „Was ihr auf Erden löset, wird auch im Himmel gelöst sein", d. h. was man schon im diesseitigen Leben an schlechten Erfahrungen oder schädlichen Gewohnheiten ablegt, das ist man auch im Jenseits los; man ist *frei*. „Langsam konnte ich meine Irrtümer erkennen", berichtet Dr. Nowotny, „die ich restlos und klar ersichtlich alle mitgebracht hatte. Ich kämpfte geradezu dagegen, daß das, was ich sah, Wahrheit sein könnte . . . aber wie jeder Mensch, hatte auch ich einen guten Führer." Und weiter: „Wenn einmal der Verkehr mit der Geisterwelt zur wissenschaftlichen Forschung gehören wird, dann werden wir Ärzte hier im Jenseits, so wie wir jetzt insgeheim Hilfe leisten, offen den Ärzten auf der Erde zu Diensten sein können. Dann kann eine ernsthafte Befragung manchen Fehler in der Behandlung vermeiden helfen und eine Fehldiagnose vollkommen ausgeschaltet werden." — Hierzu sei bemerkt, daß es solche Kontakte bereits gibt, besonders in England, wo man dem Spiritismus nicht so arrogant gegenübersteht wie in Deutschland. — Immerhin kenne ich auch hier einen Arzt, der viele Jahre hindurch Diagnosen auf schreibmedialem Wege erhielt und eben durch seine in schwierigen Fällen verblüffend guten Diagnosen sehr bekannt wurde.

Du Prel fragt: An welchen Merkmalen ließe sich nun die *Echtheit* des Phänomens, d. h. die fremde *Quelle* der Inspiration bzw. Niederschrift oder Botschaft erkennen? Ein starker Beweis wäre, wenn ein des Schreibens unkundiges Medium verwendet würde. Sagt doch schon Eduard von Hartmann, der „Philosoph des Unbewußten" und große Gegner der Spiritologie: „Nur ein Medium, das schreiben gelernt hat, wird unwillkürlich oder fernwirkend Schrift produzieren können." Diese Behauptung war schon widerlegt, als sie aufgestellt wurde, widerlegt durch Erfahrungstatsachen: ein Kind der Mrs. Cooper schrieb im Alter von zwei Monaten (!), ein Mädchen des Baron Kirkup im Alter von neun Tagen(!) und ein Sohn der Mrs. Jencken (die berühmte Miß Kate Fox) war fünfeinhalb Monate alt, als er zu schreiben begann. Er schrieb auch dann, wenn seine ASW-begabte Mutter nicht anwesend war. Hermann Döring, ein Fabrikarbeiter aus Böhmen, bekannte in einer kleinen 1905 erschienenen Schrift, daß seine Schwägerin, die Analphabetin war (damals keine Seltenheit), im Trancezustand deutsch und tschechisch schreiben konnte. — Am Nicht-schreiben-gelernt-haben kann es also nicht liegen, zumal viele gleichgelagerte Fälle konstatiert werden konnten.

Weiteres über mediales Schreiben und Schrifttum

Nach Ing. Hans Malik ist das Schreiben unter allen Vermittlungsarten zwischen Diesseits und Jenseits das einfachste und bequemste Mittel. Es handelt sich hierbei um eine Gabe, die am meisten geeignet ist, durch Übung entwickelt zu werden. Unter den vielen Graden der Schreibmedialität kommt das inspirative Schreiben am häufigsten vor. Beim dynamischen Schreiben dagegen spürt die schreibende Person unmittelbar die Kraft, mit der die Hand gehalten und bewegt wird. Der erfahrene Forscher sagt hierzu: „Diese Art der Kommunikation wird zumeist von niedrigen und unwissenden Geistern angewendet, denen eine bessere Art sich kundzugeben unbekannt ist oder denen hierzu die Fähigkeiten fehlen. Von dieser Art des Schreibens ist jedoch abzuraten, weil damit Besessenheiten Tür und Tor geöffnet werden kann."

Es gibt ferner ein halbmechanisches und ein ganz mechanisches Schreiben, bei dem das Medium nur teilweise oder gar keine Gelegenheit findet, mitzulesen oder über das Geschriebene — während des Schreibens — nachzudenken, obwohl es bei völlig klarem Bewußtsein bleibt. Ein beachtenswert hoher Grad dieser Befähigung liegt vor, wenn sich das Medium während des Schreibens mit anderen Personen lebhaft unterhält und sich nicht im geringsten auf die Tätigkeit seiner Hand konzentriert. Dies war auch bei Baronin Adelma von Vay der Fall. Ebenso bei der berühmten Madame d'Espérance, die beidhändig, auch im Dunkeln, schrieb. Mit ihr arbeiteten hervorragende Gelehrte, u. a. der deutsche Astrophysiker Prof. Dr. Friedrich Zöllner und dessen Freund Dr. Robert Friese. Letzerer berichtet in seinem Buch „Stimmen aus dem Reich der Geister" (S. 16), daß er „persönlich und ausschließlich die Fragestellung an die Geister übernahm". Prof. Barkas aus Newcastle hatte zuvor schon zwei Jahre lang mit Mme. d' Espérance gearbeitet, „fast ausschließlich wissenschaftliche Fragen der schwierigsten Art beantwortet erhalten" und zwar „in allen möglichen Sprachen", über Probleme verschiedenster Art, wie Anatomie, Akustik, Interferenz des Lichtes, Musik und andere. Prof. T. P. Barkas betonte, daß die Dame mit beiden Händen zugleich schrieb und — was die Qualität der Antworten anbelangt — er sich sehr wundern würde, „wenn gewisse Universitätsprofessoren diese

Fragen halb so gut beantworteten." Dr. Friese schreibt ferner: „Sie schrieb bei Licht oder auch im Dunkeln, zeichnete geschickt die Portraits der ihr erschienenen Geister innerhalb weniger Minuten im völlig verdunkelten Zimmer, sah aber auch im hellerleuchteten Zimmer die Geister von mir bekannten Verstorbenen, beschrieb sie und fand deren Bild sofort im Album heraus."

Frau d' Espérance, eine erklärte Gegnerin des Spiritismus, war schon als Kind hellsehend. Ihr Vater, ein Kapitän, nahm sie zu einer Reise ins Mittelmehr mit auf sein Schiff. Während der Fahrt gewahrte sie plötzlich ein anderes Schiff, das direkt auf sie zusteuerte. Trotz ihres Warngeschreies wurde der Kurs nicht geändert. Im Moment des befürchteten Zusammenstoßes verbarg sie ihr Gesicht . . .als sie schließlich wieder aufschaute, war das fremde Schiff verschwunden. — Spätere Untersuchungen eines verständigen Arztes ergaben ihre Hellsichtigkeit, unter der sie bis dahin schon sehr gelitten hatte, weil man sie auszulachen pflegte, wenn sie Dinge sah, die von anderen nicht gesehen wurden. „Es ist nichts Angenehmes, ein Medium zu sein", seufzte sie oft. Und Dr. Friese bemerkt: „Der Gegenstand des niedrigsten Argwohns zu werden, den unwürdigsten Überwachungen ausgesetzt zu sein, um selbst Menschen, die uns lieb sind, zu überzeugen, daß man sie nicht belügt und betrügt; Ausbrüche von Rohheit von sich weise dünkenden Ignoranten hinnehmen zu müssen, und das alles aus Liebe zu einem großen und heiligen Zweck — das könnte wohl ein zartes Gemüt empören oder abstumpfen."

Zweifellos war oft Unwissenheit die Ursache der rohen Behandlung ASW-begabter Menschen. So wurde z. B. der Bauernsohn I n d r i d a s o n in Rejkjavik mit Nadeln gestochen; wenn er in Trance war, reagierte er überhaupt nicht. Im Normalzustand dagegen sprang er vor Schmerz durchs Zimmer. Ich selbst beobachtete auf den Philippinen, wie ein Hamburger Arzt, der von paranormalen Phänomenen keinerlei Ahnung zu haben schien, die steifen Finger eines in kataleptischer Starre daliegenden Mädchens nach hinten zu biegen versuchte. —

Frau d'Espérance nun wollte bis zuletzt nicht einsehen, daß sie ein „Medium" war und noch am Schluß ihres berühmten Buches „Im Reiche der Schatten" schreibt sie: „Angesichts dessen, daß die Manifestationen in allen Fällen mit dem übereinstimmten, was die Teilnehmer waren, so meine ich, daß es selbstverständlich ist, daß die letzteren das Medium, und ich nur ein Teil desselben war. — Wenn der Kreis aus Kindern bestand, waren die Phänomene von kindlichem Charakter. Wenn Gelehrte zugegen waren, waren die Manifestationen wissenschaftlicher Art. — In jedem Falle ist es das, was ich auf das nachdrücklichste von mir weisen möchte, daß ich das ‚Medium' gewesen bin, wenn elf oder neunzehn andere Personen zugegen waren. Es mag recht sein, mir den 12. oder 20. Teil anzurechnen, aber nicht mehr ..."

Gewiß hat Frau d'Espérance insofern recht, als ja jeder Teilnehmer nicht nur von einem gewissen „Anhang" begleitet ist — nämlich Jenseitigen —, die ja eben durch ihr Dasein einen fluidalen Einfluß auf das Medium ausüben, sondern auch von einem mehr oder weniger intensiven Gedankenleben umgeben ist. Diese Tatsache ist durch die Möglichkeit der gedanklichen (telepathischen) „Anzapfung" längst erwiesen. Einen Punkt aber hat Frau d'Espérance übersehen; nämlich den, daß ohne sie keine Manifestationen zustandekamen ...

Über das szt. berühmte Medium Kate Fox erhielt Mr. Livermoore Mitteilungen seiner verstorbenen Frau Estella in französischer Sprache — dem Medium unbekannt — und in Spiegelschrift! Nicht minder überzeugende Erlebnisse konnte Ing. Hans Malik berichten: „In meinem Kreise für Medienentwicklung ... unterhielt sich das Medium Josef K. mit mir über Goethes ‚Faust'. Seine rechte Hand schrieb währenddessen eine Abhandlung mit einer am Kopfe (also verkehrt) stehenden Schrift, die zudem anstatt von links nach rechts, umgekehrt geschrieben wurde. Seine linke Hand schrieb eine solche in ausgesprochener Spiegelschrift. Beider Abhandlungen Inhalt konnten wir erst durch Gegenüberhalten eines Spiegels nachher lesen. Ein Mitlesen während der Niederschrift war unmöglich. Es haben also drei Geister durch *einen* Menschen gleichzeitig gewirkt. Andere Erklärungsversuche sind undenkbar."[38]) In diesem Falle sind also *drei* intelligente Bewußtseinsäußerungen von *einer* Person mit grundverschiedenem Inhalt zu *gleicher* Zeit geschehen. Ähnliches berichtet der norwegische Dichter Ludwig Dahl in seinem Buch „We are here":[39])

„Am 19. Dezember 1926 schrieben die rechte und linke Hand meiner Tochter Ingeborg gleichzeitig zwei verschiedene Briefe. Der mit ihrer linken Hand geschriebene war von einem verstorbenen jungen Arzt Carsten S., an seinen Vater gerichtet, der ein bedeutendes Amt in einer der südlichen Städte Norwegens verwaltet. Der Vater erklärte (später) in einem Briefe, daß die Handschrift (die meine Tochter nie gesehen hatte) der seines Sohnes nicht ähnlicher hätte sein können. Meine Tochter hatte nicht einmal eine Ahnung vom Dasein jenes jungen Arztes während seines Erdenlebens gehabt. Der andere Brief, mit ihrer Rechten geschrieben, war (in gänzlich anderer Handschrift) von einer gewissen Eva an ihre Eltern gerichtet ... Während Ingeborgs Hände die beiden Bleistifte führte, unterhielt sie sich im Trancezustand lächelnd mit ihren beiden (verstorbenen) Brüdern."

Selbst automatisches Stenographieren konnte beobachtet werden. Ein hochinteressanter Fall dieser Art befindet sich in dem von Prof.

Rhine gesammelten Material: ein vierjähriger Knabe weilte mit seiner Mutter in einem Hotelzimmer in Oregon. Eines Abends kritzelte er mit einem Bleistift mehrere Blatt Papier voll und steckte sie zusammengefaltet in die Brieftasche seiner Mutter. Diese fand die Blätter am nächsten Morgen und wollte sie wegwerfen, als sie der Zimmerkellner darauf aufmerksam machte, daß das Gekritzel wie Stenographie aussähe und erbot sich, die Blätter einem Stenographielehrer zu zeigen. Die Schrift stellte sich als Stenographie eines veralteten Systems heraus, ohne Fehler oder unnötige Striche. Der Text selbst entpuppte sich als ein Brief des vor 14 Tagen in New York verstorbenen Ehemannes dieser Frau, mit wichtigen Hinweisen auf ein ihr unbekanntes Geheimsafe. Das zum Zeitpunkt des Geschehens veraltete Stenographie-System hatte ihr Mann in jungen Jahren gelernt.[40]) Auch ein Fall von Benutzung des (vom Medium nicht gekannten) Morse-Alphabets wurde bekannt und findet sich in den „Psychischen Studien" des Jahrgangs 1874 (Seite 209) verzeichnet. Leider ist mir dieser Jahrgang im Moment nicht zugänglich.

Zwei sehr seltene und deshalb besonders interessante Begebenheiten medialer Schriftübermittlung schildert Dr. Emil Mattiesen im ersten Band seines Studienwerkes „Das persönliche Überleben des Todes". Im ersten Fall handelt es sich um die Übermittlung einer persönlichen Geheimschrift (auf eine überdies sehr ungewöhnliche Art und Weise), im zweiten Fall um den Gebrauch des Taubstummen-Alphabets. Der erste Bericht stammte von Dr. Hinkovic aus Agram, den er dem damals bekannten Forscher Charles de Vesme übersandte. Seine Darlegungen wurden von Dr. E. Mattiesen etwas gekürzt:

Ein gewisser „Vatroslavo" hatte sich schon mehrfach durch den Bleistift eines Frl. Tonica kundgegeben. Einige Zeit nach seinem Tode starb auch eine seiner Schwestern. Diese hatte mit ihrem Verlobten in Geheimschrift einen Briefwechsel unterhalten, welchen ihre Mutter nach ihrem Tode auffand, aber nicht entziffern konnte. — Während einer Sitzung im Hause des Dr. Hinkovic äußerste „Vatroslavo" die Absicht, einen Brief an seine abwesende Mutter zu schreiben. „Fräulein Tonica", so berichtet Dr. Hinkovic, „ergriff einen Bleistift, und während meine Frau — auf Vatroslavo's Wunsch — ihr den Arm festhielt, verharrte der Tisch (auf welchem ein Bogen Papier lag) in dauernder Erhebung und verschob sich derartig gegen die Spitze des Bleistiftes, daß die seltsamsten eckigen Schriftzeichen entstanden. So wurde vor unseren Augen der Brief geschrieben, den wir der Mutter Vatroslavos übersenden sollten. — Am Tage darauf besuchte mich diese, das Gesicht vor Erregung strahlend, und berichtete mir, daß der Brief in Geheimschrift gehalten sei und der Verfasser einen Schlüssel zu deren Entzifferung hinzugefügt hatte! — In dem Brief erzählte Vatroslavo seiner Mutter, daß der Geist seiner Schwester Lubica ihm das Geheimnis ihrer Geheimschrift anvertraut habe und daß vermittelst des nunmehr gelieferten Schlüssels die Mutter den Briefwechsel der beiden Verlobten werde entziffern können . . . Die Mutter fügte hinzu, daß zweifellos kein Unbeteiligter, am wenigsten Vatroslavo, zu Lebzeiten das Geheimnis dieser Schrift gekannt habe."

Der zweite Fall wird von Prof. Dr. C. Schäfer in Wandsbek aus seinen Beobachtungen an einer ASW-begabten Dame berichtet, die er mit „Frl. G." bezeichnet:
„Einmal erschien als Geistwesen eine Taubstumme, die sehr gewandt das Taubstummenalphabet anwendete, von dem das Medium nicht die geringste Ahnung hat. Auch keiner der Anwesenden konnte es verstehen und wir baten die Jenseitige, das nächste Mal wiederzukommen; wir wollten ein junges Mädchen mitbringen, das uns das Alphabet deuten könne. — In der nächsten Sitzung erschien die Taubstumme wieder. Das Medium machte so schnell und so gewandt die Alphabetzeichen, daß jenes junge Mädchen Mühe hatte, ihr zu folgen. Wenn sie ein Wort falsch ausgelegt hatte, schüttelte das (in Trance befindliche) Medium den Kopf und wiederholte die Zeichen, bis sie richtig gedeutet wurden."
— Das junge Mädchen bestätigte, noch nie eine so rasche und gewandte Handhabung des Taubstummenalphabets gesehen zu haben. Im Unterbewußtsein des Mediums kann diese Fähigkeit aber auch nicht verborgen gewesen sein, da sie noch nie Gelegenheit hatte, die Taubstummensprache zu beobachten oder gar zu erlernen, betont Prof. Dr. Schäfer. —

Als seltsam darf auch die Herkunft von einigen historischen Romanen und Erzählungen in spätmittelalterlichem Englisch bezeichnet werden, die eine Dame namens Mrs. C u r r a n in England erhielt. Der jenseitige Autor gab an, eine Bäuerin aus dem 17. Jahrhundert zu sein, die in England geboren wurde, nach Amerika kam und dort von Indianern getötet worden sei. Sie nannte sich Patience W o r t h und diktierte in einer altertümlichen Sprache, die sich als die Mundart der Grafschaft Dorsetshire im 17. Jh. erwies. Eine Versdichtung von etwa 70 000 Worten (geschrieben in 35 Stunden), betitelt „Telka", wurde allseits als Meisterwerk anerkannt und von niemandem im Ernst dem Medium zugeschrieben, welches übrigens auch stundenlang in derselben Mundart (im Trancezustand) sprechen konnte.

Animistischerseits wird neben dem vielstrapazierten „Unterbewußtsein" vielfach ein telepathischer Vorgang, ein „gedankliches Anzapfen" der Botschaftsempfänger, für das Zustandekommen automatischer Schriften verantwortlich gemacht. Schwerlich kann dies bei dem folgenden Fall möglich sein, welchen wir dem amerikanischen Psychologen Estabrooks verdanken[41]). Das Medium war Mrs. Chenoweth. — Ein Freund Estabrooks wünschte Verbindung mit seinem Vater. Mrs. Chenoweths Bleistift begann zu schreiben. „Es hieß, mein Vater sei zugegen. Nach einigen Begrüßungsworten sagte ich: ‚Hör zu, Vater, sicher weißt du von den Schwierigkeiten, die wir haben, um die Verbindung zwischen eurer und unserer Welt herzustellen. Ich möchte, daß du mir hilfst mit etwas, das ein wirklicher *Beweis* ist.' Die Hand des Mediums schrieb: ‚Ich werde versuchen, zu helfen.'" — Der Sohn fragte daraufhin: „Erinnerst du dich an deine Tagebücher?". Antwort: „Ja, ich erinnere mich." Sohn: „Ich möchte dich bitten, mir ein Datum zu nennen und mir zu sagen, was du an dem betreffenden Tag gemacht hast." Antwort über das Medium: „Das wird nicht einfach sein, nach so langer Zeit. Aber ich will es versuchen." — Drei Minuten ruhte die Hand, dann schrieb sie: „Ich erinnere mich an den 18. Juli 1910. An diesem Tag suchte ich einen bestimmten Mann auf . . . ich wollte für unsere Familie ein Haus mieten. Aber ich traf ihn nicht an, und erst im September konnte ich meinen Entschluß ausführen." — Der Sohn suchte zu Hause das entsprechende Tagebuch heraus und fand, daß sein Vater am 18. Juli 1910 einen Mann namens Harrison aufgesucht hatte. Eine weitere Notiz besagte, daß dieser Mann erst im September nach New York zurückgekehrt war. „Nach bestem Wissen und Gewissen", versichert der Botschaftsempfänger, „habe ich die Tagebücher meines Vaters niemals zuvor gelesen, und ich wüßte nicht, wie diese Tatsache aus meinem Unterbewußtsein hätte stammen können."

Verhältnismäßig bekannt ist die Ergänzung eines fehlenden Romanbandes durch den verstorbenen Charles Dickens: Ein einfacher Arbeiter namens James entdeckte 1872 zufällig seine Begabung zum automatischen Schreiben. Im Oktober des gleichen Jahres schrieb seine Hand eine an ihn selbst gerichtete Botschaft, angeblich von dem 1870 in England verstorbenen Charles Dickens stammend, der ihn ersuchte, vom 15. Oktober an seine ganze freie Zeit ihm zur Verfügung zu stellen, damit er durch ihn seinen unvollendet hinterlassenen Roman „The mystery of Edwin Drood" fertigstellen könne. So kam auf diese Weise der fehlende Band zustande und erschien 1873 in Brattelborough. Laut Beurteilung einer New Yorker Zeitung soll „die Feder von Dickens unverkennbar" sein, sowohl in bezug auf die Charakteristik der Personen, auf Stil und eigentümliche Redewendungen, als auch auf Orthographie und das genaue Wissen um die Geographie von London. Andere hinwiederum wollen Unterschiede stilistischer Art gefunden haben. Immerhin ist interessant zu wissen, daß Dickens noch zwei Stunden vor seinem Tode an diesem Roman geschrieben haben soll.

Mit einiger Kühnheit könnte man hieraus folgern, daß es nicht der Verstorbene selber war, sondern der konzentrierte „Gedankeninhalt" (ein sog. Monoideismus) des Autors, der sich durch uns unbekannte „motorische Automatismen" im irdischen Bereich zu verwirklichen strebte und schließlich den hierfür geeigneten Mr. James fand. Es wäre dies eine Art Autosuggestion, die ihre Realisierung auf ähnliche Weise sucht wie ein posthypnotischer Befehl, der ja auch eine Suggestion darstellt. Aus diesem Grunde vermögen Vertreter der animistischen Theorie aus derlei Begebenheiten keinen Nachweis des nachtodlichen Weiterlebens zu erkennen. Es ist für sie kein Beweis. Carl du Prel meint hierzu[42]):

„Wenn die Autosuggestion Sterbender nach deren Tod fortwirkt, so folgt daraus nur das eine mit Sicherheit, daß in jedem Gedanken eine Kraft liegt, die sich zu äußern strebt. Es folgt aber daraus keineswegs, daß der psychologische Zustand Verstorbener durch solche Monoideismen *erschöpft* sei. Sie realisieren sich nur nebenbei, wie eine posthypnotische Suggestion. Ja, es ist schon zweifelhaft, welchen Anteil das Bewußtsein der Verstorbenen daran hat, und ob es einen größeren hat, als das des Nachtwandlers an seinen Handlungen ..."

„Der psychologische Zustand der Hinübergegangenen kann also vorbehaltlich späterer Fortschritte vorläufig für uns nur soweit Erfahrungsgegenstand werden, als die Gedanken derselben von der irdischen Sphäre noch nicht losgelöst sind und dahin zurückschweifen. Aber in der Seele des Verstorbenen hat daneben noch sehr viel anderes Platz, wovon wir *keine* Kunde erhalten. Also dürfen wir aus dem mangelnden Beobachtungsmaterial durchaus keine allgemeinen Schlüsse auf das Schicksal der Verstorbenen und die Beschaffenheit des künftigen Lebens ziehen."

Weniger bekannt als jener Fall mit Charles Dickens ist ein ähnliches Vorkommnis, bei welchem der Geist des Märchendichters Andersen nach seinem Tode auf schreibmedialem Wege weitere Märchen verfaßt haben soll: durch Baronin Adelma von Vay erschienen zwei Bände Märchen „Dem Zephir abgelauscht" und „Erzählungen der Sonnenstrahlen", die sogar ins Dänische übertragen wurden. Andersens Geist meldete sich aber auch über eine Dame in Melbourne, in der Wohnung des damaligen Mitherausgebers von „Harbinger of Light", Mr. James Smith. Bei der ersten Manifestation Andersens sagte dieser: „Die Kindermärchen müßten viel mehr spiritualisiert sein. Ich wünschte, ich hätte hier eine zweite Baroneß Wäh," (Smith konnte den Namen nicht recht wiedergeben) „durch welche ich schreiben könnte. Nächstens werde ich wiederkommen und dem kleinen Engel hier im Hause" (Herrn Smiths Enkelin) „ein Märchen erzählen." Dies geschah nach einiger Zeit, und Mr. Smith sandte das Geschriebene an Frau v. C. in Valby bei Kopenhagen, die den Beitrag in „Fra de to Verdener" veröffentlichte.

Daraufhin meldete sich ein Abonnent dieses Blattes, Konzertmeister Gr. und machte Frau v. C. darauf aufmerksam, daß die „Baroneß Wä", von der Andersen gesprochen hatte, niemand anderes sein könne als die Baronin von Vay; denn diese hätte ihm selbst einmal ein Märchen gesandt, welches ihr von Andersen auf schreibmedialem Wege übermittelt worden sei. — Ein Fall also, wo sich eine Wesenheit an zwei verschiedenen Stellen der Erde meldet, ohne daß die Botschaftsempfänger eine Ahnung voneinander haben. Dr. Cyriax berichtete diese interessante Begebenheit szt. in seinen „Spiritistischen Blättern".[43])

Ein Vorkommnis, das einer gewissen Komik nicht entbehrt, sei an dieser Stelle eingeflochten: Ludwig Büchner (1824—1899), naturphilosophischer Schriftsteller und Arzt, ist bekanntlich der Verfasser des Buches „Kraft und Stoff", das populärste Werk des damaligen Materialismus und im Ostblock noch heute hoch im Kurs. Das Buch kam 1855 auf den Markt und löste weltweite Diskussionen aus.

1860 erschien in Erlangen ein von Dr. Aschenbrenner aus dem Englischen übersetztes Buch von Hudson Tuttle, „Geschichte und Gesetze des Schöpfungsvorganges". Büchner und andere seiner materialistischen Kollegen zollten dem Werk großen Beifall und brachten Auszüge daraus. Büchner wollte sogar, als er nach Amerika reiste, dem Verfasser seine Achtung bezeigen und suchte ihn in Cleveland auf. Hudson Tuttle aber lehnte alle Lobsprüche bescheiden ab. Es stellte sich heraus, daß es sich bei seiner Person um einen einfachen Farmer — ohne besondere Schulbildung — handelte, der mit 18 Jahren wissenschaftliche Werke als . . . psychographisches Medium zu schreiben begann! Tuttle schildert seine Unterredung mit Büchner:

„Ich fragte ihn, wie es kam, daß er meine Schriften von erklärtem spirituellen Ursprung zitierte, um damit den Materialismus zu beweisen? — Er erklärte, nicht gewußt zu haben, daß dieses ihr Ursprung war; er habe vermutet, daß ich ein Mann sei, der sich mit Muße ganz der Wissenschaft widme. — Als ihm gesagt wurde, daß die Stellen, welche er zitierte, nach Tagen körperlich anstrengender Arbeit durch höhere Kräfte, als meine eigenen, geschrieben wurden, äußerte er sehr höflich, daß ich eine große Kopfbildung besäße und diese Wissenschaft jedenfalls irgendwo gehört oder gelesen haben müsse."[44])

Eines der bedeutendsten Medien für automatische Schrift war in neuerer Zeit die am 6. 3. 1960 verstorbene Irländerin Geraldine Cummins. Vor Beginn einer „Schreibstunde" pflegte sie sich zu entspannen und sank langsam in eine Art Halbtrance. Mit der linken Hand verdeckte sie ihre Augen, während sie mit der rechten schrieb. Zumeist schrieb sie in einem verhältnismäßig langsamen Tempo. Typisch sind die „endlosen Zeilen", d. h. die Wörter werden aneinanderhängend geschrieben und müssen später getrennt werden; auch die Interpunktion erfolgt nachträglich. — Ihre Hand wird nicht durch eine unsichtbare Wesenheit geführt. Die Schreiberin erklärte selbst: „Es ist eine Art Traumdämmern, das auf eigenartige Weise aber dennoch klarsichtiger ist als der Wachzustand. Ich habe keinen schöpferischen Einfluß auf die Gedanken, die in Worte gefaßt werden. Welche Intelligenz auch ihr Ursprung sein mag, sie äußert sich mehr in Bildern und Gedanken, als in Worten, und benutzt mein Unterbewußtsein als Übersetzer." Hier dürfte also Inspiration auf telepathischer Grundlage vorliegen.

Geraldine Cummins wurde neben zahlreichen automatisch entstandenen Büchern über frühchristliche Geschichte besonders durch den Fall des im brasilianischen Urwald verschollenen englischen Forschers Colonel Percy H. Fawcett bekannt. Der Oberst galt seit 1925 als verschollen. Nach Zeugenaussagen soll er noch bis etwa 1935 als freiwilliger Gefangener bei einem Indiostamm gelebt haben. Fawcett hatte sich viel mit ASW beschäftigt; seine Gattin Nina soll noch 1934 telepathische Botschaften von ihm empfangen haben. Das berühmte englische Medium Estelle Roberts erhielt bereits im Juni 1932 Kundgaben, als deren Urheber sich Fawcett unterzeichnete. Geraldine Cummins konnte von diesen Botschaften nichts wissen (sie wurden erst 1940 veröffentlicht), als sie von 1935 an ähnliche Nachrichten niederschrieb. Die Aufnahme derartiger Botschaften durch Mrs. Cummins, der Tochter eines irischen Medizinprofessors, erstreckten sich über einen langen Zeitraum und endeten erst 1951. Vier Jahre später wurde der Gesamtbericht veröffentlicht.[45]) Interessant ist der Beginn jenes Kontaktes: An einem Dezembertag des Jahres 1935 meldete sich, als Mrs. Cummins in Trance gegangen war, ihr Schutzgeist „Astor" und schrieb: „Ich habe einen Mann gefunden. Er ist ergraut" (Fawcett zählte 58 Jahre, als er 1925 zu seiner letzten Expedition in das Urwaldgebiet des Matto Grosse aufbrach) „beinahe kahlköpfig und sehr abgespannt. Er sagt, er sei Colonel Fawcett. Er hält sich im Zwischenreich auf. Entweder er ist das, was ihr tot nennt, oder er lebt noch und ist sehr krank." — Astor vermochte also in jenem Moment noch nicht anzugeben, ob der Betreffende, der sich Fawcett nannte, bereits als endgültig Hinübergegangener oder als von seinem irdischen Körper vorübergehend getrennter „Doppelgänger" (Astralwanderer) sich im sog. Zwischenreich (der vielgenannten Astralebene) aufhielt.

Der unter dem Namen Fawcett Auftretende schilderte sodann seine Begegnung mit den Indios, bei denen er weilte: „Mein Sohn ist tot. Ihr wißt ja, daß er mich begleitete. Wir wurden von Indianern angehalten.

Sie waren zuerst ganz freundlich, aber in ihren Herzen hatten sie vor den Weißen Angst. Ich wurde vor ihren Häuptling geführt. Er sprach gebrochen Englisch und Spanisch. Er bedeutete mir, er sei der Vater seines Volkes, und es bedeute den Untergang für sie, wenn der weiße Mann käme und sich ihres Landes bemächtige. Er hatte ihnen erzählt, die Weißen seien Dämonen. — ‚Weißer Dämon' sagte er schließlich, ‚ich stelle dich vor die Wahl: entweder du stirbst auf der Stelle, oder du schwörst, nie wieder zu deinem Volk zurückzukehren. Du wirst ihnen niemals ein Zeichen geben, daß du hier bist. Ich bin nicht grausam, ich meine es gut. Wenn du hierbleibst, bist du von der Schlechtigkeit des weißen Mannes erlöst. Das sollst du bleiben, bis der Große Vater dich heimruft — oder du stirbst in dieser Stunde!' Mit diesen Worten trat er zurück und hob drohend seinen Speer . . . ein prächtig aussehender Bursche, mehr als sechs Fuß groß und reich mit goldenen Schmuckstükken behangen. Nun, ich hatte keine andere Wahl, als zu schwören."

Unter Berücksichtigung der später folgenden Aufzeichnungen ergab sich folgendes Bild: Fawcett befand sich zur Zeit der eben erwähnten ersten Kundgabe in einem durch Drogen herbeigeführten Zustand, so daß er anfänglich selbst nicht recht zu wissen schien, wie ihm geschah. Er erzählte, daß er mit seinem Sohn und Raleigh Rimmel gefangengenommen sei. Das Expeditionsziel galt der Erforschung einer versunkenen Kultur, deren Überreste Fawcett im Gebiet des Matto Grosse vermutete. Die Indios bestätigten das Vorhandensein einer großen Ruinenstadt, viele Tagereisen von ihrem Standort entfernt. Fawcetts Sohn und Rimmel machten sich eines Tages auf eigene Faust auf den Weg und fanden dabei den Tod.

Des Häuptlings Schwester war Medizinmann und Priesterin des Stammes. Im Laufe der Jahre hatte der Häuptling den Engländer als charakterfesten und mutigen Mann schätzen gelernt und versprach sich aus einer ehelichen Verbindung Fawcetts mit seiner Schwester einen geeigneten Nachfolger zur späteren Führung seines Volkes. Fawcett erbat sich eine Gegenleistung: Hilfe beim Auffinden jener sagenhaften Goldenen Stadt. Wenn dies gelänge, würde sich schon eine Möglichkeit finden, die geplante Heirat zu vermeiden. — Der Häuptling willigte ein. Die aus Kriegern bestehende Begleitmannschaft kam unterwegs bei einem nächtlichen Überfall durch Kannibalen ums Leben. Den von abergläubischer Furcht ergriffenen Rest schickte Fawcett zurück. Ein einziger junger Indio hielt treu zu ihm und begleitete ihn weiter durch den unwegsamen Urwald. Als sie endlich den letzten Bergrücken, der ihnen die ersehnte Sicht auf die Goldene Stadt verwehrte, erklommen hatten, mußten sie feststellen, daß dieselbe durch einen riesigen Erdrutsch verschüttet worden war! — Spuren uralter Bauwerke, die Fawcett in den folgenden Tagen fand, erweckten die Hoffnung, durch eventuelle Ausgrabungen doch noch mehr über diese Stadt zu erfahren und gleichzeitig die Hochzeit mit der Häuptlingsschwester auf unbestimmte Zeit hinauszuschieben. — Auf dem Rückmarsch mußte wegen des Kannibalengebietes ein riesiger Umweg bewältigt werden. Der Oberst und sein Begleiter verirrten sich im sumpfigen Dschungel und gelangten schließlich erschöpft und fiebernd an einen Fluß. Dort wurden sie später von jagenden Indios gefunden und gerettet.

Auf Anweisung des Häuptlings mußte dessen Schwester die Krankenpflege übernehmen. Eines Tages eröffnete sie Fawcett, daß sie sich eher den Tod geben als ihn heiraten würde. Sie versprach, ihn mit Hilfe von Pflanzendrogen in die Zeit von Atlantis zurückzuversetzen, so daß er die gesuchte Goldene Stadt regelrecht erleben könne. Als Gegenleistung nahm sie Fawcett das Versprechen ab, sich den Tod zu geben, so bald die von ihrem Bruder geplante Heirat vollzogen werden solle. Fawcett erklärte sich einverstanden. — Der hochinteressante Bericht Fawcetts über Atlantis findet sich — in gestraffter Form — in dem Buch „Was niemand glauben will".[46])

Als Bewertung der Cumminschen Schriften möge hier das Urteil eines berühmten Gelehrten, des Professors C. D. Broad vom Trinity-College in Cambridge gelten: „Ich glaube, daß diese automatischen Schriften bereits beim ersten Lesen recht deutlich zeigen, daß gewisse Menschen den Tod ihrer physischen Körper überlebt haben und imstande waren, sich mit gewissen anderen noch in fleischlichen Körpern befindlichen Menschen in Verbindung zu setzen."

Daß die Schreibmedialität keine Erfindung des Spiritismus ist, bemerkt schon du Prel mit seinem Hinweis auf Homer, der sich im Eingang der Ilias und der Odyssee als automatischen Schreiber bezeichnet. In derselben Weise sagt Swedenborg von sich: „Ich schreibe nur durch die Eingebung und bin eigentlich nur der Sekretär meines Geistes." Prof. Jung-Stilling äußerte sich zu Swedenborgs Schriften wie folgt: „. . . enthalten ungemein viel Schönes, Lehrreiches und Glaubwürdiges, aber auch mitunter so unbegreiflich läppische und widersinnige Sachen, daß ein geübter Geist der Prüfung dazu erfordert wird, wenn man sie mit Nutzen lesen will."[47])

Das „Prüfet alles, und behaltet das Gute" (1. Thess. 5/21) muß überhaupt und grundsätzlich für alles gelten, was uns an angeblich oder wirklich aus dem Jenseits zukommenden Mitteilungen erreicht. Der Inhalt und das Niveau einer Aussage allein sind für ihren Wert oder Unwert ausschlaggebend. Dasselbe Kriterium sollte eigentlich auch für alle irdischen Informationen gelten, die uns durch das geschriebene, gedruckte oder gesprochene Wort übermittelt werden. Weil eine Nachprüfung aber oft nicht möglich erscheint (man denke nur an Meldungen aus dem Zeitgeschehen durch Presse, Funk, Fernsehen oder Film), so gilt eben auch hier einzig und allein der Leitsatz: Das *Gute* behaltet!

Alice Bailey schrieb während des Zeitraums von fast 40 Jahren (1922—1960) 35 Bücher mit insgesamt über 11.000 Seiten, inspiriert von einem angeblich noch auf Erden lebenden Tibeter. — Der englische Journalist William Stead und seine Tochter Estelle waren Schreibmedien. Als ihr Vater beim Untergang der „Titanic" am 15. April 1912 den Tod fand, erhielt die Tochter von ihm — lange vor dem öffentlichen Bekanntwerden der Katastrophe — die Umstände seines Todes und später seine Eindrücke vom Jenseits mitgeteilt.[48])

Gewiß lassen manche auf „übersinnlichem" Wege empfangenen Mitteilungen auf animistischen Ursprung schließen, ganz gleich, ob es sich um Schreiben, Sprechen oder um künstlerische Ausdrucksformen handelt. Sogar bei einunddemselben Medium kann bald die eine, bald die andere Erklärungsweise berechtigt sein. Der Erlebende selbst, wenn er sich in Verbindung mit lieben Heimgegangenen glaubt bzw. aufgrund der bisherigen Kontakte und ihres intellektuellen Inhalts von deren Echtheit überzeugt ist, wird jede andere als die spiritistische Hypothese lächelnd ablehnen. — Als Carl von Lehstens vierzehnjähriger Sohn aus freien Stücken das mediale Schreiben versuchte, fühlte er augenblicklich einen den Schreibarm durchflutenden Strom und seine Hand zog lange Striche über das Papier. Der beobachtende Schwiegersohn, ein muskulöser Mann von großer Körperkraft, sei nicht im Stande gewesen, der Hand des Jungen den Bleistift zu entwinden, während derselbe Striche zog. Der Junge baute sich dann einen sogenannten Psychographen, das ist ein auf kleinen Rollen bewegliches Brettchen mit einem Loch in der Mitte, für den Bleistift. Wenn ein entsprechend begabter Mensch die Hand darauf legt, wird das darunter liegende Papier beschrieben. „Als der Psychograph fertig war, mußten wir zu unserer großen Überraschung sehen, daß mein Sohn schon nach wenigen Augenblicken zusammenhängend schrieb und zeichnete, und zwar mit einer Geschwindigkeit, wie man es kaum von einer im höchsten Grade geübten bloßen Hand erwarten kann" schildert von Lehsten[49]). Weiteres Schreiben mit dem Gerät wurde von den Jenseitigen einstweilen untersagt mit den Worten: „Erst nach Jahren wieder schreiben!" Danach sei die Kraft des Jungen versiegt gewesen und er habe das Brettchen weggepackt. Nach langer Zeit sei einmal Besuch gekommen, der sich für spirituelle Dinge interessierte. Dabei sei man auch auf das Schreiben mit Hilfe des Psychographen zu reden gekommen und Lehstens Sohn habe den seinigen geholt, um dem Besucher zu zeigen, daß er es auch könne. „Wirklich", schreibt der Berichterstatter, „die Kraft ist wieder vorhanden. Schnell fährt das Blei einige Male über das Papier, hört dann aber auf. Mein Sohn nimmt das Instrument in die Hand, um zu prüfen, ob es in Ordnung ist. Da ertönt plötzlich ein lauter, eigentümlicher Knall, und mein Sohn hält zwei Teile in der Hand: der Psychograph war der Länge nach mitten entzwei gesprungen ..."

Wenn man bei alledem nur von seelischen oder unbekannten „Kräften" reden und alle Erscheinungen auf derartige Energien zurückführen wollte, so übersieht man, daß Kräfte und Energien keine Spur von Intelligenz besitzen; intelligent ist nur der *Geist*, das denkende *Ich*. Wir dürfen also in sehr vielen der aktenkundig gewordenen Fälle übersinnlicher Erfahrungen annehmen, daß deren Urheberschaft von Jenseitigen, von Geistern oder besser gesagt: von entkörperten Menschen ausgegangen ist. Es bleibt aber jedem unbenommen, alle derartigen Begebenheiten auf die Wirksamkeit des Unterbewußtseins, der „Spalt-Iche" oder der „Steigrohre des Unbewußten" und dergleichen mehr zurückzuführen. Wie gewunden solche Erklärungen manchmal anmuten, zeigt als Beispiel die tiefenpsychologische Erklärung des Christus-Erlebnisses des Apostels Paulus, nach C. G. Jung. Dieser große Psychologe hielt Christus für einen autonomen Komplex im Unbewußten des Paulus, der vor Damaskus plötzlich ins Bewußtsein des Paulus explodierte, worauf Paulus (als der Saulus, der er soeben noch war) sich selbst in sein eigenes Unbewußtes zurückdrängte und von daher hysterische Blindheit erzeugte, weil er sich als Christ nicht sehen konnte![50])

Hinsichtlich des medialen oder automatischen Schreibens verdient auch das Phänomen der sogenannten *direkten Schrift* Erwähnung. Hierunter versteht man den Vorgang des Schreibens, ohne daß jemand das Schreibgerät berührt. So wurden z. B. Schiefertafeln, die Prof. Zöllner besorgt (und die er zum Schutz gegen Vertauschung gekennzeichnet) hatte und die von niemand außer ihm selbst angefaßt worden waren, von Dr. Slade aus der Entfernung beschrieben. Man hatte zwei Tafeln zusammengebunden, einen Schieferstift dazwischengelegt und das Ganze verschnürt. Während Slades Hände ruhig unter denen Zöllners lagen, hörte man deutlich das Kratzen des Schieferstiftes. Beim Auspacken der Tafeln fand man sie beschrieben vor. Auch hier sind beide Deutungen, die animistische und die spiritistische, möglich: Slade kann eine Hand seines Fluidalkörpers zum Schreiben benutzt haben (eine teilweise Exteriorisation also) oder eine jenseitige Intelligenz hat geschrieben. Der intellektuelle Inhalt des Geschriebenen allein vermag letztgültigen Aufschluß über die Urheberschaft zu geben.

Der englische Schriftsteller Arthur Conan Doyle erwähnt in seinem Werk „The Case for Spirit Photography" einen Fall von Schrifterzeugung auf einer fotografischen Platte. Er hatte im Sommer 1919 einige solcher Platten in Manchester gekauft und reiste dann nach Crew, wo der Arbeiter H o p e und seine Frau wohnten. Nach einem kurzen Gebet begaben sich Hope und Doyle in das Dunkelzimmer. Hier öffnete Doyle das Paket, kennzeichnete die Platten und steckte eine davon in die Kassette. Dann begab man sich in das Aufnahmezimmer. Die Besucher postierten sich vor dem Fotoapparat, mit einem Teppich als Hintergrund. Nach der Aufnahme wurde die Kassette in das Dunkelzimmer gebracht, wo Doyle selbst die Platte entnahm, entwickelte und fixierte. „Soweit ich beurteilen kann" sagt Doyle, „war bei keiner Manipulation eine Möglichkeit des Austausches der Platten. Aber diese Frage entsteht gar nicht, denn kein Austausch würde den erzielten Effekt erklären." Eine nebelartige Wolke bedeckte die Fotografie der Besucher, eine Art Ektoplasma. In einer Ecke der Platte erschien eine teilweise Materialisation, anscheinend Haar und Stirn eines jungen Mannes. Quer über die Platte standen die Worte: „Gut gemacht, Freund Doyle, ich heiße Sie willkommen in Crew. Grüße an alle. T. Colley." — Der verstorbene Archidiakon Colley war der Gründer des Crew-Zirkels gewesen. Ein Schriftvergleich mit der Handschrift Colleys ergab völlige Übereinstimmung. Hope selbst schrieb eine grobe Schrift, in völligem Gegensatz zu der zierlichen Schrift Colleys. Kritiker werden hier auf die Möglichkeit der gedanklichen Projektion auf das empfindliche Fotomaterial verweisen, wie dies neuerdings durch die „Gedankenfotografie" eines Ted S e r i o s praktiziert wird. Bei Serios sind aber andere Voraussetzungen zum Zustandekommen des Phänomens erforderlich.

Unsere Betrachtungen über die Schreibmedialität begannen wir mit dem Erlebnis einer Mutter, der Schriftstellerin Trude P a y e r. Mit ihr wollen wir dieses Kapitel auch abschließen, zumal ihr Schlußbericht ebenfalls recht lehrreich ist und uns Aufschluß über die Frage gibt: kann man die angeblichen Jenseitigen hypnotisch beeinflussen? Wenn ja, so wäre damit der kaum widerlegbare Beweis erbracht, daß es sich bei all den Kundgaben nicht um Jenseitige, sondern lediglich um seelische Fähigkeiten des Mediums selbst handelt:

Im Winter 1948, als Trude Payer schon Schreibmedium geworden war, machte in Wien ein Hypnotiseur von sich reden, der sich „Vanja Yoga" nannte. Im „Großen Konzertsaal" gab er seine Kunststücke zum besten. Um geeignete, d. h. hypnotisierbare Menschen unter den Besuchern herauszufinden, wird gewöhnlich folgende Methode angewendet: die Anwesenden werden aufgefordert, ihre Hände hinter dem Kopf zu verschränken. Dann suggeriert der Hypnotiseur ein Steifwerden der Hände, so daß sie nicht mehr gelöst werden können. Unter vielen Menschen findet sich stets ein gewisser Prozentsatz, die willensschwach genug sind, einer solchen Suggestion zu erliegen, und Trude Payer gehörte jedesmal dazu, wenn sie eine derartige Veranstaltung aufsuchte.

Auch bei „Vanja Yoga" war dies der Fall und sie war gezwungen — obwohl bei vollem Bewußtsein — alle Albernheiten mitzumachen, die der Hypnotiseur von seinen Opfern forderte.

Nach der Vorstellung wurde Trude Payer im Vestibül des Hauses von Fragenden bestürmt, darunter von einem hageren Herrn mit stechendem Blick, der sich als Ing. E. vorstellte und um eine persönliche Unterredung bat, da er sich sehr mit „diesen Problemen" beschäftigte. Schon am folgenden Tag stand er vor Trude Payers Tür. Hören wir sie selbst:

„Was wollen Sie?" fragte ich erschrocken. Ich war allein zu Hause. Am liebsten hätte ich ihn nicht eingelassen. — „Ich will mich nur ein wenig mit Ihnen unterhalten." Er betrat meine Wohnung, noch bevor ich ihn dazu aufgefordert hatte. Und er sah mich dabei ganz eigenartig an, fast so wie am Vortag Vanja Yoga. — Ich mußte mich niedersetzen. Er strich meine Arme und murmelte dazu Unverständliches vor sich hin. Dann nahm er mir gegenüber Platz. „Hier liegt ein Bleistift" sagte er. „Sie werden diesen Bleistift nach genau einer Minute in die Hand nehmen und ein wenig daran knabbern. Dann werden Sie aufstehen, um Ihre Maler-Staffelei herumgehen und sich erst dann wieder niedersetzen!" — Fällt mir nicht ein, dem Manne eine Komödie vorzuspielen, dachte ich innerlich empört. Doch, nach etwa einer Minute mußte ich den Bleistift hochheben, ihn zum Munde führen und daran nagen. Unter dem Vorwand, nach dem Feuer zu sehen, stand ich auf, ging um die Staffelei herum zum Kamin und setzte mich dann wieder an den Tisch. Der Fremde schien befriedigt. „So, nun nehmen Sie den Bleistift wieder zur Hand" befahl er. „Es wird sich Ihr Sohn melden. Er wird Ihnen schreiben, wie er das immer tut . . ." (Trude Payer hatte ihm am Vorabend von ihrer Mediumschaft erzählt). „Ich schreibe nie in Gegenwart von Außenstehenden mit meinem Sohn" versuchte ich mich aufzulehnen. „Sie *werden* jetzt mit ihm schreiben!" — Ich spürte, daß ich völlig willenlos wurde und tun mußte, was mir der Mann befahl. Dennoch war mir bewußt, daß E. mich hypnotisiert hatte und mich nun in diesem Zustand medial schreiben lassen wollte. „Reinhart, steh mir bei" flehte ich im Stillen. — Da fühlte ich Reinharts Schrift in meine Hand springen . . . „Er wird Ihnen aber jetzt *nichts* sagen können! Sie können nicht schreiben! Sie können es nicht!" hörte ich die beschwörende Stimme des unheimlichen Fremden. — Ich selbst hätte meine Hand nicht bewegen können; sie lag, durch E's suggestiv-hypnotische Kraft gefesselt, auf dem Tisch. Aber Reinhart konnte sich dennoch dieser Hand bedienen. Er schrieb: „Warum sollte ich jetzt nicht schreiben können? Im Gegenteil, es geht beinahe noch besser, wenn Mutter ganz ausgeschaltet ist und nur *meine* Intelligenz den Bleistift führt. Sie *soll* ja ihren Willen ausschalten; das gelingt nicht immer restlos." — „Gut!" sagte E. und fügte in befehlendem Ton hinzu: „Jetzt wirst du deiner Mutter sagen: Ich habe heute einen besonders guten Tag gehabt." Reinhart aber antwortete durch meine Hand: „Ich habe heute keinen besseren Tag gehabt als sonst. Ich habe *dann* gute Zeiten, wenn meine Mutter sich gut befindet."

Nun könnte der Mann doch endlich zufrieden sein, dachte ich. Er aber legte mir einen Zettel hin und befahl: „Sie werden jetzt ihren Namen auf dieses Papier schreiben!" Gehorsam schrieb ich: Trude Payer. „Und jetzt schreiben Sie Ihren Namen so, wie Sie ihn mit zehn Jahren geschrieben haben!" Wieder mußte ich den Befehl ausführen. In kindlicher Kurrentschrift schrieb ich meinen Vornamen und dahinter — ohne auch nur einen Augenblick lang zu überlegen — meinen Mädchennamen. „Und jetzt schreiben Sie Ihren Namen so, wie Sie ihn mit sechs Jahren geschrieben haben!" In noch kindlicherer Schrift setzte ich den Namen hin. „Und nun so, wie Sie ihn mit fünf Jahren geschrieben haben!" — Mit fünf Jahren? Da kann man doch noch gar nichts schreiben, dachte ich. Dennoch malte ich in sehr unbeholfener Blockschrift auf den Zettel das Wort TRUDI. Der Mann schien zu triumphieren. Doch war er noch immer nicht fertig. „So, und jetzt rufen Sie wieder Ihren Sohn!" — „Reinhart, komm" sagte ich willenlos. „Jetzt wird auch Ihr Sohn so wie ein kleines Kind schreiben. Er kann es nicht anders! Er *kann* nur in Blockschrift seine Buchstaben malen, genau so, wie er es mit fünf oder sechs Jahren tat. Und zwar wird er seinen Vornamen schreiben: REINHART!"

Ich fühlte meines Sohnes Schrift kommen; aber nicht die Schrift des Kindes, nein, die seine, die eines erwachsenen Menschen. Und in ausnehmend raschem Tempo schrieb Reinhart: „Erler, Du kannst meine Mutter zwingen, solche Experimente zu machen. *Ihren* Willen kannst Du Dir beugen, aber nicht den meinen! Warum sollte ich, wie ein Kind, in Blockschrift schreiben? Ich bin ein reifer Geist, kein kleines Kind!"

Das Experiment war also im Sinne des Hypnotiseurs mißlungen. Der Mann hatte beweisen wollen, daß nur *mein* Geist, nicht aber der des Sohnes, das Schreiben hervorbringt. Gerade das Gegenteil war eingetreten: der Versuch hatte gezeigt, daß Reinhart — daß sein Geist — von der Suggestivkraft, die den Willen des Mediums gefesselt hielt, unbeeinflußt blieb; daß er sich durch ein hypnotisiertes Medium *gegen* den Willen des Experimentators manifestieren konnte! — Endlich gab mich der unheimliche Mensch frei ... Erst als er gegangen war, kam mir zum Bewußtsein, daß ich völlig in seiner Gewalt gestanden hatte! Ein Medium ist zweifellos größeren Gefahren ausgesetzt als ein anderer Mensch, das sah ich wieder einmal deutlich! Dennoch erfüllte mich dieses Erlebnis mit Genugtuung. Es hatte mir bewiesen, daß nicht mein Wille, nicht mein ‚Unterbewußtsein' das mediale Schreiben bewirkt, sondern daß tatsächlich eine andere Intelligenz — währenddem mein eigener Geist gelähmt und daher ausgeschaltet war — sich manifestierte.

Soweit der Bericht von Trude Payer, den etwas ausführlicher wiederzugeben ich für zweckmäßig hielt. Interessant ist in diesem Zusammenhang eine gewissermaßen ergänzende Stellungnahme von „Drüben", die ich dem „Buch Emanuel"[51]) entnehme. Dort wird auf die Frage, ob Hypnose und Suggestion ein Medium veranlassen können, die Bedingungen für das Eintreten spiritualer Phänomene zu versagen, folgendes geantwortet:

„Die psychischen Kräfte, d. h. die Seelenatmosphären oder Fluide des Mediums sind das Material, das der sich äußernde Geist benützt, sind das Feld, das er beherrschen muß, um sich kundgeben zu können. Das Medium kann — bewußt oder unbewußt — dem Geistwesen dieses Arbeitsfeld räumen . . . Ist durch Hypnose der Wille des verkörperten Geistes (des Menschen) brachgelegt, so werden seine seelischen und körperlichen Kräfte von einem anderen Geiste beherrscht, und zwar meistens von dem Geiste des Menschen, der ihn in den Zustand der Hypnose versetzt hat. Ist aber der Hypnotisierte ein gutes, starkes Medium, das unter guter Leitung steht, und erkennt der Leiter, daß sein Medium unter der Herrschaft des Willens und der Gedankenatmosphäre des Hypnotiseurs Schaden leidet, so vermag dieser Leiter durch seine Macht über das Medium die Macht des Hypnotiseurs zu verdrängen und aufzuheben. Doch ist ein solcher Kampf für das Nervensystem, jenes Grenzland seelischen und körperlichen Lebens, nicht gut; es wird daher der Leiter nur dann seine Macht anwenden, wenn das Medium unter der Macht und in der Atmosphäre des Hypnotiseurs größeren Schaden erleidet. Das Medium kann in der Hypnose keinen Drang zur Ausübung seiner Mediumschaft empfinden, weil sein Wille brachgelegt ist."

Einer der berühmtesten ASW-Begabten war der brasilianische Millionär Carlos M i r a b e l l i , der 1951 bei einem Autounfall ums Leben kam. Sein Vater, vormals protestantischer Pfarrer in Rom, hatte sich in Brasilien niedergelassen. Seine Mutter entstammte begütertem italienischen Adel. Carlos selbst war vielseitig begabt, technisch versiert und kaufmännisch sehr erfolgreich. In rund 400 Sitzungen hatten Wissenschaftler aller Fachgebiete ausgiebig Gelegenheit, unter Beachtung strengster Kontrollmaßnahmen die Fähigkeiten dieses Mannes zu studieren. Der Skeptizismus und das Mißtrauen der Beobachter — ein Faktor, der mediale Produktionen normalerweise stark beeinträchtigt oder ganz unmöglich macht — spielte bei Mirabelli überhaupt keine Rolle. Seine Manifestationen konnten jederzeit, ob am Tage oder des Nachts, und unabhängig von der Anzahl anwesender Personen, stattfinden. Er wurde stets vorher gründlich untersucht, einschließlich aller Körperöffnungen. Keine mögliche Kontrollmaßnahme wurde außer Acht gelassen. Neben den Phantomen (materialisierten Gestalten), die häufig fotografiert werden konnten, waren seine medialen Niederschriften besonders bemerkenswert. Obwohl er im Normalzustand nur Portugiesisch, Italienisch und etwas Französisch sprach, schrieb er im medialen Zustand mit rasanter Geschwindigkeit in 28 Sprachen und sprach in Trance 26 Sprachen, einschließlich sieben Dialekten. Über Mirabelli erschien ein in portugiesischer Sprache abgefaßtes Buch, in welchem folgende mediale Niederschriften, mit Angabe der Seitenzahl und der dafür aufgewendeten Zeit vermerkt sind:

Polnisch:

„Das wiedererstandene Polen" 8 Seiten in 15 Minuten (Max)

Tschechisch:

„Die Unabhängigkeit der Tschechoslowakei" 9 Seiten in 20 Minuten (Joh. Huß)

„Psychologie des slawischen Charakters" 15 Seiten in 35 Minuten (Joh. Huß)

Bulgarisch:

„Meyerling — Serajewo — Versailles" 6 Seiten in 20 Minuten (Franz Josef)

Hebräisch:

„Die Verleumdung" 4 Seiten in 12 Minuten (Moses)

„Die Evolution des Geistes" 4 Seiten in 12 Minuten (Abraham)

Katalonisch:

„Der Tod Ferrers und der Lateinunterricht" 3 Seiten in 6 Minuten (Scacciotto)

Deutsch:

„Großdeutschland, seine Zertrümmerung und Wiederauferstehung" 12 Seiten in 20 Minuten (Auguste Viktoria)

„Sanssouci" 8 Seiten in 15 Minuten (Friedrich der Große)

Holländisch:

„Die bewaffnete Macht" 6 Seiten in 20 Minuten (de Ruyter)

Persisch:

„Die Unhaltbarkeit der großen Kaiserreiche" 25 Seiten in 40 Minuten (Alexander der Große)

Irländisch:

„Großbritannien und Irland" 8 Seiten in 25 Minuten (Der Held von Cork)

Englisch:

„Von himmlischen und irdischen Dingen" 12 Seiten in 25 Minuten (Shakespeare)

Noch englisch:
„Chemie u. Phänomenologie" 35 Seiten in 46 Minuten (Crookes)

Italienisch:
Über die Nächstenliebe" 40 Seiten in 90 Minuten (de Amicis)
„Vom Ursprung des Menschen" 26 Seiten in 29 Minuten (Galilei)

Albanisch:
„Die Balkanfrage" 3 Seiten in 15 Minuten (Tarko)

Lateinisch:
„Die großen Übersetzungen" 4 Seiten in 15 Minuten (Virgil)

Französisch:
„Das Gedenken der Verstorbenen" 35 Seiten in 65 Minuten (Clairvaux)
„Die bewohnbaren Planeten" 14 Seiten in 19 Minuten (Flammarion)
„Die Tragödie des Menschen" 19 Seiten in 30 Minuten (Victor Hugo)
„Der Zusammenbruch des Positivismus" 22 Seiten in 32 Minuten (Comte)

Japanisch:
„Der russisch-japanische Krieg" 5 Seiten in 12 Minuten (Muri Ka Ksi)

Hieroglyphen:
konnte nicht entziffert werden; 3 Seiten in 32 Minuten

Portugiesisch:
„Cogito, ergo sum" 11 Seiten in 26 Minuten (Descartes)
„Die Abwehr des Tropenfiebers" 39 Seiten in 80 Minuten (Oswald Cruz)
„Trugschlüsse über die planetarischen Systeme" 35 Seiten in 46 Minuten (Kopernikus)
„Also sprach Zarathustra" 16 Seiten in 30 Minuten (Nietzsche)
„Gruß an die Aviatiker Sacadura Cabral und Gago Coutinho" 16 Seiten in 22 Minuten (Leonardo da Vinci)
„Über die katholische Kirche" 16 Seiten in 18 Minuten (Guerra Jungqueiro)
„Die Seligkeit großer Geister" 15 Seiten in 30 Minuten (Harun al Raschid)

Portugiesisch und französisch:
„Menschliche Taten" 14 Seiten in 20 Minuten (Zola)

Italienisch, teils portugiesisch:
„Die Seligkeit der Armen" 16 Seiten in 28 Minuten (Franz von Assisi)

Frühitalienisch:
„Das Himmelreich" 22 Seiten in 60 Minuten (Dante)

Deutsch, teils portugiesisch:
„Deutsche Treue" 16 Seiten in 23 Minuten (Luther)
Syro-ägyptisch:
„Die Grundlagen der Gesetzgebung" 8 Seiten in 15 Minuten (Harun al Raschid)
Arabisch:
„Apologie des Koran" 6 Seiten in 20 Minuten (Harun al Raschid)
Russisch:
„Der neue soziale Staat" 14 Seiten in 28 Minuten (Tolstoi)
Chinesisch:
„Buddhistische Apologie" 8 Seiten in 15 Minuten (Laotse)
Syrisch:
„Allah und seine Propheten" 15 Seiten in 22 Minuten (Harun al Raschid)
Griechisch:
„Rom und Athen" 12 Seiten in 22 Minuten (Demosthenes)
Als Pamphlet geschrieben in sechs Sprachen: deutsch, französisch, englisch, spanisch, italienisch und portugiesisch:
„Meine Mörder" 16 Seiten in 38 Minuten (Francisco Ferrer)

Leider konnte ich bis jetzt die Anschrift jener parapsychologischen Gesellschaft in Brasilien, die Mirabellis Schriften in Besitz hat, nicht ausfindig machen. Es wäre nämlich recht interessant, die einzelnen Texte im Wortlaut kennenzulernen. —

Außer zwei Hochschulprofessoren beobachteten 555 Zeugen das Geschehen, davon 105 Ausländer. Die berufliche Gliederung bestand u. a. aus 72 Medizinern, 22 Zahnärzten, 18 Apothekern, 12 Ingenieuren, 5 Chemikern, 36 Juristen, 89 Staatsmännern, 25 Offizieren, 9 Industriellen und 18 Journalisten. Von 63 physikalischen Experimenten wurden 23 bei hellem künstlichen und 40 bei Tageslicht durchgeführt. Die Versuche wurden an verschiedenen Orten vorgenommen. Mirabelli unterwarf sich widerspruchslos allen Versuchsbedingungen, ließ sich fesseln, einnähen und verschnüren wie ein Paket. Eine größere Untersuchungskommission stellte fest, daß Form und Inhalt der fremdsprachlichen Niederschriften und Trance-Vorträge „das natürliche Maß menschlicher Gedächtnisleistung übersteigen und trickmäßig nicht zu produzieren sind". Mirabellis Behauptung, wonach seine jenseitigen Führer und zahlreiche andere Geister durch ihn sprechen und wirken, ließ die Kommission wenigstens als *Arbeitshypothese* gelten, was angesichts der allgemeinen Starrköpfigkeit (im Zusammenwirken mit totaler Unwissenheit auf dem Gebiete der ASW) immerhin als Pluspunkt gewertet werden muß. Erfreulicher dagegen scheint mir die durch lange Studien erarbeitete Überzeugung des bekannten Theologen Prof. Dr. Karl Heim zu sein, der in seinem letzten Buch „Ich gedenke der vorigen Zeiten"[52]) schrieb: „Der Fall des Universalmediums Mirabelli ist der Todesstoß für den Materialismus; denn an den Tatsachen, vor denen wir hier stehen, scheitern alle materialistischen und kausal-mechanischen Erklärungsversuche ...“ Karl Heim zufolge müssen wir mit dem Vorhandensein von Geist-Wesen rechnen, „die in unsere dreidimensionale Welt hereinwirken, und daß von dorther Dinge möglich sind, die in unserem Raum unvorstellbar wären ...“.

Nun, obwohl Mirabellis Untersuchungskommission das Vorhandensein von „Geistern“ zumindest als Arbeitshypothese gelten ließ, kam man offiziell dennoch zu dem Schluß, daß es sich um „Spalt-Iche“ Mirabellis, also um das von unseren modernen Psychologen als „Persönlichkeitsspaltung“ bezeichnete Phänomen handeln müsse. Die fremden Persönlichkeiten, die sich über das Medium kundgeben, sollen demzufolge „der unterbewußten Seelentätigkeit“ des Mediums selbst entspringen bzw. „abgespaltene Teile seiner Seele“ sein. Man verweist auf das Beispiel des Schauspielers, der sich ja auch in andere Rollen versetzt und demzufolge „eine andere Persönlichkeit“ wird. Gewiß gibt es krankhafte Fälle, bei denen der Begriff Persönlichkeitsspaltung verständlich erscheint, z. B. bei völligem Verlust des Erinnerungsvermögens; aber wo ist da eine Grenze? Konsequenterweise müßte dann bei sämtlichen Irrenhaus-Insassen Persönlichkeitsspaltung vorliegen . . . und doch sind es zumeist nur Besessenheiten, wie der amerikanische Irrenarzt Prof. Dr. Wickland in seinem Buch „Dreißig Jahre unter den Toten“ anhand zahlreicher Experimente nachwies. —

Neben seinen ASW-Fähigkeiten des Sprechens und Schreibens im Trancezustand, vollbrachte Mirabelli auch bemerkenswerte physikalische Leistungen: er spielte z. B. Billiard, ohne die Queue zu berühren; diese spielte für sich selbst. — Bei einer Demonstration in Sao Vicente, im Beisein hoher Persönlichkeiten, war Mirabelli an einen Stuhl gefesselt worden. Während des bald danach eingetretenen Verzückungs-(Trance-)Zustandes erhob sich Mirabelli samt dem Sessel in die Luft, schwebte hin und her und erreichte schließlich eine Höhe von zwei Metern über dem Fußboden! Die Erhebung (Levitation) dauerte volle 120 Sekunden. Der Stuhl ging sanft wieder herunter und „landete“ 2,30 m vom Ausgangspunkt entfernt. Mirabelli hatte währenddessen (im Trancezustand) mit mehreren Wesenheiten gesprochen und erinnerte sich nach seinem Erwachen — wie in solchen Fällen üblich — an nichts mehr.

Nach der spiritistischen Theorie beteiligen sich an solchen Schaustellungen ausschließlich niedere, wenn auch keineswegs immer böse Geistwesen. „Gute Geister geben sich zu solchen Experimenten im allgemeinen nicht her. Ausnahmsweise beteiligen sie sich an derartigen

Dingen, wenn damit ein gottgewollter Zweck verbunden ist, zum Beispiel einem gottsuchenden Menschen ein Beweis von der Existenz jenseitiger Geistwesen erbracht werden soll."[53])

Gelegentlich einer Sitzung der Untersuchungskommission, in Anwesenheit vieler Gelehrter, verschwand der gefesselte Mirabelli aus dem Sitzungsraum, ohne seine Fesseln gelöst zu haben und ohne auch nur eine Plombe an Fenstern und Türen zu verletzen. Man fand ihn in einem Nebenzimmer auf einem Sofa liegend und — noch in Trance — ein religiöses Lied singend. — Ein anderes Mal befand sich Mirabelli mit verschiedenen Personen auf dem Bahnhof da Luz in Sao Paulo, als er plötzlich nicht mehr zu sehen war. Eine Viertelstunde später wurde aus Sao Vicente, einer 90 km entfernten Stadt, telefoniert und es stellte sich heraus, daß Mirabelli nach genau zwei Minuten seit seinem Verschwinden aus Sao Paulo in Sao Vicente anwesend war! Pfarrer Johannes Greber sieht in diesen Vorgängen wohl nicht ganz zu Unrecht Parallelen zu biblischen Berichten: „Der Prophet Habakuk, der aus weiter Ferne an die Löwengrube zu Daniel gebracht wurde. Der Jünger Philippus, der an einer Stelle plötzlich verschwand und in demselben Augenblick in einer weit entlegenen Stadt war, sowie die Befreiung des Petrus aus dem Gefängnis bei verschlossenen Kerkertüren — das alles ist aus denselben Gesetzen der Auflösung (Dematerialisation) und Wiederverdichtung (Rematerialisation) der Materie vor sich gegangen, wie bei dem Medium Mirabelli."

Was aber ist unter „Auflösung" und „Wiederverdichtung" der Materie zu verstehen? — Wir kommen damit auf das geheimnisvolle Gebiet der

Apporte und Materialisations-Phänomene

zu sprechen. Apporte werden von Parapsychologen dem Bereich der Psycho- oder Telekinese (Fernbewegung) zugeordnet. Beim sog. „Apportieren" von Gegenständen werden dieselben aus oft weiter Entfernung in rätselhafter Weise in die Nähe des Mediums gebracht und zwar durch geschlossene Räume, durch Wände und Decken hindurch. Dies ist so zahlreich beobachtet worden, daß an der Echtheit der Phänomene selbst nicht mehr gezweifelt werden kann. Hierzu einige gut verbürgte Beispiele:

Prof. Dr. Haraldur N i e l s s o n (Übersetzer des Alten Testaments ins Isländische) berichtete in einem Vortrag von seinen ASW-Erlebnissen mit Indridi I n d r i d a s o n[54]) u. a. folgendes:

„Es war an einem Abend, wo die Kraft des Mediums außergewöhnlich groß war, daß die Kontrollgeister (des Mediums) anboten, den Versuch zu machen, einen Gegenstand von einem Haus in der Stadt zu holen und ihn auf den Tisch im Sitzungszimmer hereinzubringen, ihn durch Wände und Dächer zu holen und auf demselben Weg zu uns hereinzuschaffen. — Erst nachdem Indridason in Trance gefallen und also bewußtlos war, wählten wir — um die Erklärung, daß er den Gegenstand mit sich gebracht hatte auszuschließen — das Haus, von welchem der Gegenstand geholt werden sollte. Wir stellten den Kontrollgeistern die Wahl zwischen dem Haus des Bischofs und dem eines bekannten Arztes. — Gleich danach hörten wir eigentümliche Klopflaute, wovon ich früher oder später nie Ähnliches gehört habe. Nachdem sie eine Weile gedauert hatten, kam eine Pause, in welcher die Kontrollen uns mitteilten, daß sie nun den Gegenstand aus dem Dach des Arzthauses herausbekommen hätten. Nach der Pause fingen die Klopflaute wieder an, und nach einer kurzen Weile kam auf unseren Tisch eine große Flasche herunter, worin einige Vögel in Spiritus lagen. Es wurde gleich an den Arzt telefoniert, ob die Sachen ihm gehörten, was er verneinte. Das Medium, das aufgewacht war und sich im Zimmer befand, fiel darauf wieder in Trance und eine der Kontrollen sagte mit großer Bestimmtheit, daß es richtig wäre. Er hätte selber die Flasche von einem gelbbemalten Kleiderschrank in einer Stube im Hause des Arztes weggenommen, wo ein alter Mann im Gespräch mit zwei anderen Herren gesessen hätte. Dies wurde nun dem Arzt mitgeteilt, und durch eine Untersuchung erwies es sich als richtig, insofern der Schwiegervater des Arztes in seinem Zimmer gesessen hatte, wo der Schrank stand, im Gespräch mit zwei fremden Herren. Die Flasche gehörte dem Neffen des Arztes und war vom Schrank verschwunden. Die Kontrollen hatten sie (einen festen Körper) durch Dächer und Wände (andere feste Körper) hin auf unseren Tisch gebracht."

Bei den Experimental-Sitzungen Prof. Zöllners mit Dr. S l a d e fielen ebenfalls Gegenstände von oben herab, u. a. ein Stück Steinkohle, ein Messer, ein Stück Holz, wobei die Objekte jeweils erst kurz vor ihrem Endziel, d. h. 1—2 m über der Tischplatte, sichtbar wurden. Steine, auf diese Weise herbeigeschafft, waren deutlich erwärmt.

Solche Apporte lösen sich nicht wieder auf, wenn es sich um irdische Gegenstände handelt, die von einem anderen Ort hergeholt, dort aufgelöst (dematerialisiert) und wieder verdichtet (materialisiert) wurden. Anders ist es bei Materialisationen, die aus feinstofflicher Materie — entweder des Mediums oder jenseitiger Herkunft — bestehen. Diese sind einem mehr oder minder raschen Verflüchtigungsprozeß unterworfen. Wie bei den sog. Doppelgängern, ist dies auch bei allen „Geister-Erscheinungen" der Fall. Zahllos sind die Beobachtungen und Berichte hierüber. Dr. B. C y r i a x hatte sich — als ursprünglicher Gegner des Spiritismus — im Laufe der Zeit zu einem starken Medium entwikkelt. Er war nicht nur hellsehend geworden, sondern bekam auch oft

Besuch von Jenseitigen, die sich voll materialisierten und mit denen er Unterhaltungen pflegte. Er berichtet unter anderem:

„Eines Abends besuchte mich der Geist einer liebenswürdigen Italienerin, Maria Gloria da Vinci, geborene Mazzarini, und erzählte mir, daß meine Frau in Deutschland" (der Verfasser hielt sich szt. in den USA auf) „sich sehr um mich ängstige, da ein Brief von mir an dem bestimmten Tag, an welchem sie ihn erwartete, nicht eingetroffen sei. Maria Gloria sagte mir, ich solle Papier und Bleistift holen, sie wolle mir ein Gedicht diktieren. Ich holte das Verlangte und nun diktierte sie mir ein ziemlich langes Gedicht an meine Frau in Wiener Mundart, die sie gern sprach, da sie einen großen Teil ihres (irdischen) Lebens in Wien zugebracht hatte. Sie teilte mir ferner mit, daß ein Brief für mich von meiner Frau da sei und ich würde denselben am nächsten Morgen erhalten. Ich ging deshalb am Morgen nicht so früh aus, um denselben zu erwarten. Als aber der Briefträger kam, hatte er keinen Brief meiner Frau. Ich stellte sofort die Frage, ob doch ein Brief da sei, und erhielt durch Klopfen an der Bettstelle ein promptes „Ja!" — Ich sagte dem Briefträger, daß die Geister behaupteten, es sei doch ein Brief da; er hatte aber keinen. Doch fand ich mittags denselben in meinem Briefkasten und der Briefträger, dem ich später am Tage begegnete erklärte, die Geister hätten doch recht gehabt, der Brief sei wirklich schon auf der Post gewesen. Da aber der von New York kommende Zug Verspätung hatte, so sei die europäische Post noch nicht verteilt gewesen, als er seinen ersten Rundgang unternahm. Deshalb habe er den Brief erst um 10 Uhr anstatt um 8 Uhr bringen können."

„Maria Gloria war sehr schön und erschien stets in prachtvollem Gewand und mit köstlichem Schmuck. Einst trug sie als Brosche ein wahres Prachtstück von Elfenbeinschnitzerei (wie es schien), eine Jagdszene darstellend. Die Bäume, Blätter, die Enden des Hirschgeweihes und das Gewehr des Jägers schien alles wunderbar zart geschnitzt und ich bat um Erlaubnis, es anzufühlen; aber zu meinem größten Erstaunen konnte mein Tastsinn keine Härte, keine Spitze, keine Ecke oder Kante wahrnehmen . . . es erschien alles abgerundet, weich und nachgiebig. — Ich ersuchte sie einmal um eine Haarlocke und ein Stückchen von ihrem kostbaren Spitzenschleier. Das Haar war gerade so wie seidenweiches, dunkles Menschenhaar und zeigte unter dem Mikroskop alle Eigenschaften desselben. Auch das Stückchen des Spitzenschleiers erschien mikroskopisch betrachtet als ein irdisches, feines Gewebe."

Das Haar hielt sich, wie Dr. Cyriax weiter berichtet, vier Tage lang in unverändertem Zustand. Am 5. Tag veränderte es sich, es begann sodann zusammenzuschrumpfen und nach 12 Tagen war nichts mehr vorhanden. Mit dem Stückchen Spitzenschleier ging Dr. Cyriax in verschiedene Textilgeschäfte um nachzufragen, ob man denselben Stoff bekommen könne. „Die Sachverständigen erklärten aber, so feines Gewebe sei in ganz Amerika nicht zu haben, sie hätten überhaupt dergleichen noch nie gesehen." — Die Spitze hielt sich zwei Tage gut. Am dritten Tage erschien ihm das Gewebe nicht mehr so schön, auch fühlte es sich anders an. Nach weiteren zwei Tagen hatte sich dieser Stoff vollständig verflüchtigt.

Eine Bleikugel, die Dr. Cyriax ebenfalls „von drüben" erhalten hatte, blieb mehrere Wochen (in einem verschlossenen Glase) unverändert. Ein Chemiker hatte ein Stückchen davon untersucht und „metallischreines Blei" festgestellt. Die Kugel wurde nach und nach immer kleiner und verschwand nach sieben Wochen spurlos. Die anschließende chemische Untersuchung des Glases ergab keinerlei Bleispuren. — Andere Gegenstände hingegen, wie z. B. eine kleine Muschel, ein glattes Kieselsteinchen, ein Stückchen Gold, Samt, Kattun etc. blieben erhalten, was auf ihre Herkunft schließen läßt.[55])

Am 29. 1. 1947 starb ein ausgezeichnetes Apport- und Transfigurationsmedium, Herr Heinrich M e l z e r aus Dresden. Seine Darbietungen erfolgten grundsätzlich bei hellstem Licht. — *Transfiguration* bedeutet in der Parapsychologie die Umwandlung der Gesichtszüge zu einer fremden Persönlichkeitsdarstellung. Ein ungenannter Berichterstatter[56]) erzählt, daß durch Melzer häufig Steine und Schmuckwaren, manchmal Edelsteine, und oft Blumen apportiert wurden: „In meiner ersten Sitzung, als ich Melzer kennenlernte, waren keine Blumen gekommen. Die Teilnehmer hatten sich zum großen Teil schon verabschiedet und schließlich dankte auch ich Herrn Melzer für den interessanten Abend. Hierbei bekam er plötzlich ein Zucken und ein fremdes Gesicht und hielt mir lächelnd seine Hand mit gespreizten Fingern in Augenhöhe entgegen, wobei zu meiner Überraschung zwischen den Fingern und vom Handrücken ruckweise viele kleine Blüten mit Stielen hervorschossen und zu Boden fielen . . . Die Blumen waren taufrisch, wovon ich einige mit nach Hause nahm."

In den Notizen eines anderen Teilnehmers, der nicht zu glauben vermochte, daß es bei Melzer „mit rechten Dingen" zugehe, heißt es: „Nach vierstündiger Sitzung war Melzer erwacht und sein erster Griff war nach seiner geliebten Zigarre. Zur Stärkung war ihm ein Teller mit kleinem Imbiß vorgesetzt worden . . ." Der Beobachter saß Melzer genau gegenüber und richtete seine Aufmerksamkeit ständig auf ihn und seinen Nachbarn, mit dem sich Melzer lebhaft unterhielt. „Plötzlich schaute Melzer nach der Zimmerdecke, ließ sein Brot, mit dessen Verzehr er während seines Gespräches mit dem Nachbar beschäftigt war, fallen und griff blitzschnell in die Luft, dicht vor das Gesicht seines Nachbarn, und verharrte in dieser Stellung ca. drei Sekunden. Es sah so aus, als ob seine Hand in einen fallenden Blumenregen hineingegriffen hätte, denn über, unter und neben seiner Hand rieselten Veilchen langsam herunter, fielen auf Kopf und Schultern seines Nachbarn, auf den Tisch und auf die Erde. Etwa einen halben Meter über der Hand des Mediums sah ich deutlich Veilchen sich bilden und herabfallen ... Von den auf den Tisch gefallenen Veilchen nahm ich mir drei Stück. Es waren taufrische Blätter und Blüten; auf dem einen Blatt sah ich einen Tautropfen in Größe eines Stecknadelkopfes. Durch die Wärme im Zimmer war der Tautropfen nach wenigen Minuten verschwunden, die kleinen Blüten nach einer Stunde verwelkt." — Es heißt weiter, daß die Stiele nicht geschnitten — wie bei Blumen aus Gärtnereien — sondern wie *abgesengt* waren; eine Tatsache, die bei derartigen Phänomenen stets beobachtet wird und anscheinend doch mit der Bildung von „Od-Strömen" zusammenhängt. — „Über die Herkunft dieser Apporte befragt, hieß es immer (durch die Kontrollgeister des Mediums), daß niemand dadurch einen Schaden erleide."

Nicht ohne Humor ist folgende Begebenheit: der Erzählende war eines Tages von einem Bekannten gebeten worden, einen Dr. X zu einer Melzerschen Sitzung mitbringen zu dürfen, da dieser derlei Vorgänge noch nicht kenne und sehr daran interessiert sei. „Vom ersten Augenblick an war mir der Herr nicht gerade sympathisch und angenehm, aber aus Höflichkeit meinem Bekannten gegenüber ließ ich ihn teilnehmen, zumal bei den Séancen von Melzer es nicht nötig, ja auch gar nicht möglich war, eine Auswahl harmonisch veranlagter Teilnehmer zu treffen, wie es sonst im allgemeinen bei Sitzungen üblich und sogar erforderlich ist."

„Mein Empfinden war, wie sich herausstellte, nicht falsch. Der betreffende Herr störte die Sitzung durch sein Benehmen doch sehr, indem er mit Randbemerkungen wie ‚gut einstudiert' u. dgl. nicht zurückhielt und damit wohl Eindruck für sich erwecken wollte. — Von den Apporten, die gekommen waren, hatte er nichts abbekommen ... Er hatte sich offensichtlich auch etwas gewünscht, womöglich einen schönen Edelstein. Lissipan (ein Schutzgeist des Mediums) bedauerte, daß er leer ausgegangen sei und wollte den Guru (einen Kontrollgeist) bitten, ihm auch etwas zu spendieren. Hierauf trat eine kleine erwartungsvolle Pause ein. — Da flog plötzlich auf den Tisch vor dem Herrn ein gewisses Etwas, schwarz, schleimig und naß, mit üblem Geruch! Alle Anwesenden entsetzten sich und waren erstaunt über den Vorfall. Man suchte zu ergründen, was es wohl sei. Schließlich schnitt man Proben ab und der beschmutzte Platz auf dem Tisch wurde gesäubert. Lissipan gab auf die Frage, was es denn wäre, die Antwort: ‚Ein Geschenk des Guru'. Die von mir dem botanischen Garten eingesandte Probe ergab die Auskunft: Knotentang. Heimat: Atlantischer Ozean! — Während der Aufregung, die der Vorfall mit sich gebracht hatte, war der Spötter verschwunden. Dem Hausmädchen hatte er gesagt, daß er noch eiligst etwas erledigen müsse."

Die Schlußbemerkungen aus dem vorstehend auszugsweise wiedergegebenen Gedenkaufsatz lauten: „Gute und echte Medien sind schwer zu finden. Dieselben sind sehr zurückhaltend, wissen auch oft von ihrer Begabung nichts und führen ihre körperlichen und seelischen Beschwerden auf ihren Gesundheitszustand zurück. Das soll aber nicht sagen, daß nun alle Medien kränklich wären. Ausgelöste Medialität unter guter Führung und Obhut gibt gesunde, lebensfrohe Menschen, denen der Laie ihre Veranlagung nicht ansieht. Was sich als Medium anpreist und viel von sich redet, ist stets mit Vorsicht zu betrachten, ehe nicht eine entsprechende Prüfung von sachkundiger Seite erfolgt ist. Personen, die gern ein Medium sein möchten und sich mit Übungen zur Erlangung solcher Fähigkeiten befassen, ist von ihrem Vorhaben unbedingt abzuraten, da dieselben meist doch nur Vorteile für sich anstreben und sich leicht trüben Praktiken ergeben. Auch gute Medien bleiben von schlechten Einflüssen nicht verschont, und ein bekanntes Medium hat einmal das Wort geprägt: ‚Medium sein heißt Kreuzträger sein'. — Selbst der, von dem hier die Rede ist, hat sich oft gewünscht, von dieser Veranlagung freizukommen: Heinrich Melzer."

Ein sehr erfahrener und mir persönlich bekannter Parapsychologe, Herr Dr. Th. W e i m a n n aus München, arbeitete mehrere Jahre lang mit Prof. Dr. Karl B l a c h e r in Riga zusammen. Prof. Blacher verfügte über ein ausgezeichnetes Apport-Medium, welches er vor Beginn der jeweiligen Experimente in einen mitgebrachten Sack zu stecken pflegte. Die Schnüre wurden um den Hals zusammengezogen und versiegelt. Trotzdem erschienen Gegenstände außerhalb des Sackes. In Prof. Blachers einschlägiger Sammlung befanden sich u. a. ein lebend apportierter Fisch, ebenso ein Krebs, große dicke Eisenschrauben, etwa 20 Blätter einer Bibel und verschiedene Ringe. Zuweilen wurde sogar Schokolade apportiert, die Prof. Blacher dann in Gegenwart aller aufzuteilen pflegte und gegessen wurde. Dr. Weimann erzählt[57]): „Einmal sah er, wie aus dem Körper des Mediums ein Lederriemen in etwa 8 cm Breite herauskam. Er sah es mit eigenen Augen und konnte es kaum glauben, daß derartiges zustandekommen könne; er riskierte es auch nicht, seinen Studenten über diese Erfahrungen zu erzählen."

Andererseits, so bemerkt Dr. Weimann ganz richtig, haben wir im Prinzip den gleichen Vorgang im Falle des Pfarrers Johann Christoph B l u m h a r d t (1805—1880) und der durch seinen ausführlichen Bericht an die Kirchenbehörde bekannt gewordenen Gottliebin D i t t u s. Dieses 25jährige Mädchen war eine Somnambule. Durch niedere jenseitige Wesenheiten wurden in abscheulichster Weise Gegenstände — vor allem Nadeln verschiedenster Art — in ihren Körper praktiziert und mußten von Pfarrer Blumhardt unter Gebet und Handauflegung mühsam herausgezogen werden, sobald sie an der Körperoberfläche sichtbar wurden. Dem Mädchen verursachte dies in der Regel große Schmerzen, obwohl kein Blut floß und keine Wunden entstanden. Die grauenhaften Geschehnisse von Möttlingen sind so gut verbürgt, daß es noch niemand gewagt hat, sie anzuzweifeln. Bemerkt zu werden verdient ferner, daß es sich hier um einen protestantischen Geistlichen handelt, dem der Glaube an „arme Seelen" abgeht. Ich erspare es dem Leser, auch nur auszugsweise Schilderungen jener entsetzlichen Dinge wiederzugeben, die sich in und um Gottliebin Dittus manifestierten; obwohl solche Geschehnisse von der göttlichen Vorsehung nur deshalb zugelassen werden, damit auch verbohrte Materialistenschädel zu einem heilsamen Nachdenken angeregt werden. — Im übrigen dürfte der Bericht des Pfarrers Blumhardt von Möttlingen auch heute noch in jeder evangelischen Buchhandlung zu haben sein. Man besorge sich das Buch.

Zurück zu den Phänomenen materialisierter Gestalten. Vielfältig bezeugte Erfahrungen und zahllose wissenschaftlich-exakt durchgeführte Versuche stellen die Tatsache außer Zweifel, daß sich im Beisein entsprechend begabter Personen, Lebewesen aus einer offensichtlich unbekannten Dimension manifestieren können. Es ist aber genau so gut möglich, solche Erscheinungen *durch gedankliche Konzentration* hervorzurufen.*) Letzteres zu hören ist für Vertreter der spiritistischen Hypothese vielleicht etwas verwirrend, denn das hieße, daß nicht in jedem Falle die Geister selbst in Erscheinung treten, sondern „sichtbar gewordene gedankliche Vorstellungen" (sog. Ideoplastiken) sind. Einen Fall dieser Art berichtete die Schriftstellerin Alexandra David-Neel, die sich 14 Jahre in Tibet aufhielt, in einem Vortrag beim Collège de France in Paris[58]). Nach der Schilderung einiger Doppelgänger-Erlebnisse erzählte sie die Art der in Tibet üblich gewesenen klassischen Schulung zur Erzeugung von — sagen wir einmal — Gedankenschemen. Der Schüler oder „Novize" zieht sich als Einsiedler in ein kleines abgelegenes Häuschen zurück und versinkt in Meditation. „Meist läßt er sich die Speisen durch ein Schiebefenster reichen, ohne daß er überhaupt den, der sie bringt, zu Gesicht bekommt. Er denkt über seinen Schutzgott nach und stellt ihn sich so vor, wie er ihn als Statue oder als Gemälde gesehen hat." Unterbrochen wird diese per-

*) Auch Paracelsus wußte um solche Möglichkeiten. Er unterschied die „Geister" in vielerlei Arten: 1) Die guten und bösen Dämonen (Engel und Teufel), 2) die „Seelen" der verstorbenen Menschen, 3) Naturgeister (Nymphen, Sylphen, Gnomen etc.) und 4) die durch Imagination des Menschen selbstgeschaffenen Wesenheiten. (Nach G. W. Surya, „Paracelsus — richtig gesehen", 2. Aufl. Lorch 1938, S. 195.)

manente Gedankenkonzentration angeblich nur während der kärglichen Mahlzeiten (gewöhnlich einmal am Tag) und durch den sehr abgekürzten Schlaf, zu dem er sich häufig gar nicht hinlegt. „Monate, ja sogar Jahre können auf diese Weise verstreichen, bis endlich kurze Erscheinungen sich einstellen." Schließlich gelingt es ihm, der Erscheinung Dauer zu verleihen. Durch weitere Gedankenkonzentration kommt allmählich Leben in die Gestalt und macht sie greifbar. So schafft er sich gewissermaßen einen „dienstbaren Geist". Kennern schwarzmagischer Praktiken dürfte das Dargelegte nichts Neues sein, aber es sei jeder eindringlichst davor gewarnt, sich solcher zu bedienen (sie sind übrigens gar nicht so selten, wie der „aufgeklärte" Mensch anzunehmen geneigt ist!) Entsprechend warnt auch Alexandra David-Neel, und zwar aus eigener Erfahrung. Sie berichtet nämlich, daß sie — obwohl von Natur aus angeblich zum Unglauben neigend — das Experiment selbst einmal versuchen wollte und es tatsächlich durchführte. Sie „schuf" sich „einen kurzen, dicken Lama, einen ganz harmlosen, jovialen Typ. Nach ein paar Monaten hatte der brave Mann Gestalt angenommen. Nach und nach ‚fixierte' er sich und ward zu einer Art Tischgenosse. Er wartete mit seinem Erscheinen gar nicht mehr darauf, daß ich an ihn dachte. Die Illusion war besonders visueller Natur, aber manchmal fühlte ich mich auch wie von der Berührung eines Gewandes leise gestreift, und empfand, wie eine Hand sich auf meine Schulter legte. Ich führte damals durchaus kein eingeschlossenes Leben, sondern ritt alle Tage aus, lebte unter dem Zelt und erfreute mich wie immer einer ausgezeichneten Gesundheit." Die Erzählerin fährt fort:

„Allmählich ging eine Veränderung mit meinem Lama vor. Die ihm von mir verliehenen Züge modifizierten sich; sein pausbäckiges Gesicht wurde mager und nahm einen etwas höhnischen, bösartigen Ausdruck an. Er fing an, unbequem zu werden, kurz, er entglitt mir. — Eines Tages sah ein Hirte, der mir Butter brachte, das Phantom, das er für einen Lama aus Fleisch und Bein hielt. — Vielleicht hätte ich dem Phantom seinen freien Entwicklungslauf lassen sollen, aber die ungewohnte Gegenwart fiel mir schließlich auf die Nerven und wurde mir förmlich zum Alpdruck. Ich entschloß mich zur Auflösung der Sinnestäuschung, deren ich nicht mehr völlig Herr war, und das gelang mir denn auch, wenn auch erst nach sechs Monaten (!). Der Lama hatte ein zähes Leben."

Aus der vorstehenden Schilderung können wir sehr anschaulich die reale Macht der Gedanken- und Vorstellungskräfte ersehen. Im Kapitel „Telepathie" ist hierüber Näheres gesagt und die Gedankenwissenschaft als Grundlage zum Verständnis paranormaler Phänomene unterstrichen. Nach Ing. H. Malik handelt es sich bei dem von Alexandra David-Neel erzeugten Gedankenschemen um ein regelrechtes, ein seelenloses „Gespenst". Malik schreibt auf Seite 93 seines Buches:

„Jedes persönliche Leben, wenn es einen entsprechenden Grad geistiger Entwicklung erreicht hat, schafft sich eine sichtbare und eine unsichtbare Umgebung, die überall und immer wirksam ist. Wir leben sozusagen in einem Meer von Gedanken, deren Einflüssen wir — ob sie uns nun bewußt werden oder unbewußt bleiben — unterworfen sind. Der Weltenraum um uns ist erfüllt mit den nach allen Richtungen hin wirkenden Gedankenwellen, die ebenso wie ungezählte andere Wellenarten das Gehirn des Menschen durchströmen, um überall da zum Bewußtsein zu drängen, wo ein ähnliches, empfangsfähiges, gedankliches Ebenbild aufgespeichert ruht oder tätig ist. Diesen Einflüssen können wir nicht entfliehen, wohl aber ihre Wirkung überwachen und leiten. Es ist somit höchst wichtig, stets darauf zu achten, sich vor zu oftmaliger oder gar ruhelos andauernder *Wiederholung ein und desselben Gedankens* zu hüten: durch andauernde Wiederholung des gleichen Gedankens verdichtet man das Gedankenfluidum, weshalb jener Gedanke der stärkste und mächtigste sein wird, der die größte Dichte bei gleichem Vorstellungsinhalt besitzt."

Nun, daß Gedanken reale Kräfte sind, ist heute längst keine Spekulation mehr, sondern erwiesene und jederzeit feststellbare Tatsache: Dr. Nikolai Kozyrew vom Pulkowo-Observatorium bei Leningrad hat ein Meßinstrument, das sog. Gyroskop weiterentwickelt, mit dessen Hilfe die Veränderung von Energiefeldern mittels gedanklicher Kräfte gemessen und aufgezeichnet werden kann.[59])

Was nun die Materialisationsphänomene angeht, die von diesbezüglich begabten Menschen *ohne* ihren Willen hervorgebracht werden, so hätte Freiherr von Schrenck-Notzing, der sich um die Jahrhundertwende um die Erforschung dieser Phänomene sehr verdient gemacht hat, heute einen wahrscheinlich leichteren Stand. Inzwischen konnte ja die Physik gewaltige Fortschritte bei der Erforschung der Materie machen. Ebendiese so leblos scheinende Materie entpuppte sich als eine Zusammenballung atomarer Energien, so daß es die „feste" Materie — so wie wir sie mit unserem Auge wahrnemen — eigentlich gar nicht gibt. „Die Materie ist nur Schein", bekundete der große Physiker Prof. Dr. Max Planck und folgerte aufgrund seiner Erkenntnisse auf das Vorhandensein eines intelligenten geistigen Prinzips, welches die in der Materie wirksamen Naturgesetze beeinflußt und lenkt.

Jedenfalls kann man die Materialisationsphänomene als Denkmöglichkeit heutzutage nicht mehr als „absolut unmöglich" von der Hand weisen, denn „die Physik ist geradezu zur Pförtnerin der Metaphysik geworden", wie Dr. Herbert F r i t s c h e in seinem Kommentar zur Neuausgabe von Carl du Prels „Rätsel des Menschen" treffend bemerkt.

Die Materialisation einer menschlichen oder tierischen Gestalt ist nach du Prel „das Sichtbarwerden des Fluidalkörpers". Daß es diesen feinstofflichen Körper gibt, ist neuerdings durch die Kirlian-Fotografie unwiderleglich bewiesen. Wie bereits dargelegt, hatten schon d e R o c h a s und H. D u r v i l l e diesen Körper experimentell zu erforschen begonnen und dessen „Exteriorisation", d. h. seine vorübergehende Nachaußenverlegung bewerkstelligt. Diese Trennung vom materiellen Körper ist keine totale; sonst wäre der Tod des letzteren die unausbleibliche Folge. Wir erinnern uns, daß der feinstoffliche Leib oder Fluidalkörper durch ein „Band" mit dem irdischen Leib verbunden bleibt. Dieser Vorgang findet auch beim zeitlichen Hellsehen statt und jeder gute Hypnotiseur vermag derartige Phäomene zu erzeugen. „Was aber ein Hypnotiseur ohne den Gebrauch der Körperlichkeit vermag, kann (logischerweise) auch durch einen körperlosen Agenten geschehen"[60]) oder: Was ohne *Gebrauch* des Körpers möglich ist, muß auch ohne den *Besitz* desselben möglich sein." — Diesem Postulat du Prels kann eine zwingende Logik nicht abgesprochen werden. — Dr. C y r i a x unterteilt die Materialisationsphänomene in drei Gruppen:

1) echte Materialisationen, die jeder sieht,
2) geistige Erscheinungen, die nur Hellseher wahrnehmen können,
3) Halluzinationen bzw. Gedankenspiegelungen.

Die ersten beiden Kategorien bezeichnet Dr. Cyriax als „objektiv", während Halluzinationen (Sinnestäuschungen) „subjektiv" sind; letzteres gilt besonders bei hypnotischer Beeinflussung. Hören wir nun einige Berichte aus der ersten Gruppe, unter Voranstellung des Materialisationsherganges selbst:

„Evas Hände lagen gut sichtbar auf ihren Knien", schreibt Dr. G e l e y [61]). „Zwischen dem rechten und dem linken Daumen, die sich gegenseitig berührten, bildet sich eine Membran, die den einen mit dem anderen verbindet. Ich kann nicht entscheiden, ob das Teleplasma (so nennt Dr. Geley die Materialisation) aus dem rechten oder dem linken Daumen oder aus beiden zugleich herausgetreten ist. — Mit dem Beginn des Phänomens entfernt Eva ihre Hände langsam voneinander. Die Membran verlängert sich und breitet sich aus, ganz wie eine die zwei Daumen verbindende Kautschukmembran. Sehr wichtig ist jedoch, daß im Gegensatz zu einem Kautschukgebilde die teleplastische Masse während der Verlängerung breiter und dicker wird! Soviel ich weiß, gibt es keinerlei Mittel, solch ein Phänomen betrügerisch nachzumachen."

Zusammenfassend berichtet Dr. Geley über die Materialisationen bei Eva C., die er in großer Zahl beobachtet hat, folgendes: „Wenn die Phänomene überhaupt eintreten, treten sie nach sehr kurzer, manchmal sehr langer Zeit ein (eine Stunde und mehr). Sie beginnen immer mit Schmerzempfindungen des Mediums. Die Klagen erreichen ihren Höhepunkt im Augenblick des deutlichen Beginnes der Phänomene. Sie nehmen ab oder hören auf, wenn es vollendet ist. — Das Erscheinen der Substanz wird im allgemeinen angekündigt durch das Auftreten feuchter, leuchtender, weißer Flecken von der Größe einer Erbse bis zur Größe eines Fünffrank-Stückes; sie sind da und dort auf dem Kleid des Mediums verstreut, vor allem auf der linken Seite."

„Die Substanz im eigentlichen Sinne geht vom ganzen Körper aus, besonders aber von seinen natürlichen Öffnungen (die übrigens vor den Sitzungen untersucht wurden) und den Extremitäten, dem Scheitel des Kopfes, den Brustwarzen und den Fingerspitzen. Meistens kommt die Substanz aus dem Mund, wo der Vorgang am leichtesten zu beobachten ist; man sieht dann die Substanz aus der inneren Fläche der Wangen, dem Gaumensegel und dem Zahnfleisch heraustreten. Die Substanz zeigt sehr verschiedenes Aussehen; bald zeigt sie sich — das ist besonders charakteristisch — als dehnbarer Teig, bald bildet sie zahlreiche dünne Fäden, bald Schnüre von verschiedener Dicke oder schmale starre Strahlen, bald breit auseinandergefaltete Bänder, bald als dünnes Gewebe mit unregelmäßigen Umrissen. Im Ganzen genommen ist die Substanz ihrem Wesen nach amorph (strukturlos) oder besser polymorph (verschiedengestaltig). — Die Menge der ausgeschiedenen Substanz ist sehr verschieden. In gewissen Fällen bedeckt sie wie ein Mantel das ganze Medium."

„Die Substanz ist beweglich . . . und sehr empfindlich. Licht, vor allem wenn es plötzlich auftritt, ruft eine schmerzhafte Erschütterung des Mediums hervor. Mit der Empfindlichkeit verbindet die Substanz eine Art Instinkt, der an den Selbsterhaltungstrieb der wirbellosen Tiere erinnert. Ihre Verteidigung besteht darin, daß sie sich in den Organismus des Mediums zurückzieht. Die Substanz fürchtet jede Berührung und ist immer bereit, sich zu entziehen und sich aufzulösen."

Die weiße, nebelige Materie — allgemein Ektoplasma genannt — scheint „durch ein Austreten vitaler Energien aus dem Körper der Versuchsperson zu entstehen, welche bei Verdichtung und Bewegung eine Biolumineszenz (Leuchtkraft) zeigen."*) Die so gebildeten Erscheinungen sind häufig und in allen Entwicklungsstadien fotografiert worden. Ja man hat sogar von materialisierten Händen und Füßen Paraffinabgüsse gemacht. Nach diesem von Prof. Dr. D e n t o n in Amerika 1875 erfundenen Verfahren wird „ein Gefäß mit zerlassenem, auf heißem

*) Diese Biolumineszenz kann mit Hilfe des Kirlian-Effekts sichtbar gemacht und fotografiert werden.

Wasser schwimmenden Paraffin während der Sitzung neben das Medium gestellt. Die materialisierte ‚Wesenheit' wird gebeten, Hand, Fuß oder sogar einen Teil des Gesichtes mehrmals in das Paraffin zu tauchen. Es bildet sich dann fast augenblicklich eine diesem Glied genau angepaßte Form. Diese wird in der Luft oder bei Berührung mit dem kalten Wasser eines bereitgehaltenen Gefäßes rasch hart. Darauf dematerialisiert sich die betreffende Wesenheit und hinerläßt die Form. Später kann Gips in die Form gegossen und das Paraffin entfernt werden, indem man das Ganze in kochendes Wasser taucht. Auf diese Weise erhält man einen Gipsabguß mit allen Einzelheiten des materialisierten Gliedes." — Dr. Geley bat die besten Pariser Kunstgießer um ein Gutachten darüber, ob derartige Abgußformen hergestellt werden können. Nach sorgfältiger Prüfung aller Möglichkeiten mußte man bekennen: „Wir versichern, daß wir nicht begreifen, wie die Paraffinformen Dr. Geleys entstanden sind. Es bleibt für uns ein absolutes Geheimnis,"

Am 10. Februar 1931 gelang es in Zürich dem Elektro-Ingenieur E. K. Müller, einen Teil einer materialisierten Hand in einem gläsernen Gefäß zurückzuhalten, welches anschließend sofort hermetisch verschlossen wurde. Es bildete sich nun ein Belag, der sich während der nachfolgenden 24 Stunden ständig veränderte. Diese Substanz wurde fotografiert sowie mikroskopisch und mit einem elektrischen Verfahren untersucht; sie ähnelte in ihrer Zusammensetzung der des menschlichen Schweißes, übertraf denselben aber an elektrischer Intensität — selbst nach zehn Stunden — noch um das Zwanzigfache.

Zur besseren Ansammlung und Verdichtung der „vitalen Energie" oder *Od-Kraft* ist bei den meisten hierfür begabten Personen nicht nur Dunkelheit erforderlich, sondern auch ein sog. Kabinett; jene Einrichtung, die oftmals als „Beweis betrügerischer Manipulationen" angesehen wird. Ganz starke Medien brauchen weder das eine noch das andere. Bei starken Medien wie Mirabelli erscheinen die materialisierten Wesenheiten auch ohne die typische Verhüllung, die nur das Gesicht frei läßt. Hier zwei Beispiele:

„Die eine Ecke des Zimmers", schreibt Hinrich Ohlhaver[62]), „war durch einen Vorhang vom übrigen Teil des Zimmers, aus dem das Mobiliar entfernt worden war, abgeteilt. Der Vorhang bestand aus einem dunklen Wollstoff und war unter der Stubendecke befestigt, reichte aber nicht ganz bis auf den Fußboden herab, sondern ließ einen etwa handbreiten Raum frei. Als Sitzgelegenheit für das Medium war ein Rohrsessel in das Dunkelkabinett gestellt worden. Im Sitzungszimmer herrschte ein Dämmerlicht, das aber hell genug war, daß alle Teilnehmer sich gut erkennen konnten und man die Zahlen auf dem

Zifferblatt der Wanduhr in drei Meter Entfernung noch zu sehen vermochte."

„Nach zwölf Minuten — die Zeit konnte man an der Wanduhr kontrollieren — sah ich unter dem Vorhang etwas Weißes. Gleich darauf zeigte sich in gewisser Höhe eine Hand, die mit einem weißen Tüchlein grüßend winkte, und unmittelbar daran anschließend trat eine weißgekleidete Gestalt durch eine Vorhangspalte aus dem Kabinett heraus. Ich saß in der vordersten Sitzreihe, gerade der Stelle gegenüber, wo dieses weißgekleidete weibliche Wesen, das den meisten Anwesenden bekannt war und als Margaritta freudig begrüßt wurde, aus dem Kabinett herausgetreten war. So hatte ich Gelegenheit, meine Betrachtungen mit Muße anzustellen. Für eine weibliche Person war Margaritta eine große Erscheinung. Sie war in ein schlichtes Gewand von schneeiger Weiße gehüllt, das den Körper lose umfloß und an den Hüften mit einer dunklen Schärpe umschlungen war. Das Gewand war länger als der Körper und bildete infolgedessen auf dem Fußboden noch wellige Falten rund um die Gestalt. Der hintere Teil des Kopfes war ebenfalls von einem weißen Stoffe in hübscher Anordnung bedeckt und unter dem Kinn geschlossen. Das schwarze Haar war in der Mitte gescheitelt, von üppiger Fülle und zart gewellt. Die hohe Stirn, die leicht geschwungenen schwarzen Augenbrauen, die griechisch geformte Nase und die weichen Linien des Mundes standen in selten schönem Einklang mit dem länglich schmalen Gesicht und dem ruhigen, sinnenden Ernst der Züge."

Wie dem Berichterstatter zuvor gesagt worden war, pflegte die Erscheinung, die sich Margaritta nannte, diejenigen Sitzungsteilnehmer, die krank oder unpäßlich waren, zu magnetisieren, „. . . . so geschah es auch heute. Durch Winken mit ihrem Tüchlein rief sie einen in der hinteren Reihe sitzenden Herrn, einen Hamburger Kaufmann, zu sich heran und legte ihm eine Hand auf den Kopf, die andere auf die Schulter. Auf Befragen sagte mir dieser Herr später, daß er an Bronchialkatarrh leide und daß er während der Zeit, als Margaritta ihm ihre Hände auflegte, daß Gefühl gehabt habe, als wenn ein schwacher Strom durch seinen Körper kreiste."

„Dann ging Margaritta mit langsamen Schritten zu einer älteren Dame, die am anderen Ende der ersten Sitzreihe saß und magnetisierte auch diese, indem sie ihr für einige Zeit beide Hände auf den Kopf legte. Darauf kehrte sie in meine Nähe zurück und winkte mich zu sich heran. Ihre stattliche Größe fiel nun, wo sie vor mir stand, noch mehr auf, und ebenso trat die Reinheit ihrer Züge — aus unmittelbarer Nähe gesehen — noch feiner hervor. Sie legte ihre rechte Hand auf meinen linken Arm, in welchem ich in der Tat seit einigen Tagen ein schmerzhaftes Gefühl hatte. Die Hand war lang und schmal und hob sich schaft von der dunklen Farbe meines Rockes ab. Die Augenlider hatte sie tief gesenkt und, als ob sie meine Gedanken erraten hätte, hob sie die Lider und sah mich mit einem langen Blicke an."

„Ohne die Hand von meinem Arm fortzunehmen, ging Margaritta rückwärts einen halben Schritt ins Kabinett zurück." Dabei wurde der Vorhang soweit geöffnet, daß Ohlhaver das schlafende Medium, mit zur Seite geneigtem Kopf, deutlich sehen konnte. „Dann ergriff Margaritta die herabhängende Hand des Mediums, zog dieselbe zu sich empor und zeigte mir die beiden ineinander ruhenden Hände. Diese beiden Hände bildeten einen erheblichen Kontrast, denn diejenigen des Mediums waren voll und rund, diejenige von Margaritta aber zart und schmal. — Gleich darauf ließ Margaritta die Hand des Mediums sinken, zog ihre andere Hand von meinem Arm ab und trat ins Kabinett zurück, weil ihre Kraft augenscheinlich erschöpft war. Ich setzte mich wieder auf meinen Platz. Aber wenige Augenblicke später trat Margaritta nochmals aus dem Kabinett heraus. Sie blieb in der Nähe des Vorhanges stehen, winkte grüßend mit ihrem Tüchlein nach allen Seiten . . . und dann war der Platz, wo sie soeben noch stand, plötzlich leer. Sie war nicht in das Kabinett zurückgetreten, sondern hatte sich direkt — vor unseren Augen — dematerialisiert. Kaum war das geschehen — nicht mehr als eine Sekunde später — wurde der Vorhang von *innen* heraus auseinandergehalten und das Kabinett konnte beliebig untersucht werden. Das Medium saß schlafend auf dem Rohrsessel . . ."

Als zweite Materialisation bei jener Sitzung zeigte sich Frau Tambke, die Mutter des Mediums. „Sie war kleiner als Margaritta. Das Haar blond, in der Mitte gescheitelt und glatt anliegend. — Frau Tambke winkte ihre beiden jüngeren Kinder zu sich heran, herzte und küßte sie eine Weile und schob sie dann mit sanfter Gewalt zurück. Vater Tambke forderte sie scherzend auf, sich zu ihm zu setzen. Sie wollte dieser Aufforderung augenscheinlich gern entsprechen, denn sie trat etwas vor, zögerte aber auf halbem Wege und zog sich langsam wieder zurück. Denselben Versuch erneuerte sie nochmals, konnte ihr Ziel aber nicht erreichen und nach einem weiteren vergeblichen Versuch ging sie zurück ins Kabinett. Trotz des herrschenden Dämmerlichts war die Lichteinwirkung doch noch reichlich groß und hatte ihre zersetzende und zerstreuende Wirkung ausgeübt." Bei einem darauffolgenden erneuten Versuch gelang es ihr doch, bis zu ihrem Mann zu gelangen. Auf dem Rückweg ging sie an der ganzen vorderen Sitzreihe entlang und reichte jedem die Hand. „Hatte die Dematerialisierung bei Margaritta mit einer unermeßbaren Schnelligkeit stattgefunden, so ging dieser Prozeß bei Frau Tambke vergleichsweise langsam vor sich."

Wenige Minuten später war durch das in Trance befindliche Medium verkündet worden, daß der Vater Ohlhavers versuchen wolle, sich zu zeigen. Es gelang aber nur unvollkommen. „Das Medium sagte erneut, daß es mein Vater sei, daß seine Materialisation aber zu schwach wäre, um der Einwirkung des Lichtes widerstehen zu können." — „Damals wußte ich es noch nicht", bemerkt Ohlhaver, „aber späterhin habe ich in zahlreichen Fällen beobachten können, daß die geistigen Wesen, die sich zum ersten Mal materialisieren, unter sonst gleichen Bedingungen meistens weniger vollkommen materialisiert waren als diejenigen, die sich schon öfters materialisiert hatten.." Ohlhaver hat zweifellos recht, wenn er meint: „Der Vorgang der Materialisation will offenbar gekannt sein und gelingt um so besser, wenn jene geistigen Wesen ihre entsprechende Kenntnis durch praktische Übung vergrößert haben."

Obwohl recht interessant, würde es aber doch zu weit führen, hier den ganzen Verlauf jener Sitzung zu schildern. Erwähnt sei nur, daß Ohlhavers Vater doch noch erschien. — Schließlich zeigte sich u. a. ein mit 18 Jahren verstorbenes Mädchen namens Marie Mindermann, mit schwarzem Kraushaar. Ihr Kopf war *nicht* verhüllt. — Nach einem alten Mütterchen erschien schließlich ein Knabe von etwa sechs Jahren mit goldblonden Locken. Es war der Bruder eines anwesenden Herrn. Dieser erbat von dem Kleinen eine Locke seines Haares, die er auch erhielt. „Wir verglichen nachher die Locke mit dem Haar des Mediums. Die Farbe der Locke war beträchtlich heller und die einzelnen Haare waren so fein, daß die Haare des Mediums dagegen dick erschienen." Wie lange sich die erwähnte Locke hielt, ist nicht erwähnt. Ohlhaver, der später Frl. Tambke ehelichte, hat insgesamt siebzig derartige Materialisationssitzungen erlebt und konnte vielerlei Erfahrungen sammeln. Er sagt: „Die Erfolge in den einzelnen Sitzungen waren nicht gleichwertig. — Die materialisierten Gestalten sprachen in der Regel nicht; Mitteilungen wurden durch das schlafende Medium gemacht. Doch kamen Ausnahmen vor, indem einzelne materialisierte Gestalten selbst redeten. Die weiße Kleidung war bei allen Gestalten nicht allein in der Anordnung verschieden, sondern der weiße Stoff selbst war bei jeder Gestalt anders, zarter oder gröber, weicher oder härter. In manchen Fällen wurde ein Stück der Gewandung abgeschnitten, das meistens dauernd erhalten blieb (!), sich manchmal aber auch nach und nach auflöste." Jenes Tüchlein, welches jede materialisierte Person bei sich hatte, war „so fein wie ein Spinngewebe" und diente offenbar als Isoliermaterial: wenn die Jenseitigen Gegenstände anfaßten, anhoben oder zur Seite schoben, so legten sie — allerdings nicht immer — das Tuch zwischen die Berührungsfläche und ihre Hand. Dasselbe geschah, wenn sie Teilnehmern die Hand drückten. —

Vor dem Ende der Sitzungen wurde durch das Medium jeweils mitgeteilt, daß die Kraft erschöpft sei und das Medium aufgeweckt werden müsse. „Die Erweckung geschieht durch magnetische Striche, jedoch in umgekehrter Richtung, indem der Magnetiseur von unten nach oben über den Körper des Mediums hinwegstreicht." Diese Behandlung mußte bei Frl. Tambke in der Regel ca. fünf Minuten angewendet werden, bis sie aus der Tieftrance erwachte. Dasselbe Verfahren habe ich mehrfach auf den Philippinen beobachten können.

Als zweites Beispiel von Materialisationsphänomenen sei einiges von den Leistungen des Spitzenkönners auf diesem Gebiet, Carlos Mirabelli, geschildert: „Mirabelli saß auf einem Stuhl. Er erbleichte, ein Zeichen, daß Tieftrance eintrat. Seine Augen traten hervor, er wand sich wie unter Schmerzen. Starker Schweißausbruch trat auf. Plötzlich hörte man von einem Tisch des Saales her drei Schläge, und eine kindliche Stimme rief: Papa! — Dr. Ganymed de Souza, einer der Anwesenden, erklärt, er erkenne die Stimme seines Töchterchens, das in der Hauptstadt an Grippe gestorben war. Während alle in höchster Spannung warteten, erblickte man endlich an der Seite des Mediums (es fand alles bei Tageslicht statt) die Gestalt eines Mädchens. Der Vater geht zu ihr hin, schließt sie in seine Arme. Er versichert immer wieder, daß es seine Tochter sei. — Während dieses Vorganges lag Mirabelli wie im Todeskampf. Er war zusammengekauert, wachsfarben, mit vollkommener Muskelerschlaffung, schwacher und pfeifender Atmung. Der Puls war kaum zu fühlen."

Nachdem sich ein weiterer Teilnehmer der Untersuchungskommission von der Tatsächlichkeit der Erscheinung überzeugt hatte, tauschte Dr. de Souza Erinnerungen mit seiner Tochter aus. Die Szene wurde fotografiert. — Danach begann das Kind im Raume zu schweben. Es tummelte sich in der Luft wie ein Fisch in seinem Element. Einige Teilnehmer waren aufgestanden und gingen hinter der schwebenden Erscheinung her. Das Medium machte mit seinen Unterarmen die Bewegungen des Kindes mit. „Nachdem das Mädchen eben noch in der Luft schwebend gesehen worden war, verschwand es plötzlich. Es hatte sich 36 Minuten bei Tageslicht unter einwandfreien Bedingungen einer Versammlung gebildeter Männer gezeigt. — Dr. de Souza verlor sein Kind zum zweiten Mal; so tief hatte ihn das Erlebnis ergriffen. — Das Protokoll wurde von zehn Wissenschaftlern unterschriftlich beglaubigt."

Als im Verlaufe jener Sitzung das Medium wiederum erregt wurde und behauptete, im Saal die Gestalt des Bischofs Dr. Jose de Camargo Barros zu sehen, der bei einem Schiffbruch ums Leben gekommen war, wurde die allgemeine Unterhaltung rasch abgebrochen und Mirabelli wieder unter vorschriftsmäßige Kontrolle genommen. Das Medium fiel in Trance. Rosenduft erfüllte den Raum. Plötzlich sah man einen feinen Nebel, der sich mehr und mehr verdichtete und wie eine goldene Wolke glänzte. Aus dieser Wolkenbildung löste sich langsam, in ausgezählten Minuten, eine Gestalt, lächelnd, mit allen bischöflichen Insignien angetan und stellte sich mit lauter Stimme vor. Mitglieder der Kontrollkommission untersuchten die Erscheinung sehr eingehend und wenig respektvoll. „Alle überzeugten sich, daß tatsächlich ein menschliches Wesen mit menschlichen Organen vor ihnen stand."

Der Bischof unterhielt sich sodann mit den Anwesenden in reinem, gewähltem Portugiesisch. Zum Schluß sagte er: „Nun geben Sie wohl acht, wie ich verschwinde." Er begab sich zum Stuhl des Mediums, welches in Tieftrance lag. Die Teilnehmer verfolgten jede einzelne Bewegung, damit ihnen nicht das Interessanteste, nämlich die Dematerialisation entginge.

Bei dem immer noch in Trance befindlichen Mirabelli angelangt, beugte sich der Bischof über ihn, legte ihm die Hände auf und betrachtete ihn eine Weile schweigend. Die Anwesenden bildeten um die beiden einen Kreis. Der materialisierte Körper des Bischofs zuckte mehrmals heftig zusammen, begann zu schwinden und wurde immer kleiner. Das Medium, in kaltem Schweiß gebadet, röchelte laut. Die Erscheinung verkürzte sich bis auf 30 cm und verschwand dann mit einer Plötzlichkeit, die nicht zu beschreiben ist. Wieder füllte starker Rosenduft den Raum. Mirabelli kam langsam zu sich. —

Bei einer Nachmittagssitzung mit derselben Untersuchungskommission hatte sich u. a. der als hervorragender Kliniker szt. bekannte Dr. med. Bezerra de Meneses manifestiert. Die bestimmte Art seines Auftretens blieb nicht ohne Eindruck. Auch hier gelangen fotografische Aufnahmen. Die eingehende Untersuchung der materialisierten Gestalt nahm 15 Minuten in Anspruch. Nachdem sich Dr. de Meneses durch Handdruck verabschiedet hatte, kündigte er seine Dematerialisation an: während er durch den Raum schwebte, verschwanden zuerst seine Füße, dann die Beine, schließlich der ganze Unterleib, so daß nur noch Oberkörper, Arme und Kopf sichtbar blieben. Dr. Mendonca fiel, als er nach der verschwindenden Gestalt griff, wie leblos zu Boden, während sich letztere völlig auflöste. Dr. Mendonca kam in einem Nebenzimmer wieder zu sich. Er behauptete, eine klebrige Masse zwischen den Fingern gefühlt zu haben, ehe ihm die Sinne schwanden. — Wie immer, befand sich Mirabelli nach dem Erwachen in einem Zustand starker Erschöpfung. Seine Fesseln erwiesen sich als unversehrt; ebenso jene der Türen und Fenster. Der Jenseitsforscher Pfarrer Johannes Greber schreibt hierzu: „In dem deutschen Auszug des brasilianischen Berichts ist leider nicht erwähnt, wie groß der Gewichtsverlust des Mediums während der Zeit der Geisterverkörperungen gewesen ist. Die betäubenden Schläge, welche diejenigen erlitten, die das in Auflösung begriffene Phantom berührten, kamen von den odischen Kraftströmen her, welche die Auflösung bewirkten. Dieselbe Einwirkung von Kraftströmen würden diejenigen an sich erfahren haben, die den Versuch gemacht hätten, die sich bildenden Verkörperungen zu berühren. Bei vollendeter Materialisation sind diese Ströme ausgeschaltet und ihre Berührung hat keinerlei nachteilige Folgen."

Es ist bei derlei Vorgängen durchaus möglich, daß die materialisierten Gestalten durch den ausgetretenen Fluidalkörper des Mediums dargestellt werden; insofern haben die Animisten nicht ganz unrecht. Es müßte eben auf diesem Gebiet noch sehr viel geforscht und gearbeitet werden, was angesichts der Seltenheit entsprechend begabter Personen und erfahrener Forscher leider recht fragwürdig ist. Jedenfalls stellte Prof. E. A. Brackett fest, daß die materialisierte Gestalt, die sich als seine Frau ausgab, dem Medium sehr ähnelte und diese Ähnlichkeit schwand erst im Laufe der Zeit. Er selbst schreibt: „Die Gestalten, die aus dem Kabinett heraustraten, wurden entweder vom Medium dargestellt oder waren, was sie zu sein vorgaben: Materialisationen."[63]) Brackett hatte ein außerordentlich produktives Medium zur Verfügung. In einer einzigen Sitzung zeigten sich zwischen 40 bis 60 Gestalten „beiderlei Geschlechts und jeden Alters, in allen Größen, vom kleinen Kinde bis zum Greisenalter, und zwar jede Gestalt individualisiert." Oft erschienen mehrere Gestalten zugleich. Einmal wurde er von ihnen ins Kabinett, das er selbst mitgebracht und aufgestellt hatte, geleitet: „Als ich eintrat, wurde ich von der Kontrolle (einem materialisierten weiblichen Geist) begrüßt mit den Worten, ich sei zwar ein Skeptiker, aber ein ehrlicher. — Während ich mit ihr plauderte, lag mein linker Arm um die Taille der Gestalt, die mich in das Kabinett mitgenommen hatte. Ich überzeugte mich, daß das Medium in Trance auf seinem Sessel saß. Hier konnte kein Irrtum obwalten; wir waren unserer vier in dem Kabinett — die zwei Gestalten, welche materialisiert zu sein schienen, das Medium und ich! Wie zwei hineinkamen, das weiß ich. Aber woher kamen die beiden anderen?"

Später trat eine junge weibliche Gestalt von großer Schönheit auf, die sich als Bracketts Nichte Berta ausgab. Von ihr wurde ihm im Laufe der Zeit viel an Aufklärung über die technische Seite solcher Materialisationsvorgänge zuteil. Ein häufiger Verkehr Jenseitiger mit dem Diesseits, d. h. mit Hilfe eines geeigneten Mediums sei erforderlich, um zu lernen, wie man Gestaltungskraft über materielle Atome gewinnt.

Dies mag zweifellos zutreffen. Wie ist es dann aber, wenn sich *Tiere* materialisieren, wie dies bei dem szt. weltbekannten polnischen Medium Franek Kluski oft der Fall war? Es gibt demnach zweifellos

Unterschiede. Interessant ist in diesem Zusammenhang eine Stellungnahme aus dem Jenseits, die in dem Buch der Französin Rufina Noeggerath[64]) enthalten ist und wo auf die Frage, ob es bei Phänomenen, die zuweilen in alten Schlössern vorkommen (also Spuk), ebenfalls eines Mediums zur Materialisation bedarf, folgendes geantwortet wurde:

„Nein. Ich habe euch gesagt, daß die Desinkarnierten (die Jenseitigen) aus der *Natur* die Fluide nehmen, um sich soweit zu formen, daß sie einer Person oder mehren zugleich erscheinen können. Ich habe euch gesagt, daß bei denen, die so erscheinen, nur die Oberfläche des Astralleibes materialisiert ist. — Aber zwischen diesen und den medialen Materialisationen ist ein großer Unterschied. Die Fluide aus der Natur sind weniger schmiegsam, es ist schwer, eine vollkommene Materialisation zu erlangen; während der Geist erst mit Hilfe eines Mediums den größeren Teil seiner Haut, seines Blutes, seiner Knochen herstellen kann. Wenn man uns bei medialer Materialisation eine Ader aufschnitte, würde Blut herausfließen, während man bei Naturmaterialisationen durchstechen könnte, ohne das Geringste wahrzunehmen. Diese Art von Phänomenen ist bis jetzt noch wenig erforscht worden; sie sind stets verschieden nach den Kräften, die den Außerirdischen zu Gebote stehen. — Forschet viel, forschet überall, aber beurteilt ein Phänomen nie ohne gründliche und reife Überlegung; denn bei derselben Art von Phänomenen gibt es zahlreiche Stufen und Arten."

Auf die Bitte H. Ohlhavers um Aufschluß über den geheimnisvollen Vorgang des Materialisationsprozesses, erhielt er während einer Dunkelsitzung auf schreibmedialem Wege folgende Antwort: „Lieber Freund! Aus meiner Erfahrungsbeobachtung gilt, daß je vollständiger die Materialisation, desto tiefer der Trancezustand des Mediums (sein muß), der bei den meisten Medien zum Zwecke des Bezuges der Substanz für die Materialisierung unerläßlich scheint. Nur bei Medien von außerordentlicher Kraft ist der Trancezustand nicht notwendig.

Den Vorgang des Bezuges denke Dir als in einer Sublimation*) oder gasförmigen Verdunstung des Blutes und dessen an und in der Form des geistigen Wesens wieder erfolgten Niederschlagung zu festen Gestalten bestehend. Daß etwas der Art bei der Materialisation vorangehen muß, wenn dieselbe eine physikalische Tatsache ist und daher nach physikalischen Gesetzen erklärbar sein muß, ist eigentlich selbstverständlich. Und welcher andere Stoff des menschlichen Körpers als das Blut, böte schon durch seine flüssige Form bessere Bedingungen für eine weitere Überführung in den gasförmigen oder noch feineren Grad der Verwandlung? ‚Blut ist ein ganz besonderer Saft!' Dieser Ausspruch mag durch weitere Erörterungen über den wunderbaren Vorgang der Materialisation tiefgehendere Bedeutung erhalten.

*) unmittelbarer Übergang eines festen Stoffes in den gasförmigen Zustand und umgekehrt.

Ich habe, wenn ich zu Euch in den Zirkel komme, eine spirituelle Form. Mir erscheint diese Form so materiell und solid, daß ich damit gehen, denken, handeln kann, wie bei irdischen Lebzeiten; und obgleich ich Euch unsichtbar bin, so bin ich mir selbst durch meine Form ein solider materieller Körper.

Wenn Euer Zirkel gebildet ist, dann wird das Medium zu einem Magnet, der die spirituelle Materie, die ihn umgibt, anzieht. Wir aber sind genötigt, ihn eine Zeitlang in der Dunkelheit zu erhalten, damit sich die spirituelle Materie um ihn herum anhäuft. Von dieser angehäuften Materie entnehmen wir, was wir nötig haben, um uns damit die erforderliche Bekleidung zu formen, damit wir uns Euch sichtbar machen können. Dieses geschieht durch unseren *Willen* und durch unsere Kenntnis, die spirituelle Materie anzuhäufen und uns dieser Materie gegenüber positiv zu machen. — Ihr müßt aber nicht glauben, daß jede Materialisation, die Ihr seht, das genaue Bild des innewohnenden Geistes ist; weil wir ja die vorzustellende Form aus der gesammelten Materie bilden und dabei oft Eindrücke von dem Medium und von den im Zirkel Sitzenden mit aufgenommen werden."

Diesem Aufschluß folgte der gute Vergleich mit einem Galvanisierungsvorgang: „Soll in der Galvanotechnik ein Gegenstand beispielsweise mit Kupfer überzogen werden, so nimmt man ein isoliertes Gefäß und füllt es mit einer Flüssigkeit, in welcher Kupfersalze aufgelöst sind. In diese Flüssigkeit hängt man eine Kupferplatte hinein, die *Anode* genannt wird und den Zweck hat, das Kupfer, das bei der Verkupferung aus den flüssigen Kupfersalzen abgeschieden wird, fortlaufend zu ergänzen. — Den Gegenstand, der mit Kupfer überzogen werden soll und *Kathode* heißt, hängt man ebenfalls in die Flüssigkeit hinein, der Anode gegenüber. Wenn man nun einen elektrischen Strom von der Anode durch die Flüssigkeit nach der Kathode fließen läßt, so werden die flüssigen Kupfersalze zersetzt und der in der Flüssigkeit hängende Gegenstand überzieht sich mit einer Schicht Kupfer, so daß es aussieht, als bestände er ganz aus diesem Metall."Nun der Vergleich: „Das Dunkelkabinett ist das isolierte Gefäß. Die im Dunkelkabinett angesammelte spirituelle Materie sind die flüssigen Kupfersalze. Das Medium ist die Anode. Das geistige Wesen, das sich materialisieren will, ist die Kathode, also der Gegenstand, der überzogen werden soll. Der magnetische Strom vertritt den elektrischen Strom. Die materialisierte Gestalt ist der mit einer festen Schicht überzogene Gegenstand."

Das übrigens so gern gebrauchte Argument gegen die „verdächtige" Dunkelheit, die für das Zustandekommen spiritueller Phänomene oft zur Bedingung gemacht wird, läßt sich allein schon mit dem Hinweis auf die Dunkelkammer des Fotografen entkräften; die Lichtwellen wirken zerstörend auf die Entwicklung des Films. Die Beschichtung desselben ist „lichtempfindlich". Warum sollte dies nicht auch für feinstoffliche Prozesse zutreffen? Du Prel bemerkt außerdem, daß wir bei Licht manches *nicht* wahrnehmen können: „Das erfahren wir jeden Morgen, wenn die aufgehende Sonne die Sterne zum optischen Verschwinden bringt ... Wenn spirituelle Phänomene bei gewissen physikalischen Bedingungen sich ereignen, bei fehlender Bedingung aber ausbleiben, so wäre damit bewiesen, daß eben auch diese Vorgänge dem Kausalitätsgesetz (dem Gesetz von Ursache und Wirkung) unterworfen, daß sie also keine Wunder sind, sondern vor das Forum der Wissenschaft gehören, die verpflichtet ist, die Bedingungen ihres Eintritts zu erforschen, oder — um vorsichtiger zu sprechen — die Bedingungen der bloßen Möglichkeit des Eintritts; denn wenn bei diesen Vorgängen der Wille und das Bewußtsein übersinnlicher Intelligenzen mitwirken sollten, so wäre das Problem kein nur physikalisches —, es würde über Tiegel und Retorte hinausragen, wie das von allen psychologischen und soziologischen Problemen gilt."

Das schon erwähnte Phänomen der sogenannten *Transfiguration* sei hier nochmals kurz gestreift: bei diesem Vorgang verändern sich die Gesichtszüge der entsprechend veranlagten Person und zwar so stark, daß eine andere Persönlichkeit — von Anwesenden häufig als die einer verstorbenen bezeichnet — erkannt wird. Selbst bei Säuglingen wurden solche Phänomene schon beobachtet. Es handelt sich hier um eine partielle, also teilweise Materialisation. In allen medialen resp. spirituellen Darstellungsarten gibt es vielerlei Abstufungen; so auch hier. Und wenn man hierüber nicht ausreichend Bescheid weiß, kann man leicht etwas für Schwindel halten oder ein Medium des Betrugs bezichtigen, was in Wirklichkeit nicht der Fall ist. So kann es beispielsweise vorkommen, daß unter den mit Hilfe eines geeigneten Mediums produzierten materialisierten Gestalten plötzlich die des Mediums auftaucht. Wir haben dies im Fall Prof. Brackett gesehen, bei dessen angeblicher Gattin sich die Ähnlichkeit mit dem Medium erst im Laufe der Zeit verringerte. Du Prel wurde von einem Augenzeugen, der einer Sitzung mit dem szt. weithin bekannten Medium Bastian (das bei einer Séance mit dem österreichischen Kronprinzen angeblich entlarvt wurde) beiwohnte, berichtet, daß einigemal zwei oder drei Gestalten gleichzeitig aus dem Kabinett gekommen seien. Es fanden also wirkliche Materialisationen statt, denn verdreifachen kann sich ein Mensch nicht ... aber eine dieser Gestalten sei dennoch der transformierte Bastian gewesen und zwar so leicht erkennbar, daß die Anwesenden den „Schwindel" sogleich durchschauten.

Ohlhaver betont sogar die Möglichkeit, daß bei Transfiguration — wenn ihr die Absicht der Kraftersparnis zugrunde liegt — das Medium selber als „somnambuler Kleiderstock in bewußtlosem, nachtwandlerischen Zustand" aus dem Kabinett treten und mit weißen Gewändern (Ektoplasma) umhüllt sein kann. Bei der Materialisation hingegen bleibt das Medium im Kabinett und eine selbständige Gestalt tritt heraus. „Es kann aber auch vorkommen, daß zwei oder mehr Gestalten gleichzeitig sichtbar werden, wovon die eine doch nur das transfigurierte Medium ist."

Wenn schon, dann sollte man in solchen Fällen besser von „unbewußtem Schwindel" des Mediums sprechen, denn neben der Möglichkeit, daß das in Trance befindliche Medium zum Vorschein kommt, kann es auch dessen Fluidalkörper, sein „Doppelgänger" sein, der sich vom Körper vorübergehend gelöst hat (es gäbe verschiedene Erklärungen für eine derartige „Panne"). Denn auch die sogenannten Doppelgänger-Erscheinungen sind weiter nichts als das Ergebnis einer graduellen Materialisation, wie aus unserem diesbezüglichen Kapitel unschwer geschlossen werden kann.

Jedenfalls ersieht man aus alledem, wie schwierig es ist, auf einem relativ noch wenig erforschten Gebiet wie dem des Mediums, zur klaren Erkennung von Tatsachen zu kommen. Aber nur anhand klar erkannter Tatsachen kann eine richtige Beurteilung derselben erfolgen. „Der Mensch, das unbekannte Wesen" besteht eben nicht nur aus Sexualproblemen, wie uns eine manipulierte Meinungsindustrie seit Jahr und Tag weiszumachen versucht; unser Wissen vom Menschen erstreckt sich im wesentlichen auf die Kenntnis physiologischer Vorgänge unseres materiellen, d. h. grobstofflichen Organismus (und selbst da weiß man längst noch nicht alles). Danach beginnen schon die psychologischen und tiefenpsychologischen Spekulationen, die sich als Arbeitshypothesen lediglich streckenweise bewähren. Vom fluidalen Menschen dagegen wußten bislang nur die sogenannten Grenzwissenschaftler etwas — soweit sie sich auch mit Spiritologie befaßten — und Anhänger esoterischer Richtungen. Deren Aussagen werden aber nun durch die in der Sowjetunion und anderen Ostblockstaaten intensiv betriebene Erforschung des „inneren" Menschen und seiner seelischen Kräfte glänzend bewiesen! Die östliche PSI-Forschung zeitigte bereits Ergebnisse, von denen man im Westen nicht die leiseste Spur einer Ahnung hat. Und es gibt nicht wenige Ostblock-Wissenschaftler, die — im privaten Gespräch allerdings — eine jenseitige Welt, eine „Welt der Geister" ohneweiteres akzeptieren und „glauben, daß auch sie erforscht und abgesteckt werden könne". Überhaupt war ein englischer Journalist über die dortige Offenheit sowohl von Wissenschaftlern als auch der Öffentlichkeit gegenüber der parapsychologischen Forschung erstaunt, wie der „British Sunday Mirror" berichtete.

Zu allen Zeiten und bei allen Völkern hat es Menschen mit besonderen Fähigkeiten gegeben und Ereignisse wurden berichtet, für die man keine „natürliche" Erklärung hatte. Bei uns erfolgte im Mittelalter eine weitgehende und rigorose Ausrottung aller ASW-begabten Personen. Mittelalterliches Denken herrscht auch heute noch in vielen Hirnen vor, wenn es um „übersinnliche" Phänomene geht. Da man geistige und seelische Vorgänge vom einseitigen materialistischen Standpunkt aus zu erklären versucht, kommt man zwangsläufig zu falschen Schlüssen. So kam es, daß man im Falle von nicht wegzuleugnenden Besessenheiten, Glossolalie (das Reden in Sprachen, die das Medium nicht kennt), Materialisationen u. dgl. auf die Idee von den „Spalt-Ichen", der sog. Persönlichkeitsspaltung kam, anstatt die Möglichkeit des Vorhandenseins einer geistigen Welt und des Weiterlebens nach dem Tode zumindest als Arbeitshypothese anzuerkennen. Wer aber „den Mut zu Hypothesen nicht hat, der findet auch keine Wahrheiten" sagt du Prel, und Voltaire bemerkt: „Die Hartnäckigkeit, seine Meinung nicht ändern zu wollen, ist die Tatkraft der Dummköpfe." —

Auch Mirabellis Leistungen waren von jener Studienkommission teils als „Spalt-Iche", teils — soweit es die fremdsprachlichen Vorträge und Niederschriften betraf — als „Inspirationen" bezeichnet worden. Der erfahrene Parapsychologe Ing. H. Malik äußert sich hierzu ziemlich empört: „Würden diese Herren Sachverständigen folgende Erscheinungen, wie ich sie manchmal (wohl sehr selten aber dennoch) erlebt habe, auch als ‚Inspirationen' oder ‚Spalt-Iche' zu bezeichnen gewagt haben, so hätten sie sich dabei lächerlich gemacht und als zur Kontrolle ungeeignet und unberechtigt erwiesen! Ich führe nur einige solcher Fälle an:

1) Vom Wiener Ringtheaterbrand 1882 gaben sich im Jahre 1921 Geister verbrannter Theaterbesucher (unter nachheriger genauer und übereinstimmender Adressenangabe und Personenbeschreibung) sprechmedial derart drastisch kund, daß im Gesicht und am Körper des Mediums Brandmerkmale aller Grade auftraten, deren Umwandlung ich mit Hilfe meines Schutzgeistes sogleich bewerkstelligte; der ganze Raum stank nach verbranntem Fleisch!

2) In einem anderen Falle zeigten sich am Körper des Mediums (meiner Gattin) 14 Stunden nach der Sitzung fünf offene Beulen von einer schweren Krankheit, an welcher jener Geist, der sich kundgegeben hatte, gestorben war, wie mir dessen Verwandte (Cousine) eidesstattlich erklärte, als ich sie nach der Todesursache ihres Cousins fragte. Sie war darüber sehr erschrocken und konnte sich nach täglichem Besuch meiner Gattin, am fünften Tag von der vollständigen Heilung —die ich unter Anweisung meines Schutzgeistes durchgeführt hatte — überzeu-

gen. Dieser Fall wurde, laut Erklärung unserer Schutzgeister, als Überzeugungsbeispiel zugelassen und daher so bald geheilt." — Nach dem Hinweis, daß er ganze Bände mit Beispielen eigener Erlebnisschilderungen füllen könne, schließt Malik:

Wie wäre es, wenn es solchen Spalt-Ichen der Herren Experten einfallen würde, diese selbst zu befallen, um ihnen den Unsinn ihrer eigenen Erklärungen zu beweisen? Sie alle können Gott dafür danken, daß es in ihnen solche nicht gibt ..." Und an anderer Stelle: „Würde es ein Unterbewußtsein im Sinne eines zweiten Bewußtseins, also ein zweites ‚Ich' im Menschen geben, welches — wenn das Tagesbewußtsein ausgeschaltet ist — treiben oder unterlassen könnte was ihm beliebt, so könnte man den Menschen für keine seiner Taten oder Unterlassungen verantwortlich machen und müßte ihm jedes persönliche Verdienst im Leben absprechen." und Th. Erismann [65]) sagt:

„Zum Wesen des Bewußtseins gehört nicht nur die zeitliche Abfolge psychischer Prozesse, sondern eine Instanz, die in der Mannigfaltigkeit und Folge der Geschehnisse *dieselbe* bleibt. Dieses Ich, der Bewußtseinsträger, ist der zentrale Punkt, dem die Sinneseindrücke zufließen. — Bestünde das Bewußtsein nur aus Einzelempfindungen, den Vorgängen des Sehens, Hörens, Riechens usw., so würde der Sehakt nichts vom Ton, der Hörakt nichts vom Geruch wissen können. So aber sehe ich, ich rieche, taste usw. und freue mich darüber hinaus noch, und ich leide, und ich *will*. Ohne das Zentrum des Bewußtseinsträgers könnten die Empfindungen unserer verschiedenen Sinne überhaupt nicht sein. — Da ich nun sowohl sehen als hören kann, während das Sehen nicht hören und das Hören nicht sehen kann, muß dem Sehen und Hören ein *Sein*, das Ich, zugrunde liegen, das hören und sehen kann, aber selbst nicht Hören noch Sehen ist."

Gespenster, Spuk und arme Seelen.

Mit Bedacht ist diese Kapitelüberschrift gewählt, denn eine streng abgegrenzte Unterscheidung dieser Kategorien ist äußerst schwierig. Auch sind die Spukerscheinungen, trotz ihres häufigen Vorkommens, noch zu wenig gründlich erforscht. Paracelsus (1493—1541) vertritt in seinem Werk „De signatura rerum liber IX" die Geistertheorie und schreibt: „Wo Rumpelgeister gehen als Kriegsgeschrei, da ist großes Blutvergießen bevorstehend. Die unseligen Spuk- und Poltergeister äffen an dem Ort, wo sie im Leben ihr Unwesen getrieben haben, dasselbe auch nach dem Tode in der Nacht in armseligen Dunstgestalten nach und suchen darin eine Linderung ihres quälenden Verlangens; sie lechzen nach sinnlichem Genuß und sehnen sich nach dem, woran ihr Sinn im Leben hing. Sie irren in der Gegend ihres Verbrechens umher, um es zu sühnen, oder um die Spur desselben zu vertilgen. Sie erscheinen nicht immer auf die gleiche Weise, denn sie kommen nicht stets in leiblicher Gestalt, sondern unsichtbarerweise, daß nur etwa ein Schall oder Ton, Stimmen oder schlecht Geräusch von den Lebenden gehört wird, als da ist Klopfen oder Pochen, Lachen, Zischen, Pfeifen, Niesen, Heulen, Seufzen, Wehklagen, Trampeln mit den Füßen, Werfen, welches alles geschieht, daß die Leute aufmerksam werden und sie fragen."

Berühmtheit hat der Bericht über den Klopfgeist von Dibbesdorf erlangt, den auch Lessing (1729—1781) erwähnt; ja er gab sogar zu, daß ihm angesichts dieses Vorkommnisses fast sein ganzes Latein ausgehe: Im Hause des Bauern Anton Kettelhut begann am 2. Dezember 1767 ein eigenartiges Klopfen. Man vermutete Ratten im Hause und riß am nächsten Tag verschiedene Stellen des Fußbodens, der Wände und der Decken auf, aber man fand nichts. Abends begann das Klopfen wieder, verzog sich aber später in das etwa 100 Schritt entfernte Haus des Bruders Ludwig Kettelhut. Im Laufe der Zeit wurde es den Bauern zu unheimlich, und auf ihr Drängen hin erstattete der Ortsvorstand Anzeige bei Gericht. Nach anfänglichem Widerstreben erschienen die Gerichtsherren am 6. Januar 1768 in Dibbesdorf. Wände und Decken des Hauses wurden ihrer Bedeckung entkleidet, ohne daß sich auch nur der kleinste Schlupfwinkel ausmachen ließ, in welchem sich ein Tier oder gar ein Mensch hätte verstecken und Schabernack treiben können. Die Familie Kettelhut legte einen feierlichen Eid ab, daß ihr die Ursache des Klopfens unbekannt sei.

Schließlich kam ein Bauer auf den Gedanken, das „Kloppeding" zu fragen: „Wie heiße ich denn?" Er nannte zunächst eine Reihe falscher Namen. Nichts rührte sich. Als er aber seinen richtigen Namen nannte, trommelte es lustig. Ein anderer Bauer fragte: „Wieviel Knöpfe habe ich an meiner Kleidung?" Es klopfte 36 mal. Man zählte nach, und es stimmte. Nun verbreitete sich der Ruf des „Kloppedings" sehr rasch und bald wanderten allabendlich hunderte von Braunschweigern nach Dibbesdorf. Auch Ausländer fanden sich ein. Man mußte Wachen aufstellen, um dem Andrang zu wehren. — Von den aktenmäßig beglaubigten Tatsachen seien hier nur einige erwähnt: Schlug man ein Gesangbuch auf und fragte nach der Nummer des Liedes, welches der Fragende mit dem Finger bedeckte, so erfolgte durch Klopfen die richtige Zahl. Das „Kloppeding gab genau an, wieviel Menschen in der Stube oder im Hausflur waren und beantwortete die Fragen nach Alter, Haarfarbe, Gewerbe Anwesender durch bejahende Klopflaute. Ein Stettiner wollte den Klopfgeist bei der Frage nach dem Geburtsort irreführen und nannte über hundert Ortsnamen: keine Reaktion. Als aber der Name Stettin fiel, ertönte ein regelrechter Trommelwirbel. Ein Braunschweiger hatte eine Masse Pfennige, ohne sie gezählt zu haben, in einen Beutel getan und fragte nach deren Stückzahl. Es erfolgten 681 Schläge, was sich beim Nachzählen der Münzen als richtig herausstellte. Einem Bäcker wurde die Zahl der am Morgen gebackenen Zwiebacke, einem Kaufmann die Höhe einer mit der Post empfangenen Geldsumme geklopft. Wenn beim Essen das Tischgebet gesprochen wurde, so klopfte es jedesmal beim „Amen" (was den Pfarrer nicht hinderte, den Exorzismus zu sprechen, allerdings vergeblich).

Schließlich begaben sich die Herzöge Carl und Ferdinand von Braunschweig höchstpersönlich nach Dibbesdorf. Auch ihre Fragen wurden beantwortet. Nun beauftragten sie einen Arzt und einen Juristen mit der Untersuchung. Die Herren erklärten das Klopfen als eine Wirkung unterirdischer Quellen, ließen bohren, und man stieß tatsächlich auf Wasser. Aber das Rumoren ging weiter. Die Verhaftung des Knechts änderte ebenfalls nichts. Die Justiz aber — seit jeher bestrebt, gehorsame Dienerin der jeweiligen Obrigkeit zu sein — brachte es fertig, ein bei den Kettelhuts beschäftigtes junges Mädchen durch Versprechungen und Drohungen zu der Erklärung zu veranlassen, daß ihre Brotgeber selber dieses Klopfen hervorbringen. Damit waren die Eheleute Kettelhut als Betrüger „entlarvt" und wurden ins Gefängnis gesteckt. Das Mädchen schwor unter Tränen, sie sei von den Gerichtsherren zu einer Lüge verleitet worden. Und das geheimnisvolle Klopfen ging auch in Abwesenheit des Bauern und seiner Frau weiter. Trotzdem mußten die Kettelhuts drei Monate im Gefängnis verbleiben, bis sie endlich — ohne Entschädigung — entlassen wurden. Dem Herzog gegenüber sah man sich amtlicherseits zu der Erklärung gezwungen, „daß man zwar alle nur möglichen Wege zur Untersuchung eingeschlagen, aber nichts entdeckt hätte, was Licht in dieser Sache gebe, deren Aufklärung der Zukunft vorbehalten sei."

Nun, inzwischen sind über 200 Jahre „Zukunft" vergangen, aber klüger ist man solchen Erscheinungen gegenüber nicht geworden. Auch heute noch kommen allenthalben Spukfälle vor. Die wissenschaftlichen Erklärungen derselben klingen zwar wissenschaftlich, aber nicht plausibel, und letzten Endes bleibt nur eine Gruselgeschichte für sensationsbegierige Presseleute übrig.

Auf sehr ähnliche Weise wie in Dibbesdorf spielten sich 80 Jahre später die weltberühmt gewordenen Geschehnisse im Hause der Familie F o x in Hydesville/USA ab, was zur Geburtsstunde des modernen Spiritismus führte (an sich eine unrichtige Feststellung, denn solche Erscheinungen gab es schon immer). Epochemachend war lediglich der

Umstand, daß dort ein kluger Zeuge, der Handelsjude Isaac Port auf die Idee kam, das Alphabet laut aufzusagen und das unsichtbare Wesen zu bitten, bei bestimmten Buchstaben zu klopfen, so daß eine Verständigung durch Zusammenfügen von Worten und Sätzen möglich werde. Der Versuch gelang auf Anhieb und der Kontakt mit dem „Jenseits" war geschaffen: „Ein Sturm von Klopflauten ertönte unmittelbar darauf in den Wänden, gleichsam als wollte die Geisterwelt ihren Enthusiasmus kundtun, womit man in jener Welt den betreffenden Vorschlag annahm ... Sogleich begann man mit dieser neuen Art Sprache Nachrichten zu geben, und die erste Mitteilung, die man auf diese Weise erhielt, lautete: „Wir sind alle eure Freunde und Verwandten."[66])

Die hie und da auftauchende Behauptung, wonach sich der Fox'sche Klopfgeist als Ermordeter zu erkennen gegeben und man beim Nachgraben an einer bezeichneten Stelle ein Skelett gefunden habe, scheint nicht einwandfrei verbürgt zu sein. Dagegen ist sicher, daß sich von da an das *Tischklopfen* oder *Tischrücken* wie eine Epidemie über die ganze zivilisierte Welt verbreitete. In der Folgezeit tauchten andere, erstaunlichere Phänomene auf, so daß sich schließlich auch Gelehrte dafür interessierten; aber noch heute dauert der Streit „Für und wider die Geister-Hypothese" an.

Der Familie Fox wird nachgesagt, sie habe nun sofort mit geradezu religiösem Eifer der Verbreitung des Spiritismus obgelegen. In Wahrheit aber war es so, daß es sich für die Familie Fox recht unerfreulich auswirkte, plötzlich in den Mittelpunkt des allgemeinen Interesses gerückt zu sein. Von ihrem Methodistenpriester waren sie aus der Gemeinde ausgeschlossen worden, da man sie „mit dem Teufel im Bunde" wähnte, und auch sonst war es mit der Ruhe vorbei. Ihr beharrliches Sträuben gegenüber den Wünschen der Jenseitigen veranlaßte diese, zu resignieren und den „Kontakt" einzustellen. Zwei Wochen lang sei daraufhin das Klopfen ausgeblieben. Danach sehnte man sich aber doch wieder nach dieser Verbindung, „und als sich nun endlich auf inständiges Bitten eines Freundes der Familie die wohlbekannten Klopflaute von neuem vernehmen ließen, da schien es uns, als sähen wir alte Freunde wieder, die wir vorher nicht gebührend zu schätzten wußten." — Erst dann begann man mit Privatsitzungen in den Häusern von Bekannten und Fremden, und so nahm die spiritistische Bewegung ihren Anfang.

Der in diesem Buch mehrfach erwähnte Parapsychologe Kassationsgerichtspräsident Georg Sulzer unterschied zwei Kategorien von Spukphänomenen. 1.) solche, die aus Zwangsgedanken Verstorbener hervorgehen, ohne daß diese an bestimmte Orte des Diesseits gebannt wären und ohne daß dadurch in allen Fällen ihr Leben im Jenseits und ihr geistiger Fortschritt wesentlich gehemmt wäre. 2.) solche, die zwar auch von Verstorbenen herrühren, aber an bestimmte Örtlichkeiten gebunden sind (ortsgebundener Spuk). Als dritte Kategorie müßte noch der personengebundene Spuk hinzugefügt werden. Wir wollen uns aber hier weniger mit einer Systematik der Erscheinungsarten, als vielmehr mit ihrer Tatsächlichkeit befassen, und diese Tatsächlichkeit verleitet wiederum zu dem Schluß, daß bei sehr vielen Spukfällen das Hereinragen einer jenseitigen Welt in die unsrige konstatiert werden muß. Aus der Vielzahl gut beglaubigter Berichte greife ich einige heraus, deren Beurteilung ich dem Leser überlassen möchte.

Josef Freiherr von Eichendorff (1788—1857) wurde in dem alten Schloß Lubowitz bei Ratibor in Oberschlesien geboren, wo er auch seine Jugendzeit verbrachte. Nicht weit von ihm, ebenfalls in einem alten Schlosse, hauste sein Freund, ein junger Graf. Im Winter kamen die beiden mit anderen jungen Männern allwöchentlich mal auf dem einen, mal auf dem anderen Schloß abends zusammen. Nachdem dabei des öftern von einem Spuk im Schloß des Grafen die Rede gewesen war, schlug dieser den Freunden vor, das nächste Mal gemeinsam zu versuchen, der Sache auf den Grund zu kommen. — Während einer der folgenden Zusammenkünfte erhob sich der junge Graf kurz vor Mitternacht und forderte die Tafelrunde auf, ihm zu folgen. Man schritt durch hallende Gänge, bis man an eine breite Treppe gelangte, die alle Stockwerke verband. Im untersten Stock befand sich neben der Treppe eine hohe, eisenbeschlagene Tür, von welcher der Graf behauptete, daß sie an die hundert Jahre von keiner Menschenhand geöffnet worden sei. In Winternächten jedoch öffne sie sich zuweilen von selbst, um eine schlanke Frauengestalt heraustreten zu lassen, die dann leichten Fußes die Treppe hinaufeile und oben verschwinde. Jetzt wolle man warten, ob sie sich heute vielleicht zeigen werde.

Zwischen Tür und Treppe stehend verharrten die Freunde im Kerzenschein des Leuchters, den ein junger, an jenem Tage erst neu eingestellter Diener hochhielt. Man plauderte mit gedämpfter Stimme nur wenig und von gleichgültigen Dingen. Da fühlte Eichendorff, der sich leicht an die Tür gelehnt hatte, daß diese hinter ihm zurückwich ... und nun sahen alle eine schlanke Gestalt heraustreten, ganz in Grau gekleidet und das Haupt in einen grauen Schleier gehüllt. Sie eilte an ihnen vorbei, die Treppe hinauf. Der junge Diener, von dem Spuk nichts wissend, überholte sie behende, um der Dame voranzuleuchten. Da, wo sich die Treppe teilte, wollte der Diener nach links, die Dame aber machte mit ihrer Hand eine Bewegung nach rechts. Der Diener wendet und leuchtet ihr weiter voran. Beide verschwanden den Blicken der unten Zurückgebliebenen. Plötzlich durchgellt ein fürchterlicher

Schrei das weite Treppenhaus, und der Kerzenschein erlischt... Die jungen Männer am Fuß der Treppe erschaudern. Eichendorff ist der erste, der sich soweit faßt, um sich zum Saal zurückzutasten und einen anderen, dort mit noch brennenden Kerzen stehenen Leuchter zu holen. Er und der Graf eilen die Treppe hinauf. Oben finden sie den jungen Diener, den Leuchter noch in seiner Rechten, auf dem Boden liegend, tot. Sein Gesicht ist von Entsetzen gezeichnet. Von der grauen Gestalt keine Spur. Sie tragen den Toten hinab. In dem Augenblick, als sie unten ankommen, schließt sich jene geheimnisvolle Tür lautlos.[67])

Der Vater des Hofrates Lindner aus Königsberg war Pastor in einem kleinen pommerschen Ort und nachher in Königsberg gewesen. In seinem Tagebuch fand sich folgende Geschichte verzeichnet:

Pastor Lindner schlief in einem Zimmer, durch dessen Tür er direkt auf das Schreibpult seines Studierzimmers sehen konnte. Mitten in einer durch Mondschein erhellten Nacht erwachte der Pfarrer. Die Tür zur Studierstube stand offen, auf dem Schreibpult lag eine große aufgeschlagene Bibel. In dieser blätterte ein Pastor in Amtskleidung, mit einem Kind auf dem Arm. Ein zweites, etwas größeres, stand ihm zur Seite. Pastor Lindner traute seinen Sinnen nicht, setzte sich aufrecht und rieb sich die Augen. Als er sicher war nicht zu träumen, und erschrokken die Szene am Pult beobachtete, rief er aus: „Alle guten Geister loben Gott den Herrn!" Daraufhin bewegte sich die Erscheinung auf ihn zu und bot ihm die Hand. Lindner brachte aber nicht den Mut auf, sie zu erfassen. Der Erschienene wiederholte die Aufforderung zum Handgeben dreimal, dann verschwand die Vision.

Die Gesichtszüge des Phantoms hatten sich tief in das Gedächtnis Lindners eingeprägt, obwohl er im Laufe der Zeit immer seltener an das Erlebte dachte. „Einst aber, als er eine gottesdienstliche Handlung in der Kirche zu verrichten hatte und etwas zu früh ankam, begab er sich in das Chor derselben und betrachtete die darin aufgehängten Gemälde. Indem er so eins nach dem anderen musterte, wurde er von einem Bild überrascht, das ihm eine vollkommene Abbildung des ihm erschienenen Pastors darbot." Er brachte in Erfahrung, daß es sich bei dem Bildnis um einen seiner Amtsvorgänger handelte, welcher vor 40—50 Jahren im Pfarrhause gelebt hatte. Niemand wußte mehr etwas Näheres über diesen Geistlichen zu sagen, mit Ausnahme eines 80jährigen Mannes, der jenen verstorbenen Pastor gekannt hatte. Dieser sei, so äußerte er, zwar ein geschickter Prediger gewesen, habe jedoch in dem Ruf gestanden, mit seiner Magd etliche uneheliche Kinder gezeugt zu haben, von deren Schicksal man nie etwas erfuhr. „Nach einiger Zeit mußte man in einer im Erdgeschoß des Pfarrhauses befindlichen und von Herrn Lindner bewohnten Stube einen Ofen abbrechen. Die Arbeiter entdeckten unter dem Ofen eine Vertiefung, in welcher sich Gebeine von Kindern vorfanden. Sie erschranken nicht wenig über diesen Fund und riefen den Herrn Pastor herbei, der mit Erstaunen die stummen Zeugen des Missetäters erblickte und sie wegräumen ließ." — Eine Erscheinung des verstorbenen Pfarrers hatte seitdem nicht wieder stattgefunden.[68])

In der Zeitschrift „Revalo-Bund" des Jahrgangs 1926 berichtete Hinrich Ohlhaver einen Spukfall, der mit Hilfe des Klopf-Alphabets aufgeklärt werden konnte: Im Anwesen des Landwirtes H. in Wilhelmsburg bei Hamburg waren spukhafte Vorgänge aufgetreten, die sich vom harmlosen Klopfen bis zum Werfen von Gegenständen steigerten. Der „Poltergeist" gab an, die verstorbene erste Frau des Landwirtes H. zu sein, die in großer Sorge um das Wohl ihrer (inzwischen erwachsenen) drei Töchter sei. Die zweite Frau von H. habe die drei Mädchen böswillig und aus eigensüchtigen Zwecken so lange verleumdet, bis alle drei das Elternhaus für immer verlassen hätten. Das älteste der Mädchen sei mittlerweile auf eine schiefe Bahn geraten und habe ein uneheliches Kind. Dieses Kind sei in einer Stadt in Holstein (die Adresse wurde angegeben!) bei Leuten untergebracht, die das Kind sehr schlecht behandeln. Auch ihre beiden anderen Töchter seien in Gefahr (hierüber wurde eine Reihe Einzeldaten angeführt). Sie selbst, die im Jenseits befindliche Mutter, habe das Spuken verursacht, um auf die Nöte ihrer Kinder aufmerksam zu machen. Da man ihr kein Gehör geschenkt habe, sei sie ärgerlich geworden, was durch den scheinbar böswilligen Charakter der letzten Phänomene zum Ausdruck gekommen sei. Nun aber habe sie ihr Herz erleichtert und erwarte — was ihr auch versprochen wurde —, daß entsprechende Maßnahmen gegen die sie bedrückenden familiären Mißstände ergriffen würden; die Spukerei würde sodann ein Ende haben. — Tatsächlich herrschte von nun an Ruhe. Der Bauer war durch die erhaltenen Mitteilungen wie aus den Wolken gefallen. Schon nächstentags reiste er in die namhaft gemachte holsteinische Stadt und fand bei der richtig angegebenen Adresse das völlig unzureichend verpflegte Kind seiner ältesten Tochter. Auch die Angaben über die beiden anderen Töchter erwiesen sich bis in die kleinsten Einzelheiten hinein als zutreffend. —

Der vom Juli 1967 bis Januar 1968 in einer Rosenheimer Rechtsanwaltkanzlei aufgetretene Spuk wurde durch Presseveröffentlichungen allgemein bekannt: in Gegenwart einer jungen Büroangestellten zersprangen elektrische Birnen oder wurden aus ihrer Fassung gedreht, Schreibtischschubladen sprangen auf, ein drei Zentner schwerer Aktenschrank wurde um 28 cm verschoben, Bilder kreisten an den Wänden (was sogar gefilmt werden konnte), Telefone klingelten und fremde Stimmen führten Telefongespräche, selbst bei abgeschalteter Stromzufuhr usw. Die Post schickte ihre besten Fachleute mit modernsten Meßapparaturen ... man fand keine Erklärung. Der katholische Parapsychologe Prof. Dr. A. Resch sprach in seinem Gutachten von „Energien einer unbekannten Tiefenseele nach außen". Was heißt „Tiefenseele"? — Man ist „so klug als wie zuvor". Bei derartigen Untersuchungen sollten Parapsychologen hinzugezogen werden, die auch die spiritistische Hypothese gelten lassen und in ihre Überlegungen einbeziehen; vornehme Ignoranz bringt uns da keinen Schritt weiter. Letztlich geht es auch gar nicht darum, ob der einzelne Spukfall animistisch oder spiritistisch zu erklären wäre, sondern darum, den spukbelästigten Menschen wirksam zu helfen. „Die Ergebnisse der modernen Spukforschung beweisen", schreibt der Amerikaner Prof. Hans Holzer am Schluß seines Buches „Gespensterjäger" (Freiburg 1963), „daß eine Befreiung von Spukbelästigungen durchaus möglich ist, wenn man richtig an die Dinge herangeht und darauf hinwirkt, daß die noch erdgebundenen Seelen (Jenseitigen) ihre Lage erkennen und es ihnen durch unsere Belehrung und Aufklärung möglich wird, den Übergang ins eigentliche Jenseits zu vollziehen."

Damit wären wir bei den „armen Seelen" des katholischen Glaubens angelangt ... und in der Tat, es scheint sie zu geben. Jedenfalls sind ihre Manifestationen tausendfach bezeugt, auch außerhalb des katholischen Bereiches. Aus der unübersehbaren Zahl von Spukfällen ist Frau Dr. Fanny Moser einigen der interessantesten nachgegangen und hat die Ergebnisse in ihrem zweibändigen Werk „Spuk" (Zürich 1950) veröffentlicht. Als klassisches Beispiel führt sie das Spukgeschehen im Hause des schweizerischen Nationalrats und Rechtsanwalts Melchior Joller an. Im Jahre 1860 begannen dort harmlose Spukvorkommnisse, denen man keine sonderliche Beachtung beimaß. Die Erscheinungen steigerten sich aber im Laufe des Jahres 1862 dermaßen, daß die gesamte Familie Joller ins Unglück gestürzt wurde und das Haus schließlich verlassen mußte. Die Spukphänomene waren teilweise so haarsträubend, daß ich nicht näher darauf eingehen möchte. Nur einmal vernahm man eine intellektuelle Äußerung: die Kinder des Nationalrats waren ins Freie geflüchtet und warteten angstvoll die Heimkehr des ältesten Bruders und der Magd ab, während die Eltern erst später erwartet werden konnten. Eduard, der Älteste, und die Magd wollten den Kindern nicht glauben. Alle gingen ins Haus zurück. Sie fanden sämtliche Türen und Fenster weit offen, und wenn man sie schloß, öffneten sie sich wieder, wie von Geisterhand. Plötzlich bewegte sich ein Stuhl von selbst bis in die Stubenmitte und warf sich blitzschnell herum, die Beine nach oben. Die Beobachtenden standen wie angewurzelt und starrten mit weit aufgerissenen Augen auf das Geschehen. Zugleich hörten sie eine wehmütig-seufzende Stimme klagen: „Daß sich auch gar niemand meiner erbarmt!" ... Eines Nachts muß auch der Vater etwas Entsetzliches erlebt haben, denn als er am Morgen aus seinem Zimmer kam, waren seine Haare schneeweiß. Auf die Familie machte das einen furchtbaren Eindruck. Was es war, hat er keinem erzählt. Seine Erklärung erschöpfte sich in den Worten: „Nun verstehe ich alles." Joller entschloß sich, nach Rom zu fahren und dem Papst Bericht zu erstatten. In Rom starb der Nationalrat, ohne bis zum Papst vorgedrungen zu sein.

Hans Geisler bemerkt hierzu: „Im Falle der Familie Joller ist es klar, daß eines oder mehrere der Kinder den erdgebundenen Geistwesen die für die Erzeugung der Spukphänomene nötige Odkraft lieferten. Kinder sind um die Pubertätszeit herum bekanntlich in vielen Fällen gute physikalische Medien (vgl. Rosenheimer Spukfall). Wäre Nationalrat Joller mit den Gesetzen, die hier zur Geltung kommen, auch nur einigermaßen vertraut gewesen, hätte er nicht nur die spukenden Geistwesen befreien, sondern auch seiner Familie das Haus erhalten können." Ohne jeden Zweifel hätte das gemeinsame Gebet der Familie Joller viel vermocht; der Seufzer „Daß sich auch gar niemand meiner erbarmt" besagt alles. Hellsichtigen Personen geschieht es oft, daß sie von „armen Seelen" alias Jenseitigen um Gebete förmlich angefleht werden. Das war schon bei der Seherin von Prevost, Friederike Hauffe so, bei der Saarländerin Maria Michely ebenso wie bei der schwäbischen Prinzessin von der Leyen auf Schloß Waal bei Buchloe, welcher in den Jahren 1921—1929 oft ganze Gruppen von Verstorbenen erschienen und um Gebete bettelten. Die Gebetskraft scheint den Jenseitigen wohlzutun, anders lassen sich die zahllosen Berichte dieser Art kaum erklären. Daß besonders viel Spukphänomene in Pfarrhäusern geschehen, mag ebenfalls in diesem Zusammenhang verstanden werden. In einem Pfarrhaus in Mittelfranken wurden zwischen 1947 und 1952 typische Spukerscheinungen beobachtet. Sie hörten schlagartig auf, als bei Bauarbeiten in einer Ecke des Pfarrgrundstücks das Skelett eines menschlichen Embryos ausgegraben wurde.[69]) Rektor Pfarrer Irmler (Marktheidenfeld) erlebte einen Spuk im jetzigen Polen, 1945—1947. Gegenstände flogen durch die Luft, unsichtbare Personen raunten, zischelten, schrieen. Viele Nächte lang herrschte unheimliches Getöse. Irmler betete den Exorzismus und gebot im Namen Jesu, zu verschwinden. „Ein Augenblick der Stille trat ein. Ein glühend heißer Fahrradschlüssel flog mir noch vor die Füße und verschwand — dann war der Spuk für immer zu Ende."

Im Rahmen der sogenannten niederen Weihen wurde bis dato jeder katholische Geistliche zum Exorzisten geweiht, d. h. er soll dadurch fähig werden, über böse Geister und „Teufel" gebieten zu können (gemäß Markus 16, 17—18 „In meinem Namen werden sie Teufel austreiben ..."). Der Exzorzismus hilft aber sehr oft nicht. In erster Linie sollte man für die sich manifestierenden erdgebundenen Jenseitigen beten. Durch exorzistische Verdammungsformeln werden bösartige Spukverursacher — wie die Erfahrung beweist — mitunter nur noch mehr gereizt ... verständlich, denn wer läßt sich schon gerne als „Teufel" bezeichnen. Einer meiner österreichischen Freunde wurde 1971 von zwei Kaplänen gebeten, mit in ein Kloster zu kommen, wo es in den von den beiden Geistlichen bewohnten Räumen „nicht geheuer" war. Ihr Exorzismus hatte völlig versagt. Obwohl die Nerven der beiden Herren schon ziemlich strapaziert waren, konnte man sich von Seiten weiterer hinzugezogener Kleriker nicht entschließen, der von meinem Freunde vorgeschlagenen Lösung des Problems zuzustimmen: Kontaktaufnahme mit dem oder den Jenseitigen unter Hinzuziehung eines geeigneten Mediums.

Aufschlußreiche Spukvorgänge, die von den Betroffenen als Manifestationen „armer Seelen" verstanden werden mußten, schildert eine zur katholischen Kirche konvertierte Protestantin in dem kleinen Büchlein „Tote rufen uns"[70]). Dieser Titel ist allerdings verfehlt, denn um rufen zu können, muß man wohl oder übel am Leben sein. Auch kann man einige der weltanschaulichen Folgerungen der Verfasserin mit parapsychologischen Erkenntnissen nur schwerlich in Einklang bringen, aber die Schilderungen selbst sind in ihrer Art typisch und verdienen größte Beachtung: Nach dem Einmarsch der Russen und Polen in Schlesien weilte die Verfasserin längere Zeit bei einer Familie Brand. Das erforderliche psychische Kraftfeld zur Erzeugung von sog. Spukphänomenen ging von der zweiundzwanzigjährigen Tochter aus. Grete war ein frommes, unberührtes Mädchen. In ihrer unmittelbaren Nähe stellten sich Klopfzeichen ein, die anfangs allerlei Verwirrung anstifteten. Bald aber bewegten sich Gegenstände in der Wohnung umher, ohne daß jemand sie angefaßt hätte: „Kaum war Grete im Schlafzimmer, flog der Leuchter auf die Erde und zersprang. Wir stürzten sofort ins Schlafzimmer. Die Türen standen sowieso immer offen, da man sich bei Überfällen in der Nacht schnell verständigen mußte. Wir nahmen den Leuchter ziemlich bestürzt auf ... standen etwas betreten da und sahen uns an. Was in uns damals vorgegangen ist, kann ich heute nicht mehr sagen. Jedenfalls war es uns sehr unheimlich zumute, als wir nun wußten, daß uns Wesen umgaben, die wir nicht sehen konnten ... Kaum hatten wir den Korridor betreten, polterte der zweite Leuchter hinter uns her ... Nun flogen ohne Pause Hüte, die auf einem Korbe lagen, Schuhe, die unterm Bett standen, Decken, Kissen und Wäschestücke vor unseren Augen durchs Zimmer, ohne daß einer von uns auch nur die Hand rührte. Ein Tuch blieb auf der Schale des Kronleuchters hängen, der hin- und herschaukelte. Mißtrauische Blicke flogen zu Grete, die ganz verstört im Bett lag. Aber sie konnte es nicht gewesen sein ... und während Grete sich verteidigte, flogen die Gegenstände weiter vor uns im Zimmer umher." Die Erzählerin fährt fort:

„Wenn ich an alles zurückdenke, ist es mir, als ob wir damals doch nicht ganz erfaßt hatten, daß Geister um uns waren, so fern lag uns diese Annahme. Wir ahnten wohl, daß unsichtbare Wesen uns ein Schauspiel gaben, aber da wir sie selber nicht sahen und nur ihre Handlungen wahrnahmen, dünkten wir uns noch immer als Herren der Wohnung. Unsere Angst vermischte sich daher mit Zorn. Herr Brand ergriff den Schuh, der eben neben seinem Bett niederfiel und schleuderte ihn zurück. Aber was half es! Je mehr wir zurückwarfen, desto mehr kam auf uns zugeflogen und zwar immer genau auf den, der geworfen hatte; ein Zeichen dafür, daß diese Wesen mit Vernunft und Überlegung handelten ..."

Nächstentags wurde der katholische Pfarrer geholt. Es war am 27. 12. 1945. An diesem Tage begann der Spuk bereits gegen fünf Uhr nachmittags. Der Priester wußte glücklicherweise Bescheid und sagte, es seien arme Seelen, die sich melden wollten. Er besprengte die Wohnung mit Weihwasser und gab Grete Verhaltensmaßregeln, wie sie die Jenseitigen um ihr Begehr fragen solle. — In der Folgezeit, als es wieder einmal ganz schlimm geworden war, faßte Grete Mut und stellte die Frage: „Ihr lieben armen Seelen, was wollt ihr, was können wir für euch tun?" Zu ihrer aller Überraschung meldete sich der am 27. 6. 1944 in Rußland gefallene Bruder Paul, der um Gebete bat. Die Gestalten zu hören und zu sehen vermochte in der Regel nur Grete, und dies ist wiederum ein parapsychologisches Echtheitsmerkmal der Vorkommnisse; Grete war ein starkes Medium, ohne daß ihr oder ihren Angehörigen diese Tatsache zum Bewußtsein kam. Zwar sah sie die Gestalten — ganz oder teilweise — nur selten, aber zuweilen verdichteten sich die Phantome so stark, daß sie auch von den anderen wahrgenommen wurden. — Im Laufe der Wochen meldeten sich sehr viele Hinübergegangene, zumeist Ermordete oder Gefallene, bekannte und unbekannte. Die als Begleiterscheinung auftretenden physikalischen Phänomene steigerten sich bis zur Durchdringung der Materie: die silbernen Leuchter hatten durch das häufige Werfen ziemlich gelitten und Frau Brand verschloß sie in einem Glasschrank, unterhalb der Frisierkommode. „Das hinderte die armen Seelen aber nicht, sich ihrer immer wieder zu bedienen ... sie nahmen die Leuchter einfach aus dem verschlossenen Glasschränkchen, das genau so verschlossen und unbeschädigt blieb." Als einmal eine im gleichen Haus wohnende Polin aus Neugierde in die Wohnung der Familie Brand kam — weil man das Gepolter auch in den oberen Stockwerken des Gebäudes hören konnte und viel darüber geredet wurde — schaute sie sich ungläubig und zweifelnd um. „Wir hatten den Eindruck, als ob sie lächelnd auf uns herabsah ... aber das Lächeln verging ihr. Während sie mit Frau Brand und Grete in der Tür des Schlafzimmers stand, flog vor ihren Augen aus dem verschlossenen Glasschränkchen ein Leuchter zwischen ihre Füße. Sie wurde weiß wie die Wand ... ohne sich zu verabschieden, verließ sie uns fluchtartig. — Nicht ohne Humor ist folgende Begebenheit:

Um Lebensmittel zu beschaffen, war Grete zu Verwandten nach Borau gefahren und wollte nach drei Tagen zurückkommen. Sie war aber schon am nächsten Abend wieder da. Sie erzählte, daß sich alle gefreut hatten, sie noch unter den Lebenden zu sehen. In Borau selbst war fast die Hälfte der Einwohner umgebracht worden. Es läßt sich mithin denken, daß Grete, als sie dort übernachten wollte, unerwünschterweise „Besuche" erhielt. Gegenstände begannen herumzufliegen. Grete hatte sich die Decke bis an die Nase hochgezogen und sagte kein Wort, weil sie befürchtete, noch bei Nacht das Haus wieder verlassen zu müssen. Erschreckt kamen die Gastgeber herbei und wußten nicht, wie ihnen geschah. „Unterdessen tobte es immer mehr. Decken flogen umher, Töpfe wurden aus dem Küchenschrank genommen, Schuhe durch das Zimmer geworfen ... Die Frau zitterte am ganzen Leibe und betete unter Weinen. Die Kinder waren aufgewacht und fingen an zu jammern." Schließlich beschuldigte die Frau ihren finster dreinblickenden Ehemann, daß dies alles seinetwegen geschehe, weil er nicht immer in die Kirche gehe und auch so wenig bete. Der Mann wollte das nicht gelten lassen und erwiderte grob: „Ich bin noch niemand etwas schuldig geblieben und habe auch niemanden betrogen." Die Frau beharrte jedoch in ihrer Überzeugung, daß er an allem schuld sei. Das erzürnte ihn noch mehr, und als wieder Schuhe durchs Zimmer flogen, ergriff er sie wütend und schleuderte sie zurück. Sofort kamen sie wieder angeflogen und zwar direkt auf ihn. „Das veranlaßte ihn dann doch, mitzubeten, wenn er auch seine Angst dabei hinter einer finsteren Miene versteckte."

Als das Getöse kein Ende nahm, beschlossen sie, in das Haus des Vaters des Mannes, der am anderen Ende des Dorfes wohnte, zu gehen. „So zog die Familie, notdürftig angezogen, voran Vater, dann die Mutter mit den beiden Kindern und zuletzt Grete, um Mitternacht durch das schlafende Dorf." Grete hatte noch immer nichts verraten. Der Vater wurde herausgeklopft. „Was wollt ihr denn hier, jetzt um Mitternacht?" fragte er. Aber der Sohn, der sich schämte und deshalb sehr mürrisch war, sagte nur: „Wir können dort nicht bleiben, wir müssen *hier* schlafen." Nach einigem Hin und Her gingen alle ins Haus. „Kaum hatten sie sich in der Küche niedergelassen, so ging es auch hier los." Der Küchenschrank wurde von unsichtbarer Hand geöffnet, Töpfe, Teller, Tassen herausgenommen. Handtücher flogen herum. „Es donnerte an Türen und Fenster und es war so, wie es immer war, wenn arme Seelen sich meldeten und ihr Melden nicht beachtet wurde, sie also zu keinem Gebet kommen konnten. — Dem Vater verging jeder Einspruch. Der Sohn fühlte sich gerechtfertigt; das verscheuchte fast seine Angst. Nachdem es eine sehr lange Zeit gedauerte hatte, wurde es endlich still, aber sie saßen doch noch betend bis zum Morgen zusammen. Nur die Kinder waren eingeschlafen."

Es würde zu weit führen, wollte ich noch mehr Spukvorgänge wiedergeben. Ferner habe ich bewußt die Schilderung besonders grauenhafter Fälle unterlassen. Man ist versucht zu sagen, „der Mensch begehre nimmer zu schauen, was die Götter gnädig bedeckten mit Nacht und Grauen", obwohl ein derartiges Erlebnis für so manchen Materialisten eine recht heilsame Wirkung haben könnte. Verständlich scheint andererseits die Einstellung der Kritiker, wenn sie auf die häufige Albernheit der Manifestationen verweisen und wir müssen zugeben, daß das Herumwerfen von Schuhen oder Kartoffeln, das Pochen in Möbeln und Wänden etc. keineswegs als Äußerungen „hoher Geister" angesehen werden kann. Und eben daran erkennt man die „armen Seelen", jene durch ihren Entwicklungsgrad erdverhafteten Entkörperten, daß sie nur unter bestimmten Umständen in der Lage sind, sich uns bemerkbar zu machen. „Die beiden Welten", sagt du Prel, „sind eben im Großen und Ganzen noch immer getrennt, und daraus erklärt sich das Unfertige, Mangelhafte, Unklare" und häufig Verworrene solcher Verständigungsversuche aus dem Jenseits zu uns herüber. „Gleich wohl", fährt du Prel fort, „hat der Einwurf der Zweifler keinen Sinn, daß sich die Geister so albern benehmen ... Erst *leugnen* diese Herren die Geister und dann sagen sie, wie sie sein müßten, wenn es welche gäbe (sie legen also dem Nichts Eigenschaften bei). Zur Beurteilung der Geister müssen wir immer bedenken, daß sie physikalisch durch naturgesetzliche Beschränkung auf ein geringes Tätigkeitsprogramm angewiesen sind. — Was aber die in der Tat häufige Albernheit der intellektuellen Mitteilungen betrifft, so liegt darin — für mich wenigstens — erst recht der Beweis, daß wir es mit verstorbenen Menschen zu tun haben. *da ja die Albernheit auch im Diesseits so sehr überwiegt ...*"[71])

Spukerscheinungen müssen nicht in jedem Fall von Verstorbenen herrühren. Es kann sich auch um „Doppelgänger" Diesseitiger handeln, oder um gedankliche Vorstellungen (Monoideismen, wie z. B. die Gedankenschöpfung der Tibet-Forscherin Alexandra David-Neel), die ebenso gut von Menschen wie von Jenseitigen herrühren können. In Fällen also, wo die intellektuelle Ausdrucksfähigkeit der Erscheinung gleich null oder sehr begrenzt ist, spricht man — soweit es sich nicht um Doppelgänger oder um Materialisationen à la Mirabelli handelt — wohl besser von *Gespenstern oder Schemen*. Dies muß man berücksichtigen, wenn man beispielsweise jene Erscheinungen beurteilen will, die mit dem Begriff *Geistertheater* belegt worden sind. Darunter versteht man Spukvorgänge, die eine ganze Handlung ablaufen lassen und zwar in bestimmten zeitlichen Intervallen, stets am selben Ort. Aufgrund solcher Beobachtungen entstand die Theorie, wonach diese Phänomene auf Gedankenbildern beruhen sollen, die ein selbständiges, von ihren Urhebern unabhängiges Leben führen. „Diese Theorie", schreibt Georg Sulzer, „erklärt sich leicht daraus, daß es auf die meisten Menschen einen abschreckenden Eindruck macht, glauben zu müssen, daß ein oft viele Jahrhunderte dauernder Spuk von den Verstorbenen, von denen er ausgegangen ist, mit vollem Bewußtsein verübt werde." Sulzer meint, dies sei ein Irrtum. Richtig sei lediglich, daß viele Spukerscheinungen aus Zwangsgedanken entstünden, welche die Verstorbenen mit hinüber ins Jenseits genommen haben und nicht aufgeben können. „Dadurch werden sie gezwungen, ihre früheren Handlungen stets zu wiederholen; allerdings oft nur zu den Zeiten, in denen sie sich ereignet haben: an einem bestimmten Tag des Jahres oder zu einer bestimmten Stunde, wodurch die Erinnerung an jene Handlungen in ihnen wieder wach wird. Besondere Leiden werden ihnen dadurch nicht verursacht", meint Sulzer, betont jedoch: „außer da, wo ihre Handlung in der Wiederholung eines von ihnen verübten Verbrechens oder ihres Selbstmordes besteht." Und du Prel ergänzt: „Das Verhalten der Gespenster muß uns in der Tat geneigt machen, von einem traumhaften Zustand derselben zu reden, d. h. die Identität des Phantoms mit dem Verstorbenen als eine ungenügende zu betrachten." Auch du Prel vergleicht diesen traumartigen Zustand mit dem des Doppelgängers und — treffend — mit dem des Schlafwandlers.

Dr. Robert Friese bringt in seinem bereits mehrfach erwähnten Werk eine jenseitige Stellungnahme zu den hier besprochenen Problemen. Ein „ziemlich verständiger Geist" habe hierzu folgendes gesagt: „Die bösen Taten, welche sie auf Erden vollführten, lassen solchen Geistern keine Ruhe.*) Sie wissen auch hier nichts Gutes anzufangen und so amüsiert es sie, die Menschen auf ihre Anwesenheit dadurch aufmerksam zu machen, daß sie dieselben erschrecken. Sie bieten ihre ganze Willenskraft auf, teils aus Bosheit, teils aus Schmerz und Verzweiflung über ihr Los, um nur Interesse zu erregen. Glaubt doch nicht, daß diese Geister in Abwesenheit von Menschen so her-

---

*) „Und ihre Werke folgen ihnen nach ..."

umtoben ... Die Verzweiflung und der ganze Aufwand ihrer Energie befähigt sie, die nötigen Kräfte für ihr polterndes Treiben dem anwesenden Menschen zu entziehen. Ihr müßt euch das so vorstellen: wenn ein Mensch in großer Gefahr ist, so entfaltet er Kräfte, die er sonst nicht besitzt; auch ein Mensch, der in Wut gerät, hat Kräfte, die er sonst nicht an sich gekannt hat. So auch diese unglücklichen Geister."

Obwohl den Aussagen Jenseitiger — soweit ihre geistige Höherentwicklung nicht offenkundig zu Tage liegt — kein größerer Wert beizumessen ist als der Meinung eines x-beliebigen Diesseitigen, müssen wir ihnen zumindest ein Mehrwissen hinsichtlich ihres Zustandes als *Entkörperte* zugestehen; eines Zustandes, den wir ja auch alle einmal erleben werden. Aus diesem Grunde füge ich eine nicht uninteressante weitere Mitteilung aus dem Jenseits an. Es handelt sich um eine aufklärende Botschaft, die Baronin Adelma von Vay erhielt und im zweiten Band ihres Werkes „Aus meinem Leben" (S. 788) erwähnt. Die Mitteilung lautet:

„Etwas sehr Sonderbares will ich dir noch sagen; erkläre es dir, so gut du kannst, ich kann es nur erzählen. — Es hat mich geärgert zu hören, daß die Leute im Schloß, das auf Erden mein war, behaupten, die alte Gräfin spuke da herum. — Ich habe die Sache ergründet, habe selbst nachgesehen. Du kannst dir mein Staunen vorstellen, als ich auf den Gängen des Schlosses . . . mich *selbst* sah! In meiner schwarzen Jacke, Haube auf dem Kopf, auf Treppe und Flur herumsteigend. Ich war starr vor Staunen! — Mein geistiger Führer erklärte mir dies so: Wenn ein Schmetterling aus der Puppe fliegt, so bleibt noch die Schale übrig. So ähnlich ist es, wenn der Geist aus dem Körper weicht; da bleibt auch eine Schale, eine ihm ähnliche Form auf Erden zurück, die so lange vegetiert, bis der Körper im Grabe zu Staub geworden ist. — Es gibt nun Elementseelen in der Natur, die diese Schalen oder Schemen beleben, bewegen; sie kriechen hinein wie in eine Maske. Das macht dann ‚Gespenster', die argen, bösen Spuk treiben. Der freie Geist selbst hat mit diesen Spukereien nichts zu tun."

Auf Veranlassung der führenden US-Gesellschaft für psychische Forschung bekam Prof. Hans Holzer Gelegenheit, zwei Jahre lang „gewissenhafte und sorgsamste Spukforschung in Manhattan und dessen Vororten zu betreiben und entdeckte dabei mehr als zwanzig glaubwürdige Geistererscheinungen", wie er im „Pictorial New York Journal" vom 15. Mai 1965 bekannte. „Und ich versichere Ihnen: es *gibt* Geister! — Sie sind keine Halluzinationen oder Produkte von irgend jemandes Einbildung, den Forscher mit inbegriffen ... Ich bin überzeugt, daß wir *alle*, die wir Erdenmenschen sind, eine nicht-körperliche, geistige Komponente, einen entsprechenden Geisteskern in uns tragen, der den physischen Tod überlebt. — Es gibt nichts Übernatürliches in dieser Welt, sondern nur eine Anzahl von Facetten bzw. Schichten der menschlichen Persönlichkeit, die noch keineswegs alle verstanden werden. Ich bin der Ansicht, daß ‚Spukgeister' allerdings die den körperlichen Tod überlebenden Geister jener Menschen sind, die meist unter widrigen Umständen starben und nun durch ihre eigenen negativen Gefühlserinnerungen an dem Platz festgehalten werden, an dem ihre Tragödie stattgefunden hat." Des Spukforschers Aufgabe sei es nun, meint Prof. Holzer, diese Geister aufzuspüren, Zeugen zu befragen, die entsprechende Erscheinungen oder ungewöhnliche Geräusche oder sonstige außergewöhnliche Beobachtungen melden können, die Glaubwürdigkeit solcher Zeugen zu ermitteln und schließlich Verbindung zu dem gemutmaßten Geist aufzunehmen." — Schade, daß wir im deutschen Sprachraum keinen Hans Holzer haben. —

Zu guter Letzt noch ein Spukerlebnis des Münchener Parapsychologen Dr. med. Franz Wetzel, welches er im Rahmen anderer Selbsterfahrungen unter dem Titel „Zwielichtige Miniaturen" im Novemberheft 1951 der Zeitschrift „Neue Wissenschaft" veröffentlichte. Er schreibt:

„In der Mitte zwischen meinem Heimatdorf und dem Nachbarort befand sich in meiner Jugend eine alte, nicht mehr ausgebeutete Sandgrube, an welcher in der ‚Geisterstunde' kein Mensch gerne vorbeiging. Ich erinnere mich, daß auch ich als Junge jeweils einen großen Umweg machte, wenn ich zufällig einmal in der Dunkelheit in die Gegend kam. Man erzählte sich auch, daß an dieser Sandgrube nachts die Pferde scheuten. — Eines Tages wurde die verlassene Sandgrube wieder in Betrieb genommen, und siehe da: es wurde das Skelett eines etwa zwanzigjährigen Mädchens gefunden, das etwa hundert Jahre lang in der Sandgrube verschüttet gewesen war. Es war offenbar einem Verbrechen zum Opfer gefallen und dort vergraben worden. — Nachdem das Skelett auf dem Ortsfriedhof bestattet worden war, hörte man nichts mehr von diesem Spuk. „Wie wäre dieser Fall", schließt Dr. Wetzel, „der hier wahrheitsgemäß geschildert wurde, animistisch zu erklären?"

Schutzengel — Schutzgeister

„Von allen guten Geistern verlassen" zu sein ist eine im Deutschen geläufige und verbreitete Redensart. Leider eben nichts mehr als eine solche, obwohl der tiefere Sinn derselben unschwer erkennbar ist. Die Lehre von den Schutzgeistern wurde von allen Völkern des Altertums als wahr angenommen und stand in innigem Zusammenhange mit dem Verstorbenenkult. In der christlichen Tradition hat nur die katholische Kirche diesen Glauben beibehalten und feiert seit alters her ihr jährliches Schutzengelfest. Besonders Kindern sagt man allgemein nach, daß sie von guten Engeln begleitet seien, und so manche wundersame Errettung aus Not und Gefahr wurde und wird in ländlichen Bezirken noch heutigentags der Hilfe des Schutzengels zugeschrieben.

Von den Alten Chinesen wurde das ganze Weltall als *eine* große Familie angesehen; Erde, Himmel, Geisterwelt und die gesamte Naturordnung galten lediglich als Teile eines einzigen Reiches, welches durch die ewige Vernunft des S c h a n g - t i regiert wird. Wie nun im Himmel ein einziger Gott regiert, so hatte nach damaliger Ansicht der Chinesen auch die Erde nur einen einzigen Regenten, den Kaiser (bei den Japanern gilt ja noch heute der Tenno als Sohn des Himmels). Diesem Erd-Regenten stehen die guten Geister mit wohlwollenden Ratschlägen hilfreich zur Seite; sie weihen ihn in die Kunst ein, die Völker gerecht zu regieren, sie lehren ihm die Organisation der Gesellschaft. Durch Erfüllung seiner Aufgabe kann sich der Mensch vervollkommnen und — durch Tugend geadelt — sich bis zum Reich der reinen Geister erheben, nachdem er seine irdische Hülle abgelegt hat.*) Nach Confucius (1. Buch, Kap. 16) schweben die Geister in großer Zahl in der Luft umher und befinden sich überall, weshalb niemand sagen solle: „Die Nacht ist dunkel und niemand wird wissen, was ich tue." Nach § 512 des „Buches der Belohnungen und Strafen" nähern sich gute Geister dem Menschen, sobald er eine gute Absicht gefaßt hat (auch wenn er sie noch nicht in die Tat umsetzte), und verlassen ihn sofort, wenn er böses im Sinn hat; dann treten an ihre Stelle Geister der Versuchung, die ihn entsprechend inspirieren und zur bösen Tat verleiten wollen.

Die Chinesen glaubten ferner einen Geist zum Schutze des häuslichen Herdes zu haben, der über alle Handlungen der Hausbewohner am letzten Tag eines Monats im Himmel Rechenschaft ablegte. An solchen Tagen und an den darauf folgenden wurde aus diesem Grunde gefastet.

---

*) Diese Ansicht entspricht völlig der modernen spiritualistischen Auffassung.

Bei Indern und Persern sind es verstorbene Vorfahren, die das Amt des Schutzgeistes innehaben. Die Perser nahmen sogar weibliche Schutzgeister an. Die Griechen nannten ihre Schutzgeister „Dämonen" oder „Genien". Empedocles glaubte sogar, daß der Mensch zwei Genien als Schutzgeister habe. Berühmtheit hat der Schutz-Dämon des Sokrates erlangt. Pythagoras und seine Schule bildeten die Schutzgeister-Lehre in prägnanter Form aus; mit Ausnahme der Epikuräer wurde sie von ganz Griechenland angenommen. Übrigens glaubten die Griechen an das Vorhandensein von Schutzgeistern für ganze Städte, Länder und Völker. — Die Römer hatten ihre „Laren" und „Penaten" als Schutzgötter und -geister.

In der Bibel weisen die Psalmen 34 (Vers 8) und 103 (Vers 20/21) auf Engel hin, welche die Frommen beschützen, und der Hebräer-Brief spricht im 1. Kap. Vers 14 von „dienstbaren Geistern". Bekannt ist ferner, daß Jesus von den Schutzengeln der Kinder sprach, die man nicht mißachten solle.

Bei spiritistischen Sitzungen ist fast immer von einem „Kontrollgeist" die Rede, unter dessen Leitung der Sitzungsverlauf vonstatten geht. Schließlich behauptet auch jedes Medium, einen persönlichen „geistigen Führer" zu haben. „Stafford" hieß der Führer des szt. weltberühmten Mediums d'Espérance. Seiner gedenkt sie in der Widmung zu ihrem Buch „Im Reiche der Schatten". Dr. Cyriax' Geistführer nannte sich Dr. Spurzheim. Das durch Dr. von Schrenck-Notzing bekannt gewordene Materialisationsmedium Willy Schneider hatte einen weiblichen Kontrollgeist, „Mina", die völlig persönlichkeitsverschieden zum Medium war. Während Willy Schneider sehr launenhaft, charakterlich labil, impulsiv und unruhig gewesen sein soll, war Mina (laut Schrenk-Notzing das „unbewußte Ich" Willys) aufrichtig, bescheiden, zuverlässig und liebenswürdig, kurz: fast das genaue Gegenteil von Willy. Mina entfaltete eine „ungewöhnlich starke Energie und Willensanspannung zur Erzielung positiver Resultate" bei den von Schrenk-Notzing mit Willy Schneider durchgeführten Experimenten. Ferner „strenge Selbstüberwachung bei Ausübung der Kontrolle, die auf das peinlichste eingehalten werden muß, um jeden Verdacht auf schwindelhafte Manipulationen von vornherein auszuschalten ... Außerdem zeigt ‚Mina' eine bewundernswerte Geduld, wenn es sich darum handelte, eine schwierige vom Versuchsleiter gestellte Aufgabe zu lösen ... Niemals werden neue Versuche und Verschärfung der Kontrollmaßnahmen abgelehnt" usw., usf. — Das bedeutet also, daß Mina von sich aus auf sorgfältigste Kontrolle der Experimente dringt und willig auf alle Vorschläge und Maßnahmen eingeht, die vom Experimentator und anderen teilnehmenden Wissenschaftlern ersonnen wurden. Schrenck-Notzing zufolge war aber Mina kein „Geist", kein ichbewußtes selbständiges Wesen, sondern lediglich das „unterbewußte Ich" Willys.[72])

Während Schrenck-Notzing und andere animistisch eingestellte Parapsychologen grundsätzlich die Geister-Hypothese ablehnen und mithin auch keine Schutz- oder Kontrollgeister gelten lassen, meint du Prel, daß nur zuweilen das eigene „transzendentale Subjekt" (der Fluidalkörper) des Mediums in *der* Form austritt, daß es von diesem selbst gesehen wird. In der Tat liegen Berichte vor, wonach jemand sich selbst gesehen hat; aber nirgends ist auch nur einmal berichtet worden, daß sich der Betreffende mit dem „zweiten Ich" unterhalten konnte oder von diesem intelligente Äußerungen vernahm.

Unter den vorliegenden Erfahrungsberichten befinden sich auch solche, die erkennen lassen, daß die Macht und Kraft der Schutzgeister (bleiben wir bei dieser Bezeichnung) anscheinend nicht unbegrenzt ist. Sie sind keineswegs immer Herr der Lage. Prof. H. Nielsson zum Beispiel erlebte folgendes: zum Zwecke der Kontrolle des Mediums hatte er dessen Beine zwischen seine Knie gepreßt und hielt mit den Armen die Schultern desselben umschlungen. „Da wurde plötzlich der Rednerstuhl, der sowohl an die Wand wie an den Fußboden angenagelt war, abgerissen oder abgesprengt und auf den Fußboden geworfen. Ich hielt das Medium weiter fest, wurde aber nun mit ihm in den Armen hochgehoben, so daß wir beide weithin auf den Fußboden flogen." Prof. Nielsson stieß sich die Hände beim Hinfallen, während das Medium so nahe an den weggerissenen Stuhl flog, daß ein Nagel tief in seine Lenden drang. — Nielsson bemerkte zur animistischen Auslegung seiner Erlebnisse u. a.:

„Die Intelligenzen, mit denen wir in Verbindung waren ... setzten sich in all diesen fünf Jahren" (der Nielsson'schen Experimente) „nur ein Ziel: uns von ihrer Behauptung zu überzeugen, daß sie diskarnierte Geister waren, die einmal auf dieser Erde gelebt hatten ... Ich weiß sehr wohl, daß viele die Phänomene mit Telepathie oder dem Unterbewußtsein des Mediums erklären wollen. Andere greifen zu Ausströmungen des menschlichen Körpers. Wenn ich bisweilen solche Erklärungsversuche höre oder von Spekulationen lese, die von gelehrten Männern angestellt werden, die zu Hause in ihrer Stube sitzen, aber niemals bei einem einzigen Experiment zugegen gewesen sind, und ich sehe, wie sie *für ihre eigene Theorie alles passend machen* . . . so frage ich: Können sie für meine geschwollenen Hände und für den Nagel in der Lende des Mediums eine Erklärung finden?" — Prof. Nielsson bezweifelt, daß die Telepathie so stark sei, um festgenagelte Stühle losreißen zu können und meint, er würde gern „einige der gelehrten Skeptiker" an seine Stelle gewünscht haben an jenem Abend, als er samt dem Medium aufgehoben und weit auf den Fußboden hingeworfen worden sei. „Diese Luftreise wäre ihnen gut bekommen."

Medien allgemein, und besonders Trance-Medien (wie Nielssons Bericht beweist), aber auch die Sitzungsteilnehmer können durch niedere Geister schwer geschädigt werden. Roesermueller führt einen Fall an, wo der Kontrollgeist der Situation nicht mehr gewachsen war und rasch noch den Rat zur Beendigung der Séance geben wollte: „Ich kann euch nicht länger verteidigen. Beendet die . . ." waren seine letzten Worte. Das Medium wurde von einer gewalttätigen Wesenheit ergriffen (also regelrecht besessen) und stürzte sich mit zornfunkelnden Augen brüllend auf einen Sitzungsteilnehmer, Herrn M. — „Endlich habe ich dich wieder gefunden, Feigling! Ich war Soldat in der königlichen Marine. Erinnerst du dich noch an die Sache von Oporto? Dort gabst du mir den Tod. Heute aber werde ich Rache nehmen und dich erwürgen!". Damit umklammerte das Medium den Hals des Mannes, der bald nahe am Ersticken war. Nach einem wilden Handgemenge gelang es, ihn zu befreien und in ein anderes Zimmer abzudrängen. — Nachher stellte sich heraus, daß Herr M. tatsächlich Offizier auf einem italienischen Kriegsschiff gewesen war und in Oporto einen betrunkenen, randalierenden Matrosen kurzerhand erstochen hatte. Herr M. bekam sechs Monate Festung und mußte den Dienst quittieren. Seitdem waren viele Jahre vergangen. Keiner der Experimentatoren, einschließlich des Mediums, hatten von dieser Begebenheit auch nur das geringste gewußt. — Durch diesen Vorfall wäre das unschuldige Medium beinahe zum Mörder geworden . . .[73])

Prof. H. Nielsson erlebte einen weiteren Fall von jenseitiger Gewalttätigkeit, wobei wiederum Indridason, das Medium, der Leidtragende war: ein Selbstmörder, vor dem die Kontrollen schon öfters gewarnt hatten, griff Indridason mehrfach an. Das Medium empfand Angst vor dem Gewalttäter und mußte zu Hause des Nachts bewacht werden. Trotzdem wurde der junge Isländer aus dem Bett gezerrt und schwebte, sich heftig zur Wehr setzend, zum Fenster. Das Medium wurde bei diesem Kampf verletzt und nur den äußersten Anstrengungen seiner Bewacher (dem Bürochef des isländischen Handelsministeriums Thorlaksson und dem berühmten Schriftsteller Kvaran) war die Verhütung des offensichtlich beabsichtigen Fenstersturzes zu verdanken. Bemerkenswerterweise tat Prof. Nielsson — als Theologe — das einzig Richtige: im Laufe der Zeit gelang es ihm mit viel Geduld, den Selbstmörder über seinen Zustand, sein Fehlverhalten und die Folgen seines Treibens belehrend aufzuklären. „Dieser Unruhestifter", berichtet Prof. Nielsson, „bekehrte sich später und — nachdem er lange fort gewesen war — wurde es ihm wieder erlaubt, bei unseren Sitzungen zugegen zu sein. Er wurde ein sehr tüchtiger Assistent der Kontrollen ... Wir nannten ihn Jon, und wir bekamen ziemlich gute Beweise für seine Identität. Er hatte sich in Verbitterung das Leben genommen, indem er ins Meer sprang." Nielsson fügt ergänzend hinzu: „... ich gewann die Überzeugung, daß der Kampf zwischen Gut und Böse nicht auf dieser Seite des Grabes endigt." Prof. Nielsson hat jahrelang mit 10 Medien auf Isand experimentiert und 15 Medien in England kennengelernt und war kritisch genug, nicht alles und jedes auf spiritistische Weise erklären zu wollen. „Selbst wenn Trancerede bei einem Medium vorkommt, ist es *kein* sicherer Beweis, daß sie von einem diskarnierten Geist stammt.[74])

Der schweizerische Jurist und parapsychologische Forscher Georg Sulzer hatte jahrelang mit einer Frau M. experimentiert und über diese Dame zahlreiche Nachrichten von „Lavater" und einem anderen Jenseitigen, der sich „Hilmanuel" nannte, erhalten. Sulzer bekennt: „Jeder, der spiritistische Sitzungen besucht, hat mit Täuschungen durch Truggeister zu rechnen, mag er noch so sehr von reinen Absichten geleitet werden." Frau M. war szt. sein erstes Medium gewesen, Sulzer mangelte es also noch an Erfahrung. Trotzdem war er nicht ohne Schutz: Anfang Februar 1920 fand er auf seinem Schreibtisch einen Zettel mit der Schrift seines im April 1912 in New York verstorbenen Sohnes Georg, der ihm mitteilte, daß er bei Frau M. von Dämonen betrogen werde. Sulzer hatte bereits Mißtrauen zu den „Geistern" der Frau M. gefaßt und brach die Beziehungen unverzüglich ab. Zwei Tage nach diesem Vorfall fand er in seinem stets verschlossenen Schreibtisch, zu welchem nur er den Schlüssel besaß, „ein längeres, grauliches, dem Anschein nach mit Kreidestift beschriebenes Papier, das den ganzen Vorraum ausfüllte und eigentümlich gerippt war." Der erste Teil der Schrift stammte wiederum von seinem Sohn, der zweite Teil war von der 1873 verstorbenen Großmutter verfaßt und mit ihrer Schrift identisch. „Der Inhalt bestand aus der Erklärung, daß ich irregeführt worden sei, denn die Geister, mit denen ich verkehrte, seien Dämonen und ‚teuflische Menschen'". Die Dämonen besäßen große christliche Erkenntnis und könnten bis zu einem gewissen Grade auch die Zukunft voraussehen.

Zu Dr. Robert Friese war gesagt worden: „Wir stehen euch in gewissen Fällen, wenn es in unserer Macht liegt, bei. Aber *über* uns, in anderen Zonen, waltet eine mächtige Hand, die uns von manchen Handlungen abhält, die wir zu eurem vermeintlichen Nutzen ausführen möchten. Es ist uns dann nicht möglich, euch beizustehen, namentlich wenn es wichtige Eingriffe in eure Verhältnisse oder euer Leben betrifft. Dann sind wir machtlos und kommen nur als Freunde, mit euch zu trauern oder uns zu freuen."

Ein schönes Beispiel des Wirkens unserer unsichtbaren Helfer berichtet uns Dr. Cyriax. Er war eines Nachts während eines starken Sturmes sehr spät heimgekommen und hatte sich erschöpft zu Bett begeben. Er wußte nicht, wie lange er schon geschlafen haben mochte, als er durch seinen kleinen Hund, der ängstlich wimmerte, ihm ins Gesicht leckte und die Bettdecke herunterzuzerren versuchte, halb wach wurde. „... ich fühlte mich unwohl, es lag wie ein schweres Gewicht auf meiner Brust; ich fühlte, daß etwas Besonderes, mir Schädliches eingetreten war ... allein mein Kopf war so schwer, ich war nicht imstande, mich zu erheben und verlor das Bewußtsein." — Plötzlich habe er sich in die Höhe und aus dem Bett herausgehoben gefühlt und von zwei kräftigen Männern aus dem Zimmer hinaus in die lange Vorhalle getragen, wo ein Fenster offenstand. Er sei gerüttelt und geschüttelt und hin- und hergeschleift worden. Schließlich habe man ihn unter den Wasserhahn gehalten und kaltes Wasser über den Kopf laufen lassen. „Ich war vollständig willenlos und unterwarf mich allen Manipulationen ohne Widerstand, obwohl ich nicht begreifen konnte, was das alles zu bedeuten hatte." Dann wurde er aufgefordert, Wasser zu trinken. Als er das getan hatte, folgte auf der Stelle starkes Erbrechen. Nun erst kam Dr. Cyriax zu sich und merkte, daß das Haus voller Gas und Rauch, und er dem Ersticken nahe gewesen war. „Nun schaute ich mir die beiden Männer erst an und zu meinem größten Erstaunen erkannte ich in ihnen meine beiden nächsten Schutzgeister ... welche vollständig materialisiert und kräftig mir zur Seite standen." Von ihnen bekam er nun Aufschluß über das Vorgefallene: vom Sturm war der auf dem Schornstein befindliche eiserne Hut gebrochen und fest auf die Öffnung gedrückt worden, so daß kein Rauch mehr ausströmen konnte und sich im Zimmer ausbreitete. — Als der Hund sah, daß sein Herr wieder bei Besinnung war, sprang er heulend und winselnd an ihm empor. „Ich nahm ihn in meinen Arm und herzte ihn für seinen Versuch, mich zu retten, und er schien sich der Gefahr recht wohl bewußt zu sein, denn er winselte und schmiegte sich an mich und leckte mir Gesicht und Hände ... ‚Jetzt geh erst schnell ins Zimmer', sagte Hans Alexander, der eine der beiden Retter, ‚öffne die Fenster, lösche das Feuer und hole deinen Kanarienvogel heraus; der liegt betäubt auf dem Boden des Käfigs, aber wenn du ihn an die Luft bringst, erholt er sich wieder.' — ich fand den Vogel richtig so, wie er gesagt, hing ihn an die Luft, und so erholte er sich bald."

Dr. Cyriax erzählt weiter, daß ihn plötzlich Schüttelfrost überfiel und ihm erst jetzt bewußt geworden sei, daß er in einem durchnäßten Nachthemd im zugigen Flur stand. Er gab seiner Befürchtung Ausdruck, sich eine schwere Erkältung zugezogen zu haben. Seine jenseitigen Freunde beruhigten ihn jedoch und versprachen, die Reaktion in seinem Körper aufzuhalten. Ihrem Rate gemäß frottierte er sich gründlich ab, zog ein frisches Hemd an und legte sich wieder zu Bett, „auf ihr Geheiß trotz des Sturmes und der Kälte die Fenster offen lassend, und nach einigen magnetischen Strichen war ich eingeschlafen." Am nächsten Morgen erwachte er stark schwitzend, fühlte sich aber — abgesehen von einem leichten Benommenheitsgefühl im Kopf — recht wohl und erkrankte nicht. Der Erzähler betont zuletzt, daß ihm dies alles „wahr und wahrhaftig im Januar des Jahres 1869 passiert" sei und daß er es ohne jedwede Ausschmückung berichtet habe. Für ihn stehe fest, daß es sich bei den Helfern um echte Materialisationen gehandelt habe und nicht um „vorgezauberte plastische Halluzinationen, wofür auch der am darauffolgenden Tag noch zu beobachtende Rauch und Gasgeruch, die offenen Fenster, mein Kanarienvogel im andern Zimmer sowie das nasse Hemd und der umgebrochene Hut auf dem Schornstein" Zeugnis abgelegt hätten. Wenn dies alles durch seine eigene Psyche geschehen wäre, meint Dr. Cyriax, so dränge sich der Vergleich mit dem Freiherrn von Münchhausen auf, der in einen Sumpf geraten war und sich an seinem eigenen Zopf wieder herauszog. „Auch wäre es dann jedenfalls besser gewesen, meine Psyche hätte sich und mich aus dem Bett und in die Vorhalle getragen, als ich noch Bewußtsein hatte, statt zu warten, bis ich in vollständige Besinnungslosigkeit geraten war ... sonst hätte es leicht kommen können, daß ihr wie mir der Atem ausgegangen wäre ..."

Hermann Medinger berichtet von einer ihm bekannten Guts- und Sägewerksbesitzerin, die gezwungen war, einen sehr komplizierten Erbschaftsprozeß zu führen. Eine Schar neidischer Verwandter beabsichtigte, der alleinstehenden Frau das große Besitztum streitig zu machen. Der Fall lag jedoch klar und die Dame gewann den Prozeß in erster Instanz ohne Schwierigkeiten. Die Prozeßgegner erhoben Einspruch und bei Verhandlungen vor der nächsthöheren und weiteren Instanzen wurde die anfangs klare und übersichtliche Sachlage völlig verworren. Medingers Bekannte verlor sämtliche Revisionsverhandlungen bis zum obersten Gerichtshof. Seelisch völlig gebrochen und wirtschaftlich vernichtet nahm sie ihr „Todesurteil" entgegen. Ihr Anwalt wußte keinen Rat mehr; er tröstete die Dame mit dem Versprechen, daß er den niedrigsten Kostensatz berechnen wolle. — Auf des Berichterstatters Anraten hin begann die Verliererin nunmehr zu meditieren. Stundenlag saß sie meditativ bei Tag und Nacht über Gesetzesbüchern und deren Kommentaren, immer mit der Gewißheit im Herzen, daß sich doch noch ein Weg, zu ihrem Rechte zu gelangen, finden lassen müsse. Bei alledem ging es nicht nur um sie selbst, sondern auch um die Erhaltung der Arbeitsplätze, Dienstwohnungen und Deputatsgrundstücke ihrer getreuen Betriebsangehörigen.

In der Nacht vom 21. zum 22. Dezember 1951 geschah es: über dem Studium komplizierter Gesetzestexte war sie von Müdigkeit befallen worden und eingenickt. Das schwere Buch glitt ihr aus den Händen und rutschte auf den Fußboden ... Plötzlich war es ihr, als vernehme sie ferne Harfentöne und eine Stimme, die ihr ins Ohr raunte: „Betrachte genau die Seite, die ich jetzt aufgeschlagen habe!" — Die Schläferin schreckte auf und griff nach dem auf dem Boden liegenden Buch. Ihr Blick fiel auf die Seitenzahl 336. Sie betrachtete die aufgeschlagene Seite und las zu ihrer Überraschung: „66 — Grundverkehrsgesetz vom 13. XII 1919". — Blitzartig wurde ihr klar, daß dieses Gesetz die Lösung all ihrer Probleme bedeutete.

Am darauffolgenden Tag begab sie sich unverzüglich zu ihrem Rechtsanwalt, der sie zunächst gar nicht anhören wollte. Erst als sie ihm den gefundenen Gesetzestext unter die Nase hielt, gab er verlegen zu, daß sich damit tatsächlich ein Wiederaufnahmeverfahren mit Erfolg betreiben ließe. — Die Frau kam zu ihrem Recht. Die Juristen waren schier fassungslos, daß die Ausgrabung eines verstaubten Gesetzes aus dem Jahre 1919 es erreicht hatte, einen in letzter Instanz verlorenen Prozeß doch noch zu gewinnen! Die Schlußworte des „siegenden Rechtsanwaltes waren: „Ja, wußten denn die Herren nichts von diesem Grundverkehrsgesetz? Hier präsentiert sich eine klassische Prüfungsfrage für Jurastudenten." Dabei hatte er selber nichts von diesem Gesetz gewußt ... Medinger schließt: „Fest steht, daß meine Bekannte niemals zu ihrem Recht gekommen wäre, wenn nicht auf diese höchst seltsame Weise ihr Schutzgeist zu ihr gesprochen hätte; vielleicht als Belohnung für seines Schützlings unverbrüchlichen Glauben an ihn."[75])

Mein Freund Hans Trebus, von dem bereits an anderer Stelle die Rede ist, befaßte sich mit mediumistischen und Yogastudien. An einem Tage des Jahres 1952 erlebte er folgendes: Er hatte eben seine Entspannungs- und Prana-Übungen gemacht und lag auf dem Rücken in seinem Bett, als plötzlich ein seltsames Gefühl des Versinkens über ihn kam ... Am linken Fußende seines Lagers erblickte er eine Lichtgestalt, deren Angesicht wegen des strahlenden Scheines nicht erkennbar war. Dafür hörte er aber sehr deutlich die Worte: „Gib gut acht auf das, was ich dir jetzt zeige, du wirst es noch sehr gut gebrauchen können!" Mein Freund erzählt: „Damit verschwand die Erscheinung und ich sah — wie in einem Trickfilm — folgende Probleme deutlich werden. Zunächst das Atmen, das sich in einer Art Wasserpumpe darstellte und den Atemvorgang im Pranayama sowie beim allgemeinen Atmen deutlich machte. Desgleichen wurden mir die Gedanken als Resonanzschwingungen und die Kraftfelder des Menschen gezeigt. Alles dies war in Bewegung und ließ an Deutlichkeit nichts zu wünschen übrig." Noch heute stünden ihm, so versichert mein Freund, der keineswegs zum Schwärmertum neigt, sondern ein nüchterner und tüchtiger Techniker und Geschäftsmann ist, seine Freunde aus dem lichten Jenseits — die einst auf Erden lebten und hier viel Gutes vollbrachten — zur Seite. Sie helfen, beraten und leiten ihn bei der Erfüllung seiner Lebensaufgabe.

Die österreichische Monatszeitschrift „Alpenland" (Zeitschrift für Touristik, Skisport und Fremdenverkehr) brachte in ihrer Nr. 9/1962 eine Auswahl seltsamer Bergsteiger-Erlebnisse. In einem Falle hörten einmal Bergsteiger auf dem Großvenediger Glockengeläute so nah und deutlich, als ob sich die Glocke dicht vor ihnen befände. Sie gingen dem Klange nach, der immer mehr nach Osten abwanderte. Schon wollten sie wieder umkehren, weil sie glaubten, einer Sinnestäuschung erlegen zu sein, da lichtete sich plötzlich der Nebel und sie fanden halberfrorene Bergsteiger vor sich im Schnee! — Weder die Retter noch die Geretteten konnten sich das Phänomen erklären; bis sich einer der Geretteten erinnerte, daß seine Mutter ihm auf dem Sterbebett zugeraunt hatte: „Die Glocke, Hans, die Glocke! Sie wird dir helfen." Mit diesen Worten war die Mutter verschieden. —

Eine ähnliche Begebenheit erlebten vier Touristen bei einer nächtlichen Wanderung zur Kürsinger Hütte. Im Eisgewirr der sog. „Türkischen Zeltstadt" erblickten sie plötzlich ein Licht, welches, an einer Stelle verbleibend, wie ein Notsignal in Abständen erlosch und wieder aufflammte. Obwohl vom Aufstieg ermüdet, kletterten die Bergsteiger den steilen Hang hinan, nahmen Seil und Steigeisen, und begaben sich auf den zerklüfteten Gletscher. Sie fanden einen Mann im Gletscherbruch liegen, der kaum noch Lebenszeichen von sich gab. Eine junge Frau kauerte halberfroren neben ihm und sprach mühsam die Worte: „Verirrt ... mein Bruder ... abgestürzt." Man brachte die beiden in die Kürsinger Hütte. Der verirrte Bergsteiger wies lediglich eine leichte Gehirnerschütterung auf und erholte sich bis zum folgenden Tag. Das Merkwürdigste aber war: weder der Mann noch seine Schwester besaß eine Laterne! Woher also war jenes Licht gekommen? Der Widerschein eines funkelnden Sternes im Eis konnte es unmöglich gewesen sein, denn die Nacht war trüb und sternenlos. Vier Mann aber hatten das Licht gesehen ... Einer davon war der Erzähler dieses Berichtes.

Einen anderen Fall berichtet Börries von Münchhausen[76]) von einem jungen Bergsteiger, der in den Tiroler Bergen abgestürzt war. Er lag in einer engen Felsschlucht, sein toter Bergführer neben ihm. Hilfe war nicht zu erwarten, da die Beiden nicht in das Ausgangsdorf hatten zurückkehren wollen. — Im Rucksack seines Führers fand er ein Gebetsbuch. Er löste ein Blatt heraus und beschrieb es mit knappen Angaben seines Unglücks. Nach Tagen (!) gewann er unter äußerster Anstrengung einen Felsvorsprung, von dem aus ein heftiger Wirbelwind die Schlucht herauftobte. Plötzlich riß der Wind ihm das Gebetbüchlein aus der Hand und verwehte die schon stark zerlesenen Blätter in alle Richtungen ...

Seines letzten Trostes beraubt, stieg er wieder in sein Felsengrab hinunter, fiebernd und hungernd. — Den unausweichlichen Tod vor Augen, gewahrte er plötzlich eine Seilschlaufe, die in die Felsspalte hinabgelassen wurde ... eine Bergnotmannschaft rettete ihn. Was war geschehen? — Das beschriebene Blatt war tief ins Tal hinabgewirbelt worden, bis ins Dorf, in die Nähe der Kirche. Ein Kind fand dort das Blättchen und gab es an Erwachsene weiter ... Erklärung? — Der Spiritualist wird sagen: der Schutzgeist des jungen Mannes oder der Geist des tödlich abgestürzten Bergführers mag diese Rettung bewerkstelligt haben. Andere mögen an Zufall glauben. Jedem das Seine.

Ich selbst wurde mehrfach vor dem sicher scheinenden Tode und vor Unglücksfällen in kaum erklärlicher Weise bewahrt, wiewohl mir schwere Verwundungen und das Elend einer langen Gefangenschaft (bis 1955) nicht erspart geblieben sind; aber „es hätte alles noch schlimmer kommen können", und andere haben noch weit mehr durchmachen müssen. Vom Glauben an meinen Schutzgeist vermag niemand mich abzubringen und mir kann nur jeder leid tun, der auf eine solche sich in zahlreichen Lebenssituationen bewährende Gewißheit verzichten zu können vermeint. — Mein letztes Erlebnis der erwähnten Art wurde mir während einer Vortragsreise im Herbst 1970 zuteil. Ich hatte noch eine weite Strecke vor mir und fuhr auf der Autobahn Karlsruhe in Richtung Freiburg. Es war schon dunkel, und der Nebel gewährte nur wenige hundert Meter Sicht auf der nassen Fahrbahn. Ohne mich auf besondere Aufmerksamkeit zu konzentrieren, ließ ich meinen Gedanken freien Lauf, eingehüllt vom monotonen Geräusch des fahrenden Wagens. Plötzlich hörte ich laut und deutlich die Worte: „Rudi, paß auf!" — Ich erschrank, nahm den Fuß vom Gashebel und starrte angestrengt in die Dunkelheit. Da tauchte auch schon eine ganze Gruppe von schweren Lastfahrzeugen aus dem Nebel auf, und ich erkannte an den sich rasch nähernden Umrissen, daß infolge eines Überholmanövers beide Fahrbahnen belegt waren. Ich konnte in aller Ruhe den Bremsvorgang betätigen und wartete, bis die Überholbahn wieder frei war. Daß ich von da an „glöckchenwach" war, brauche ich wohl nicht zu versichern ... Von wem die Stimme gekommen war, werde ich wohl erst dann genau erfahren, wenn ich einmal selber drüben bin. —

Unter Zustimmung der Ansicht von Prof. Hermann Oberth, ASW-Mitteilungen als Arbeitshypothesen zuzulassen, solange ihr Inhalt einer kritischen Prüfung standhält[77]), möchte ich abschließend auch zum Problem „Schutzgeister" einige solcher auf nicht alltägliche Weise zustandegekommenen Stellungnahmen und Aussagen anführen. Im „Buch Emanuel"[78]) heißt es: „Es ist nicht notwendig, daß ein Schutzgeist von der irdischen Geburt bis zum Ende des Menschenlebens an den Menschen gebunden ist. Wenn ein Mensch eine geistige Arbeit hat, zu der er höherer Führung bedarf, so wird ihm diese durch einen hochstehenden Geist zuteil; doch bedingt dies nicht, daß der Geist so an den Menschen gebunden ist, wie ihr dieses Wort versteht. Es besteht zwischen ihnen ein geistiges und fluidisches Band, das die sofortige Gedankenübertragung ermöglicht... Zeit und Raum sind, wenn auch noch nicht vollkommen aufgehoben, doch von solchem Geiste beherrscht. Es wechseln auch die leitenden Schutzgeister der Menschen mit dem Wechsel ihrer Arbeit, ihres geistigen Fortschritts. Ihr Menschen seid in eurem geistigen Wert erkannt, genau bemessen und klar durchschaut. — Wenn ein Mensch mit Vorsatz und Wollen schlecht ist und die Stimme des Gewissens konsequent betäubt, so kann der Schutzgeist seines Amtes nicht mehr walten und verläßt den Menschen, weil es zwecklos geworden, ihn länger zu umgeben."*)

Ähnlich lautet eine diesbezügliche Aussage in den sogenannten „Landmann'schen Protokollen", die der Jenseitsforscher Dr. Rudolf Schwarz ausgewertet und veröffentlicht hat.**) Dort wird gesagt:

„Der Schutzgeist ist die gottgeordnete Instanz, welche jedem Menschen in seinem irdischen Leben zur Seite steht. Diese Instanz wird an seiner Wiege in ihr Amt eingesetzt. Das Leben eines *jeden* Menschen hat eine so große Bedeutung, daß die geistige Welt Interesse daran hat, daß es sich in jeder Hinsicht der göttlichen Bestimmung gemäß entwickelt. Darum hat der Schutzgeist die Aufgabe, auf das *Gewissen* seines ihm Anvertrauten einzuwirken. Leider ist es oft nicht leicht. Wenn das Gewissen sich verhärtet, hat der Schutzgeist *keine* Möglichkeit des Einwirkens... der Schutzgeist hat dann nur die Möglichkeit der Fürbitte."

„Der Schutzgeist ist *freiwilliger* Helfer. Niemand muß ein solches Amt übernehmen. Jeder übernimmt es aber mit Freuden. Es bringt ihm selbst innere Förderung. — Der Schutzgeist ist nicht ständig bei seinem ihm Anvertrauten... Bei seinem Übertritt ins Jenseits ist er meist der erste, der ihm im Lichte des jenseitigen Lebens entgegentritt. — Auch noch höhere Instanzen beteiligen sich an der Betreuung eines jeden Menschen. Der Schutzgeist erstattet ihnen laufend Bericht, wie sich der Betreute entwickelt."

---

*) Daher die Redewendung „Von allen guten Geistern verlassen".

**) P. H. Landmann ist das Pseudonym eines protest. Pfarrers, der, als er einmal beim Aufsetzen seiner Predigt war, plötzlich automatisch zu schreiben begann.

Als Quintessenz seiner vergleichenden Jenseitsforschung bekundet Dr. R. Schwarz in seinem Buch „Der geheime Weg zur Unsterblichkeit"[79] hinsichtlich des Schutzgeistproblems: „Es ist gut, sich immer wieder bewußt zu werden, daß man durch das ganze Leben einen Begleiter hat: den Schutzgeist. Das ist weder ein Märchen, noch ein frommer Glaube, sondern eine Tatsache. *Mit anderem als Tatsachen geben wir uns überhaupt nicht ab*; es wäre Zeitvergeudung ... Der Schutzgeist hat die Aufgabe, uns auf den geistig richtigen Weg zu führen oder zu erhalten. Er kann dies tun durch Inspirationen, die wir als ‚Einfälle' verzeichnen, und durch die Stimme des Gewissens. — Es ist ein Irrtum, anzunehmen, daß der Schutzgeist Tag und Nacht und auf Schritt und Tritt bei und um uns sei. Das wäre für ihn ein Sklavendasein ... er schaut nur ab und zu nach seinem Schützling, oder wenn dieser ihn in Gedanken ruft. Gleichgültige oder gar gottfeindliche Menschen verschließen sich der geistigen Einwirkung ihres Schutzgeistes ..."

Dr. R. Schwarz führt weiter aus, daß es irrig sei, anzunehmen, der Schutzgeist könne uns gewissermaßen aus der Ferne beobachten; er muß vielmehr (geist-)leiblich zu uns kommen und in Person bei uns sein. Ferner lenke der Schutzgeist durchaus nicht unsere „Geschicke". Er habe weder die Aufgabe noch die Möglichkeit, uns zu Erfolgen im Beruf oder Geschäft, zu guten Beziehungen oder Toto-Gewinnen zu verhelfen. „Der Schutzgeist hat nur Interesse an unserem *geistigen* Fortschritt ... Der Schutzgeist ist weder ein hoher Engel noch ein Diener, sondern ein ehemaliger Erdenmensch wie wir, jedoch infolge Arbeit an sich selbst und längerer Jenseitserfahrung reifer und weiser als wir. Vielfach ist es ein vorausgegangener naher Verwandter oder eine Verwandte, manchmal aber auch ein Angehöriger eines ganz anderen Volkes und einer anderen Zeit." Der Verfasser ergänzt:

„Jeder schuldet seinem Schutzgeist größte Dankbarkeit. Abgesehen davon, daß die Pflicht, die der Schutzgeist auf sich genammen hat, völlig freiwillig ist, erkennt man erst nach dem Übergang ins Jenseits, was der Schutzgeist alles für einen getan hat ... Der Schutzgeist ist der einzige Freund, der völlig selbstlos ist und uns nie verläßt, der nie die Geduld verliert, dem wir nie gleichgültig werden und der sich ehrlich mit uns freut, wenn wir das Böse überwinden und das Gute erkennen ... Wer sich mit der Tatsache des Schutzgeistes innerlich vertraut macht, geht ganz anders, viel sicherer, nie einsam, nie mißverstanden, nie ohne Liebe durchs Leben. — Er wird sich allerdings auch mehr zusammennehmen, auch wenn er allein ist, und auch in Gedanken."

Der Schutzengel

von Hans Bogislav Graf von Schwerin

Immer wieder will mich mahnen
Eine Stimme in der Brust:
Sieh! Ich will den Weg Dir bahnen,
Aber *Du* ihn gehen mußt.

Ich will schützend Dich umschweben,
Wo Du auch auf Erden bist;
Aber Du mußt *aufwärts* streben,
Wie es Gottes Wille ist.

Ich will Dir die Wahrheit bringen;
Doch Erkenntnis geb' ich nicht.
Selber mußt Du sie erringen;
Nichts enthebt Dich dieser Plicht.

Sieh! Ich will Dich heimwärts führen
Zu des Geistes lichten Höh'n,
Wo wir Gottes Odem spüren;
Aber Du mußt *mit* mir gehn!

Aura, Od und Kirlian-Effekt

Eingeweihten war seit jeher bekannt, daß der Mensch eine Ausstrahlung besitzt. Diese Strahlenaureole, kurz Aura genannt, umgibt jeden von uns wie das Eiweiß den Dotter. Wie neuerdings auch die russische parapsychologische Forschung bestätigt fand, stellt die Aura ein physikalisch feststellbares Kraftfeld dar, von unterschiedlicher Intensität, Ausdehnung, Farbe und Frequenz. Hellsichtig veranlagte Personen behaupteten schon immer, die Aura ihrer Mitmenschen sehen zu können. Dieser „Dunstkreis" kann unter Umständen dermaßen stark leuchtend sein, daß er von jedermann wahrgenommen werden kann; der sog. Heiligenschein dürfte auf derlei Beobachtungen zurückzuführen sein. Er entspricht der Tatsache, daß diese bioenergetische Ausstrahlung am stärksten um das Haupt des Menschen auftritt. Christliche und buddhistische Kunst haben diese Erscheinung in vielerlei Varianten dargestellt.

Bereits vor über hundert Jahren fehlte es nicht an technichen Versuchen, die Aura sichtbar zu machen und für medizinisch-diagnostische Zwecke zu nutzen. Diese Möglichkeit erkannten einige ihrer Zeit vorauseilende Ärzte und Forscher sehr bald, denn die Aura vermittelt ein getreues Spiegelbild unseres Gesundheitszustandes: erkrankte Körperpartien und Organe, die ihre Funktionen nicht normal erfüllen können, lassen dies eindeutig sowohl an der Disharmonie der Strahlenanordnung, als auch anhand der dunkelfarbigen Ausstrahlung jener Stellen erkennen. Demzufolge eröffnet die Auradiagnostik überraschende Möglichkeiten einer sicheren Krankheitsherderkennung.

Einer der szt. bekanntesten Ärzte, die sich um die Sichtbarmachung der Aura für Diagnosezwecke mit Erfolg bemühten, war der Brite Dr. Walter Kilner (1847—1920). Seine mit chemisch präparierten Glasscheiben, den sogenannten Kilner- oder Spektaurinschirmen gewonnenen Erfahrungen legte er 1911 in dem Buch „The human atmosphere or the Aura"[80]) nieder. Kilner bemerkt zutreffend, daß trotz seiner Schirme nicht jeder die Aura sehen könne. Eine gewisse Befähigung bzw. Veranlagung hierzu muß also vorhanden sein; dies sei jedoch bei gut 50 % der Menschen der Fall.

Im deutschen Sprachraum war es D. Georgiewitz-Weitzer (Pseudonym: Surya, 1873—1949), der in Graz mit Kilnerschirmen zu arbeiten begann und 1912 darüber berichtete. Zur gleichen Zeit begann Dr. Dr. Friedrich Wehofer (Ps.: Feerhow) mit entsprechenden Versuchen und legte seine reichhaltigen Erfahrungen in verschiedenen Büchern und Abhandlungen nieder. Später habe man die Kilner'schen Experimente nicht weiter verfolgt, weil im Institut métapsychique in Paris „schließlich sogar Gipsbüsten bei Betrachtung durch diesen Schirm eine ‚Aura' gehabt haben" sollen, wie sich die Parapsychologin Frau Dr. G. Walther[81]) vernehmen ließ. Dies muß als bedauerliches Zeugnis für die Unwissenheit der betreffenden Experimentatoren gewertet werden, denn selbstverständlich hat auch die unbelebte Materie eine Ausstrahlung. Das bestätigt neuerdings die Kirlian-Fotografie; eine Münze beispielsweise zeigt ein gleichmäßiges, stumpfes Glänzen nur von den Rändern ausgehend („PSI", S. 185).

Der mährische Industrielle und Naturforscher Dr. Karl Freiherr von Reichenbach (1788—1869) war es, der in über 13 000 Dunkelkammer-Experimenten, die er mit mehr als 150 Versuchspersonen über zehn Jahre hindurch vornahm, den Nachweis erbrachte, daß nicht nur vom Menschen, sondern auch von Tieren, Pflanzen, Steinen, Kristallen und Magneten „ein feines zartes Licht" ausströmt, welches bei völliger Dunkelheit von Sensitiven beobachtet werden kann. Diese Biolumineszenz, die zugleich eine Energie darstellt, nannte er „Odlicht", und die

Kraft „Odkraft" oder Lebenskraft. Die gleichen und weiterführende Feststellungen machte später der Leiter des Pariser Polytechnikums, Oberst Graf de Rochas auf hypnotischem Wege. Wir wissen, daß die Sinne im Zustand der Hypnose merkwürdig geschärft sind. De Rochas' Versuchspersonen gaben in der Hypnose alle an, daß von anderen Menschen Licht ausstrahle; am stärksten am Kopf und an den Händen. Und dieses Licht sei verschiedenfarbig, bei gesunden Personen auf der rechten Seite bläulich, auf der linken gelbrötlich. Bei Kranken wurden Störungen in der Farbenharmonie der Gesamtaura beschrieben, die vom Sitz der Krankheit ausgingen und je nach dem Charakter derselben verschieden waren.

Wie üblich, fand der geniale Reichenbach bei den Vertretern der etablierten Wissenschaft nur Hohn und Spott. Seine in ihrer Tragweite noch bis heute weitgehend unbekannt gebliebene Grundlagenforschung bezeichnete z. B. Dubois-Reymond im Jahre 1845 als „ein Gewebe der traurigsten Irrtümer, die je der menschliche Geist verfaßt" habe, als Fabeln, die gut seien, ins Feuer geworfen zu werden, als Hexenplunder und ähnliches mehr. Bei uns war man hundert Jahre später aber auch noch nicht klüger: 1941 wurden Reichenbachs Bücher als „okkulte Literatur" beschlagnahmt und vernichtet! Nur ganz selten noch tauchen Reichenbachs Werke im Antiquariatshandel auf und wer ihrer habhaft wird, kann von Glück reden. Lediglich seine „Odischmagnetischen Briefe" erschienen nach dem Zweiten Weltkrieg in einer Neuauflage[82]). Hätte Reichenbach erotische Schwarten verfaßt, so wäre er heute in jeder Buchhandlung zu haben . . .

Unabhängig von Reichenbach und ohne daß sie von dessen Arbeiten wußten, entdeckten franzöische Forscher die Od-Strahlung ein zweites Mal: der Physiker Blondlot zusammen mit dem Physiologen Prof. Charpentier in Nancy. Hier sprach man nun von „N-Strahlen" (Strahlen von Nancy) und Feerhow wies später nach, daß Blondlots N-Strahlen ebenso wie die „psychophysikalische Energie" nach Naum Kotik mit dem „Od" Reichenbachs einwandfrei identisch sind.[83])

Um Spöttern den Wind aus den Segeln zu nehmen, hing viel davon ab, daß es gelang, die unsichtbare Strahlung sichtbar und die mit ihr verbundene Kraft meßbar zu machen. Schon Reichenbach gelang zuletzt der fotografische Nachweis der von ihm entdeckten Strahlung. De Rochas, H. Durville und anderen ebenfalls. Ein weiterer Fortschritt waren zweifelsohne die Kilnerschirme. 1952 erschien in der Zeitschrift „Weltbild" ein Artikel von Dr. R. Reismann unter dem Titel „Die menschliche Aura zum erstenmal fotografiert". Dies entspricht nicht den historischen Tatsachen. Dagegen vermochte Dr. Reismann, seinen Angaben zufolge, die menschliche Ausstrahlung mit einem von ihm entwickelten Apparat zu messen: es seien Ultra-Kurzwellen von bis zu 150 cm Länge. Reismann bestätigt, daß jeder Mensch eine persönliche, in ihrer Eigenart unverwechselbare Wellenlänge besitzt. Die Nachricht von ähnlichen Erfindungen taucht von Zeit zu Zeit immer wieder auf, aber eigenartigerweise pflegen dieselben auf rätselhafte Art zu verschwinden und niemand hört mehr etwas davon.

Auch durch die Forschungsarbeiten des Franzosen Raoul Montandon wird Reichenbach bestätigt. In seinem 1927 erschienenen Buch „Les radiations humaines" weist er die Strahlung des Menschen als Realität nach und schreibt u. a.: „Auf Grund unserer und anderer Untersuchungen ist es weder leichtfertig, noch vermessen, wenn wir sagen, daß der Mensch inmitten einer vibrierenden strahlenden Atmosphäre lebt; daß der Mensch selbst von seiner Geburtsstunde an bis zu seinem Tode Strahlen aussendet, und daß diese Strahlen auch bei verschiedenen ‚Seelenzuständen' zum Ausdruck kommen." (Selbst entseelte Körper, also Leichen, sind noch eine Zeitlang von „pulsierenden elektronischen Kraftfeldern" umgeben, wie die von dem russischen Wissenschaftler Dr. Sergejew entwickelten Detektoren aus bis zu vier Metern Entfernung noch registrieren; vgl. „PSI", S. 81). „Versucht man", so fährt Montandon fort, „diese Strahlen mit uns zugänglichen mechanisch-physikalischen Vorgängen zu vergleichen und zu messen, so stößt man mit einer gewissen Beklemmung auf eine unbekannte Kraft, die sich als ein unfaßbares Fluidum äußert, welches weder wägbar noch sonstwie meßbar noch mit dem Mikroskop erfaßbar ist." Und auf die Frage nach dem vermutlichen Ursprung jener geheimnisvollen Strahlen schreibt der Genannte: „Wie jene alles Leben spendende Kraftwelle in der Sonne zentralisiert ist, bevor sie auf die Erde kommt, gleicherweise muß auch diese *fluidale* Lebenswelle, bevor sie auf den einzelnen Menschen übergeht und sich in dessen Organen ausbreitet, doch in irgendeiner Weise und irgendwo zentralisiert sein. Wo? — Da der menschliche Körper nur eine Vereinigung verschiedener Organe und Organgruppen ist, muß diese fluidale Kraft *vor* ihrer Strahlung in der *Seele* des Menschen zentralisiert sein." Damit haben wir wieder den „feinstofflichen Leib", den fluidalen zweiten Körper unseres Ichs, der eigentlich der primäre, der organisierende und den physischen Tod überlebende Körper ist. Letzteres bewiesen schon de Rochas und Durville mit ihren Experimenten der Nachaußen-Versetzung des Fluidalleibes: bei Austritt desselben geht auch die Aura mit! *Die Aura rührt also vom Fluidalkörper her,* was an sich logisch dünkt, denn Ähnliches kann nur von Ähnlichem ausgehen bzw. erzeugt werden. Darüber hinaus konstatierte man in der Sowjetunion, daß der als bioenergetischer oder Bioplasmakörper bezeichnete Fluidalleib Träger der bislang so rätselhaft scheinenden telepathischen Funktionen ist. Bedenkt man ferner, daß anhand der Aura gesundheitliche Störungen feststellbar sind (wobei immer wieder betont werden muß, daß die Aura ja lediglich eine sekundäre Erscheinung darstellt; das primäre ist und bleibt der Fluidalkörper, von dem die Strahlung ausgeht), ja daß an ihr sogar jedwede Gefühlsäußerung und der Gemütszustand samt dem persönlichen Gedankenleben ohne weiteres erkennbar sind, so erhellt daraus eindeutig, daß wir es bei diesem „Fluidalmenschen" mit dem wahren *inneren* Menschen zu tun haben und daß dieser fluidale Organismus der eigentliche Träger unseres gesamten Denkens, Wollens und Empfindens ist. Unser grobstofflicher physischer Leib dient ihm lediglich als Instrument, um uns auf der materiellen Daseinsebene — Erde genannt — überhaupt manifestieren und betätigen zu können.

Die Tatsächlichkeit des exteriorisierbaren Fluidalkörpers vermag nicht nur vielerlei magische Praktiken der Naturvölker in den Bereich der Glaubwürdigkeit zu rücken, sondern entkleidet auch das unheimlich anmutende Phänomen der sogenannten *Doppelgängerei* ihres gespenstischen Charakters. — Wie lange aber mag es noch dauern, bis sein Vorhandensein wissenschaftliche Konsequenzen bewirkt? Nach Max Planck pflegen wissenschaftliche Irrtümer mindestens fünfzig Jahre zu benötigen, bis sie überwunden sind; weil nach den Lehrern derselben auch deren Schüler ausgestorben sein müssen. Und C. G. Jung bemerkte: „Da Wissenschaftlichkeit zu 90% aus Vorurteilen besteht, braucht es regelmäßig sehr lange, bis Tatsachen erkannt werden."

Der Od- oder Bioplasmakörper, der Fluidalleib oder wie man ihn immer nennen will, ist und bleibt das A und O des Menschenrätsels. Auch hinsichtlich des sogenannten Todes. Du Prel verstand unter dem Tod eine „odische Essentifikation des Menschen". Im Prozeß des Sterbens sah er neben dem erfahrungsmäßig bekannten Vorgang: der Entseelung des Leibes, noch einen anderen Vorgang, der — weil übersinnlicher Art — sich der Erfahrung entzieht: die Entleibung der Seele. Sterben heißt nach du Prel „nicht verschwinden, sondern nur *optisch* verschwinden durch die Ablegung des (physischen) Leibes und odischen Exteriorisation". Geburt und Tod seien keine Gegensätze, sondern jede Geburt sei ein relativer Tod, jeder Tod eine relative Geburt.

Zwar bescheinigt du Prel der Naturwissenschaft das unbestreitbare Verdienst, aus der Erklärung der Welt- und Lebensvorgänge das Über*natürliche* verbannt zu haben; sie habe jedoch ihre Befugnisse überschritten, indem sie auch das Über*sinnliche* aus der Natur streichen wolle. In sinnfällig wahrnehmbarer Weise vollzieht sich der Sterbevorgang nur in Bezug auf den *physischen* Körper. Eine Wissenschaft, die eine über- oder außersinnliche Wahrnehmung zugibt (und unsere materialistisch einseitig geschulten Wissenschaftler werden sich wohl oder übel zur Anerkennung der ASW durchringen müssen), würde zwar, so prophezeite du Prel, ein nachtodliches Fortleben des Menschen als reiner Geist prinzipiell bestreiten. „Sie kann aber prinzipiell sehr wohl die Existenz solcher Geister zugeben, die einen irgendwie stofflichen Körper besitzen." In dieser Hinsicht komme für die Naturwissenschaft alles auf Erfahrung an. Es könne Wesen geben, die jenen Verdichtungsgrad, wodurch sie optisch für uns sichtbar werden, nicht besitzen. Und es könne andere Wesen geben, welche den Menschen trotz seiner Materialität nicht wahrnehmen. „Der Naturforscher wird mit Recht bestreiten, daß der Mensch durch den Tod ein über*natürliches* Wesen wird; er kann aber sehr wohl zugeben, daß wir über*sinnlich* werden. Er wird bestreiten, daß der Tod uns etwas Neues, den Astralleib*) verleiht; er wird aber den Unsterblichkeitsbeweis selber in die Hand nehmen, wenn ihm nachgewiesen wird, daß wir schon im irdischen Leben einen Astralleib besitzen, den wir im Tode bewahren, indem er aus dem materiellen Leib heraustritt . . . Kurz, das Problem der Unsterblichkeit ist nunmehr ein naturwissenschaftliches geworden." Und das sei sehr gut so, bemerkt du Prel, denn weder die Philosophie noch die Kirchen hätten es vermocht, die Menschheit vor dem theoretischen und praktischen Materialismus zu bewahren. Du Prel war überzeugt, daß das Exteriorisationsphänomen, das zweifelsfreie Vorhandensein eines fluidalen Körpers, die Erforschung des Unsterblichkeitsproblems überhaupt erst auf eine reale Grundlage stelle und sie unabhängig mache von Religion und Philosophie, ja sogar vom Spiritismus.

Besonders eindrucksvolle Erfolge auf dem Gebiete der bio-energetischen Strahlungsmessung hatte der Schweizer Prof. Dr. Eugen Matthias († 1960) mit seinem Bio-Elektrographen zu verzeichnen. In seinem hochinteressanten Buch „Die Strahlen des Menschen künden sein Wesen"[84]) betont der Verfasser anfangs die Tatsache, daß es zur einwandfreien Bestimmung der Wesensart eines Menschen keine fehlerfrei arbeitende Methode gebe. Im Vergleich mit den verschiedenen Verfahren psychologisch-psychiatrischer, phrenologischer, graphologischer und auch parapsychologischer Art kommt Prof. Matthias zu dem Ergebnis, daß die Graphologie — als Test betrachtet — noch immer am zuverlässigsten sei, „denn in die Schrift versenkt sich der menschliche Geist in seiner konzentriertesten Form". Es bestünden sogar zwischen Blut und Schrift ganz enge Beziehungen, wie zahlreiche Bio-Elektrogramme (Bi.E.G.) deutlich zeigten. Es sei ihm gelungen, so fährt der Verfasser fort, auch diese vom Menschen ausgehenden Strahlen zu messen und den Nachweis zu leisten, daß diese Strahlung ebenfalls sowohl als Welle, wie auch als Korpuskel, in Erscheinung treten kann, und daß sie dieMaterie durchdringt. Für jeden Menschen ergebe sich hieraus ein

*) Unter „Astralleib" versteht du Prel den Fluidalkörper.

eigenes, unverwechselbares Strahlungsbild, sowie eine individuelle Stärke der Penetration bzw. Durchdringung der Materie.

Prof. Matthias verwendete für seine experimentellen Messungen ein geringfügig verändertes Potentialmeßgerät, dessen Empfindlichkeit durch eine bestimmte elektrische Spannung gesteigert worden sei. Der zweite Teil seiner Apparatur habe im wesentlichen aus einer hochempfindlichen, kugelgelagerten Antenne bestanden. Wurde das Gerät eingeschaltet, so habe die Antenne ganz bestimmte Figuren in sich stets wiederholenden Rhythmen gezeichnet. Dasselbe sei auch dann geschehen, wenn man die Antenne auf einen Gegenstand oder auf einen belebten Körper richtete. Selbst jedes einzelne Organ habe ein charakteristisches Strahlenbild ergeben. „Ich überlasse es den Physikern," schrieb der Erfinder, „darüber zu entscheiden, ob es elektromagnetische Schwingungsvorgänge sind, durch welche die Antenne bewegt wird."

Meiner persönlichen Auffassung nach haben wir es hier wohl wiederum mit den Reichenbach'schen Odwirkungen zu tun.

Mittels der von Prof. Matthias entwickelten Meßmethode war es offenbar möglich geworden, diese -sagen wir - bioenergetische Strahlung „sowohl in ihren Wellenschwingungsformen, als auch in ihren Penetrationsgrößen aufzufangen". Seinen Aussagen zufolge bezog sich dies auf alle Strahlungsformen am Menschen: Organe, Blut, ja sogar anhand einer Fotografie; desgleichen auf alle von Menschenhand erschaffenen Dokumente wie Schrift, Zeichnungen, Kompositionen, Skulpturen usw.

Bei der zusammenfassenden Schlußbetrachtung zu seinen Forschungsergebnissen (S. 246) betont Prof. Matthias nochmals: „Jeder Mensch unterscheidet sich vom andern durch das in Form und Stärke verschiedenartige und in dieser Zusammensetzung nur ihm eigene 'atomare' Walten und Strahlen."

Damit aber nicht genug. Ich übergehe hier die Ergebnisse der Matthias'schen Strahlenforschung beim Mineral (Kristall) und bei der Pflanze, so aufschlußreich sie auch sein mögen. Immerhin ist von Interesse, daß das männliche Prinzip stets durch Rechtskreisen (+), das weibliche durch Linkskreisen (—) zum Ausdruck gelangt. Das für uns Allerwichtigste ist der von Prof. Matthias exakt erbrachte Nachweis: „Alle Äußerungen des menschlichen Geistes, wie Schrift, Gemälde, Bau- und Tonwerke, aber auch das aufgefangene *Wort*, durchdringen die Materie und strahlen wie ein Radar *auf uns zurück!*"

Daraus folgt, daß jeder Gedanke, jedes Wort von uns, nicht „in den leeren Raum" gedacht oder gesprochen ist, sondern seine naturgesetzlichen Wirkungen und Folgen hat . . . (wer hätte wohl jemals vermutet, daß uns ausgerechnet die Naturwissenschaft zu einem besseren Verständnis neutestamentlicher Bibelstellen verhelfen würde? Denn Christi Warnung vor dem „Sündigen in Gedanken" und vor dem Beschimpfen oder Verfluchen des Mitmenschen erscheint jetzt in einem ganz anderen Licht). Eine intensiv und unvoreingenommen betriebene Odforschung würde, wenn sie endlich „satisfaktionsfähig" wäre, noch weit erstaunlichere Zusammenhänge offenbaren!

Die Berechtigung zu derlei Hoffnungen ergibt sich allein schon durch das Matthias'sche Studien- und Tatsachenmaterial. So war es ihm beispielsweise möglich, auf Grund der Schrift, anhand eines Gemäldes oder plastischen Kunstwerkes nachträglich sogar die Gemütsverfassung zu erkennen, in welcher sich der Schreiber oder Künstler zur Zeit seiner jeweiligen Tätigkeit befand. Ja selbst die Zahlenkolonne einer (handgeschriebenen) Rechnung ließ sich bei jeder einzelnen Position auf die Absicht, mit der sie niedergeschrieben wurde, überprüfen. Hier ein kurzes Beispiel: Eine Exportfirma sandte Prof. Matthias zwei Zettel. Auf dem einen befanden sich mit Bleistift geschriebene Zahlen und Rechenexempel, auf dem anderen eine Unterschrift. Das Begleitschreiben enthielt lediglich die Bitte, die beiden Zettel zu testen. — Den Messungen zufolge war der Rechner, als er die Zahlen niederschrieb, infolge materieller Gier außerordentlich stark gefühlsunterlagert; das Strahlenbild zeigte ausgeprägte Unwahrhaftigkeit. Jene Unterschrift dagegen ließ das Gegenteil erkennen. Nach Abgabe seines Gutachtens wurde Prof. Matthias mitgeteilt, daß es sich bei den übersandten Schriftproben um zwei verschiedene Personen gehandelt habe. Der Zahlenschreiber sei ein international gesuchter Hochstapler, welcher der Exportfirma erheblichen Schaden zugefügt habe, die Unterschrift hingegen stamme von einem altbewährten leitenden Mitarbeiter. —

Den Arbeiten und Erkenntnissen des genialen Schweizers scheint leider dasselbe traurige Los beschieden zu sein wie den Forschungen Reichenbachs, von welchen der berühmte W a l l a c e sagte: „Es ist der modernen Wissenschaft gewiß nicht zum Ruhme gereichend, daß diese mühsamen Untersuchungen, ohne auch nur einen Versuch ihrer Widerlegung, verworfen wurden."[85])

Die Experimentalergebnisse von Prof. Matthias dürften jedoch, wie mir ein Physiker mitteilte, weniger mit seinen Apparaten zusammenhängen, als vielmehr mit seinen außergewöhnlichen „geistigen Kräften", sprich seiner Medialität. Seine Versuche seien von anderen Personen wahrscheinlich nicht nachvollziehbar gewesen, und deshalb wohl auch nicht weiter verfolgt oder auch nur ernstgenommen worden.

Prof. Matthias weilt nicht mehr unter uns. Meinen Erkundigungen zufolge scheint seine Apparatur spurlos verschwunden. Schüler hatte er keine. Wie verlautet, distanzierten sich sogar seine Angehörigen von ihm und seiner Erfindung. Sollte sie von interessierter Seite aufgekauft und „in Sicherheit gebracht" worden sein? So etwas geschähe nicht zum ersten Mal. Bedenken wir doch, wie schwierig, ja unmöglich es würde, zu lügen, zu täuschen oder zu fälschen — im privaten Bereich ebenso wie in Wirtschaft und Politik — wenn die Anwendung der Matthias'schen Strahlenmeßmethode so allgemein geworden wäre wie die des Röntgenschirmes! Welch ungeheuerliche Gefahr für zahllose Machtausübende, wenn durch den unbestechlichen Bio-Elektrographen ihr wahres inneres Wesen, ihre persönliche Charakterveranlagung offenbar und somit ihre Untauglichkeit für das ausgeübte oder angestrebte Amt erwiesen würde. Stattdessen hätten es jene charakterlich wertvollen Menschen leichter, die Prof. Hermann Oberth erwähnt, wenn er sagt: „Im Leben stehen einem anständigen Menschen auf einem bestimmten Posten so und so viel Wege offen, um vorwärts zu kommen. Einem Schuft stehen auf diesem Posten bei gleicher Intelligenz und Tatkraft diese Wege auch alle offen, daneben aber auch andere, die ein anständiger Kerl nicht geht. Er hat daher mehr Chancen vorwärtszukommen, und so findet eine Anreicherung der höheren Gesellschaftsschichten mit Schurken statt. Das muß man wissen, wenn man die Weltgeschichte verstehen will."[86]) Man wird Prof Oberth wohl zustimmen müssen, wenn er meint, daß es noch nicht einmal der Durchschnittsmensch sei, der heute regiert, sondern der Kakokrat (vom Griech.: „kratein = herrschen" und „kakos = schlecht"). Mithin sei das von den Schurken Gesagte eines der wichtigsten soziologischen Gesetze. Dem unheilvollen Wirken der Kakokraten könnte jedoch sehr nachdrücklich Einhalt geboten werden, wenn es gelänge, Erfindungen wie die von Prof. Matthias zur Anerkennung zu bringen und zum Wohle aller anständigen Menschen einzusetzen . . . Im Endeffekt liefe das Ganze auf eine „praktische Friedensforschung" hinaus, mit greifbaren und vorausberechenbaren Ergebnissen. —

Und nun zum Kirlian Effekt.

Eine Verlautbarung namhafter Sowjetwissenschaftler im Jahre 1968 ließ aufhorchen: „Alle lebenden Wesen — Pflanzen, Tiere und Menschen — haben nicht nur einen physischen Körper, der aus Atomen und Molekülen besteht, sondern auch einen Gegenstück-Energiekörper". Sie bezeichneten dieses Double als biologischen Plasmakörper, kurz Bioplasmakörper. (Plasma ist in der Physik der vierte Aggregatszustand der Materie.) — Was war geschehen?

Dem Forscher-Ehepaar namens Semjon und Walentina Kirlian aus Krasnodar war es schon 1939 gelungen, eine geheimnisvolle Vielfalt farbiger Lichter und Energiestrahlen, die der menschlichen Haut entströmen, sichtbar zu machen. Infolge der politisch-ideologischen Gegebenheiten konnte man aber erst dreißig Jahre später wagen, mit der neuen Entdeckung an die Öffentlichkeit zu treten. Und es darf als glücklicher Umstand gelten, daß der Westen hiervon überhaupt etwas erfuhr; denn seit der Veröffentlichung des Buches „Psychic Discoveries behind the Iron Curtain" von S. Ostrander und L. Schroeder in den USA*) ist der Schleier der Geheimhaltung über die intensiv angelaufene östliche PSI-Forschung (wie man dort die parapsycho-pysikalische Forschung nennt) gezogen worden.

Semjon Davidowitsch Kirlian weilte eines Tages in einem Forschungsinstitut und sah dort zufällig einen Patienten, der an einen Hochfrequenzapparat für Elektrotherapie angeschlossen war. Plötzlich bemerkte er einen winzigen Lichtblitz zwischen der Haut jenes Mannes und den Elektroden. Kirlian fragte sich, ob man so etwas wohl fotografieren könne. In diesem Augenblick wurde die Idee der Kirlian-Fotografie geboren, die ihm später 14 Patente und — obwohl erst nach drei Jahrzehnten — wissenschaftliche Anerkennung einbringen sollte.

Den spärlichen Angaben in dem Buch „PSI" zufolge erfordert die Fotografie mit elektrischen Hochfrequenzfeldern „zunächst einen speziell konstruierten Hochfrequenz-Funkengenerator oder Oszillator, der 75.000 bis 200.000 elektrische Schwingungen in der Sekunde erzeugt". Der Generator könne mit verschiedenen Klemmen, Platten, optischen Instrumenten, Mikroskopen etc. verbunden werden. „Der zu untersuchende Gegenstand wird zusammen mit dem Fotopapier zwischen die Klemmen eingeführt. Wenn der Generator eingeschaltet wird, entsteht zwischen den Klemmen ein Hochfrequenzfeld, das das Objekt augenscheinlich veranlaßt, eine Art Biolumineszenz auf das Fotopapier auszustrahlen." Eine Kamera sei hierzu nicht erforderlich („PSI", S. 183/184).

---

*) deutsch 1971 im Scherz-Verlag unter dem Titel „PSI, die Geheimformel des Ostblocks für die wissenschaftliche Erforschung und praktische Nutzung übersinnlicher Kräfte des Geistes und der Seele".

Nach zehn Jahren hatten die Kirlians ihr selbst konstruiertes Instrumentarium soweit vervollkommnet, daß sie ihre Resultate Wissenschaftlern der verschiedensten Fachrichtungen zur Beurteilung vorlegen konnten.

In welcher Weise nun zeigt sich die „Biolumíniszenz" im Kirlian'schen Hochfrequenzfeld? Mit freundlicher Genehmigung des Verlages zitiere ich:

„Ein von einem Baum gerissenes Blatt zeigte, wenn es in das Feld eines Hochfrequenzstromes gelegt wurde, eine Myriade von Energiepunkten. Um die Ränder des Blattes waren türkisfarbene und rötliche Flammenmuster zu sehen, die aus spezifischen Kanälen des Blattes kamen. Ein menschlicher Finger ... erschien im Bild wie eine komplizierte topographische Karte mit Linien, Punkten, Lichtkratern und Leuchtfeuern. Einige Teile des Fingers sahen wie eine von innen erleuchtete Kürbislaterne aus. — Die Fotografien gaben zunächst nur statistische Bilder wieder. Bald aber hatten die Kirlians ein optisches Spezialinstrument entwickelt, mit dem sie das Phänomen in der *Bewegung* beobachten konnten. Kirlian hielt seine Hand unter die Linse und schaltete den Strom ein: Die Hand sah wie die Milchstraße am nächtlichen Sternenhimmel aus. Vor einem Hintergrund von Blau und Gold fand in der Hand etwas statt, das einem Feuerwerk ähnelte. Vielfarbige Fackeln leuchteten auf, dann Funken, Blitze und Lichter. Einige Lichter glühten längere Zeit wie Leuchtkugeln, andere blitzten nur kurz auf; wieder andere funkelten in Intervallen. In Teilen seiner Hand zeigten sich kleine Wolken ..." Odwolken, wie sie auch von Reichenbachs Sensitiven wahrgenommen worden waren. Auch Somnambule und Hellseher gaben seit jeher an, derlei Wolken und Lichter zu sehen.

Der russische Biologe Eduard Naumow betrachtet die Kirlian'sche Entdeckung als eines der wichtigsten Ereignisse der sowjetischen PSI-Forschung: die Entdeckung von Strömen im Körper, die weder Blut noch Elektrizität sind. Dank des Kirlian-Effektes könne man heute die rund 700 Akupunkturpunkte*) des menschlichen Körpers auf den Zehntelmillimeter genau lokalisieren. Ferner sei die Krankheitsfrüherkennung in bisher ungeahnter Weise und hundertprozentiger Sicherheit möglich geworden, weil sich jede Krankheit zuerst am Bioplasmakörper zeige und dann erst auf den physischen Leib übergreife. Der Energiekörper sei auch der Träger der telepathischen Funktionen, ja er reagiere auf das gesamte kosmische Geschehen, auf Farben, Geräusche, Musik, elektrische und magnetische Felder ... den Wissenschaftlern sei kein Organ bekannt, welches auf Magnetismus reagiere; der Phantomkörper tut es. Er ist polarisiert, und er stellt eine Art unsichtbares

*) Die altchinesische Akupunkturmethode lehrt, daß Energie- oder Lebenskraftbahnen den Körper durchziehen, die mittels feiner Nadeln beeinflußt bzw. korrigiert werden können. Verblüffende Heilerfolge bestätigen die Richtigkeit dieses jahrtausendealten Wissens.

Organisationsschema dar. Bei einem Menschen, dem man einen Finger oder ein Bein amputiert hat, zeigt sich im Hochfrequenzfeld das fehlende Glied dennoch als vorhanden. Der Sterbevorgang einer Pflanze oder eines Kleintieres sei erst dann als abgeschlossen zu betrachten, wenn der zugehörige Bioplasmakörper verschwunden sei. — Was dieses „Double" eigentlich ist? „Eine Art elementarer plasmaartiger Ansammlung, die aus ionisierten, erregten Elektronen, Protonen und möglicherweise anderen Partikeln besteht." Es sei kein chaotisches Durcheinander, sondern ein geordneter Organismus in sich und agiere als Einheit.

Wie halten wir unseren Energiekörper am Leben, wie regenerieren wir ihn, da er doch offensichtlich fortgesetzt Energie ausströmt und somit abgibt? — Kasachstanische Wissenschaftler entdeckten, daß es der Sauerstoff ist, den wir einatmen, und „der einige seiner überzähligen Elektronen und ein gewisses Quantum Energie in den Energiekörper umformt. In der lautlosen Hochfrequenzentladung konnten sie den Ablauf dieses Vorganges tatsächlich sehen" („PSI", S. 197). Damit wäre auch das Prinzip der verschiedenen Atemtechniken wissenschaftlich erhärtet, wie sie bei Yogasystemen angewendet werden.*)

In dem genannten Buche heißt es unter anderem: „Den Chinesen zufolge verfügt der menschliche Körper über zwei Arten von Energie: über eine elektrische und über die geheimnisvolle ‚vitale'. Die vitale Energie ist nicht elektrisch, sie verhält sich aber ähnlich. Wie die Elektrizität ist sie positiv und negativ polarisiert. Ist das ein Hinweis auf die zwei Grundfarben Blau und Gelbrot, die sich auf den Kirlian-Fotos bei lebenden Wesen zeigen?" — Selbstverständlich ja! Es sind jene Od-Ausstrahlungen, die schon Reichenbach nachwies: beim (gesunden) Menschen ist die ganze linke Seite odisch warm und rötlichgelb leuchtend, die rechte Seite kühl und von bläulichem Lichte. Bei Tieren, Pflanzen, Kristallen, Magneten usw. ist diese Polarität ebenfalls vorhanden. Hierzu auszugsweise Betrachtungen über Magnetismus und Elektrizität der Erde, aus „Geist, Kraft, Stoff":

„. . . alles, was ihr auf Erden Magnetismus nennt, ist Elektromagnetismus. Es gibt zweierlei Elektromagnetismus: den tierischen und den geistigen. Tierisch liegt er organisch in Erde, Pflanze, Tier, Mensch; geistig im Nervengeiste (Fluidalkörper) des Menschen. Organisch liegt er in den Nerven, im Blute der Menschen und Tiere, in den Zellen der Pflanzen und Erde. Überall ist er zweiartig, elektrisch gebend, magnetisch empfangend. Der Magnetismus ist angenehm kühl, er gibt den Nerven Flexibilität, dem Blute Temperatur. Die Elektrizität ist (odisch)

---

*) Hier ist es fraglich, ob die beiden Journalistinnen den wissenschaftlichen Sachverhalt und dessen Erklärung richtig wiedergegeben haben, denn Sauerstoff kann nach herkömmlichem Verständnis keine „überzähligen Elektronen" abgeben; er zählt vielmehr zu den elektronegativen Stoffen, er ist ein „Elektronenakzeptor", d. h. er nimmt Elektronen auf, wie mir ein Fachmann mitteilte.

widrig-lau, gibt den Nerven Elastizität, dem Blute Bewegung. — Wir sagten, daß der Elektromagnetismus den Menschen als Fluid unsichtbar sei; er ist es ihnen aber nicht als *Odlicht*."[87])

Wir ersehen aus alledem, daß die Kirlian'schen Angaben und Beobachtungen abermals eine Bestätigung der von Reichenbach mit Hilfe sensitiv veranlagter Versuchspersonen gewonnenen Erkenntnisse darstellen und es darf anerkennend vermerkt werden, daß amerikanischerseits diese Tatsache erkannt und zugegeben wurde.

Eine glänzende Bestätigung erfuhr auch die bis auf Franz Anton Mesmer (1734—1815) zurückzuführende These von der *Übertragbarkeit* jener Lebens- oder Odkraft. Ein gesunder Mensch vermag von seiner Lebenskraft an einen schwachen oder kranken Mitmenschen abzugeben. Die psychophysische Energie kann Lebensvorgänge im Körper aber auch direkt beeinflussen. Die russischen Wissenschaftler Injuschin, Grischtschenko und andere konstatierten, daß es ein auf innigen Wechselbeziehungen beruhendes Verhältnis zwischen dem physischen und dem Energie- oder Fluidalkörper gibt, „also zwischen der atomar-molekularen Materie und dem plasmatischen Zustand lebender Wesen". Die Energie jedes Lebewesens bestehe 1) aus der Energie seiner physischen Zellen und 2) aus der mobileren Energie des Bioplasmas.

Mit dieser Energie kann man auf Enzyme einwirken. Mit ihr läßt sich chemisch verschmutztes Wasser reinigen, das mit bekannten Verfahren nicht mehr hätte gereinigt werden können. Mit Hilfe dieser offenbar universellen Kraft hat man im Ostblock Pflanzen zu rascherem Wachstum angeregt; zahlreiche Versuchsergebnisse gleicher Art finden sich in der älteren Fachliteratur. Ferner ist die Konservierung leicht verderblicher Lebensmittel durch Bioenergie möglich. Bekanntlich entströmt diese Kraft in besonders starkem Maße den Fingerspitzen. Wenn ein „Heiler" alias Magnetopath sich auf die Behandlung eines Patienten zu konzentrieren beginnt, so verdeutlicht der Kirlian-Apparat, wie sich die allgemeine Strahlungshelligkeit (Luminiszenz) der Hände in spezifischen Kanälen sammelt und, einem Laserstrahl vergleichbar, aus den zielgerichteten Fingerspitzen austritt. In England sind zur Unterstützung der ärztlichen Therapie zahlreiche derartige Heiler an Krankenhäusern zugelassen.

Daß die Luminiszenz und die physiologische Aktivität des Fluidal- oder Bioplasmakörpers in geradezu unheimlich anmutender Weise vom Gedankenleben und von der jeweiligen Gemütsverfassung des Menschen beeinflußt werden, veranschaulicht der Kirlian-Effekt in ebenso eindrucksvoller Weise wie ein von den Russen entwickeltes Aura-Sichtgerät: plötzliche, starke Gefühlsausbrüche rufen sofort Veränderungen der Lichtausstrahlung und ihrer Farben hervor. Hier finden wir u. a. die Angaben des großen amerikanischen Sehers Edgar Cayce bestätigt, von dem es heißt, daß er ständig, auch im Wachzustand, Lichtfelder um die Köpfe der Menschen gesehen habe ... eine Aura, die ihm über ihren Gemüts- und Gesundheitszustand Auskunft gab. Einmal sei eine Frau zu ihm gekommen, die gerade einen Streit mit ihrer Nachbarin ausgetragen hatte. Cayce, der eben in der Bibel las, habe aufgeschaut und gesagt: „Ich sehe eine rote Aura um Sie. Kommen Sie nächste Woche wieder, wenn Sie nicht mehr wütend sind."[88])

Im Zusammenhang mit den hier kurz umrissenen Fakten wollen wir jetzt einen der interessantesten Aspekte der psychophysikalischen Forschung beleuchten, nämlich die Tatsache, daß jede Bewegung, die ein Mensch macht, in dem ihn umgebenden ätherischen Raum eine *Spur* hinterläßt. Eine odische Spur gewissermaßen, die sich bei gedanklicher Konzentration oder vitalen Gefühlsausbrüchen sehr nachhaltig manifestieren kann und die auch an allen Gegenständen, mit denen man in Berührung kam, haften bleibt. — Zur Beweisführung bedarf es keinerlei mystischer Spekulationen. Abgesehen von den (offiziell hartnäckig ignorierten) Forschungsergebnissen älteren Datums, lassen besonders die streng sachlichen Darlegungen von Prof. Eugen Matthias diese Tatsache eindeutig erkennen. Noch eindrucksvoller stellen jene von dem tschechischen Forscher Robert Pavlita konstruierten „psychotronischen Generatoren" das Vorhandensein odischer Spuren unter Beweis. „Jede Bewegung", erklärte Pavlita, „die ein Mensch macht, hinterläßt in dem Raum um ihn herum eine Spur. Der Generator kann diese Spur aus einer größeren Entfernung und durch mehrere Räume hindurch aufspüren. Selbst wenn man nur die Hand kreisförmig über die Tischplatte bewegt, ist die dadurch hinterlassene Spur schon stark genug, um von dem Generator erfaßt und identifiziert zu werden" („PSI", S. 333).

Bei den „psychotronischen Generatoren" des Tschechen Pavlita handelt es sich meines Erachtens weniger um Generatoren (Krafterzeuger), als vielmehr um eine Art transformierende Akkumulatoren, denn sie werden — durch Berührung oder auch nur durch den Blick — mit menschlicher Energie geladen. Je nach ihrer Form und dem Material, aus dem sie bestehen, weisen sie sodann unterschiedliche Eigenschaften auf. Pavlita vermag mit seinen „Generatoren" z. B. nichtmagnetische Stoffe anzuziehen. Das vollbringen auch manche Menschen, wie wir bei der Psychokinese gesehen haben. Kein Zweifel, in beiden Fällen waltet hier dieselbe Kraft: die Odkraft Reichenbachs. Denn Od unterscheidet sich in seiner Wirkung vom Magnetismus dadurch, daß es nichtmagnetisches Material wie Holz, Kristalle, Silber u. dgl. anzieht und magnetisch auflädt. Eisen dagegen vermögen mit Od geladene Gegenstände nicht anzuziehen, auch nicht in der Form von feinen Spänen. Pavlita könnte sich viele seiner Versuche sparen, wenn er Reichenbachs Arbeiten zur Verfügung hätte. Die Übertragbarkeit des Od ist für uns ein alter Hut . . . aber für uns gibt es keine Lehrstühle. In Deutschland war der Ausspruch vom Propheten, der im eigenen Lande nichts gilt, seit jeher berechtigt; erst wenn eine Idee, eine Erfindung oder Entdeckung viel später als „das Neueste" aus dem Ausland importiert wurde, konnte sie auf Anerkennung hoffen. Du Prel bemerkt in einem seiner letzten Briefe*) bitter: „Meine Erfolge sind so minimal, daß es mit jedem Tag klarer wird, daß entweder ich für das deutsche Publikum zu dumm bin oder es für mich . . . In beiden Fällen ist das richtige Verfahren, das niederträchtige Handwerk der Schriftstellerei aufzugeben, und das will ich tun. Die finanzielle Einbuße kann mich davon nicht abhalten, denn meine Einnahmen sind so gering, daß sie sofort verdoppelt würden, wenn ich Straßenkehrer würde . . . Es ist eben Pech, wenn man unter dem ‚Volk der Dichter und Denker' geboren wird, statt bei den Fidschiinsulanern."

Du Prel war es, der aus der physiologischen Tatsache des beständigen Erneuerungsprozesses unseres physischen Körpers folgerte, daß dieses Gesetz auch für den Fluidalleib gelten müsse. Er wußte bereits, was die Kirlian-Forschung jetzt als „neueste Entdeckung" bestätigt, nämlich, daß auch das Leben des bioplasmatischen Körpers „in einer beständigen Bewegung, in einer odischen Ausstrahlung und Wiedererneuerung besteht . . . Wir hinterlassen also überall unsere odische Spur".[89])

Diese odische Spur, die nicht nur an Gegenständen haften bleibt, sondern sich auch in unsere atmosphärische Umgebung, in den „Weltäther" (um dieses Wort einmal zu gebrauchen) eingräbt, erinnert an die altindische Akasha-Vorstellung, an die sogenannte Akasha-Chronik, in der alle vergangenen sowie sich gegenwärtig vollziehenden Ereignisse bildhaft verzeichnet sein sollen und von Hellsehern wahrgenommen werden können; nach der Bibel „das Buch des Lebens", in welchem alles geschrieben steht. — Menschen mit außergewöhnlicher Wahrnehmungsfähigkeit sind z. B. in der Lage, historische Begebenheiten noch nach Jahrhunderten an den Stätten ihres Geschehens zu rekonstruieren. Dem hervorragenden Parapsychologen Prof. Hans Holzer gelangen auf diese nicht alltägliche Weise recht aufschlußreiche Experimente. Sein lesenswertes Buch bringt u. a. hochinteressante Angaben zur Ermordung des Präsidenten Lincoln, zur Entdeckung des amerikanischen Erdteils lange vor Kolumbus, und zur sagenhaften Tafelrunde König Arthurs.[90])

Zu Pfarrer Johannes Greber war gesagt worden, daß die Odausstrahlung eines Lebewesens — samt dem ihm eigentümlichen Odge-

*) am 25. 2. 1898 an Prof. Dr. Gottfried Kratt.

ruch — nicht bloß an der grobstofflichen Materie, mit der das Wesen in Berührung kam haften bleibt, „sondern auch an der feinstofflichen, wie zum Beispiel am Äther, durch den ein Wesen seinen Weg nahm . . . So hinterläßt also alles Geschaffene eine Odspur seines Daseins, die den ersten Tag seines Entstehens mit dem letzten Lebenstage verbindet." Und weiter: „Das Od gehört zu dem Wunderbarsten in der Schöpfung Gottes. Durch das Band des Od bleibt ihr nicht bloß mit allem verbunden, womit ihr in eurem Dasein in Berührung kamt, sondern es spiegelt auch euer ganzes Dasein wie einen Film wieder: alle eure Erlebnisse, alle eure Taten, alles Gesprochene und Gedachte . . . dieser Film lügt nicht."[91]) — Schöne Aussichten, wird mancher denken, dem die Wahrscheinlichkeit eines solchen „Films" wenig verlockend anmutet; dessen skeptische Zweifel gegenüber allem Übersinnlichen aber durch die bisher dargelegten und noch folgenden Fakten unhaltbar zu werden drohen. —

Der Satz, wonach alle Materie strahlt, steht heute wissenschaftlich unangefochten da. Daß jede Strahlung indentisch ist mit Energie, und daß jede Bewegung Energie erzeugt, unterliegt ebenfalls keinem Zweifel mehr. Um so unerklärlicher dünkt der Umstand, daß manche wissenschaftlichen Disziplinen hieraus nur bedingte Konsequenzen zu ziehen bereit sind. Ich meine hier besonders unsere Schulmedizin in ihrem Verhalten gegenüber der geobiologischen Forschung. „Erdstrahlen? — das gibt es doch nicht! Wünschelrutengänger? — das sind doch Scharlatane . . . Lächerlich!"

Selbstverständlich gibt es Erdstrahlen. Sie sind sogar physikalisch nachweisbar. Wenn ein Haus auf einem derartigen Reizstreifen — einer geopathogenen Zone — steht und die Bewohner schlafen über einer solchen, so werden sich im Laufe der Zeit mit absoluter Gewißheit organische Krankheiten entwickeln: Schlafstörungen, Kältegefühle an Armen und Beinen, Nackensteifheit u. dgl. sind Alarmsignale und können zu Rheuma und Arthritis führen. Über Kreuzungsstellen von Wasserläufen kann es zur Krebsbildung kommen. Auch geologische Verwerfungen, wie sie häufig in Buntsandstein- und Kalkgebieten auftreten, haben sich wegen ihrer Gammastrahlung als gefährlich, nämlich als krebserregend erwiesen.

Nicht nur der Standort, auch die Hausbauweise selbst, das zum Bau verwendete Material, ist von biologischer Bedeutung. Die Georhythmogramme nach Dr. med. Ernst Hartmann (Leiter des Forschungskreises für Biogeologie e.V. in Eberbach am Neckar) zeigen eindeutig die ungünstige Wirkung beispielsweise der Betonbauweise. Geradezu katastrophal aber seien in gesundheitlicher Hinsicht die modernen Schlafzimmer; in ihnen sei es kaum noch möglich, ein normales Rhythmogramm zustande zu bringen. — Warum sich Naturwissenschaftler, vor allem Mediziner, so sehr gegen die richtungweisenden Erkenntnisse der geobiologischen Forschung sträuben? Dr. Joseph K o p p , ein bekannter Geologe aus Ebikon, gibt die Antwort hierauf: „Weil viele nicht auf der Höhe ihrer Zeit sind und sich aus Desinteresse an vorbeugender Medizin nicht darüber informieren." Als Beispiel führt Dr. Kopp an: „Auf einem internationalen Kongreß für vorbeugende Medizin sagte ein ganz bekannter Wissenschaftler: ‚Wir brauchen keine Prophylaxe — was wir brauchen sind Patienten" und verließ den Saal, als das Thema Erdstrahlen zur Sprache kam."[92])

Es sei an der Zeit, daß die Medizin sich mit den Wirkungen elektromagnetischer Felder zu befassen beginne, meint Dr. Hartmann. Er hat die Ergebnisse seiner Erfahrungen aus der ärztlichen Praxis im Zusammenhang mit den jahrelangen Experimentalforschungen und Messungen des Forschungskreises für Geobiologie in einem Buch niedergelegt, das als Standardwerk schon jedem Medizinstudenten in die Hand gedrückt werden sollte.[93]) Denn das Nichtwissen von biophysikalischen Tatsachen sei beschämend und letztlich blamabel. Die Medizin müsse sich gewaltig umstellen, wenn sie in Zukunft ihre Aufgabe als Hüterin der Gesundheit in der menschlichen Gesellschaft erfüllen wolle. Die raffinierte moderne Diagnostik, das Spezialistentum, Mammutkrankenhäuser, Vorsorgeuntersuchungen usw. würden das Anwachsen der Krankheitsflut weder aufhalten, noch seien sie in der Lage, richtig zu heilen, geschweige vorzubeugen. „Im Gegenteil, der Apparat wird immer größer, läuft schneller, wird kostspieliger und lukrativer. Die Ärzte werden ihre Patienten nicht mehr los. Nur ein völliges Umdenken und Erkennen der unlösbaren Zusammenhänge des Zusammenspiels Bios und Kosmos, im engeren Sinne Wetter-Boden-Mensch-Milieu, wird Methoden reifen lassen, die wirklich heilen und vorbeugen ..."[94])

In allen alten Kulturen war die *Wünschelrute* und ihre Anwendung bekannt. *Radiästhesie*, wie wir heute sagen, bedeutet ja nichts anderes als „Strahlenfühligkeit", d. h. Empfindlichkeit gegenüber Strahlungen. Ein Amerikaner bezeichnete die Wünschelrute richtigerweise als Aurameter. Und das ist sie auch, denn sie spricht — allerdings nur in Verbindung mit dem Energiepotential des Menschen — ebenso wie das vielverspottete *Pendel*, auf Kraftfelder an. Mitunter sind diese Hilfsmittel überflüssig, wenn ein hoher Grad an Feinfühligkeit vorliegt. So gibt es Menschen, bei denen die ausgebreiteten Hände zur Registrierung vorhandener Strahlungen genügen. Als Prototyp genannter Art kann der 60jährige indische Captain J a b b a r gelten. Wenn er, Wasser suchend, barfuß und mit ausgebreiteten Armen über ausgedörrte Felder schreitet, bricht er wie unter einem Elektroschock zusammen, sobald er auf die Strahlzone einer unterirdischen Wasserader stößt. „Sein Gesicht zuckt wie unter unerträglichen Schmerzen, während seine Fußsohlen wie angewurzelt am Boden kleben . . . er ringt nach Atem, sein Puls fliegt. Die Begleiter führen den beinahe Ohnmächtigen zur Seite, flößen ihm Tee ein und kühlen seine Stirn mit einem nassen Tuch." Er dauere etwa eine Viertelstunde, bis Jabbar sich erholt hat. Dann gibt er den Arbeitern Anweisungen, wie tief sie graben sollen. Bald danach sprudelt das kostbare Naß an jener Stelle, an welcher Jabbar zusammengebrochen war.[95])

Erst kürzlich brauchte mein Nachbar dringend einen Brunnen. Er holte einen Wünschelrutengänger. An der von diesem bezeichneten Stelle und in der angegebenen Tiefe fand sich gutes Trinkwasser. —

Warum ich diesem Problem Platz in einem Buch einräume, welches der uralten Frage eines Weiterlebens nach dem Tode gewidmet ist? — Ganz einfach: weil wir es mit den eben geschilderten Reaktionen ebenfalls mit dem Bioplasmakörper, unserem Fluidalleib, zu tun haben; denn er allein ist es, der die Fähigkeit des Reagierens auf feinstoffliche Strahlungen und Kraftfelder besitzt, nicht unser physischer Korpus. Unser odischer Fluidalleib ist unser Primärkörper. Er ist der Träger unseres Gedankenlebens, unserer Gefühle und Empfindungen, unserer charakterlichen Veranlagung und unserer Begierden. Dieser bioplasmatische oder Energiekörper wurde folgerichtig zum Mittelpunkt der östlichen PSI-Forschung. Sowjetwissenschaftler experimentieren mit Yogis, die ihren physischen Körper verlassen können. Ostblockwissenschaftler scheuen sich auch nicht, mit der Wünschelrute in den Händen übers Land zu gehen. Sie nennen die Wünschelrute „das einfachste aller denkbaren elektrophysikalischen Instrumente". Die Zahl ihrer Ausschläge oder Umdrehungen vermag Aufschluß über Tiefe und Strahlungsursache zu geben. Die Russen befestigten an ihr ein automatisches Registriergerät. Kontrolluntersuchungen mit dem Elektrokardiographen ergaben, daß jeder Mensch, ob strahlensensibel oder nicht, über sogenannten „Reizstreifen" mit physiologischen Veränderungen reagiert . . . Das stellt eine glänzende Rechtfertigung der Wünschelrute dar, und bestätigt den Wert der Forschungsarbeiten Dr. med. Ernst Hartmanns und seiner Mitstreiter, die im Unterschied zu ihren russischen Kollegen nicht die Spur einer finanziellen Unterstützung ihrer in volksgesundheitlicher und somit soziologischer Hinsicht so ungemein wertvollen Arbeiten staatlicherseits zu erwarten haben. — Im Westen hat sich lediglich die UNESCO für die Rutengängerei interessiert, im Hinblick auf die meist wasserarmen Entwicklungsländer. Das ist meines Wissens aber auch alles. Bei uns bleibt es eben wie es immer war: eine Forschung, die gewissen Standes- und Profitinteressen zuwiderläuft, hat zu verschwinden. An Beispielen hierzu aus neuerer Zeit fehlt es nicht. Eine in allen maßgeblichen Gremien tonangebende Brotgelehrtenzunft (nach Friedrich Schiller), jener „wissenschaftliche Klerus" (nach Albert Giercke) bekämpft alles, was nicht den von ihnen als allein gültig festgelegten Maßstäben entspricht. Goethe umriß diese Verhaltensweise treffend mit den Worten: „Die Fragen der Wissenschaft sind sehr häufig Fragen der Existenz."

Bedenken wir allein folgendes: Wenn die Reichenbach'sche Od-Forschung heute allen Ernstes aufgenommen und weiter betrieben würde, so hätte das einschneidende Konsequenzen auf vielen Gebieten zur Folge. Nehmen wir als Beispiel das sogenannte Gesundheitswesen: ein beachtlicher Prozentsatz der Bevölkerung lebt heute direkt oder indirekt von den Krankheiten der Mitmenschen. Eine mächtige Arzneimittelindustrie verzeichnet Jahr um Jahr, mit steigender Tendenz, Milliardenumsätze. Gesetzt den Fall, es gelänge binnen kürzester Frist den allgemeinen Krankenstand um die Hälfte zu verringern, so ergäbe dies eine wirtschaftliche Katastrophe mit den entsprechenden politischen Nachwirkungen. An einer wirksamen Krankheitsbekämpfung, die schon mit einer umfassenden Aufklärungsaktion zur Gesundheitsvorbeuge beginnen müßte, besteht — so paradox es klingen mag — gar kein Interesse. Wenn es beispielsweise jemand wagt, die Gesundheitsschädlichkeit von gebleichtem Weißmehl und Zucker zu propagieren, so hat er mit Prozeßandrohungen der betroffenen Industriezweige zu rechnen; und wenn ein Arzt den Mut aufbringt, in der Art seiner Heilbehandlung aus der Reihe zu tanzen, bekommt er es sogar mit seiner berufsständischen Organisation zu tun. Der Kampf des deutschen Zahnarztes Dr. J. G. Schnitzer wäre in diesem Zusammenhang zu nennen, und unsere Naturheilärzte können hiervon auch ein Lied singen.[96])

Was aber geschähe erst, wenn durch Erforschung der Odkraft, des Fluidalkörpers und der Aura sich die Möglichkeit einer Übertragung der Lebenskraft von Mensch zu Mensch als richtig herausstellen und das längst überwunden geglaubte Magnetisieren wieder aufleben würde, ja wenn hierdurch sogar bessere und raschere Heilerfolge erzielt würden als mit herkömmlichen therapeutischen Methoden und Mitteln? Und noch dazu durch Leute, die kein medizinisches Studium nachweisen können? — Wie schon erwähnt, sind in England die sogenannten „Geistheiler", Magnetiseure also, offiziell an Krankenhäusern zugelassen, zur Unterstützung der ärztlichen Therapie. Das wäre bei uns undenkbar. Bei uns kann nicht sein, was nicht sein darf. Infolgedessen hat bei uns die Odforschung von vornherein keine Chance.

An dieser Stelle wollen wir aber doch die Frage stellen, womit wir es beim Od, dieser alles durchdringenden, pausenlos strömenden, allgegenwärtigen und sich ständig erneuernden Kraft eigentlich zu tun haben?

Eine befriedigende und erschöpfende Antwort auf diese Frage kann augenblicklich noch nicht gegeben werden. Beim Kirlian-Effekt spricht man von Körperströmen, die „weder Blut noch Elektrizität" sind („PSI", S. 133). Reichenbach und seine wenigen Nachfolger gelangten zu dem Schluß, daß das Od weder mit Wärme, noch mit Elektrizität oder Magnetismus identisch ist, obwohl mit letzterem stets verbunden. Was ist es dann?

Alles deutet darauf hin, daß wir es beim Od tatsächlich mit einer bisher weithin unbekannten „Großkraft der Natur"[97]) zu tun haben, die eines Tages auch bei uns im Westen — allen Widerständen zum Trotz — erforscht werden wird. Denn die jetzt im Ostblock wiederentdeckte „Vitale Energie", das „Prana" des fernöstlichen Kulturkreises, diese Lebenskraft, die bei jeder Wiederentdeckung einen neuen Namen bekommt, ist mit dem Od Reichenbachs identisch. —

Und was sagt die *jenseitige* Welt hierzu? — „Die Definition des Odes ist schwer, da uns Menschenworte dafür fehlen", wurde der Sensitiven Adelma von V a y diktiert. „Alles was ist und lebt, hat ein Odlicht und eine Odvibration. Od, Licht und Vibration sind eins. Das Od ist immateriell wie das Licht. Das Od wird im Laufe der Entdeckungen einen anderen Namen bekommen" (was bereits mehrfach geschah, weshalb hier eine beträchtliche Begriffsverwirrung herrscht). „Es besteht aus Molekülen und Atomen, äußert sich durch Vibrationen und durch Schallwellen, ist in der Erscheinung ein Licht."

Je nach der moralischen und geistigen Entwicklungsstufe des Menschen ist seine odisch-fluidische Umgebung gut oder schlecht. Der edeldenkende und handelnde Mensch potenziere sozusagen durch guten Willen und reine Gedanken das Seelenleben um sich herum. Das Od, welches ihn (in seiner Aura) umgebe, sei von ätherischer Reinheit, „während der böse Mensch das Seelenleben um sich verdichtet, es wird unrein, sein Odumkreis ist schwer und ungesund. — Gute Gedanken können heilen, böse Gedanken machen krank. Daher die Harmonie und Sympathie, welche gute Menschen verbreiten, und den Zwist, die Antipathie, welche von anderen ausgeht . . . Der Mensch selbst bildet sich seinen Odkreis. — Wollte der Mensch doch zuerst bei seinem Geiste und beim Studium seines Odkreises (der Aura) und dessen Wirkungen beginnen. Die Geheimnisse dieser Kräfte sind ganz unerforscht, und doch ist dies die Wissenschaft aller Wissenschaften!"[98])

Telepathie — Suggestion — Hypnose

Sehr viele paranomale Phänomene lassen sich mit der Gedankenübertragung, der sog. *Telepathie,* erklären. Das ist heute hinlänglich bewiesen und wir brauchen uns mit zweiflerischen Gegenargumenten nicht mehr abzugeben; lange genug mußte wertvolle Zeit und Kraft im Kampf für die wissenschaftliche Anerkennung der Telepathie vergeudet werden. Ausgangspunkt und Anlaß für experimentelle Forschungen waren spontane Erlebnisse von Gedankenübertragung zwischen Menschen die in der Regel seelisch stark miteinander verbunden sind (zwischen Mutter und Kind ist dies naturgemäß besonders ausgeprägt). Aber auch einander fremde Menschen können unbewußt und zu gleicher Zeit dasselbe denken und tun. Der bekannte Fastenarzt Dr. Otto H. F. Buchinger erzählte einen solchen Vorfall aus persönlicher Kenntnis in einem Vortrag an der Technischen Hochschule Hannover:

Am 27. 11. 1962 nachmittags kaufte Frl. G. I. ein Exemplar der Menge-Bibel, ohne daß jemand aus ihrem Bekanntenkreis davon wußte. Der Kaufentschluß war spontan erfolgt. Sie hatte bislang nie eine Bibel gekauft oder in einer solchen gelesen. — Um 22.25 Uhr desselben Tages nahm Herr B. O. seine Menge-Bibel zur Hand. Er weilte bei der kranken Frau Ch. S. zu Besuch und las ihr zuerst die Einleitung des griechischen Übersetzers zu Jesus Sirach vor. Dann suchte er ganz bestimmte Stellen aus einer Reihe von Kapiteln heraus, und zuletzt Sirach 37/30—34 und 38/1—4.

Inzwischen war Frl. G. I. nach Hause zurückgekehrt, hatte zu Abend gespeist und verschiedenes geordnet. Dann nahm sie die gekaufte Bibel zur Hand. Ihrer Gewohnheit gemäß notierte sie den genauen Zeitpunkt, an welchem sie mit dem Lesen eines neuen Buches begann und legte zugleich eine Liste wichtiger Auszüge und Vermerke an. — Als sie am folgenden Tag zur kranken Frau Ch. S. kam und sie voller Eifer mit ihren Aufzeichnungen bekanntmachen wollte (vor Tagen war eine Diskussion wegen der Bibel entstanden), stellte sich heraus, daß sie genau dieselben Stellen aus Jesus Sirach gelesen und notiert hatte, wie Herr B. O. — Als Lesebeginn stand auf Ihrem Merkzettel: 22.25 Uhr!

Diese Begebenheit dem Zufall überantworten zu wollen wäre wohl weniger glaubwürdig als die Annahme, daß hier unbewußte Gedankenübertragung stattgefunden hat. Beim telepathischen Vorgang erfolgt eine Übertragung von Denkinhalten, Empfindungen, Wünschen und Vorstellungen *ohne* Benutzung der uns bekannten Sinne zwischen geeigneten Personen und ohne Rücksicht auf die Entfernung, die zwischen „Sender" und „Empfänger" liegt. Elektromagnetische Wellen nehmen in ihrer Stärke bei zunehmender Entfernung ab. Die Intensität der Gedankenkraft dagegen bleibt unverändert. Darüber hinaus durchdringt die Gedankenkraft mühelos jeden Stoff, selbst Blei. Ob der Gedanke selber die tätige Kraft darstellt, oder ob er zu seiner Übermittlung eines Trägers bedarf, sei vorerst dahingestellt. Fest steht, daß unser gesamtes Sinnen und Trachten, unser Streben, Wünschen und Hoffen, ja unsere ganze „Weltanschauung" auf unserem *Denken* beruht, ja daß unsere Persönlichkeit, unsere Empfindungen, unsere Charaktereigenschaften, unser Lieben oder Hassen überhaupt erst durch unser Denken zum Bewußtsein und damit zum Ausdruck kommt. Wenn wir nun wissen, daß Gedanken-, Vorstellungs- und Willenskräfte keine abstrakten Begriffe, sondern höchst reale Energieentfaltungen sind, die jedem Menschen innewohnen, so kommt unserem Gedankenleben ausschlaggebende Bedeutung zu. Schrittmacherin auf diesem Erkenntniswege war bis jetzt die psychosomatische Medizin. Sie machte uns auf die Zusammenhänge aufmerksam, die zwischen dem Gefühlsleben und den Lebensvorgängen im Körper bestehen; Zusammenhänge und Wechselwirkungen, die in Form von Krankheit oder Gesundheit zum Ausdruck gelangen. Also auch hier Polarität, Gegensätzlichkeit: Gedanken der Zuneigung, der Hilfsbereitschaft oder des Frohsinns wirken sich günstig auf die allgemeine körperliche Verfassung aus; Gedanken des Hasses dagegen, des Neides, der Ichsucht, wirken verkrampfend und hemmen die normale Funktion unserer Organe. Hochinteressant sind die Forschungen von Prof. Elmer Gates in Washington, dessen Versuche zu der Entdeckung führten, daß *seelische Affekte in den Ausdünstungen des menschlichen Körpers chemisch nachweisbar* sind! So ergab z. B. die kondensierte Ausatmungsluft von Jähzornigen einen braunen Niederschlag, bei Traurigen und Bekümmerten einen graugefärbten usw. — Das Erstaunlichste jedoch ist, daß Injektionen solcher Kondensate bei Meerschweinchen jeweils die gleichen Erregungs- bzw. Depressionszustände hervorrufen, ja, daß durch den von starkem Haßgefühl erzeugten Stoff die Tiere in wenigen Minuten *getötet* werden können! Prof. Gates rechnet dieses „Haßgift" zur Gruppe der Ptomaine (Leichengifte) und meint, eine Stunde „giftigen Hasses" erzeuge davon eine zur Tötung von 80 Menschen ausreichende Menge! — Nun kann sich jedermann selbst ausmalen, welch eine Giftküche ein haßerfüllter Mensch in sich herumschleppt, ohne zu bedenken, daß ja in erster Linie sein *eigener* Körper mit diesen Giftstoffen fertigwerden muß.[99]) Andererseits läßt sich vorstellen, wie förderlich und aufbauend Gemütszustände der innneren Ausgeglichenheit und Ruhe, der Heiterkeit, der Natur- und Nächstenliebe wirken müssen, sowohl für einen solchen „Gedankensender" selbst, als auch für seine Umwelt.

In der Sowjetunion ist es gelungen, Gefühle telepathisch und unter exakten Kontrollbedingungen zu übertragen. Die Gehirnströme der Versuchspersonen werden während der Experimente aufgezeichnet. Das EEG (Elektro-Encephalogramm) zeigt erhebliche Veränderungen, wenn der telepathische Impuls gefühlsbedingt geladen war. Die Übertragung mehrerer aufeinanderfolgender Emotionen negativen Charakters bewirkt eine „Ermüdungsaktivität" des Gehirns. Die Versuchspersonen klagen danach noch stundenlang über Kopfschmerzen und Übelkeit. Dagegen normalisiert sich das EEG bei der telepathischen Übertragung positiver Empfindungen (z. B. der Ruhe und der Heiterkeit) innerhalb von ein bis drei Minuten. Die lästigen Körpergefühle der Versuchspersonen klingen ebenfalls ab. Während telepathischer Versuche zeigte sich ferner, daß eine weitgehende physische Harmonie zwischen Sender und Empfänger besteht: gleiche Hirnstromkurven, gleicher rhythmischer Herzschlag und gleiche Veränderungen in der Frequenz und der Spektralstruktur der Tremor-Kurve immer dann, wenn gefühlsgeladene Impulse gesendet und empfangen werden. Der Ausspruch „zwei Seelen, ein Gedanke" hat also auch seine Berechtigung gefunden; ebenso die poetische Vorstellung vom „Gleichklang der Herzen" zweier Liebender.

Ein Tscheche, der Prager Dr. Stephan F i g a r entdeckte durch Zufall, daß man mit einem Plethysmograph — einem Gerät, das Veränderungen im Blutvolumen aufzeigt — auch festzustellen vermag, ob man von anderer Seite gedanklich beeinflußt wird. Dies nutzte der vielseitige amerikanische Erfinder und ehemalige Präsident der amerikanischen Parapsychologischen Gesellschaft, Prof. Douglas D e a n für ein von ihm entwickeltes System der Weltraumkommunikation aus. Wenn sich nämlich ein telepathischer Sender auf den Namen einer Person konzentriert, zu welcher der Empfänger eine starke Gefühlsbindung hat, so registriert der Plethysmograph eine Veränderung des Blutvolumens beim Empfänger!*) Beim Dean'schen Weltraum-Kommunikationssystem steht ein solcher Impuls für einen Punkt; wenn eine Weile nichts gesendet wird (das Blutvolumen sich also nicht verändert), bedeutet das einen Strich. Der Empfänger braucht demnach gar nicht telepathisch geschult zu sein, wenn er an den Plethysmographen angeschlossen ist. Andererseits bedeutet diese Tatsache — und das bestätigt eine alte spiritistische Behauptung — daß wir unbewußt, beonders im entspannten Zustande und während des Schlafes, für fremde Gedankenströmungen mehr oder weniger aufnahme-

*) Das Gerät wird an einen Finger angeschlossen.

fähig sind. Dies würde auch das Phänomen der *Wahrträume* erklären, denn jede Kraft kann jederzeit in eine andere Kraft umgesetzt werden, so auch Gedanken und Ideen zu Bildern und visionären Eindrücken. Dabei bleibt es sich gleich, ob die verursachenden Gedanken von ver- oder entkörperten Menschen stammen. Hellseher erklären oft, daß ihnen die Bilder „gezeigt" würden: von wem? Die dazugehörigen Erläuterungen vernehmen sie mitunter hellhörend, sie hören „Stimmen"; von wem? Wenn es entsprechend befähigten Menschen möglich ist, aus ihrem physischen Körper herauszugehen, sich an ferne Orte zu begeben und sich dort sogar bemerkbar zu machen — warum sollen Handlungen, die ohne *Benutzung* des Körpers geschehen, nicht ohne den *Besitz* desselben möglich sein? So sehr undenkbar ist das doch gar nicht! Jenseitige behaupten, Telepathie sei die „Sprache der Geister" und für sie völlig unproblematisch. Von Geist zu Mensch (besser: vom entkörperten zum noch verkörperten Geist) sei es schon schwierig, weil ein „isolierendes Gehirn" dazwischengeschaltet sei. Gedankenübertragung von Mensch zu Mensch sei jedoch noch schwieriger, weil *zwei* Gehirnschranken zu überwinden wären. In diesem Sinne gäbe es — nach du Prel — auch kein Gedankenlesen, sondern eben nur eine *Übertragung* von Gedanken; und er meinte, daß, wer direkte Gedankenübertragung zugibt, auch den Spiritismus zugeben müsse ...

Recht interessant ist die Aussage einer Somnabulen (d. h. einer Person, die durch sog. magnetische Striche in einen Schlafzustand versetzt wurde), über ihre Beobachtungen des Denkvorganges im Gehirn ihres Magnetiseurs.*) H. Durville brachte den folgenden Bericht in seinem Buch „Der Fluidalkörper des lebenden Menschen" auf Seite 75, wo es heißt:

„Wenn die physischen Sinne ruhen, dann trennt sich der fluidale Körper, der bisher an den grobmateriellen gefesselt war, los. Der fluidale Körper, im Besitze aller seiner feinen Fähigkeiten, die durch die Hülle des Fleisches gebunden waren, kann sich nunmehr frei entfalten. Er selbst ist nicht von physischem Stoffe, sondern für die leiblichen Sinne unwahrnehmbar; die Materie existiert für ihn nicht. Ebensowenig das Hindernis des Raumes, denn er durchquert in einer tausendstel Sekunde die Entfernung von Paris nach Peking.

Die Seele ist befreit und sie sieht nichts Verlockendes darin, in den Leib wieder zurückkehren zu sollen. Das erste in der Umgebung, dessen sie gewahr wird, ist der Magnetiseur. Aber man nimmt ihn unter sonderbaren Formen wahr. Ich höre seine Stimme nicht, sondern ich *sehe* aus seinem Gehirn die Gedanken wie leuchtende Emanationen**)

*) Somnambule stehen mit ihrem Magnetiseur „in Rapport", sehen also in der Regel nur ihn und das, was er ihnen zeigt bzw. worauf er sie aufmerksam macht.

**) Emanationen bedeutet in diesem Falle: Ausströmungen.

austreten; sie entspringen seinem eigenen Seelenkörper, der aber an den Leib gebunden ist. — Wir befreiten Seelen aber vernehmen mit unbeschreiblicher Leichtigkeit die Schwingungen, die das denkende Gehirn in Form von leuchtenden Fluiden entsendet, und verstehen alle Regungen der Seele mit tausendfach größerer Klarheit; denn die Reaktionen der entbundenen Seele sind unvergleichlich subtiler als jene des physischen Intellekts.

Ganz auf dem gleichen Wege kommt das Phänomen der Gedankenübertragung zustande, das so erstaunlich erscheint. Aber es liegt in ihm durchaus nicht Ungewöhnliches, es vollzieht sich vielmehr fortwährend ... bald in vollkommenerer Weise bei klaren, entschiedenen Denkern, und undeutlich, verschwommen bei den der Konzentration unfähigen Menschen, also je nach der Willenskraft des Magnetiseurs. Auch Gedanken der Umstehenden können wir verstehen, aber weniger leicht als die unseres Magnetiseurs."

Daß ausgesendete Gedanken und Gefühle in ihrer Verschiedenartigkeit auch unterschiedliche Frequenzen aufweisen müssen, liegt auf der Hand. Dr. Kozyrew vom Pulkowo-Observatorium bei Moskau gelang es mit Hilfe eines Gyroskops*) und selbst konstruierten Apparaten, den Gedankenfluß aufzuzeichnen. Er sagt: „Der Geist wirkt definitiv auf die Reaktion ein. Wenn ich während eines Versuchs bewußt an Poesie oder etwas Emotionales denke, registriert die Apparatur eine stärkere Veränderung, als wenn ich mich mit mathematischen Berechnungen befasse." Demzufolge ist die Fähigkeit, sich leicht und lebhaft bildliche Vorstellungen machen zu können, der Schlüssel zur erfolgreichen Übertragung von Gedanken. Das haben sowohl Russen als auch Amerikaner erkannt. Lediglich das Wetter und die seelische Verfassung des Telepathen können die „telepathische Funverbindung" beeinträchtigen. Zur Unterstützung des „Senders" bei seiner Konzentration auf bestimmte Gedanken, Bilder oder Zahlen hat man bereits verschiedene Methoden erfolgreich ausprobiert. Beispielsweise kann man dem Sender eine bestimmte Zahl, die er senden soll, auf optische und akustische Weise regelrecht „einhämmern", so daß unter geringerem persönlichen Kraftaufwand dennoch eine ausreichend starke Gedankenkonzentration ermöglicht wird. Tschechischen Forschern ist bereits ein Zuverlässigkeitsgrad von weit über 90% bei der telepathischen Nachrichtenübermittlung gelungen. Im Ostblock schickt man Parapsychologen nach Asien, um die paranormalen Fähigkeiten von Yogis und Fakiren zu prüfen, und holt solche Leute in die wissenschaftlichen Institute, um das Wie und Warum ihrer Fähigkeiten erforschen zu können. Kosmonauten bildet man in Yogapraktiken aus und versucht, ihre telepathischen Fähigkeiten zu entwickeln.

*) Meßgerät für den Nachweis der Achsendrehung der Erde.

Schon Paracelsus (in Lib.Ic 4) und sein Zeitgenosse, der deutsche Renaissance-Philosoph Agrippa von Nettesheim (1486–1535) erwähnten die Telepathie. Letzterer bemerkt in seiner „Okkulten Philosophie", daß Menschen, „deren Imagination und denkende Kraft sehr stark sei, solche Macht erlangen können, daß sie sich den Seelen anderer mitteilen und sie über ihre Gedanken und Wünsche unterrichten können, auch auf große Entfernungen". Er selbst habe dies öfter ausgeführt, und ebenso sein Freund, der berühmte Abt Trithemius. Der Physiker und Physiologe von Helmholtz (1821—1894) dagegen meinte, als er auf das Bekenntnis englischer Wissenschaftler zur Telepathie angesprochen wurde: „Weder das Zeugnis aller Mitglieder der Royal Society*) noch mein eigener Augenschein können mich dazu bringen, daß ich an die Übertragung von Gedanken von einer Person auf die andere, unabhängig von den bekannten Wegen der Sinneswahrnehmung, glaube."

Heute würde sich von Helmholtz korrigieren müssen, wenn er sähe, wie Gedanken- und Vorstellungskräfte z. B. auf Enzyme einwirken (was Frau Dr. Justa Schmith vom Rosary-Hill-College in Buffalo nachweisen konnte), daß die roten Blutkörperchen eines Menschen zu- oder abnehmen können, je nachdem welche Emotionen man dem Kranken suggeriert (1956 von Dr. Serow und Dr. Troskin in Swerdlowsk demonstriert), ja daß man sogar Versuche der psychokinetischen und somit gedanklichen Beeinflussung des radioaktiven Zerfalls durchführt.

Aus welcher *Energieform* nun diese „Gedankenkräfte" bestehen, lassen wir vorerst dahingestellt sein. Jedenfalls kommt der „Gedankenwissenschaft" grundlegende Bedeutung zu. Suggestion und Hypnose zum Beispiel sind Kinder der Gedankenübertragung. Schon den Schülern des vielverspotteten Begründers der Lehre vom „animalischen Magnetismus"**) Franz Anton Mesmer (1733—1815), den Dr. R. Tischner als „Vater der Parapsychologie" bezeichnete, war bekannt, daß die Suggestionsfähigkeit nicht nur bei Hypnotisierten, sondern auch bei magnetisierten Somnambulen vorhanden ist. Ausschlaggebend bleibt natürlich, *woher* die Suggestion kommt: von Menschen oder ... von „Fluidalmenschen", den sogenannten Doppelgängern, die ja — wie in diesem Buch zur Genüge dargetan ist — nicht unbedingt einem noch im Irdischen lebenden Organismus angehören müssen. Du Prel konstatiert zu Recht, daß eine Identität der Ursache (in diesem Falle Gedankenübertragung) noch lange nicht auch eine Identität

---

*) eine 1663 gegründete britische Gesellschaft führender Wissenschaftler.

**) Mesmers Wortprägung „animalischer Magnetismus" ist offensichtlich falsch mit „tierischer Magnetismus" übersetzt worden. In seinen lateinisch und deutsch verfaßten Schriften hat er gewiß das lateinische „animalis" (= beseelt, seelisch) gemeint, nicht das französische „animal" (= tierisch).

der Quelle (von der die Suggestion ausgeht) sein muß.[100]) Um die möglichen Quellen einer Suggestion auseinanderzuhalten, führt du Prel fünf derselben an:

1) Die Suggestion des Hypnotiseurs
2) Die der Anwesenden
3) Die bewußte und unbewußte Autosuggestion aus dem cerebralen Bereich (Gehirnleben) der Versuchsperson
4) Die transzendentale Autosuggestion der Versuchsperson (durch fluidalen „Doppelgänger")
5) Die spiritistische Suggestion (d. h. durch entkörperte Wesen)

In allen diesen Fällen können sich die Suggestionen umsetzen in Sprechen, Schreiben, organische Veränderungen und Handlungen. Von den meisten unserer gegenwärtigen Parapsychologen wird dieser Umsetzungsvorgang als „motorischer Automatismus" bezeichnet. Wie dieser Prozeß zustandekommt und abläuft, weiß man allerdings nicht. Dr. Erik Igenbergs meint, daß die Suggestion eine menschliche Ausstrahlung in einem noch nicht festgestellten Wellenbereich[101]) sei. Andere Forscher wollen diese Wellenlänge bereits bestimmt haben.

Wie dem auch sei, es würde zu weit führen, auf die verschiedenen Theorien und Forschungsergebnisse hier näher eingehen zu wollen, so aufschlußreich sie auch sein mögen. Im Rahmen der Problemstellung dieses Buches interessiert uns ja vor allem, ob auch die *hypnotische* Praxis Ansatzpunkte für die Annahme gibt, daß sich vom menschlichen Körper „ein innerer Wesenskern" trennen läßt und — wenn ja — ob dieser Wesenskern sein Ichbewußtsein behält.

Parallelen zur *mediumistischen* Praxis sind im Hypnotismus unzweifelhaft gegeben. Allein die Möglichkeit, eine Person mittels fernhyponotischen (telepathisch-suggestiven) Befehls aus der Wohnung herauszuholen und sie — mit geschlossenen Augen — durch das Verkehrsgewühl bis zum Zielpunkt zu beordern, beweist doch einwandfrei, daß die Versuchsperson ihre materiellen Augen gar nicht benötigt. Somit drängt sich immer wieder das Postulat auf: was man ohne *Gebrauch* körperlicher Organe vermag, müßte man logischerweise auch ohne den *Besitz* derselben tun können. Solche Versuche sind unternommen worden und selbstverständlich kommt es auf den Grad der angewandten Hypnose an, denn ein Hypnotisierter muß nicht unbedingt die Augen geschlossen haben. Es genügt aber auch schon, die Versuchsperson mit geschlossenen Augen im Zimmer oder im Haus herumgehen zu lassen, um sich vom Phänomen des „augenlosen Sehens" zu überzeugen. Dasselbe ist der Fall beim *Hellsehen in*

Hypnose. Wenn Dr M. R y z l seiner Versuchsperson, die im hypnotischen Schlaf mit auf die Sessellehne zurückgeneigtem Kopf liegt, eine Karte mit einem Symbol direkt neben das Ohr legt und ihr den hypnotischen Befehl gibt, ihren Körper nunmehr von oben zu sehen und das Symbol von der Karte abzulesen, so ist wohl kaum denkbar, daß die Augen der Versuchsperson — für uns unsichtbar — wie ein Paar Polypenarme aus dem Kopf heraustreten, um den eigenen Körper beobachten zu können.[102]) Das Experiment gelingt aber ohne weiteres; und damit es „wissenschaftlich "klingt, wird dieser Vorgang, den man sich ohne Annahme eines exteriorisierbaren Fluidalleibes nicht erklären kann, „autoskopische Halluzination" genannt. Zu deutsch: selbstbeobachtende Sinnestäuschung. Eine solche ist es in diesem Falle genau so wenig, wie bei der Hypnose als Therapie. Man meint, daß durch Hypnose herbeigeführte therapeutische Erfolge auf suggerierter Sinnestäuschung beruhen. Mir scheint, daß solche Deutungen nur entstehen konnten, weil die Rolle des Fluidalkörpers als organisierendes Prinzip noch nicht erkannt wurde. Die Kirlian-Fotografie wird auch hier die große Wende bewirken. Von einer Halluzination kann man sprechen, wenn man der Versuchsperson Dinge zu sehen suggerieret, die objektiv nicht vorhanden sind: daß sie eine gelbe Rose in der Hand hält, oder einen rotbackigen Apfel verspeist. Aber selbst da ist die Sinnestäuschung nur für den Hypnotiseur gegeben, nicht für sein Opfer, für das die suggerierten Dinge Realitäten sind. Wir wissen ja nicht, was auf der Seinsebene des hypnotischen Zustands vor sich geht, wir haben so gut wie keine Ahnung von den Auswirkungen unseres schöpferischen Gedankenlebens. Wir wissen lediglich, daß sich unsere Gedanken sowohl bei uns selbst, als auch bei Somnambulen und Hypnotisierten in Handlungen und Gefühle umsetzen. Und daß jeder Gedanke bestrebt ist, sich zu verwirklichen, wird ja gerade durch die Suggestologie bewiesen. „Den Vorgang einer unterbewußten Gedankenwirkung nennen wir Suggestion" schreibt Prof. Dr. Oskar K u h n[103]) und bemerkt, daß der Körper mehr und mehr als Ausdrucksorgan seelischer Zustände erkannt wird.

Das geheimnisvoll scheinende Gebiet der Hypnose ist breit gefächert. Es ist ein erheblicher Unterschied, ob sie zur Förderung künstlerischer Anlagen benutzt wird (der Komponist Rachmaninow widmete sein berühmtes „Zweites Klavierkonzert in C-Moll" seinem Hypnotiseur Dr. Dahl) oder zu besserem und schnellerem Lernen (nach der Suggestologie-Methode von Dr. Losanow/Sofia kann man Fremdsprachen in wenigen Wochen lernen, wozu man sonst Jahre benötigt), oder zur Täuschung anderer (und somit zur Erlangung persönlicher Vorteile) oder gar zu verbrecherischen Zwecken. Es mag z. B. äußerst amüsant sein zu hören, daß es dem „hypnotischen Naturtalent" Wolf

Messing gelang, dank seiner Fähigkeit kostenlos durch ganz Rußland zu reisen, im Auftrage Stalins „probeweise" 100 000 Rubel aus einer Moskauer Bank zu holen oder unter hypnotischer Beeinflussung der Wachtposten, wonach er (Messing) der gefürchtete NKWD-Chef Berija sei, bis zu Stalin selbst vorzudringen ...[104]), aber gedient ist damit niemand, und das Niveau solcher Darbietungen liegt letztlich auf gleicher Ebene mit dem Wirken Mephistos in Auerbachs Keller.[105]) Anders ist es, wenn Hypnose zur Resozialisierung von Kriminellen eingesetzt wird — wie das in der Sowjetunion bereits geschieht — oder zur Heilung von Süchtigen. Baron du Potet, ein vor rund 100 Jahren bekannter französischer Heilmagnetiseur, hat schon damals Resozialisierung betrieben. Er schreibt: „Versetzet ein Mädchen von schlechtem Lebenswandel in Somnambulismus, so werdet ihr die merkwürdigste Verwandlung erleben. Dieses Mädchen, welches jedes Schamgefühl verloren hatte, wird, sobald ihre Seele dem Einfluß des Körpers entzogen ist, eine tugendhafte Person sein und die löblichsten Gedanken haben. Sie errötet über ihr Verhalten und nimmt sich fest vor, für immer bessere Wege zu wandeln. Sie sieht den Abgrund, vor dem sie steht, ahnt ihr vorzeitiges Ende in Armut und Schmach und hält erschreckt inne. Weckt dieses Mädchen wieder, so wird es keine Erinnerung an die guten Vorsätze mehr haben; sie wird ihr ungeregeltes und schmachvolles Leben wieder aufnehmen und wieder Sklavin der Sinne werden. Der Körper hat seine Macht über sie wiedergewonnen. Wenn ihr jedoch dieser unterdrückten Seele die Kraft verleiht, das Joch abzuschütteln, indem ihr ihrem Gedächtnis die unauslöschliche Erinnerung an ihre guten Vorsätze aufdrückt, wenn ihr ihr helft durch die Energie eures starken Willens, durch den Einfluß eurer Seele auf die ihrige, dann werdet ihr dem Laster eine Beute entreißen, die Sünderin der Tugend wiedergeben."[106])

Ein zeitgenössischer Arzt, Dr. Ordinaire, bestätigte diese erfolgreiche Methode aus eigener Erfahrung und sagte: „Nehmt das lasterhafteste, am meisten zum Bösen neigende Wesen, so werdet ihr, wenn es euch gelingt, es in Somnambulismus zu versetzen, erfahren, daß es in der Krise*) über sich selbst errötet und den Entschluß faßt, sich zu bessern. Nehmt euch fest vor, daß es sich dieses Entschlusses nach dem Erwachen erinnere und ihn ausführe, so werdet ihr aus diesem Wesen einen anständigen Menschen machen." Auf diese Weise wurden schon zahlreiche Trinker und andere, von Leidenschaften unterjochte Menschen geheilt. — Ein Arzt magnetisierte seine junge und sehr eifersüchtige Frau mit dem festen Willen, ihre Eifersucht zu beseitigen; der Erfolg blieb nicht aus. — Zu dem Grafen Peletier d'Aunay kam ein verstörter junger Mann, den er magnetopathisch behandelt hatte. Der Graf ließ ihn Platz nehmen und versetzte ihn

*) Unter „Krise" verstand man einen gewissen Grad des mittels magnetischer Striche herbeigeführten somnambulen (hypnotischen) Zustandes.

in somnambulen Zustand. Kaum eingeschlafen, gestand der junge Mann Selbstmordabsichten. Der Graf behandelte ihn und suggerierte ihm den posthypnotischen Befehl, die Pistole mitsamt der Munition alsbald zu bringen. Die Suggestion erfolgte rein gedanklich, ohne zu sprechen. Auch nach dem Erwachen des Patienten sprach der Graf nicht über das Vorgefallene. Bald, nachdem der junge Mann fortgegangen war, sei er wiedergekommen und habe dem Grafen die Waffe mit Munition ausgehändigt.

Wir sehen also, daß es immer die „Seele" oder der Fluidalkörper, der das Ich birgt, ist, der auf die Suggestion anspricht und entsprechend reagiert. Sowjetische Parapsychologen sprechen nicht von einem Fluidalkörper, sondern vom „bioplasmatischen" Körper, was dasselbe ist, und erkannten ihn als den Träger der telepathischen Funktionen. Mit Hilfe des von Dr. Viktor Adamenko konstruierten KKAP-Gerätes, eines Apparates zur Feststellung der Akupunktur-Punkte*), kann man die Gedankenstärke und -schwingungen auf Diagrammen festhalten; an den Apparat werden nicht die telepathischen „Sender", sondern die „Empfänger" angeschlossen, die zuvor in Hypnose versetzt wurden.

Die Gedankenkraft als Realität steht fest. Ihre Bedeutung für Leben und Schicksal des Einzelnen und der Gemeinschaft aber ist noch weitgehend unbekannt. Wenn selbst ein Dr. Ryzl zu der Überzeugung gelangte, „daß viele Geschehnisse abgeändert werden können, wenn sich genügend viele *Gedanken* darauf konzentrieren", so hat er damit z. B. die Macht des ernsthaften *Gebetes* erfaßt und unterstrichen: *sogar ein drohender Atomkrieg könnte abgewendet werden, wenn sich Millionen Menschen regelmäßig zu bestimmten Zeiten auf die Stärkung und Erhaltung des Friedens konzentrieren würden!* [107])

Wie stark Gedanken- und Vorstellungskräfte zu sein vermögen, beweisen unter anderem die sensationellen Versuche mit Ted Serios in den USA. Dieser Mann besitzt die Fähigkeit, seine bildhaften Vorstellungen in einem regelrechten Konzentrations-Gewaltakt auf den Film einer Polaroid-Kamera zu projizieren. Als Hilfsmittel dient ihm lediglich eine Papprõhre, die er mit der einen Öffnung an das Kameraobjektiv und mit der anderen an seine Stirn hält. Die Röhre dient offensichtlich nur dazu, das freie Ausströmen der Gedankenkraft in den Raum zu vermindern. Das Analogon hierzu sind die „verdächtigen" Kabinette bei spiritistischen Materialisationsphänomenen; auch diese haben den Zweck, die Ansammlung „bioplasmatischer Energie" zu erleichtern.

Die Erscheinungen der Hypnose müßten eigentlich in der Philosophie zu neuem Denken anregen; aber „solange man den Hypnotismus

*) KKAP = Konduktivität der Kanäle für Akupunktur-Punkte.

für eine Endstation und gleichsam eine intellektuelle Sackgasse hält, wird sich aus dieser verkürzten Auffassung notwendig auch eine Verkürzung der philosophischen Folgerungen ergeben", sagt du Prel, und man ersieht aus seinen folgenden Worten, daß manche heutigen Parapsychologen — und leider sind es vorwiegend als „führend" geltende — du Prels Gesichtskreis noch nicht einmal erreicht haben, geschweige denn darüber hinaus gelangt sind: „Indem man sich das Experimentierfeld künstlich beschneidet, wird eben auch in theoretischer Hinsicht der Hypnotismus ungenügend ausgenützt. Manche Forscher ziehen denn auch aus ihm keine Folgerungen in Bezug auf die menschliche Seele, ja sie glauben sogar, nach wie vor Materialisten sein zu dürfen ... Es liegt freilich keine Nötigung vor, von der materialistischen Erklärung der Seele abzuweichen. Man bringt es dabei höchstens zur These des Doppel-Ich, bleibt aber mit beiden Hälften derselben in der Physiologie stecken. Benutzt man dagegen den Hypnotismus als Hebel für somnambule Aktivität, oder für mediumistische Passivität, dann ergeben sich auch philosophische Folgerungen von größerer Tragweite. Das Doppel-Ich beruht dann nicht mehr bloß auf physiologischer Spaltung unseres Wesens. Wir lernen dann unser transzendentales Subjekt*) von der irdischen Erscheinungsform unterscheiden. — In der somnambulen Aktivität, d. h. in der relativen Freiheit von irdischen Erkenntnisformen und Erkenntnisschranken, zeigt sich dann unser Hineinragen in die Geisterwelt; bei spritistischen Phänomenen dagegen, wenn sie unter Ausschaltung der irdischen Suggestionsquellen stattfindet, zeigt sich das Hereinragen außerirdischer Wesen. Und wenn dieselben, gleich einem Hypnotiseur, die Fähigkeit besitzen, suggestiv auf uns einzuwirken, so spricht das immerhin zu Gunsten der Annahme, daß es sich um verstorbene Menschen handelt."

Daß das Ichbewußtsein nicht an den physischen Körper gebunden ist, beweist allein die oft beobachtete Tatsache in Kriegslazaretten: Hirnverletzte mit schweren Ausfallerscheinungen waren kurz vor ihrem Tode dennoch in der Lage, präzise formulierte und klar durchdachte Mitteilungen an ihre Angehörigen aufzutragen; sie waren also wieder im Vollbesitz ihrer Persönlichkeit. Ebenso zeigt sich bei Irrsinnigen, daß ihr Bewußtsein intakt ist, sobald man sie in magnetischen Somnambulismus versetzt.**) Dr. W. Penfield von der McGill-Universität in Montreal hat (laut „PSI", S. 193/94) angeblich in zahlreichen Operationen „massive Teile des Gehirns" entfernt. Trotzdem schien der ‚Geist' ohne Störung des Bewußtseins weiterzuarbeiten. — Andererseits gelang es Hypnotiseuren nicht, *Stigmen* mittels hypnotischer Suggestion zu heilen (mit „Stigmen" bezeichnet man bekanntlich die Erscheinung der Wundmale Jesu bei hierfür dispo-

*) Unter „transzendentalem Subjekt" versteht du Prel den entkörperten, ichbewußten Fluidalmenschen.

**) das ist ein durch magnetische Striche herbeigeführter Schlafzustand.

nierten Menschen). Trotz alledem werden hypnotische Wirkungen nicht in erster Linie und allein durch die Kraft des Hypnotiseurs hervorgerufen, sondern durch die suggestible Empfänglichkeit und Einbildungskraft der Versuchsperson. Du Prel sagt hierzu: „Der Hypnotiseur beherrscht . . . die Empfindungen des Patienten, sein Verstandesleben, seine organischen Funktionen, seinen Willen und somit seine Handlungsweise, und das nicht nur für die Dauer des hypnotischen Zustandes, sondern auch noch nach dem Erwachen." Dabei sei besonders merkwürdig, daß der Hypnotisierte — wenn die ihm eingepflanzte Idee zu einem vorausbestimmten Zeitpunkt aus ihrer Latenz tritt — sie nicht als eine fremde Idee erkennt, sondern aus eigenem Impuls zu handeln meint. „Auch dies spricht wieder dafür, daß eben diese Idee nicht als fremde wirkt, sondern nur, weil der Hypnotisierte sie passiv aufgenommen, sie zu seiner eigenen gemacht und angenommen hat." [108])

Welche Gefahren sich aus der Anwendung hypnotischer Praktiken für einen Menschen, ja für ganze Menschengruppen und Völker ergeben können, liegt auf der Hand. Zudem sind wir ständig von einem Meer fremder Gedankenenergien umgeben und zapfen unbewußt ab, was auf der „Wellenlänge" unserer jeweiligen geistigen Einstellung liegt. Wenn man sich des Ausspruchs „es lag gewissenmaßen in der Luft" bedient, so ist damit jenes „Gedankenmeer" gemeint, aus welchem sich zur rechten Zeit bestimmte Ideen, Erfindungen oder Ereignisse zu verwirklichen pflegen.

Daraus ergäbe sich nun die Frage: ist man denn völlig schutzlos dieser unterschwelligen Suggestionsgefahr fremder Gedanken ausgesetzt? — Die Antwort hierauf lautet: Nein. Gegen direkte Hypnose sind ohnehin viele Menschen unempfindlich; gefährlicher ist die indirekte, uns unbewußte Beeinflussung, weil unser Fluidalkörper darauf reagiert. „Ein Mensch aber", sagt Emanuel (S. 192), „dessen Entwicklung ihn zielbewußt, willensstark, selbstlos und klaren Verstandes durchs Leben gehen läßt, ist gefeit gegen *jede* Einwirkung der Hypnose. Er beherrscht sich selbst, seine geistigen und körperlichen Kräfte, und kein außer ihm stehender Geist vermag ihn zu beherrschen. Ein solcher Mensch ist gefeit gegen jede Hypnose und Suggestion, denn sein Geist hat dem Seelenkleid (Fluidalkörper) seinen Stempel aufgedrückt, hat es mit seiner Wesenheit durchdrungen und bietet fremdem Geist nicht mehr die nötigen Bedingungen zu seiner Beherrschung."

Vom spirituellen Standpunkt aus betrachtet ist eigentlich jede Anwendung von Hypnose abzulehnen. Letztlich bedeutet sie ja in allen Fällen, den Willen einer anderen Person auszuschalten und sie dem eigenen Willen zu unterwerfen. Eduard Umbeck hat wohl recht wenn er meint, daß Schaustellungen von Hypnotiseuren vielleicht für

Studienzwecke einen Wert haben können, ansonsten aber etwas Unwürdiges, Bedrückendes an sich hätten. Es sei nicht gut, wenn der Mensch bei solchen Gelegenheiten als Persönlichkeit abdankt. Wir alle haben die Aufgabe, unseren *eigenen* Willen zu entwickeln, so daß wir selbständig und vollbewußt unseren Weg zu erkennen vermögen und ihn — die erforderlichen Anstrengungen nicht scheuend — beschreiten, „... nach dem Gesetz, wonach wir angetreten!"

Psychometrie — Hellsehen — Prophetie

Das von der offiziellen Wissenschaft nach weit über hundertjähriger Ablehnung endlich anerkannte Hellsehen*) beweist, daß es nicht unbedingt der Materie, d. h. in diesem Falle der Augen bedarf, um bildhafte Eindrücke zu empfangen. Dies um so mehr, als es beim Hellsehen — im Gegensatz zur Telepathie — nur *einer* Person bedarf, um auf „außersinnlichem" Wege Wissen zu erlangen. Die Begleitumstände beim Auftreten dieser Begabung können sehr verschieden sein; sie erstrecken sich vom Kristallsehen über die Spökenkiekerei**) bis zum Hellsehen mit geschlossenen Augenlidern in Hypnose oder Trance, und selbst bei Blinden. Die *Psychometrie*, eine Kombination von Telepathie und Hellsehen, gehört ebenfalls hierher. Hellsehfähigkeit kann auch mit Hilfe von bestimmten Yoga-Übungen ausgelöst werden, und — vorübergehend — durch Fasten sowie bei Zuhilfenahme von Drogen.

Das Hellsehen selbst wird in „räumliches" und „zeitliches" Hellsehen unterteilt. Wir wollen uns jedoch weniger mit Theorie befassen und lieber einiges aus praktischem Erleben schildern. Es gibt z. B. Menschen, die trotz verbundener Augen in der Lage sind, Farben zu erkennen. Pressemeldungen des Jahres 1963 sprachen von einer Russin, Rosa Kuleschowa, die mit den Fingern Farben „sah" oder besser: erfühlte, denn jede Farbe hat eine bestimmte Schwingung und demzufolge Ausstrahlung. Man hat diese Art Wahrnehmung *Dermooptik* genannt.

Völlig anders verhält es sich bei der Psychometrie. Hier betastet der ASW-Begabte einen Gegenstand und kann — mehr oder weniger deutlich — Ereignisse oder Personen beschreiben, die mit dem Gegenstand zu tun hatten. Um das zu können, müßte man voraussetzen, daß jener Gegenstand mit emotionellen Impulsen „geladen" oder durchtränkt sein muß. Hierher gehört auch das Charakterisieren einer Person anhand einiger geschriebener Zeilen (nicht zu verwechseln mit

*) In Deutschland vielfach immer noch nicht, wie Prof. Oberth bemerkt.

**) Das sog. Zweite Gesicht; Hellsehen mit offenen Augen, bei einer gewissen Starrheit des Blickes.

Graphologie) oder das Diagnostizieren eines Kranken auf Grund einer Haarlocke. Schon in Dr. Justinus Kerners Zeitschrift „Magikon" (Band V, S. 145) wird von Pariser Somnambulen berichtet, die bereits um 1840—50 auf diese Weise Psychometrie ausübten: „Der Kranke muß sich einer Locke seines Haares entäußern und dieselbe brieflich einsenden. Das Haar wird einer Somnambulen in die Hand gegeben und ihre Aufmerksamkeit darauf gerichtet, wo es dann zu einem Leiter zu der fernen Person wird." — In der Alten Rats-Apotheke von Winsen an der Luhe hängt noch heute ein Gemälde, das den vor fünfzig Jahren verstorbenen Schäfer Ast (1848—1921) darstellt. Auch dieser Mann konnte anhand eines Haares oder Haarbüschels genauestens diagnostizieren. Da er zugleich ein hervorragender Pflanzenkundiger war, halfen seine Mittel — wie die Chronik berichtet — immer. Er duzte jeden und forderte kein Geld. Den Rekord an Besuchern brachte der 14. 1. 1895: 2000 Personen! Das Dorf fuhr nicht schlecht dabei. Einmal wollten ihn zwei Oberschüler foppen. Sie wiesen ein Kuhhaar vor und behaupteten, es stamme vom Haupte ihres Rektors. „Ich kann ihm nicht helfen", erklärte der Schäfer. „Er wird wohl oder übel kalben müssen."

Ein zu seiner Zeit weithin bekannter Psychometrist war der Pole Ossowiecki. Aus einem Protokoll der damaligen Warschauer Psychophysischen Gesellschaft entnehmen wir: „Ossowiecki machte über den Inhalt eines ihm übergegebenen, in mehrere Bogen Papiers gehüllten, verschnürten und versiegelten Paketes folgende Angaben: ‚Es ist eine schwarze Schachtel ... sie enthielt früher ein Dutzend fotografische Platten ... eine dieser Platten wurde zerbrochen ... sie wurden von einer zarten, musikliebenden Frau aus der Schachtel herausgenommen. Die Schachtel befand sich an einem Ort in der Nähe der Chmielnastraße in Warschau, doch kam sie aus dem Ausland, aus Deutschland, wie mir scheint. Auf dem Deckel befindet sich eine Etikette, die etwas an den ägyptischen Stil erinnert. Ich sehe eine Fabrik ... einen Raum ... viele junge Mädchen, die um diese Schachtel herum arbeiten. Es sind ganze Haufen davon da ... Jetzt sind keine Platten in der Schachtel, sie enthält etwas, das keinen Zusammenhang mit ihnen hat ... einen grauen Gegenstand ... aus Glas ... nein, aus Ton ... ich sehe Feuer ... es ist kein Gegenstand, sondern ein Fragment, ein Teil. Oh, wie alt ist dies! Es ist viele hundert Jahre alt. Es ist das Fagment einer prähistorischen Urne ... sie ist zerbrochen ... ich sehe sie; dies ist ihre Form (hier schildert Ossowiecki die Form durch Gebärden). Man fand sie beim Graben in der Erde — ja — ich sehe Sand, Leute, die Erde umgraben. — Ah! — Es ist noch etwas in der Schachtel ... etwas Weißes ... ich verstehe nicht, welcher Zusammenhang zwischen diesem Gegenstand und der Apotheke bestehen kann ... ich sehe, wo sie ist — hier in Warschau, in der Marszalkowskastraße ... eine Dame hat dieses Ding gekauft.' — Das Experiment hatte, mit Pausen und Unterhaltung, 50 Minuten gedauert."

Vor der nun folgenden Öffnung des Pakets zeichnete Ossowiecki noch die Umrisse des darin enthaltenen Objekts auf. Dann entfernte man Schnüre und Verpackungspapier. „Wir erblickten eine schwarze Schachtel, in der ich einige Monate zuvor Diapositive von der Firma Szalay in der Chmielnastraße in Warschau erhalten hatte", protokolliert der Versuchsleiter. „Sie wurde mir von einer der Angestellten übergeben, einer zarten Dame, die, wie wir später feststellten, sehr musikliebend ist. Die Schachtel enthielt zwölf Diapositivplatten. Man konnte nicht feststellen, wer die Platten nachher genommen hatte und ob eine derselben zerbrochen worden war. Die Platten stammten aus der Fabrik Ernemann in Dresden. Die Etikette stellte einen dem Isiskopf gleichenden Frauenkopf zwischen zwei Säulen in ägyptischem Stil dar. In der Schachtel fanden wir ein Fragment einer Urne, umgeben von Watte und der Mitteilung: Fragment einer prähistorischen Urne, gefunden von Herrn Wawrzeniecki in der Umgebung von Warschau im Jahre 1904." (An diesen Herrn hatte der Versuchsleiter vorher vier solcher Schachteln und ein Paket Watte geschickt mit der Bitte, ihm unbekannte Objekte in die Schachteln zu tun und sie ihm wieder zuzusenden). „Die Watte, die sich in der Schachtel befand, war von meiner Frau in einer Apotheke in der Marszalkowskastraße in Warschau gekauft worden."

Als einer der Größten auf hellseherischem Gebiet, wenn nicht der Größte überhaupt, darf der Amerikaner Edgar C a y c e (sprich „Kejsi"; 1877—1945) angesehen werden. Bücher über sein erstaunliches Wirken werden nun auch im deutschen Sprachraum zu „Bestsellern".[109]) Das stenographisch protokollierte Material von weit über 30 000 „Readings" ist unerschöpflich. Dieser Mann, der sich selbst in Trance zu setzen vermochte, hat in diesem Zustande unzähligen Menschen Diagnosen gestellt und durch seine oft eigenartigen und keineswegs alltäglichen Verordnungen gesundheitlich geholfen. — Als zwölfjähriger Farmerjunge erwachte Cayces Interesse an der Bibel; er las oft darin und betete. Eines Abends, als er schon zu Bett gegangen war, erwachte er und fand sein Zimmer von Licht erfüllt. Erst dachte er, seine Mutter sei mit einer Lampe hereingekommen; dann aber erkannte er, daß die Gestalt, die er erblickte, nicht seine Mutter war. — „Ich vernahm eine Stimme, die zu mir sprach und mir verkündete, mir werde dereinst eine Kraft verliehen, um den anderen zu helfen, sofern ich sie nur richtig anwende." Am nächsten Tag erhielt er bereits die Bestätigung: er verlor die Besinnung, und als er wieder aufwachte, konnte er Wort für Wort das wiedergeben, was er zuvor gelesen hatte oder vorgelesen bekam! Infolge dieser außergewöhnlichen Begabung machte Cayce in der Schule erstaunliche Fortschritte. Leider mußte er sie nach der siebenten Klasse verlassen, um seinen Lebensunterhalt zu verdienen.

Im Alter von zwanzig (andere Quellen besagen: von einundzwanzig) Jahren zeigte sich bei Cayce eine starke Kehlkopfentzündung, wodurch er seine Stimme verlor. Alle ärztlichen Bemühungen erwiesen sich als vergeblich. Eines Tages erbot sich ein Hypnotiseur, Cayce zu heilen. Dabei stellte sich heraus, daß Cayce im hypnotisierten Zustand ganz normal sprechen konnte! Sobald er aber aus der Hypnose erwachte, war das Leiden unverändert. Auch posthypnotische Suggestionen fruchteten nichts, so daß der Hypnotiseur unverrichteter Dinge wieder abzog.

Am darauffolgenden Tag aber stellte sich ein Amateur-Hypnotiseur ein. Dieser kam auf die Idee, Cayce während des Trance-Zustandes aufzufordern, seinen Krankheitszustand zu beschreiben (früher wurde dieses Verfahren bei Somnambulen häufig angewendet). Da alles andere versagt hatte, war Cayce zu diesem Experiment bereit. Er ließ sich also noch einmal hypnotisieren und wurde in diesem Zustand über die Ursachen seines Stimmübels befragt. „Ja, wir (!) können den Körper sehen. Im normalen physischen Zustand ist dieser Körper sprechunfähig, weil er an einer teilweisen Lähmung der unteren Muskeln der Stimmbänder leidet." Durch eine bessere Blutzirkulation in den betroffenen Körperpartien sei eine Heilung zu erreichen und zwar mittels Suggestion während des hypnotischen Trancezustandes.

Der Hypnotiseur befolgte die erhaltenen Ratschläge und erteilte die entsprechenden Suggestionen. Daraufhin habe sich Cayces Hals- und Lungengegend zuerst rosa, dann scharlachrot gefärbt. Nach ein paar Minuten sagte Cayce: „Jetzt ist es gut. Der Zustand ist behoben. Machen Sie die Suggestion, daß der Blutkreislauf wieder normal werde und nachher, daß der Körper erwache." — Cayce vermochte nach dem Erwachen erstmals wieder normal zu sprechen! Layne, der Hypnotiseur, war überglücklich. Er dachte sich, wenn Cayce sich selbst helfen konnte, vielleicht hilft er auch ihm; Layne litt an Verdauungsbeschwerden. Cayce war einverstanden und ließ sich wieder einschläfern. Layne befolgte die so erhaltenen Anweisungen und im Laufe weniger Wochen besserte sich sein Zustand in bemerkenswerter Weise.

Das war der Beginn von Cayces großer Mission, und obwohl er selbst keinerlei medizinische Kenntnisse besaß, sprach er im hypnotischen Zustand wie ein Arzt und verwendete medizinische Fachausdrücke. Nach dem jeweiligen Erwachen konnte sich „der schlafende Prophet" nie an das Geschehene bzw. Gesagte erinnern. Später bedienten sich auch Ärzte seiner diagnostischen Fähigkeiten. —

Interessant ist das „Wir" in den Aussagen Cayces. Als später ganze Stöße von Briefen Heilungsuchender einlangten, verfuhr man so, daß man dem „schlafenden" Cayce lediglich Name und Adresse des Hilfesuchenden vorlas (der Kranke selbst mußte sich jedoch zu einer bestimmten Zeit an dem Ort aufhalten, den er als seine Adresse angab) und die Suggestion hinzufügte: „Sie werden jetzt den Körper von (Name), der sich gegenwärtig in (Adresse) befindet, vor sich haben. Sie werden diesen Körper sorgfältig und gründlich untersuchen und sagen, in welchem Zustand Sie ihn momentan finden. Sie werden die Ursache des gegenwärtigen Zustandes geben und Vorschläge zur Heilung und Erlösung dieses Körpers machen. Sie werden gestellte Fragen laufend beantworten."

Gewöhnlich habe es einige Minuten gedauert, bis Cayce zu sagen pflegte: „Ja, wir haben den Körper" oder „das Wesen". Da die Briefe zumeist nur die Bitte um Beratung und die Absenderangaben enthielten, muß die Tatsache des „Findens" der Kranken und die Erstellung der Diagnosen nur um so erstaunlicher wirken. Für den Spiritualisten löst sich das Rätsel, indem er das „Wir" als eindeutigen Hinweis auf das Vorhandensein mehrerer Geistwesen auffaßt. Wem eine solche Annahme unglaubhaft erscheint, mag auf „Spaltpersönlichkeiten" Cayces tippen. Zu B e t t y, der im englischen Sprachraum bekannten Autorin des Buches „Das uneingeschränkte Weltall", sagten einmal die „Unsichtbaren": „Es kommt uns nicht darauf an, ob Ihr uns als Unbewußtes Nr. 2 oder Nr. 3 bezeichnet, oder ob Ihr denkt, diese Erfahrungen werden durch einen Teil Eurer Persönlichkeit hervorgerufen oder ob Ihr sie als unabhängige Wirklichkeit betrachtet. Wichtig ist nur, daß Ihr dem, was zu Euch kommt, eine empfängliche Haltung entgegenbringt ..."[110])

Das berühmt gewordene G l a s t o n b u r y - Experiment des britischen Archäologen Frederic B l i g h - B o n d, von dem nachstehend die Rede sein soll, wird in der einschlägigen Literatur stets unter der Rubrik „Hellsehen" angeführt, obwohl hier offensichtlich kein Hellsehen vorliegt, sondern das Phänomen der „automatischen Schrift":

Glastonbury ist der Name der ältesten Wallfahrtskirche Englands, die auf der von der Außenwelt abgeschiedenen Insel Glaston errichtet worden war. Während der blutigen Kirchenreformation im Jahre 1539 wurde das Bauwerk samt der anschließenden Abtei dem Erdboden gleichgemacht. Die Gesteinstrümmer wurden später von den Bewohnern der umliegenden Dörfern zu Straßen- und Häuserbauten verwendet. Man vermutet, daß Glastonbury der erste Platz in England, vielleicht sogar in ganz Nordeuropa war, wo sich christliche Mönche niederließen. Der Sage nach soll Josef von Arimathea hier gelandet und gestorben sein, und zwei Kapseln mit dem Schweiß und Blut Jesu vergraben haben (die englische Gralssage hat Glastonbury zum Mittelpunkt). Fest steht, daß Glastonbury sehr alt sein muß. In den alten Archiven finden sich nur beiläufige Berichte über die architektonische Pracht des Heiligtums, aber irgendwelche Angaben über Ausmaße und Bauart fehlen völlig. Diese Tatsache darf für unsere Betrachtungsweise als besonders bedeutsam hervorgehoben werden.

Im Jahre 1907 beschloß man, sich durch Ausgrabungen Klarheit über Form und Architektur der berühmten Kirche zu verschaffen. Besonders über die Lage der sogenannten Edgar-Kapelle, von der man nur wußte, daß sie kurz vor der Zerstörung der Kirche errichtet worden war. — F. Bligh-Bond, einer der besten Architekten und Altertumsforscher Englands, wurde mit der Leitung der Arbeiten betraut. Dieser Gelehrte war Mitglied der bekannten „Society for Psychical Research", der britischen Gesellschaft für Psychische Forschung.

Bligh-Bond befaßte sich zwar mit paranormalen Phänomenen, war aber ausgesprochener Animist und schrieb alle außergewöhnlichen Erscheinungen dem noch unbekannten menschlichen Seelenleben zu. Für die spiritistische Auffassung eines nachtodlichen Weiterwirkens hatte er nichts übrig. Bligh-Bond versuchte nun insgeheim, mit Hilfe eines ASW-begabten Freundes bzw. dessen schreibmedialer Begabung, Aufschlüsse über die zu erwartenden Resultate der Ausgrabungen zu gewinnen; also *Angaben* zu erlangen, *die keinem Menschen bekannt sein konnten.* Um sicher zu gehen, daß das Wachbewußtsein seines Freundes ausgeschaltet würde, las er ihm allerlei Unterhaltsames während der Schreibversuche vor, um die Aufmerksamkeit des Mediums abzulenken. Zwischendurch pausierte man und versuchte, die entstandenen Linien und Striche zu entziffern. Die erste leserliche Mitteilung lautete: „Alles Wissen ist ewig und erlangbar für geistiges Mitfühlen." Diese und alle späteren Botschaften waren, ohne abzusetzen, in *einem* Strich geschrieben; ein typisches Merkmal schreibmedialer Mitteilungen. — Nach diesem ersten Satz begann des Freundes Hand Linien zu zeichnen. So entstand allmählich ein Grundrißplan der Abtei. In der Mitte der Zeichnung war geschrieben: „Gulielmus Monachus", d. h. „Wilhelm der Mönch".

Man war sich nach Vergleich dieses Grundrisses mit den erhalten gebliebenen und überlieferten Daten einig, daß eine so überaus langgestreckte Form des Bauwerks sehr unwahrscheinlich sei. Dennoch setzte man den Versuch, auf die beschriebene Art Aufschlüsse zu erlangen fort, und nun entstand die detaillierte Skizze eines schmalen, rechteckigen Gebäudes. Als die Zeichnung vollendet war, schrieb „es" darunter: „Capella St. Edgar. Abt Beere erbaute diese Kapelle zu Ehren des heiligen Edgar." Es zeigte sich, daß seitens der Archäologen die Kapelle überall, nur nicht an dieser Stelle vermutet worden war.

Weitere Sitzungen lieferten nunmehr präzise Daten über Länge und Breite der Edgarkapelle, über einen eigenartigen, in jener Epoche in England nicht üblichen Baustil, über Zahl und Lage der Toreingänge, Dicke der Mauern und Strebepfeiler, Zahl der Fenster und Gewölbebogen, Form der Altäre, Höhe der Marmorstufen, über die Konstruktion unterirdischer Höhlungen und Krypten, über die Farben der Glasmalereien und Mosaike, Verzierungen usw.

1908 wurde mit den Ausgrabungen begonnen; sie förderten zunächst an der speziell bezeichneten Stelle — entgegen jeder Erwartung — die Mauerfundamente der verschollenen Edgarkapelle zutage. Und auch die weiteren Ausgrabungen bestätigten Schritt für Schritt — durch Auffindung von Steintrümmern, Glas- und Mosaikbruchstücken u. dgl. — die auf medialem Wege erhaltenen, bis dahin völlig unbekannten architektonischen Einzelheiten!

Mit Auffindung der Edgarkapelle sollte jedoch die Angelegenheit noch nicht abgeschlossen sein. In den rund 50 Schreibsitzungen waren wiederholt Angaben bezüglich einer angeblichen „Loretto-Kapelle" aufgetaucht, denen man zunächst weder Glauben noch Aufmerksamkeit schenkte, weil über die Existenz einer solchen absolut gar nichts bekannt war. Außerdem würde das Bauwerk, wenn die medialen Mitteilungen zuträfen, ein in jener Bauepoche (für England und für das gesamte nördliche Europa) einzig dastehendes architektonisches Modell dargestellt haben.

Nach der erfolgreichen Ausgrabung der erwähnten Edgarkapelle faßte man nun auch zu den bezüglich der angeblichen Loretto-Kapelle erhaltenen Kundgaben Vertrauen. Die verstorbenen Mönche bezeichneten einen in der Nähe des Nordflügels gelegenen Platz als den Ort dieser unbekannten Andachtsstätte. Aber gerade dieser Platz war technisch am schwersten zugänglich. Ein früher dort vorbeifließender Bach hatte gewaltige Geröllmassen angeschwemmt; später war der Wasserlauf abgeleitet und das Bachbett mit den Trümmern und Abfällen von Jahrhunderten aufgefüllt worden. So war an diesem Teil der ursprünglichen Kirchenmauer ein mächtiger, grasüberwachsener Damm aus Schutt und Geröll entstanden, der sich mehrere Meter über dem ursprünglichen Bauniveau der Abtei erhob.

Im Jahre 1911 ließ Bligh-Bond zwei Probestellen in diesen Damm treiben, ohne die geringste Spur von Mauern oder Fundamenten zu finden. Der Mißerfolg entmutigte. Von „Drüben" lautete der Kommentar: unrichtige Stollenführung, nicht genügend tief unter dem heutigen Erdniveau." Der bald danach ausbrechende Erste Weltkrieg unterbrach weitere Nachforschungen.

In der Zwischenzeit hatte Bligh-Bond ein Buch herausgegeben, das mehrere Auflagen erlebte. Er äußerte darin die Hoffnung, auch die sagenhafte Loretto-Kapelle noch zu finden. — Das gewagte Experiment gelang: Im August 1919 wurden — nach fünfjähriger Pause — die Ausgrabungsarbeiten wieder aufgenommen. Den medial erhaltenen Hinweisen folgend, legte man einen tiefer gelegenen Stollen an und stieß nach wenigen Tagen auf die solide gemauerten Fundamente der unbekannten Kapelle! — Wie genau die Weisungen im einzelnen waren, möge folgendes Beispiel bekunden:

In einer am 16. 8. 1917 erhaltenen automatischen Schrift hieß es, daß der Westteil der verschütteten Grundmauern der Kapelle in sehr gut erhaltenem Zustande gefunden werden würde. Man wußte sich keine Erklärung, warum ausgerechnet diese eine Seite besser instand geblieben sein sollte. Die Ausgrabungen aber klärten den ursächlichen Zusammenhang auf: Der Westteil des Kapellenfundaments war vor Auffüllung des Bachbettes mit einem großen Dunghaufen bedeckt gewesen, dessen Spuren bei den Grabungen noch vorgefunden wurden. Die Anschwemmungen des Baches und die spätere Aufschüttung des Bachbettes bedingten natürlich eine starke Beschädigung der übrigen, freiliegenden Teile des Fundaments, während einzig die Westmauern, durch den Dünger geschützt, unversehrt blieben.

Die Glastonbury-Geschichte betrachtete man während der zwanziund dreißiger Jahre als „Kardinal-Beweis" für die Tatsächlichkeit des Hellsehens, und auch heute noch wird — trotz der von angeblichen ehemaligen Mönchen stammenden Unterschriften und Hinweisen — von einem „in automatische Schrift umgesetzten inneren Schauen" u. dgl. gesprochen. Bligh-Bond selbst begann seine diesbezügliche Meinung erst zu ändern, als er 1921 Manuskripte von ihm völlig fremden Leuten zugeschickt bekam, die ebenfalls Angaben zum Glastonbury-Unternehmen auf „übersinnlichem" Wege bekommen hatten. Allmählich neigte auch er zu der Ansicht, daß hier eine *jenseitige* Arbeitsgemeinschaft bestand und tätig wurde, um die frühchristliche Geschichte Englands aufhellen zu helfen. So nannte er denn auch sein Buch „Die Gemeinschaft von Avalon", in Anspielung auf die König-Artus-Sage und den Heiligen Gral. —

Kehren wir wieder zum eigentlichen Hellsehen zurück. Baronin Adelma von Vay besaß u. a. die Gabe des Schauens in einem mit Wasser gefüllten Glase. Sie meinte, das sei sehr einfach: „Man nimmt ein glattes Glas, füllt es bis zum Rand mit Wasser und stellt es so, daß das Licht gut hineinfällt; dann blickt man hinein. Wer nun die Gabe des Schauens hat, wird bald kleine Bilder, wie Fotografien, im Wasser sehen."[111]) Und das ist es ja eben, worauf es ankommt: wer die Gabe *hat* — Das Kristallsehen dürfte in ähnlicher Weise vor sich gehen.

Als der Hamburger Großkaufmann Hinrich Ohlhaver das späterhin berühmte Medium Elisabeth Tambke entlarven wollte, war das erste, was er erlebte, eine Hellseh-Demonstration. Vorausgeschickt sei, daß Ohlhaver sich und seine beiden Freunde nicht vorgestellt hatte, als sie von der Familie Tambke begrüßt worden waren. — Als nun Ohlhaver einige Worte an das Medium richtete, schloß es die Augen und sagte ganz unvermittelt: „Bei Ihnen befindet sich ein ziemlich großer Geist, mit etwas ergrautem Backenbart, aber ohne Schnurr- und Kinnbart. Die Nase ist ziemlich groß und gerade, die Augen sind graublau, die Augenbrauen buschig. Die Stirn ist hoch und etwas zurücktretend, das dunkelbraune, fast schwarze Haupthaar ist schon stärker ergraut als der Backenbart und oben ein wenig gelichtet. Er sagt, er sei Ihr Vater."

Ohlhaver war über die genaue Beschreibung seines Vaters erstaunt ... wie war das möglich? Hatten die Spiritisten vielleicht doch recht, daß der Körper stirbt, die Seele aber als astrales Wesen weiterlebt? „Keiner in diesem Kreise, auch meine beiden Freunde nicht, konnte meinen Vater gekannt haben." Gedankenübertragung? Ohlhaver hatte nicht an seinen Vater gedacht, als das Medium zu sprechen begann. Ohlhaver wollte nun bluffen. Er bemerkte, daß, wenn es sein Vater sein sollte, die Angaben nicht ganz stimmten und bat um nochmalige Angabe der Schnurrbartfarbe. Während das Medium wieder die Augen schloß, konzentrierte sich Ohlhaver nach Kräften: ... er hat einen dunklen Schnurrbart, er hat einen dunklen Schnurrbart. — Seine Frage selbst war schon suggestiv gewesen, denn sie setzte voraus, daß ein Schnurrbart vorhanden sein müsse. Aber die klare und bestimmte Antwort des Mediums lautete: „Einen Schnurrbart hat er überhaupt nicht, und er sagte mir eben nochmals, daß er Ihr Vater sei." — Von Ohlhavers Vater existierte keinerlei Bildnis. Den beiden Freunden waren Jenseitige beschrieben worden, die sie nicht oder nicht in der geschilderten Weise kannten. Spätere Nachprüfungen ergaben jedoch in allen Fällen die Richtigkeit der Angaben Frl. Tambkes.

Elisabeth Tambke war während des Hellsehens völlig wach und zu jeder Zeit fähig, ihre Gabe zu demonstrieren; eine besondere „Sitzung" erübrigte sich. Sie sah die Gestalten aber nicht mit ihren leiblichen Augen, sondern *schloß* jedesmal die Augen, weil sie nur so die geistigen Wesen sehen konnte. Ohlhaver zögerte lange, das Vorhandensein solcher Wesen anzuerkennen, „... aber die Macht der zahllosen Beweise, die ich erhalten habe, zwang mich zu der Erkenntnis — die nach und nach zur zweifelsfreien Gewißheit ausreifte — daß wir von einer geistigen Welt und von geistigen Wesen umgeben sind, und daß unsere Verstorbenen in Wahrheit nicht tot sind, sondern als Bewohner jener unsichtbaren Welt weiterleben und uns häufig nahe sind."[112])

Und nun ein anderes Beispiel: Hellsehen im mediumistischen Trancezustand. Besonders lehrreich ist wiederum ein Erlebnis des Pfarrers Johannes Greber. Ihn besuchte eines Tages ein junger Bursch, dessen ASW-Begabung dem Priester bereits bekannt war. In einem Moment, als des Pfarrers Haushälterin nicht im Zimmer weilte, fiel der Junge in Trance und „es" sprach aus ihm: „Deine Haushälterin ist soeben in den Garten gegangen, um dort zu arbeiten. Diese Zeit möchte ich benutzen, um mit dir zu sprechen. Bitte zeige mir deine Kirche."

Daß sich die Haushälterin in den Garten begeben hatte, konnte weder Pfarrer Greber noch der Junge wissen, denn der Garten lag hinter dem Pfarrhaus, während die Beiden in einem Raum in der entgegengesetzten Seite des Pfarrhauses saßen. — Die Kirche lag dicht neben dem Pfarrhaus; man konnte hingelangen, ohne über die Straße zu müssen.*) Der Junge folgte dem Pfarrer mit geschlossenen Augen und schwerfälligen Schritten. In der Kirche angekommen, sagte er: „Der Altar steht ja über einem Totengerippe, das in der Erde liegt. Auch unter dem Fußboden des Schiffes befinden sich eine Anzahl von Totengerippen. Hier war früher ein Kirchhof." Pfarrer Greber wußte von nichts und wurde aufgefordert, bei den ältesten Mitgliedern seiner Pfarrei Erkundigungen einzuziehen; dies geschah später und bestätigte die Richtigkeit dieser Angaben.

Dann wandte der Junge die geschlossenen Augen zur Orgelbühne mit den Worten: „Du weißt, daß ich in rein materiellen Dingen keine Ratschläge zu geben pflege. Aber heute möchte ich eine Ausnahme machen. — Du hast eine Orgel angeschafft. Sage deinem Organisten, er möge nach dem Spiel jedesmal die Register wieder ganz in die Orgel zurückdrücken; drei Register sind augenblicklich noch halb herausgezogen. Dadurch setzt sich Staub und Feuchtigkeit in die Orgelpfeifen und beeinträchtigt im Laufe der Zeit die Reinheit der Töne ..."

---

*) Eine mir bekannte Persönlichkeit hat die Angaben Grebers, soweit sie sich auf deutschem Boden abspielten, sorgfältig nachgeprüft und bestätigt gefunden. Vor etwa zehn Jahren lebten noch Augenzeugen und Teilnehmer der von Pfarrer Greber geschilderten Erlebnisse.

Pfarrer Greber bemerkt hierzu: „Der Spieltisch zur Orgel war verschlossen, so daß man weder die Tasten noch die Register sehen konnte. Erst recht nicht vom Altare aus, an dem wir uns in diesem Augenblick befanden. Aus dieser Entfernung hätten wir selbst dann nichts sehen können, wenn die Orgel offen gewesen wäre."

Das Altarbild eines Seitenaltars stellte den Tod des hl. Josef dar; Jesus und Maria standen an seinem Sterbebett. „Diese Darstellung ist nicht richtig" sagte der Junge. „Jesus war beim Tode Josefs nicht anwesend."

Bei der Darstellung der Kreuzigung Jesu wurde Greber gefragt: „Was glaubst du, hat bei der Kreuzigung den größten Schmerz verursacht?" Greber erwiderte: „Die Annagelung." — „Nein, nicht die Annagelung, sondern der Durst. Die Nägel wurden mit einem wuchtigen Schlag von den brutalen Henkersknechten durch Hände und Füße getrieben und verursachten zunächst eine nicht besonders schmerzliche Betäubung. So, wie eure Verwundeten im Kriege die schweren Verletzungen im ersten Augenblick kaum fühlen. Aber der Durst infolge des Blutverlustes ist das Furchtbarste; auch bei euren Verwundeten ... Kein körperlicher Schmerz ist mit der Qual des Verdurstens zu vergleichen."

Beim Weitergehen gelangten sie zu einer Seitenkapelle. Darin befand sich ein altes hölzernes Marienbild, welches aus einem Kloster stammte, dessen Ruinen sich in der Nähe befanden. „Dieses Bild suchen schon seit langem die leidenden Geister, die da unten im Tal bei den Ruinen des Klosters gebannt sind." Erstaunt fragte der Priester: „Warum suchen denn jene Geister dieses Marienbild? Es ist hier doch leicht zu finden; und zudem, was kann das Bild den leidenden Geistern nützen?" Die Antwort war: „Du verstehst das nicht? ... die Geister, die zur Strafe für ihre Taten an irgend einen Ort gebannt sind, dürfen über den für sie bestimmten ‚Bannkreis' nicht hinaus. Aus diesem Grunde können auch die in jenes Tal bei den Klosterruinen gebannten Geister nicht bis zu dieser Kirche gelangen. Sie können das Marienbild also nur innerhalb ihres Bannkreises suchen ... Wenn du nun weiter fragst, was ihnen das Marienbild denn helfen könne, so ist es richtig, daß ihnen das Bild selbst keine Hilfe bringen kann. Aber etwas anderes, was mit dem Bilde zusammenhing, brachte ihnen früher Erleichterung. Als nämlich das Bild noch in dem Kloster stand, kamen viele Menschen, um vor dem Bilde zu beten. Bei dieser Gelegenheit verrichtete man auch Gebete für die ‚armen Seelen', wie ihr die leidenden Geister nennt. Das Gebet kann zwar diesen Geistern nichts von ihrer Schuld und Strafe wegnehmen. Aber sie *vernehmen* das Beten, und ihre Gedanken werden ebenfalls auf Gott hingelenkt. Dadurch finden sie eine Erleichterung ihres Zustandes. Seit der Zeit nun, wo das Bild dort weggenommen wurde, kommt niemand mehr zum Beten dorthin, und die Geister vermissen die Wohltat, die ihnen einst das Gebet brachte ..."

Sie gelangten nun an die Treppe, die zur Orgelbühne führte, und Pfarrer Greber hätte gar zu gern gewußt, wie es sich mit den halbherausgezogenen Registern verhielt. Außerdem kam ihm der Gedanke, den Jenseitigen zu fragen, ob er wohl Orgelspielen könne (der Junge konnte es nicht). Ob der unsichtbare Gast wohl so viel Gewalt über den Körper des Jungen haben würde, um spielen zu können? — Nur zaghaft wagte Greber die Frage. „Gern, wenn es dir Freude macht" war die Antwort. — „Sofort eilte ich in die Sakristei und holte von dort den Schlüssel. Wir stiegen die Treppe zur Orgelbühne hinauf. Ich öffnete mit dem Schlüssel die Orgel und sah sofort nach den Registern. Richtig! Da waren drei halb herausgezogen ..."

„Dann setzte er sich an die Orgel", fährt Greber fort, „zog Register und begann zu spielen. Zuerst leise und zart, in lieblichen Akkorden. Dann etwas stärker ... und je länger er spielte, um so mehr schwollen die Töne an. Und auf dem Höhepunkt des Spieles war es ein Wogen und Brausen und Stürmen mit allen Registern, wie ein Orkan, der Bäume entwurzelt ... Dann nach und nach ein langsames Abschwellen und zum Schluß ein wunderbar sanftes und friedliches Ausklingen. Kein Zweifel, hier saß ein Meister an der Orgel!"

Als der Spieler aufgestanden war und Greber die Orgel wieder verschlossen hatte, wurde er gefragt: „Weißt du, was ich soeben auf der Orgel gespielt habe? ... Dein Leben habe ich gespielt." — Der Priester sah den Sprecher erstaunt an und konnte sich nicht denken, daß man das Leben eines Menschen spielen könne. Daraufhin wurde ihm gesagt: „Das Leben eines Menschen ist wie ein Gemälde. Man kann in Farben malen, man kann auch malen in Tönen. Jede Farbe stellt einen Ton dar und jeder Ton eine Farbe. Es gibt Hellseher, die alle Töne in ihren Farben sehen und Harmonie und Disharmonie nicht durchs Gehör feststellen, sondern durch Anschauen der Tonfarben. Daher kann man jedes Gemälde spielen, als ob man Noten vor sich hätte; wenigstens die Geisterwelt kann dies."

Schweigend gingen sie die Treppen wieder hinunter bis zu der Kirchentür, durch die sie gekommen waren. Hier blieb der Junge stehen: „Ich will mich jetzt verabschieden. Ich kann nicht mehr ins Pfarrhaus gehen, denn deine Haushälterin ist soeben im Begriff, aus dem Garten ins Haus zu kommen, und ich möchte nicht, daß sie den Jungen im Trance-Zustand sehe. Ich stelle mich jetzt an diese Wand. Stütze du den Körper des Jungen, damit er nicht zu Boden fällt, wenn ich aus ihm austrete."

Pfarrer Greber tat nach seiner Weisung und mußte alle Kraft aufwenden, den beim Austreten des Jenseitigen vornüber sinkenden Körper des Jungen aufrecht zu halten. Sofort kam dieser zu sich und war sehr erstaunt, mit dem Pfarrer in der Kirche zu sein. Er wußte sich bloß zu erinnern, daß sie beide im Pfarrhaus gesessen hatten. Vom Orgelspiel und allem, was gesprochen worden war, wußte er nichts.[113])

Das „Zusammensacken" des Mediums beim Austritt des eigenen und Eintritt eines fremden Geistes — oder umgekehrt — in den irdischen Körper ist ein echtes Merkmal des „Persönlichkeitswechsels". Es ist im Grunde genommen eine Besessenheit, wenn man diesen sonst nur im negativen Sinne verstandenen Ausdruck gebrauchen will. Wenn das Medium sitzt, bemerkt man im allgemeinen nichts von diesem Vorgang.

Beim Hellsehen in Hypnose — mit geschlossenen Augen — liegt ebenfalls die Annahme nahe, daß der Geist des Hypnotisierten, oder besser gesagt: sein Fluidalkörper mit dem Ichbewußtsein, den physischen Leib verläßt, um Befehle oder Erkundungen außerhalb des Hauses bzw. Raumes, in dem er sich befindet, auszuführen. Von einer „autopsychischen Vision" kann man wohl nur dann sprechen, wenn man dem Sensitiven z. B. abwesende oder verstorbene Personen suggeriert und solche „Visionen" sogar posthypnotisch wirksam werden läßt. Anders verhält es sich, wenn der oder die Hypnotisierte „auf Reisen geschickt" wird. Dr. M. Ryzl, um Beispiele zu nennen, führte seine Josefka auf eine imaginäre Reise durch Prag. Sie schilderte im Zustand der hypnotischen Trance, was sie sah, durch welche Gassen sie lief und an welchen Häusern oder Geschäften sie vorbeikam. Sie ging in ihre elterliche Wohnung und beschrieb, was ihre Mutter gerade tat. Josefka selbst sagt klar und unmißverständlich: „Diese Erlebnisse kommen einem ganz wirklich vor ... Man hat nicht etwa das Gefühl, einen Film abrollen zu sehen. — Es schien, als ob ich wirklich in unserer Wohnung war, als könnte ich den Küchentisch berühren, das Essen riechen ..." Sie sagt ausdrücklich: es war *nicht* wie ein Film. Manche Parapsychologen aber dünken sich klüger und behaupten, es handle sich hier um „ein Tasten aus der Ferne". — Immerhin scheint auch Dr. Ryzl mittlerweile nachdenklich geworden zu sein, denn er soll geäußert haben: „Die Ergebnisse der parapsychologischen Forschung weisen darauf hin, daß es *eine höhere Realität* geben muß, die *über* unserem materiellen Leben liegt."*) Das ist genau das, was die Religionen seit tausenden von Jahren predigen ... Die Wissenschaft ist dabei, der Religion wieder die Hand zu reichen; aber die Kirchen haben es noch nicht begriffen. —

*) Andererseits lehnt Ryzl die Geister-Hypothese ab und läßt somit die Frage nach der Form und dem Wie einer „höheren Realität" offen.

Ob echtes „Fernsehen" vorliegt, oder ob die persönliche (fluidale) Anwesenheit des Hypnotisierten am Ort des Geschehens erforderlich ist bzw. angenommen werden kann, muß bei Fällen wie dem nachstehend geschilderten wiederum dem Ermessen des Lesers überlassen bleiben:

Dr. Ryzl wollte zu erfahren versuchen, ob man ein unerfreuliches Ereignis, welches der oder die Sensitive voraussieht, abwenden könne. Josefka dachte an eine Freundin und ließ sich in Trance versetzen. Ihre Freundin wohnte 100 km von Prag entfernt. — Mit heiserer Stimme sagte die Hypnotisierte plötzlich: „Sie darf nicht mitgehen!" und wurde unruhig. Auf Befragen sagte Josefka, sie sehe ihre Freundin, wie sie mit einem Mann spreche, der ihr fremd sei. „Sie sitzen in einem Restaurant. Er möchte, daß sie ihn begleitet ... auf einem Motorrad. Sie darf nicht mitgehen!" — Und dann sah Josefka, wie ihre Freundin mit dem Fremden per Motorrad in die Nacht hinausfuhr. — „Sie halten an. Sie streiten sich ... Er hat ihr den Rock zerrissen ... Oh, mein Gott!" Josefka sieht und schildert eine Vergewaltigung. — Die Hypnotisierte nahm die Intensität des Geschehens mit ins Wachbewußtsein hinüber und weinte still vor sich hin. Sie nahm sich vor, ihre Freundin am nächsten Morgen sofort anzurufen und sie zu warnen. „Es ist mir egal, ob sie mich für albern hält oder nicht." Josefka wollte sagen, daß sie einen furchtbaren Alptraum gehabt habe ... — Als sie nächstentags ihre Freundin anrief, brauchte sie den „Alptraum" nicht zu Ende zu erzählen ... es war nämlich schon passiert. In der vergangenen Nacht. Und genau so, wie Josefka es geschaut hatte!

In die Zukunft hatte Josefka nicht geschaut, aber hellgesehen oder besser: ferngesehen. Daß für den Menschengeist die Festigkeit und somit Undurchdringlichkeit der Materie nicht vorhanden ist, wird in diesem Buch zur Genüge darlegt. So läßt es sich auch erklären, daß die hypnotisierte Versuchsperson — mit geschlossenen Augen — Zeichnungen oder Schriften zu erkennen vermag, selbst wenn man zusätzlich noch einen Metallschirm dazwischenhält.

Mehr Glück mit Vorausschau-Versuchen konnte der holländische Parapsychologe Dr. W. H. C. Tenhaeff von der Utrechter Universität, mit dem bekannten Hellseher Gerard Croiset verzeichnen. Schon der französische Arzt und Parapsychologe Dr. Osty hatte mit einem Hellseher namens Pascal Forthuny viele erfolgreiche Versuche unternommen: der Hellseher vermochte bereits Stunden *vor* einer Veranstaltung (von der man hoffen durfte, daß sie gut besucht sein würde) genau anzugeben, welche Person an einem bestimmten Platz sitzen würde. Mit Croiset gelangen derartige Experimente ebenfalls; man nennt sie *Sesselversuche*. Die Auswahl des Sessels oder Sitzplatzes, der „proskopiert" werden soll,*) überläßt man entweder dem Hellseher, oder wird durch das Los oder durch eine neutrale, nicht am Versuch beteiligte Person entschieden. Es zeigte sich, daß die Ergebnisse besser waren, wenn Croiset selber einen in Frage kommenden Sessel bezeichnen durfte; seine Vorausschau orientiert sich nämlich nach der Intensität emotionaler Eindrücke, von der (künftige) Besucher quasi gekennzeichnet sind. Tenhaeff ließ zahlreiche Versuche dieser Art protokollieren. Als Beispiel möge der nachfolgenge dienen:

Am 19. Oktober 1949 sollte in Groningen um 20 Uhr eine Veranstaltung stattfinden. Zwei Stunden vor Beginn derselben bat Croiset seinen Gastgeber, folgendes zu notieren: „Ich sehe in der dritten Reihe, vierter Platz von links, eine Dame sitzen, die ihre Haare hochfrisiert trägt. Die Haarfarbe ist blond, ergrauend. Alter ungefähr 55 Jahre. Sie trägt eine metallfarbene Kette um den Hals. Ihr rechter Schuh drückt sie, was ihr Schmerzen an der großen Zehe verursacht. Diese Dame hat drei Kinder, von denen eines die Absicht hat, nach Amerika auszuwandern. — Jetzt drängt sich mir ein Bild auf von einer Mauer, die zu einem Kloster zu gehören scheint. Ich sehe sie hier als junges Mädchen mit Murmeln spielen und großen Krach mit einem Jungen kriegen. — Kürzlich ist die Dame mit dem Absatz ihres Schuhes an einem Gegenstand hängen geblieben.

Diese Angaben wurden in einem Briefumschlag verschlossen aufbewahrt. Kurz nach Beginn der Veranstaltung öffnete man das Couvert. Alle Angaben Croisets erwiesen sich als richtig, bis auf eine: von den drei Kindern jener Dame, die tatsächlich den bezeichneten Platz eingenommen hatte, trug sich keines mit dem Gedanken einer Auswanderung nach Amerika. — Zufällig war die Dame eine gute Bekannte Prof. Tenhaeffs und schrieb diesem 14 Tage nach jener Zusammenkunft, daß einer ihrer Söhne, ein Mediziner, die Möglichkeit untersuche, sich in den USA niederzulassen; sie selbst habe hiervon zum Zeitpunkt der Veranstaltung keinerlei Kenntnis besessen. Von einem „Abzapfen fremder Seeleninhalte" wird in diesem Punkt schwerlich gesprochen werden können. Unentschieden aber bleibt die Frage, ob denn alles und jedes, bis in kleinste Einzelheiten, vorherbestimmt und somit unaufhaltsam und unabänderlich sei? — Diese Annahme drängt sich auf, wenn man den „Fall Jermolow" betrachtet.[114])

Der szt. bekannte russische General Alexej Petrowitsch J e r m o - l o w verbrachte die letzten Jahre seines Lebens in Moskau, wo er 1861 starb. Eine ihm sehr nahestehende Person berichtete der Redaktion der russischen Zeitschrift „Ruskaja starina" folgende Begebenheit:

*) Als Proskopie bezeichnet Tenhaeff das die Zukunft betreffende Hellsehen (allgemeiner: Präkognition; Vorausschau).

Etwa anderthalb Jahre vor dem Ende Jermolows kam ich nach Moskau um ihn zu besuchen. Nach einigen bei ihm verbrachten Tagen rüstete ich zur Rückreise. Abschied nehmend und von dem Gedanken erfüllt, daß es mir wahrscheinlich nicht mehr vergönnt sein werde, den damals schon hinfälligen Greis nochmals zu sehen, konnte ich meine Tränen nicht zurückhalten. Dies bemerkend, sagte er: „Weine nicht, ich werde vor Deiner Rückkehr hierher noch nicht sterben, sondern später." — Mein Gesicht drückte Erstaunen aus und sogar die Befürchtung, der immer helle Kopf Jermolows sei nicht ganz bei Sinnen. Und diese Regung entging dem Greise offenbar nicht. „Ich will Dir sogleich beweisen, daß ich meinen Verstand nicht verloren habe und nicht phantasiere." So sprechend, führte er mich in sein Kabinett, schloß eine Schublade auf und entnahm derselben einen beschriebenen Papierbogen, den er mir vorhielt. „Wessen Handschrift ist das?" fragte er. Ich erkannte seine Schriftzüge und sagte ihm dies. — „So lies!"

Das Papier enthielt eine Art Dienstliste Jermolows. Vom Range eines Obersten beginnend, war darauf Jahr und Datum jedes irgend beachtenswerten Ereignisses seines erfahrungsreichen Lebens verzeichnet. Während ich las, beobachtete er mich, und als ich fast zu Ende gelesen, bedeckte er die letzten Zeilen mit der Hand. „Weiter darfst Du nicht sehen", sagte er, da sind Jahr, Monat und Tag meines Todes angegeben. Alles, was Du hier gelesen hast" fuhr er fort, „ist *vor* dem Eintreffen geschrieben worden und hat sich auf die kleinsten Einzelheiten erfüllt. — Die Sache verhält sich folgendermaßen: Als ich noch den Rang eines Oberstleutnants inne hatte, wurde ich zur Führung einer Untersuchung in die Kreisstadt T. gesandt. Ich mußte viel arbeiten. Mein Quartier bestand aus zwei Zimmern; das vordere nahmen der mir beigegebene Schreiber und mein Diener ein, das andere bewohnte ich selbst. In dieses letztere konnte man nur durch das erste Zimmer gelangen ... Einst saß ich nachts an meinem Schreibtisch und schrieb; als ich geendigt hatte, zündete ich meine Pfeife an, lehnte mich in den Sessel zurück und vertiefte mich in meine Gedanken. Die Augen erhebend, erblickte ich mir gegenüber, nur durch den Schreibtisch von mir getrennt, einen mir unbekannten Menschen in der Kleidung eines russischen Bürgers. Ehe ich noch fragen konnte, wer er sei und was er wolle, sagte der Unbekannte: ‚Nimm Papier, Feder und schreibe!' — Ich gehorchte schweigend, mich unter dem Banne einer unwiderstehlichen Macht befindend. Dann diktierte er mir alles, was mir im noch bevorstehenden Leben widerfahren müsse, und schloß mit meinem Todestage. Mit dem letzten Worte zugleich verschwand er — wie und wohin? — weiß ich nicht ... Es vergingen einige Minuten, ehe ich zu mir kam; mein erster Gedanke war, daß man sich mit mir einen Scherz erlaubt habe; ich sprang vom Stuhle auf und eilte ins vordere Zimmer, welches zu passieren der Fremde nicht vermeiden konnte. Dort sah ich den Schreiber bei brennendem Talglichte schreiben, mein Diener aber schlief auf der Diele dicht bei der Ausgangstür, welche zugeschlossen war. Auf meine Frage: ‚Wer ist eben hinausgegangen?' antwortete der verwunderte Schreiber, daß niemand dagewesen sei ... — Bis auf heute habe ich mit niemand über das Geschehene gesprochen", schloß Jermolow seine Erzählung, „da ich sehr wohl wußte, daß die einen alles für Erfindung gehalten, die anderen mich als Visionär betrachtet hätten, der an Halluzinationen leidet. Für mich aber ist das Mitgeteilte eine unumstößliche Tatsache, deren klare, fühlbare Wirklichkeit durch das Papier hier bewiesen wird. — Jetzt wirst Du hoffentlich nicht mehr daran zweifeln, daß wir uns noch sehen werden?"

Und wirklich sahen wir uns nach einem Jahr wieder, aber wenige Monate später erhielt ich die Nachricht von Jermolows Ableben. — Als ich später unter seinen Papieren die geheimnisvolle Handschrift fand, da erwies es sich, daß er genau am angegebenen Tage, ja sogar zur bezeichneten Stunde, diese Welt verlassen hatte, wie es ihm 50 Jahre zuvor schon verkündigt worden war.

Ein anderer Fall, der zwar nicht unter Hellsehen rangiert, aber im Zusammenhang mit dem vorausbestimmten Todesdatum steht, sei hier wiedergegeben: Ende Mai 1820 erzählte der damals fünfzigjährige, vollkommen gesunde Direktor des Berliner Friedrich-Wilhelm-Gymnasiums, A. F. Bernhardi, seinem früheren Schüler, dem Philosophen J. H. Fichte einen eigenartigen Traum. Letzte Nacht habe ihm geträumt, es seien Blätter auf ihn herabgeflattert, er habe eines ergriffen und darauf seinen Namen gelesen. Darunter stand: „Gestorben am 2. Juni 1820." Weder Bernhardi noch Fichte maßen diesem Traum irgendwelche Bedeutung zu. Als aber Fichte am 3. Juni desselben Jahres seinen ehemaligen Lehrer besuchen wollte, mußte er zur Kenntnis nehmen, daß dieser tags zuvor gestorben war.[115])

Eine hellseherische Prophezeiung erlebte auch Dr. B. Cyriax.[116]) 1853 in Baltimore lebend, ließ er sich eines Sonntags herbei, den Vortrag eines ehemaligen katholischen Priesters über „Geister" anzuhören. Dieser Mann erzählte den erstaunten und ihr Lächeln mühsam verbergenden Zuhörern, daß ihn „die Geister" ausersehen hätten, die Welt zu reformieren, d. h. die reine urchristliche Lehre zu verbreiten. Die Geister hätten durch seine Hand mehrere dicke Bände geschrieben usw., usf. — „Daß eine solche Rede die größte Heiterkeit hervorrief, war natürlich", schreibt der Berichterstatter, „und es fehlte nicht an Hohn und Spott. Mir aber war die Sache zu ernst. Ich bedauerte den

Mann und sprach einige Worte als Entgegnung. Ich forderte ihn in seinem eigenen Interesse auf, von solchen wahnwitzigen Ideen abzustehen, da er sich nur lächerlich mache durch Verteidigung alter Spuk- und Geistergeschichten, die ja heutzutage doch niemand mehr glaube. — Da stand der Mann einen Augenblick da, mich fest anschauend, dann rief er aus: ,Sie sind ja noch schlimmer wie der Papst! Sie wollen einem Menschen nicht gestatten, das, was er für wahr und recht hält, zu verteidigen! Sie wollen die freie Rede unterdrücken, das werden Sie bitter bereuen, denn meine Geister teilen mir soeben mit, daß Sie, ehe ein Jahr vergangen sein wird, hier auf meinem Platz stehen und von diesem selben Katheder herab die von mir vertretene Sache verteidigen werden! Ja — Sie sind Spiritualist, ehe das Jahr herum ist ... aber dann wird man hier in der Halle Ihnen tun, was Sie heute mir getan haben. Man wird Sie verhöhnen und Ihnen das Wort entziehen.' — Ich lachte natürlich über diese Prophezeiung, denn ich fühlte mich vollständig sicher gegen alle Beeinflussung von Geistern, und sagte dieses auch dem Apostel des neuen Evangeliums, als er mir bei einer Privatunterredung dieselbe Prophezeiung wiederholte."

Was Dr. Cyriax im Laufe der danach folgenden Zeit erlebte, warf sein materialistisches Weltbild über den Haufen. Er erlebte Dinge um sich und an sich selbst, die nur wenigen beschieden sind. Und als er eines Tages einen Vortrag über Spiritualismus hielt und als Begründer jener Gesellschaft, der seine Darlegungen galten,*) die Rednerbühne verlassen mußte, da erinnerte er sich an die merkwürdige Prophezeiung des erwähnten Mönches und stellte fest, daß dieselbe auf den Tag genau vor einem Jahre erfolgt war. — Dr. Cyriax verließ auf Anweisung und Wunsch seiner jenseitigen Leiter im Jahre 1881 sein zur Heimat gewordenes Baltimore und reiste mit dem Auftrag, den Spiritualismus in Deutschland verbreiten zu helfen, einer ungewissen Zukunft entgegen. In Deutschland wurde er ein bekannter Forscher auf diesem Gebiet und gab eine Zeitschrift heraus. —

Theoretisch betrachtet müßten die besten Beweise, daß man ohne Gebrauch der leiblichen Augen „sehen" kann, von *Blinden* erbracht werden können. Wir brauchen nicht lange zu suchen, um einen derartigen Fall in der Praxis aufzuspüren:

Die vermutlich einzige staatlich angestellte Hellseherin der Welt ist Wanga Dimitrowa aus Petrič im ... kommunistischen Bulgarien! Und: Wanga ist seit ihrem elften Lebensjahre blind![117]) Ihre Leistungen in der persönlichen Vorausschau (politische Prophezeiungen unterläßt sie) sind nur noch mit denen des großen Edgar Cayce vergleichbar. Die Höhe der Honorare für ihre Konsultationen sind behördlich festgesetzt. Die von Wanga erzielten Einnahmen kassiert

*) Dr. Cyriax gründete 1846 die liberal-demokratische „Gesellschaft Concordia" in Baltimore.

der Staat und zahlt ihr ein mäßiges Monatsgehalt. — Wanga gibt an, Bilder zu sehen und Stimmen zu hören. Die mit ihr arbeitenden Wissenschaftler schließen hinsichtlich der Herkunft jener „Stimmen" freilich nicht auf Geister (jedenfalls nicht offiziell) und meinen, daß keinerlei weltanschauliche Konsequenzen erforderlich wären, so unglaublich das Phänomen Wanga Dimitrowa auch sei; es ließe sich alles materiell erklären. Vorerst aber konnte bislang nur nachgeprüft werden, ob Wangas Voraussagen — soweit sie sich überprüfen lassen — stimmen oder nicht. Dr. Georgi Losanow, Arzt und Psychotherapeut, seit 25 Jahren praktizierender Yoga-Anhänger, arbeitete zehn Jahre heimlich mit Wanga, bevor er sich erlauben konnte, an die Öffentlichkeit zu treten. Wangas hellseherische Auskünfte erreichten bislang eine Trefferquote von immerhin 80%. Das gilt in der Parapsychologie als ausgezeichnete Leistung. Wanga vermag nicht nur das vergangene und zukünftige Schicksal des sie Besuchenden zu sagen, sondern auch das der Angehörigen, die nicht zugegen sind.

Soweit derartige Aussagen die Vergangenheit betreffen, lassen Dr. Losanows Experimente vermuten, daß die Hellseherin den unbewußten Gedächtnisinhalt des jeweiligen Besuchers anzapft. Er stellte nämlich fest, daß er sie gedanklich blockieren kann, wenn er sich während der Séance intensiv vorstellt, ein anderer, ihm persönlich gut bekannter Mann zu sein. Dann sind Wangas Aussagen, soweit sie die Person selbst und deren Vergangenheit betreffen, völlig falsch. Sie merkt es aber bald und sagt es auch.

Wie aber ist es mit der Zukunft? Kann der Hellseher sie auch „in uns" ablesen? Tragen wir unser künftiges Schicksal gewissermaßen in und mit uns herum? — Wer die Spiritologie ablehnt (siehe Wangas „Stimmen") und die Odlehre nicht kennt, für den bleibt diese Frage offen.

Hier nun ein von Dr. Losanow überprüfter Fall: Vor 25 Jahren (der Bericht stammt von 1968) verschwand der Sohn einer Frau aus einem mazedonischen Dorf. Zuletzt hatte man ihn an einem Flußufer spielend gesehen. Die Dorfbewohner suchten ihn überall, ohne ihn zu finden. „Eines Tages gab seine Mutter jede Hoffnung auf", berichtete Dr. Losanow. „Dies geschah während des Zweiten Weltkrieges. 22 Jahre vergingen. Die Frau suchte Wanga wegen einer Krankheit auf, unter der sie litt. ‚Sie werden wieder gesund werden', versicherte ihr Wanga. Und dann fügte sie plötzlich hinzu: ‚Und auch Ihr Sohn wird zurückkehren. Ich sehe ihn mit einem Zigeuner zusammen. Er ist erwachsen. Wenn Sie morgen früh nach N. gehen, werden Sie ihn finden.' Die Frau machte sich sofort auf den Weg zu dem Dorf, das Wanga ihr genannt hatte. Und dort fand sie nach der Beschreibung, die Wanga ihr gegeben hatte, ihren Sohn. Er erkannte sie zunächst nicht, doch als sie sich über vergangene Ereignisse unterhielten, kehrte seine Erinnerung allmählich wieder. — Heute leben sie wieder zusammen." Losanow hatte die beiden aufgesucht, um ihre Geschichte zu protokollieren.

Ein weiterer Fall aus Losanows Akten: „Wanga besuchte einmal eine schwangere Frau in dem Dorf P. in Südbulgarien und hatte die schreckliche Vision, daß das Kind, das ihre Gastgeberin erwartete, schon im Säuglingsalter ermordet werden würde. Und sie deutete auf das Haus, in dem der zukünftige Mörder lebte. — Wahrhaftig wurde das Kind ermordet, und die Miliz verhaftete den Mörder in dem Haus, das Wanga bezeichnet hatte."

Im Gegensatz zu Cayce befindet sich Wanga Dimitrowa während der Sitzungen bei vollem Bewußtsein, also nicht in Trance. Dadurch kostet es sie aber auch mehr Kraft. Nach bis zu 50 Sitzungen pro Tag kann man ihre Erschöpfung verstehen; zumal sie fast nichts als menschliche Fehler und Leidenschaften, Schicksalsschläge, zerrüttete Eheverhältnisse und verpfuschte Karrieren zu „sehen" (und hören) bekommt. —

Zum Abschluß der in gedrängter Zusammenfassung wiedergegebenen Fakten und Einblicke zum Problemkreis „Psychometrie — Hellsehen — Prophetie" wollen wir noch einmal einen speziellen Aspekt berühren.

Entsprechend begabte Hellseher bestätigen übereinstimmend — und hier decken sich ihre Angaben mit denen Verstorbener — daß ihnen das Geistige realer und klarer erscheine, als der grobstoffliche Körper, der ihnen wie eine „trübe Hülle" vorkomme. Ein guter Vergleich hierzu sei das Röntgenbild: auch da sehe man das Skelett deutlicher als den übrigen Leib, der nur wie ein verschwommener Hintergrund wirkt. So erklärt sich auch die Auffassung mancher Hellseher, wonach sie „die Seele" des betreffenden Menschen erschauen und als hell oder dunkel (mit vielen Abstufungen vom strahlenden Weiß bis zu tiefem Schwarz) bezeichnen. Als Anschauungsbeispiel möge hier die Seherin Frau Führlinger aus Mattighofen/Ober-Österreich dienen. J. Kogelnik berichtet, daß sie eine nüchterne, tüchtige Hausfrau und Mutter von zwei gesunden Kindern gewesen sei. In religiöser Hinsicht hatte sie sich ihren Kinderglauben bewahrt, war aber jedweder religiösen Schwärmerei abhold.

Eines Abends im Jahre 1923 erfolgte für die damals 38 Jahre alte Frau die große Wende: Die Familie war im Wohnzimmer beisammen. Da hatte sie plötzlich die Empfindung, als ob außer den Familienangehörigen noch andere Personen im Zimmer anwesend seien. Sie sah tatsächlich solche und erschrak nicht wenig, meinte auch im ersten Moment, daß sie ihren Verstand verloren habe. Als sie dann aber sah, wie ihr einer der mysteriösen Besucher freundlich lächelnd zunickte, faßte sie sich und platzte mit dem Ausruf heraus: „O, ich sehe ja Geister!" Kogelnik bemerkt: „Wie sich zu dieser spontanen Äußerung ihr Gatte stellte, dessen Jenseitsglaube auf sehr schwachen Beinen stand, das weiß ich nicht. Ich weiß nur, daß er später in seinem liberal eingestellten Bekanntenkreis immer um seinen Ruf als ‚aufgeklärter Intelligenzler' bangte, wenn er zu sehr die Partei seiner Frau ergriff ... Jedenfalls fand seine Frau eher einen Gegner, als eine Stütze in ihm. Und das war gut so, denn es mahnte sie zur Vorsicht und bewahrte sie vor Überschwenglichkeiten."

Mit dem erwachten Wahrnehmungsvermögen für entkörperte Wesen entwickelte sich bei Frau F. auch die Fähigkeit, das eigentliche Wesen des Menschen oder — wie sie selbst einfacher sagte — deren Seele zu erkennen. Wann immer sie von ihrer Fähigkeit Gebrauch machte, sei ihr Blick ausdruckslos geworden, so als ob ihre physischen Augen in solchen Momenten „außer Kraft gesetzt" seien. Sie selbst betonte ja auch stets, daß sie nicht mit den Augen ihres Körper sehe. — Oft zeigte sie sich entzückt, wenn sie jemand begegnete, der äußerlich manchmal alles andere als anmutig war. „Ach wenn Sie nur sehen könnten, welche Schönheit hinter dieser bescheidenen äußeren Hülle steckt", pflegte sie dann mit Bewunderung zu sagen. Im Gegensatz hierzu kam es vor, daß sie bei der Begegnung mit sehr gut aussehenden Menschen ihren Abscheu vor deren Fluidalleib kaum verbergen konnte.

Infolge ihrer Gabe soll es zwischen den Ehegatten öfters zu Mißverständnissen gekommen sein, zumal sich ihr Mann nur schwer damit abfinden konnte, daß seine Frau plötzlich eigene Ansichten über Welt und Menschen vertrat. — Im Frühjahr 1925 wollte sich Frau F. in zahnärztliche Behandlung begeben und ihr Mann meldete sie bei einem Zahnarzt P. an. Als er ihr das mitteilte, weigerte sich seine Frau, zu diesem Zahnarzt zu gehen, weil sie sich nicht in die Hand eines Menschen begeben wolle, der eine so „schwarze Seele" habe wie dieser. Kogelnik schreibt:[118])

„Herr F. war sprachlos, verteidigte die bekannte Ehrenhaftigkeit des Zahnarztes P. und stellte die schlechte Seelendiagnose seiner Frau als eine lächerliche, überspannte Idee hin." Frau F. verzichtete daraufhin ganz auf eine zahnärztliche Behandlung und begründete ihr Beharren damit, daß sie ohnehin nicht mehr lange zu leben habe. „In beiden Fällen behielt sie recht, denn sie starb ohne vorhergegangene Krankheit ganz plötzlich am 2. Januar 1926, und im Oktober des gleichen Jahres wurde der Zahnarzt P. wegen eines in gewinnsüchtiger Absicht verübten Mordes verhaftet und verurteilt."

Bei einer anderen Dame, die Kogelnik kannte, hatten sich ähnliche Fähigkeiten entwickelt, nur in weit schwächerem Maße wie bei Frau Führlinger. Kogelnik bot sich aber hierdurch Gelegenheit, die Aussagen gegeneinander zu prüfen. Er erzählt einen derartigen Fall: „Einmal begleitete ich drei Besucher, welche von München gekommen waren, um Frau F. kennenzulernen. Ich führte sie zuerst zu Frau H. und bat diese, ihre Ansicht über diese drei Seelen aufzuschreiben, ohne aber jemanden etwas zu sagen. Das Papier steckte ich ungelesen ein, und wir gingen dann zu Frau F. Diese stellte ihre Diagnose. Ich verglich nun diese mit der Niederschrift. Der Vergleich ergab eine vollkommene Übereinstimmung."

Kogelnik war auch des öfteren Zeuge von Debatten, die Frau Führlinger mit Wissenschaftlern und Theologen zu führen sich nicht entziehen konnte, als ihre Popularität mehr und mehr zunahm. „Ich war überrascht, wie diese einfache Frau mit Volksschulbildung mit solchen Besuchern schwierige philosophische Probleme erörterte. Als sie einmal mein Erstaunen bemerkte, sagte sie lächelnd: ‚Glauben Sie wirklich, daß ich es bin, die das alles weiß? — Wann immer ein solches Gespräch von irgendwelchem Wert für die Menschen ist, dann hilft mir mein Führer, und ich wiederhole nur, was er sagt.' " — Es seien nicht nur Einfaltspinsel gewesen, die unter der Seherin Einfluß ihrem Leben eine andere Richtung gegeben hätten, schreibt der Berichterstatter und schließt: „Denjenigen, welche die Echtheit solcher Phänomene zwar anerkennen, die aber versuchen, sie ihres übersinnlichen Charakters zu entkleiden und dafür nach einer wissenschaftlichen Erklärung suchen, wird letztlich die enttäuschende Erkenntnis nicht erspart bleiben, daß sie ihrem verstandesmäßigen Erkenntnisvermögen zuviel zugemutet haben."

Gefahren medialer Betätigung.

Unverantwortlich wäre es, von den Möglichkeiten einer Verständigung mit dem Jenseits sprechen zu wollen, ohne zugleich mit allem Nachdruck auf die damit gegebenenfalls verbundenen Gefahren hinzuweisen. Zwar sind sich alle Jenseitsforscher in der Überzeugung einig, daß Gefahren nur von niederen Wesenheiten ausgehen können, aber gerade von solchen scheint es in nächster Nähe des „Diesseits" zu wimmeln. Verständlich wenn man bedenkt, daß man durch den sogenannten Tod ja nicht plötzlich ein Engel wird, sondern vorerst das bleibt, was man beim Hinübergang war: ein Mensch mit Fehlern und Schwächen, mit nützlichen und weniger nützlichen Kenntnissen und Fähigkeiten, mit guten und schlechten Anlagen. An der Gesamtpersönlichkeit ändert sich nicht das Geringste (Paulus sagt: Wie der Baum fällt, so bleibt er liegen), lediglich auf seinen grobstofflichen Körper und die an ihn gebundene Genußfähigkeit muß man wohl oder übel verzichten. Die spirituelle Erfahrung besagt — und bestätigt damit gewisse religiöse Anschauungen — daß ein Verstorbener nach dem Gesetz der spezifischen Anziehung (Gleiches zu Gleichem) gemäß seiner inneren Verfassung in denjenigen sphärischen Bereich gezogen wird, der seinem geistigen Zustand entspricht. Wenn geschrieben steht, daß Himmel und Hölle *in* uns sind, so bedeutet dies nach Ablegung des irdischen Zellenkörpers einen nach außen projizierten Gemütszustand. Und da die weitaus meisten Menschen nicht nur völlig unwissend und unvorbereitet den Stellungswechsel — Tod genannt — vollziehen und ihnen hierbei ihr ganzes Denken und Empfinden, ihre Neigungen und Gelüste in unverminderter Stärke verbleiben, so ist es völlig einleuchtend, daß die Masse der schon im Erdenleben unwissend Gewesenen weiterhin an den gewohnten Lebensformen festzuhalten bemüht bleibt, sich nur in nächster Nähe der Menschen (und zwar möglichst gleichgearteter Menschen) wohlfühlt und nicht im entferntesten daran denkt oder zu glauben bereit ist, daß es ein höheres Leben geben kann. Wenn nun im Diesseits ein einzelner Mensch oder eine Gruppe von Neugierigen einen Jenseitskontakt herstellen will, so werden sie nur **das** zu hören bekommen, was ihrem eigenen geistig-sittlichen Reifegrad entspricht; denn auch hier gilt das Gesetz: Ähnliches zieht Ähnliches an und erzeugt wiederum Ähnliches.

Auch charakterlich und moralisch gereifte Menschen sind vor gewissen Gefahren des Jenseitsverkehrs keineswegs gefeit. Die Erfahrung lehrt, daß ausschließlich ein ernsthafter Wille zur positiven Ausrichtung des eigenen Lebens, verbunden mit dem vertrauensvollen Gebet, auf die Dauer jenen geistigen Schutz von Drüben bewirkt, der gegen böswillige Irreführung und heimtückische Angriffe dunkler Existenzen ausreichend wappnet. Im irdischen Dasein meiden wir ja auch den Umgang mit fragwürdigen Personen; wir haben somit allen Grund, uns die zahlreichen traurigen Erfahrungen, die andere machen mußten, zur Warnung dienen zu lassen.

Kürzlich besuchte mich ein Herr aus M. und erzählte mir von seinen Jenseitskontakten mit Hilfe des sog. siderischen Pendels. Das Verfahren hier näher zu erläutern versage ich mir, um leichtfertiger Nachahmung keinen Vorschub zu leisten; es ist jedenfalls sehr mühselig. — Der Betreffende hatte den mittlerweile verstorbenen Züricher Parapsychologen „Opa" Umbeck gekannt und hegt den Wunsch, mit diesem in Verbindung zu kommen. Bei einem Pendelversuch meldete sich ein „Geist", der sich als Umbeck ausgab. Mein Bekannter, dem ausreichende theoretische Vorkenntnisse auf dem Gebiet des medialen Verkehrs leider fehlen, zeigte sich sehr vertrauensselig dem angeblichen Umbeck gegenüber (hier war eben der Wunsch der Vater des Gedankens) und erfuhr von diesem, daß binnen kurzem eine große Katastrophe über die Stadt hereinbrechen würde. Angeblich würde dieselbe mit dem in der Nähe befindlichen großen Atomreaktor zusammenhängen. Auf die Frage meines Bekannten, ob auch andere Leute hierüber informiert bzw. gewarnt seien, gab „Umbeck" einige Adressen durch, die sich bei Nachprüfung als falsch herausstellten. Statt nun endlich stutzig zu werden, ließ sich der Pendler bestimmen, die Stadt zu verlassen und in den Bayerischen Wald zu fahren. Dort angekommen, wurde ihm auf die gleiche Weise mitgeteilt, daß seine Frau plötzlich gestorben sei (die in M. zurückgeblieben war). Als nun jener Herr daraufhin zurückreiste und zu Hause angelangt war, kam ihm seine Gattin wohlbehalten an der Tür entgegen. — Als er später dem vermeintlichen Umbeck die Frage stellte, warum er ihn irregeführt habe, erhielt er zur Antwort: „Weil es mir Spaß machte."

Diese Antwort ist sehr bezeichnend, ja geradezu typisch und dürfte die einzige wahrheitsgemäße Äußerung des betreffenden Jenseitigen gewesen sein. Daß es sich um einen solchen handelte, steht außer Frage, denn die erhaltenen Antworten und Anweisungen konnten nicht dem Gedankenleben oder Unterbewußtsein des Fragenden entstammen, da er zwar mit Umbeck „telefonieren", von diesem jedoch *andere* Auskünfte haben wollte. Das einzige Positive an diesem Erfahrungsbeispiel ist die Lehre, die man daraus ziehen kann: 1.) daß es intelligent denkende Wesen um uns herum gibt, die wir nicht zu sehen vermögen, und 2.) daß diese uns belügen und betrügen können. Wem dagegen die Annahme, daß es sich bei „Umbeck" um eine sogenannte Teilpersönlichkeit des Pendlers gehandelt haben müsse, sympathischer erscheint, möge dabei beharren. —

Dem Begriff der *Trug- und Foppgeister* begegnet man im Spiritualismus häufig; sie sind relativ harmlos, sofern man sie rechtzeitig durchschaut. Treten sie jedoch unter hochtrabenden Namen auf und stellen sie Forderungen an ihre Opfer, so kann es auch hier zu erheblichen Gefahren kommen; im Kapitel „Vatermedien" wird davon noch die Rede sein. — Das Schlimmste von allem sind die Besessenheiten. Doch davon später.

Bei allen Jenseitsmitteilungen, die sich als von bestimmten Verstorbenen herrührend bezeichnen, steht und fällt deren Glaubwürdigkeit mit der einwandfreien Feststellung ihrer Identität. Oft wird bei spiritistischen Sitzungen die Identitätsfrage völlig ausgeklammert. Ja man empfindet es als ausgesprochen lästig, wenn jemand diese Frage zu stellen wagt. Dabei scheint den wenigsten Spiritisten klar zu sein, wie schwer eine solche Identifizierung ist, wenn keine hellsichtig veranlagte Personen anwesend sind. Der namhafte parapsychologische Forscher Dr. J. G. Raupert erlebte das folgende lehrreiche Beispiel:[119])

„Nachdem ich nach langjährigen Beobachtungen unter fehlerlosen Bedingungen zu der Überzeugung gelangt war, daß wir es im Spiritismus mit geistigen Wesen zu tun haben, wandte ich meine volle Aufmerksamkeit der Identitätsfrage zu. Ich bildete mir meinen eigenen Zirkel im Hause alter Freunde, einer Familie, deren zwei jüngere Mitglieder die Medialität entwickelt hatten. Die Sitzungen wurden unter fehlerlosen Bedingungen abgehalten und die wunderbarsten Phänomene konnten beobachtet werden. So wurde z. B. in Gegenwart von zehn Personen, bei Tageslicht, auf meinen Wunsch hin auf geund verschlossenem Klavier gespielt, ein Tisch wurde von unsichtbaren Händen zerbrochen usw. Aber mein Verlangen war nach unumstößlichen Identitätsbeweisen und man versprach mir, dieselben zu liefern. — Eines Abend kündigte sich ein Wesen an, das vorgab, mein vor kurzem verstorbener Freund T. J. zu sein. Er selbst und seine Familie waren auch den Mitsitzenden bekannt; wir hatten alle mehrere Jahre hindurch in derselben Vorstadt Londons gelebt und gesellschaftlichen Verkehr gehabt."

„T. J. erschien jeden Abend, begrüßte uns in familiärer Weise, sprach über Ereignisse aus seinem vergangenen Leben, über seine Krankheit, seinen Tod ... und dies in einer Weise, die in keinem der Mitglieder des Zirkels einen Zweifel über seine Identität zurückließ. Die Fragen, die an ihn gestellt wurden, wurden immer schnell, kurz und richtig beantwortet. — Um die Funktionen unseres eigenen Unterbewußtseins so weit wie möglich auszuschalten, bat ich T. J., mich als Zweifler anzusehen und mir jeden Abend, ohne Fragen meinerseits, einen von ihm selbst gewählten Identitätsbeweis zu erbringen."

„Viele Abende hindurch gelang dies in solcher Weise, daß die Anwesenden protestierten und mich baten, diese Versuche nicht weiter zu treiben. Ich war indessen immer noch nicht überzeugt und unterwarf jede Mitteilung einer strengen Kritik. — An einem Abend, der mir unvergeßlich ist, machte T. J. eine Aussage, die nicht wahr war und auch nicht wahr sein konnte, denn das Behauptete gehörte gar nicht zu seinem vergangenen Leben. Ich wiederholte die Frage in anderer Form, erhielt aber dieselbe Antwort, und deutete nun auf die

Tatsache hin, daß das Gesagte unmöglich wahr sein könne. Ein tiefes Schweigen folgte auf meine Bemerkung. Ich erhob mich und sagte in feierlichem Tone: Ich frage dich jetzt im Namen Gottes, bist du wirklich der verstorbene T. J.? — Zum grenzenlosen Erstaunen aller Anwesenden kam die Antwort kurz und bündig: Nein! — Ich sagte weiter: Dann frage ich dich im Namen Gottes: Wo hast du die Informationen hergenommen, durch die es dir möglich gewesen ist, diesen großen Betrug auszuführen? — Die höhnische Antwort war: Aus eurem eigenen dummen Gedankenkasten. Ihr sitzt da wie die Narren, im passiven Zustand, in welchem ich eure Gedankenbilder fast genau so ablesen kann, wie ihr eine Seite eures Neuen Testaments!" — Gelegentlich einer anderen Enttäuschung ähnlicher Art erhielt Raupert auf seine Klage über die Falschheit der Jenseitigen die ziemlich unverschämte Antwort: „Wer mit Feuer spielt, darf sich nicht beklagen, wenn er sich die Finger verbrennt."

Jenseitige vermögen nicht nur unsere geheimsten Gedanken und Gefühle zu erkennen, ihnen ist unter Umständen auch eine *direkte* Beeinflussung derselben möglich. So wurde Dr. Cyriax einmal gezeigt, wie die Tätigkeit einzelner Organe vermittels magnetischer Einströmungen willkürlich beeinflußt werden können: „Mein Körper lag scheinbar tot und starr auf dem Sofa. Die Freunde saßen in der Nähe desselben, während meine Frau dicht neben meinem Kopf saß und eine Hand gefaßt hielt. Dr. Spurzheim (der geistige Führer des Berichterstatters) zeigte mir nun die Entstehung der Gedanken, die Formationen und den Verbrauch der Zellen, die Bewegungen, welche bei Geistesarbeit in den einzelnen Gehirnteilen erzeugt werden; wie ein Organ, sobald es in Tätigkeit tritt, unmittelbar eine größere Blutmenge anzieht und sich ausdehnt, während es umgekehrt wieder blutärmer und kleiner wird, sobald ein anderes Organ zu arbeiten beginnt. Er entzog durch magnetische Striche und vermittels seines Willens den Organen der Festigkeit und des Selbstvertrauens das Blut und lenkte es nach dem Organ der Vorsicht oder Furcht, und sofort drückte sich in den Gesichtszügen meiner Frau Ängstlichkeit aus und Zweifel, ob der Zustand, in welchem ich mich befand, nicht doch vielleicht gefährlich sein könne ... und so sprach sie ihre Bedenken auch aus. — Bei einem Mitglied des Zirkels wurde der Oppositionstrieb in Tätigkeit gesetzt; er widersprach sofort allen anderen und fing an, recht störend zu wirken, als plötzlich nach Bestreichung des Heiterkeitssinnes er in die geradezu entgegengesetzte Gemütsstimmung verfiel und lachte, wo nichts Lächerliches vorhanden war ..."

Bei jedem Inspirationsvorgang dürfte sich Ähnliches abspielen, und deshalb darf der vorstehenden Schilderung ohneweiteres Glauben zugemessen werden. Man ersieht aber daraus, wie leicht sensitive Menschen niederen Kräften zum Opfer fallen können, und damit kommen wir zu dem dunklen Gebiet der *Besessenheit* bzw. des Besessenseins.

Grundsätzlich ist zu bemerken, daß Besessenheit nur von niederen Geistern ausgeht, denn je höher ein Geist (oder Mensch) sich entwickelt hat, um so mehr respektiert er die Unantastbarkeit der persönlichen Freiheit des anderen. Es können aber auch schicksalhafte (karmische) Verkettungen vorliegen, wie der von Pfarrer Greber erlebte Fall zu beweisen scheint:

„In der Pfingstwoche des Jahres 1924 fuhr ich nach Graz. Auf der Strecke Passau—Wien war ich mit einem jungen Manne allein im Eisenbahnabteil. Ich saß ihm gegenüber und las in einem Buch. Da sah ich, wie der Kopf des jungen Mannes sich plötzlich vornüber neigte, als ob er eingeschlafen sei. Aber in demselben Augenblick richtete er sich wieder in die Höhe, saß da mit geschlossenen Augen, nahm sein Notizbuch aus der Tasche und beschrieb darin eine Seite. Dann riß er das Blatt heraus und gab es mir mit den Worten: ‚Nimm dies und verwahre es. An einer andern Stelle wird dir gesagt werden, was es bedeutet'." (Man beachte, daß der katholische Geistliche einfach mit Du angesprochen wurde, was der junge Mann im Wachzustand sicherlich nicht getan haben würde). Pfarrer Greber besah sich die Schrift, deren Zeichen ihm jedoch fremd waren. „Dann kam der junge Mann wieder zu sich. Er wußte nichts davon, daß er geschrieben hatte; auch nicht, daß er mir das Blatt gegeben und kein Wort von dem, was er mir gesagt. Auch er konnte die Zeichen nicht lesen, die auf dem Blatt standen."

Pfarrer Greber war zu jener Zeit bereits in Kontakt mit der jenseitigen Welt und hatte über verschiedene Medien interessante Mitteilungen bekommen. Nach seiner Rückkehr von Graz trug er den Zettel 14 Tage lang mit sich herum. An einem Samstagabend kam er in die Familie seines Sprechmediums, eines Jungen zwischen 16 und 17 Jahren. „Der Junge war allein im Zimmer. Nach einigen Augenblicken fiel er in Trance und sagte: ‚Zeige mir den Zettel, den du bei dir trägst und der dir auf der Reise nach Graz übergeben wurde.' Ich gab ihm das Blatt. Er las es und sprach: ‚Morgen nachmittag wird ein Jude zu dir kommen. Die Menschen sind der Meinung, daß er krank sei. In Wirklichkeit wird er von einem bösen Geist hart gequält und so im Banne gehalten, daß er fast kein Wort hervorbringen kann. Sobald er kommt, rufst du diesen Jungen, durch den ich spreche. Alles andere überlasse mir. Du wirst Großes erleben. Dieser Zettel wurde von dem Schutzgeist des Juden durch jenes Medium bei deiner Reise nach Graz geschrieben. Der Schutzgeist des Juden ist ein verstorbener Onkel aus

Köln. Auch der böse Geist, der den Juden quält, ist ein verstorbener Verwandter.'"

Am darauf folgenden Nachmittag gegen 16 Uhr schellte es an der Pfarrhaustür. „Ich öffnete und erschrak bei dem Anblick eines Mannes, dessen Glieder sich verzerrten und dessen Kopf wie in einem beständigen Nervenzucken hin- und herging. Er wollte sprechen, brachte jedoch kein Wort hervor. Ich faßte ihn an der Hand und führte ihn in mein Zimmer. Sofort ließ ich den Jungen rufen. Dieser kam, fiel in Gegenwart des Juden in Trance, stand auf, streckte seine Hand wie zur Beschwörung gegen den Mann und redete in einer Sprache, die ich nicht verstand. Der Jude wurde von einer unsichtbaren Gewalt einigemal hin- und hergeworfen. Dann fühlte er sich frei, begann vor Freude zu weinen und konnte ohne Stockung reden. Er erzählte mir, daß er genau wisse, was soeben mit ihm vorgegangen sei. Er selbst sei hellsehend und könne die Geister erkennen, die um ihn seien, sowohl die guten, als auch die bösen. Sein guter Geist sei ein Onkel aus Köln. Der böse sei ein Verwandter, den er in diesem Leben nicht gekannt habe. Der böse habe ihn abhalten wollen, zu mir zu gehen und habe ihm unterwegs die schändlichsten Schimpf- und Lästerworte in hebräischer Sprache zugerufen. Er nannte mir einige dieser hebräischen Beschimpfungen. Jetzt hoffe er für immer von diesem bösen Begleiter befreit zu sein. Er wisse auch, welcher Geist es gewesen, der ihn heute befreit habe. Damit nahm er sein Gebetbuch aus der Tasche und zeigte mir ein hebräisches Gebet zu einem hohen Himmelsfürsten. Der Jude hatte recht gesehen. Dieser Geist war es. Während ich noch mit dem Juden sprach, fiel der Junge wiederum in Trance und wandte sich zu mir mit den Worten: ‚Was ich dir jetzt sage, hört dieser Mann da nicht. Ihm werden die Sinne gehalten, daß er nichts versteht. Was du heute hier erlebt hast, ist zu deiner Belehrung geschehen und auch diesem Manne zur Belehrung. Er wird nur kurze Zeit vom Bösen befreit bleiben. Der Böse wird bald wiederkehren und ihn weiter quälen bis zu seinem Tode. Das ist sein gerechtes Schicksal. Er hat es verdient. Zu dir wird er nicht wieder kommen. Er wird die Kraft dazu nicht mehr aufbringen.' — Ich fragte nun den Mann, ob er verstanden habe, was soeben geredet worden sei. Er gab zur Antwort, daß er nichts gehört habe . . . Tief erschüttert verabschiedete ich mich von diesem armen Menschen. Er kam nicht mehr wieder." —

1956 wurde im britischen Parlament über die Abschaffung der Todesstrafe beraten. Die Mitglieder des Oberhauses waren ziemlich überrascht, als Luftmarschall Lord Dowding zu überlegen riet, was denn *nach* der Exekution aus dem Mörder werde. Er selbst sei Spiritist und überzeugt, daß der Geist als solcher weiterlebt, und daß entleibte Geister dieser Art oft sensitive Menschen beeinflussen und aus Rache über die ihnen widerfahrene Hinrichtung zu verbrecherischen Handlungen verleiten. Lord Dowding sprach von medial veranlagten, leicht beeinflußbaren Menschen, die dann regelrecht „besessen" seien und im Zustand verminderter Zurechnungsfähigkeit (im Rausch oder während eines Wutanfalls) Verbrechen begehen können, die sie im Normalzustand verabscheuen. Durch die Hinrichtung von Gewaltverbrechern wäre also nichts gewonnen, im Gegenteil.

Daß solche Besessenheiten möglich sind, weiß jeder Spiritualist, und müßte auch jeder christliche Seelsorger wissen, wenn er die zahlreichen Evangelienberichte über Besessenheitsheilungen für wahr hält. „Was haben wir mit dir zu tun?" schrien fremde Stimmen aus zwei Besessenen, als sie Jesu begegneten (Matth. 8/28—31). Derartige biblische Berichte wären in den Bereich der Legende zu verweisen, wenn es seitdem keine Besessenheitsfälle mehr gegeben hätte; das Gegenteil davon ist der Fall: ein erheblicher Teil der Insassen unserer Irrenhäuser und Nervenheilanstalten sind nicht „geisteskrank" im medizinischen Sinne, sondern besessen. Das hat besonders der amerikanische Nervenarzt Prof. Dr. C. W i c k l a n d in Hunderten von Fällen unwiderruflich nachgewiesen. Mit Hilfe seiner medial veranlagten Gattin und der Anwendung der Elektroschocktherapie gelang es Dr. Wickland, die (meist unwissenden) Jenseitigen von ihren Opfern abzuziehen und in das Medium — seine Gattin — zu bringen. Dann erst war es in der Regel möglich, eine Unterhaltung mit dem Besessenheitsgeist zu beginnen, Auskünfte von ihm zu bekommen und ihn über seinen Zustand aufzuklären. So vermochte Dr. Wickland im Laufe von drei Jahrzehnten zahllose „Verrückte" zu heilen[120]). Er half somit nicht nur jenen geplagten Menschen, sondern auch den Entkörperten. Die Gespräche, die Dr. Wickland mit diesen durch ihre Unwissenheit in der Erdsphäre festgehaltenen Jenseitigen führte und in seinem Buch wörtlich wiedergibt, legen ein erschütterndes Zeugnis ab von dem verhängnisvollen Einfluß, den solche Abgeschiedene auf Menschen nehmen können, „wenn sie sich, getrieben von ihren ungestillten Leidenschaften, ihnen beigesellen und sie schließlich zu wehrlosen Werkzeugen ihrer Süchte machen." — Wenn man nun das „Unterbewußtsein" von Frau Wickland für all das Geschehene verantwortlich machen und die zahllosen ichbewußten Persönlichkeiten, die Frau Wicklands Medialität und ihren Körper benutzen durften um sich zu äußern, als „Teilpersönlichkeiten" oder „Spalt-Iche" des Mediums deklarieren wollte, so müßten in ihr mehr als tausend derartige „Abspaltungen" latent ruhen. Wahrlich eine kühne Hypothese! Zu Recht fragt der deutsche Übersetzer des Werkes, Dr. med. Wilhelm B e y e r in seinem Vorwort unsere Seelenforscher und Seelenärzte: „Wie kommt es, daß gerade Frau Wickland als stille und geduldige Mitwirkerin an Dr. Wicklands erfolgreichem ärztlichen Hilfswerk, in ihrem Unterbewußtsein eine solche überraschende Fülle von ‚verschiedenen Bewußtseinskreisen ihres eigenen Ichs als selbständig agierende Personifikationen hervorbringen' konnte? Das gilt doch wohl heute als die einzig annehmbare Erklärung für derartige Erscheinungen, die als Dissoziation oder Spaltung der Persönlichkeit jedem Psychiater und Psychologen geläufig ist ... Wird solche Annahme nicht geradezu zur Unvernunft, wenn die Mannigfaltigkeit der Personifikationen in die Hunderte und in die Tausende geht?" Und Dr. Beyer fragt weiter:

„Wie kommt es zum Verschwinden der psychischen Störungen in einem Kranken dadurch, daß Frau Wickland in ihrem Ich eine Personifikation zustande bringt, welche die gleichen Wesenszüge erkennen läßt, die den Kranken als psychisch krank erscheinen ließen? Eine solche Mannigfaltigkeit von ‚Personifikationen' im Medium und weit mehr noch ihre heilende Wirkung auf die psychisch Kranken nehmen den heute gebräuchlichen Erklärungen der neuzeitlichen Psychologie jede Glaubwürdigkeit ... Unsere neuzeitliche Seelenkunde ist beherrscht von einer unbezwinglichen Furcht vor Geistern. Vielleicht ist es auch nur die Furcht vor dem Spott der Ganzgescheiten, für die es schon deshalb keine Geister geben kann, weil sie den eigentlichen Geist in sich völlig erstickt haben und den Götzen *Verstand* für den Geist halten." — Dr. Beyer behauptet jedoch nicht, daß die Feststellungen unserer zeitgenössischen Seelenkunde gänzlich unzutreffend und wertlos seien. „Vielmehr ist an allem, was sie herausgefunden hat, ohne Zweifel etwas Richtiges; nur geht sie mit all ihren Erklärungen am eigentlich Wesentlichen vorbei."

Man muß Dr. Wicklands Buch gelesen haben, um sich überhaupt ein Bild von seiner Art der Besessenen-Behandlung machen und sich ein Urteil bilden zu können. Im Grunde genommen sind die Besessenen selber stark medial veranlagt, und eben deswegen sind Medien so sehr gefährdet. Da man mediale Fähigkeiten auch auf hypnotischem Wege wecken bzw. ausbilden kann — wie z. B. Dr. Milan Ryzl, der „Medienschöpfer", bewiesen hat[121]) — ist hier die gleiche Gefahr gegeben. Aber wo lauern solche Gefahren nicht? Behaupten zu wollen, daß es dieselben nur beim Spiritismus gebe, zeugt von Unwissenheit. Schon durch intensives, einseitiges (nur in einer bestimmten Richtung tätiges) Denken kann eine „fixe Idee" entstehen, d. h. man kann, wie man so treffend zu sagen pflegt, von einer Idee oder einem Gedanken besessen sein. Auch Yoga-Praktiken, sofern sie nicht unter erfahrener Anleitung stehen, können schwere seelische Schädigungen hervorrufen.[122]) Dasselbe gilt für die Anthroposophie. Die Anthroposophen gelten als scharfe Gegner des Spiritismus und warnen vor dessen Gefahren; allein schon mehrfach wurden schwere Fälle von psychischen Störungen bekannt, die infolge der Steinerschen Schulungsmethoden zur Erlangung paranormaler Fähigkeiten auftraten. Viel Staub aufgewirbelt hat szt. der Fall des Kunstmalers Erich B a m l e r[123]), bei dem die unter persönlicher Leitung Dr. Rudolf Steiners stehende Schulung zur Zersetzung des Blutes und einer langen und schmerzvollen, lebensgefährlichen Krankheit führte. Das gilt auch für die neuere Zeit. So berichtet W. O. Roesermueller unter anderem: „Sehr nachdenklich stimmte mich der Besuch eines Herrn, der, bedingt durch eine Beeinflussung jenseitiger Wesen, einen führenden Vertreter der anthroposophischen Gesellschaft erschoß. Er erzählte mir, daß er ein Werk Dr. Rudolf Steiners studierte, das Anleitungen zur Entwicklung übersinnlicher Fähigkeiten enthielt. Das in diesem Buch empfohlene geistige Training machte meinem Besucher besessen und in diesem Zustand beging er, völlig unschuldig, diese furchtbare Tat." [124]) Mehr noch wäre zu warnen vor gewissen „Adepten-Schulen" und Geheimgesellschaften, die sich nach außen den Anschein ehrwürdiger Gemeinschaften zur Pflege höchster Menschheitsideale geben, Titel und Grade verleihen, und mit rigorosen Bestimmungen unbeschränkt Macht über ihre gutgläubigen Anhänger zu erlangen versuchen. Nicht zuletzt sei aber auch an die zahllosen Fällen von religiösem Wahn, von Säuferwahn, von erotischen Wahnvorstellungen u. dgl. mehr erinnert, die häufig von Besessenheiten herrühren. Wenn man also Versuche und Methoden, mit dem Jenseits in Kontakt zu kommen, nur deshalb verbieten wollte, weil dadurch die Gefahr der nervlichen Zerrüttung gegeben sei, so müßte man auch die Ausübung jeder religiösen Betätigung untersagen, weil schon viele Menschen durch zu intensive Beschäftigung mit religiösen Fragen und Vorstellungen irrsinnig wurden, sich als Gott oder Jesus Christus betrachteten und in der Nervenheilansalt endeten; ich selbst habe solche Fälle in der Gefangenschaft erlebt. — Um konsequent zu bleiben müßte dann aber auch der Einsatz moderner Verkehrsmittel verboten werden, weil durch deren Benutzung allein in Deutschland jährlich 15—20 000 Tote und ein Vielfaches an Invaliden zu verzeichnen sind. So betrachtet, muß man letztlich feststellen, daß es nur wenig Betätigungsarten und felder gibt, mit deren Ausübung keinerlei Gefahr in irgendeiner Art verbunden wäre. Die Risiken eines Jenseitsverkehrs könnten erheblich verringert werden, wenn sie den Ausübenden bekannt wären. Deshalb sollte sich an eine derartige Praxis nur heranwagen, wer

1) über die erforderliche charakterliche und sittliche Reife verfügt,

2) genügend intensive theoretische Studien betrieben hat, und sich somit
3) der in der Natur der Sache liegenden Gefahren bewußt ist.

Denn eine erkannte Gefahr ist eine halbe Gefahr, weil man sich vorher dagegen zu wappnen oder ihr richtig zu begegnen weiß. Bei vielen Besessenheiten, die von Jenseitigen ausgehen, sind sich die Geister der schlimmen Folgen, die daraus für den Besessenen erwachsen, nicht bewußt. Das hat u. a. die Wickland'sche Therapie bewiesen, wo sich manche dieser „Besessenheitsgeister" durchaus nicht belehren lassen wollten und eigensinnig in ihrem Zustand beharrten (besonders bei in einem Rauschzustand Verstorbenen und solchen, die bei Lebzeiten in irgend einer Weise süchtig waren). Beispiele der Beeinflussung willensmäßig Schwächerer können wir doch täglich beobachten; bewußte und unbewußte Suggestion wird allenthalben praktiziert: im Privat- oder Berufsleben ebenso, wie im Bereich der sog. öffentlichen Meinungsbildung, die in Wirklichkeit eine Meinungslenkung ist (der gegenüber sich nur willensstarke Persönlichkeiten die eigene unabhängige Denkfähigkeit bewahren können). Noch anschaulicher ist dieser Prozeß bei der Hypnose: ein Hypnotiseur vermag nur über Menschen, die weniger willensstark sind als er selbst, Macht zu gewinnen (es sei denn, daß man sich ihm bewußt passiv zur Verfügung stellt). Da wir nun aber ohne weiteres annehmen dürfen, daß das eigentliche Ich, besser gesagt: der fluidale Mensch, den Tod des irdischen Körpers überlebt, so liegt die Annahme nahe, daß eine derartige Willensbeeinflussung auch aus dem Jenseits her möglich erscheint. Und eben das sind die Besessenheitsfälle. Unsere Nervenärzte wollen alles mit Begriffen wie Schizophrenie (Spaltungsirresein als erbliche Geisteskrankheit), Wahnvorstellungen, Hysterie usw. erklären. Sie könnten in vielen Fällen mehr und bessere Heilerfolge verzeichnen, wenn sie Dr. Wicklands Darlegungen studieren und einmal versuchsweise in Betracht ziehen wollten, wie dies zwischenzeitlich Ärzte in den USA, in England, Frankreich und Italien mit Erfolg getan haben. So berichtet beispielsweise Dr. F. Racanelli in seinem Buch „Le Don de Guérison" (Paris 1951) über den von ihm behandelten Fall einer 47jährigen Witwe namens Amneris N., die an verschiedenen Krankheiten litt, gegen die kein Mittel half. „Ihr Fall war sehr interessant", schreibt Dr. Racanelli[125]), „denn während sie von diesen schmerzhaften Erscheinungen heimgesucht wurde, meldete sich aus ihr eine Persönlichkeit namens Philomène aus Frosimone, die angeblich Kaffeehaussängerin gewesen war. Es war nicht immer leicht, Amneris von Philomène zu unterscheiden. Jedenfalls aber hatte diese im Laufe der Jahre von Amneris fast vollständig Besitz ergriffen. Auf Grund geringfügiger

Einzelheiten gelang es indes immer wieder, die beiden auseinander zu halten. Amneris war Toskanerin, während Philomène — der Geist oder die Spaltpersönlichkeit — römischen Dialekt sprach. Außerdem gab sie sich auch immer selbst zu erkennen. Ich rief z. B.: „Amneris!" — Nein, ich bin Philomène. — „Ja woher, wie könntest du Philomène sein, wenn ich Amneris sehe?" — Ich bin jetzt desinkarniert*). Als vibrierendes Fluidum bemächtige ich mich der Nervenzentren von Amneris, deren Seele sich abseits hält**). Ich manifestiere mich in den anderen Organen, in denen ich Phänomene hervorrufe, die ihr pathologisch nennt und die wieder verschwinden, wenn ich keinen Einfluß mehr auf sie habe. — „Bist du denn so sicher, Philomène, daß du nicht das Unterbewußtsein von Amneris bist, ihre unbefriedigten Wünsche, ihre Jungmädchenhoffnungen, ihre Bedürfnisse als Frau und Mutter darstellst? Es wäre ja denkbar, daß ihre Wünsche bzw. Leidenschaften sich ihr so stark eingeprägt hätten, daß sie sich jetzt als konkretes Bild manifestieren; als eine Abspaltung ihrer Persönlichkeit, die vielleicht das Gegenteil ihrer Natur darstellt, gewissermaßen ein Negativ?" — Nein, nein, das ist ganz was anderes. Ich bin ich, und ich habe eine Vergangenheit, die mit derjenigen von Amneris gar nichts zu tun hat. Ich habe tatsächlich existiert und führte ein sehr bewegtes Leben. Heute will ich es dir erzählen, später werde ich es noch niederschreiben. Ich bin in Frosimone geboren als Kind armer Eltern. Mein Vater quälte meine arme Mutter körperlich und seelisch zu Tode. Im Alter von zehn Jahren kam ich ins Gastgewerbe, wo ich die niedrigsten Arbeiten besorgte, um nicht Hungers zu sterben. Mit zwölf Jahren wurde ich von einem Rohling mißbraucht, der nicht wußte, was er mir antat. Ich schwieg, um meine Stellung nicht zu verlieren. Ich wurde hübsch, und mit fünfzehn Jahren wollte ich nicht länger Serviererin spielen und wurde die Maitresse eines reichen, alten Herrn. Dieser wollte mich unterrichten und mir eine gewisse Bildung vermitteln, doch war er stets eifersüchtig und überwachte mich unaufhörlich. Bald hatte ich genug und wurde nun Kaffeehaussängerin. Da ich immer nur auf der Jagd nach ausschweifenden Vergnügungen war, sank ich von Stufe zu Stufe. Ich übervorteilte die Männer, die mich besuchten; aber der dauernde Luxus, in dem ich lebte, und das galante Leben, das ich führte, zwangen mich, alles wieder auszugeben, was ich verdiente. Eines Nachts, als ich in Rom war, fuhr ich mit meinem Wagen gegen drei Uhr nach Hause. Ich raste gegen einen Baum und wurde mit

*) Inkarnation = Fleischwerdung, in das Fleisch gehen (Caro = Fleisch). Die Verstorbene bezeichnet sich hier richtigerweise als Desinkarnierte, d. h. Entkörperte.

**) gemeint ist der mit einem Fluidalkörper bekleidete eigene Geist, das Ich der zeitweilig Besessenen. Derselbe Vorgang findet bei spiritistischen Medien statt, die ihren Körper fremden Wesenheiten zur Verfügung stellen.

einem Schädelbruch ins Spital eingeliefert, ohne noch einmal das Bewußtsein zu erlangen.

„So wärst du also als Verdammte gestorben?" — Nein, nicht verdammt war ich, nur so weit von Gott entfernt! Mitten im Unfall kam mir das blitzartig zu Bewußtsein. Ich konnte nicht laut rufen, aber ich heulte gleichsam in mich hinein: Mein Gott, rette mich! — „Warum klammerst du dich aber nun an diese arme Frau?" — Es ist etwas Entsetzliches, durch einen gewaltsamen Tod mitten aus einem wilden Leben gerissen zu werden, ohne sich vorher geistig darauf vorbereitet zu haben. Ich legte mir keine Rechenschaft davon ab, daß ich gestorben, von meinem Körper losgelöst war. Ich glaubte noch zu leben. So begann ich auf der Erde umherzuirren, von der Begierde nach irdischem Leben besessen, die ich unbedingt befriedigen wollte. Vor allem empfand ich ein leidenschaftliches Bedürfnis nach Ausschweifungen. Und mit einem Male erhielt ich einen Anruf, der von der Erde kam ...*)

„Wie zeigte sich das?" — Durch eine Schwingung, die mit meinem Hunger nach Leben und Vergnügen übereinstimmte und mich zu dieser Frau hintrieb. Allmählich und fast unmerklich hüllte ich sie ein, durchdrang sie und schaltete mich in ihre Nervenzentren ein. Ich wurde ein lebendiger Teil von ihr und agierte auf ihr Gehirn und ihre Organe. — „Hast du auf diese Art an den ehelichen Freuden von Amneris teilgenommen, als sie noch verheiratet war?" — Amneris begann schon als junge Frau ihre Sensibilität zu verlieren, denn mein Lebensfluidum absorbierte alle physische Liebe, die sie empfing. Zwar bewunderte sie ihren Gatten und gab sich ihm ganz hin, doch empfand sie dabei nur eine große Traurigkeit und einen Abscheu, von dem sie nie sprach. Sie glaubte an irgendeiner Unvollkommenheit zu leiden, der sie den Mangel an fraulichem Empfindungsvermögen zuschrieb. — „Warum versuchst du nicht, dein lasterhaftes Leben aufzugeben und dich Gott zuzuwenden, statt andern Leid zuzufügen, wie du es jetzt tust?" — Die arme Amneris, die unter dieser doppelten Existenz litt und zeitweise auch noch von anderen Wesenheiten besessen war, wurde krank. Die Pflege, die man ihr angedeihen ließ, nützte nichts. Man versuchte es darauf mit dem Exorzismus, und ich hatte in diesem Augenblick das Gefühl, von ihr getrennt zu werden. Manchmal wünschte ich es sogar. Aber meine Natur war stärker, ich blieb hier und werde hier bleiben, solange sie lebt. Wenn sie stirbt, kann ich ihr nicht mehr folgen, denn ihre Seele wird sich einer viel höheren Sphäre zuwenden ...

„Du sagtest soeben, daß auch noch andere Wesenheiten versucht hätten, sich ihrer Persönlichkeit zu bemächtigen. Wie und warum geschah das?" — Es gibt schwache Naturen, die für unsere Einflüsse, d. i. für die seelischen Vibrationen Verstorbener, empfänglich sind. Amne-

*) Starkes Wunschdenken zieht gleichgeartete Kräfte derselben Frequenz an; vgl. Kapitel über die Gedankenkraft.

ris ist dafür geeignet, wir fühlen uns bei ihr zu Hause, sozusagen wie in einem Hafen, in dem wir zur Ruhe kommen, weil sie uns durch ihre eigenen Fehler nicht noch schlechter macht, als wir bereits sind. —

„Warum klammert ihr euch aber an Menschen, die gottgläubig sind, wo ihr doch in Gottesferne lebt?" — Ganz richtig! Aber Sie rechnen nicht mit dem *Haß*, den es auf der Welt gibt. Stellen Sie sich vor, daß der Verlobte von Amneris von einer Frau geliebt wurde, die er seinerseits nicht liebte. Die Verschmähte beschloß sich zu rächen, indem sie das Glück der Gatten zu zerstören suchte. Sie begann zu hassen und zu verwünschen, wobei sie sich ausschließlich auf Amneris konzentrierte. — „Sollte allein schon der Wunsch, einem Mitmenschen zu schaden, genügen, um zwei Leben zu zerstören?" — Das genügt ohne weiteres, wenn, wie in diesem Fall, der Haß jener Frau stark genug ist. Sie ging sogar zu einer Schwarzmagierin, die durch Anwendung verschiedener magischer Riten das schädliche Fluidum noch verstärkte, welches auf die beiden Körper und Seelen der Unglücklichen, hauptsächlich aber auf Amneris einwirkte. Da wir Verstorbenen vom heißen Wunsche nach menschlichen Genüssen besessen sind, lassen wir uns willig einschalten in dieses Fluidum. Wir werden von diesen magnetischen Feldern angezogen und lassen uns führen und beherrschen von den Haßströmungen, die gegen einen wehrlosen Menschen gerichtet sind. Mit magischen Riten kann man in solchen Fällen viel erreichen. Entscheidend ist aber der Wille des Magiers, der uns arme, lebenshungrige Existenzen auf den Plan ruft. —

„Was können wir für euch tun, ihr armen Seelen, die ihr versucht, euch dem Licht zuzuwenden? Und was können wir tun für diese armen, unschuldigen Menschen?" — Ihr müßt den bösen Kräften den Willen zum Guten, zur Liebe und zum Licht entgegenstellen. Dadurch allein könnt ihr die dunklen, lebensverneinenden Mächte besiegen. — „Aber wenn (solche Menschen) schon krank sind, sollte man sie da nicht medikamentös behandeln? — Ha ha, was glauben Sie denn! Diese Kranken bringen alle Ärzte in Verlegenheit, die versuchen, sie einzig mit den gewöhnlichen medizinischen Mitteln zu behandeln. Wir allein haben die Macht, ein Organ zu verändern, folglich muß jede Handlung gegen uns gerichtet sein. —

„Philomène, beschreibe mir bitte einmal die Empfindungen, die du hast, wenn ich dich behandle!" — Allein schon deine Anwesenheit ärgert mich*). Du arbeitest gegen mich, indem du mit deinem zwar gütigen, aber unerbittlichen Geist in unsere desinkarnierte Welt hineinleuchtest. Von deinem ganzen Wesen, vor allem von deinem Kopf,

*) Es kommt verhältnismäßig selten vor, daß „Geister" den sie fragenden Irdischen einmal mit „Du", dann wieder mit „Sie" anreden.

gehen Strahlen aus, die dich wie eine leuchtende Wolke umhüllen*) und sich wie Meltau auf unsere schlechten Gedanken legen. In diesem Augenblick zum Beispiel, in dem wir bloß miteinander sprechen, ohne daß du gegen mich arbeitest, spüre ich, wie ein wohltuendes Fluidum den besseren Teil meines Wesens durchdringt. — „Welches sind die wirksamsten therapeutischen Mittel, die ich anwende?" — Das Handauflegen. Ich persönlich reagiere ebenso stark, wenn du die kranken Organe anhauchst. Aus deinen Händen strömen Hitzewellen ... — „Woher habe ich diese Kraft?" — Sie ist mit dir geboren und hat sich in dem Maße entwickelt, als du Leid erfahren, dich in Selbstbeherrschung und Entsagung geübt hast. Da du nicht triebhaft handelst, kannst du dir besser erklären, wie und warum du handelst. Mir dagegen ist es zwar möglich, das spezifische Fluidum eines Gedankens, Willens oder Wunsches zu erkennen; auch erfasse ich manchmal intuitiv den Sinn des Vorganges, aber ich wüßte nicht zu sagen, *warum* etwas geschieht. Eines nur weiß ich bestimmt: daß es Wesen gibt, die eine gewisse Macht haben über die Welt der Lebenden und imstande sind, deren Willen auf unser Reich der Verstorbenen zu richten. —

Dr. Racanelli bemerkt, daß Frau Amneris von diesen Gesprächen nichts wußte, als sie wieder zu sich kam. Das gleiche ist der Fall, wenn ein Somnambuler, ein Hypnotisierter oder ein spiritistisches Medium „erwacht". Der gleiche *Vorgang* braucht aber keineswegs mit derselben *Ursache* identisch zu sein. In dem geschilderten Fall aber wurde die Annahme Dr. Racanellis, daß es sich bei der Spaltpersönlichkeit, die sich Philomène nannte, um den Geist einer Verstorbenen handelt, durch den Heilerfolg bestätigt. Philomène erwies sich als zugänglich und in zunehmendem Maße an Fragen der persönlichen Weiter- und Höherentwicklung interessiert. In solchen Fällen muß eben der Arzt zugleich Seelsorger sein, wie es der große Priesterarzt Paracelsus war (der mehr „über die Dinge hinter den Dingen" wußte, als unsere gesamte Schulweisheit zusammengenommen). Während eines Vierteljahres behandelte Dr. Racanelli die Besessene, indem er sie magnetisierte und Philomène belehrte. Schließlich war es soweit, daß die Jenseitige sich vom Körper ihres Opfers zu lösen vermochte. „Sie verhielt sich wie jemand, der sich auf den Tod ... vorbereitet. Sie bat mich inständig, für sie zu beten, ihrer zu gedenken und sie auf ihrem neuen Weg zu begleiten." Dr. Racanelli betont: „Ich habe schon unzählige Menschen sterben sehen. Der Austritt von Philomène vollzog sich wie ein schwerer, schmerzhafter Tod. Es wollte ihr fast nicht gelingen, sich von der Kehle der Kranken loszulösen. Mit schmerzbewegter Stimme hauchte sie: ‚Hilf mir, hilf mir, daß ich mich befreien kann!' Dann, in einem letzten erregten Atemzug: ‚Danke, bete für mich!' —

*) Somnambule geben oft an, um das Haupt ihres Magnetiseurs „eine leuchtende Wolke" zu sehen. Aus Gesichten dieser Art mag sich der Begriff des „Heiligenschein" entwickelt haben. Vgl. Ausführungen über die „Aura".

Aus dem halbgeöffneten Munde der auf dem Boden ausgestreckten Kranken glaubte ich eine Art Dampf entweichen zu sehen."

Die Kranke gelangte erst nach etwa einer Viertelstunde wieder zu vollem Bewußtsein. „Es ist merkwürdig", sagte sie, „ich fühle mich ganz anders. Es ist wieder wie früher."

Hinsichtlich Philomène war es Dr. Racanelli leider nicht gelungen, einen Identitätsbeweis herbeizuführen. Dies gelang ihm aber in anderen Fällen, wo ihm Besessenheitsheilungen glückten. „Ich hatte zur gleichen Zeit eine andere Patientin namens Nara in Behandlung, die von verschiedenen Geistwesen oder Spaltpersönlichkeiten besetzt war. Ich stellte Nachforschungen an und konnte wenigstens *eine* Person mit Bestimmtheit identifizieren. Es handelte sich um einen häßlichen hinkenden Schumacher aus Compiobbi. Er war Witwer, hatte eine Tochter und war vor drei Jahren gestorben. Diese Angaben stimmten."

Prof. Dr. Y o t o p o u l o s arbeitete in ähnlicher Weise. Unter anderem berichtete er von einer Griechin, aus welcher eine italienische Spaltpersönlichkeit sprach. Ein anderer noch hinzugezogener Arzt diagnostizierte Schizophrenie und wollte von „Besessenheit" nichts wissen. Seine Behandlung zeitigte keinerlei Erfolg. Der italienisch sprechende Geist erklärte dem Professor, daß dessen Kollege „von der ganzen Sache" nichts verstehe. Prof. Yotopoulos befreite seine Patientin von ihrem „Quälgeist" und schließt: „Viele, die als Geisteskranke in eine Nervenheilanstalt eingewiesen werden, sind einfach nur Besessene. Ihre Einweisung ist oft von Nachteil, denn der Zustand der sog. Geisteskranken kann sich durch den Kontakt mit anderen Besessenen noch verschlimmern. Erfolgte Heilungen sind jedoch auch darauf zurückzuführen, daß der besitzergreifende Geist seinen Einfluß meist nur eine zeitlang ausüben kann."*) Dr. Racanelli bemerkt: „Die Symptome und Erscheinungen, die in diesen pathologischen Fällen sich manifestieren, sind so verschieden, kompliziert und weitreichend, daß ich jeden orthodoxen Erklärungsversuch der Psychologie und Psychiatrie für ungenügend erachte. Wir kommen nicht weiter, wenn wir uns in negativer Voreingenommenheit verhalten wie jener Aristoteliker, der sich weigerte, durch Galileis Fernrohr zu sehen, weil er fürchtete, daß er dessen Theorie der Drehung der Erde um die Sonne anerkennen müßte."

„Solange eure Wissenschaftler jenseitige Welten und deren Bewohner leugnen, sieht es schlecht für die armen Besessenen aus", erklärte

---

*) Das ist keineswegs die Regel, wie der Bericht Pfarrer Grebers mit dem Israeliten beweist. Über einen Besessenheitsfall von 35jähriger Dauer war in der italienischen Zeitschrift „Luce e Ombra" vom September 1913 zu lesen; auch hier erfolgte die schlußendliche Heilung auf spiritologischem Wege (s. Übers. v. Oberst Peter im „Zentralblatt f. Okk." 4/1914).

ein Jenseitiger[126]) und wies darauf hin, daß „durch Beten und Fasten", wie schon der Heiland gelehrt habe, diesem Übel zu steuern wäre. „Die niederen Geister freuen sich über die Erklärungsversuche eurer stoffgebundenen Forscher, die mit Unterbewußtsein, Hysterie usf. alles erklären wollen. Die niedere Geisterwelt hat nur das eine Interesse, nicht entdeckt zu werden. Sie fühlt sich durch die Hypothesen eurer ungläubigen Gelehrten fein getarnt. Die Hauptsache ist, daß das Völkchen den Teufel nicht spürt, der es schon längst am Kragen hat."

Vor Handauflegung bei besessenheitsverdächtigen Geisteskranken sollte man sich allerdings hüten, denn es ist zur Genüge bestätigt, daß der Handaufleger selber die Symptome zu zeigen begann, von denen der Patient vom gleichen Augenblick an befreit war. Auf jeden Fall würde unsere Psychiatrie nur profitieren — und vielen Kranken könnte geholfen werden — wenn man die Erfahrungen der erwähnten Ärzte als solche akzeptieren wollte. Man braucht deswegen noch lange kein Spiritist zu werden. In erster Linie geht es doch wohl darum, zu *helfen* ... ganz gleich wem und wie. Das weite Feld der Geistes- und Gemütskrankheiten ist dermaßen kompliziert, daß der Arzt, wenn er die Möglichkeit einer Besessenheit durch entkörperte Menschen zuzugeben bereit ist, erfahrene Spiritologen hinzuziehen sollte. Am sichersten geht man hinsichtlich der Diagnostizierung einer Besessenheit, wenn eine geeignete hellsichtige Person zur Verfügung steht. Die Psychiatrie wäre dann „Seelsorge" im wahrsten Sinne des Wortes.

Die Gefahren medialer Betätigung sind jedenfalls sehr groß. Das ausgezeichnete Werk von Dr. Kurt E. Koch „Seelsorge und Okkultismus" gibt in erschütternder Weise Aufschluß darüber*). Dr. Koch bringt 120 Beispiele aus seelsorgerischer Praxis und untersucht die einzelnen Begebenheiten vom Standpunkt der inneren Medizin, Psychiatrie, Psychologie, Tiefenpsychologie und Parapsychologie aus. Obwohl Dr. Koch die Besessenheiten und überhaupt alle „okkulten" Erscheinungen als dämonische Einflüsse des Satans glaubt einstufen zu müssen, kann sein mit großem Fleiß erstelltes Buch dennoch eine unschätzbare Warnung für denjenigen sein, der auf diesem Gebiet „auch etwas erleben" möchte.

*) Fünfte Auflage 1956

Vatermedien und Offenbarungs-Spiritismus

Eine Offenbarung ist das Erhalten einer Botschaft oder Mitteilung. Kommt dieselbe aus einer anderen Dimension, aus dem sogenannten Jenseits, und besteht sie aus religiösen Unterweisungen, so pflegt man vom „Offenbarungs-Spiritismus" zu sprechen. Wurde der Begriff Spiritismus an sich schon mit dem Makel schauerlich-mystischer Unglaubwürdigkeit behängt, so ist dies beim Offenbarungs-Spiritismus in noch weit stärkerem Maße der Fall. Man ist zwar geneigt zu glauben, daß Gott in weit zurückliegenden Zeiten zu den Menschen gesprochen haben soll, lehnt dies aber für die nachapostolische Zeit ab*).

Und doch zeigt gerade die Geschichte des Christentums, der Kirchenheiligen und Mystiker, daß es an Menschen, die sich „von Gott erleuchtet" und „vom Geiste getrieben" fühlten, zu keiner Zeit gemangelt hat. Immer wieder traten glaubensstarke Persönlichkeiten auf, die als Reformatoren Beachtliches leisteten oder als wortgewaltige Prediger große Erweckungsbewegungen hervorriefen oder als Mystiker geistigen Einfluß auf ihre Zeit ausübten. Sie beriefen sich auf göttliche Erleuchtung, auf visionäre Erlebnisse (wie weiland Paulus), auf die „innere Stimme", die ihnen den Missionsbefehl erteilt habe und sie ständig leite, und anderes mehr. In der felsenfesten Überzeugung, unter dem direkten Schutze Gottes zu stehen und auserwählt zu sein, seinen Willen zu verkünden, vollbrachten solche Menschen oft Außerordentliches an Mut, Einsatzfreudigkeit und Opferbereitschaft. Nicht selten erlitten sie einen bitteren Tod. Andere wiederum waren glücklicher, hatten Erfolg, fanden zahlreiche Anhänger.

Zu den letzteren dürfen wir Emanuel S w e d e n b o r g zählen. Swedenborg (1688—1772), gebürtiger Schwede, war Mediziner und Naturwissenschaftler, Sohn eines Bischofs. Erst spät machte sich seine ASW-Begabung bemerkbar: 1743 wurde er hellsehend. Berühmt wurde er durch einen Großbrand in Stockholm, dessen Verlauf er — in Göteborg weilend — genau beschrieb. Der große Philosoph Immanuel K a n t (1724—1804) verdankte dem Seher Swedenborg wesentliche Einsichten[127]). Swedenborg gab an, die Geister Verstorbener sehen und mit ihnen sprechen zu können. Sein schon zuvor erworbenes hohes Ansehen als Wissenschaftler und sein untadeliger Charakter bewahrten ihn weitgehend von der sonst in solchen Fällen üblichen Hohn- und Spottsucht gehässiger Zeitgenossen. Durch Swedenborgs Schriften, die noch heute in vielerlei Sprachen gedruckt und verbreitet werden, entstanden kirchenähnliche Glaubensgemeinschaften. Der Ernst, mit dem

*) Mit Ausnahmen; das katholische Fronleichnamsfest z. B. geht auf eine Privatoffenbarung der Nonne Juliana von Lüttich zurück.

die Mitglieder solcher Vereinigungen bemüht sind, Religion und Alltag in Einklang zu bringen, ist aller Anerkennung wert. Ich selbst kenne z. B. eine kleine Gemeinschaft aus Schlesien vertriebener Lorber-Freunde, die sich mit entbehrungsreicher Arbeit eine neue Heimstatt schufen und in einer Art christlicher Kommune leben. Zwei ihrer Mitglieder sind mit der „inneren Stimme" begabt, deren Anweisungen als „vom Herrn" kommend befolgt werden.

Ähnliche Gemeinschaften gab und gibt es verhältnismäßig viele; so in der Schweiz das „Lichtzentrum Bethanien". Alle glauben, von Gott oder Jesus Christus persönlich geleitet zu werden. Dagegen wäre an sich nichts einzuwenden, zumal wenn derartige Gruppen ein vorbildliches Leben führen. In solchen Fällen wird man auch wenig oder gar nichts von ihnen hören, denn das wahrhaft Gute und Edle gedeiht am besten in der Stille. Dagegen fallen jene Vater-Medien und Offenbarungs-Spiritisten oft recht unangenehm auf, die in fanatischem Missionseifer die Welt bekehren wollen. Ihre Botschaften stammen zumeist von „Gott-Vater Jesus" oder „Jesus-Vater" und setzen sich aus Ermahnungen, Drohungen und Eigenlob zusammen. Für das „große Weltgericht" und die damit verbundenen Katastrophen werden nicht selten genaue Termine genannt, und auch das Nichteintreffen derselben wird gläubig als ein „gnadenvoller Aufschub" hingenommen. Das Treiben solcher Leute oder Gemeinschaften hat der ernsten spiritologischen Forschung seit jeher nachhaltigen Schaden zugefügt. —

Der Schweizer Georg Sulzer, der Erfahrungen mit über 100 Medien sammeln konnte, bezeichnete als Offenbarungsspiritisten jeden, der „den medianimen Botschaften angeblicher oder auch wirklicher Bewohner des Jenseits oder den Erzählungen der somnambulen oder auch tagwachen Hellseher und Hellhörer kritiklos Glauben schenkt". Leider aber gäbe es sehr viele solche, „und sie haben schon ungeheures Unheil angerichtet". Sulzer hält den Offenbarungs-Spiritismus, sofern er sich auf Kundgaben beruft, die von Gott, Jesus Christus, einem Erzengel oder von menschlichen Autoritäten (z. B. von einem Apostel) stammen sollen, deshalb für so gefährlich, weil „dieser Anspruch keineswegs prinzipiell verworfen werden darf". Die Bibel selbst sei hierfür das beste Beispiel. Aber auch der Hellseher, welcher die geistigen Wesen zu sehen vermag, könne nicht in jedem Falle mit absoluter Sicherheit auf deren Qualität schließen; die „Geister" können ebenso gut Gedankenschöpfungen oder Doppelgänger (noch auf Erden lebender Menschen) sein. „Auch über die *Helligkeit* einer Geistgestalt, die sonst im allgemeinen die höhere oder niedrigere Entwicklungsstufe verrät, sind Täuschungen möglich. Und da zweifellos die große Mehrheit der Kundgebungen, die von Gott, Jesus oder dessen

Aposteln auszugehen beanspruchen, unecht sind, ist derjenige, der ihnen bloß ihres angeblichen Ursprungs wegen Glauben schenkt, den schlimmsten Täuschungen ausgesetzt."[128])

Die meisten ASW-begabten Menschen, die Nachrichten oder Eindrücke in irgend einer Form aus dem Jenseits erhalten, wähnen dieselben aus „lichten Höhen" zu bekommen. Sie berücksichtigen nicht die Tatsache, daß vorwiegend nur ein „Anzapfen" der erdnächsten Sphären möglich ist. Wir brauchen uns nichts vorzumachen: der allgemeine charakterliche und moralische Entwicklungsstand ist ein erschreckend niedriger. In diesem unterentwickelten Zustand sterben täglich unzählige Menchen. Der Tod aber, der Hinübergang, bewirkt keine automatische Veränderung unseres Charakters und unseres Denkens. Es wimmelt also in den erdnahen Regionen des Jenseits genau so von Unwissenden und Dummen, von Schurken und Angebern, wie im Diesseits. Im Volksmund heißt es bekanntlich: „Gleich und Gleich gesellt sich gern" oder „Gleiche Brüder, gleiche Kappen". Mit anderen Worten: Ähnliches zieht Ähnliches an und kann demzufolge auch nur Ähnliches hervorbringen. Dieses Grundgesetz erstreckt sich keineswegs nur auf unser *irdisches* Zusammenleben, sondern auch auf die *geistigen* Bereiche und wirkt dort nachhaltiger als hier. Ausschlaggebend in jeder Hinsicht ist und bleibt *unser Gedankenleben.* Religiöse Schwärmer zum Beispiel ziehen entsprechende geistige Kräfte an. So kann es zu visionären Erlebnissen, zur Schreibmedialität, ja sogar zur Stigmatabildung kommen. Zur Besessenheit ist es dann nur ein kleiner Schritt. In den Nervenheilanstalten befinden sich stets Patienten, die von religiösen Wahnvorstellungen befallen sind. Hiervon sind sie in der Regel — wenn es sich nicht um einfache Besessenheit handelte — auch nach ihrem körperlichen Tode nicht frei. Dr. Robert Friese berichtet[129]) ein derartiges Beispiel. Er betont zuvor, daß nicht allein die Neigung gewisser Jenseitiger, in Gesellschaft der Menschen dies oder jenes „mitzugenießen", zu beachten sei; „eine noch viel unheimlichere Macht *zwingt* sie sogar dazu ...": die sympathische Anziehung Gleichgesinnter.

Zu Dr. Friese kam ein in den Dreißigern stehender Mann, der als nüchterner und ruhiger Mensch bekannt war. Der Mann klagte, er höre stets Stimmen, gleichviel wo er sich befinde, und sei darob sehr unglücklich. „Tue Buße", sagte ihm jemand, „ich bin Gott". „Lege deine Arbeit weg, du hast Höheres auszuführen", sagte ein anderer. „Die heiligen Engel haben dir ein gutes Gehör gegeben, damit du uns verstehst" u.s.f. — Eine sechsmonatige Krankenhausbehandlung hatte keinerlei Besserung gezeitigt. Nun begab sich ein Schreibmedium Dr. Frieses in die Wohnung jenes Mannes, um zu versuchen, Kontakt mit den Jenseitigen zu bekommen, die ohne Zweifel ihre üblen Scherze mit dem Manne trieben. Tatsächlich meldeten sich drei dieser Helden und zeigten sich über die ernstliche Ermahnung, von ihrem Treiben abzulassen, höchst empört. „Wie kannst du dir erlauben, hier so aufzutreten und uns Vorschriften zu machen?" schrieb einer. „Ich glaube gar, du willst uns hier befehlen!" schrieb ein zweiter. Nach einiger Zeit gelang es, sie zu beruhigen und es entspann sich folgendes Gespräch:

Wie heißt Ihr?

„Ich heiße Jesus von Nazareth und der Große dort in der Ecke ist der heilige Raphael."

Das sind nicht eure wahren Namen.

„Wir haben uns diese Namen gegeben."

Wieviel seid Ihr?

„Ach, wir sind sehr viele. Wir sind um ihn wie ein Schwarm."

Warum kommt Ihr denn zu diesem Mann?

„Weil er uns anzieht."

In welcher Art zieht er Euch an?

„Weil sein ganzes Gehirn für unsere Beschäftigung passend ist." (Er neigt also zu religiöser Schwärmerei, bemerkt Dr. Friese.)

Denkt Ihr denn nicht an Eure eigene Besserung?

„O ja! Wir wollen ja vollkommen sein."

Warum peinigt Ihr dann diesen Mann?

„Wir *müssen* das tun!"

Was zwingt Euch zu solchem Treiben?

„Weil wir im Erdenleben religiöse Heuchler waren."

Und darum wollt Ihr diesem Manne schaden und ihn verführen?

„Wir wollen ihm gar nicht schaden."

So laßt ihn doch in Ruhe und kommt nicht wieder her!

„Wir möchten das gerne, können es aber nicht."

Das verstehe ich nicht; warum könnt Ihr das nicht?

„Was soll ich dir erklären! Es ist das ganz anders hier als du glaubst."

Sagt mir, warum Ihr nicht wegbleiben könnt.

„Wir können das nicht, weil er uns anzieht."

Was soll er denn tun, damit er Euch nicht anzieht?

„Er soll nicht immer solch schwärmerisches Zeug sprechen!"

Der Mann versprach dies. Das Medium machte die unwissenden Jenseitigen auf die unangenehmen Folgen ihres Tuns aufmerksam; sie sollten sich lieber bei ihm, dem Medium, Rat und Belehrung holen. „Das habe ich noch nie gehört, daß man mit einem Menschen schreiben kann", schrieb einer und gab auf Befragen an, daß er im Erdenleben von seinen Mitmenschen als geisteskrank bezeichnet worden sei.

Auf die Frage, ob er sich jetzt gesund fühle, antwortete er, daß er und seine Genossen sich sehr unglücklich fühlten und nicht recht wüßten, was sie zur Verbesserung ihrer Lage tun sollten. — Die später eingeholte Auskunft eines wissenden Jenseitigen über das Vorgefallene lautete dahingehend, daß die Betreffenden wegen religiösen Wahns in Irrenhäusern gelebt und dort gestorben waren. „... und noch jetzt leiden sie an einer Schwäche des Geistes, die sie hindert klar zu denken. Ihr Tun und Treiben im Irdischen, so wie ihre ganze Wesenheit oder Natur stimmt nun mit solchen schwachen Menschen, die ebenfalls zur Schwärmerei neigen, überein und diese ziehen sie mächtig, selbst ohne ihren Willen, an." Wie Eisenspäne vom Magneten, würden solche Geister von gleichgearteten Menschen angezogen und gehalten, sobald sie ihn einmal entdeckt hätten. „Sie können ihn nicht verlassen, weil sie ebenso schwach sind wie er ... ähnlich dem Trunkenbold, der ja hundertmal schwört sich zu bessern, und es nicht vermag."

In dem seinerzeitigen Kreise um Du Prel wurde ebenfalls einmal um Aufschluß hinsichtlich der eigenartigen Erscheinung sogenannter „Vater-Medien" gebeten.[130]) Die Antwort lautete:

„Ihr steht hier nicht vor einer eigentümlichen Erscheinung, sondern vor einer solchen, die ganz folgerichtig und natürlich ist angesichts der Entwicklungsstufe eines großen Teiles der Menschheit und der Geisterwelt, mit der sie verkehrt. Gleiches zieht Gleiches an — ihr müßt euch nur hüten, diesem Gleichen oder Ähnlichen zu enge Grenzen zu geben. Kindlich gläubige Menschen, die ihren Glauben nie vor den Richterstuhl ihrer prüfenden Vernunft bringen, ziehen ebensolche Geister an. Die Menschen sehnen sich nach dem Verkehr mit Jesus: die Geister nennen sich dann so. Erstens, weil sie sich dadurch einen warmen Willkomm sichern, der ihnen angenehm und wohltuend ist. Zweitens, weil sie ihren schwachen Worten durch die Autorität der Persönlichkeit, die sie gesprochen haben soll, eine gewisse Macht verleihen. Sie meinen es oft herzlich gut, diese Geister. Und da sie und die Medien es gut meinen, und es eine Jakobsleiter gibt, d. h. eine Verbindung und ein Weitergeben von Höheren und Niederen bis zu euch Menschen herab, so geben höhere Geister oft diesen (einen kindlich frommen Betrug übenden) Geistern Gedanken und Lehren, die sie den Menschen verkünden sollen und aus denen solche Kindermenschen doch einen Gewinn ziehen ... Die gutwollenden kleinen Geister sind in dem Glauben bestärkt, daß sie Überbringer der Worte und Lehren Christi sind, und meinen ganz berechtigt zu sein, sich ‚Jesus' zu unterschreiben. — Bedenket das Wort ‚Ewigkeit' und bedenket die Langmut Gottes, die alles auswirken und ausklingen läßt ... Auch diese Geister, auch diese Menschen haben ihren freien Willen; allerdings beschränkt durch ihre Unvollkommenheit." Die Erscheinung der Vatermedien solle man nicht so tragisch nehmen, heißt es u. a. weiter; sie seien nur eine „Note in einer Melodie, die sich noch nicht zur Harmonie gebildet hat."

Dr. A. Dinter, der in seiner Studie über das „Zungenreden" auf die Weißenberg-Gemeinde (jetzige „Johanneische Kirche") verwies, kam ebenfalls zu dem Schluß, daß „die sich auf solche Weise kundgebenden Geister durchweg auf niederer Entwicklungsstufe" stehen. „Darum treffen auch ihre gelegentlichen Prophezeiungen — da sie die Dinge nicht zu übersehen vermögen — in der Regel nicht ein. Wenn sie sich hierbei als Erzengel Gabriel oder als einen der Apostel oder als sonstige biblische oder auch geschichtliche Persönlichkeiten des Altertums oder der Neuzeit ausgeben, so entspricht dies ihrer eigenen niederen Erkenntnisstufe; sie sind von der vorgegebenen Wesensgleichheit (Identität) teils selber überzeugt, teils üben sie damit frommen Betrug, um ihren Ermahnungen zur Buße und Einkehr ein höheres Ansehen zu verleihen."

Erkenntnis vermag man niemand zu geben; jeder muß sie sich selbst erringen. Mithin muß es auch auf dem Gebiet der Vater-Mediumschaften jedem selbst überlassen bleiben, zu prüfen. Ein Merkmal der Unechtheit „hoher" Mitteilungen ist ihre Länge. Jeder übermäßige Wortschwall ist von Übel. „Die Wahrheit ist kurz und klar, sie braucht wenig Worte", heißt es in einem Neujahrsmanifest, das am Jahresende 1871 in Budapest aufgezeichnet wurde und das inhaltsmäßig ein wesentliches höheres Niveau als auf diesem Gebiet üblich, erkennen läßt.[131])

Georg Sulzer warnt in seinem auf reichhaltigen Erfahrungen beruhenden Buch „Licht und Schatten der spiritistischen Praxis"[132]) eindringlich vor Gutgläubigkeit und Leichtfertigkeit bei ASW-Kontakten. Zwei Musterbeispiele an Verführung (ob infolge eigenen Wunschdenkens oder durch jenseitigen Einfluß, sei dahingestellt) möchte ich hier wiedergeben: Adolf Drischel und Anton Unternährer. Im ersten Fall mediumistisches Schreiben, im zweiten visionäre Erlebnisse.

Drischel, vormals sozialdemokratischer Agitator und ein energischer, intelligenter Mann, hatte sich 1903 mit einer Bitte um Auskunft an Georg Sulzer gewandt und schickte diesem später die medial erhaltenen Schriften seiner Frau zur Beurteilung. Diese Kundgaben stammten, schrieb Sulzer, „größtenteils angeblich von einem Mönch namens Voes, der als Märtyrer des protestantischen Glaubens verbrannt worden sein soll. Da mir aus der Reformationsgeschichte bekannt war, daß ein Mönch dieses Namens existiert hat und für seinen protestantischen Glauben gemeinschaftlich mit seinem Freund Eß den Feuertod erlitt, teilte ich dies dem Drischel mit, der es angeblich noch nicht wußte." Als Drischel berichtete, daß außer Voes nunmehr auch Dr. Martin Luther und in „wichtigen Fällen" auch der Evangelist Lukas mit ihnen verkehre, wollte sich Sulzer nun „doch darüber vergewissern, wie es sich mit diesen Angaben verhalte" und ließ besagten Voes fragen, wann und wo er verbrannt worden sei. Die Auskunft lautete: am 16. September 1526 in Rom. Voes und Eß sind aber in Wirklichkeit im Juli 1523 in Antwerpen verbrannt worden. — Schließlich wurden die abenteuerlichsten Dinge befohlen, „so zuerst die Auswanderung nach der Schweiz und später nach Ägypten, um die dortigen Mohammedaner zum Christentum zu bekehren ... was in jeder Hinsicht schlechte Ratschläge waren, mag nun dieser Voes wer immer gewesen sein oder mag er gar bloß der unterbewußten Phantasie des Mediums entstammen."

Trotz Sulzers Warnung tauchte Drischel eines Tages mit seinem Freund Adam in Zürich auf. Die beiden fanden Anhänger, die ihnen finanzielle Unterstützung gewährten. Drischel übersiedelte später tatsächlich nach Ägypten, und Sulzer traf ihn erst 1911 wieder, nachdem ersterer in die Schweiz zurückgekehrt war und „zu etwas besserer Einsicht gekommen" zu sein schien. —

Der Fall Unternährer betrifft das unglückliche Schicksal eines Vatermediums aus dem 19. Jahrhundert. Dem Juristen und Kriminalpsychologen Georg Sulzer war es ein Leichtes, die alten Gerichtsakten einzusehen und so ergab sich folgendes Lebensbild:

Der am 15. 9. 1759 in Schüpfheim im Kanton Luzern geborene Anton Unternährer war aufgrund seiner Visionen zum Gründer der Sekte der Antonianer geworden, die noch um die Jahrhundertwende Anhänger besaß.*) Von einem in Zürich wohnenden Angehörigen dieser Glaubensgruppe erhielt Sulzer das von Unternährer geschriebene, jedoch erst 1898 gedruckte Büchlein „Die Berufung". Unternährer berichtet darin seine Visionen. Über die erste, der die späteren ähneln, heißt es:

„1792, am dritten Tag im Mai nach dem Mittagessen, da ich einzig in der Stube bei dem Tische saß, hörte ich neben mir eine Stimme sprechen: ‚Mein Sohn, lege dich auf das Bett, ich habe dir etwas zu sagen.' Ich schaue umher und denke bei mir: was ist jetzt das, daß ich höre reden und niemand da ist, und gehe nicht auf das Bett, sondern bleibe noch still sitzen. Alsbald aber darauf hörte ich noch einmal sprechen: ‚Mein Sohn, lege dich auf das Bett, ich habe dir etwas zu sagen.' Da ging ich hin und legte mich auf das Bett und sprach: ‚O Gott, dein Wille geschehe.' Sobald ich auf dem Bett gelegen war, umleuchtete mich ein Licht, viel klarer als die Sonne im höchsten und klarsten

*) Sulzer schloß auf ihr baldiges Verschwinden, „hauptsächlich wohl, weil sie die volle geschlechtliche Enthaltsamkeit fordert; was etwas befremdet, da ihr Gründer selbst verheiratet war und auch Kinder hatte".

Glanz. Darinnen stund ein Menschenbild vor mir, dessen Schönheit und Klarheit nicht genugsam kann ausgedrückt und beschrieben werden. Da erschrak ich sehr und schrie laut: ‚O Jesus, mein Gott und Vater!' — Und konnte auch kein Glied mehr rühren. Da legte der Mann, der vor mir stund, die Hand auf mich und sprach zu mir: ‚Mein Sohn, du hast recht gesagt und gesprochen: O Jesus, mein Gott und mein Vater!' und zeigte mir seine Wunden an Händ und Füßen und Seite, und sprach zu mir: ‚Siehe ich bin Jesus Christus, der Sohn Gottes, des Allerhöchsten, der Mensch worden ist, und mein Vater, der mich gesendet hat, ist in mir. Ich und mein Vater sind eins, wie es im Evangelium zur Genüge gesagt ist. Ich bin aus Gott kommen und Mensch worden, habe dich erschaffen nach meinem Bild und Ehre, darum bis du des Menschen Sohn. Mich hat der Allerhöchste, Gott und Vater, gesendet, die Welt zu versöhnen, und durch dich will er die Welt richten, wie es in der Apostelgeschichte 17,31 geschrieben steht. Aber du mußt zuvor viel leiden und verworfen werden, ins Gefängnis und in Bann getan werden, und wirst von der gottlosen Welt an Ehr und Gut beraubet, von allen Menschen geschmäht und gelästert werden, von Weib und Kind vertrieben ..." und so weiter und so fort. „Und das alles werden sie tun um meines Namens und um des Evangeliums willen", heißt es weiter, und am Schluß: „Aber fürchte dich vor diesem keinen, das du leiden wirst, denn ich bin bei dir und will dich aus allem erretten."

Unternährer glaubte der Erscheinung und „gehorchte mit aller Aufopferung, mit der größten Selbstverleugnung und gegen alle Hindernisse", wie damals der zuständige Prieser Thaddäus Müller bestätigte.

Daß Unternährer einer Täuschung zum Opfer fiel, steht außer Zweifel. Ob dieselbe seinem Unbewußten entsprang oder von einem Jenseitigen, der sich für Christus hielt oder ausgab, bewerkstelligt wurde, oder ob beides zusammenwirkte, kann mit Sicherheit kaum mehr festgestellt werden. Geisteskrankheit lag jedoch einwandfrei nicht vor, wie Sulzer betont. Der als bischöflicher Kommissarius szt. eingesetzte Priester Thaddäus Müller stellte dem wegen religiöser Irrlehre angeklagten Anton Unternährer ein sehr günstiges Zeugnis aus; in seinem Bericht an den Amtmann von Luzern vom 25. 5. 1805 heißt es: „Unternährer zeigt in seinem Betragen Anstand, Bescheidenheit, Unterwerfung und ist fern von rohem, trotzigem Benehmen. Auch jenes finstere Wesen, wodurch sonst Religionsschwärmer sich auszeichnen, hat er nicht an sich, sondern ist heiter, freundlich und beredt. In seinem so deutlich als bestimmten und fertigen Vortrag läßt sich sonst nicht die geringste Spur von einer Verirrung des Verstandes wahrnehmen. Eine harte Bestrafung, wie z. B. eines Übeltäters, verdient er nicht."

Dennoch war Unternährers Schicksal, welches ihm seine Mitbürger bereiteten, das denkbar traurigste, und niemand „errettete" ihn: Zuerst wurde Unternährer im Kanton Bern im Jahr 1799 wegen unbefugter Ausübung der ärztlichen Praxis, die er auf Betreiben „der inneren Stimme" aufgenommen hatte, mit 10 Wochen Gefängnis bestraft. 1802 wurde er, wiederum in Bern, mit 12 seiner Anhänger verhaftet und wegen religiöser Irrlehre zu zwei Jahren Zuchthaus verurteilt, die er voll verbüßte. 1805 erfolgte seine Ausweisung aus dem Kanton Bern „auf ewig". Er begab sich in seinen Heimatkanton Luzern und wurde dort im gleichen Jahre, wieder wegen religiöser Irrlehre, zu fünf Jahren Gefängnis verurteilt. Sulzer schreibt: „Das Gefängnis, in dem er diese Strafe absaß, soll ein unterirdischer Kerker gewesen sein, so eng, daß er . . . stets auf dem gleichen Fleck stehen oder sitzen mußte. Das ist vermutlich Übertreibung, aber daß die Gefängnisverhältnisse Luzerns zu jener Zeit unsern gegenwärtigen humanen Anschauungen in keiner Weise entsprachen, ist aktenkundig." — 1819 wurde er in Luzern abermals eingekerkert, wo er bis zu seinem Tode am 27. 6. 1824 verblieb. „So behandelten sowohl das katholische Luzern, als auch das protestantische Bern diesen Unglücklichen, der sich für göttlich inspiriert hielt", bemerkt Sulzer abschließend.

Heutzutage bringt man solche bedauernswerten Menschen gottlob nicht mehr hinter Kerkermauern.*) Allein, die Einweisung in eine Nervenheilanstalt befriedigt ebenso wenig, wenn dort die Behandlungsmethode nach Dr. med. C. Wickland unbekannt ist. Mit anderen Worten: Gäbe es bei uns Ärzte oder Psychotherapeuten mit praktischen Erfahrungen auf dem interessanten Gebiet des Mediumismus, so könnte manchem unglücklichen Menschen geholfen werden.

Wie aus den Darlegungen dieses Abschnittes ersichtlich, gebührt dem Phänomen „Vatermedien" die gleiche Aufmerksamkeit wie dem der Besessenheiten. Der Unterschied liegt lediglich im ausschließlich religiösen Charakter der ersteren. Den Einbruch des Transzendenten in unseren irdisch-materiellen Bereich hat es in vorgenannter Form immer schon gegeben. Geschichte und Vielfalt der christlichen Glaubensgemeinschaften, Sekten und „Propheten", aber auch das verwirrende Mosaik der sich esoterisch nennenden Gruppen, bieten ein außerordentlich reichhaltiges und lehrreiches Anschauungsmaterial demjenigen, der „die Geister unterscheiden" lernen will. Und auf diese Fähigkeit des Unterscheidenkönnens kommt es eben an, immer und überall. Niemand würde behaupten wollen, es gäbe keine Edelsteine, nur weil sie nicht am Wege liegen wie Kiesel. Auch innerhalb der christlich-spiritualistischen Bewegung des deutschen Sprachraums gibt es Gruppen von beachtlichem Niveau, die — das ist meine per-

*) Zumindest in Westeuropa nicht mehr, soweit keine Gemeingefährlichkeit der Betreffenden vorliegt oder Verbrechen begangen wurden.

sönliche Auffassung — oft zu Unrecht als „vulgärspiritistisch" verunglimpft werden.*) Soweit letzteres von der Meinungsindustrie ausgeht, mag es verständlich sein, denn deren Vertreter wissen es nicht besser oder handeln nach der Devise: „Wes' Brot ich esse, des' Lied ich singe". Von taktvollen Menschen aber und insonderheit von Christen müßte man in jedem Falle so viel Toleranz erwarten dürfen, daß dem ehrlichen Wollen und Streben anderer, die *ihren* Weg zu Gott für richtig halten, die auch ihnen gebührende achtungsvolle Anerkennung nicht versagt wird.

Damit möchte ich den insgesamt betrachtet zwangsläufig negativen Eindruck dieses Kapitels etwas abschwächen und gerechterweise auch das Positive betonen. Viele der von mir zitierten Aussagen Jenseitiger lassen ohnehin den Schluß zu, daß geistig wertvolle Kontakte mit Drüben durchaus möglich sind. — Man muß nur den richtigen Telefonanschluß finden !

Der Tod — und was kommt danach?

Diese bange Frage mag sich schon mancher gestellt haben, in stillen Stunden der Besinnung, in Momenten akuter Lebensgefahr, oder angesichts schmerzlicher Trostlosigkeit am Sterbebett des Kindes, des Ehegatten, der geliebten Eltern. Und doch könnte dem sich tagtäglich hunderttausendfach wiederholenden namenlosen Leid des Abschiednehmens der bittere Stachel genommen werden, wenn schon unseren Kindern in der Schule gelehrt würde, daß es sich nur um einen vorübergehenden Abschied handelt, daß der Tod nichts anderes ist, als ein Wechsel der Anschauungsform. Das furchteinflößende Knochengerüst mit Stundenglas und Sense ist genau so ein Ammenmärchen wie das Bild vom Klapperstorch. Freiherr du Prel sagt mit Recht: „Nur *unsere Unwissenheit* ist es, die dem Tode Schrecken verleiht." Naturwissenschaftlich ist die weitverbreitete Angst vor dem Sterben, soweit es den Umwandlungsvorgang selber anbelangt, völlig unbegründet. Schrecklich können nur die von Menschen mitunter herbeigeführten oder selbstverschuldeten Begleitumstände des Sterbens sein, wie Mord, Verstümmelung oder schwere Krankheit.

Wenn wir im folgenden den Tod und was danach kommt, also das Jenseits und das Leben im Jenseits etwas genauer betrachten wollen,

*) Es widerspräche meinem Bemühen um Objektivität, wollte ich hier oder an anderer Stelle, mir sympathische spiritualistische Gemeinschaften namentlich anführen. Die meisten meiner wirklichen Freunde und guten Bekannten sind keine Spiritualisten, und dennoch möchte ich ihre Freundschaft niemals missen. Charakteradel erlangt man bekanntlich nicht automatisch durch Zugehörigkeit zu einer bestimmten Gruppe oder Institution.

so wäre es unklug, die Aussagen jener, die uns vorangegangen sind, von vornherein als unglaubwürdig oder unrealistisch abtun zu wollen. Man beurteile vor allem das *Niveau* der Berichte und halte sich nicht unnütz mit der Frage auf, ob dieselben möglich seien oder nicht. —

„Freut euch des Lebens, weil (solange) noch das Lämpchen glüht", heißt es im Volkslied. Besagtes Lämpchen haben wir als „Aura" kennengelernt und wissen, daß sowohl unser physischer Körper als auch der Fluidalleib eine Eigenausstrahlung besitzen. Jenseitige vermögen daran den vermutlichen Zeitpunkt des nahenden Todes zu erkennen: „Ist das Ende nahe, so ist am Leuchten des fleischlichen wie des geistigen (fluidalen) Leibes für uns zu sehen, wann es ungefähr zu erwarten ist. Je schwächer das Licht des fleischlichen Leibes, um so stärker wird das des geistigen Leibes. Das steigert sich, bis das Leben des fleischlichen Leibes zu Ende ist und der leuchtende Geistleib die finstere Hülle verläßt."[133]) Auch dieser Kommunikator betont, daß die Leuchtkraft des Fluidalkörpers dem inneren Zustand seines Trägers entspreche. „Bei großen Missetätern, die viel Unheil über andere gebracht haben, leuchtet nur ein ganz winziges Lichtlein. Ich will damit sagen, daß der Leib solcher Menschen nur ein ganz winziges Leuchtvermögen hat."

Beim alternden Menschen sei ebenfalls ein Nachlassen der physischen Körperstrahlung und ein Zunehmen der Fluidalkörperaura zu verzeichnen, was auf die Nähe des Todes schließen lasse.

„Als ich meine Augen schloß", so berichtete eine Entkörperte, „sah ich sofort, daß das Leben weiterging. Ich sah ganz deutlich meinen Leib, der unbeweglich im Bett lag. Auch hörte ich, wie der hilflos weinende A. (ihr Mann) mit anderen sprach, ob das nun das Ende sei, da er immer noch geglaubt hatte, ich würde noch gesund werden. Ich sah das ganze Zimmer mit seiner Einrichtung, alles genau, wie es mir bekannt war." Diese Beobachtungen werden häufig geschildert. „Aber im nächsten Augenblick war das verschwunden und ich befand mich in einer ganz anderen Umgebung. Helles Licht umleuchtete mich und ich sah eine freundliche Gestalt in einem leuchtenden Gewand. Es war mein Schutzgeist, von dem ich natürlich nie etwas geahnt hatte, da ich mich mit solchen Dingen nie beschäftigt hatte. Er sagte mir, ich sei jetzt in der anderen Welt, und das erkannte ich auch alsbald . . ."

Im vorgenannten Falle vollzog sich der Übergang bei vollem Bewußtsein, obwohl es der Verstorbenen an Kenntnissen über das Weiterleben nach dem Tode mangelte. *Bewußtes* Hinübergehen ist bei Wissenden die Regel, es sei denn, daß infolge unerträglicher Körperschmerzen ein wohltuender Erschöpfungsschlaf eintritt. Ansonsten scheint ein sogenannter *Anpassungsschlaf* (nach Prof. Dr. W. Hinz, Göttingen) die Regel zu sein, so daß der Übergang nicht so kraß und unvermittelt erscheint. Auch „aus der Raupe entsteht nach dem Hinscheiden nicht sogleich der Schmetterling, sondern es geht diesem ein langer Zwischenzustand, der der Puppe, voraus", bemerkt treffend Dr. Justinus K e r n e r in seiner „Seherin von Prevorst".[134]) Und Emanuel erklärt: „Je höher der Geist, desto kürzer die Zeit seines Todesschlafes oder Ruhens; denn der Entwicklungsgrad des Geistes (Menschen) bestimmt auch seine Kraft." Jeder Mensch trete unmittelbar nach dem Tode in diesen Ruhezustand ein; der hochentwickelte nur für Augenblicke, „um dann frei zu sein von aller materiellen Fessel. Tieferstehende erwachen oft aus diesem Zustande, sehen ihr Leichenbegängnis, ihre Angehörigen, fühlen sich wohl in ihren Räumen und führen dort ein traumhaftes menschenähnliches Leben weiter, und es ist ihnen wiederholter Schlaf in solchem Zustande möglich."[135])

Die Hinübergegangenen versichern stets, daß ihre Welt keine Traumwelt und ihr Zustand kein von Sinnestäuschungen hergeleiteter sei; ihre Umgebung werde genau so real empfunden, wie es die Erde für uns Diesseitige ist. „Unser Leben ist ein wirkliches, menschliches Leben; kein abstraktes Dasein in übermenschlichen magischen Zuständen, sondern ein menschliches Leben mit allen Freuden, die das Menschsein bieten kann, ohne irgendwelche hemmenden Leiden und Mühen, wie sie das irdische Leben in reichem Maße hat."

Der Passus „mit allen Freuden, die das Menschsein bieten kann", sollte aber nicht mißverstanden werden: keineswegs alles, was im Erdendasein als Freude oder Genuß empfunden und gepflegt wird, ist drüben fortsetzbar. Im Gegenteil, das Nichtbefriedigenkönnen sog. sinnlicher Genüsse wird von den Betroffenen als sehr hart empfunden.

„Jetzt habe ich keine Möglichkeit mehr, materielle Dinge zu genießen" klagt einer, „die Lust dazu ist jedoch noch immer nicht ganz erloschen, kann aber nicht befriedigt werden ... Das ist ein überaus quälender Zustand, den ich in seiner Schrecklichkeit kaum annähernd schildern kann. Es ist nicht Gottes Strafe, sondern die Folge meiner eigenen Beschaffenheit, daß es mir jetzt so geht".

Wenn dem so ist, und die Vielzahl gleichlautender Berichte läßt kaum einen Zweifel zu, so ergibt sich als Grundbedingung *vor* jeder Prüfung jenseitiger Mitteilungen die Frage: woher kommen sie? Aus welcher Sphäre stammen sie? — Denn die vereinfachende Jenseitseinteilung in Himmel und Hölle, wozu katholischerseits noch das Fegefeuer*) kommt, mutet für denjenigen, dem die Ergebnisse der modernen Jenseitsforschung vertraut sind, etwas primitiv an.

---

*) Purgatorium = Reinigungsort.

Die erste Frage wäre also nach dem *Wo* des Jenseits zu formulieren, und die zweite Frage nach dem *Wie*. „Was das Wo des Jenseits betrifft" sagt du Prel, „so müßte die Ansicht, daß mit dem Tode eine räumliche Versetzung gegeben sei, erst bewiesen werden, und bis zum erbrachten Gegenbeweis muß eben angenommen werden, daß wir in der gleichen Welt bleiben, wenngleich weder sinnlich wahrnehmend noch — von den bekannten Ausnahmen abgesehen — sinnlich wahrnehmbar. Daß wir *optisch* für unsere Nebenmenschen aus dieser Welt verschwinden und aufhören mit ihnen in Beziehungen zu stehen, hat der naive Verstand als *räumliche* Versetzung ausgelegt, während es zunächst nur als ein Verschwinden aus der fremden Empfindungssphäre angesehen werden kann, weil eben der Beweis nicht weiter reicht. Wohl aber muß zugestanden werden, daß mit dem Ableben des Körpers unser Verhältnis zu dieser Welt sich so verändert, daß dies einer Versetzung in eine ganz andere Welt gleichkommt." Und weiter: „Beim Übergang ins Jenseits kann nur an *jenen* Zustand angeknüpft werden, womit wir das irdische Leben *abschlossen*. Darin liegt der berechtigte Kern der Vorstellung von einem *Zwischenreich* oder vielmehr *Zwischenzustand*. So wenig als wir dem diesseitigen Zustand plötzlich absterben können, so wenig können wir uns in das Jenseits plötzlich einleben. Wie es Menschen gibt, die schon im Diesseits ihr Leben mit Rücksicht auf das Jenseits einrichten, so wird es jenseitige Wesen geben, die nach dem Diesseits zurücktrachten, dem sie noch nicht ganz abgestorben sind, wobei allerdings höchst verschiedene Motive vorhanden sein können; denn eine wirkliche Sehnsucht nach dem irdischen Leben als solchem kann wohl nur bei einem Wesen angenommen werden, das schon hier im sinnlichen Leben ganz aufgegangen wäre und niemals nach idealen Gütern gestrebt hätte." Du Prel meint ferner, daß der Geistgläubige (d. h. der von der persönlichen Unsterblichkeit Überzeugte) zwar den Mitteilungen der Jenseitigen nur bedingten Wert beimessen, dafür aber um so größere Aufmerksamkeit ihrem Verhalten zollen wird. „Wir können im künftigen Leben nur jene Wirkungen erfahren, zu welchen wir hier auf der Erde die Ursachen gelegt haben. Die Erhaltung der Kraft umfaßt auch die moralische Welt." Hier sei der Grund für den buddhistischen Begriff des *Karma* zu suchen.

Mit der zweiten Frage nach dem *Wie* des Jenseits engstens verknüpft ist die weitere Frage nach dem *Woher* der einzelnen Botschaften, die uns von dort erreichen. Mangelnde Kritikfähigkeit infolge fehlender Kenntnisse auf diesem Gebiet führen zu den Irrtümern des Vulgärspiritismus. — Das Durchschnittsniveau von, ich möchte sagen 90% aller Jenseitsmitteilungen stammt offensichtlich von Vorausgegangenen, die außer der Tatsache ihrer Entkörperung nichts oder nur wenig *mehr* wissen, als sie *vor* derselben an Wissen besaßen. Lernen können wir aus solchen Kundgaben nur insofern, als der daraus erkennbare nunmehrige Zustand der Verblichenen auf vermeidbares Fehlverhalten in deren Erdenleben schließen läßt und uns zur persönlichen Warnung dienen kann. Daß andererseits nur ein geringer Teil der Jenseitsinformationen aus höheren, lichteren Bereichen stammt, liegt gewiß nicht an evtl. mangelndem Interesse der uns dorthin Vorangegangenen, sondern an den veränderten Bedingungen, die für eine derartige Kommunikation erforderlich sind.

Wenn wir nun nach dem *Wie* des Jenseits fragen, so werden wir feststellen müssen, daß die erwähnte Zwei- oder bestenfalls Dreiteilung (Himmel, Hölle, Fegefeuer) nicht den Tatsachen entspricht. Die uns unsichtbare Welt gliedert sich offenbar in viele verschiedene Seinszustände, die sich ihrerseits in entsprechenden Sphären oder „Welten" manifestieren. Dabei scheinen stets die höheren Sphären für die Bewohner der niederen unsichtbar zu sein.

Nach den Feststellungen von Dr. Rudolf Schwarz stammten die meisten der von ihm (zumeist in der englischen Literatur) studierten Jenseitsbotschaften und -beschreibungen aus der seiner Ansicht nach erdnächsten Sphäre. „Nach der Mehrheit der Geisterangaben befinden sich die jenseitigen Sphären in Form von Kugelschalen um die Erde und rotieren mit dieser." Die gleiche Aussage finden wir bei Adelma von Vay, wo von Kugelschichten gesprochen wird, die — vergleichbar mit den Farben des Regenbogens — ineinanderfließend unseren Weltkörper umgeben.

Als „äußere Ordnung des inneren Lebens" gliedern sich die Sphären in verschiedene Bereiche und zwar wird vielfach von sieben Sphären gesprochen, die mit unserem Erdball verbunden sind. Die 7. Sphäre wird mitunter als „Christus-Sphäre" bezeichnet.

Von einer siebensphärischen Jenseitsordnung berichten schon die Veden und die alten Perser, jedoch oberhalb der sogenannten Unterwelt, deren siebente Region die Stufe des irdischen Menschseins darstellen soll. Die Siebener-Grundeinteilung finden wir auch bei Rosenkreuzern, Theosophen, Anthroposophen und anderen Geistesrichtungen in zuweilen abgewandelter Form. Hier scheint der Abglanz uralten Wissens vorzuliegen, über dessen Wahrheitskern nur Unwissende lächeln können.

Häufig wird von einem *Zwischenreich* oder *Sommerland* gesprochen, in welches der Entkörperte für kürzere oder längere Zeit eintritt, um sich zu erholen und sich den neuen Lebensbedingungen anzupassen. Jedoch ist dies keineswegs die Regel. Überhaupt läßt sich kein Einheitsschema hinsichtlich des jenseitigen Entwicklungsganges erstellen, so sehr wir auch zur starren Systematisierung eines Wissensgebietes neigen mögen. Wo immer wir einem festgefügten Lehrsystem metaphysischer Art begegnen, können wir sicher sein, daß es sich um dogmatische Konstruktionen menschlich-spekulativen Denkens (und Irrens) handelt, denen zugegebenermaßen manches Wahrheitskorn zugrundeliegen mag. Außerdem scheint es für die höherentwickelten Jenseitigen recht schwierig zu sein, uns in unserer Ausdrucksweise Dinge und Zustände zu schildern, für die wir nur mangelhafte oder gar keine Begriffe haben. Hinzu kommen die Schwierigkeiten der jeweiligen „Transformation" über ASW-begabte Menschen alias Medien, weil durch letztere alle an uns gelangenden Botschaften naturbedingt beeinflußt werden. Du Prel bemerkt hierzu:

„Dieser subjektive Anteil des Mediums ist aber noch sehr weit davon entfernt, bestimmbar zu sein. Dagegen herrscht die größte Einigkeit unter den Geistern bezüglich des Ob unserer Unsterblichkeit. Das zu wissen, genügt aber auch vollkommen für unsere diesseitigen Zwecke in praktischer Hinsicht." Und er fügt hinzu: „Wenn wir unsterblich sind, dann muß das künftige Leben in seiner Beschaffenheit bestimmt sein durch unser Verhalten im Diesseits. Dies fordert das Gesetz der stetigen Entwicklung. Die Hoffnung muß also fallen gelassen werden, wonach wir von den Folgen eines verkehrt zugebrachten Lebens durch den Tod befreit werden könnten ..."[136])

Zurück zur Sphäreneinteilung: verschiedenen Quellen zufolge soll eine weitere Unterteilung der Sphären in jeweils wiederum sieben Stufen feststellbar sein (die Sieben spielt in der Schöpfung bekanntlich eine bedeutsame Rolle, was sich wohl nicht nur in der Materie, d. h. im Diesseits dokumentieren dürfte). Am anschaulichsten und übersichtlichsten fand ich diese Stufenordnung in der medialen Niederschrift „Sphären zwischen Erde und Sonne"[137]) von Baronin Adelma von Vay niedergelegt. Ohne den Glauben des Lesers zu fordern oder dogmatischen Spekulationen Vorschub leisten zu wollen, möchte ich als Beispiel und der Interessantheit wegen eine kurzgefaßte Übersicht der im vorgenannten Buch beschriebenen Seins- und Daseins-Sphären geben.

In der Einleitung heißt es unter anderem, daß unsere Erde von 7 atmosphärischen Ringen oder Kreisen umgeben sei, wovon jeder Kreis seinerseits 7 Sphären aufweise. „Viele Geister, welche sich aus diesen Kreisen kundgeben, glauben, sie befänden sich auf einem Stern; während es nur eine Sphäre, ein Raum ist, welcher zwischen der Erde und der Sonne liegt." In den atmosphärischen Kreisen bzw. Ringen und Sphären finde man alle Länder und Weltteile, alle Nationen und Religionen der Erde. Wir sollten uns deshalb, so wird betont, nicht wundern, wenn Bewohner jener Sphären „die Dinge eben so beschreiben, wie sie sie finden".

Des weiteren wird gesagt: „Luft, Äther, Sphären — alles ist durchwebt und imprägniert mit lebenden Atomen ... Diese Atome agglomerieren*) und verdichten sich und bilden verschieden potenzierte Räume oder Sphären, die dem Gesetz der Gravitation folgen. Diese Atome strömen ursprünglich aus dem Lichte der Sonne, sie vereinigen sich mit der Ausströmung und Atmosphäre der Erde. Durch ihre Rotation wirft die Erde diese atmosphärischen Ringe ab, in welchen sich die Sphären bilden. Die Atome jedoch sind die Kraft, die die Sphären schaffen. — Merket es euch wohl: die atmosphärischen Ringe mit ihren Sphären unterliegen dem Rotations- und Gravitationsgesetz geradeso wie die Erde, sie tun es mit ihr."

Einleitend wird ferner bemerkt, daß die Kraft bzw. das „Material" für physikalische Phänomene, soweit sie durch Entkörperte bewirkt werden, aus dem ersten die Erde umgebenden atmosphärischen Ring entnommen würde. „Solche Geister suchet niemals höher; und wenn (einmal) ein höherer Geist euch etwas Materielles bringt, so nahm er es aus derselben Sphäre. — Die Menschen suchen immer alles so weit, und es liegt oft so nah ..." — Der Mitteilende erwähnt das Paradies des Korans, das buddhistische Nirwana, die Jagdgründe der Indianer, Wallhall, Olymp ... Der Katholik habe sein Fegefeuer, die Hölle, den Himmel. Diejenigen, welche diese verschiedenen Anschauungen über das Leben nach dem Tode den Menschen lehrten, „täuschten sich nicht, sie sprachen die Wahrheit; alle diese Dinge existieren. — Das Leben im ersten Atmosphärenring ist ein Fegefeuer. Gereinigt entsteigen die Geister diesen Sphären, um in den zweiten Ring zu gelangen. Ihr seelischer Körper wird abgelegt, und ein ätherischer Leib angezogen; es ist dies eine Art von Tod, ein höheres Geborenwerden".

Den eben erwähnten „zweiten Tod", dieses abermalige Absterben, um in einem höheren Seinszustand wiederzuerwachen, wird häufig erwähnt und scheint mit der (auch von verschiedenen irdischen Geistesrichtungen und Geheimlehren behaupteten) Ansicht begründet zu sein, daß der Mensch nicht nur aus der relativ einfachen „Dreieinigkeit" Körper-Seele-Geist bestehe. Das was ich in diesem Buche der Einfachheit und besseren Unterscheidbarkeit halber *Fluidalleib* nenne, scheint in Wirklichkeit in weitere feinstoffliche Körper von immer subtilerer Beschaffenheit aufgegliedert zu sein. Man spricht hier von sieben, teilweise gar neun oder mehr „Seelen" im Menschen, die ihrerseits jeweils eine dominierende Eigenschaft repräsentieren und

*) Agglomeration = Zusammenballung.

von dieser „seelisch belebt" werden. „Diese neun Eigenschaften umgeben den Menschen wie neun Individuen ... er steht unter ihrem Einfluß. Er, das Ego, soll sie beherrschen."[138]) — Dies zum ggfs. besseren Verständnis des in Jenseitsberichten öfters erwähnten vergleichbaren „Sterbens" beim Übergang in eine höhere Sphäre.

Bei der an Adelma von Vay übermittelten Sphärenbeschreibung müssen die ersten drei atmosphärischen Ringe mit ihren jeweils sieben Abstufungen als niedere und niederste Sphären betrachtet werden; erst mit dem 4. atmosphärischen Ring beginnt das, was wir uns unter „Paradies" vorzustellen pflegen. — Es sei nochmals ausdrücklich betont, daß die nun folgenden Wiedergaben *wegen ihrer Nichtnachprüfbarkeit keinerlei Anspruch auf Glaubwürdigkeit erheischen und es demzufolge dem Ermessen des Lesers anheimgestellt bleiben muß, Geschildertes für möglich zu halten oder nicht.*

In den sieben Bereichen des 1. atmosphär. Ringes befinden sich angeblich die Opfer jeglicher Ausschweifungen und Süchte, von der unbezähmten sexuellen Gier bis zur Trunk- und Rauschgiftsucht. „Wir bezeichnen diese Sphäre mit dem Namen Hölle ... Die Geister tragen noch den Hang zur Zügellosigkeit in sich, ohne ihn befriedigen zu können. Besonders erschütternd war mir der Anblick eines Geistes, der sein Leben durch Morphium vernichtete; den Trinkern geht es ähnlich ... sie schreien nach den Mitteln, womit sie früher ihre Sinne betäubten." (Ein Blick in unsere Entziehungsanstalten für Trinker oder Drogensüchtige vermag gewiß einen ähnlichen Eindruck zu vermitteln. Die Opfer empfinden ihren Zustand als außerordentlich qualvoll, und das ist er auch).

In der 2. Sphäre des 1. Ringes vegetieren Mörder und Gewalttäter verschiedenster Schattierung, in der 3. Sphäre Selbstmörder. Raub, Diebstahl, Lüge und Heimtücke findet sich in der nächsten Sphäre, während die folgende von Anarchisten, gewalttätigen Atheisten, Nihilisten und ähnlichen Menschheitsbeglückern bevölkert sein soll. Die ihrem Denken adäquaten Daseinsbedingungen sind grauenhaft. „Diese Geister wohnen in Erdhöhlen oder Felsklüften. Wenn sie lange unbußfertig bleiben, geht ihnen zuletzt die Kraft aus, d. h. der seelische Körper dieser Geister wird alt, krank, gebrechlich ... sie verdummen. Immer aber steht das Blutbad vor ihnen, welches sie angerichtet haben." Danton, Robespierre, Marat und andere seien hier zu finden.

Egoismus, Geiz und Geldgier sind die hervorstechenden Merkmale der 6. Sphäre des 1. Ringes, während die 7. Sphäre von Vertretern wilder, unzivilisierter und in ihrer Entwicklung auf Tierstufe stehender Völkerschaften bewohnt wird. „Ihr seelischer Körper ist sehr dicht, ich möchte sagen, es ist nur die erste Potenz eines Körpers, d. h. es haftet ihm noch Materie an." Sie empfinden weiterhin menschlich, können aber nicht morden. Wer morden will, könne den Gegner nicht umbringen. „Er kann ihm aber schaden und wehtun; denn den physischen Schmerz empfinden diese Geister mittels ihres materiellen Seelenkörpers."

In der 1. Sphäre des 2. atmosphär. Ringes soll sich — man höre und staune — das Reich der orthodoxen Katholiken und Dogmatiker befinden, in der 2. Sphäre jenes der protestantischen Konfessionen aller Richtungen, soweit es sich auch hier um engherzige „Wir-allein-haben-die-Wahrheit-Menschen" handelte, die alle anderen als Irrgläubige zu verdammen pflegten. — Die 3. Sphäre wird angeblich von Israeliten bevölkert, die vierte von Moslems, und so fort. — Der Berichterstatter nennt diesen atmosphärischen Kreis den Kasten- oder Dogmenkreis, wo noch menschliche Gesetze und Begriffe in religiös oder nationalistisch verbrämter Ortodoxie walten. „Ich fand in den Sphären dieses Kreises die Religionen der Erde in ihrem Fanatismus, mit ihren Dogmen. Jede Glaubensgemeinschaft bildet eine Welt für sich; alles was auf Erden gedacht und menschlich aufgefaßt wurde, das findet sich hier in der Wiedergabe, im Bilde, welches sich die Geister durch ihren Glauben und ihre Begriffe geschaffen haben." (Wir wissen, daß der Mensch beim Tode neben seinen Eigenschaften und Kenntnissen auch all seine Vorstellungen mit hinüber nimmt; das „dir geschehe nach deinem Glauben" scheint bedeutungsvoller zu sein, als wir bisher anzunehmen geneigt waren.) Weiter heißt es:

„... die wahre Religion Gottes, welche die Liebe und der Glaube ist, fand ich in diesem Kreise nicht; hier waltet nur Unduldsamkeit und Fanatismus. Ein jedes dieser Reiche hat seine Abzeichen, seine geistige Herrschaft, seine Grenzen ..." Stirbt auf Erden ein solchermaßen Befangener, so wird es ihn drüben zu Gleichgesinnten ziehen und er bleibt unter der Knute dogmatischer Satzungen solange, „bis sein Geist die Fesseln der Vorurteile und der Unduldsamkeit zerreißend, den freien Flug in das unendliche Reich Gottes erlangt".

Interessant scheint der Hinweis des Erzählers darauf, daß sich aus jenen Sphären sehr oft Geister über Medien auf Erden äußern, „und ein jeder behauptet, da er nichts anderes kennt, die Wahrheit zu sagen. Da ist es nun leicht erklärlich, warum so häufig verkehrtes Zeug durch Medien zusammengeschrieben und von solchen, die unter keiner höheren Leitung stehen, auch geglaubt und verteidigt wird". — In diesen niederen Sphären sei es Aufgabe höher entwickelter Jenseitiger, die Unwissenden aufzuklären und diejenigen zu belehren, die dafür empfänglich sind. Am schnellsten seien die Indianer zu überzeugen.

Auch Dr. Robert F r i e s e zitiert eine diesbezügliche Aussage in seinen „Stimmen aus dem Reich der Geister"[139]): „. . . diejenigen, welche ihren orthodoxen Ideen gelebt haben, bleiben anfangs auch hier in allen Glaubensrichtungen für sich und hüten sorgsam ihre Leute vor jeglicher Berührung mit anderen, denn sie fürchten, es könnten ihnen sonst einige abtrünnig werden. — Alle diese Vorurteile werden im Lauf der Zeit abgestreift, um geläuterten Anschauungen Platz zu machen; aber die Schwierigkeit ist um so größer, wenn mit den eingesogenen Irrtümern sich die Vorstellung eingewurzelt hat, ein für sich selbst förderliches und für andere verdienstliches Werk unternommen zu haben, wenn man sich im irdischen Leben die Aufgabe gestellt hatte, dergleichen Irrlehren zu verbreiten."

Die Sphären des dritten atmosphärischen Ringes scheinen etwas weniger unerfreulich zu sein, aber dennoch keineswegs erstrebenswert: Frivolität, Hochmut und Dünkelhaftigkeit, Meineid, Ehebruch, desgleichen die materialistisch orientierte Philosophie und Naturwissenschaft haben hier ihre Bleibe. Die „Gefilde der Seligen" beginnen demnach erst mit der 1. Sphäre des 4. atmosphär. Ringes. Hier sei, so wird berichtet, die Naturheilkunde zu Hause. Franz Anton Mesmer, Hahnemann, Matthei und andere, die auf Erden wirksame Wege der Krankheitsvorbeuge und -bekämpfung aufzeigten, seien aus dieser Sphäre gekommen. In den weiteren Stufen dieses Ringes begegnen wir den wahren, gottverbundenen Wissenschaften, den intensiven Studien der vielfältigen Naturkräfte und Fluide. Franz Baader, Edison, Reichenbach, sollen aus dieser Zone (5. Sphäre) stammen. — Die 6. Sphäre sei ein Himmel zu nennen, ein Reich des Friedens und der Güte. „Menschen, die auf Erden schwer gelitten haben, kommen hierher."

Wissenschaften bleiben auch im 5. atmosphär. Ring dominierend. Hinzu kommen die schönen Künste, die Sphäre eines Beethoven, Bach, Mozart, Haydn, Wagner und „aller jener, die eine reine, höhere Musik auf Erden brachten". Außerdem seien solche Geister dort, die durch Menschenliebe und hohe Moral auf der Erde gewirkt haben.

Als märchenhaft schöne Sphäre wird die der Poesie und Schriftkunst beschrieben. Dies sei „die Sphäre eines Shakespeare, Milton, Schiller; all jener Dichter, die reine, ideale Zwecke verfolgten und nicht nur Dichter, sondern auch edle Menschen waren". Ein jeder Dichter, ja überhaupt jeder Kunstschaffende, sei ein unbewußtes Medium. Ihre Werke seien Konglomerate (Mischungen) eigener und inspirativ empfangener fremder Gedanken und Ideen. Man nenne dies eine rege

Phantasie. — Alle weiteren Künste seien in der 6. Sphäre dieses Ringes beheimatet. In ihr „bilden sich Talente aus; von hier werden Männer wie Phidias, Michelangelo, Canova etc. auf die Erde gesandt, um die Menschen durch Werke der höheren Kunst zu Gott zu führen, um ihnen einen Begriff des Erhabenen zu vermitteln".

Im 7. atmosphär. Ring finden sich die getrennten Dualseelen bzw. -geister wieder zusammen, desgleichen erfolgt die Zusammenführung von Familien auf geistiger (nicht blutsmäßiger) Basis. Die 5. Sphäre dieses Kreises sei die der Schutzgeister oder Schutzengel. „Aus dieser Sphäre bekommt ein jeder, der auf Erden geboren wird, einen Schutzgeist, der ihn leiten und führen soll." — Die 6. Sphäre schlußendlich wird als Sphäre der Kinder, der Engel bezeichnet. Angeblich kommen alle jene, die vor ihrem siebenten Lebensjahr auf Erden starben, in jenes Reich. — Die Sphärenbeschreibung schließt mit den Worten:

„Lieber Jünger! Nun sind wir am Ziele angelangt. Nun weißt du, was dich erwartet. Du weißt auch, daß jeder Mensch ein gefallener Geist ist, der seine Buße und Aufgabe auf Erden zu erfüllen hat. — Du weißt, daß keiner verdammt wird; verdamme also auch du niemanden. Du kennst jetzt die Mächte, die dich zum Bösen, und die, welche dich zum Guten führen. Gehe, mein Sohn, den Weg des Gesetzes, welcher ist: Gott über alles lieben, und deinen Nächsten wie dich selbst!"

Es wird freilich manchem unglaubwürdig und wenig erfreulich dünken, daß die ASW-Forschung, und besonders das Gebiet der Jenseitskunde, direkt oder auf Umwegen zum Gottglauben führt; ein Glaube, den unsere Wissenschaft längst überwunden zu haben meint. — Nun, man wird sich eben damit abfinden müssen, daß Wissenschaft und Religion sich wieder näherkommen. Es hat ja auch vielen nicht gefallen, daß sich die materielle, so unverrückbar fest scheinende Welt in Elektronen, Protonen und Neutronen etc. und damit in „Nichts" aufgelöst hat. Je früher man die Parapsychologie (oder besser: die Wissenschaft vom Übersinnlichen) als *die Wissenschaft aller Wissenschaft* endlich erkennt und so intensiv zu pflegen beginnt, wie man seit Jahrzehnten beispielsweise an der Entwicklung neuer, massenmörderischer Waffen und an der sog. Raumfahrt arbeitet, um so besser für uns und unsere Nachkommen, die dann einer wahrhaft besseren, weil friedlichen Zukunft entgegengehen könnten. Und diese Hoffnung dünkt mir berechtigt, wenn selbst ein animistisch eingestellter Parapsychologe wie Dr. Milan Ryzl bekennt: „Der Gegenstand der Parapsychologie kommt in mancher Hinsicht dem religiösen Bereich nah. Verschiedene Religionssysteme aller Zeiten haben behauptet, daß die menschliche Persönlichkeit sich nicht auf den materiellen Leib des Menschen beschränkt und da ‚höhere' konstituierende Teile der menschlichen Persönlichkeit nach dem leiblichen Tod weiterleben können, daß es im Universum einen Gott — oder Götter — und höhere Wesen gibt, die die Entwicklung der Menschheit beeinflussen können; und daß es auch im menschlichen Leben höhere Werte — ethische, ästhetische, moralische usw. — gibt. Meist verlangten sie den blinden Glauben an die Wahrheit der Lehrsysteme, die auf diesen Behauptungen aufgebaut waren." Einer der Gründe für die gewaltige Einbuße des religiösen Einflusses auf Geist und Bewußtsein der Menschen besonders in Europa bestehe nach Dr. Ryzls Ansicht darin, daß wissenschaftlich gebildete Menschen nicht mehr bereit seien, an Dogmen zu glauben. Viele möchten ihren Glauben lieber auf eigene Erfahrung aufbauen und die Grundlagen hierzu mit logischem Denken prüfen können. „Die Parapsychologie bietet in einem gewissen Umfang die wissenschaftliche Methode zum Studium und zur Überprüfung alter religiöser Lehren ..." Das aber sei es, was die heutige Menschheit in ihren sozialen Wirren und Kämpfen brauche. „Die neu erworbene Kenntnis höherer Sphären kosmischer Existenz wird sich letztlich auch im Leben der Menschheit widerspiegeln. Der Mensch wird die höchsten kosmischen Prinzipien erkennen und lernen, mit ihnen in Harmonie zu leben."[140])

Unter solchen Gesichtspunkten sollten wir auch die vorstehend kurz gestreiften Sphärenbeschreibungen betrachten. „In meines Vaters Hause sind viele Wohnungen" soll Christus gesagt haben (Joh. 14/2-4). Warum könnten damit nicht all jene Sphären, die uns von entkörperten Menschen so oft beschrieben wurden, gemeint sein? *Die* Himmel rühmen des Ewigen Ehre" beginnt Beethovens erhebender Choral ... gewiß basierend auf den Worten des 128. Psalms, 4. Vers: „Lobet ihn, *ihr* Himmel allenthalben."*)

Nach der Arbeitsmethode der vergleichenden Jenseitskunde wollen wir nun einige Angaben und Schilderungen Hinübergegangener hinsichtlich ihrer Umwelt und ihrer Daseinsbedingungen in gebotener Kürze skizzieren. Sphärenmäßig handelt es sich hierbei um das vielgenannte *Sommerland*, also um keine niedere, sondern um den Verband der erdnächsten höheren bzw. lichten Sphären. — Hier scheint vor allem *die Beeinflußbarkeit der fluidalen Materie mittels Willenskraft* dem Neuankömmling kaum faßbare Überraschungen zu bereiten. Schon du Prel folgerte: In unserem grobmateriellen irdischen Dasein ist das Geistesleben beherrscht von der Materie; durch die Umwandlung dieses Daseins in das des Fluidalleibes gestaltet sich das Ver-

*) Dem „Kommentar zum Matthäus-Evangelium" von Erzdekan W. C. Allen zufolge sind weitere einschlägige Stellen im NT irrtümlich in der Einzahl, statt in der Mehrzahl übersetzt worden (s. auch Kap. „Parapsychologie und Religion").

hältnis umgekehrt, „der Geist erhält den Primat über den bildsamen odischen Stoff", d. h. er bekommt die Herrschaft über die subtile, feinstoffliche Materie, das Od Reichenbachs, das Bioplasma der Sowjets.

„Hier gehorcht das Material unserem Willen und gestaltet sich ganz so, wie wir es haben möchten ... Ich kann das nicht erklären; die Natur unserer Materie ist eben ganz anders als die der irdischen" lautet eine Aussage in den Protokollen von Ph. Landmann. „Wir haben alles, was Ihr habt, aber es wird nicht in Fabriken angefertigt, sondern entsteht durch unseren Willen, der uns das Material aus der geistigen Materie, die uns umgibt, nach unserem Wunsch entstehen läßt und auch die Form desselben bestimmt." Ein anderer Kommunikator sagt: „Wir machen uns ein Bild des Gegenstandes, dann bläst man darauf und formt ihn mit den Händen. Allmählich nimmt er Gestalt an, und die Gedanken geben ihm die Farbe." Auch hier kommt demnach unserem Gedankenleben grundlegende Bedeutung zu, zumal die Willensstärke vom Grade der gedanklichen Konzentrationsfähigkeit abhängt und ergänzt wird von einer mehr oder minder ausgeprägten Vorstellungskraft (Phantasie). „Wenn wir Erfahrung gewonnen haben, machen wir die Formen selbst ... wir sind alle kleine Schöpfer" heißt es an anderer Stelle. Auch belebte Dinge können angeblich auf diese Weise geschaffen werden, z. B. Blumen. Übereinstimmend wird berichtet, daß die Blumen im Jenseits alle mehr oder weniger das uns bekannte Aussehen haben, aber ihre leuchtende Farbenpracht und ihr Duft übertreffe alles, was es auf der Erde gäbe. „Du kannst deine Blumen immer so haben, wie du sie wünschest. Wenn du eine andere Art haben möchtest, ist dazu nur ein Willensakt erforderlich."

Während die irdische Materie je nach dem Grad ihrer Dichte größtenteils nur mit entsprechenden Werkzeugen und Hilfsmitteln geformt werden kann, scheint dies „drüben" nicht mehr der Fall zu sein. Somit entfällt auch die Existenzberechtigung einer Technik wie wir sie kennen. Zum Thema Technik und Erfindungen wird ausgeführt:

„Wir haben jede Art von Erfindungen, die zu irgendwelchen Zeiten gemacht wurden, in unserem Wissen gegenwärtig. Damit ist jedoch nicht gemeint, daß diese Erfindungen in unserer Welt in Gebrauch seien. Wir haben zum Beispiel keine Technik irdischer Art mit Maschinen, keine Kraft wie Dampf und Elektrizität in jeder euch geläufigen Form. Es gibt hier keine Fahrzeuge welche euren elektrischen Motor- oder Dampffahrzeugen gleich wären. Das Fabrikgeheimnis unserer Welt ist die *geistige* Kraft, nicht die materielle. Daher gibt es hier keine komplizierten Maschinen, keine das Städtebild verunzierenden Schornsteine, keine wild durch die Gegend rasenden Motorfahrzeuge, keine am Himmel Gase wie Wolkengebilde hinterlassende Flugzeuge ..." Menschliche bzw. irdische Erfindungen seien den Jenseitigen zwar gut bekannt, aber für deren Leben keine Notwendigkeit, da das Materielle dort das sich dem Geiste immer und ohne weiteres Anpassende sei.

Auch hinsichtlich der persönlichen Kleidung scheint die willens- und wesensmäßige Beeinflußbarkeit der fluidischen Materie den Ausschlag zu geben: „Ich trage weiße, manchmal auch farbige Kleidung, die leuchtend ist ... sie kann etwa verglichen werden mit altgriechischer Kleidung, wie ihr sie mit ihrem herrlichen Faltenwurf von Standbildern des klassischen Altertums kennt. Sie kann zu wechselnden, kunstvollen Formen gestaltet werden, wie ich es wünsche. Eine lange Mühe ist dazu nicht erforderlich; sie ändert sich ohne Schwierigkeiten auf meinen Willen hin. Anmessen und Anfertigen mit Anprobieren nach irdischer Art gibt es nicht, das Kleid ist da, sobald jemand zu uns kommt, und seine Schönheit richtet sich nach seiner Reife." Des öfteren wird betont, daß die jenseitige Kleidung ein Ausdruck inneren Schönheitsgefühls sei. „Sie entspricht jedoch immer den Gesetzen innerer Harmonie und demgemäßer äußerer künstlerischer Ausdrucksformen ... Dadurch hat unser Äußeres keine modebedingte Einförmigkeit wie im irdischen Leben." Die Verschiedenartigkeit der Kleidung zeige eine sich ständig höherentwickelnde Mannigfaltigkeit des Herzenszustandes ihrer Träger an; sie bleibt also von sich aus nicht immer gleich. — Angehörige von Völkerschaften, die während der Zeit ihres Erdenlebens fast oder ganz unbekleidet zu sein pflegten, „haben hier auch ohne das Empfinden eines im Leben bekleidet gewesenen Menschen zu kennen, genauso dieselbe Kleidung wie andere, da dieselbe ja der äußere Ausdruck des inneren Zustandes ist. Sie sind in Liebe mit allem Lebendigen genau so verbunden wie andere ... Hier gibt es keine nackt herumlaufenden Menschen, da hier Kulturlosigkeit eine unbekannte Angelegenheit ist und das Kleidertragen eine ganz andere, wesentlich mit dem Inneren zusammenhängende Bedeutung hat".

Daß der fluidale Körper dieselben inneren Organe besitzt wie unser physikalischer Leib, wird ebenfalls übereinstimmend behauptet. In lichteren Regionen entfallen allerdings gewisse Körperfunktionen und demzufolge auch die entsprechenden Organe. Eingeweide, Magen, Leber, Lunge, etc. seien zwar wie die unseres fleischlichen Körpers gebildet, hätten aber andere Wirksamkeiten: „Das Leben hier hat nur *geistige* Kräfte nötig, nicht materielle wie auf der Erde. Deshalb dienen alle Organe nur dem Zweck, diese Kräfte zu empfangen und den ganzen Leib damit zu durchströmen; sie sind also gewissermaßen

Empfangsstationen jener Kräfte. Diese stellen unsere Nahrung dar und brauchen nicht verdaut zu werden wie die irdische Nahrung." Infolgedessen gebe es auch keine Ausscheidungen uns bekannter Art, mit ihren häßlichen Begleiterscheinungen. Üble Gerüche gebe es drüben nicht, da sie eine Folge der Zersetzung seien. „Zersetzung aber ist Sterben, und das gibt es hier nicht mehr." Zwar gebe es auch eine Art Stoffwechsel, aber nicht in vergänglicher Materie. Es gebe deshalb keine Abnutzungserscheinungen wie bei uns. „Wir kennen kein Verblühen der Blumen, kein Verwelken der Blätter an Bäumen und Büschen, kein Verfaulen der Früchte, keinen Haar- oder Federausfall der Tiere und Vögel ..." Pflanzliches Leben verwest nicht, sondern wird dematerialisiert; eine Blume z. B. sei plötzlich nicht mehr da, oder eine andere befindet sich an deren Stelle. „Eine Erneuerung ist trotzdem vorhanden. Die Bäume ersetzen ihre Zweige, die Blumen ihre farbigen und grünen Blätter, die Menschen und Tiere ihre körperlichen Bestandteile ... Auch wir kennen nur Leben, das in beständigem, wechselndem, immer sich erneuerndem Fluß ist. Aber es ist ganz anders als auf der Erde. Bei euch stirbt das Alte und wird durch das Neue ersetzt; bei uns verschwindet das Alte, ohne daß es bemerkt wirkt ... Das Bisherige ist dann nicht mehr da, sondern ein Neues ist an seine Stelle getreten."

Neben der Aufnahme kosmischer Energien als „Nahrung" wird jedoch häufig auch von köstlichen Früchten gesprochen, die drüben genossen werden können. Verdaut werden sie nicht in der uns bekannten Weise, sondern vermitteln ebenfalls „geistige Kräfte, wie sie ansonsten direkt zugeführt werden". Ein Hungergefühl gebe es nicht, und die Früchte würden ihres frohen Genusses wegen (ihr Aussehen, Duft und Geschmack seien unvergleichbar herrlich) geschätzt.

Fleischgenuß sei im lichten Jenseits undenkbar; hierin herrscht in allen diesbezüglichen Aussagen Einhelligkeit. Auf die Frage, ob Fleischgenuß grundsätzlich zu verurteilen sei, erfolgte nachstehende Auskunft:

„Daß wir*) keinen Fleischgenuß kennen, ist dir, nach allem was du weißt, eine Selbstverständlichkeit. Gottes Wille ist es nicht, daß Tiere ihr Leben lassen müssen, um anderen zur Nahrung zu dienen. Deshalb steht der Mensch im irdischen Leben im Widerspruch zu Gottes Liebe, die alles Geschaffene umfaßt. Da aber Gott die Herrschaft des Menschen über die Natur selbst angeordnet hat, kann das Töten nicht nach *hier* geltenden Maßstäben beurteilt werden. Wenn die Tiere sich unbeschränkt vermehren könnten, würde das Leben der Menschen

*) Dr. R. Schwarz bemerkt hierzu in einer Fußnote: „Der Frager meinte natürlich den irdischen Fleischgenuß. Daß der (jenseitige) Kommunikator die Frage zunächst auf sich bezieht, ist einer der vielen Beweise, daß der Inhalt seiner Mitteilungen nicht aus dem Unterbewußtsein des Fragers stammen kann, also nicht animistisch zu erklären ist."

selbst gefährdet sein. — Es ist also gegen den Fleischgenuß grundsätzlich nichts einzuwenden. Der Genuß von Fleisch ist jedoch dem inneren Aufgeschlossensein für geistige Einwirkungen aus unserer Welt nicht gerade förderlich ... Du magst also ruhig Fleisch genießen, aber es nie zur Hauptsache werden lassen. Durch Enthaltsamkeit in dieser Hinsicht förderst du dein inneres Leben, da starker Fleischgenuß sich als sehr nachhaltig für das Geistige auswirkt.*)

Was die Tierwelt anbelangt, so scheint drüben zwischen ihr und dem Menschen ein ganz anderes Verhältnis zu herrschen als im irdischen Dasein. Zu einem Diesseitigen wurde gesagt: „Deine Liebe zu den Tieren wird hier reiche Nahrung finden. Sie hat jedenfalls mehr Möglichkeiten wie auf der Erde, da hier alle Tiere leicht zu beobachten sind. Sie kommen durch die Macht des Willens mit aller euch unerklärbaren Liebe zu uns, wenn wir sie bei uns haben wollen ... Hier ist nur Liebe, und infolgedessen vertrauen Mensch und Tier sich gegenseitig und freuen sich aneinander. Mensch und Tier haben hier das rechte Verhältnis zueinander gefunden, und so ist Gottes Wille erfüllt, daß die ganze Natur eine große Harmonie sein soll, ohne Mißklang." Also wahrhaft *paradiesische* Zustände! — An anderer Stelle wird bemerkt: „Allerlei Getier sieht man in der Ferne und auch in der Nähe. Man kann es durch den Willen heranholen. Dann sind die Tiere eine Zeitlang unsere Begleiter, bis unser Wille sie entläßt." Und ferner: „Es gibt hier in der Natur keinen Kampf wie auf der Erde. Jedes Geschöpf hat seine Daseinsfreude ungetrübt. Die geistige Welt kennt keine Furcht, daß der Tod schließlich alles zunichte mache. Der Tod liegt hinter uns. Es war ja kein Tod, sondern nur ein Übergang aus dem Leben des Scheins in das Leben der Wirklichkeit. Anders kann ich es nicht bezeichnen, nachdem ich es nun selbst erkannt und erfahren habe." Das Leben drüben habe zwar Ähnlichkeit mit dem Erdenleben, aber es sei von anderen Gesetzmäßigkeiten bestimmt und habe andere Aufgaben. Nahrungs- und Kleidersorgen gebe es nicht mehr, weil hierfür auf andere Weise gesorgt würde. „Andere Aufgaben füllen unsere Zeit aus; sie sind besser und wichtiger als irdische Aufgaben: wir helfen denen, die noch nicht bei uns sind, daß sie auch zu uns kommen können, wenn sie das wollen."**)

---

*) Ein Beispiel hierzu: Baronin Adelma von Vay und ihr Gatte verzichteten auf Bitten ihrer jenseitigen Führung neun Monate lang auf jeglichen Fleischgenuß, weil sonst das Buch „Geist, Kraft, Stoff" (ein Werk von außergewöhnlichem Niveau) nicht hätte übermittelt werden können.

**) Hierunter sollte keine Aufforderung zum Selbstmord verstanden werden, sondern es betrifft die Jenseitsbewohner niederer Stufe. Das drüben geltende Solidaritätsgesetz der allgemeinen Brüderlichkeit bedinge, daß der jeweils Höhere dem Niederen hilft.

Hier war eben von *Zeit* die Rede. Wie steht es damit im Jenseits? Gibt es dort auch eine Zeit in unserem Sinne, und gibt es dort den Wechsel zwischen Tag und Nacht wie bei uns?

Die Antworten hierauf decken sich nicht in jedem Falle, und Dr. Rudolf Schwarz hält das Zeitproblem für eines der schwierigsten in der Jenseitsforschung. Zwar werde oft behauptet, daß es drüben weder Zeit noch Raum gebe; da es aber auch dort eine Aufeinanderfolge der Geschehnisse gibt, müßte der Zeitbegriff als solcher vorauszusetzen sein. Anscheinend wird dieser jedoch anders empfunden als bei uns: „Zeit, wie ihr sie habt, haben wir nicht. Unsere Zeit erweckt nicht das Gefühl der Vergänglichkeit. Sie kennt nur gegenwärtig und zukünftig, Seiendes in enger Gemeinschaft, d. h. wir erleben Gegenwart und Zukunft in wesentlichem, genau bestimmtem Zusammenhang." Daraus ergebe sich für die Entkörperten ein Gefühl völliger Sicherheit, was ihre Zukunft beträfe. — Ein anderer sagte: „Es gibt keine Zeit, alles ist Jetzt." Ein Zeitempfinden irdischer Art gäbe es nur bis zur dritten Sphäre. Auch der Wechsel von Tag und Nacht scheint dem unsrigen *nur relativ* vergleichbar zu sein. Stellvertretend für viele möge hier folgende Aussage dienen: „Unsere Nacht ist nicht finster, sie hat nur keine leuchtende Sonne wie am Tag ... wir haben auch noch andere Lichtspender ... Hier hat das Auf- und Untergehen der Gestirne keine Zeit- und Vergänglichkeitsgefühle im Gefolge." Und bei Dr. Friese sagt der Mitteilende namens Stafford: „Was ist Licht! Was ist Dunkelheit! ... nichts als eine Empfindung, die ganz *euch* angehört. Euer Nerv erregt sie euch ... Wünschen wir Licht zu haben, so ist es da. Wünschen wir Dunkelheit, sie umgibt uns. Ich kann es dir nicht deutlicher machen — es ist zu unbegreiflich!"

Daß es den Jenseitigen schwerfällt, uns ihr Zeitempfinden plausibel zu machen, darf nicht wundernehmen. Denn erstens müssen sie bemüht sein, sich mit *unseren* Ausdrücken und Begriffen verständlich zu machen, und zweitens ist die „Zeit" ja auch schon auf unserer irdischen Daseinsebene ein physikalisch „unheimlicher" Faktor infolge seiner Relativität. So kann beispielsweise mit dem sog. Mößbauereffekt nachgewiesen werden, daß bereits innerhalb eines mehrstöckigen Gebäudes die Zeit verschieden schnell verläuft: im Keller läuft sie langsamer ab als in den oberen Stockwerken!

Die uns Vorausgegangenen erzählen auch von Arbeit, von einer Beschäftigung, der sie obliegen. „Arbeit ist auch hier die Würze des Lebens" heißt es in einer der Mitteilungen. Zwar sei ihre Arbeit nicht mehr mit irdischer Mühseligkeit behaftet, denn für Nahrung und Kleidung seien keine Anstrengungen mehr erforderlich; dennoch erschöpfe sich das Jenseitsleben in lichten Bereichen nicht im Psalmen-

und Hallelujasingen. „Im Vordergrund steht unser Mühen um die finsteren Sphären ... Es ist reiner Dienst am Nächsten, ohne irgendwelche persönlichen Vorteile, in liebevoll verbundenem Wirken an denen, die jetzt ernten, was sie im irdischen Leben an Lieblosigkeit gesät haben ... Für andere da zu sein, ist eine selbstverständliche Sache für uns; nur das gibt wahre Befriedigung und herrlichstes Glücksgefühl. Früher dachte man mehr an sich selbst, das ist jetzt nicht mehr der Fall ... wir leben einer für den anderen." Ein anderer bemerkt hierzu: „Das ist unser Lebensinhalt: Dienst am Nächsten. Darum ist unser Leben ein Leben in Glück, das *innerlich* begründet ist und sich dann nicht, wie das bei irdischem Glück oft der Fall ist, als nicht beständig erweist."

Ansonsten erstrecken sich Interessen und Tätigkeit der Sommerlandbewohner und höherer Sphären auf die Erforschung der Natur und ihrer Kräfte, auf belehrende Unterweisung Lernender, und auf die Ausübung der schönen Künste. Letztere scheinen alldort in prächtigster Blüte zu stehen, wie allenthalben versichert wird: „Unter den Freuden eines Lebens innigster Liebesgemeinschaft spielt die Kunst jeder Art eine große Rolle, besonders die Musik. Alles klingt und tönt in himmlischer Reinheit, nie gibt es unharmonisches Geräusch ... Wir haben herrliche Künstler, die uns mit ihren Darbietungen das Herz bewegen.*) Aber immer ist alles auf Gott bezogen, nichts im Leben hat hier keine Beziehung auf Ihn."

Die Beurteilung dessen, was wir bei uns unter „moderner Kunst" verstehen, ist seitens derjenigen, die einen besseren Überblick gewonnen haben als wir, ziemlich niederschmetternd: „Euere moderne Kunst ist kein Ausdruck mehr für das Empfinden eines naturverbundenen und erst recht nicht für das Empfinden eines gottverbundenen Menschen; sie ist Unnatur und Gottesferne. Die Kunst ist ein Spiegelbild des inneren Lebens, bei uns ein Spiegelbild des harmonisch Schönen ..." Und ein anderer betont: „Moderne Kunst ist nicht unserem Lebensstil gemäß. Wir lernen sie zwar in unseren Unterweisungen kennen, aber hier gibt es solche Kunst nicht. Unsere Kunst hat nur das Schöne, wirklich Naturgemäße, in jeder Hinsicht Wahre, Lautere und Reine zum Gegenstand. Verzerrungen, wie irdische moderne Kunst sie zeigt, gibt es hier nicht. Das gilt von *jeder* Kunstgattung." So heißt es z. B. bezüglich der Dichtkunst: „Moderne Dichtung, welche keine Bindung an Gott kennt, ersteht, wenn ihre Verfasser in die geistige Welt kommen, nicht wieder. Vielfach kommen ihre Schöpfer freilich nicht in unsere Gesellschaft, sondern dahin, wohin sie innerlich gehören ..." Und weiter: „Wir sind nicht ‚modern',

*) Robert Schumann erfaßte klar die Mission des Künstlers und formte seine Erkenntnis in die Worte: „Licht zu senden in die Tiefen des menschlichen Herzens ist die Berufung des Künstlers."

sondern im Erfassen göttlicher Lebenskräfte immer dieselben. Der Wechsel ist keine Auffassung, sondern nur Steigerung. Das Alte wird nicht überholt und vergessen, sondern es ist das, was jeder in immer höherer Vollendung als das Bleibende erlebt ... Wir haben z. B. keine gegen göttliche Gebote verstoßende Musik. Ich verstehe darunter Musik, die im irdischen Leben Lüsternheit und wenig gute Leidenschaften anreizte. Dazu gehören jedoch nicht schöne Melodien wie die, welche Strauss und andere komponiert haben." — Ein verstorbener abstrakter Maler beklagte sich bitter darüber, daß seine Finger nunmehr völlig erstarrt seien und er nicht mehr malen könne. Man klärte ihn dahingehend auf, daß er zu stark in materialistischem Denken verhaftet gewesen sei und deshalb seine wahre Berufung verkannte. Neben der ihm zuteil gewordenen menschlichen Aufklärung wurde ihm höhererseits gesagt: „Das göttliche Licht leuchtet immer, auch dir schien es in deinem Erdenleben; du wolltest es aber nicht sehen und gabst dich freiwillig der Dunkelheit hin. Weißt du, was Dunkelheit ist? Sie ist niederste Seelenempfindung ... sie ließ dich nicht das Licht erblicken, das du in dir selbst hättest finden können, wenn du nur ein wenig Willen und Sehnsucht gehabt hättest."

Auch Dr. Rudolf Schwarz kam aufgrund seiner vergleichenden Jenseitsstudien zu dem Schluß, daß in höheren Sphären jede Kunst harmonisch und gottverbunden sei (ohne unbedingt „religiös" im irdischen Sinne zu sein) und daß es im Ganzen betrachtet eigentlich nur zwei „Berufe" gebe: den lehrenden und den künstlerischen; der forschende als Voraussetzung zum lehrenden gehört mehr zu diesem, wenn man ihn nicht als gesonderten „Beruf" auffassen will. „Sie alle arbeiten aber nicht für die Wirtschaft, für Lohn, Gehalt oder Gewinn, auch nicht für einen Staat, sondern ausschließlich für ihre Mitmenschen; sowohl die bedürftigen Mitmenschen in den finsteren Sphären, wie die Mitmenschen auf ihrer eigenen lichten Stufe, wie auch endlich für die Mitmenschen auf der Erde, sei es als Schutzgeister oder Inspiratoren." Daraus geht hervor, meint jener Forscher, daß es im Jenseits die meisten der irdischen Berufe nicht gebe, weil sie unnötig sind. So gebe es keine Berufe, die mit menschlichen Vergehen und Verbrechen zu tun haben, also keine Polizisten, Richter, Staats- und Rechtsanwälte, und erst recht keine Gefängnisaufseher. Ferner keine wirtschaftlichen Berufe wie Arbeiter, Bauern, Kaufleute, Ingenieure, Bank- und Steuerbeamte, keine Bahn- und Postbeamte. Da es keine staatliche Autorität gebe, entfallen auch alle diebezüglichen Posten und Ämter, einschließlich des Militärs.[141]) Neben dem völligen Wegfall jedes irgendwie gearteten Gewinn- und Vorteilstrebens müßten allein schon diese Angaben genügen, um paradiesische Zustände in höheren Bereichen des Großen Jenseits vorauszusetzen, eines Jenseits, an das viele nicht zu glauben vermögen, manche aber tiefinnerlich erahnen ... eine Welt ohne mißtönend-grelle Musik, ohne abstoßende Bilder und Skulpturen, ohne schlüpfrige, obszöne oder kriminelle Bühnen- und Schriftwerke! Weder Neid noch Haß, Bosheit, Täuschung oder Lüge, kein Herrschenwollen über andere, keine Ausbeutung des wirtschaftlich Abhängigen, keine leben- und umweltschädigende Technik und Chemie, weder Krankheiten noch körperliche Gebrechen, keine Zuchthäuser und Zwangsarbeitslager, weil es keine Verbrechen, aber auch keine Partei- und Religionsfanatiker mehr gibt ... fürwahr, ein Himmel im Gegensatz zu unseren irdischen Verhältnissen!

Man verzeihe mir diese euphoristische Abschweifung, denn auf Erden ist allein schon die Hoffnung auf ein endliches Aufhören aller Kriege — trotz der beiden gehabten Weltbrände — weniger als gering. „Des Lebens ungetrübte Freude ward keinem Irdischen zuteil" heißt es bekanntlich, und die Außerirdischen scheinen wohl doch recht zu haben, wenn sie unsere gute alte Mutter Erde als Sühne- und Bußplaneten bezeichnen, als eine harte aber wirksame Schulklasse im Zuge unserer weiteren Entwicklung. Die von unseren christlichen Kirchen seit jeher propagierte „ewige Seligkeit" wäre demzufolge nichts anderes als die Fortsetzung unseres Lebens und Wirkens in vergeistigten Sphären, unter veränderten Umständen. Die weitaus meisten älteren Philosophen waren sich darin einig, daß ein *Sinn* unseres Erdenlebens nur dann gegeben ist, wenn man es als eine Schule für ein höheres Dasein betrachtet. Und Rudolf Schwarz bemerkt ganz richtig, daß selbst Philosophen materialistischer Richtung zu diesem Schluß kamen, auch wenn sie das Ideal nicht in einem jenseitigen Leben suchen zu müssen meinten, sondern in einem Idealzustand hier auf Erden. Letzteres aber wird Utopie bleiben müssen, solange der Einzelne nicht bereit ist, bei sich selber mit Reformen zu beginnen, anstatt andere und damit die jeweilige Gesellschaftsform mit brutalster Gewalt verändern zu wollen. Überdies sollte eigentlich jedem einleuchten, daß ein Idealzustand auf unserer Welt angesichts der Vielfältigkeit der Charaktere, Neigungen und Ansichten sowie der Handlungsmotive, einfach ausgeschlossen erscheint. Theoretisch müßte die Menschheit (zumindest ihr zivilisierter Teil) sehr wohl in der Lage sein, auf unserem Planeten wenigstens den Frieden zu erhalten. Hierzu jedoch wäre ein allgemein hohes Maß an Vernunft, Einsicht und Verantwortungsbewußtsein erforderlich. Allein dieses Kriterium beweist zweierlei: daß wir als Gesamtheit noch immer auf sehr tiefer sittlicher Stufe stehen (im Grunde genommen sind wir nur unserem Aussehen nach „Menschen"), und daß unter solchen Umständen eben keine Idealverhältnisse zu schaffen sind. „Allen Menschen recht getan, ist eine Kunst, die niemand kann" lautet ein altes Sprichwort ... also muß unser Erdendasein zwangsläufig unzulänglich bleiben in jeder Hinsicht. Es muß aber dennoch einen Sinn, einen Zweck haben, denn nichts in der Natur scheint sinn- und zwecklos zu sein. In dem Kapitel „Zweck der Menschheit" sagt Emanuel sehr schön: „Der Zweck der Menschheit ist, Bindeglied zu sein zwischen Hohem und Niederem in der Geisterwelt; das Gute, Wahre vom Hohen nehmend und es dem Niederen weitergebend ... Das Menschenkleid verbindet Geisterstufen, die in ihrer Heimat getrennt sind." Emanuel meint, daß die spirituale Bewegung (die Gesamtheit jener Menschen also, die um Erkenntnis ringend sich bemühen, aus Erkanntem die Konsequenzen zu ziehen) von ungeheurer Tragweite sei: „Auf eurer Erde ist ja erst der Anfang gemacht; Menschen bevölkern sie wohl, aber fast ausschließlich solche, die noch zweck- und zielunbewußt sind. Die Erkenntnisschwäche der Menschen zieht auch eine erkenntnisschwache Geisterschar auf sie herab, denn das Gesetz bleibt bestehen, daß Gleiches sich mit Gleichem verbindet." Emanuel schließt: „Behaltet stets die Einheit, das Große im Auge, und laßt euch nicht bewegen — weil ihr *ein* Glied der großen Kette erkannt — diesem Gliede *mehr* Wichtigkeit beizulegen als den nächsten Gliedern." (S. 182)

Aus der Flut jenseitiger Nachrichten und Botschaften ist vor allem erkennbar, welch dominierender Einfluß dort dem *Moralgesetz* zukommt. Die drüben obwaltenden moralischen Gesetzmäßigkeiten scheinen geradezu das Gegenstück zu unseren physikalischen und chemischen Gesetzen zu sein. Dr. Rudolf Schwarz erblickt hierin den wesentlichen Unterschied zwischen den beiden Welten, den man sich stets vergegenwärtigen solle. Bei uns hingegen hat man mit der Abkehr von jeglicher Metaphysik auch die Moral, das „in unserer Brust wohnende Sittengesetz" über Bord geworfen. Das ist eine logische Folge der gegenwärtig betriebenen Entwicklung. „In einer Weltanschauung, die nur das Sinnliche anerkennt", schreibt du Prel, „stirbt eben alles notwendig ab, was nur in der Metaphysik seinen natürlichen Nährboden hat, und dazu gehört ... die Moral. Es ist ein lächerliches Bemühen, die Moral und andere Ideale, aus ihrem natürlichen Nährboden herausgehoben, doch noch bewahren zu wollen. Sie müssen vielmehr notwendig verkümmern, und die unzertrennliche Begleiterscheinung davon ist die zunehmende Verwilderung der Massen. Wir sehen daher in unseren Tagen Vergehen und Verbrechen in rapidem Wachstum begriffen und die zunehmende Verrohung des Studentenlebens und des Parlamentarismus, besonders aber die entsetzlichen Verbrechen der Vivisektoren zeigen es, wohin es führt, wenn die einseitige Verstandesentwicklung ohne einen entsprechenden moralischen Fortschrift eintritt."[142]) Das schrieb du Prel vor 75 Jahren, also noch vor den beiden Weltkriegen, die als Ausgeburten des materialistischen Irrwahns anscheinend noch nicht ausreichten, der Vernunft den ihr gebührenden Platz im Weltgeschehen einzuräumen. Ohne begründete Moral verfällt jede Kultur, geht jedes Volk zugrunde. Um aber moralische Grundsätze und Verhaltensweisen *begründen* zu können, bedarf es des Glaubens an die persönliche Unsterblichkeit, des Glaubens an das persönliche Weiterleben nach dem sogenannten Tode. Seit mehr als 100 Jahren könnte dieser Glaube — analog der Entwicklung in anderen Bereichen — durch Wissen ersetzt sein, wenn man nur gewollt hätte! Aber gerade die *moralischen* Aspekte der Jenseitskunde erweisen sich als deren größter Hemmschuh hinsichtlich der allgemeinen Anerkennung spiritologischer Forschungen, weil die Menschen „vor dem Guten und Schönen, das ihnen oft beschwerlich ist, murren" (Goethe, Faust) und gerne „verhöhnen, was sie nicht verstehn".

Wenn nun im Jenseits der Moral im allgemeinen so hohe Bedeutung zukommt, wie steht es dann mit den ehelichen Beziehungen, welche Auswirkungen haben *irdische Eheverhältnisse* drüben, finden sie dort eine Fortsetzung? Gelten alle Ehen, auch die unglücklichen, als „im Himmel geschlossen", wie es in den kirchlichen Lehrsätzen heißt? — Viele Fragen auf einmal, die in geziemender Kürze kaum erschöpfend zu beantworten sind. Andererseits wäre angesichts der zahllosen verfehlten Ehen eine aufklärende Betrachtung dieser verzwickten Problematik aus jenseitig-spiritueller Sicht sehr wohl angebracht; schrieb mir doch kürzlich ein Freund: „Schreib mir doch bitte gelegentlich, ob es Deiner Meinung nach Gottes oder des Schicksals Wille sein kann, daß sich zwei Menschen, die absolut nicht auf derselben Frequenz arbeiten, lebenslang nebeneinander abquälen?"

Marc Aurel sagte: „Den Dingen, mit denen du durch das Schicksal verkettet bist, denen passe dich an. Und die Menschen, mit denen dich das Geschick zusammengestellt, die habe lieb von Herzen!" — Nun ist aber dieses „von Herzen liebhaben" auf die Dauer nicht immer leicht; selbst dann nicht, wenn man den eigenen Anteil Mitschuld in Anbetracht der persönlichen Unzulänglichkeit gerne zuzugeben bereit ist.

Der Schlüssel zum Sinn all dieser menschlichen Irrungen und Wirrungen scheint mir hier im sogenannten *Karmagesetz* zu liegen, in jenem Gesetz von Ursache und Wirkung, dessen Folgen ja nicht nur über das Grab hinauszureichen scheinen, sondern auch schon zum Zeitpunkt unserer irdischen Geburt von maßgeblicher Bedeutung waren.

Eng mit der Karmalehre verknüpft ist die *Reinkarnationstheorie*, die auch bei den Urchristen bekannt gewesene Lehre von der mehrfachen Wiedereinverleibung. Nur unter Hinzuziehung dieser beiden Hypothesen läßt sich die Verschiedenartigkeit der menschlichen Schicksale in einer logikgerechten Weise erklären und begründen. Im Kapitel über Reinkarnation wird hierüber noch einiges zu sagen sein.

Hier bei Betrachtung des Eheproblems aus metaphysischer Sicht wollen wir die beiden angeblichen Gesetze als gegeben voraussetzen, um das, was uns die vorangegangenen bzw. höherentwickelten Freunde von drüben zu sagen haben, besser verstehen zu können. Der Grundtenor aller diesbezüglichen Stellungnahmen (und ich meine hierbei niemals solche aus niederen Bereichen, deren Bewohner oft noch weit weniger wissen oder zu erkennen vermögen als wir) lautet:

Die Ehe als rein bürgerlicher Vertrag betrachtet, hat in der geistigen Welt keine bindende Kraft, „sofern nicht das Band innigster Sympathie die Seelen vereinigt. Wenn dies der Fall ist und die Reinheit moralischer Anschauungen dieses Band nur um so fester knüpft, dann erhält dies Bündnis in und durch sich selbst jene Heiligung, welche die Kirche auf Erden ihm äußerlich zu verleihen meint." (Friese, S. 397)

Nach dieser Quelle leben Gatten im Jenseits *als Freunde* weiter, wenn jene Heiligung nicht völlig gegeben war und sofern sie nicht einiges aneinander gutzumachen haben. Gute Menschen, die auf Erden keinen Partner fanden, werden drüben im Laufe der Zeit — wie es heißt — unzweifelhaft dasjenige Wesen finden, welches ihren Idealen entspricht; jedoch nur, wenn sie selbst sich in der erforderlichen Verfassung befinden. Dasselbe gelte auch für solche, deren irdische Partnerwahl sich als Mißgriff erwies und die trotzdem, ihre eigene Unzulänglichkeit berücksichtigend, in Geduld und Fürsorge für ihren Ehegefährten und ihre Familie wirkten. Karl G u t z k o w mag dies intuitiv erfaßt haben, als er die Worte prägte: „Die erste Stelle im Paradies werden diejenigen einnehmen, die sich in der Ehe getäuscht hatten und dennoch ausharrten."

In den Landmann'schen Protokollen lesen wir u. a.: „Hier finden sich alle wieder, die innere Beziehungen zueinander hatten ... Menschen, welche nur in äußerer Gemeinschaft lebten, ohne innere Bindung des Herzens, finden hier nicht wieder zusammen; es sei denn, daß sie es wünschen, um Vergangenes vielleicht wieder gutzumachen." Im anderen Falle sei ein Wiederzusammenkommen nicht zu befürchten. Freunde finden sich rasch, Feinde versöhnen sich. Bei Ehepaaren sei es oft so, daß sie drüben erst „in Liebe höherer Art aneinander Gefallen finden" und das sei dann eine Ehegemeinschaft, die diesen Namen verdiene. „Was auf der Erde zusammenführte, war oft lediglich geschlechtliche Reizung. Das gibt es hier nicht mehr. Nur das Edle, das in einem Menschen wohnt, macht hier Eindruck . . ."

Auch hinsichtlich der Familienzusammengehörigkeit wird häufig betont, daß sich nur die miteinander harmonisierenden Familienglieder wieder zusammenfänden. Nach dem irdischen Abscheiden sei der Genuß des Wiedersehens geliebter Vorangegangener zwar jedem beschieden (und das deckt sich mit diesbezüglichen Aussagen aller Zeiten und Völker), aber von nur vorübergehender Dauer für solche, die in den „Gefilden der Seligen" infolge der Dichte ihres Fluidalkörpers nicht lange verbleiben können. So mag wohl auch die Geschichte vom ungebetenen Hochzeitsgast in Matthäus 22 aufzufassen sein, der den Raum wieder verlassen muß, weil er kein leuchtend-ätherisches „Hochzeitskleid" anhat bzw. für diese hohe Sphäre noch nicht reif ist.

Eine Ehe jedenfalls, die hinieden äußerst glücklich war, ragt auch hinüber in die Ewigkeit. Durch den Tod eines Ehegefährten vollziehe sich, so wird gesagt, zwar eine schmerzliche, jedoch vorübergehende Trennung; das Band werde nur gelockert, aber nicht gelöst. Es wird versichert, daß dieser Bund im Großen Jenseits erneut gefeiert werde, da er ja geistig fortbestehe, auch wenn der zurückgebliebene Partner erneut heiraten sollte.

Nach spiritualistischer Auffassung soll die „im Himmel geschlossene Ehe" von einem höheren Gesichtspunkt aus betrachtet werden: Ursprünglich seien wir alle als reine Geister erschaffen worden, und zwar als *Duale,* d. h. beide Wesenheiten, das gebende (männliche) und das empfangende (weibliche) Prinzip bildeten in vollkommener Übereinstimmung gleichsam eine harmonische Einheit und seien zu gemeinsamer Weiterentwicklung bestimmt gewesen (Markus 10 Vers 6 „von Anfang der Schöpfung hat Gott sie geschaffen als einen Mann und ein Weib" könnte als diesbezüglicher Hinweis gelten). Im Verlaufe von Äonen sei es infolge des Verlassens gesetzmäßiger Bahnen des Denkens und Handelns zur Trennung vieler Dualpaare gekommen, die sich nun — soweit es unsere Erde betrifft — in grobstofflichen Daseinsbedingungen zurechtfinden und wieder emporarbeiten müssen. Die Trennung der Dualseelen sei mit der biblischen Schilderung der Vertreibung aus dem Paradies in etwa gleichzusetzen. Wie verlautet, müssen nicht unbedingt beide zueinandergehörenden Dualpartner „gefallen" sein; aber das mehr oder minder stark ausgeprägte, oft unbewußte Sehnen nach dem idealen „zweiten Ich", nach der glückhaften „Ergänzung", das in vieler Menschen Brust beheimatet ist, scheint für diese Auffassung zu sprechen.
Auf Erden soll es relativ selten sein, daß zwei Dualseelen sich finden und den irdischen Lehrgang gemeinsam meistern dürfen. Die Hochzeit

von Kanaa (Joh. 2) sei keine gewöhnliche Eheschließungsfeier gewesen, sondern ein für die geistige Welt und für Christus überaus freudiges Ereignis, weil sich getrennte Duale wiedergefunden hatten. Ein bewegendes Beispiel ähnlicher Art scheint die Ehe des nachmalig berühmt gewordenen elsässischen Pfarrers Johann Friedrich **Oberlin** (1741—1826) zu sein. Sein Erleben hier kurz zu skizzieren, wäre auch vom spiritologischen Standpunkt aus als lehrreicher Erfahrungsbeweis zu werten:

Pfarrer Oberlin war kein Schwarmgeist. Am liebsten wäre er Soldat oder Feldprediger geworden. Neben theologischen und philosophischen Studien hatte er sich Kenntnisse praktischer Art vor allem in der Landwirtschaft erworben. Als er mit 27 Jahren Pfarrer im völlig verarmten Steintal wurde, kamen ihm seine Kenntnisse und Fähigkeiten sehr zugute. Er veranlaßte seine Gemeinde zur Bodenverbesserung, führte wirtschaftlichere Anbaumethoden ein, regte den Wegebau an, führte die Sonntags- und Arbeitsschule ein und betrieb Erwachsenenbildung. Zur Zeit seines Amtsantritts fristeten rund 500 Menschen in diesem felsigen, feuchten Tal ein kümmerliches Dasein; ihre Nahrung bestand zur Hauptsache aus Kartoffeln, Holzäpfeln und gekochten Gräsern. Als Oberlin das irdische Pilgerkleid ablegte, ernährte das durch sein umsichtiges Eingreifen fruchtbar gewordene Steintal das Zehnfache an Menschen! Aus armseligen Hütten waren verhältnismäßig stattliche Häuser entstanden und Analphabetentum gab es dort nicht mehr. Aus aller Herren Länder kamen Leute ins Steintal, um an diesem Wunder der Umwandlung einer Landschaft zu lernen. — Oberlin war ein Seelsorger nach rechter Art: sein starkes Gottvertrauen, gepaart mit unermüdlicher Tatkraft und praktischem Lebenssinn schuf Brot, Lebensunterhalt, Wohlstand und Bildung für 5000 Menschen! Das ist wahres Heldentum!

Gleichermaßen wie im Diesseits, war Oberlin aber auch im Jenseits „zu Hause", und wenn ich zuvor sein vorbildliches ökonomisches Wirken würdigte, so geschah dies einfach deshalb, weil damit jeglichem Verdacht auf religiöse Schwärmerei dieses Mannes von vornherein der Boden entzogen sein soll. Zweifelsohne war der Pfarrer vom Steintal ein tieffrommer Mann. Frömmigkeit allein aber, ohne zugehöriges Tatchristentum, wird schwerlich eine derartige Fülle „übersinnlicher" oder „okkulter" Erlebnisse zur Folge haben wie es bei Oberlin der Fall war. Wohl hatte er in früheren Jahren die Schriften von Swedenborg und Oetinger*) gelesen und bald begriffen, daß Diesseits und Jenseits eine unter dem Entwicklungsgesetz stehende Einheit bilden. Auch seine mehr und mehr sich entfaltende Sehergabe

*) Friedrich Christoph Oetinger (1702—1782) brachte das Gedankengut von Jakob Böhme und Johann Albrecht Bengel in ein theosophisches System. Oetinger war protestantischer Theologe.

verschaffte ihm so manchen Aufschluß. Den endgültigen und überzeugendsten Beweis des nachtodlichen Weiterlebens jedoch erbrachte ihm der schmerzliche Verlust seiner geliebten Frau, die nach sechzehnjähriger glücklicher Ehe, während der sie ihm neun Kinder geboren hatte, in eine bessere Welt abberufen wurde (1783). Am Abend nach dem Begräbnis materialisiert sich die Verblichene in der gemeinsamen Schlafkammer und weint sich an der Brust ihres Gatten aus! Neun Jahre lang blieb sie ihm fühlbar und sichtbar verbunden, in Träumen, Visionen und direkten Manifestationen. An einen befreundeten Pfarrer schrieb er später:

„Seit dem Tode meiner Frau sah ich sie neun Jahre lang fast alle Tage, träumend oder wachend, teils hier bei mir, teils drüben an ihrem jenseitigen Aufenthaltsorte, wo ich merkwürdige Dinge, auch politische Veränderungen, lang ehe sie sich ereigneten, von ihr erfuhr. Sie erschien aber nicht nur mir, sondern auch meinen Hausgenossen und vielen Personen im Steintal, warnte sie oft vor Unglück, sagte voraus, was kommen werde und gab Aufschlüsse über die Dinge jenseits des Grabes. — Nach neun Jahren (1792) geschah es, daß ein Bauer von meinem Filialort Belmont (ein gewisser Joseph Müller, der in der anderen Welt seinen Onkel Morel suchte) ein Mann, der samt seiner Familie oft Erscheinungen hatte, in der unsichtbaren Welt war. Dem erklärte mein verstorbener ältester Sohn (durch den Müller zum Geist seines Onkels geführt wurde), seine Mutter sei nun zu einer höheren Wohnung der Seligen aufgestiegen und könne fortan nicht mehr auf Erden erscheinen. Von da ab sah ich meine Frau nicht mehr."

Betont zu werden verdient, daß Oberlin den experimentellen Spiritismus nicht kennen konnte, da dieser in der „modernen" Form erst 1848 von Amerika herüberkam. Ihn schlicht als Spiritist abqualifizieren zu wollen, wäre also schon aus diesem Grunde verfehlt. Des Steintalpfarrers Erlebnisse, die sich ja keineswegs nur auf seine Person beschränkten, weisen aber just dieselben Merkmale auf, wie sie in der gesamten Spiritologie und Jenseitswissenschaft als typisch gelten. So ist z. B. interessant, daß sich Oberlins Lebensgefährtin stets zu einer bestimmten Stunde manifestierte, wie sie es bei ihrer ersten Erscheinung angekündigt hatte. Ferner beobachtete Oberlin im Laufe der Jahre gewisse Veränderungen in seiner Gattin Kleidung und deren Farben, woraus er ihren geistigen Fortschritt ersah. Sie bestätigte ihm, daß mit dem jenseitigen Fortschreiten zugleich ein wiederholter Vorgang des Sterbens verbunden sei, bis der eigentliche geistige Leib freiwerde. Am 22. April 1796, also vier Jahre nach dem Aufhören der Erscheinungen, wurde dem Steintalpfarrer mitgeteilt, daß sein Weib nunmehr „mit dem Körper der seligen Engel*) bekleidet" sei. Nach-

*) Unter „Engel" wollen manche Geistesrichtungen Wesenheiten verstanden wissen, die nie als Mensch inkarniert waren.

mals aufsehenerregend und nicht minder interessant ist Oberlins „Jenseitskarte", die er aufgrund seiner Erfahrungen und der ihm zuteil gewordenen Belehrungen erstellte: sie gliedert sich in sieben Stufen resp. Bereiche, die ihrerseits nochmals siebenfach unterteilt sind.

Wie ergeht es nun eigentlich *Kindern* im Jenseits? Sind diese nach unserer Auffassung „zu früh Verstorbenen" in der beneidenswerten Lage, sich ohne bittere Erfahrungen eines Erdendaseins weiter- und höherzuentwickeln?

Diese Frage wird allgemein mit Ja beantwortet. Rudolf Schwarz meinte, daß bei verstorbenen Kindern lediglich *ein* Unterschied gegenüber anderen Menschen bestünde: „sie können durch das Böse nicht versucht werden und sich von Gott nicht abwenden ... sie behalten dort zwar auch ihre Willensfreiheit, werden aber, da sie ja mit dem Bösen nicht in Berührung kommen, nie davon in der Richtung Gebrauch machen, daß sie sich von Gott abwenden." Nach ihrem irdischen Abscheiden kommen solche Kinderseelen in eine stets als sehr schön geschilderte Sphäre, wo ihnen die Liebe und Erziehung zuteil wird, die für ihre weitere Entwicklung erforderlich ist. In niederen Sphären findet man nirgends Kinder. Insofern liegt ein gewisser Vorzug ihres frühen Abscheidens auf der Hand; im Lichte der Wiederverkörperungslehre erscheint allerdings ihr anscheinend vorzeitiger Erdenabschied nicht sinnlos.

Kinder, besonders die kleineren unter ihnen, bringen einen unvergleichlich wertvollen Schatz ins jenseitige Leben mit: ihr kindlichreines Gemüt, aufgeschlossen für alles Liebe und Gute. Dr. Friese schreibt: „Die Liebe zu Anderen liegt in ihrer Natur, und die Befähigung, Eindrücke in ihre unverdorbene Seele aufzunehmen ist so groß, daß die Fortschritte, die sie machen, ganz unglaublich klingen." Ihre Köpfe seien eben noch nicht angefüllt mit einer Masse wertloser Anschauungen und Vorurteile. Schlechte Charaktereigenschaften seien noch nicht oder erst unbedeutend entwickelt. Unzweifelhaft liege es in der göttlichen Absicht, „daß der Mensch während eines langen Lebens sich durch eine harmonische Entwicklung seiner Fähigkeiten, durch eine normale Ausbildung seines geistigen Körpers, für ein glückliches Fortkommen im jenseitigen Leben vorbereite. Die stürmische Reizbarkeit der Jugend, die ungeregelte Energie des Mannes sollen in der philosophischen Ruhe des Alters ihren Abschluß finden, und die Erkenntnis von der Wichtigkeit dieses Strebens soll den Charakter stählen ... Das Kind entbehrt dieses Vorteils; aber wie Viele unter uns nehmen ihn wahr?"

Die eigene Mutter darf, wenn sie sich ebenfalls drüben befindet, ihr Kind nur dann selber betreuen und erziehen, wenn sie würdig genug gelebt hat, um in die entsprechende Sphäre aufzusteigen. Die meisten verstorbenen Kinder kommen praktisch als Waisen im Jenseits an und werden der Obhut liebevoller Wesen anvertraut, vor allem ihrem eigenen Schutzengel. Die Kinder wachsen drüben, so wird übereinstimmend berichtet, ebenso heran wie bei uns auf Erden. Sie werden unterrichtet und erzogen. Allgemein wird seitens der höherentwickelten Jenseitigen über die Verkehrtheit der Erziehung auf Erden — in der Familie sowohl, als auch in der Schule — Klage geführt. Freilich mögen sie, die gewohnt sind, alles von ihrer lichteren Warte aus zu betrachten, nur zu leicht die Anforderungen unserer irdischen Verhältnisse übersehen oder deren Zwangscharakter unterschätzen. Andererseits müssen wir zugeben, daß bei uns wohl zur Weckung und Ausbildung aller denkbaren Leidenschaften bestens gesorgt, für die Entwicklung sauberer Charaktere und edlen Menschentums aber so gut wie nichts getan wird. Um so schwieriger wird dann die Umstellung drüben für den einzelnen sein, wenn er neben den Anstrengungen moralischer Art auch noch den ungeheuren Wust nutzlosen Wissens loszuwerden bemüht sein muß. Unsere Kenntnisse seien, so wurde an einer Stelle gesagt, durchaus nützlich für unsere *irdischen* Belange; nicht aber für den Fortschritt in jener Welt der Unsterblichkeit. Kenntnisse seien den Segeln eines Schiffes vergleichbar: falsch gestellt, treiben sie das Schiff dem Untergang entgegen; richtig gestellt führen sie es zum Hafen.

Mit dem Lernen geht es also drüben weiter. Die Redewendung „man lernt nie aus" behält demzufolge ihre Gültigkeit noch über das Grab hinaus. Ich finde diese Aspekte beglückend, denn wie langweilig wäre es auf die Dauer, nichts mehr hinzulernen, nichts Neues mehr entdekken zu können!

Die Befähigung zum Lernen geht dem Menschengeiste nie verloren. Wie hier bei uns, müssen anscheinend auch drüben gewisse Voraussetzungen gegeben sein, um lernen zu können. Bewohner niederer Sphären beklagen sich oft, daß ihnen das Lernen kolossal schwer fiele, daß es im irdischen Dasein viel leichter vonstatten gegangen sei. Aus lichteren Bereichen hingegen wird durchweg eine erstaunlich rasche Auffassungsgabe, ein ausgeprägt scharfes Gedächtnis und ein vervielfacht leichteres und schnelleres Lernvermögen bestätigt. Die Leistungen des feinmateriell-fluidalen Gehirns sollen „viel umfassender als die des Gehirns des fleischlichen Leibes" sein. Dies klingt keineswegs unglaubhaft, wenn wir bedenken, daß 90% unseres Gehirns brachliegen sollen, wie Wissenschaftler behaupten. „Was wir gelernt haben", sagt ein Kommunikator, „bleibt für immer unser Eigentum und ist uns stets im Gedächtnis, wenn wir einmal darüber sprechen... Wichtiges wird nie vergessen, d. h. die Dinge, die unser geistiges Fortschreiten angehen, prägen sich dem Gedächtnis für immer ein."

Drüben scheint das Lernen grundsätzlich mit dem geistigen Fortschritt des Lernenden kombiniert zu sein, sofern das erworbene Wissen (besser: die Erkenntnis)in praktischer Betätigung zum Ausdruck gelangt. Das Theoretische genügt nicht; die Praxis soll beweisen, daß eine innere Wandlung eingetreten ist... Was wir erkennen, ist viel weiter reichend als das euch Zugängliche. Und von Stufe zu Stufe erfahren wir mehr. So wird unsere Erkenntnis immer gesteigert und unsere Liebe nimmt gleichermaßen zu. Es gibt keinen Grad der Erkenntnis und der Liebe, den man als Abschluß bezeichnen könnte..." Wer im Erdenleben lieblos zu den Mitmenschen, zu den Tieren, zur ganzen Natur gewesen sei, habe es drüben schwer. „Wie die Saat, so ist die Ernte: wer keine Liebe hatte, muß sie hier lernen. Aber das ist hier mit viel größeren Schwierigkeiten verknüpft, als das Lernen im irdischen Leben sie gehabt hätte. Diese Schwierigkeiten sind in allen Abstufungen vorhanden, je nach dem Grade der Lieblosigkeit."

Auf die Frage, wer denn *das Lehramt* ausübe, erhielt Dr. Friese die Antwort: „Ein jeder, der das Zeug dazu hat und das Wort ergreift, kann bei uns lehren." Ein Befähigungsnachweis in Form einer „Lehrerprüfung" sei nicht erforderlich: „Jeder prüft sich selbst, und seine innere Stimme sagt ihm, was er vermag." Auch die Wahl der Zuhörer sei keinem Zwang unterworfen und Friese bemerkt hierzu, daß eine derartige Lehr- und Lernfreiheit nur gewinnbringend sein könne für eine Gesellschaft, deren Glieder auf annähernd gleicher geistiger und moralischer Stufe stehen (S. 386). Landmanns Berichterstatter geben an, daß die Lehrer aus höheren Sphären kämen: „Diese Persönlichkeiten vermitteln uns den Eindruck einer Liebe, die höher ist als die unsere, und haben natürlich einen weit größeren Gesichtskreis als wir ihn in unserer Sphäre haben ... Sie berichten uns aus ihren Erfahrungen und lassen die göttliche Liebe in höherem Maße ahnen, als wir das in unseren Übungen vermögen. Wir erhalten einen gesteigerten Eindruck, wie unvorstellbar groß Gott ist und seine Liebe zu uns, wie unvorstellbar groß auch seine Schöpfung ist, von der auch wir nur einen kleinen Ausschnitt erleben."

Unter „Übungen" verstehen Landmanns jenseitige Freunde den Unterricht, den sie dort genießen. Sie unterscheiden hierbei kürzere, sozusagen sphäreneigene Übungen, und längere Übungen, durch die sie in Kontakt mit anderen Sphären gebracht werden. Jedweder Unterricht scheint sehr beliebt zu sein und mit Begeisterung wahrgenommen zu werden. Neben der Aneignung neuen Wissensstoffes sei auch das Kennenlernen neuer Freunde anläßlich der Lernzusammenkünfte stets reizvoll. Bei jedem, den man dort kennenlerne, habe man das Gefühl, schon lange miteinander befreundet zu sein. Überhaupt sei ein abwechslungsreicheres Leben als das im jenseitigen „Sommerland" und allen anderen lichten Sphären nicht denkbar. „Immer hat man liebe Menschen, mit denen man sich gemeinsam freut; die an allem, was das Herz bewegt, regen Anteil nehmen; mit denen man innere Gemeinschaft hat und die gottverbunden sind."

Der Unterrichtsstoff wird durch bildliche Darstellungen ergänzt und belebt. Es werden Vergleiche mit unserem Kino gezogen, nur viel plastischer und lebensnaher. Die Berichte der Lehrer „können durch lebende Bilder in naturgetreues Erleben verwandelt werden und die ganze Geschichte der Menschheit zieht, wie sie sich abgespielt hat, vor unseren Augen vorüber. Das gehört, euch vielleicht nicht leicht vorstellbar, mit zu dem geschichtlichen, in einzelnen Abschnitten uns erteilten Unterricht." Auch alle anderen Wissensgebiete würden in ähnlich anschaulicher Weise den Lernbegierigen nahegebracht.

Aus alledem dürfte sich die Frage nach der Verständigungsmöglichkeit, der *Sprache im Jenseits* ergeben. — Grundsätzlich wird vorerst jeder, der hinüberkommt, weiterhin seine ihm vertraute Sprache benutzen. Spätestens beim Zusammentreffen mit Angehörigen fremder Völker und Rassen (ich spreche hier allgemein vom Jenseits, denn auch in niederen Sphären ist es unmöglich, seine wahren Gedanken zu verbergen) wird man jedoch merken, daß man sich auch ohne Worte versteht. Die Gedankenübertragung, die Telepathie (von unserer Wissenschaft lange geleugnet und verspottet, jetzt aber als Tatsächlichkeit anerkannt) ist „die Sprache der Geister". Bei Landmann heißt es:

„Menschliche Worte sind dem einen eine Offenbarung von Gedanken, dem andern nur ein Klang ohne Inhalt, weil er die betreffende Sprache nicht versteht. Etwas anderes geht hier bei uns vor. Das Gefühl sagt jedem genau, was der andere ihm mitteilen will, und dann hört er es in *der* Sprache, die er in seinem irdischen Leben als Muttersprache gesprochen hat." Man könne sich akustisch ebenso gut wie durch Telepathie verständigen; im Falle verschiedener Nationalität der Gesprächspartner erfolge „eine automatische Übersetzung" des Gesagten oder Gedachten im Gehirn des Empfängers. Vielleicht war es bei dem in der Apostelgeschichte erwähnten Vorkommnis der sog. Sprachengabe (Apg. 2) ähnlich, als die Reden der Apostel auch von allen Fremden verstanden wurden, so als wären sie in deren Sprache gehalten worden.

Es soll drüben, d. h. im Zwischenreich des Sommerlandes, auch *Bücher* geben. Interessant ist, was ein Landmann'scher Kommunikator hierüber zu erzählen weiß: „Alle Bücher können von jedem gelesen werden; ich will versuchen, dies klar zu machen. — Das Geistige wird *gefühlsmäßig* erfaßt. Deshalb erfordert hier das Lesen eines Buches als Voraussetzung nicht die Kenntnis der Sprache, in der es geschrieben ist; das ist auf der Erde unbedingt erforderlich. Hier hast du den geistigen Kontakt mit dem Verfasser. Infolgedessen liest du seine Gedanken, in welcher Sprache sie auch ausgedrückt sein mögen, immer in deiner Muttersprache ... Es ist mit dem Lesen nicht anders als mit dem Sprechen." Ankömmlinge aus primitiven Völkern, Analphabeten und ähnliche werden, wie die im vorschulischen Alter verstorbenen Kinder, regelrecht unterrichtet, so daß sie in kürzester Zeit in der Lage seien, Bücher lesen zu können.

Der Beachtung wert scheint mir auch die Angabe zu sein, daß es drüben nur Literatur von ethischem Wert gebe: „Die Literatur des Materialismus oder solche Bücher, die das sittliche Gefühl verletzen, das Gott in die Herzen der Menschen gepflanzt hat, gibt es hier natürlich nicht. Man findet nur wirklich *gute* Erzeugnisse des menschlichen Geistes." Die drüben geschriebenen Bücher entsprechen den gestellten Forderungen hinsichtlich des sittlichen und geistigen Niveaus. Liebe sei ihr kennzeichnender Charakter, gleich, ob sie einen beliebigen Wissensstoff bieten oder der Unterhaltung dienen. „Die Bücher der Erde, welche diesen Anforderungen nicht entsprechen, sind nicht vorhanden. Es fehlt also ein sehr großer Teil der Literatur des irdischen Lebens. Aber sehr vieles aus der Literatur aller Kulturvölker, das in gutem Geiste geschrieben ist, ist auch hier vorhanden." — Das sind schlechte Aussichten für die zahllosen, teils sogar mit dem Nobelpreis dekorierten Produzenten von Schmutz- und Schundliteratur, Filmen, Rundfunksendungen und Theaterstücken etc., deren zersetzendes Wirken bei uns nicht nur geduldet, sondern ausdrücklich geschützt und gefördert wird ... sie werden sich drüben an ihrem eigenen geistigen Unflat bis zum Überdruß ergötzen können. —

Aus den hier kurz umrissenen Milieuschilderungen und Daseinsbedingungen des Großen Jenseits ergibt sich unter anderem, daß mit den persönlichen Wesensmerkmalen auch die Eigentümlichkeiten nationaler und rassischer Art erhalten bleiben und man könnte nun fragen, ob denn drüben auch die *Nationen* beisammen bleiben?

Bis zu einer bestimmten Entwicklungsstufe der jenseitigen Menschen scheint dies der Fall zu sein. Danach bzw. darüber sei jedoch *das Menschliche* der ausschlaggebende Faktor und alles Trennende besagter Art löse sich auf. Demzufolge gebe es keinen Nationalismus oder Rassenstolz mehr. Zwar würden auch im Sommerland die Nationen noch beieinander wohnen, da ja jeder gern weiterhin bei seinesgleichen weilen möchte. Es gebe dort aber „keinerlei trennende Schranken mehr. Alle haben nur den *einen* Wunsch, einander zu dienen. Sie haben sich alle lieb, und das schließt das Vertrauen zueinander ein." Jeder mit National- oder Rassendünkel Behaftete behält diese anerzogene Albernheit drüben so lange bei, bis er endlich einzusehen beginnt, daß es vor Gott keinen Vorzug nach Rasse oder Nationalität geben kann, wenn anders das väterliche Liebes- und Allgerechtigkeitsprinzip nicht zum Zerrbild irdischen Parteilichkeitsdenkens herabgewürdigt werden soll.

Die Rasseneigentümlichkeiten dagegen sind, den Berichten zufolge, im Sommerland keineswegs aufgehoben. Der fluidale Leib habe sie genau so, wie sie der grobstofflich-physische hatte. Dies sei schon aus Gründen des Wiedererkennens nötig, „da andernfalls niemand diejenigen wiederfinden würde, mit denen er zusammenleben möchte ... Das ist ja aber gerade das Herrliche, daß wir mit denen, die wir lieben, für immer vereint sein dürfen. Dazu müssen sie uns aber so erscheinen, wie wir sie auf der Erde kannten." Der einzige Unterschied sei der, daß alles Entstellende und Häßliche verschwunden sei. „Es gibt dort keine Glieder, die nicht normal wären. Keine Verwachsungen oder Gebrechen, die den fleischlichen Leib entstellten; keine durch aufgeworfene Lippen oder hervortretende Zähne entstellten Menschen. Es gibt keine fettleibigen Personen und ebenso wenig magere ..." Altersmäßig sei das Aussehen der in diesen und höheren Sphären Weilenden allgemein so, daß man bei uns von jugendlich wirkender Reife sprechen würde. Der Jenseitige könne sein Aussehen jederzeit ändern bzw. dasjenige, welches ihm am meisten behage, beliebig lange beibehalten. Ergo finde man drüben auch oft Greise von ehrwürdigem Aussehen und mit wallendem Bart, jedoch begreiflicherweise keine alten Frauen. Um von neuankommenden Angehörigen oder Freunden erkannt zu werden, könne man das ihnen gewohnte Äußere annehmen.

Die *Aufenthaltsdauer* des einzelnen in den jeweiligen Sphären muß logischerweise verschieden lang sein, je nach der Hypothek, die man aus dem Erdenleben mitbringt und je nach dem selbsterarbeiteten Tempo der weiteren geistigen Entwicklung. Es soll drüben Leute geben, die sich schon seit Hunderten von (irdischen) Jahren in einundderselben Sphäre befinden. In den niederen Bereichen scheint das ohnehin gang und gäbe zu sein, wogegen in höheren Sphären es meist Lehrer sind, die um der anderen willen ihren örtlichen Aufstieg (nicht den geistigen, der mit ihrer praktischen Lehrbetätigung verknüpft sein dürfte) hinauszögern und dieses Opfer auch gerne bringen. „Daß sie noch in unserer Sphäre sind", wurde Landmann erklärt, „bedeutet keine Minderung ihres Ansehens. Sie haben große Aufgaben zu erfüllen, und ihr Auftrag dauert so lange, bis sie durch andere ersetzt werden. Das bestimmen höhere Führer anderer Sphären, und auch dort herrscht dieselbe Ordnung. Das geht so weiter, immer höher hinauf ..."

Das hierarchische Prinzip finden wir überall in der Natur, und die Jenseitsschilderungen bestätigen allenthalben, daß es drüben genau so ist. Jedwede Gleichmacherei, wie sie von hitzköpfigen Politaposteln als ihrer Weisheit letzter Schluß angestrebt wird, ist also naturwidrig und damit zwangsläufig zum Scheitern verurteilt. Unsere vorangegangenen Freunde lehren uns keinen Widerstand mit Gewaltanwendung gegen herrschende Kreise, Parteien oder Gesellschaftssysteme. Dafür haben wir Möglichkeiten *gewaltlosen* Widerstandes in vielfältiger Form. Sinn und Zweck unseres Erdenlebens sei unsere eigene geistige Potenzierung. Ohne Erkenntnis ist aber kein Fortschritt dieser Art möglich. Wissen allein genügt ebenfalls nicht. Ausschlaggebend sind unser Tun, unser Verhalten, sind die Motive unseres Handelns. Emanuel sagt: „Wenige, so traurig wenige Menschen erreichen in ihrem Erdenleben jene Stufe, die sie erreichen könnten ... und nur diese wenigen sind frei von Reue, wenn der Tod ihnen zur Erkenntnis des Erreichten und des Nichterreichten verhilft." Die Reue aber, so fährt Emanuel fort, über versäumte Zeit, über verträumte Fortschrittsgelegenheiten, über das Gute, das ungetan blieb, sei der bitterste Schmerz, den der fortschreitende Geist kenne; ebenso schmerzhaft im Verhältnis zu seiner Stufe, wie es für einen niederstehenden Geist der derbere Schmerz der Erkenntnis ist, einem Bruderwesen geschadet zu haben (S. 88).

Das Aussehen der Sphären, die Beschaffenheit ihrer Natur und der Grad ihres belebenden Lichtes, steht also — wie wir gehört haben — in direktem Zusammenhang mit der geistig-seelischen Verfassung ihrer Bewohner. Dr. Rudolf Schwarz drückt den Unterschied zur irdischen Ebene sehr gut aus wenn er auf Seite 12 seines Buches „Die Toten leben" schreibt:

1. Die diesseitige Welt unterwirft das Leibliche völlig unabänderlichen Naturgesetzen, läßt aber das Moralische frei.
2. Die jenseitige Welt unterwirft die Materie weitgehend dem menschlichen Willen, gestaltete aber dafür umgekehrt seine Umgebung weitgehend nach moralischen Gesetzen.

Dadurch ergeben sich freilich Konsequenzen für uns, die nicht nach jedermanns Geschmack sein mögen.

Zur weiteren Illustration jenseitiger Verhältnisse in den erdnächsten Bereichen mögen nun einige der in unübersehbarer Anzahl vorliegenden Berichte von Hinübergegangenen dienen. Vor allem muß immer wieder betont werden, daß viele Entkörperte vorerst weder wissen noch wahrhaben wollen oder können, daß sie „gestorben" sind. Dementsprechend wenig oder nichts ist ihnen über die Möglichkeit einer zumindest zeitweiligen Verständigung mit den Zurückgebliebenen bekannt. „Ihr wundert euch immer", schreibt einer, „daß wir so bodenlos unwissend in solchen Dingen sind. Was könnt ihr anderes vermuten? Bedenket den ganzen Plunder, der uns in der Jugend aufgepackt wird" (er meint damit all das unnütze, vom Standpunkt transzendentaler Wirklichkeit oft sogar schädliche Wissen, womit schon unsere Kinder belastet und zu Seelenkrüppeln gemacht werden, samt dem daraus resultierenden falschen Verhalten). Und ein anderer bekennt, daß unter ihnen genau so viel Aberglaube und Bigotterie über den Geisterverkehr bzw. den Spiritualismus herrsche, wie bei uns hinieden, „worüber man sich auch gar nicht wundern wird, wenn man bedenkt, mit welchem Vorurteil sie behaftet sind, wenn sie eure Welt verlassen, und wie gering der Wechsel ihrer Lebensweise und der Natur, die sie hier umgibt, ist. Die Geisterwelt ist so materiell für ihre Sinne, daß sie gar nicht zu der Überzeugung von der Existenz eines geistigen Prinzips gelangen, viel weniger zu der, daß sie selbst ‚Geister' sind." (Friese, S. 187). Ein dritter betont, daß Kinder drüben „die weisen Leute" seien, weil sie nicht nötig hätten, den Ballast von angelerntem Unsinn und verkehrten Lebensgewohnheiten loszuwerden. „Sie machen Fortschritte, so bald sie hier ankommen.*) Aber o Himmel! — jene Gelehrten, die ihre Köpfe mit Vorurteilen vollgepropft haben, die müssen das erst alles loswerden, und das kann ich dir sagen, das ist schwer." Zu Dr. Friese gewandt heißt es sodann: „Nimm meinen Rat an, guter Doktor, und laß alle Voreingenommenheiten im Sarge liegen, wenn du dich auf den Weg in dieses Land machst ... sie sind eine schreckliche Plage." (S. 119)

Maria Michely, die Seherin von Altenkessel, kam einmal in einem ihr bis dahin fremden Dorf in eine ihr ebenfalls unbekannte Mühle. Als sie in die Stube trat, begrüßte sie mit Händedruck die dort anwesende junge Hausfrau. Dann sah sie in der Ecke neben dem Ofen zwei alte Männer in altmodischer Kleidung auf einer abgenutzten Truhe sitzen. Sie trat auf die Beiden zu und gab ihnen ebenfalls die Hand. Da fragte die junge Frau: „Was machen Sie denn da?" — Nun erst merkte die Hellseherin, daß sie es mit zwei Jenseitigen zu tun hatte und fragte diese gedanklich nach ihren Namen. Dann fragte sie die Hausfrau, ob ihr die Namen ... bekannt seien. „Ach Gott", sagte

*) „... denn für solche ist das Reich Gottes" (Lukas 18/17, in der kath. Übersetzung nach Rösch).

die junge Frau, „das waren ja mein Urgroßvater und dessen Bruder!" — „Ja, die sitzen hier auf der Kiste", entgegnete Maria Michely. — „Ist's möglich?" antwortete die erstere, „ich kann mich noch dunkel erinnern, gehört zu haben, daß die beiden immer auf dieser Kiste, in der sie ihr Geld verwahrten, gesessen haben sollen." — Sie säßen immer noch drauf, bemerkte die Seherin, und hüten ihr Geld. Und sie werden es so lange tun müssen, bis sie ihre Gedanken abwenden von der Materie, mit der sie ja doch nichts mehr zu tun haben, und sich einstellen auf Göttliches. Maria Michely empfahl, für die Genannten zu beten, damit sie ihren Zustand tiefster Unwissenheit endlich erkennen mögen. —

Weit unerquicklicher liegt der Fall eines hartherzigen Unternehmers, der, wie das damals noch unbeschränkt möglich war, seine Arbeiter rücksichtslos ausbeutete. Maria Michely sah folgendes: Ein gut gekleideter Herr geht vorüber. Schwarze Vögel umgeben ihn. Er flieht, sucht Schutz, will sich retten. Da kommt er an einen Felsenvorsprung. Er flüchtet hinein. Die krächzenden Vögel setzen sich scharenweise davor und lassen ihn nicht mehr heraus. Ängstlich sieht sich der Eingeschlossene nach Hilfe um. Da kommt allerlei Gewürm angekrochen und lagert sich ebenfalls vor der Höhle. Zum Schluß kommt ein Tier, fischähnlich, doch gewaltig groß, und reißt den Rachen auf. — Auf einmal geht ein freudiges Erkennen über die Züge des Fabrikanten. Ein Arbeiter kommt und will ihm helfen. Da aber dreht sich das große Tier um und speit nach dem Helfer, der nun bekümmert wieder umkehrt. — Auf der Seherin Frage an ihren jenseitigen Führer nach der Bedeutung des Geschauten wird ihr erklärt, daß der Bedrängte zur Zeit seiner Spanne Erdenlebens Gebieter über viele Arbeiter gewesen sei, die von ihm sehr hart behandelt wurden. Der große Fisch verdeutliche einen seiner leitenden Angestellten, der gleichen Sinnes wie sein Arbeitgeber gewesen sei und nie die Arbeiter zu dem Fabrikbesitzer gelassen habe, mochten deren Wünsche oder Anliegen noch so berechtigt sein. Die schwarzen Vögel symbolisierten quasi die Flüche der Arbeiter; jeder Fluch sei kein leerer Schall, sondern „Kraft und Tat", d. h. sie wirken sich als Energie entsprechend aus.*) Und soweit die Flüche zu Recht ausgesprochen worden waren, wurden Sie nun zu Peinigern des Lieblosen. „Das ist das Fegefeuer", schloß Maria Michely ihre Mitteilung. „Alles Böse rächt sich. Es gibt eine gerechte Vergeltung. Aber eine ‚ewige Verdammnis', eine ewige Vernichtung gibt es nicht." Sie will den Fabrikanten später noch einmal gesehen haben; das Gebet des Kindes eines Arbeiters habe ihm viel geholfen, er hatte seine Verfehlungen erkannt und einen Weg der Wiedergutmachung, der zugleich einen Läuterungsprozeß für ihn selbst darstellt, beschritten.

*) Der Ausdruck „fluchbeladen" wäre demzufolge durchaus wörtlich zu nehmen.

Ein anderer Verstorbener kam zur Seherin von Altenkessel und klagte über bitteren Hunger: „Was soll ich anfangen? Ich komme fast um vor Hunger ... Oft sehe ich Brot vor mir, große Mengen." Wenn er es aber ergreifen wolle, so verwandele es sich jedesmal in Stein. — Auf der Seherin Frage nach einer Erklärung hierzu wurde ihr bedeutet, daß jener Entkörperte während seiner Erdenzeit eine Forderung in Höhe von 600 Goldmark an einen Bäcker gehabt habe, der das Geld nicht fristgerecht zurückzahlen konnte. Um keinen Verlust zu erleiden, ließ der Gläubiger die Habe des Bäckers einschließlich des an jenem Tage vorhandenen Bestandes an Brot und Backwaren pfänden. Das Brot verkaufte er an einen Viehhändler, der es an sein Vieh verfütterte. Der Bäcker sei ruiniert gewesen und habe den Ort verlassen. — Erkundigungen ergaben die Richtigkeit dieser Angaben. Der Hartherzige war kurze Zeit später gestorben. Des Viehhändlers Tiere sollen eingegangen sein.

Der Seherin von Prevorst, Friederike H a u f f e geborene Wanner, waren „Geisterbesuche" eine oft recht unliebsame Alltäglichkeit. Sie litt sehr unter dieser Befähigung, aber die erdverhafteten und somit hilfsbedürftigen „Seelen" alias Geister schienen ihrem Gebet eine wohltuende Kraft beizumessen und bedrängten sie so lange, bis sie sich zum gemeinsamen Gebet mit ihnen herbeiließ. So trat in der Nacht vom 20. zum 21. Juli 1827 ein Jenseitsbewohner in älterer Bauerntracht zu ihr und forderte sie auf, mit in seinen Stall zu kommen. Auf die Frage, wo derselbe sei, wurde ihr ein Haus im Ort bezeichnet, allerdings nicht ganz genau. Während der folgenden Nacht zupfte es, auch den anderen Hausinsassen sichtbar, fortgesetzt an den Bettstücken der Seherin. Im Zimmer hörte man Tritte wie die eines Menschen, und nach 22 Uhr ging die Tür hörbar auf und zu, obwohl sie geschlossen blieb. So ging das die nächsten Nächte weiter. Schließlich erschien jener Bauer mit einer jungen Weibsperson. Durch die Nähe dieser beiden sehr dunklen Wesen verfiel Friedericke Hauffe in Krämpfe. Als sie sich hiervon erholt hatte, erzählte sie Dr. Justinus K e r n e r von dieser Erscheinung; sie verspüre zwar großes Mitleid mit dem jungen Frauenzimmer, fürchte sich aber so sehr, daß sie nicht mehr allein bleiben wolle.

Am 27. Juli, nachmittags, standen die beiden Bauersleute wieder vor der Seherin und forderten sie auf, mit in den Stall zu gehen. Auf die Frage warum, was sie denn dort solle, antwortete der weibliche Geist: „Wir haben ein Kind ermordet und es im Stalle vergraben, wodurch ich nachher gestorben bin; der hat die Schuld." Damit deutete sie auf ihren Begleiter. Bei einem der folgenden Besuche erklärte sie: „Ich nahm ein Gift ein, um das Kind in mir zu töten und kam in dem

Stalle nieder. Dort begrub dieser das Kind, mich aber fand man nah in einer andern Scheuer tot." Dr. Kerner berichtete weiter:

„In der Nacht vom 12. hatte Frau H. heftige Kopfschmerzen. Gegen 12 Uhr, als die Turmglocken Brand in einem nahen Orte verkündigten (wo also anzunehmen ist, daß ihre Gedanken eine ganz andere Richtung hatten), kam der Bauerngeist und seine Begleiterin, und letztere trug ein in alte Lumpen gehülltes Kind, von dem nur der Kopf sichtbar war, in den Armen.*) Der Bauer sprach: ‚Ich, Nikolaus Pfeffer, bin der Verführer dieser und der Mörder des Kindes. So kniee nun hin und bete mit uns!' Sie sagte: ‚Das kann ich jetzt wegen großer Kopfschmerzen nicht.' Hierauf erwiderte der Geist: ‚Binde deinen Kopf kreuzweise und mache mit deinen beiden mittleren Fingern drei Kreuze auf ihn.' Dies wollte sie tun, machte es aber falsch, und der Geist zeigte ihr dann an seinem eigenen Kopfe, wie sie es machen solle. Als sie es so getan hatte, wich der Schmerz und es blieb nur noch Betäubung. Die Geister knieten nieder, und der weibliche hielt knieend das Kind in den Armen. Sie betete nun mit ihnen eine Stunde lang. Sie sagte mir, sie sehe jedesmal in ihren Ausdrücken, wie es ihnen während des Gebetes leichter werde."

Aus Platzgründen müssen die bisherigen Angaben zu diesem Fall genügen. Es sei nur noch erwähnt, daß die nächtlichen Besuche mit gemeinsam vollzogenem Gebet bis in den Oktober hinein andauerten. Während dieser Zeit wurden die Gestalten der Jenseitigen allmählich etwas heller (eine Beobachtung, die als Gebetswirkung vielfach von Hellsehern bezeugt wird) und ihre Kleidung veränderte sich ebenfalls. In der Nacht vom 24. Oktober zeigten sich die zwei Gestalten zum letzten Mal und nahmen Abschied von ihrer irdischen Helferin. Auf Frau Hauffes Frage, wo sie jetzt hinkämen, antworteten sie: „In einen besseren Ort." — Dr. Kerner wollte nach den Gebeinen des Kindes graben lassen. Die jetzigen Hausbewohner hatten jedoch Bedenken, daß ihr Haus dadurch in Verruf geraten könne und erlaubten es nicht. —

Bei dieser Gelegenheit scheint mir die Frage untersuchenswert, ob denn das Gebet für Verstorbene tatsächlich einen Sinn hat bzw. den Wert besitzt, den ihm beispielsweise die kath. Kirche in Form ihrer Seelenmessen für Abgeschiedene beimißt?

Es sind in der Tat Fälle bekannt, wo ein Spuk aufhörte, wenn für die betreffende „arme Seele" Messen gelesen oder Gebete verrichtet wurden. Andererseits gab es gewiß nicht weniger Vorkommnisse, wo dies wirkungslos war. Weshalb diese rein geistigen Hilfsmittel in einem Falle prompt wirken, im andern aber versagen, mag verschie-

*) Das Kind ist in diesem Falle ein seelisches Vorstellungsprodukt der Mutter, nicht das wirkliche Kind; man denkt hier unwillkürlich an das Wort „Und ihre Werke folgen ihnen nach".

dene Ursachen haben und scheint mir noch ungenügend geklärt zu sein. Dennoch wäre dies kein Grund, das Gebet für Vorangegangene gänzlich zu verwerfen. Gibt es doch auch viele Heilmittel, die in bestimmten Fällen sehr gut wirken, bei anderen wiederum versagen; wollten wir sie, weil sie nicht immer in gleicher Weise anschlagen, überhaupt nicht mehr anwenden? Was bliebe dann von der ganzen praktischen Heilkunde übrig? — Dasselbe dürfte für das ernsthafte Gebet gelten: wenn die Gedanken *Lebender* einander erreichen, was durch die nunmehr (endlich!) auch wissenschaftlich anerkannte Telepathie experimentell längst erwiesen ist, wenn die Wünsche und Gebete eines Menschen dem anderen nützlich sein können — was sich an vielen Beispielen erweisen ließe — warum also sollte nicht auch der *Abgeschiedene* von unseren Gedanken, Wünschen und Gebeten erreicht und beeinflußt werden können? — Wurde doch gerade in unseren Tagen von der Kirlian-Fotografie der exakte Beweis erbracht, daß der *Fluidalkörper* des Menschen der Träger telepathischer Funktionen ist, nicht der grobmaterielle Zellenkörper. In welcher Weise die Gedanken Lebender auf Verstorbene einwirken, darüber werden wir volle Klarheit wohl erst dann erlangen, wenn wir selber einmal „drüben" sind. Dann werden wir zu unserem nicht geringen Erstaunen wahrnehmen, daß uns nach Trennung von unserem grobstofflichen Leib die Gedanken und seelischen Schwingungen der Hinterbliebenen viel intensiver beeindrucken als zuvor. Der Vergleich von Georgievitz-Weitzer mit einem bloßgelegten Nerv ist hier angebracht: ein Lufthauch genügt, um heftige Schmerzen auszulösen. Die Bezeichnung „Nervengeist" oder „Perisprit" für den Fluidalkörper, wie sie von Spiritualisten schon seit mehr als hundert Jahren gebraucht wird, scheint doch recht zutreffend zu sein.

Daß gedankenlos dahergeplapperte Gebete sehr wahrscheinlich wenig oder gar keine Auswirkung haben, läßt sich unschwer denken; die tibetanischen Gebetsmühlen stellen wohl einen Gipfelpunkt automatischer Gebetsproduktion dar und müßten eigentlich bei *uns* erfunden worden sein. —

Zwei aufschlußreiche Bilder jenseitiger Gemütsverfassung schilderte Dr. Ing. Paul B r a n d t aus Frankenthal/Pfalz.*) Als praktizierender Jenseitsforscher und gläubiger Christ bemerkt er einleitend, man müßte doch eigentlich annehmen, daß ein überzeugter Atheist, nachdem er aus dem Erdenleben in die geistige Welt gekommen sei und dort die gänzlich unerwartete Erfahrung des persönlichen Weiterlebens gemacht habe, wohl kaum mehr ein Gottesleugner sein könne. Dem sei aber nicht so, meint Dr. Brandt, man solle sich da vor Fehlschlüssen hüten. Er führt daraufhin drei Protokolle an, die mit Hilfe

---

*) Dr. Ing. Brandt ist inzwischen selbst hinübergegangen.

eines Skriptoskopes (auch Planchette genannt), zustande gekommen waren.

Im ersten Falle meldete sich ein dem Berichterstatter unbekannter Geist namens Gottfried Pister. Er identifizierte sich dann in korrekten Antworten als der vier Jahre vorher verstorbene Gatte einer früheren Freundin von Frau Brandt, der Bahnbeamter in Ludwigshafen/Rhein gewesen war. Dr. Brandt erzählt:

Gefragt, warum er gekommen sei, versicherte er, er sei glücklich, meine Frau, die er mit ihrem Mädchennamen anredete, als alte Bekannte begrüßen zu können. Auf mein „Gott zum Gruße" antwortete er: „Es gibt keinen Gott". Aber, wie kannst du so etwas sagen? — „Ich sage, es gibt keinen Gott!" — Wir unterbrachen daraufhin den Kontakt und meine Frau berichtete, dieser Gottfried Pister sei überzeugter Atheist gewesen. Schon seine Eltern waren es. Die Pisters gehörten der freireligiösen Gemeinde an, und ihre Kinder empfingen die dort übliche Jugendweihe.*) Er selbst sei aber ein guter, rechtlich denkender und handelnder Mensch gewesen.

Paul Brandt wandte sich nun wieder an den Jenseitigen und fragte: „Wie ist die Umgebung, in der du jetzt lebst?"

„Ziemlich dunkel und unfreundlich."

„Hast du nicht den Wunsch, in eine lichtere und freundlichere Region zu kommen?"

„Eigentlich nicht. Ich habe mich hier eingewöhnt und es gefällt mir ganz gut."

„Du glaubst also nicht, daß es einen Gott gibt?" — „Nein."

„Sieh, lieber Freund Pister, das kommt nur daher, daß dir das während deines Erdenlebens gelehrt, in dich eingebrannt worden ist, so daß du jetzt noch nicht fähig bist, von diesem falschen Glauben loszukommen. Sag einmal, hast du im irdischen Leben geglaubt, daß der Mensch nach seinem Tode persönlich weiterlebt?" — „Nein."

„Aber jetzt hast du durch eigenes Erlebnis erfahren, daß dein Glaube falsch war; denn jetzt weißt du, daß du persönlich als vollbewußter Geist weiterlebst. Habe ich recht?"

„Ja, das stimmt."

„Siehst du, genau so ist es mit dem falschen Glauben, es gebe keinen Gott."

„Du magst recht haben", erwiderte der Jenseitige. „Ich werde dies alles einmal überlegen. Ich danke dir für die Aufklärung."

Im zweiten Falle meldete sich sehr ungestüm eine Individualität namens David Nathan, gestorben angeblich 1829 in Pforzheim. Das „Gott zum Gruß" beantwortete er mit: „TTOG — es gibt keinen TTOG."

---

*) Die Freiheit der Freidenker besteht eigentlich nur darin, an andere Dogmen zu glauben.

„Was soll das heißen?"

„Ihr seid alle Narren, blödsinnige Narren, mit eurem TTOG."

Auf Brandts Frage, ob er Gott zu lästern meint, wenn er dieses Wort verkehrt schreibe, versetzte jener: „Ja, TTOG, TTOG, TTOG."

Dr. Brandt brach daraufhin die Unterhaltung ab. — Der Nutzeffekt hieraus: Warum sollte jemand, der schon im Diesseits überzeugt war, daß es so etwas wie einen Schöpfer aller Dinge unmöglich geben könne, nach seiner Entkörperung so bald anderen Sinnes sein? Das „Dir geschehe nach deinem Glauben" wird wohl erst jenseits des Grabes so richtig wirksam. Die Jenseitigen wissen über Gott und die Schöpfungsgeheimnisse vorerst kein Quentchen mehr, als sie im Diesseits wußten. Andererseits geben auch die höchstentwickelten Bewohner aus dem „stillen, ernsten Geisterreich" (Goethe), soweit sie sich mit uns noch in Verbindung zu setzen vermögen, zu, daß Gott auch für sie unsichtbar sei. Die Tatsache seiner wunderbaren Schöpfung und der persönlichen Unsterblichkeit, die nur dem Menschengeiste verliehen ist, läßt logischerweise auf eine alles überragende, unserem Denkvermögen unfaßbare Persönlichkeit schließen und muß als Gottesbeweis genügen. Nichtsdestotrotz wird im Jenseits niemandem der Gottglaube aufgezwungen; dort wie hier gilt: Du hast Deinen Verstand, wende ihn an!

Dr. Brandts dritter Bericht bestätigt erfreulicherweise, daß auch eingefleischte Atheisten „drüben" gründlich umlernen können. — Der Vater eines im Pfälzerwald lebenden Körperbehinderten, der von der Verzweiflungstat des Selbstmordes durch das Bekanntwerden mit der spirituellen Weltanschauung bewahrt geblieben war, hatte eine Buchdruckerei in Neustadt an der Weinstraße besessen. Als erfolgreicher Geschäftsmann wandte er sich später der Politik zu und wurde sozialdemokratischer Abgeordneter im bayerischen Landtag. Als überzeugter Atheist gehörte er dem Vorstand des Landesverbandes der freireligiösen Gemeinden der Pfalz an und duldete keine religiöse Erziehung seiner Kinder. Mehr noch: bei jeder Gelegenheit verspottete er den Gottglauben.

Dieser Mann wurde vom Tod buchstäblich überrascht: er betrachtete gerade die Wahlplakate auf einer mächtigen Holztafel, die auf dem Ludwigshafener Bahnhofsplatz stand, als urplötzlich ein gewaltiger Windstoß die Tafel umwarf. Unter ihren Trümmern lag tot der Landtagsabgeordnete. Ein abgesplitterter spitzer Holzspan hatte seine Halsschlagader durchbohrt.

Es war ergreifend, bemerkt Dr. Brandt, in welcher Weise dieser Verstorbene nun zu seinem Sohn sprach: „Mein lieber Heinz, schrecklich war mein Irrtum, daß es keinen Gott gäbe. Jetzt weiß ich die

Wahrheit: es gibt einen Gott! Seine Größe ist unfaßbar. Tief ist meine Reue, daß ich Gott geleugnet und auch die Mutter und euch Kinder von ihm ferngehalten habe. Doch Gottes Liebe ist mein Trost und meine Hoffnung. Lieber Heinz, verlasse dich immer auf Gott. Er wird dich richtig führen." — In der Tat haben jener Sohn Heinz und seine Gattin, die in mißlichen Verhältnissen lebten, später dank ihres unerschütterlichen Gottvertrauens wunderbare Gebetserhörungen erlebt. W. O. Roesermueller berichtete darüber in seiner Schrift „Hilfe aus dem Jenseits — Was das Gebet vermag."

Baronin Adelma von Vay kannte ebenfalls einen eingefleischten Atheisten. Dieser Mann namens Cleophas litt an einer unheilbaren Krankheit und trug sich mit Selbstmordabsichten. Baronin Vay redete ihm dies gründlich aus. Er war ansonsten ein herzensguter Mensch, ihn jedoch vom Weiterleben nach dem Tode zu überzeugen, gelang ihr nicht. — Als er gestorben war, fragte sie ihre geistigen Leiter nach seinem Ergehen. Die Auskunft lautete dahingehend, daß er von seiner vorausgegangenen Mutter abgeholt worden, jedoch noch immer bewußtlos sei und einen längeren Anpassungsschlaf benötige.

Nach einigen Wochen hieß es, daß Cleophas zwar „erwacht" sei, die ihn umgebenden hilfsbereiten Freunde aber nicht sehen könne, infolge seiner geistigen Einstellung bzw. Ungläubigkeit. Seinen Zellenkörper entbehre er sehr, trotz der Schmerzen, die dieser ihm verursacht habe. — Nach einem Jahr erfolgte über Adelma Vay folgende Mitteilung auf dem Wege der automatischen Schrift: „Verehrte Freundin! Nur so viel, daß ich sage: Ich glaube an den allgütigen Gott, und an die Unsterblichkeit ... Ich starb mit der Überzeugung, daß es kein Fortleben gäbe. Mein Staunen war groß, als ich meinen elenden Körper begraben, ich mich aber lebend fühlte! Ich erwartete einen zweiten definitiven Tod, und war glücklich, als er nicht kam. Meine guten Eltern öffneten mir die Augen und belehrten mich. Jetzt habe ich sogar beten gelernt ..."

Drei Jahre später fand eine Begegnung zwischen dem Sohn jenes Cleophas und Adelma Vay statt. Der Sohn war ebenfalls hartgesottener Atheist. Der Baronin Versuche, bei ihm Verständnis für das Walten eines Schöpfers zu wecken, erwiesen sich als vergeblich. Abends schrieb Cleophas spontan: „Liebe verehrte Gräfin.*) Als mein Sohn Sie heut besuchte und Sie mit ihm disputierten, stand ich knapp hinter Ihnen. Ich leide furchtbar darunter, daß mein Sohn Atheist ist, denn ich bin schuld daran; ich habe ihm dies Gift in die Seele gelegt und nun muß ich zusehen, wie mein Sohn sinnlos die Unsterblichkeit leugnet. Das ist furchtbar! Als ich mich nach dem Tode noch lebend fand, war ich wie vernichtet vor Reue und Schmerz, daß ich dies alles geleugnet

*) Baronin Vay war eine geborene Gräfin Wurmbrand.

und den Keim des Unglaubens meinem Sohne in die Seele gelegt hatte! Das war ein entsetzlicher Augenblick, als ich an mir selbst erfahren mußte, daß die Bücher und Theorien von Häckel, Büchner, Moleschott, alle falsch seien. Lügen, fürchterliche Lügen! Mein Leben war infolgedessen ein ganz falsches gewesen! Nun geht mein verblendeter Sohn denselben Weg! Ach, könnte ich ihm nur die Augen öffnen, denn er wird diese Hirngespinste der Materialisten nicht verdauen. Er meint, es gäbe ihm einen gelehrten Anstrich. Wie ich darunter leide, kann ich nicht beschreiben. Ich stehe vor dem Faktum, daß ich bin und lebe, und kann es meinem Sohn nicht mitteilen, weil er jede mediale Kundgebungsmöglichkeit verlachen würde, so wie ich es auch tat! Verzeihen Sie meine Lamentation; das Aussprechen tat mir wohl ..."

Aus solchen und ähnlichen Beispielen mosaikartigen Charakters kann man sich nach und nach ein ungefähres Bild der verschiedenen Zustände im Jenseits machen. Durch Übereinstimmungen einzelner Aussagen bilden sich gewisse Grundlinien heraus, die sich zu einem Fundament von ernstzunehmender Eindringlichkeit zusammenfügen lassen. Mehr auf Einzelheiten einzugehen, würde den Rahmen dieses Buches sprengen. So wäre noch manches über die *Natur* im Jenseits zu erzählen, über Baulichkeiten, über Technik in niederen Sphären, wo die „Fluidalmenschen" (nach Ing. Malik) alias Jenseitigen in geisttötender Monotonie ihren vom Erdendasein her gewohnten Tätigkeiten nachgehen und manchmal Jahrhunderte benötigen, bis sie zur Einsicht der Sinnlosigkeit ihres Tuns gelangen.

Wenn uns nun immer wieder versichert wird, daß ein Weiterkom-
wir uns zum Abschluß dieses Kapitels der Frage zuwenden, ob es denn
men drüben nur in tätiger Gottverbundenheit möglich sei, so wollen
auch im lichten Jenseits *Gottesdienste* irdischer Art gibt und wie man dort zu unseren *Kirchenlehren* steht.

Grundsätzlich wird betont, daß Religion in den höheren Sphären der geistigen Welt keine Glaubenssache mehr sei, sondern Erfahrungssache. Damit ist eigentlich alles ausgedrückt. Und da das ganze Dasein der uns vorangegangenen, in lichten Bereichen lebenden Freunde ein liebevoller Dienst am Nächsten, besonders am Tieferstehenden ist, und somit ihrem ganzen Sein und Wirken der Charakter eines Gottesdienstes zukommt, so wäre ein solcher in zeremonieller Form eigentlich überflüssig. Letzteres sei, so wurden Ph. Landmann und Dr. Friese belehrt, tatsächlich nicht der Fall; nichtsdestoweniger käme man gern zu Gottesfeiern zusammen. Derartige Feiern seien von herrlicher Musik und tiefster Dankbarkeit entspringenden Gesängen umrahmt. Die Lieder hätten jedoch einen wesentlich anderen Inhalt wie auf Erden:

„Sie enthalten keine ‚Lehren' über Gott und göttliche Dinge. Die haben wir nicht mehr nötig, da wir das wahre Leben kennen und besitzen. Deshalb ist ihr Inhalt Lob, Dank und Anbetung ... Leid und Trübsal gibt es hier ja nicht, auch keine hindernden Anfechtungen. Wir besingen mit Freude und Dankbarkeit eine Welt des Lichtes, welche uns glücklich macht und das Sehnen des Herzens nach Friede und Freude für immer stillt."

Bei Friese heißt es hierzu (S. 387): „Ein Gottesdienst besteht hier nicht, d. h. es werden keine Versammlungen irgend einer Art oder nach einem, den verschiedenen Religionen, die sich bei Euch gegenüberstehen, entsprechenden Kultus zur Verherrlichung des Schöpfers abgehalten. Dergleichen Übungen bedarf es hier nicht, wo jeder so viel von dem höchsten Wesen erkannt hat, daß er weiß, damit kann dem Herrn der Welt nicht gedient sein, daß wir zusammenkommen um Psalmen zu singen ..." Und ein anderer bestätigt: „Es gibt hier keine kirchlichen Versammlungen ... Sektenmacherei hat hier keinen Boden. Wir haben weder Bethäuser noch Prediger, kurz keinen, der uns belehrt, wie unser gemeinsamer Vater zu verehren ist. Jeder liebt und lobt ihn nach dem Verständnis, welches er von dem höchsten Wesen besitzt, und niemand wird irgend einem fertiggemachten Glauben überliefert wie bei Euch, wo von frühester Jugend an der Geist in Fesseln gelegt wird" u. s. w. — Im übrigen bestätigen alle Höherentwickelten, daß es — wie zu Carl von Lehsten gesagt wurde — ganz nebensächlich sei, „unter welcher irdischer Religionsflagge sittliches Vermögen erworben wurde; denn hätte seine Religion die Kraft besessen, in ihm die richtige Erkenntnis des Guten zu erwecken und als das erstrebenswerteste Ziel des irdischen Lebens lieb und wert zu machen, so hätte sie ihren Zweck bei ihm erreicht und damit auch ihre Aufgabe an ihm erfüllt." (Lehsten, S. 87) Der hier sprechende Jenseitige fährt fort, daß *der Wert einer Religion* daran zu messen sei, wieweit sie in der Lage ist, ihren Anhängern den Unterschied zwischen Gut und Böse und den Wert des ersteren gegen den Unwert des letzteren begreiflich zu machen; womit ihnen dann ja die Möglichkeit geboten wäre, das Gute zu erwählen und das Böse zu vermeiden. Und viel mehr, als nur den richtigen Impuls zu einem guten und ewigkeitsbewußten Lebenswandel zu geben, vermöge überhaupt keine Religion, da die sittliche Entwicklung des einzelnen stets von seiner inneren Neigung zum Guten und von dem allgemeinen Sittlichkeitsstandpunkt der mit ihm in Gemeinschaft lebenden Menschen abhinge. Zweifellos enthalte aber gerade die *christliche* Religion den größten ethischen Gehalt und biete somit den wirksamsten Impuls zu einer im Lichte der persönlichen Fortdauer richtigen Lebensgestaltung.

Schließlich möge noch der Hinweis Erwähnung finden, daß Gebete drüben (unter Ausschluß selbstredend der niederen Sphären) kaum Bitten enthalten. „Das Gebet ist ein feierlicher Akt. Das Hersagen von Formeln hat natürlich keinen Wert. Das Gebet wird erst fruchtbringend, wenn unser ganzes Streben auf ein edles Ziel gerichtet ist. Und es wird erst erhört, wenn wir uns würdig gemacht haben, das Ziel zu erreichen. Wenn Weisheit uns in der Wahl desselben leitet, so wird uns seine Erreichung beglücken, und darum sollen wir zunächst um diese Erkenntnis wahrer Weisheit beten. Auch verlangt die Liebe zu anderen, daß wir für sie, nicht allein für uns, beten." (Friese, S. 401)

C. v. Lehsten stellte einmal die Frage, ob man auch zu verstorbenen Menschen beten, sie sozusagen anrufen dürfe*), ohne gegen göttliches Prinzip zu verstoßen. Der Jenseitige erwiderte, er wäre ja, wie dem Fragenden bekannt sei, Mitglied der katholischen Religionsgemeinschaft gewesen und könne darum, wenn er die Frage bejahe, leicht in Verdacht geraten, mit religiösen Vorurteilen behaftet zu sein. Seine Bejahung wolle man aber nicht so auffassen, sondern sein Urteil als aus persönlicher Erfahrung entstanden ansehen, die er seiner bisherigen geistigen Entwicklung im Jenseits zu verdanken habe.

Zur weiteren Begründung fügte er noch hinzu, wir möchten — wenn wir uns eine Vorstellung von den Zuständen und Einrichtungen der jenseitigen Welt zu machen suchten — nie vergessen, daß dieselben wohl anders wären als die irdischen, aber nicht so sehr anders, daß sie überhaupt keine Vergleiche mit unserer Erde gestatteten. Im Gegenteil, die andere Welt wäre nur die Fortsetzung der ersten; und das nicht allein in innerer, rein geistiger Beziehung, sondern auch bezüglich ihrer Zustände und Einrichtungen; nur trügen dieselben alle einen weit edleren, der Moral und Schönheit mehr Rechnung tragenden Charakter, und zwar so sehr, daß sie uns vieles nicht richtig erklären könnten.

So sei es auch mit dem Gebet. So gut man nämlich auf Erden jemand anders um Rat und Hilfe bitten oder ihn ersuchen könne, für uns bei anderen ein gutes Wort einzulegen, ebenso könne sich der Erdenmensch an seine vorangegangenen Freunde oder Angehörigen wenden. — Wo sich also ein bedrängtes Menschenherz in seiner Angst an die verstorbene Mutter, an den Vater, Bruder oder Schwester oder an irgendeine schon im geistigen Reich weilende Seele wendet, der er eine aufrichtige Teilnahme an seinem Geschick zutraue, da könne es versichert sein, daß der Angerufene auch alles ihm Mögliche tun werde, ihm nützlich zu sein. — Wie es jedoch auf Erden oft nicht in der Macht eines Menschen stände, dem anderen zu helfen, so gerne er auch möchte, so wären auch die Jenseitigen mitunter nicht im-

*) Die vulgärspiritistische Praxis des Geisterzitierens ist hiermit nicht gemeint.

stande, die an sie gerichtete Bitte erfüllen zu können; es wäre dann aber jedesmal eine göttliche Fügung, der sie nicht entgegentreten könnten und dürften (Lehsten, S. 99/100).

Im übrigen liegt das Anrufen der katholischen Heiligen auf der gleichen Stufe: sie sind ja auch nichts anderes, als verstorbene alias entkörperte Menschen, und aus den vielfach beglaubigten Gebetserhörungen darf geschlossen werden, daß sie in einem höheren Seinszustand ichbewußt weiterleben und -wirken. Mithin ist es geradezu unsinnig, einen solchen Verkehr mit „Geistern" bzw. Menschen höherer Bewußtseins- und Entwicklungsstufe als sträflich oder gar „übernatürlich" zu bezeichnen. Übernatürlich kann überhaupt nichts sein, bestenfalls widernatürlich. „Ihr müßt nur den Begriff ‚Natur' über die Grenze derber Stofflichkeit hinausführen", sagt Emanuel (S. 206) und erklärt: „Die verkörperte Geisterwelt steht noch unter der Herrschaft einige endlicher Gesetze, denen die entkörperte Geisterwelt entwachsen ist. Doch die ewigen Gesetze, die die ganze Geisterwelt der Vollendung entgegenführen, sind mächtiger; der Geist untersteht ihnen in erster Linie, und der verkörperte Geist braucht nicht seinen (Erden-) Körper abzustreifen, um der Herrschaft gewisser endlicher Gesetze zu entwachsen. Denn das, was die entkörperte und verkörperte Geisterwelt verbindet — die Gleichheit der Wesenheit — ist mächtiger als das, was sie trennt: die derbe stoffliche Hülle."

Letztlich wollen wir neben dem *Wo* und *Wie* des Jenseits, auch noch das *Warum* der Jenseitsmitteilungen und -Botschaften beleuchten. Hierzu mögen zwei Aussagen von grundsätzlicher Bedeutung genügen, die eine auf irdischer Erfahrung fußend, die andere von höherer Warte — jenseits unserer Empfindungsschwelle — stammend, aus Regionen, die dereinst zu erreichen jedes edeldenkenden und wissenden Menschen tiefstinnerste Sehnsucht ist. —

Der Züricher Kassationsgerichtspräsident Georg Sulzer erklärt: „Durch mehr als zehnjährige Studien auf dem Gebiete der medialen Botschaften glaube ich berechtigt zu sein, in dieser Frage ein Wort mitzusprechen. Ich habe gegen hundert Medien, die Botschaften aus dem Jenseits überbrachten, kennengelernt, von denen nur eine kleine Minderheit außerhalb des Kreises ihrer Familie und ihrer engsten Freunde von ihren Fähigkeiten Zeugnis ablegte; und stets habe ich gefunden, daß unter ernsten gottsuchenden Menschen die Kundgaben, die sich fast immer als von Verstorbenen herrührend ausgaben, nur den Zweck verfolgten, entweder die irdischen Menschen vom Fortleben nach dem Tod zu überzeugen und sie dadurch sowie durch die hohen Glaubenswahrheiten der christlichen Religion, für welche sie energisch eintraten, Gott näherzubringen, oder Verstorbene über ihren Zustand aufzuklären und an den zu weisen, der einzig Hilfe bringen kann: den himmlischen Vater oder Jesus Christus. — Viele der sich kundgebenden Verstorbenen lebten so stark in den Ideen des Diesseits, daß sie entweder glaubten, sich noch im irdischen Leben zu befinden, oder, wenn sie wußten, daß sie gestorben waren, die sich ihnen nähernden Jenseitigen für Halluzinationen hielten und daher leichter von *irdischen* Menschen Belehrung annahmen, als von jenseitigen." Das Wichtigste sei stets gewesen, ihnen klarzumachen, daß sie für ihren beklagenswerten Zustand *selbst* verantwortlich seien und sie durch Gebet, Selbsterkenntnis und Wiedergutmachung bemüht sein müßten, aus ihrer traurigen Gemütsverfassung herauszukommen. Oft erklärten sie, nicht beten zu können, und man mußte darauf dringen, das ihnen vorgesprochene Gebet nachzusprechen. Dann entrannen sie allmählich, aber in der Regel sehr langsam, der Verworrenheit ihres Denkvermögens und dem damit verknüpften ganzen oder teilweisen Bewußtseinsverlust, unterbrochen durch traumhafte Bilder aus ihrem Erdenleben, und erwiesen sich hernach stets sehr dankbar."*) Und Emanuel sagt:

„Den Menschen die höchste Wahrheit, die sie aufzunehmen imstande sind, so darzustellen, daß sie die Sehnsucht erfaßt, dieser Wahrheit zu *leben*, das ist der Zweck der Geisterkundgebungen. — Sanfte Winde müssen sie sein, die die schlaffen Segel füllen und das Schiff dem Hafen näher bringen. Ihr Kapitäne habt zu prüfen und zu verstehen, von welcher Richtung der Wind kommt und in welcher Richtung euer Ziel liegt ... Das Leben, in der wahren Bedeutung des Wortes, ist, wie alle Schaffungen Gottes, klar, einfach, widerspruchslos in seiner Entwicklung und Vollendung. Klarheit ist Bedingung der Größe, und diese zu verstehen, uns zu eigen zu machen, ist unser Zweck und Ziel. Streift daher Nebensächliches ab, liebe Menschen, lernet die Hauptsache erfassen und mit ganzer Kraft bemeistern. Die Klarheit eurer Erkenntnis verbindet euch dann mit höher entwickeltem Leben ... und jubelnd, Gott preisend, erhebt sich dieses mit euch in höhere Sphären. — Seid euch in jedem Augenblicke eures Lebens klar, daß ihr aufwärtsstrebender Geist seid, und daß, jetzt schon im Erdenkleide, eure Erkenntnis euch befriedigen, beglücken kann. — Geistbrüder sind wir alle; Vergängliches kann keine wahre Schranke gegen Ewiges bilden. (S. 184)

*) Aus der geistigen Verworrenheit und Schwäche vieler Hinübergegangener wird, nach Sulzer, von Vertretern der indischen Theosophie irrtümlich der Schluß gezogen, daß es sich bei den angeblich Verstorbenen nur um „Astralleichen, Schemen, Larven" u. dgl. handele, die ihre „höheren Seelenbestandteile" nicht mehr besäßen. Allein man brauche nur gesehen zu haben, welche Veränderungen mit ihnen vorgehen, wenn sie zur Selbsterkenntnis gelangen, um die Unrichtigkeit dieser Theorie sofort einzusehen (Sulzer, „Moderne indische Theosophie und Christentum", Leipzig 1909, S. 90).

Parapsychologie und Religion

Glücklicherweise entstanden die Darlegungen in diesem Buch nicht aus Bestrebungen heraus, für eine Religionsgemeinschaft werben zu wollen; mithin entfällt für mich die Zwangsläufigkeit glaubhaft zu machen, daß die einen recht haben und die anderen einer Irrlehre anhangen. Da jedoch die Parapsychologie im allgemeinen und die Spiritologie im besonderen auf eine Bestätigung der von allen Hochreligionen seit jeher behaupteten persönlichen Unsterblichkeit hinausläuft und dadurch die Wiederbegegnung von Naturwissenschaft und Religion in greifbare Nähe rückt, wäre es unverständlich, wenn die Ergebnisse und Ausblicke der modernen Jenseitsforschung in ihrem Wert und Verhältnis zur christlichen Theologie zu erwähnen ängstlich vermieden würde. Wir müssen immerhin bedenken, daß mit dem Nachweis von einem nachtodlichen Weiterleben jegliche Religion steht oder fällt. Ganz besonders die christliche in all ihren Schattierungen wäre tödlich getroffen, wenn selbst noch im Jahre 2000 kein wissenschaftlich exakter Nachweis vom persönlichen Überleben des Sterbevorgangs erbracht werden könnte und der Auferstehungsbericht Jesu sich hoffnungslos als eine fromme Legende erweisen würde (wie neben den Berufsmaterialisten heute ja auch schon Theologen allen Ernstes verkünden). Sagt doch schon Paulus: „Ist aber Christus *nicht* auferstanden, so ist unsere Predigt vergeblich, so ist auch euer Glaube vergeblich" (1. Kor. 15/14). Was Jesus möglich war, muß — da er während seines Erdenwandelns ja unseren Naturgesetzen unterworfen war — auch uns möglich sein.*) Dies um so mehr, als er selbst gesagt haben soll „Wer an mich glaubt" (d. h., wer die richtige geistige Einstellung hat), „der wird die Werke *auch* tun, die ich tue, und wird größere denn diese tun." (Joh. 14/12)

Es liegt mir völlig fern, in religiöser Hinsicht irgend jemand belehren oder korrigieren zu wollen; jeder möge seinem Glauben leben, und wohl dem, der noch einen Glauben hat und aus ihm Kraft für des Lebens Müh und Last zu schöpfen vermag. Auch bin ich mir sehr wohl bewußt, daß ich mich bei der Berufung auf diese oder jene Bibelstelle auf theologisches Glatteis begebe. Denn auch die Bibel hatte ihr

---

*) Es sei denn, man stellt sich auf den Standpunkt der Göttlichkeit Jesu, so daß höhere Naturgesetze in Wirksamkeit getreten wären; aber erstens besteht über die Wesenheit Jesu bei den Theologen bis heute keine Einigkeit, und zweitens sind es ja eben die Fakten der psychischen Forschung, die der Theologie wertvolle Handreichungen zu geben vermögen und so manche bisher schwerverständliche oder unwahrscheinlich klingende Bibelstelle aufhellen.

Schicksal[143]) und die Tatsache des Vorhandenseins einiger hundert christlicher Glaubensgemeinschaften und der großen Kirchen (wovon allein die protestantische in zahlreiche Gruppierungen zerfällt), die sich in ihren einander sogar in wesentlichen Punkten widersprechenden Lehrmeinungen ausnahmslos alle auf die Bibel berufen beweist, daß deren Inhalt mehrdeutig ausgelegt werden kann und wird. Dennoch glaube ich um der vielen Leser willen, die einer christlichen Religionsgemeinschaft angehören, die recht interessanten und aufschlußreichen Berührungspunkte zwischen der Wissenschaft vom Übersinnlichen und der Bibel, speziell dem Neuen Testament, aufzeigen zu dürfen. Wenigstens zu einem kleinen Teil, sozusagen als Anstoß zu eigenem Nachdenken, denn ich will keine theologisch-parapsychologische Studie erstellen.

Von christlicher Seite wird dem Jenseitsforscher gewöhnlich das Bibelwort vorgehalten: „Du sollst nicht die Toten befragen". Dieses Argument erfreut sich allein schon deswegen großer Beliebtheit, weil man durch dessen Anwendung alles weiteren Nachdenkens über Herkunft, Sinn, Zweck und Beschaffenheit der ohnehin unheimlich anmutenden übersinnlichen Erscheinungen enthoben zu sein glaubt. Hier liegen aber zwei Inkonsequenzen vor: erstens liegt in jenem Argument selber ein Widerspruch, denn wenn jemand „tot" ist, kann er wohl kaum noch befragt werden; es sei denn, er lebt in einem uns unbekannten und unsichtbaren Zustand weiter. Und zweitens ist jedem Theologen bekannt, daß stets nur *geistig* Tote gemeint sind, wenn in der Bibel von Toten die Rede ist. Es bezieht sich also auf Menschen oder Verstorbene, die „von Gott abgefallen", unwissend und ungläubig sind bzw. es bei ihrem Hinübergang waren. Von solchen sollte man allerdings *keine* Aufschlüsse oder Hilfe erwarten wollen, da sie ja — wie wir zur Genüge erfahren konnten — selber hoffnungslos unwissend und mehr als hilfsbedürftig sind; oft wähnen sie, noch im Zellenkörper zu sein; ihr Bewußtsein ist unklar, sie vermögen ihre eigene Lage nicht zu erkennen, der Umwandlungsakt des Sterbevorganges blieb ihnen verborgen.

Auch Jesu Ausspruch „Laßt die Toten ihre Toten begraben" (Matth. 8/22) wäre anders absolut widersinnig, da Verstorbene sich doch unmöglich gegenseitig beerdigen können. — Jedenfalls sollte man gerade von Christen erwarten dürfen, daß sie der Parapsychophysik im allgemeinen und der Jenseitsforschung im besonderen größtes Interesse entgegenbringen. Dr. Georg v. Langsdorff bemerkt zu alledem treffend: „... wer befragt denn ‚Tote'? Tote können nicht antworten, wohl aber Lebende, die in fluidaler Gestalt umherirren. Wenn diese zu entsprechend beanlagten Personen kommen, mit Jammer und Seufzen ihre Not klagen, ganz von selbst und ungefragt ihren Zustand schildern, die Menschen um Hilfe und Gebet anflehen, damit das, was sie von sich aus nicht mehr selbst in sich hervorbringen können, nämlich Licht und Kraft zum Guten, in ihnen erweckt werde —, wer möchte sie darob mit dem abgeschmackten Zitat des Totenbefragens tadeln? Wenn Gott zuläßt, daß sie sich uns nähern und verständlich machen dürfen, so wird er ohne Zweifel seine weise Absicht dabei haben, die wir respektieren sollten!"

So gesehen, stellt die (nicht einseitig betriebene) Parapsychologie eine seit jeher vorhanden gewesene Herausforderung an die spekulative Theologie dar. Das begreifen manche Theologen überhaupt nicht, andere hinwiederum nur zu gut. Die Reaktion ist dementsprechend: Bekämpfung und Verketzerung von der einen, Ignoranz von der anderen Seite. Im trauten Verein mit ihrer Todfeindin, der materialistischen Naturwissenschaft, rufen die Kirchen ihr „Anathema" über die Jenseitsforschung aus; die Kirchen, weil hier etwas *anderes* über den Zustand nach dem Tode bekannt wird als *sie* es lehren, und die Schulwissenschaft, weil hier Dinge und Aspekte zutage treten, die Anlaß zu einem Rückfall in mittelalterlichen Aberglauben geben könnten und somit als „fortschrittsfeindlich" abzulehnen sind. Von Aberglauben wäre aber nur dann zu reden, wenn man den in der Parapsychologie behandelten Erscheinungen *mittelalterliche Erklärungen* gäbe. Mit der religiösen Metaphysik kann die Naturwissenschaft freilich keinen Bund schließen: dort das Dogma, hier wissenschaftliche Untersuchung; dort das Wunder, hier Kausalität. Das sind, wie du Prel zutreffend konstatiert, unvereinbare Gegensätze. Wenn aber die Metaphysik auf das Über*natürliche* zu verzichten bereit ist und sich auf das Über*sinnliche* bescheidet, wenn sie also zur Meta-Physik wird und das Kausalitätsgesetz nicht bekämpft sondern erweitert, dann ist das Bündnis mit der Naturwissenschaft nicht nur möglich, sondern für beide Teile sehr vorteilhaft; dann hätte nämlich die Naturwissenschaft nur mehr solche Zugeständnisse zu machen, die ihren Prinzipien nicht widersprechen. — Wenn also seitens der Metaphysik das Problem des Übersinnlichen als solches geliefert wird, die Naturwissenschaft dagegen die exakte Erforschungsmethode desselben beibringt, und wenn beide darin übereinstimmen, daß es nichts Übernatürliches gibt, wohl aber Übersinnliches von unbekannter Kausalität, so können beide, die so lange getrennt marschieren, vereint schlagen und daraus würde sich ein nicht hoch genug einzuschätzender Fortschritt für die gesamte Menschheit ergeben. Sogar das eigentlich philosophische Problem, das der Moral, könne — nach du Prel — auf dem Weg dieses Bündnisses seiner Lösung zugeführt werden, „denn die höchsten Abstraktionen, die umfassendsten Gesetze, unter die sich alle Erscheinungen unterbringen lassen, müssen auch von der übersinnlichen Welt gelten. Das umfassende Gesetz von der Erhaltung der Kraft muß also auch für uns und unseren Übergang aus dem Diesseits gelten; und von der Benützung des diesseitigen Lebens wird die Beschaffenheit des jenseitigen abhängen."[144])

Die moderne Parapsychophysik vermag Bindeglied zu sein zwischen Wissenschaft und Religion, denn es gibt keine höhere und wertvollere Wissenschaft als die, welche uns den Sinn unseres Daseins glaubwürdig erklären und uns klipp und klar sagen kann, woher wir kommen, warum wir hier sind und wohin wir gehen, wenn wir „gestorben" sind. Der große Biologe, Zoologe und Philosoph Prof. Dr. Hans Driesch (1867—1941) sah in der Wissenschaft vom Übersinnlichen die künftige Königin der Wissenschaften, die alle anderen befruchten würde, und bezeichnete es als einen Skandal, daß sie ausgerechnet im (gewesenen) Land der Dichter und Denker seitens der Hochschulwissenschaft ignoriert würde. Driesch sagte: „Angesichts der Parapsychologie steht man vor einer möglichen Weltbildumgestaltung, die überhaupt nicht ihresgleichen hat oder je gehabt hat. Hier ist wirklich ein Schatz zu finden, und nicht nur Regenwürmer." (Driesch, „Parapsychologie", Zürich 1943, S. 3) und weiter: „Die Parapsychologie ist unsere Hoffnung in Sachen der Biologie, ebenso wie die Paraphysik unsere Hoffnung in Sachen der Psychologie ist. Beide aber sind unsere Hoffnung in Sachen einer wohlfundierten Metaphysik und Weltanschauung." Dasselbe hat mit jeweils anderen Worten oft und und eindringlich genug unser Altmeister du Prel zum Ausdruck gebracht, und vor, mit und nach ihm noch andere mutige Forscher, auch solche von Rang und Namen.

Bei alledem steht auf keinen Fall zu befürchten, daß mit einem wiederauflebenden Unsterblichkeitsglauben (der dann ohnehin kein Glauben mehr, sondern ein Wissen sein wird) auch die orthodoxe Dogmatik in ihrer geistlähmenden Beschränktheit neuen Auftrieb bekommen könnte; der Unsterblichkeitsglaube findet lediglich seine Neubegründung — und zwar eine wissenschaftlich exakte — ohne daß wir deswegen all jene unverdaulichen Denkschablonen übernehmen müßten, in denen er sich bis dato eingebettet fand. Du Prel schreibt im Vorwort zu seinem grundlegenden Werk „Das Rätsel des Menschen" hierzu, daß die Geheimwissenschaften in ihrer modernen Form überhaupt nicht zu einem Glauben verleiten, sondern *ein neues Wissen* vorbereiten . . . und schon darum verweisen sie nicht zurück in die Vergangenheit, sondern weit voraus in die Zukunft. Im Zusammenhang mit der Lösung des Menschenrätsels sei die Parapsychophysik berufen, den wichtigsten Bestandteil einer Weltanschauung der

Zukunft zu liefern: eben den der persönlichen Unsterblichkeitsgewißheit. Einmal vollendet, wird diese Weltanschauung als Synthese von Religion und Wissenschaft, von Metaphysik und Naturforschung dastehen. „Sie wird sich nicht einseitig an das *Herz* des Menschen wenden, wie die Religion, aber auch nicht einseitg an den *Verstand*, wie die Wissenschaft. Sie wird keine in Dogmen erstarrte Religion des blinden Glaubens sein, wird aber auch nicht jener Wissenschaft gleichen, von deren Lehrstühlen heute ein eiskalter Windzug auf das Volksleben herabweht." Als Metaphysik werde sie sich nicht bloß in begrifflichen Konstruktionen bewegen, sondern gleich der Naturwissenschaft eine Grundlage von Erfahrungstatsachen haben, die sogar experimentell erforscht werden können. —

Wenn wir im Rahmen der Problemstellung dieses Buches auf die Berührungspunkte zwischen Parapsychophysik und Jenseitsforschung einerseits, und christliche Theologie bzw. Kirche und Religion andererseits zu sprechen kommen wollen, so müssen wir zuerst der christlichen Jenseitseinteilung unserer Aufmerksamkeit zuwenden:

Im griechischen Text des Neuen Testaments findet sich häufig das Wort *Hades*, als Bezeichnung eines Übergangszustandes der Abgeschiedenen, eines Zustandes der Reinigung von irdischen Lastern und unguten Neigungen. Der hebräische Text hat hierfür das gleichbedeutende Wort *Scheol*, worunter ein Schattenreich der Sühne und Buße verstanden wurde. Hades und Scheol wurden aber — wie jedem Theologen bekannt sein muß — in verschiedene Gradstufen eingeteilt, wovon die höchste ein Zustand der Ruhe und des Friedens war (Paradies) und die niederste, *Geënna*, einen Zustand der geistigen Niedrigkeit und der Qual bezeichnete. Nach Angaben von Fachleuten soll das griechische Textwort „geënna" aus „ge hinnom" = Tal Hinnom = Jammertal, entstanden sein. Nach Mitteilung des jüdischen Gelehrten Kimchi, der um 1100 n. Chr. in Südfrankreich lebte, sei damit eine Felsengrube in der Nähe Jerusalems bezeichnet worden, wo ein Feuer zur Verbrennung von Abfällen, Unrat, Kadavern usw. unterhalten wurde. Auch Verbrecher warf man hinein. Nach Dr. A. Dinter macht es dieser Umstand erklärlich, daß sich auch Jesus gelegentlich dieses Ausdrucks bildlich bedient haben mag zur Versinnbildlichung des Verderbens, in das wir durch sündige Abkehr von Gott geraten.

Die frühe katholische Theologie machte nun aus dem Hades ein „Fegefeuer". Die Tatsache, daß das Fegefeuer als Glaubensdogma erst 600 Jahre nach Christi Erdenwandel (genau: im Jahre 593 n. Chr.) eingeführt wurde besagt an sich genug, und die Wahrscheinlichkeit, daß man in den Gemeinden der ersten Christen und auch später etwas anders über diese Dinge gedacht haben mag, wird wohl kaum von der Hand zu weisen sein. Wissen wir doch heute sehr genau, daß die ersten Christengemeinden auch den Tod ganz anders beurteilten als wir es heute von den Kirchenkanzeln zu hören bekommen. Ihre Vorstellungen hierüber waren sowohl von den damaligen jüdischen, wie auch von den heidnischen Ideen gänzlich verschieden. Sie meinten, daß der Verstorbene ihnen in Wirklichkeit nicht verloren gegangen war; die Gemeinschaft mit ihm war keineswegs abgebrochen. Und weil sie überzeugt waren, das Individualität und Bewußtsein des Hinübergegangenen unverändert blieben, ja daß Liebe und Zusammenhörigkeitsgefühl durch die vorübergehende Trennung nur noch stärker würden, betrachteten sie den Tod als eine „Erhöhung", einen Grund zur Freude, niemals zur Trauer. Der hier schon mehrfach erwähnte verdiente Theologe und Bibelübersetzer, Prof. Haraldur Nielsson studierte eingehend alle erreichbaren diesbezüglichen Quellen einschließlich der Schriften der Kirchenväter und erfuhr von diesen, daß es bei den frühen Christen Sitte war, den Todestag als *Geburtstag* des Verstorbenen zu feiern ... denn an jenem Tag war er zum neuen, ewigen Leben eingegangen. „Eine christliche Beerdigung damals war ein direkter Gegensatz zu der Trauer und trüben Stimmung, die in unseren Tagen alle Begräbnisse umgeben. Die ersten Christen trugen Palmen- und Ölbaumzweige im Trauergefolge, aber Zypressenzweige waren verboten, denn die Zypresse galt als Zeichen der Trauer. Bei der Leiche sang man Lieder und Lobgesänge, die der Freude und dem triumphierenden Jubel Ausdruck gaben, sowohl im Hause, wie unterwegs zum Grabe (vgl. Lyman Coleman, „Christian Antiquities"). Ebenso verwarf man die ganzen jüdischen Trauer-Zeremonien, wie z. B. sich einen Sack anzuziehen, Asche auf den Kopf zu streuen und seine Kleider zu zerreißen." Die ersten Christen tadelten in scharfen Worten die römische Gepflogenheit, schwarze Kleidung anzulegen, sie trugen weiße. Aber die heidnisch-römische (Un-)Sitte der pechkohlrabenschwarzen Trauerkleidung hat sich nachmalig in der Christenheit durchgesetzt und mit dazu beigetragen, daß das Sterben und Begrabenwerden zum Inbegriff des Schreckens vor dem Tode wurden. Infolgedessen versucht heute jedermann, den Gedanken an einen möglichen Tod so weit es nur irgend geht von sich fern zu halten ... wie unvernünftig! Da ihm doch keiner von uns zu entgehen vermag. — Doch nun zurück zum Hades alias Fegfeuer:

Martin Luther, empört über den Mißbrauch, den die damalige Geistlichkeit mit der Lehre vom Fegfeuer trieb, übersetzte „Hades" und „Scheol" kurzerhand fast durchweg mit *Hölle.**) Sinnentstellende Auslegungen diesbezüglicher Bibelstellen waren die unausbleibliche Folge. Man ersieht hieraus, wie auf diese Weise der christlichen Theologie der eigentliche Sinn des Buße- bzw. Reinigungszustandes nach

*) Von „Hel" kommend, was (nach Prof. Dr. D. Köberle, Tübingen) ursprünglich durchaus nicht einen Ort der Verdammnis bezeichnete.

dem Erdentode, wie ihn das Neue Testament ursprünglich lehrte, verlorengehen konnte. Und nicht nur das. Die angebliche „Ewigkeit der Höllenstrafen" beruht ebenfalls auf einer falschen Übersetzung, auf einem Mißverständnis des griechischen Wortes *Aion* resp. Äon. Denn Äon bedeutet nie und nimmer eine Endlosigkeit. Im Griechischen besagt dieses Wort lediglich einen Zeitraum von unbestimmter Dauer. Nach Ansicht der Römer umfaßte ein Äon die Zeitspanne von hundert Jahren. Außerdem hat man (und selbst unsere modernen Bibelübersetzer handhaben es so) in der Bibel ansonsten das Wort Äon mit „Zeit" übersetzt, und das daraus abgeleitete Eigenschaftswort mit „zeitlich", weil es andernfalls, wenn man das Wort „ewig" verwendet hätte, eine unsinnige Aussage ergeben haben würde. Nur dort, wo von einer jenseitigen Strafe die Rede ist, hält man das Wort „ewig" für richtiger.

Aus „Äon" läßt sich jedenfalls keine Ewigkeit im Sinne einer endlosen Dauer rechtfertigen, zumal an anderen Stellen „von Ewigkeit zu Ewigkeit" gesprochen, also ebenfalls keine Endlosigkeit darunter verstanden wird. Und außerdem hat die Kirche — was den wenigsten Gläubigen bekannt sein dürfte — das Dogma ewiger Höllenstrafen lediglich aus erzieherischen Gründen aufgestellt. Kein Geringerer als Hieronymus (340—420), Kirchenvater und Übersetzer der Bibel ins Lateinische (Vulgata), bestätigt dies und bekennt ganz offen: die Kirche habe die ewigen Höllenstrafen nur als nützliche Vorstellung bewahrt; man müsse das denen verheimlichen, welchen die Furcht nützlich sei, damit sie — die Strafe fürchtend — nicht sündigen.*) Damit dürfte die Fragwürdigkeit der kirchlichen Jenseitsvorstellungen eigentlich zur Genüge gekennzeichnet und gleichzeitig auch die Zurückhaltung der Kirchen gegenüber der modernen Jenseitsforschung verständlich genug sein. Andererseits, bemerkt du Prel hierzu, erscheint es heutzutage überflüssig, eine Ewigkeit der Höllenstrafen widerlegen zu müssen: als ein *Zustand* gedacht (und daß es ihn gibt, steht für den Jenseitsforscher außer jedem Zweifel), könnte auch dieser, dem Naturgesetz stetiger Entwicklung gemäß, nicht stationär sein.

Jedenfalls fände durch das eben Dargelegte auch die neutestamentliche Schilderung vom reichen und armen Mann (Lukas 16/19-31) eine erklärende Deutung: Der Reiche befand sich in einer der tiefsten Regionen des Hades (Gëenna). Weit entfernt von ihm, auch im Hades, jedoch in der höchsten Stufe desselben (Paradies), waren in seligem Zustande Abraham und der arme Lazarus.

Auch die schon erwähnten Worte Jesu zum Schächer am Kreuz lassen erkennen, daß nach überstandenen Kreuzigungsqualen keine so-

*) Quae nunc ascondenda sunt ab his, quibus timor utilis est, ut, dum supplicia reformidant, peccare desistant (Hieronymus, Comment. ad. Is. cap. ult.)

fortige Aufnahme in den Himmel erfolgte; nur vom Paradies ist die Rede. Sogar Jesus selbst gelangte nach seinem Kreuzestode erst einmal in jenes „Zwischenreich" der Entkörperten, das wir alle einmal kennenlernen werden. „Ich bin noch nicht aufgefahren zu meinem Vater" (Joh. 20/17) waren seine Worte zu Maria Magdalena. Jedenfalls verträgt es sich weder mit den Aussagen der hl. Schrift, noch mit den von der modernen Jenseitsforschung festgestellten Fakten, daß mit der Loslösung vom grobstofflichen Erdenkörper sogleich auch eine totale Befreiung von den Folgen falscher Lebens- und Denkweisen verbunden sein soll und der Mensch in vergeistigter Form unverzüglich zum reinen Äther emporschwebe. Jesus würde dies sicherlich vermocht haben, aber er verblieb in materialisierter Gestalt noch eine Zeitlang unter seinen Freunden, um ihnen das Wesentlichste zu beweisen: das persönliche Überleben des Todes!

Nehmen wir als nächstes den Ausspruch Pauli „Fleißiget euch der geistigen Gaben" (1. Kor. 14/1) unter die Lupe, ja überhaupt die ganzen Kapitel 12 und 14 des 1. Korintherbriefes. Diese Kapitel enthalten Anweisungen, wie die ersten Christengemeinden ihre gottesdienstlichen Zusammenkünfte gestalten sollten. Da liest man so oft das Wort „Geistesgaben". Im griechischen Text steht aber *Geister*, und nicht Geistesgaben. Und an vielen Stellen, wo es *ein* Geist heißt, wurde *der* Geist übersetzt. Das Ergebnis ist, daß die beiden Korinther-Kapitel bis zur Unkenntlichkeit entstellt wurden und dem Laien heute überhaupt nicht mehr verständlich sind. Nur an sehr wenigen Stellen hat man das Wort *Geister* stehen gelassen, z. B. bei 1. Kor. 14/32: „Die Geister der Propheten sind den Propheten untertan", was nichts anderes bedeutet, als daß es an den ASW-begabten Menschen und an den bei derartigen Demonstrationen anwesenden Leuten selber liegt, ob und wie lange sich unwissende (erdgebundene) oder vorsätzlich Unfug treibende Jenseitige (sog. Foppgeister) kundtun dürfen oder nicht. Unter „Propheten" verstand man früher das, was man heute gemeinhin „Medien" nennt. Die Griechen verwendeten den Ausdruck „Pneumatiker" für sie; das waren „die vom Geist geleiteten", genauer: die unter Einfluß eines Geistes (ehemaligen Menschen) oder Engels standen.

Auch hinsichtlich 1. Kor. 14/12 heißt es im griechischen Text nicht „also auch ihr, sintemal ihr euch fleißiget der geistlichen Gaben" sondern (nach Prof. H. Nielsson und anderen Theologen): „So auch ihr also, da ihr mit Eifer nach Geistern trachtet (d. h. darnach, mit Geistern in Verbindung zu kommen), so tut das zur Erbauung der Gemeinde, daß ihr suchet, reich an ihnen zu werden." Prof. Nielsson bemerkt, daß in vielen Bibelübersetzungen diese Schriftstelle auch heute noch verkehrt übersetzt sei, obgleich es nicht dem geringsten Zweifel unterläge, was die griechische Formulierung *epei zelotai este pneumaton* in Wahrheit bedeutet. Im 1. Johannesbrief dagegen findet sich die ursprüngliche Fassung übersetzt: „Ihr Lieben, glaubet nicht einem jeglichen Geist, sondern prüfet die Geister, ob sie von Gott sind" (1. Joh. 4/1); denn viele „falsche Propheten" seien vorhanden, d. h. Medien, die — wie das besonders in den USA häufig anzutreffen ist — ihre Begabung für geschäftliche Zwecke mißbrauchen und infolge dieser ihrer niederen Gesinnung auch nur ebenbürtige Geister anzuziehen vermögen.

„Ungebetene Gäste" können sich aber auch dann einschleichen, wenn Medium und Kreis über allen Tadel erhaben sind, und das scheint auch bei den Urchristengemeinden vorgekommen zu sein, weswegen Paulus sich veranlaßt sah, Ratschläge und Richtlinien zu geben. Er selbst war ja mit „Gnadengaben" (charismata) wie er betont, versehen. Paulus war offenbar das, was man heute unter einem starken Trance-Medium versteht. Im „Reden mit fremden Zungen" sei er ein Meister gewesen. Er geriet oft in „Verzückung". Von der Bibel selber ist ja der heute gebräuchliche Ausdruck „Trance" in den modernen Sprachgebrauch übergegangen; in deutschen Bibeln werden wir dieses Wort zwar vergeblich suchen, aber in englischen Übersetzungen ist es häufig zu finden (trance). Das berühmte 13. Kapitel des 1. Korintherbriefes*) scheint, wenn es nicht, wie manche Theologen vermuten, ein späterer Einschub (sog. Interpolation) ist, von Paulus im Verzückungs- alias Trancezustand geschrieben zu sein, denn es fällt stilistisch völlig aus dem Rahmen.

Man muß bedenken, daß bei den Gebetszusammenkünften der Urchristen keine ausgebildeten Priester zugegen waren. Ihre Andachten sind mit unseren heutigen Gottesdiensten überhaupt nicht mehr zu vergleichen. Sie hatten auch die altjüdischen Prophetenschulen, die nichts anderes als Ausbildungsstätten für supranormale Begabungen waren, weder zur Verfügung noch nötig. Unnötig geworden deshalb, weil die urchristlichen Versammlungen in einer Weise abgehalten wurden, daß sie die Tätigkeit der früheren Prophetenschulen vollkommen ersetzten. So hatte z. B. das gemeinsame Händereichen**) für die medial Veranlagten unter den Versammlungsteilnehmern eine große odisch-physikalische Bedeutung. Das alles war ihnen ja aus ihrer „Heidenzeit" her bestens bekannt. Paulus brauchte sie also nicht erst umständlich über die Gesetze aufzuklären, unter denen Jenseitskontakte überhaupt erst zustandekommen. Er brauchte nur auf die im Unterschied zu früher andersartigen Wirkungen und Äuße-

*) „Wenn ich mit Menschen- und mit Engelzungen redete, und hätte der Liebe nicht ..." (nach Luther).

**) wird bei Spiritisten und Freimaurern noch heute praktiziert.

rungsarten hinzuweisen, die ihren geistigen Bestrebungen als nunmehrige Christen angepaßt sein mußten. Anscheinend ging in Korinth alles ein bißchen durcheinander. Aus diesem Grunde gab Paulus Anweisung, eine bestimmte Ordnung einzuhalten: so sollten höchstens zwei oder drei „mit Zungen reden" (in Tieftrance sprechen), und nur hintereinander. Desgleichen die Propheten (solche, die Wesen und Charakter der Mitmenschen erkennen können), und die übrigen sollten alles Gehörte prüfen. Wenn aber alles durcheinander redete, und es kämen Laien oder Ungläubige hinzu, so würden dieselben meinen, die Christen seien unsinnig, auf gut deutsch: verrückt (1. Kor. 14/23). Ähnliche Erscheinungen kann man ja neuerdings bei Anhängern der Jesus-People-Bewegung beobachten; auch bei den Pfingstlern war es früher so.

Den Anweisungen Pauli entnehmen wir klar und deutlich, daß sich unter den urchristlichen Gemeinden Menschen verschiedenster ASW-Begabung befanden, die sie in den Dienst der christlichen Lebens- und Weltanschauung stellten. Es gab unter ihnen Sprech- und Inspirationsmedien, physikalische Medien, „weissagende" Menschen mit der Gabe des zeitlichen Hellsehens, und solche, die Geister unterscheiden konnten (räumliches Hellsehen). Das Händeauflagen war mit Übertragung von Od- oder Lebenskraft (Magnetismus) ebenso verbunden wie heute; Heiler und Heilen spielten bei ihnen eine wichtige Rolle. Man solle all diese Geistesgaben nicht verachten, mahnt der Apostel in 1. Thess. 5/20; aber in welchen christlichen Gemeinden findet man sie heute noch? Unsere sog. Gottesdienste laufen gleichsam vorprogrammiert ab und werden, soweit man sie überhaupt noch aufsucht, wie Pflichtübungen absolviert. Noch heute bedeutet es bei uns ein Risiko, sich zur Möglichkeit parapsychischer Erscheinungen zu bekennen, und unter den Pfarrern gibt es nur ganz wenige, die den erforderlichen Mut hierzu aufbringen, obwohl letztere — soweit es die Protestanten betrifft — nur ihren Blumhardt zu lesen brauchten, um zu ernsthaftem Nachdenken angeregt zu werden. Als vor Jahren einmal einem Konsistorium wichtige Akten abhanden gekommen waren und man in allen angeschlossenen Pfarreien Nachforschungen nach ihrem Verbleib anstellte, schrieb ein Pfarrer an dasselbe, man möge sich doch an die alte N. N. (eine ungebildete Frau, die weder lesen noch schreiben konnte, die jedoch als Schreibmedium diente) wenden. Die Frau vermittelte zwar die gewünschte Auskunft und die Akten wurden daraufhin gefunden; dem betreffenden Geistlichen aber, der sowieso schon im Geruche des Spiritismus gestanden hatte, legte man nahe, sich pensionieren zu lassen. —

Ein weiteres Mißverständnis von Bedeutung, welches aus der ungenauen Übersetzung der griechischen Vorlagen des Neuen Testaments entstand, bezieht sich auf den Begriff „Himmel". Einige Stellen der Luther-Bibel enthalten zwar noch die ursprüngliche Fassung „*die* Himmel" und deuten somit das Vorhandensein mehrerer Himmel an, aber man übersieht sie in der Regel oder denkt sich nichts weiter dabei. Das christliche Glaubensbekenntnis spricht von nur *einem* Himmel, und der Religionsunterricht befestigt diese Anschauung seit jeher. Wollte man sich jedoch an den diesbezüglichen Wortlaut des griechischen Textes halten und den Mut zum eventuell erforderlichen Umdenken aufbringen, so würde man von der Unrichtigkeit der Ein-Himmel-Theorie sehr bald abkommen und zur spiritualistischen Auffassung der vielstufigen Sphären gelangen. Schon im Vater-unser-Gebet liegt von Luther her ein Übersetzungsfehler vor; in der griechischen Vorlage heißt es nämlich nicht „... der du bist in dem Himmel" oder „Unser Vater im Himmel", sondern (wie Zwingli es richtig übersetzte), „in den Himmeln". Bei Matth. 5/20 lesen wir in der Luther-Bibel: „Es sei denn eure Gerechtigkeit besser denn der Schriftgelehrten und Pharisäer, so werdet ihr nicht in das Himmelreich kommen." Zwingli formulierte dem griechischen Wortlaut gemäß: „... werdet ihr nicht in das Reich der Himmel kommen." Ferner Matth. 5/16, wo es im griechischen Text heißt: „So soll euer Licht vor den Menschen leuchten, damit sie eure guten Werke sehen und euren Vater, der in den Himmeln ist, preisen." Luther dagegen schrieb: „... und euren Vater im Himmel preisen."

Genau so verhält es sich mit Matth. 16/17. Luther übersetzte: „Selig bist du, Simon, Jona's Sohn; denn Fleisch und Blut hat dir das nicht offenbart, sondern mein Vater im Himmel." Der griechische Wortlaut ergibt auch hier ein anderes Bild: „... sondern mein Vater in den Himmeln." Desgleichen 2. Petrus 3/10 ff., wo auf die Endzeit Bezug genommen wird: Luther übersetzte in den Versen 10 und 12 noch richtig mit „die Himmel" (... an welchem die Himmel zergehen werden ... und ... an welchem die Himmel von Feuer zergehen). Aber Vers 13 ist bereits wieder nur auf *einen* Himmel zugeschnitten: „Wir warten aber eines neuen Himmels ...", wogegen es im griechischen Text „Wir erwarten aber nach seiner Verheißung neue Himmel" usw. lautet. Derlei Beispiele ließen sich beliebig vermehren, allein es wäre Sache der Theologen, hier Klarheit zu schaffen und ein besseres Verständnis vieler Bibelstellen zu ermöglichen. Im übrigen gewannen auch die Zwingli-Anhänger trotz ihrer in diesem Punkt getreueren Übersetzung des NT leider keine andere Vorstellung vom Himmel als die übrige Christenheit, und so wird unseren Kindern eben auch weiterhin eine rückständige Auffassung von Himmel und Hölle eingepaukt. Bedauerlicherweise pflegt der heranwachsende junge Mensch unserer Zeit mit dem Unglauben an derartige Theorien zugleich den ganzen

Gottglauben von sich zu werfen, und das ist für jeden Einzelnen verhängnisvoll. Verhängnisvoll deswegen, weil ihm dadurch der Schlüssel zum eventuellen Verständnis seines Daseinsrätsels verlorengeht. Zweitens, weil er in Notsituationen des Lebens keine geistige Kraftquelle kennt, aus welcher er schöpfen könnte (das vertrauensvolle Gebet, dieser Telefonanschluß zum höheren Sein); und drittens, weil seine materialistische Gesamterziehung ohnehin in selbstüberhebliche Lieblosigkeit einmündet und zur Mißachtung des Lebensrechts Andersdenkender geneigt macht. Aus alledem ergibt sich zwangsläufig eine grundfalsche Lebensanschauung, ergeben sich Handlungen, die im diametralen Gegensatz zum schöpferischen Naturgesetz der geistig-individuellen und allgemeinen Aufwärtsentwicklung stehen ... und die Folgen von alledem sind verheerend; nicht allein schon im Diesseits, sondern — wie wir Jenseitsforscher mit absoluter Gewißheit versichern können — erst recht „Drüben", wo jedem mit dem Maß gemessen wird, mit welchem er selbst zu messen pflegte. Man irre sich nicht, wie Faust, den Goethe sagen läßt:

„Das Drüben kann mich wenig kümmern —
Aus d i e s e r Erde quillen meine Freuden,
und d i e s e Sonne scheinet meinen Leiden;
kann ich mich erst von ihnen scheiden,
dann mag — was will und kann — geschehn.
Davon will ich nichts weiter hören,
ob man auch künftig haßt und liebt,
und ob es auch in j e n e n Sphären,
ein Oben oder Unten gibt."

Ihm, dem Wahrheitssucher Faust, wurde klargemacht:

„Die Geisterwelt ist n i c h t verschlossen;
Dein Herz (nur) ist zu, dein Sinn (dafür) ist tot —"

Und Goethe, der große Wissende, läßt die belebende Aufforderung folgen:

„Auf! Bade, Wandrer, unverdrossen,
die ird'sche Brust im Morgenrot!"

... im Morgenrot geistiger Daseinserkenntnis!

„*Euch* ist es gegeben, die Geheimnisse des Reiches der Himmel zu erkennen ..."*) heißt es in Matth. 13/11. Mit anderen Worten: gerade den Christen wäre es bei einigermaßen gutem Willen möglich, Aufklärung über die Prinzipien der Dinge um uns her, über die unsichtbaren Ursachen der sichtbaren Schöpfung zu erlangen, um dadurch ihren Glauben durch Wissen zu untermauern, und dem christlichen

*) Mit „die Geheimnisse des Himmelreichs" hat Luther auch diese Stelle unrichtig übersetzt, wie theologischerseits allgemein bekannt ist.

Lehrgut neue, weil zeitgemäße Überzeugungskraft zu verleihen. Denn die urchristlichen Lehren, richtig verstanden, eröffnen den kürzesten Weg zur Aufhellung der bangen Frage nach unserem Woher und Wohin, und damit zur Lösung des Menschenrätsels überhaupt ... Leider begnügt man sich kirchlicherseits noch immer mit der nun fast 2000 Jahre alten „Milch" des Paulus (1. Kor. 3/2), die er seinerzeit seinen Gemeinden zu verabreichen gezwungen war, weil sie „festere Speise" nicht vertragen konnten, nicht verstanden hätten. — Wäre es nicht an der Zeit, die damaligen Kinderschuhe, in die sich der Mensch des 20. Jahrhunderts nur noch widerstrebend hineinzwängen läßt, abzustreifen und sich nach geeigneterem Schuhwerk umzusehen, damit endlich auch die Theologie — die „Wissenschaft von Gott und der göttlichen Offenbarung" — den Vorsprung anderer Wissenschaften allmählich einzuholen die Aussicht besäße? Die Parapsychologie, und besonders die vergleichende Jenseitsforschung, stellen seit langem eine brennend aktuelle Herausforderung an die Theologie dar ... aber der schweizerische Theologie-Professor Dr. F. Blanke scheint recht zu haben wenn er meint: eine der Ursachen, weshalb sich die Pfarrer nicht mit parapsychologischen Fragen und Problemen befassen wollen, sei *das Trägheitsgesetz*. „Sie haben sich mit ihrem Wissen zur Ruhe gesetzt und möchten sich hierin nicht stören lassen." Heute stehe doch die Tatsächlichkeit vieler übersinnlicher Erscheinungen fest, und es berühre daher peinlich, wenn ein Theologe gegenüber solchen Fakten und deren Erklärung in skeptischer Ablehnung oder Gleichgültigkeit verharre.

Die Kirchen kämpfen mit stumpfen Waffen gegen den materialistischen Atheismus. Wohl sind sie in der Lage dem Gegner nachzuweisen, daß auch seine Waffen schartig sind und daß auch er, auf dem ureigensten Gebiete seiner Weltanschauung, letztlich auf den blinden Glauben, auf das Fürwahrhalten, angewiesen ist. Mehr aber auch nicht. Zu allem Überfluß muß sich die Kirche auch noch gegen die aus den eigenen Reihen nachhaltig betriebene „Entmythologisierung der Bibel" zur Wehr setzen. Angesichts dieses ideologischen Zweifrontenkrieges käme der Parapsychophysik allergrößte Bedeutung zu, und jeder überzeugte Christ müßte logischerweise mit dankbarer Freude die Ergebnisse einer über hundertjährigen, wissenschaftlich untermauerten Jenseitsforschung aufgreifen. Zahllose Menschen würden, wie die Erfahrung hinreichend bestätigt, wieder zum Gottglauben zurückfinden, wenn sie mit diesen Forschungen bekannt würden ... aber vielleicht besteht die alttestamentliche Redewendung zu Recht, wonach der Herr mit Blindheit schlägt, wen er strafen will.*)

*) Auf der Titelseite des Appenzellischen Kirchenblattes vom Frühjahr 1972 (ich verdanke diesen Hinweis Herrn Dr. W. E., St. Gallen) konnte man folgende Sätze lesen: „Die Kirche befindet sich in einer Situation nicht mehr zu übertreffender Unsicherheit und Unklarheit und ist darum trotz ihres hek-

Abschließend wollen wir auch zu dem in diesem Kapitel behandelten Fragenkomplex eine jenseitige Stellungnahme einholen, die zugleich — hinsichtlich ihres Niveaus — der Begutachtung des mir bis hierher gefolgten Lesers anheimgestellt sein möge:

„Auf derbmateriellen Welten wie die euere ist die Wirklichkeit endlicher Gesetze die vorherrschende, eurer Entwicklungsstufe gemäß von euch rascher anerkannte, als die Wirkung ewiger Gesetze, die in der Materie sich euch selten offenbaren. Und *wenn* sie sich euch offenbaren, so fehlt euch das Verständnis; und entweder leugnet ihr, was euer Auge nicht gesehen, oder ihr sprecht von Wundern, wenn es sich um die Taten Christi handelt, die sich durch euch bekannte Gesetze nicht erklären lassen. — Und doch waren die Taten Christi nichts anderes, als Wirkung der durch die Vollendung seiner Wesenheit beherrschten ewigen Gesetze, die ihn zum unbedingten Beherrscher endlicher Gesetze machten."

Auf eine Frage Bernhard Forsbooms antwortet Emanuel weiter: „Du fragst, ob die den spiritualen Phänomenen zugrunde liegenden Kräfte jemals von der Wissenschaft erforscht werden können, und du glaubst, diese Frage verneinen zu müssen.*) Was aber der Entwicklungsstufe einer Welt zufolge, heute seine Verbindung und Ergänzung nicht finden kann, wird eben — dieser fortschreitenden Entwicklung zufolge — in kommenden Zeiten die Verbindung finden müssen. Denn die Wissenschaft einer Welt ist nichts anderes, als der Ausdruck des Intellekts im Geistleben jener Welt; und daher sind die Grenzen, die den Forschungen der Wissenschaft gesteckt sind, von der Entwicklung dieses Intellekts gezogen."

Zum Thema „Wissenschaft und Religion" ergänzt Emanuel: „Das, was eure Religionen und eure Wissenschaft heute noch trennt, sind die Unzulänglichkeiten und Unvollkommenheiten, die ihnen beiden anhaften. Die Geistgruppe, die eure Welt belebt, hat — als Gesamtsumme genommen — Erkenntnis einer ewigen Lebensquelle, aus der

---

tischen Betriebes tatenlos, ja lahm. Es herrscht in der Kirche nicht nur keine Einigkeit über den Sinn und die Art ihrer Aufgabe. Auch die einzelnen Kirchengemeinden und Pfarrer, Kirchenbehörden und kirchlichen Gruppen wissen immer weniger genau und verständlich anzugeben, was sie eigentlich wollen und wie sie es wollen." — Fürwahr, ein niederschmetterndes Eingeständnis und allein schon deshalb zutiefst betrüblich, weil auf solchem Boden das Kräutlein „Gottvertrauen" nur noch kümmerlich gedeihen kann. — Mit zahlreichen Freunden, denen lebendige Religion auch heute noch ein ernsthaftes Herzensanliegen ist, weiß ich mich in der Überzeugung einig, daß nur eine zielbewußte Umkehr zu den Quellen, aus denen die frühen Christen schöpften, eine wirksame Neubelebung des im öffentlichen Leben kaum noch spürbaren christlich-ethischen Grundsatzes „Was du nicht willst, das man dir tu, das füg' auch keinem andern zu" erhoffen läßt.

*) Diese Niederschriften stammen immerhin aus den Jahren 1890—1897.

jede Lebensform entstanden ist, hat Erkenntnis einer Moral, die den Begriffen gut und schlecht zugrunde liegt. Die Äußerungen dieser Erkenntnisse sind die *Religionen* eurer Welt. Die Äußerungen der Vernunft und der Denkkraft dieser Geistgruppe ist eure *Wissenschaft*. Es stehen sich also Religionen und Wissenschaft nicht nur nicht diametral entgegen, sondern sie sind nur die Äußerungen verschiedener Eigenschaften ... — auf verschiedenen Feldern reifende Erkenntnisse einer Geistgruppe."[145])

Im übrigen seien Christen, denen das künftige Schicksal ihrer Kirche nicht gleichgültig ist, auf das Büchlein „Christlicher Glaube und Parapsychologie" von Ernst Sehringer verwiesen (siehe Verlagshinweise am Schluß dieses Buches). Theologen müßten Sehringers Schrift ohnehin zu ihrer Pflichtlektüre machen, wenn sie in Zukunft noch mitreden wollen. —

Die Wiederverkörperungslehre.

„Lebt der Mensch nur einmal?" — Genauer ausgedrückt: Lebt er auf dieser unserer Erde nur einmal? ... auch das ist eine uralte Frage, sicherlich so alt wie die Menschheit selbst. Die *Reinkarnation* (aus in + caro = griech. „Fleisch"), nicht zu verwechseln mit der *Seelenwanderung*, nach welcher sich Verstorbene in Tiere einverleiben können bzw. müssen, war Wesensbestandteil so ziemlich aller Hochreligionen des Altertums. Pythagoras soll sich erinnert haben, viermal auf Erden gewesen zu sein. Die Weisen des Altertums pflegten nie das Rückerinnerungsvermögen von der Unsterblichkeit zu trennen. Plutarch sagt hierüber: „Wenn man von der Unsterblichkeit das Selbstbewußtsein und die Rückerinnerung trennt, so gibt es kein unsterbliches Leben mehr, sondern nur eine lange Zeitdauer; denn das Glück des ewigen Lebens besteht vorzüglich darin, aus dem reichen Erfahrungs- und Gedankenschatze zu schöpfen."[146]) In mehreren alten Schriften wird von Pythagoras und seiner merkwürdigen Hellsehgabe berichtet. Plato behauptete, daß die Seele (d. h. das Ich) durch mehrmalige Verleiblichung und Abbüßung ihrer Unvollkommenheiten (Sünden) zum himmlischen Wohnort des ewigen Friedens gelangen würde. Pindar sagt, daß nach der Lehre des Pythagoras, die Seele erst nach dreimaliger irdischer Wiedereinverleibung zur Abbüßung ihrer Sünden gelangen könne (Olymp., Od. II). Philo behauptet was auch die moderne Spiritologie lehrt: die vom irdischen Körper Befreiten bewohnen die Atmosphäre der Erde. Manche verkörpern sich nach einer gewissen Zeit von neuem, andere aber, die von höherer und vollkommenerer Natur sind, „verachten die Verleiblichung" (Philo, quod a Deo mittant somn. 568; edit. Mang. I, 641). Bei den indogermanischen Stämmen finden wir die Wiederverkörperungslehre ebenso wie bei den Ägyptern, Persern, Chinesen und Druiden. Bei den Juden waren es vornehmlich die Pharisäer, die an die Metempsychose (griech. Seelenwanderung) glaubten. Einige Rabbiner lehrten sogar, daß die Seele ihren Kreislauf im Mineralreich beginne und durch das Pflanzen- und Tierreich fortsetze bis zur Verkörperung im Menschengeschlechte (Josephus, Antiq. Jud. lib. XVIII, Kap. 2). Die Lehre von der Reinkarnation scheint im damaligen jüdischen Volke dermaßen verbreitet gewesen zu sein, daß der eben erwähnte Geschichtsschreiber Josephus den Pharisäern vorwarf, die Reinkarnation, nur zugunsten der *rechtschaffenen* Menschen zuzugeben (wie vor, Buch VIII, cVII).

Wir wissen heute mit Sicherheit, daß die Wiederverkörperungslehre zum festen weltanschaulichen Gedankengut der ersten Christen gehörte. Einige wenige Stellen der oftmals überarbeiteten Bibel weisen noch darauf hin. So z. B. Matth. 16/14 und Mark. 8/27-28, wo Jesus die Frage stellt: „Wer sagen die Leute, daß ich sei?" — Daraufhin wurde ihm Bescheid, daß man ihn teils für den wiedergekommenen (d. h. reinkarnierten) Johannes den Täufer halte, teils für Elias, Jeremias oder einen der anderen Propheten. Die „Auferstehung *des* Fleisches" ließe sich ohne weiteres verstehen, wenn man von einer Auferstehung *im* Fleische sprechen würde. Jedenfalls hielt sich die Lehre von wiederholten irdischen Einverleibungen von den Urchristen an bis zum Konzil von Nicäa, also drei Jahrhunderte hindurch. Der Kirchenlehrer Ruffinus versichert in einem Brief an Anastasius, daß der Glaube an wiederholte Lebensläufe Allgemeingut der Kirchenväter gewesen und seit jeher als alte Tradition überliefert worden sei. Hieronymus bezeichnet sie als Geheimlehre der ersten Christen, Franz von Assisi bekannte sich zu ihr, und Kirchenvater Origenes lehrte das vorgeburtliche Dasein aller Menschen. Bei den christlich gewordenen Germanen hielt sich diese Anschauung bis ins 7. Jahrhundert. Und während des letzten vatikanischen Konzils war ihre Wiedereinführung Diskussionsgegenstand. — Was soll man von alledem halten? Und was sagt die moderne Jenseitsforschung hierüber aus?

Eine überzeugungskräftige Logik kann der oft fälschlicherweise mit „Seelenwanderung" bezeichneten *Seelenwiederkehr* nicht abgesprochen werden, wenn man unter „Seele" in diesem Falle ebenfalls das „Ichselbst", also den ichbewußten Geist versteht. Dieser muß wohl schon vorgeburtlich existiert haben, weil sich sonst die Verschiedenartigkeit der Menschenschicksale, die doch stärkstens mit den Umständen und dem Milieu ihrer Geburt verknüpft sind, weder logisch erklären noch mit der angenommenen All-Liebe und All-Gerechtigkeit Gottes in Einklang bringen ließe. Nicht Liebe, sondern grausame Willkür eines übermächtigen Wesens wäre es, einen Großteil seiner Schöpfungen in ärmlichste und unglücklichste Verhältnisse geboren werden zu lassen, wenn doch alle das gleiche Ziel erreichen sollen. Womit hat der Blindgeborene, wodurch hat das Contergan-Kind sein bitterhartes Schicksal verdient? Oder ist es persönliches Verdienst, als Kind wohlhabender Eltern in einem zivilisierten Land zur Welt zu kommen? und Strafe, Produkt einer Orgie oder einer Vergewaltigung zu sein und in verbrecherischen Kreisen heranzuwachsen? Das sind bohrende Fragen, die man mit der Redewendung vom „unerforschlichen Ratschluß Gottes" eben nur abtun, aber nicht beantworten kann. Hier scheint mir die Karma- und Wiedereinverleibungstheorie denn doch einleuchtendere und befriedigendere Antworten zu geben, wiewohl es eben bei der *Theorie* bleiben muß, weil der wissenschaftlichen Beweisführung hier vorerst noch Grenzen gesetzt sein dürften.

Man hat schon mehrfach versucht, die „Seelenwiederkehr" (Palingenesie) bzw. die angebliche Tatsache wiederholter Erdenleben des Individuums auf hypnotischem Wege nachzuweisen. Schon der Franzose de Rochas begann derartige Experimente und berichtete darüber in seinem Buch „Die aufeinanderfolgenden Leben"[147]). Dr. Björkhem experimentierte in ähnlicher Weise und kam nach über 3000 diesbezüglichen Versuchen zu der Überzeugung, daß sich die angebliche Rückerinnerung an frühere Erdenleben durch die Besessenheitshypothese erklären ließe. Diese Ansicht vertrat auch der amerikanische Irrenarzt Dr. Wickland. Andere Forscher dagegen halten die Reinkarnation für erwiesen. Es steht also Aussage gegen Aussage. Du Prel meint, es müsse zwar zugegeben werden, daß die Wiedergeburt eine noch unerwiesene Hypothese sei und daß ihre Notwendigkeit nur dann bestünde, wenn das jenseitige Leben — als Fortsetzung des diesseitigen — keinerlei Fortschrittsmöglichkeiten bieten würde; leugnen aber lasse sich nicht, daß bei einem einmaligen Erdenleben die Vorteile eines solchen nicht annähernd ausgenützt werden können.

Als Argument gegen die Wiederverkörperungstheorie wird gern der Hinweis auf die *fehlende Rückerinnerung* benutzt; ohne dieselbe sei ein neuerliches Erdendasein sinnlos und grausam. — Unser mangelndes Rückerinnerungsvermögen beweist aber im Grunde genommen gar nichts. Daß etwas bestanden haben kann, was sich unserem tagwachen Bewußtsein nicht eingeprägt hat, zeigen z. B. unsere vergessenen Träume. Ebenso die Nichterinnerung an unsere früheste Jugendzeit. Parallel hierzu mag das Fehlen jeglicher Erinnerung bei Hypnotisierten, Somnambulen und Tieftrance-Medien belangreich sein; sie wissen allesamt nichts von dem, was während ihres anormalen Zustandes geschah oder gesprochen wurde, auch nicht das, was sie selber währenddessen sprachen. Derartige Unterbrechungen unseres Gedächtnislebens sind also zur Widerlegung der Annahme einer vorgeburtlichen Existenz völlig ungeeignet. Im Gegenteil: sie weisen eher noch darauf hin, denn der Vergleich liegt nahe, daß unser durch den Schlaf unterbrochene Erinnerungsfaden durch das Erwachen ebenso wieder angeknüpft wird, wie der durch den Tod an unsere Präexistenz. Die Erinnerung an frühere Erdenleben, die durchaus nicht bei allen Menschen restlos ausgelöscht ist, würde, wenn sie uns belassen wäre, wohl mehr zur Last als zum Nutzen ausschlagen. Wenn man beispielsweise wüßte, daß man im letzten Leben ein Mörder war, wäre ein solches Wissen nicht sehr belastend? Zumal ja dann auch alle anderen Mitmenschen ihre Rückerinnerung besäßen und man unschwer seinem ehemaligen Opfer begegnen könnte. Oder man würde frühere Feinde wiedererkennen, und logischerweise gingen Streit und Hader in quasi gewohnter Weise weiter ... nein, ein solches Rückerinnerungsvermögen hat absolut nichts Verlockendes an sich; es genügt schon, wenn wir nach dem Sterben zur Erkenntnis des Erreichten und des Nichterreichten kommen. „Die Erinnerung an meine vorigen Zustände würde mir nur einen schlechten Gebrauch des gegenwärtigen zu machen erlauben" bemerkt L e s s i n g am Schlusse seiner „Erziehung des Menschengeschlechts". Lessing bekannte sich, wie alle unsere großen Denkerfürsten, zur Wiederverkörperungslehre. Goethes Einstellung hierzu ist hinlänglich bekannt. Seine starke Neigung zu Frau v. Stein versuchte er mit folgenden, an Wieland gerichteten Worten zu erklären: „Ich kann mir die Bedeutsamkeit, die Macht, die diese Frau über mich hat, anders nicht erklären, als durch die Seelenwanderung. Ja, wir waren einst Mann und Weib!" Und das gleiche sagte er (1776) der Freundin selber mit den bekannten Worten:

Sag, was will das Schicksal uns bereiten?
Sag, wie band es uns so rein genau?
Ach, Du warst in abgelebten Zeiten
meine Schwester oder meine Frau.

Drei Jahre später schrieb er ihr: „Wenn ich wieder auf die Erde komme, will ich die Götter bitten, daß ich nur *ein*mal liebe, und wenn Sie nicht so feind dieser Welt wären, wollt' ich um Sie bitten zu dieser lieben Gefährtin." Aus Venedig schrieb Goethe im Oktober 1786: „Es ist mir wirklich auch jetzt nicht etwa zumute, als ob ich die Sachen zum erstenmal sähe, sondern als ob ich sie wiedersähe." Gegenüber Boisserée äußerte Goethe im August 1815, daß er das bestimmte Gefühl habe, schon einmal unter Hadrian gelebt zu haben, weshalb alles Römische ihn so anzöge. Auch er, Boisserée, sei gewiß schon einmal dagewesen, und zwar im 15. Jahrhundert.

Die Reihe solcher Zitate ließe sich bis ins schier Endlose fortsetzen. Was unsere Geistesheroen intuitiv empfanden, ja was ihnen förmlich zur Gewißheit wurde, warum sollte es nicht wahr sein können bzw. den tatsächlichen Gegebenheiten entsprechen? Die Tatsache unseres vorgeburtlichen Daseins würde die menschliche Geburt zu einem natürlichen und ohne weiteres verständlichen Ereignis werden lassen. Theologisch ausgedrückt (nach Dr. A. Dinter) hieße das: „Ohne die Annahme, daß wir ursprünglich als reine Geister erschaffen, bereits in unserem vorgeburtlichen Dasein Sünder geworden sind, wäre das leidvolle irdische Leben eine ganz sinnlose Grausamkeit Gottes. Nur die Einsicht, daß das Leid die selbstverschuldete Folge der Sünde und das irdische Leben nur eine vorübergehende Verkörperung des gefallenen Geistes ist, ihn unter der Einwirkung des Leides, durch Willensumkehr (Buße), Selbstüberwindung und Selbstarbeit den Rückweg zu Gott wieder finden zu lassen, daß somit das Leid nur der Ausdruck der Liebe Gottes ist, gibt dem qualvollen irdischen Leben überhaupt erst einen Sinn, der mit der All-Liebe Gottes vereinbar ist." Demzufolge wäre man im wahrsten Sinne des Wortes der Schmied des eigenen Glückes oder Unglücks, des eigenen Schicksals. Damit wäre zumindest *die Frage nach dem Sinn des Leides*, soweit es den Menschen anbelangt, einleuchtend beantwortet. Warum auch die Kreatur dem Leid unterworfen ist und „nach Erlösung seufzt" (Paulus), wäre eine weitere Frage.

Im Rahmen der Problemstellung dieses Buches dürfte ja nun vornehmlich der von der modernen Jenseitsforschung erarbeitete Standpunkt zur Wiederverkörperungstheorie interessieren. Und da scheint es, als ob wir im Verlauf der letzten hundert Jahre keinen Fortschritt erzielt hätten. Die Aussagen der Jenseitigen sind widersprüchlich. Aber wie sollte es anders sein? Ist doch schon im Diesseits keine übereinstimmende Auffassung erreichbar. Annehmen zu wollen, daß man nach der Entkörperung urplötzlich in den Besitz eines reichen Wissensschatzes gelangt, wäre doch wohl wenig glaubwürdig. Mithin brauchen wir uns über widersprüchliche Angaben zur Reinkarnationstheorie nicht zu wundern; gibt es doch selbst unter den irdischen Verfechtern dieser Lehre keine einheitliche Meinung darüber, ob der Wiedereinverleibung gewisse Gesetzmäßigkeiten zugrunde liegen oder nicht. Eine dieser Geistesrichtungen, die besonders unter Akademikern Anhänger gefunden hat behauptet, daß man durchschnittlich 1500—1800 Jahre in einem jenseitigen Traumleben befangen sei, bis man wieder in die Materie eintauchen dürfe, daß man sich nur und ausschließlich auf diesem Wege weiterentwickeln könne u. dgl. mehr. Manche behaupten sogar, der Mensch müsse alles einmal durchgemacht haben, müsse alles einmal gewesen sein, z. B. auch ein Mörder bzw. Verbrecher, um alles richtig beurteilen und dadurch fortschreiten zu können.

Es lohnt nicht, auf derlei Irrungen abstrakter Denkkunst einzugehen. Fest steht, daß hinsichtlich der Wiedereinverleibungsfrage auch das Lager der Jenseitsforscher seit jeher in zwei Teile gespalten ist. Das begann schon zur Zeit der Entstehung des Spiritismus im vergangenen Jahrhundert, als sich eine diesbezügliche Rivalität zwischen Europa und Amerika herauszukristallisieren begann: hier waren es Millionen von Anhängern des Franzosen Prof. Hippolyte Rivail (1804—1869), der sich nachmalig Allan K a r d e c nannte, die als Befürworter des Reinkarnationsgedankens auftraten, dort waren es die Freunde der Lehren des amerikanischen Sehers Andrew Jackson D a v i s (1826 bis 1910), die ebenfalls nach Millionen zählten und die Wiederverkörperungstheorie verwarfen. Davis ging 1844 in traumwandlerischem Zustand in die Berge und will dort von dem verstorbenen Swedenborg (1688—1772) Anweisungen bekommen haben. Nach Swedenborgs Lehre ist jeder Mensch eine Neuschöpfung und hat vorher nicht existiert. Seine Auffassung, wonach das angebliche Wiedererinnern an ein früheres Erdenleben lediglich „das Ergebnis der Projektion des Gedächtnisinhalts einer unsichtbaren Wesenheit in den Geist einer dafür empfänglichen Person" sei, wird noch heute gern als Argument benutzt. Aber schon um die Jahrhundertwende bahnte sich in Nordamerika allmählich ein Umschwung zu Gunsten der Reinkarnationslehre an und scheint ihren vorläufigen Höhepunkt in dem nachhaltig segensreichen Wirken des hervorragenden Sehers Edgar C a y c e gefunden zu haben. Dank der durch ihn erbrachten Phänomene spricht man heute in den USA von der Möglichkeit wiederholter Erdenleben als von einer Selbstverständlichkeit, während man sich bei uns immer noch quasi entschuldigen oder mit langatmigen Erklärungsversuchen aufwarten muß, wenn man darüber sprechen will.

Dabei kommt Cayce zugute, daß er nicht als Verfechter der Wiedereinverleibungslehre aus eigenem Antrieb gelten kann. Er scheint nichts davon gewußt zu haben. Mehr zufällig kam man durch ihn zu dieser Ansicht. Als nämlich bekannt geworden war, daß Cayce fähig sei, auf weite Entfernung Diagnosen zu stellen und Menschen und

Örtlichkeiten genau zu beschreiben, kam ein gewisser Arthur Lammers, seines Zeichens erfolgreicher Drucker aus Dayton/Ohio auf die Idee, die Fragen der persönlichen Unsterblichkeit und des Weiterlebens nach dem Tode durch Cayce's hellseherische Talente abklären zu lassen. Lammers' Steckenpferd war die Astrologie und so unternahm er eines Tages den Versuch, den schlafenden Cayce über sein Horoskop zu befragen. Während dieses Experiments wurden gewisse Fähigkeiten und Charaktereigenschaften Lammers' nicht, wie er selbst es meinte, auf die astrologische Konstellation, sondern auf seine vormalige Existenz auf dieser Erde zurückgeführt, in welcher er Mönch gewesen sei! — Später folgten diesem ersten Versuch rund 2500 weitere, in deren Verlauf die Theorie vom wiederholten Erdenleben mehr und mehr erhärtet wurde.

Es gab und gibt einzelne Menschen, die sich an ein früheres Erdenleben zu erinnern vermeinen. In München war es nach dem letzten Weltkrieg ein angesehener Innungsmeister (Kupferschmied) namens Georg N e i d h a r t, der fest davon überzeugt war, schon einmal als Raubritter in Deutschland gelebt zu haben. Er war Anfang der zwanziger Jahre durch den Tod seiner überaus geliebten Frau am Sinn des Daseins verzweifelt und trug sich mit Selbstmordgedanken. Auch sein anerzogener katholischer Glaube vermochte ihm nicht die Kraft zur Bemeisterung seiner damaligen Situation zu vermitteln. Da zogen in einer Reihe von Visionen die Leben eines Mannes in verflossenen Zeiten innerlich, d. h. vor seinem geistigen Auge vorüber, eines Mannes, in dem er sich selbst erkannte. Eines dieser Leben spielte auf der Burg eines Ritters, der in Fehde mit einem Erzbischof lag und hierbei fürchterliche Untaten erlebte und beging. Die Sitten wiesen auf das 12. Jahrhundert. Neidhart suchte späterhin nach dieser Burg und glaubte sie im Schloß Weissenstein im Bayerischen Wald wiedererkannt zu haben. Tatsächlich bestätigte ihm der Landshuter Stadtarchivar, daß sich in der dortigen Burg Trausnitz Akten im Archiv befänden, die noch unveröffentlicht seien und auf eine Fehde des Ritters Küneberg von Weissenstein im 12. Jahrhundert gegen den Erzbischof von Passau Bezug nehmen. — Ein weiteres Leben Neidharts habe sich in Frankreich kurz vor der Revolution abgespielt. Er selbst erblickte in den jetzigen Schicksalsschlägen die sühnenden Folgen seiner damaligen Handlungen und kam so zur Annahme der Wiederverkörperungsidee, die er mit Überzeugung verfocht. Er gründete und leitete schließlich die „Gemeinschaft für geistige und religiöse Erneuerung" und wurde ein geschätzter Vortragsredner.

Was nun die Ergebnisse der vergleichenden Jenseitsforschung in Bezug auf die Reinkarnationsfrage anbelangt, so ergeben sich aus dem Studium zahlloser Botschaften keine Anhaltspunkte für die Annahme, daß man, um geistig fortzuschreiten und sich der göttlichen Bestimmung zu nähern, ausschließlich auf das irdische Leben angewiesen sei. Oft manifestierten sich Jenseitige, die seit Jahrhunderten drüben sind und die, obwohl sie bei ihrem Eintritt ins jenseitige Leben noch auf tiefer Stufe standen, dennoch beständig in Liebe und Weisheit fortschritten. So z. B. die bekannte Katie King, die angab, zur Zeit der Königin Elisabeth gelebt zu haben und zur Sühne ihrer während jenes Erdenlebens begangenen Verfehlungen die Materialisationen durch das Medium Cook bewerkstelligen müsse. Ein Fortschritt ist also drüben genau so möglich wie hier. Es hat allerdings den Anschein, als ob Menschen, die auf tiefer sittlicher Stufe befindlich sterben, der irdischen Wiedereinverleibung *als Naturgesetz* unterliegen. Die unter „Ewigem Leben" verstandene christliche Freiheit, die „Freiheit der Kinder Gottes", wäre somit das Freigewordensein von diesem Zwangsgesetz zur Erdenrückkehr. — Viele zögen es vor, sich in einen Menschenkörper wieder einzuverleiben, anstatt die Vergeistigungsphasen im Geisterreiche durchzumachen, heißt es in einer Mitteilung an Baronin v. Vay. Deshalb heiße es, „nur die Gerechten leben". Leben heiße dort: Geist sein und bleiben. Und an anderer Stelle: „Manche gehen nur *einmal* zur Erde, und viele bilden sich im Geisterreiche ohne menschliche Einverleibung fort. Das ist sehr verschieden; hierin walten eigene Gesetze."[148]) Pfarrer Greber wurde wie folgt belehrt:

„Es ist nicht alles Schicksal, was ihr in eurem Leben tut oder erleidet. Das meiste ist das Ergebnis der Selbstbestimmung eures freien Willens. Vorherbestimmt ist bloß euer Lebensweg mit gewissen Schicksalsstationen an diesem Wege. Was ihr darauf treibt und wie ihr euch an den einzelnen Stationen verhaltet, das ist Sache eurer Willensentscheidung; dafür tragt *ihr* die Verantwortung. Euer Leben hat den einzigen Zweck, daß euer Geist auf den ihm vorgezeichneten Weg höher kommt, näher zu Gott. Euer Lebensweg ist ein Examensweg. Er ist euch nach Art und Dauer vorherbestimmt; daran könnt ihr nichts ändern. Die Schicksalsstationen an diesem Weg sind Zwischenprüfungen. Der irdische Tod bildet den Abschluß. Ob ihr nun auf dem vorgezeichneten Weg eure Pflicht tut oder nicht, das hängt alles von eurem freien Willen ab. Wer das Examen besteht, dessen Geist wird im Jenseits weiter fortschreiten. Wer durchfällt, hat das Examen so oft von neuem zu machen, bis er es besteht. Das Bestehen oder Durchfallen ist nicht Schicksal, sondern eigenes Verdienst oder eigene Schuld."

Emanuel sagt, daß wir uns, wenn wir eine Lehre wie die der Wiedergeburt verstehen wollen, stets ein möglichst klares Bild des großen Ganzen, der gesamten Gesetzeswelt machen sollten, damit wir bei unserem Grübeln über das *eine* Gesetz, das einheitliche Bild des Ganzen nicht verlieren. — Es sei der Grad seiner Entwicklung, der den Geist in die Materie führe; folglich könne es auch wieder nur der Grad seiner weiteren Entwicklung sein, der ihn von der Materie befreit. „Wie wenig aber lernt der Geist in *einem* Menschenleben! Wie schwach ist seine Erkenntnis wahrer Liebe und Güte, und überdies ist die Erkenntnis ihrer Betätigung meistens noch weit voraus." Bis aber ein Geist die Lehren und relativen Wahrheiten einer Welt erfaßt, erkannt und betätigt habe, sei er an diese Welt gebunden. „Und so macht er alle Klassen dieser einen großen Schule durch (denn für den Durchschnittsgeist eurer Sphäre ist ein Sandkorn wie diese Erde eine große Schule), und erst wenn diese Lehren ihn nichts mehr zu lehren haben, ist er reif für höhere, geistigere Lehre." Daraus ergebe sich das Gesetz der Wiedergeburt.

Die widersprüchlichen Standpunkte zur Reinkarnationsfrage wie zu allen anderen Fragen von Wichtigkeit führt Emanuel auf die niedere Entwicklungsstufe unseres Wohnortes, der Erde, zurück. Die Anschauung, wonach jede irdische Geburt die Schöpfung einer neuen unsterblichen Seele ist, sei die kindlichste und entspringe kleinlichem Denken und mangelhafter Erkenntnis, „die das Sandkorn Erde als die wichtigste Schöpfung erscheinen lassen, um derentwillen die übrige Schöpfung entstanden sei." — Die Ansicht, daß der Geist einer bestimmten Anzahl von Wiedergeburten unterworfen sei (etwa 1500, wie mancher Buddhist glaubt), widerspreche der Freiheit des Geistes, „die — wenn auch durch Unvollkommenheit beschränkt — dennoch ein niemals völlig zu vernichtendes Geistesmerkmal ist". Für den Geist auf einer gewissen Entwicklungsstufe enthalte das Leben in der Materie bestimmte Prüfungen, durch die seine Kräfte gestählt würden. Das Schemen „Zeit" sei jedoch nicht die Herrin des Geistes, so daß er eine bestimmte Zeitspanne in einer Entwicklungsstufe gefesselt bleiben müßte. Infolge der Freiheit, sich jederzeit und überall das ewig Gute aneignen und es betätigen zu können, bestimme man selber die Zeitdauer des Gebundenseins an die Welten der Materie. Die Wiederverkörperung sei nur ein Hilfsmittel für den Geist, der sie als solches erkennen soll, um mit ganzer Willenskraft eine höhere Entwicklungsstufe anzustreben; eine Stufe, die es ihm ermöglicht, nur noch auf *freiwilliger* Basis abermals einen Erdenkörper anzunehmen, „noch einmal in die dunklen Fluten der Materie zu tauchen, um die in ihnen Ringenden mit sich an Luft und Licht emporzuziehen, damit auch ihnen . . . die Flügel wachsen, die sie über alle Fluten hinwegtragen sollen an das eine große Ziel, das alles erschaffene Leben nach göttlichem Gesetz bewußt oder unbewußt anstrebt: zur Vollendung der (individuellen) Wesenheit".[149])

Wenn hier vielfach jenseitige Aussagen und Stellungnahmen Berücksichtigung finden, so wolle immer beachtet werden, daß die Kürze der angezogenen Zitate zwangsläufig keine erschöpfende Auskunft über den jeweils zur Debatte stehenden Punkt zu geben vermag und deshalb die Gefahr des Mißverstandenwerdens oder falscher Schlußfolgerungen besteht. Soviel aber dürfte aus den teilweise zitierten Darlegungen vom Niveau eines Emanuel oder wie sie Adelma von Vay zuteil wurden erkennbar sein, daß ihnen eine beachtlich hohe Ethik innewohnt und man die sich daraus ergebenden Perspektiven nicht zu gering veranschlagen sollte. Für höher entwickelte Vorangegangene und mehr noch für Bewohner von Sphären, die des Menschenkleides nicht bedurften, ist es sicherlich kein Vergnügen, uns Dickschädeln weiterführende Belehrung und geistige Hilfen zu bringen; kein arrogantes Besserwissenwollen, kein überhebliches Moralisieren treibt sie hierzu an, sondern ihre Liebe und ihr Mitleid zu uns Tieferstehenden. Von ihrer Seite wird uns weder mit ewiger Verdammnis gedroht, noch fordern sie blinden Glauben an die Wahrheit dessen, was sie uns — ihrer Stufe gemäß — zu sagen wissen. „Erkenntnis kann keiner dem andern geben" betont Emanuel (S. 110), aber „das Material, das Gott der ganzen Geistschaffung gegeben, kann die Liebe des Bruders dem Bruder sichtbar machen, ihm in den Weg legen; und der ehrliche Wille des gefallenen Bruders wird dieses Material zu seinem Zwecke benützen und sich emporringen von Stufe zu Stufe, Erkenntniskreis nach Erkenntniskreis sich erschließend".

Nehmen wir also an, der Lehre von den wiederholten Erdenleben käme Realität zu: wie verhält es sich dann mit dem christlichen *Gnadenfaktor*? Schließen sie sich gegenseitig aus? — Ich meine, nicht. Beides ist nebeneinander und miteinander denkbar, und von höherer jenseitiger Warte wird uns bezeugt, daß wir uns mit oder ohne irdische Wiederverkörperung weiterentwickeln können, soweit wir uns eine solche Entscheidungsfreiheit erworben haben. Und solange diese Freiheit nicht errungen ist, so lange hat die Anziehungskraft der materiellen Gesetzmäßigkeiten Gewalt über uns; mit anderen Worten: wir ernten das, was wir gesät haben und werden „von dannen nicht herauskommen, bis auch der letzte Heller bezahlt ist" (Matth. 5/26). Daß aber Gesetz und Gnade einander keineswegs ausschließen, deutet Christus in seinem Gleichnis vom Schalksknecht an (Matth. 18/34-35); dort wird demjenigen Gnade verheißen, der selber Verzeihung walten ließ ... ergo gibt es auch nach Jesu Auffassung keine Erlösung ohne Selbstarbeit und Wiedergutmachung. Gnade ist, wenn uns von letzterer einiges erlassen wird. Auch im Irdischen kann man Gnade vor Recht ergehen lassen; warum nicht auch drüben? — Besser allerdings ist, was uns ein Vorangegangener rät: „Trachtet euer irdisches Leben stets so einzurichten, daß euch von eurer Aufgabe hier nichts übrig bleibe, was eine Wiederkunft zu dessen Aufarbeitung nötig machte."[150])

Selbstmord, ein Irrtum?

Wie wir aus den Sphärenbeschreibungen ersehen konnten, befinden sich Selbstmörder nach ihrer willentlich herbeigeführten Entleibung in einem sehr bedauernswerten Zustand. Gewiß mag das Motiv ihrer Tat eine Rolle spielen und ihr Los vielleicht ein anderes sein, wenn zum Beispiel Frauen oder Mädchen — wie es häufig geschah — aus Angst und Scham von den Quälereien der Besatzungstruppen den Freitod wählten. Ansonsten aber sollte sich den Selbstmord jeder reiflichst überlegen, bevor er diesen verhängnisvollen Schritt vollzieht ... denn er scheint in Wirklichkeit ein Irrtum mit unkalkulierbaren Folgen zu sein. Bei uns ist der Selbstmord nur deshalb so alltäglich, weil man uns seit jeher über das wahre Sein des Menschen, über das Wesen des Ichs, unaufgeklärt ließ. Bei Mohammedanern und Juden kommen Selbstmorde so gut wie überhaupt nicht vor; im „christlichen Abendland" sind sie die Regel. Und doch könnte sich heute jedermann das, was als geheimes Wissensgut über alle Jahrhunderte gerettet und bislang fast nur in Geheimbünden gelehrt worden ist, aneignen, sofern nur einigermaßen das Verlangen nach Erkenntnis vorhanden wäre. Das aber ist bei den Wenigsten der Fall, und deshalb geschieht so viel Widersinniges. Kaum einer würde Selbstmord begehen, wenn er um die naturgesetzlichen Zusammenhänge unseres Daseins wüßte.

Ebenso wie hinsichtlich der Tatsächlichkeit des nachtodlichen Weiterlebens, gelangte die Jenseitsforschung auch in punkto Selbstmord einmütig zu der sicheren Überzeugung, daß von einem solchen Schritt allgemein gewarnt werden muß. Die Annahme, daß mit dem Tode „alles aus und zu Ende" sei, ist purer Aberglaube. Auf dieser abergläubischen Grundlage beruht ja die ganze, so imposant anmutende materialistische Weltanschauung. Und der Materialismus selbst ist bei der Allgemeinheit (nach du Prel) nur deshalb so beliebt, weil er den geringsten Verstandesaufwand erfordert. Auf dieser unsrer Welt lebt es sich zwar bequemer, wenn man jegliche Gedanken über das

Woher und Wohin, über Sinn und Zweck unseres Daseins, über das Erkennen unserer Lebensaufgabe und mögliche Folgen unseres Tuns oder Lassens peinlichst vermeidet und den Tod als unvermeidbares Übel am besten gänzlich ignoriert. — Wir setzen den Tod aufs Altenteil und lassen ihn dort schmoren ... schließlich haben wir ja alle „Wichtigeres" zu tun, nicht wahr?

Nun, wohl dem, der sich über diesen Standpunkt platter Mittelmäßigkeit hinausarbeiten und somit einen besseren Aussichtspunkt erklimmen konnte. Von eines Berges Gipfel sieht die Welt nämlich anders aus, und das Auge schaut freudetrunken die Herrlichkeiten der unendlichen Weite ...

Bevor wir jetzt etliche Aussagen von ins Jenseits gelangten Selbstmördern hören wollen, möchte ich ein Hellseh-Erlebnis der Kärntnerin Agathe Napetschnig einflechten. Die Begebenheit fand Aufnahme in der vielgelesenen österreichischen Zeitung „Neue illustrierte Wochenschau" vom 6. 2. 1949 und besagt kurz zusammengefaßt folgendes:

Als 22jähriges Mädel hatte die Erzählerin eine Dienststellung in K. inne und bekam ihren ersten Urlaub. Überglücklich, ihre Eltern, Geschwister und Freundinnen in ihrem geliebten heimatlichen Bergdorf wiedersehen zu können, begab sie sich auf die Reise. „Es war etwas nach halb sieben Uhr abends", lautet ihr Bericht, „als ich an der Station den Zug verließ. Auf dem halbstündigen Weg in mein Heimatdorf begegnete ich keinem Menschen, denn um diese Zeit sind die Landleute in der Küche oder im Stall beschäftigt. — Es war ein heller, klarer Winterabend und ich schritt in froher Erwartung des ersehnten Wiedersehens flott dahin." Als sie vom Hauptweg in den schmalen Ortsweg einbog, überfiel sie urplötzlich ein unsagbares Grauen, ja geradezu Todesangst. „Die Füße waren bleischwer und jede Faser meines Körpers sträubte sich gegen das Weitergehen. Obwohl ich vom raschen Gehen erhitzt war, fühlte ich — vom Herzen ausgehend — eine eisige Kälte." Dies alles empfand die Erzählende in Sekundenschnelle. „Mit äußerster Willensanstrengung zwang ich mich weiterzugehen und erblickte in diesem Moment, vom Mond scharf beleuchtet, den 20jährigen Nachbarssohn Karl auf den Weg hingestreckt. Sein Gewehr lag neben ihm und aus der linken Seite sickerte Blut ... Ich weiß nicht mehr, ob sich meiner trockenen Kehle ein Schrei entrang, ich weiß nur, daß ich vom Weg in den Schnee sprang, einen großen Bogen um den kaum drei Schritte von mir Liegenden machend, gehetzt ins Dorf ins Vaterhaus rannte. Es fiel mir nicht ein, in das Nachbarhaus zu gehen, an dem ich ja vorbei mußte, und zu melden, daß Karl am Wege verblute. Ich hatte nur einen Gedanken: heim, heim!"

Fast besinnungslos fiel die Heimkehrende der Mutter um den Hals und brauchte geraume Zeit, bis sie fähig war, ihre grausige Entdekkung mitzuteilen. — „Alle, Eltern, Geschwister und Dienstleute umstanden mich seltsam stumm und und starrten mich erschrocken an ... und als ich rief, daß man Karls Eltern verständigen müsse, sagte meine Mutter begütigend: ‚Kind, Mädel! Komm doch zu dir! Du kannst ja Karl am Wege gar nicht gesehen haben — er liegt ja seit heute früh daheim auf der Bahre!' "

Nun erzählte man ihr, was sich im Dorfe zugetragen hatte: Karl liebte ein Mädchen, die zwar fleißig und brav, aber eben nur eine Magd war. Sein Vater, ein wohlhabender Mann, der mit seinem einzigen Sohn und Erben ganz andere Pläne hatte, war gegen diese Verbindung und stellte ihn vor die Wahl, entweder auf das Mädel oder auf die Heimat zu verzichten; seines Sohnes Selbstmord war die Folge dieser engstirnigen (aber früher besonders unter der Bauernschaft häufigen) Einstellung. Karl war schon tot, als man ihn entdeckte und lag bereits seit 10 Stunden auf der Totenbahre, als Frau N., nichts ahnend (!) am Tatort vorüberkam. „Noch heute, nach dreiundzwanzig Jahren", so schließt Frau Napetschnig, „überläuft mich, wenn ich an jener Stelle vorbeikomme — und ich muß oft vorbei — kaltes Grauen und ich sehe Karl vor mir liegen, das Gewehr seitwärts und aus der Schläfe blutend. Wer kann dieses Rätsel lösen? — Auf alle Fragen gibt es nur ewiges Schweigen".

Letzteres stimmt allerdings nicht, und des Rätsels Lösung ist, nach Ing. H. Malik[151]), folgende: „Schwerwiegende Handlungen bannen automatisch den Täter an den Ort seiner Tat. Und dies um so mächtiger, je mehr der Täter in seinem Vorstellungsinhalt befangen ist und sich selber aus ihm nicht befreien kann." Selbstmörder pflegen — und da stimmt Malik mit allen anderen Jenseitskundigen überein — so lange in ihrer Vorstellungswelt und dem damit verknüpften Zustand zu verharren, bis die Stunde ihres normalen Todes herangekommen ist. Und das dauert meist viele Jahre, besonders bei jungen Menschen. — Frau Napetschnig, die zeitweilig hellsichtig war ohne es zu wissen, sah den Geist des Nachbarsohnes Karl am Orte seiner Verzweiflungstat liegen. Hätte Frau N. „über diese Dinge" Bescheid gewußt, dann, so bemerkt Ing. Malik abschließend, würde sie begriffen haben, was sie erlebte; und daß es eben kein ewiges Schweigen gibt, sondern nur *Wissen*, durch welches man sich derlei Rätsel selbst lösen kann. —

Durch Selbstmord aus dem Erdenleben Geschiedene bedürfen des ernsthaften Gebetes von unserer Seite aus genau so sehr, wie alle „armen Seelen", die Drüben in Unwissenheit und Verzweiflung umherirren. Für jenseitige Belehrung und Hilfe sind sie nicht ansprechbar, da sie die sich ihnen Nahenden für Traumgestalten oder Sinnestäuschungen zu halten pflegen. Hier können also nur wissende Erdenmenschen wirksame Hilfe und Aufklärung bringen. Wir denken uns von der ganzen übrigen Schöpfung isoliert, weil wir uns irrtümlich als deren Höhe- und Mittelpunkt zu betrachten gewohnt sind. Letzteres sind wir nur relativ und zwar insofern, als wir bei unserer derzeitigen Entwicklungsstufe vermittelndes Bindeglied zwischen Hohem und Niederem sein können. Ich betone: können. Denn wie weit ist die Menschheit vom Erkennen einer solchen Aufgabe noch entfernt . . .

Über Adelma von V a y meldeten sich des öfteren Selbstmörder und baten um Gebetshilfe. „Ja, wir bitten um deine Gebete und Hilfe" heißt es in einer diesbezüglichen Kommunikation, „wir beiden haben uns das Leben genommen. Das Motiv unserer Untaten war dasselbe: sogenannte unglückliche Liebe. Im Leben kannten wir uns nicht, doch sind wir im Geisterreiche in derselben Sphäre. Lange waren wir uns unserer Entkörperung nicht bewußt, d. h. wir sahen es ja, daß unser Körper ‚tot' war und begraben wurde, doch waren wir selbst noch fast wie Menschen, steinunglücklich . . . Nun höre: wir sind an die Erde gebunden bis zu der Zeit, da Gott uns auf natürliche Weise abberufen hätte. Ich wäre, wie ich jetzt sehe, 84 Jahre alt geworden, nahm mir aber das Leben mit 28 Jahren. Also muß ich noch lange auf der Erde (erdgebunden) bleiben, büßen und solche junge Leute beschützen helfen, die Selbstmordanlagen in sich tragen. Neulich erst habe ich einem jungen Mann die Pistole aus der Hand geschleudert, so daß er sich verwunderte. Er wollte sich wegen einer nichtsnutzigen Chansonettensängerin erschießen. — Wir sind Scharen solcher Geister. Scharenweise bemühen wir uns, die armen leidenden, oft verrückten Menschen vom Selbstmord abzuhalten und wir bestehen wahre Schlachten mit den Gegensatzgeistern und Dämonen, welche die Menschen schlimm beeinflussen und sie zum Selbstmord treiben". —

Aus einigen in diesem Buche angeführten Beispielen war bereits ersichtlich, daß ein sehr sensitiver oder willensschwacher Mensch durchaus das Opfer niederer Einflüsse von „Drüben" werden kann. Insonderheit dann, wenn er ohnehin zur Schwermut neigt und dadurch ein entsprechendes gedankliches Energie- und Schwingungsfeld um sich herum erzeugt und beständig nährt. Paulus bemerkt keinesfalls zu Unrecht in Epheser 6/12, daß wir nicht nur gegen die Dunkelmänner unserer irdischen Welt anzukämpfen hätten, sondern auch „mit den bösen Geistern unter dem Himmel" (nach Luther) oder, wie diese Stelle bei Zwingli lautet: mit den „Geisterwesen der Bosheit in den himmlischen Regionen"; was mit „jenseitigen" Regionen meines Erachtens zutreffender gekennzeichnet wäre. Denn alles dunkle Gesindel scheut das Licht, hier wie drüben. Und es kann nie eindringlich genug unterstrichen werden: in gleicher Weise, wie wir durch unser irdisches Verhalten nach und nach einen wesens- und neigungsverwandten Freundes- und Bekanntenkreis gewinnen, schaffen wir uns einen solchen insofern auch Drüben, als wir durch unser tägliches Gedankenleben logischerweise nur solche Wesenheiten anziehen, die zu uns passen und sich in unserer Gesellschaft wohlfühlen. Ich finde, daß es kaum etwas Gerechteres als dieses Naturgesetz geben kann!

Eine weitere und zwar spontan erfolgte Äußerung eines Selbstmörders nahm Baronin von Vay in ihr Buch „Studien über die Geisterwelt"[152]) auf. Wie in fast allen ähnlichen Fällen betont der Jenseitige, daß er im Erdenleben sehr unglücklich gewesen sei. „Täuschungen aller Art verbitterten mein Gemüt. Nirgends fand ich Trost. Ich verzweifelte. Ich dachte mich, mein Leben, mein Denken, mein Sein töten, vernichten zu können und erschoß mich! Doch wie schrecklich! Ich lebte fort. Der Tod des Körpers war kein wirklicher Tod . . . Denn ich, ich war ja da! Der abgefallene Menschenkörper lag vor mir, ich sah ihn. Es war dies wie das Absterben eines Stückchen Fleisches; doch das Leben, es war in mir." Und weiter:

Der Anblick dieser leblosen Masse vor mir, die kalt und tot dalag, war furchtbar. Es ergriff mich ein wahres Entsetzen davor. Doch noch mehr entsetzte mich mein Fortleben und Fortempfinden, und das Bewußtsein, mich nicht vernichten zu können." — In ergreifenden Worten setzt der Unglückliche seine Selbstanklage fort. Er schildert schließlich, daß er sich nicht allein und verlassen gefunden habe. „Ich war von vielen anderen Wesen umgeben, denn der Raum ist nicht leer; er ist von lebenden Wesen erfüllt, die das organische Auge des Menschen nicht sieht." — Besonders unglücklich machte ihn der Umstand, daß sein auf Erden verbliebener Sohn mit denselben Zweifeln und Widrigkeiten kämpfte wie zuvor er, der Vater. „Ich sah seine geistigen Kämpfe, seine Zweifel, und fühlte sie alle mit; kannte ich sie denn nicht selbst?" Er sah „die innere Wüste" im Geiste des Sohnes, wo kein Gräschen Gottvertrauen wuchs, „wo alles Derartige geleugnet, ausgerottet war. Und dies sehend, litt ich furchtbar. Wenn mir auch die Zähne nicht klapperten und ich nicht heulte,*) so waren doch meine Seelenleiden tausendmal ärger als alle Beißzangen und Bratspieße der (kirchlichen) Hölle!" — Erst viel später und unter dem Eindruck zermürbenden Leides habe er sich zu der schmerzlichen Einsicht der eigenen Schuld an seinem Unglück durchgerungen. Von dem Zeitpunkt an, als sich ihm dann seine (schon vor seinem Selbstmord hinübergegangene) Frau zeigen durfte, sei es aufwärts gegangen. Er habe gelernt und gearbeitet, und je mehr er dies tat, desto demütiger

*) Anspielung auf: „Da wird sein Heulen und Zähneklappen" (Matth. 8/12, 22/13, 24/51, 25/30).

und kleiner sei er geworden. Zuletzt betont er, daß es ihm wohltue, dies alles auszusprechen, „damit es die Menschen der Erde vernehmen“ und sich warnen lassen. Aber ... wer vernimmt das schon, und vor allem: wer *glaubt* es?

„Die Selbstmörder, die ihre Lebenszeit auf Erden gewaltsam abkürzen“ heißt es in einer Auskunft von höherer jenseitiger Warte, „bleiben so lange erdgebunden, wie sie noch Erdenjahre gelebt hätten. Sie befinden sich in einer Mittelsphäre — nennet es Vorhölle oder Fegefeuer, das ist alles gleich — sie sind in einem Zustand von halb Mensch, halb Geist. Ihr Astralkörper altert, d. h. er wird gebrechlich. Sie fühlen Kälte, Wärme, Hunger, Durst.“ Sie lernen von guten Menschen, und suchen Trost bei ihnen. Gebete spüren sie wohltuend. Viele jedoch sind stur und eigensinnig; sie erweisen sich in dieser Verfassung als unbelehrbar. „Ist dann die Zeit da, wo sie auf Erden gestorben wären, so werden sie von ihrem dichten Astralkörper befreit; diese Hülle wird abgeworfen, sie machen eine Art von Tod durch.“

Johannes G r e b e r wurde dahingehend belehrt, daß nicht nur verstorbene Verbrecher sich an die Schauplätze ihrer Untaten versetzt sehen und ständig von neuem die sich dabei abgespielt habenden Szenen erleben, sondern daß auch die Selbstmörder unaufhörlich in den Gefühlen, Verzweiflungsausbrüchen und Geschehnissen, die dem Selbstmord vorangingen, befangen seien. — Das Auftreten solcher ehemaligen Erdenbewohner werde bei bestimmten Gelegenheiten gestattet, damit es uns zur Belehrung gereiche. „Nie werde ich jenen Abend vergessen“, erinnert sich Pfarrer Greber, „an dem in ein Sprechmedium die Geister von drei Selbstmördern in kurzen Abständen nacheinander eintraten und wir das Grauenhafteste erlebten, was Menschen auf diesem Gebiete vor Augen treten kann ... Kein Bühnendarsteller der Welt vermag seine Rolle so wahrheitsgetreu zu spielen, wie diese Geister das Erleben der dunkelsten Stunden ihres irdischen Daseins durch den Körper der in diesen Dingen ganz unerfahrenen, unwissenden und harmlosen Medien darstellten!“

Als der letzte jener drei Selbstmörder aus dem Medium ausgetreten war und die Hörer noch — wie Greber bekannte — zitternd dasaßen, richtete der jenseitige leitende Führer durch den Mund des Mediums folgende Worte an die Versammelten:

„Es hat seinen tiefen Grund, daß euch das Furchtbare heute Abend gezeigt worden ist. Zunächst solltet ihr sehen, wie die ‚Ruhe‘ beschaffen ist, die manche Menschen nach ihrem irdischen Tode haben. Ihr pflegt ja am Grabe der Menschen so oft zu sagen: Nun hat er Ruhe! Heute habt ihr diese Ruhe gesehen. Ihr vermögt gar nicht zu ermessen, was diese unglücklichen Geister zu erleiden haben, bis sie zur

Erkenntnis ihres Zustandes kommen und sich zu Gott wenden. — Ihr durftet die drei Geister nicht belehren; sie sind es noch nicht wert. Sie müssen erst durch Leiden reif werden für eine solche Belehrung; heute wäre sie zwecklos gewesen."

Der jenseitige Leiter habe sodann — erzählt Greber weiter — zu verstehen gegeben, daß der Zustand jener Unglückseligen noch aus einem anderen Grunde gezeigt worden sei und zwar deshalb, weil einer der Teilnehmenden sich gleichentags mit Selbstmordgedanken getragen habe und schon im Begriff war, die Vorbereitungen hierzu zu treffen. Greber berichtet:

„Da stieß eine der Anwesenden einen jähen Schrei aus und rief: ‚Ich bin es! Ach Gott, ich bin es!' — ‚Ja, du bist es' sagte er (der Leiter) in sanftem Ton. ‚Du glaubtest dich dem Schweren, das du nun schon seit vielen Jahren zu tragen hast, durch Selbstmord entziehen zu können und dadurch Ruhe zu finden. Heute hast du ja die Ruhe gesehen, die deiner in einem solchen Falle harret. Jetzt wirst du wohl für immer von den Gedanken des Selbstmordes geheilt sein. So war der heutige Abend für dich eine große Wohltat.' "

Man fühlt sich angesichts des eben Dargelegten an die Worte Friedrich Schillers erinnert, die da lauten:

Der Mensch begehre nimmer zu schauen,
was die Götter gnädig bedeckten
mit Nacht und Grauen ...

... wie sehr wäre zu wünschen, daß dieses Buch dazu beitragen möge, vielen ringenden und kämpfenden Mitmenschen einen festen und sicheren Halt „in der Erscheinungen Flucht", d. h. in den Stürmen und Widerwärtigkeiten unseres Erdendaseins zu vermitteln.

Überleben auch unsere Haustiere?

Jedem Tierfreund, der mir bis hierher gefolgt ist, drängt sich diese Frage auf und sie kann, nach allem was wir dank der Jenseitsforschung bis jetzt hierüber wissen — und das ist nicht allzu viel — bejaht werden. Übersinnliche Erlebnisse mit verstorbenen Tieren sind zwar weit weniger häufig berichtet als solche von Menschen, das vorhandene Material reicht aber aus, um mit Sicherheit sagen zu können: höher entwickelte Tiere überleben ihr irdisches Abscheiden ebenfalls und halten sich oft noch lange in der Nähe ihrer menschlichen Betreuer und Freunde auf. Der verdiente Jenseitsforscher Georg Sulzer bestätigt, daß verstorbene Tiere höherer Entwicklungsstufe, wie Hunde, Katzen, Pferde u. dgl. von medial veranlagten Menschen schon häufig wahrgenommen wurden. Sulzer erlebte selbst etwas Derartiges und erzählt von einer Katze, die 12 Jahre lang im Haushalt gelebt hatte:

„Diese Katze hatte die Gewohnheit, sich beim Mittagessen pünktlich im Wohnzimmer am Tisch einzufinden, auf welchem das Essen bereitstand, und zwar immer am gleichen Platz. Sie gab dann einen eigentümlichen Laut von sich zum Zeichen, daß sie da sei und ihren Anteil verlange, der ihr dann auch verabreicht wurde. Unsere Wohnung wurde durch einen in der Mitte des geräumigen altertümlichen Hausflurs stehenden amerikanischen Füllofen geheizt. Als das Tier erkrankte — es war Winter — lag es neben diesem warmen Ofen in einem Korb. Seit es krank war, kam es nicht mehr an unseren Tisch. An diesem Tage aber, als wir wie gewöhnlich beim Mittagessen saßen, hörten meine mir damals die Haushaltung führende Schwester, unser Dienstmädchen und ich, plötzlich ganz deutlich an der gewohnten Stelle jenen uns längst bekannten Laut. Wir hatten noch kurz zuvor gesehen, daß die Katze starr und im Todeskampf in ihrem Korbe lag und waren daher aufs höchste überrascht. Sofort schauten wir nach und stellten fest, daß sie bereits tot war, somit unmöglich hätte an unserem Tisch erscheinen können. Dennoch waren wir darin einig, daß wir den fraglichen Laut an der bekannten Stelle deutlich gehört hatten und zwar ohne im geringsten an die Katze zu denken, denn wir hatten ein Gespräch über ganz andere Dinge geführt."

Aus der englischen „Psychic News" (Nr. 1582) übersetzte E. M. Körner einige Fälle von verbürgter Lebensrettung durch „Tiergeister", wobei es sich selbstredend nur um deren fluidale Körper, die ja weiterhin Träger der Wesensmerkmale bleiben, handeln kann. So rettete 1959 das Phantom eines Schäferhundes einer Frau namens Rosie Hayward das Leben. Sie und ihr Mann hatten das alternde Tier einem Hirten abgekauft und pflegten es. „Little Nell", so hieß der Hund, hing sehr an ihnen. Einen Tag nach dem Tode des Tieres fuhr Frau Rosie mit dem Fahrrad nach Hause. Plötzlich sah sie Little Nell neben sich und rief ihn an. In diesem Augenblick sprang er ihr vor das Rad, so daß sie stark bremsen mußte: es gab einen harten Ruck, und die offenbar schon defekt gewesene Hinterradbremse war gebrochen! — Erst jetzt kam der Frau zum Bewußtsein, daß der Hund ja schon tot war . . . Und dennoch lebte er anscheinend, denn sie hatte ihn gesehen und er — hatte ihr das Leben gerettet, denn vor ihr lag eine steile Abfahrt. Wäre erst dort die Bremse gebrochen, würde der Sturz in eine tiefe Schlucht unvermeidlich gewesen sein.

Eine ähnliche Rettung erlebte der Matrose William J. Wright während des Krieges (1943) auf einem Handelsschiff: er hatte eine kleine Schiffskatze, genannt „Minnie", bei sich. Bei einem Sturm fiel sie über Bord und ertrank. Acht Monate später hörte Wright auf Deck ein Miauen und sah seine Minnie in einem Niedergang verschwinden. Er eilte ihr nach und verfolgte sie bis in den Maschinenraum, wo sie sich zu seiner Überraschung plötzlich in Luft auflöste. Im gleichen Moment detonierte auf Deck eine Fliegerbombe ... Das Kätzchen, das ihn nach unten lockte, hatte ihn gerettet.

Ein wahrhaft „gespenstisches" Erlebnis wird von der Pferdefreundin Cecely A. Weeds aus Carlisle berichtet. Sie besaß einen schwarzen Hengst, auf dem sie täglich ausritt. Leider mußte dieser im Alter von neun Jahren wegen Beinbruchs erschossen werden. Cecely trauerte sehr um ihn und wollte kein anderes Pferd mehr haben. — Einige Jahre darauf wurde sie abends auf der Landstraße von einem Handtaschenräuber angefallen, der ihr die Tasche entriß und damit das Weite suchte. Nach etwa 100 Metern drehte er plötzlich um und rannte zurück auf sie zu, verfolgt von einem schwarzen Roß, das aus der Dunkelheit unvermutet aufgetaucht war. Der Gauner rief um Hilfe und stürzte, den Kopf mit den Armen schützend, vor Mrs. Weeds zu Boden. „Nehmt den schwarzen Satan weg!" schrie er. Doch das Pferd war ebenso plötzlich verschwunden, wie es aufgetaucht war. — Der Räuber wurde, am Kopf blutend, zur nächsten Polizeiwache geführt. Neben der Kopfwunde stellte ein Arzt fünf blutunterlaufene Stellen am Körper fest, die allesamt von Hufschlägen herrührten ... Frau Weeds beschwört, daß das gespenstische Pferd ihr verstorbener Hengst gewesen sei, der sie beschützen wollte.

Daß optisch für uns nicht mehr vorhandene Tiere sich mit Hilfe des bioenergetischen Kraftfeldes eines entsprechend veranlagten Menschen vorübergehend sichtbar machen, ihren Fluidalkörper also — genau wie entkörperte Menschen — mehr oder weniger verdichten können, bewiesen die in den zwanziger Jahren berühmt gewesenen Materialisationssitzungen bei dem polnischen Medium Franek Kluski (Pseudonym). Dort zeigten sich des öfteren Hunde, Katzen und sogar Eichhörnchen. Die Tiere benahmen sich ihrer Art gemäß: die Eichhörnchen hüpften auf dem Tisch umher, Hunde liefen schweifwedelnd herum, sprangen mitunter auf den Schoß eines Sitzungsteilnehmers und leckten dessen Gesicht. Einmal erschien ein ausgewachsener Löwe, der sich bedrohlich benahm; er schlug mit dem Schweif und streifte dabei die Möbel. Die erschrockenen Anwesenden hielten sich für unfähig, das Tier zu beherrschen und brachen die Séance ab, indem sie Kluski weckten (und damit anscheinend auch den Löwen zum Verschwinden brachten). Bei einer anderen Gelegenheit flog ein Bussard umher, mit den Flügeln an der Decke anschlagend. Als er sich endlich auf der Schulter Kluskis niederließ, gelang es, ihn mit Blitzlicht zu fotografieren.

Das Sichtbarwerden von Tieren im Fluidalzustand dürfte im übrigen genau so selten sein wie das verstorbener Menschen. Weit häufiger dagegen kommen Beschreibungen anwesender Tiere, die für den Nicht-ASW-Begabten unsichtbar sind, durch Hellseher oder über Menschen im Zustand der Tieftrance vor. So vermerkt z. B. der Parapsychologe Rev. Duncan in seinen Protokollen mit den als Medien fungierenden Damen Moore: am 30. 5. 1930 habe die Stimme des geistigen (jenseitigen) Führers Andrew Wallace der teilnehmenden Mrs. Stewart mitgeteilt, daß ein Hund anwesend sei, der ihr gehört habe. Wallace beschrieb ihn völlig richtig als Foxterrier. Außerdem noch „eine winzige Katze, die Ihnen auch gehörte ... Sie hatten sie lange Zeit". „Ja", bestätigte die Dame, „siebzehn Jahre. Und ich habe mich oft gefragt, ob unsere Hunde und Katzen den Tod überleben". „Gewiß", erwiderte Wallace, „sie leben so lange, als eure Liebe zu ihnen dauert. Danach gehen sie an ihren eigenen Ort". Sodann schreibt Duncan, habe man höchst unheimlicher Weise das geisterhafte Bellen eines Hundes und das Miauen einer Katze vernommen, welche die Medien durch Namenruf an sich zu locken suchten. „Wir fühlten sie nach der unverkennbaren Art der Tiere an unseren Beinen hinstreifen, und die Katze versuchte, auf Mrs. Stewarts Schoß zu klettern."[153])

Im zweiten Band seines grundlegenden Werkes „Das persönliche Überleben des Todes" gibt Dr. Emil Mattiesen in dem Kapitel „Ein eigenes Erlebnis und eine letzte Abwehr" offensichtlich nur ungern eine ihn persönlich betreffende Begebenheit preis. Es handelt sich hierbei um nachtodliche Manifestationen seiner Gattin, die nach 23jähriger überaus glücklicher Ehe am 15. 10. 1933 in die Ewigkeit abberufen worden war. Die Perzipientin (Wahrnehmerin) der im erwähnten Kapitel sehr ausführlich und mit allem Für und Wider beschriebenen Erscheinungen war die junge Frau von Herrn Erwin Ohlhaver, des Sohnes eines der besten und erfolgreichsten Jenseitsforscher: Hinrich Ohlhaver. — Dr. Mattiesen war 1925 mit den Ohlhavers erstmals in Verbindung getreten, erst brieflich, später persönlich. Mattiesen schreibt: „Herr Erwin Ohlhaver suchte mich zweimal in Rostock auf, das zweite Mal im Frühling 1929, in Begleitung seiner Braut und jetzigen Frau, Anna Ohlhaver. Die junge Dame, ein Mensch von großer Anmut, Reinheit und Innigkeit des Wesens, gewann sogleich meiner Frau und meine Zuneigung; doch wurden Briefe zwischen ihr und uns im Laufe der folgenden Jahre nur äußerst selten gewechselt; zuletzt sogar über zwei Jahre lang gar nicht, ohne daß die geringste Störung unserer persönlichen Beziehungen erfolgt wäre." Im Juli 1933 schrieb Dr. Mattiesen einen Brief allgemeinen Inhalts an Herrn Ohlhaver, der aber mehrere Monate liegen blieb, weil er sich der veränderten Anschrift des Empfängers nicht sicher war. Mehr als fünf Wochen nach dem Tode seiner Frau fügte Dr. M. dem Brief eine entsprechende Nachschrift bei und übergab ihn, unter Benutzung der früheren Adresse, der Post. Die Antwort der Ohlhavers enthielt die Mitteilung, daß die ASW-begabte Frau Anna vor etwa vier Wochen die Gattin Dr. Mattiesens — am hellen Tage und mitten während der häuslichen Arbeit — hellsichtig wahrgenommen hatte. „Sie sagte etwas von Blutung und hat mir aufgetragen, viele herzliche Grüße zu bestellen." Eine ähnliche Wahrnehmung erfolgte eine Woche später. Ohlhaver senior vermerkte hierzu: „Beide Gesichte dauerten jedesmal nur wenige Sekunden; wir waren nicht geneigt, ihnen irgendwelche Bedeutung beizumessen, und am allerwenigsten haben wir die Vermutung gehabt, Ihre Gattin könne nach dem Jenseits übergesiedelt sein. Wir betrachteten die Vorkommnisse als Erinnerungsbilder, um so mehr, als wir uns oft mit Ihnen beschäftigten ..."

In der Tat war Dr. Mattiesens Ehefrau an Gehirnhautblutung gestorben, worauf die Angabe „Blutung" offensichtlich Bezug haben sollte.

Die weiteren Darlegungen Dr. Mattiesens sowie seine mit beißendem Spott erwogenen „Erklärungsmöglichkeiten" pseudopsychologischer und psychoanalytischer Art*) ihrer Länge wegen überspringend, möchte ich hier nur noch die Manifestation Frau Dr. Mattiesens mit einem Hunde erwähnen. Diese Wahrnehmung hatte Frau Anna Ohlhaver am 4. Dezember desselben Jahres und schrieb hierüber an den Gatten der Verblichenen folgendes: „Ungefähr 1/2 12 Uhr — ich war ganz allein in meiner Wohnung — ging ich zu Bett. Ich hatte die Nachtlampe ausgedreht, als ich plötzlich wieder ihre Frau sah, und zwar mit einem *Hunde*. Sie freute sich anscheinend ganz königlich, daß sie sich mir mit dem Tiere zeigen konnte. Es war mir, als sollten Sie sich nun *auch* darüber freuen und als sollte dies für Sie eine Überraschung sein; als wollte sie Sie fragen: kennst du ihn nicht? So strahlend glücklich und stolz war sie und so voll Erwartung, ob Sie das Tier nun auch kennen würden. Der Hund schien sehr an Ihrer Frau zu hängen. Es war, als ob Ihre Frau zu ihm gesagt hätte: komm, wir wollen jemand eine ganz große Freude machen. So überglücklich strahlend standen beide da und warteten die Wirkung ab. Auch von dem Tier hatte ich den Eindruck, als ob es verstanden hätte und sich mächtig freute. Merkwürdig war auch, daß ich gar nicht unter dem Ein-

*) Mattiesen: „Man muß nur mit dem Unterbewußtsein auf vertrautem Fuße stehn — und es kann einem schlechterdings n i c h t s abschlagen ..."

druck stand, daß dies Gesicht *mir* gälte. Kann das nun richtig sein? Haben Sie einen Hund gehabt, der sich jetzt in treuer Anhänglichkeit Ihrer Frau zugesellt haben könnte? Sie können sich vorstellen, daß es für mich etwas komisches hat, Ihnen Dinge zu schreiben, von denen ich nicht weiß, ob sie die geringste Beweiskraft in sich tragen." — Dr. Mattiesen bemerkt im Verlauf weiterer Schilderungen hierzu, daß seine Frau eine „Hundenärrin" gewesen sei und daß sie im Verlaufe ihrer Ehe drei solcher Tiere besessen hätten. Einer davon, ein schwarzbrauner Terrier „unechter Rasse", habe durch außergewöhnlichste Begabung alle anderen überragt. Um dieses Tier schien es sich bei dem nur Sekunden währenden Hellgesicht Frau Ohlhavers gehandelt zu haben. —

Das unheimliche Teilgebiet der sog. *Lykanthropie,* jener kaum glaubhaften Fähigkeit, sich vorübergehend in Tierleiber zu „verwandeln" (was jedoch nicht nur bei Angehörigen primitiver Völker zuverlässig beobachtet worden sein soll) übergehe ich hier ebenso wie manches andere von der „Nachtseite der Natur"; einer Nachtseite, die eben nur deshalb diesen Namen erhielt, weil wir kaum etwas von ihr wissen. Dagegen wollen wir der *Hellsichtigkeit mancher Tiere* Erwähnung tun. Als dem Pferd noch die Bedeutung des Hauptverkehrsmittels zukam, wußte nahezu jeder Bauernknecht, daß Pferde an bestimmten Stellen der Gegend, die mit spukhaften Erscheinungen in Zusammenhang gebracht wurden, zu scheuen pflegten und auch unter härtesten Schlägen zum Weitergehen nicht zu bewegen waren. Derartige Vorkommnisse berichten auch die berühmten Proceedings der britischen Gesellschaft für Psychische Forschung, denen Roesermueller folgenden Fall entnimmt:

Ein namhafter Rechtsanwalt aus Philadelphia war unter peinlichen Streitkontroversen von seinem Freund geschieden, welcher später aus Gesundheitsrücksichten nach Italien übersiedelte. Eines Tages kampierte der Advokat in der Wildnis von Adironlacks. Beim Weiterritt wurde sein Pferd aufgeregt und weigerte sich schließlich, weiterzugehen. Da sah der Rechtsanwalt plötzlich die Erscheinung seines Freundes, aus dem Munde blutend, und hörte ihn sagen: „Ich habe nichts gegen dich!" — Einige Zeit darauf langte die Nachricht an, daß jener Freund zur eben derselben Zeit an einem Blutsturz verstorben war.

Aniela J a f f é sammelte reichhaltiges Material einschlägigen Genres. Ihrem Buch „Geistererscheinungen und Vorzeichen" entstammt das nachstehend wiedergegebene Erlebnis: In einer schweizerischen Kompanie war ein Soldat gestorben. Am Tage der Beerdigung befand sich der Erzählende, ein Offizier, in Begleitung eines Diensthundes auf Kontrollgang. Nach Einbruch der Dunkelheit begann der Hund sich recht eigenartig zu verhalten, er wollte nicht mehr weiter, winselte und stellte sich zähnefletschend in den Weg. „Das sonst sehr treue und folgsame Tier gehorchte weder auf Lockungen, noch beachtete es die Dressurkommandos. Meine ersten Gedanken waren: Der Hund ist krank oder sogar tollwütig geworden ... Da nun Dienst einmal Dienst ist und ausgeführt werden muß, führte ich die Tour fast bis zur festgesetzten Stunde durch, aber kurz vor deren Beendigung nahm der Hund plötzlich Reißaus und verschwand in der Dunkelheit. Kaum war er weg, tauchte rechts von mir eine lichte Gestalt auf, die sich lautlos auf mich zubewegte und auf eine Distanz von etwa zwei Metern vor mir Halt machte. Eine eisige Kälte lief mir den Rücken hinunter und breitete sich über den ganzen Körper aus, daß ich an allen Gliedern wie gelähmt am Platze verharren mußte. Die Gesichtszüge waren scharf erkennbar und genau die unseres verstorbenen Kameraden. Den Blick, mit dem er mich ansah, werde ich zeit meines Lebens nicht vergessen; die Trauer und Milde, die daraus zu lesen war, kann kein irdisches Auge nachahmen. — Wie lange die Erscheinung gedauert hat, weiß ich nicht; aber so viel ist mir heute noch bewußt: lange genug, um das kundzutun, was kein Seelsorger in allen seinen Predigten in meinem ganzen Leben mir beigebracht hätte." — Die Erscheinung habe sich lautlos entfernt und sei in der Dunkelheit untergetaucht. Als der Erzähler in den Ort zurückkam, begrüßte ihn sein Hund an der ersten Straßenlaterne wie gewöhnlich. „Die Erscheinung ist hernach noch viele Male gekommen, und nicht nur in der Nacht, sondern auch am Tage. Worte gewechselt haben wir nie, dazu hat mir immer der Mut gefehlt" schließt der Bericht.

Pfarrer Wilhelm Horkel erwähnt in seinem Büchlein „Botschaft von Drüben" einen von Wilhelm von Scholz in der Erzählung „Der Kopf im Fenster" verarbeiteten Fall: Ein bei Rom lebender deutscher Maler kehrte gegen Mitternacht in sein einsam liegendes Weinberghaus zurück. Unterwegs begegnete ihm ein Arbeiter, dessen Gesichtstypus ihn so beeindruckte, daß er ihn zu Hause sogleich mit Kohle skizzierte, ehe er sich niederlegte. — Plötzlich aus dem Schlafe aufwachend, sah er im Mondschein seinen Hund aufmerksam zum Fenter hinschauen, ohne zu bellen. Auf den Zuruf seines Herrn reagierte er nicht. Da blickte auch der Maler nach dem Fenster, starrte, wischte sich über die Augen, starrte abermals hin: durch die Scheibe sah mit angstvoll verzerrtem Gesicht der Kopf jenes Arbeiters herein, so, als hätte er sich bis zur Brusthöhe am Fenstersims emporgezogen. Deutlich erkannte der Maler alle Einzelheiten: die Augen angstvoll aufgerissen, der Mund hilfeflehend geöffnet, an der linken Schläfe tropfte Blut herunter ... Kaum wahrgenommen, zerfloß der grausige Anblick, ohne daß eine Bewegung wahrgenommen worden wäre. Jetzt kam der Hund schutzsuchend zu seinem Herrn. — Zur gleichen Zeit war jener Arbeiter auf dem Weg, den der Maler gegangen war, ermordet worden.

Nächstentags wurden die im Umkreis Wohnenden zwecks amtlicher Untersuchung des Verbrechens zusammengeholt. Genau wie am Fenster erschienen, lag der Ermordete da, die linke Schläfe blutverklebt. Die Kohlezeichnung stimmte mit dem Gesicht des Toten überein. Es stellte sich heraus, daß der Tote ein ehemaliger Schäfer aus dem Albanergebirge war, der über die Gabe des Hellsehens verfügt hatte. In seiner Tasche fand sich ein Zettel: „Ich gehe jetzt einen schweren Weg. Vielleicht kehre ich nicht heim, rette aber ein anderes Leben." — Die später gefaßten Mörder gestanden, daß sie sich geirrt hätten, da sie nicht jenen Arbeiter, sondern den deutschen Maler berauben wollten!

Recht interessant ist auch der Grad der Hellsehfähigkeit bei einem kleinen Hund, den Dr. B. Cyriax, worüber er in seinem hier schon mehrfach erwähnten Buch „Wie ich ein Spiritualist geworden bin" auf Seite 123 Bericht erstattet, besaß. — Zuerst erzählt er, in welcher Art und Weise die Manifestationen Jenseitiger vor sich gingen, die ihm nahezu allabendlich zuteil wurden: sobald er das Gaslicht abdrehte und sich zu Bett begab, erschien in der einen Zimmerecke ein leuchtender Nebel, der sich bald verdichtete, bis er ein förmliches Tor bildete, welches in einen tiefen Raum zu führen schien. Aus diesem Nebel- oder Wolkentor traten die Gestalten dann heraus, kamen zu ihm, setzten sich auf den Bettrand oder auf einen Stuhl, „kurz, sie erschienen gerade wie Menschen von Fleisch und Bein, unterhielten sich mit mir in ihrer eigenen Sprache und Dialekt, und zeigten alle Eigentümlichkeiten, die sie im Leben gehabt hatten."

Der erwähnte kleine Hund nun kannte die Sache bald so genau, daß er sofort auf das Bett sprang, sobald er sah, daß sein Herr sich entkleidete; dort saß er dann, starr nach jener Zimmerecke schauend und das Erscheinen der Jenseitigen erwartend. „Trat aus diesem Nebel eine Gestalt heraus, die er schon gesehen hatte, so kam er an den Rand des Bettes, wedelte mit dem Schweif und begrüßte sie, gerade wie er es bei Menschen zu tun gewohnt war. Nur hatte er eine Scheu, mit ihren Körpern in Berührung zu kommen. Sobald ein Geist ihn anfaßte oder streichelte, bekam er ein Zittern und duckte sich ganz nieder; war dann die Hand zurückgezogen, schüttelte er sich kräftig zwei- oder dreimal und setzte sich dann hin, das Sprechen, die Gesten der geistigen Besucher beobachtend ... Kamen nun aber Formen, die er noch nicht gesehen, so blieb er still am Fußende des Bettes sitzen — ohne Zeichen der Freundschaft — ja oft empfing er sie mit Knurren und Bellen, während er bei späterem Wiedererscheinen derselben sie wie andere Bekannte empfing. — Erschienen Indianer, so kroch er ängstlich unter die Bettdecke, und wenn ich ihn hervorzunehmen versuchte, so stieß er ein klägliches Geheul aus, schlüpfte wieder unter die Decke und schmiegte sich ängstlich an mich."

Am merkwürdigsten war nun der Umstand, so versichert Dr. Cyriax, daß der Hund vornehmlich *nur männliche* Jenseitige wahrnehmen konnte. Mit Ausnahme von Indianerinnen und einer gelegentlich erschienenen alten Negerfrau vermochte das Tier im Verlaufe jener sechs Monate, in welchen Dr. Cyriax Materialisationen erlebte, niemals einen weiblichen Geist zu sehen. Wohl spürte er deren eventuelle Berührung, „bekam das Zittern, schüttelte sich und sah sich ganz erstaunt um, als ob er die Person suchen wolle, von der er berührt wurde".

Dr. Cyriax stellte allerlei Versuche an um sich zu vergewissern, ob der Hund wirklich keine Fluidalmenschen weiblichen Geschlechts (mit den erwähnten Ausnahmen) sehen könne. „Wenn eine männliche Form ihn durch Schnalzen mit der Zunge oder mit den Fingern lockte, so blickte er auf und kam zu ihr. Und wenn darauf eine weibliche Form dasselbe tat, so hatte er keine Ahnung davon." Nur auf Berührung reagierte er. — Auf Befragen wurde Dr. Cyriax später dahingehend belehrt, daß der Fluidalkörper weiblicher Personen (höheren Entwicklungsgrades) von feinstofflicherer Natur sei, und daß vornehmlich die seelisch hochentwickelten dem Irdischen viel ferner stünden als die Männer. Im Vergleich hierzu sei die Erdverbundenheit von Indianerfrauen und Negerinnen relativ stärker ausgeprägt, wodurch ihr Fluidalleib etwas dichter beschaffen sei und von dem Tier gesehen werden könne. Des Experimentes halber zeigten sich Dr. Cyriax hochentwickelte jenseitige Menschen beiderlei Geschlechts, deren Körper „bedeutend feiner und ätherischer waren als die materialisierten Körper der nicht so hoch entwickelten männlichen Wesen". Auf Grund dessen vermochte Dr. Cyriax späterhin den höheren oder niederen Grad der sich Manifestierenden schon bei ihrem Erscheinen zu erkennen. —

Tiere unterliegen genau so dem fortschreitenden Gesetz der Entwicklung wie wir Menschen, wie alles Lebendige. „Das Entwicklungsgesetz verlangt", heißt es in einer Stellungnahme von Drüben, „daß das Tier ist, was wir waren und wird, was wir sind". Und hinsichtlich eines Wiedersehens heißt es, daß man drüben sein Lieblingstier wiederfindet. „... denn der Fortgeschrittene bleibt immer in Verbindung mit dem, der auf einer niederen Stufe steht." Und wir sollten uns hüten, grausam gegen Tiere zu sein. Kein Schmerzenslaut der Kreatur ginge verloren. Besonders verwerflich sei die *Vivisektion*, das oft völlig überflüssige und somit unsinnige chirurgische Experimentieren am lebenden Tier ohne es zu betäuben. Alle öffentlichen Proteste gegen diese grauenhafte Ausgeburt materialistischen Denkens waren bisher vergeblich. Der Berliner Arzt Dr. med. H o g a n , nachmaliger Leiter des „Vereins gegen die medizinische Tierfolter", berichtete szt. in der „Iris-Korrespondenz" (Herausgeberin: Frau Dr. M. Madaus) ein Erlebnis, das als nachdrückliche Warnung aus dem Jenseits allen Tierquälern zur Kenntnis gebracht werden sollte:

„Auf einem Familienfest in Frankfurt/Main kam das Gespräch auf Hypnotismus und verwandte Gebiete, wobei ein junger Offizier sich verächtlich über solchen ‚Unsinn' ausließ. — Er sank plötzlich wie tot in seinen Stuhl. Bevor der gerufene Arzt kam, fing der ‚Ohnmächtige' mit lauter, aber gänzlich veränderter Stimme zu sprechen an: ‚... mein Vater, damit du ein greifbares Zeichen hast, daß ich bei dir war, daß es nicht nur Täuschung und Einbildung war, so nimm dies!' — Bei diesen Worten fiel etwas Glänzendes vor einem alten Herrn zu Boden; als er es aufhob, sahen wir alle einen schönen altertümlichen Ring.

Der alte Herr rief erschüttert und aufgeregt, daß dies ein wirkliches Wunder sei, denn sein verstorbener Sohn habe diesen Ring stets am Finger getragen und mit ins Grab bekommen. — Einer machte die Bemerkung: ‚Wenn doch auch mir jemand von meinen Verwandten aus dem Jenseits ein Zeichen geben wollte.' — Der Wunsch war rasch erfüllt. Der ‚Ohnmächtige' sprach mit tiefer, ganz veränderter Stimme:

‚Ich bin dein Onkel, Medizinalrat Dr. W., der in G. in Hessen lebte und starb. Auf der Erde habe ich nicht immer gut gehandelt, besonders an den Tieren nicht und habe deshalb jetzt noch zu büßen, um mich wieder zu reinigen. Alles Beten, Opfern und Messelesen von anderen für mich ist ganz unnütz, da jeder für sich selbst einstehen muß. Es gibt erst dann Verzeihung, wenn man freiwillig büßt. Alle die langen Qualen, die ich den Geschöpfen zufügte, muß ich an meinem Geiste jetzt durchmachen. Das ist so grauenhaft, daß ich wenigstens meine letzten Nachkommen vor einem gleichen Schicksal bewahren möchte. Daß ich euch dies sagen durfte, hat der barmherzige Gott zugelassen, und ich bitte nun jeden von euch, mutig und ohne Scheu dieses Vorkommnis und meine Mitteilung weiter zu verbreiten und euch stets der Tiere Not erbarmend anzunehmen und gegen Quälerei aller Art energisch einzuschreiten. Ihr müßt dafür sorgen, daß meine Worte auch dem Papst und allen Regierenden unterbreitet werden.' "

— Der Berichterstatter Dr. Hogan bekannte, daß alle über dieses Menetekel ganz verblüfft waren und sich peinlich betroffen fühlten. Jedoch hätten sich schon bald erfreuliche Konsequenzen gezeigt: zwei Söhne eines dabei anwesenden Herrn wechselten ihr Studium, weil deren Professoren auf Experimente am lebenden Tier nicht glaubten verzichten zu können und die von den Studenten geschilderte Begebenheit als Humbug betrachteten.*)

In diesem Zusammenhang dürfte ein Erlebnis der Schwedin Eira Hellberg belangreich sein, welches sie in ihrem Buch „Telepathie — Okkulte Kräfte" erzählt:

„Als Kind bewohnte ich mit meinen Eltern eine Wohnung, deren Salon uns allen in der Familie — auch der Dienerschaft — viel zu denken gab. Da hörte man Schritte, Stöhnen, Seufzen; unsere Hunde standen an der Türschwelle mit gesträubtem Haar und bellten wild." Einer Ecke des großen Zimmers haftete besonders des Nachts und in stillen Tagesstunden eine merkwürdige Unruhe an. Nie gelang es, einen der Hunde zu bewegen, eine gewisse Grenze in Richtung jener Ecke zu überschreiten. „Wir zogen sie am Halsband, lockten sie mit Leckerbissen, baten oder befahlen — umsonst; sie drückten sich auf den Boden, wimmerten ängstlich und trugen alle Anzeichen des Widerwillens zur Schau. Verließen wir die Stelle, sprangen sie entzückt um uns herum." — Nachforschungen ergaben schließlich, daß vor mehreren Jahren ein Wissenschaftler die Wohnung innegehabt und in diesem Zimmer sein Laboratorium eingerichtet hatte. In der betreffenden Ecke pflegte er zu vivisezieren; dort hatten ein Tisch und Kisten gestanden, die er für seine Experimente und als Aufbewahrungsort für die durch Curare bewegungsgelähmten (aber nicht betäubten) Tiere benutzte. —

Vielerlei wäre noch zum Thema „Überleben höhere Tiere den Tod?" zu sagen. So beispielsweise zur Gruppenseelen-Theorie, wie überhaupt zu den interessanten Erscheinungen seelischer Kommunikation zwischen Tieren gleicher Art. Trotz neuerer Forschungen auf diesem Gebiet (besonders im Ostblock) und obwohl auch die Jenseitsforschung ein wenig Licht auf das Seelenleben der höheren Tierwelt werfen konnte, bleibt uns das wahre Wesen der Tiere noch weitgehend verschlossen und gehört nach wie vor zum dunkelsten Gebiet der ohnehin nur dürftig aufgehellten Seelenkunde.

Im Sinne unserer Fragestellung will ich deshalb mit einer Jenseitsaussage schließen, die dem Buche der Französin R. Noeggerath „Das

*) Jener ASW-begabte junge Offizier war, ohne es zu wissen, ein ausgezeichnetes Tieftrance-Medium; das wird ihm nach dem Erwachen aus seiner „Ohnmacht" peinlicherweise klargeworden sein.

Fortleben" (S. 219) entnommen ist und mir nachdenkenswert genug erscheint.

Bei dem Berichterstatter handelt es sich um einen jungen Mann, der, zu Pferd von einem Besuch bei seiner Braut zurückkehrend, in ein schweres Gewitter geriet und vom Blitz erschlagen worden war:

„Ich ritt die Landstraße entlang. Ich kam von meiner Braut. ‚Reite diese Nacht nicht fort', so hatte sie mich gewarnt, ‚sieh doch, wie dein Pferd schnauft und schäumt. Bleibe hier, damit das arme Tier sich ausruhen kann. Hier steht ihm eine volle Krippe und ein guter Platz zur Verfügung. Und dann ... es wird ein Gewitter geben'. — ‚Nein', war meine rauhe Antwort. ‚Es muß diesen Ritt noch aushalten, ich werde es schon zum Laufen bringen.' Und so schwang ich mich in den Sattel.

Bald brach das Gewitter mit ganzer Macht über mich herein. Es regnete in Strömen. Grelle Blitze teilten die Wolken und das Rollen des Donners klang wie eine fürchterliche Drohung, die die Berge verstärkt zurücksandten. Der Sturm fuhr heulend über den gebeugten Kronen der Bäume dahin. Mein vor Schrecken bebendes Pferd wollte nicht weiter. — Wie oft hatte mir meine Mutter gesagt: ‚Mein Sohn, du bist zu grausam gegen die Tiere. Ich fürchte, das wird dir noch einmal Unglück bringen.' Aber mein Herz verschloß sich stets dem Mitleid für die niederen Wesen.

Plötzlich schlug der Blitz neben mir ein und mein Pferd fiel zu Boden. Um es zum Aufstehen zu bringen, fing ich an es zu schlagen und fluchend immer mehr zu schlagen. — Da auf einmal verlor ich die Besinnung ... Als ich erwachte, erblickte ich, o Schrecken ... lebende Tote! Ich sah meine vor kurzem verstorbene Mutter. Es ward mir klar, daß ein Blitzschlag mich getötet hatte. Dieser Augenblick war furchtbar, denn ich liebte meine Braut.

Meine Mutter zeigte auf das Pferd, das im selben Augenblick getroffen worden war wie ich. Das Wesen, das ich mißhandelt hatte, war beinahe meinesgleichen ... Da schämte ich mich meiner Roheit und ich hätte weinen mögen vor Scham ..."

Die Tonbandstimmen

von Fidelio Köberle

Tonbandstimmen sind physikalisch unerklärbare, intelligente Äußerungen auf Tonträgern. Dieses Phänomen stößt international auf zunehmendes Interesse. Zwar steckt die Kommunikation via Tonträger technisch noch in den Anfängen (die Dialoge sind nur kurz und ermangeln oft der wünschenswerten Klarheit), aber das Phänomen als solches steht zweifelsfrei fest und stellt möglicherweise einen ersten Schritt zur Schaffung eines „Jenseits-Telefons" dar, welches von drüben bereits seit langem angekündigt wurde und über dessen technische Beschaffenheit sich schon der berühmte Thomas Alva Edison Gedanken machte.

Da ich mich selber experimentell nicht damit befaßt habe, danke ich Herrn Fidelio Köberle für den nachfolgenden Beitrag und dem Goldmann-Verlag für die nachträgliche Aufnahme in dieses Buch.

R. Passian

Man kennt bereits seit langem die medialen Kontakte mit Verstorbenen. Von ihnen ist in diesem Buch ausführlich berichtet worden. Bei ihnen ist ein Medium nötig, also ein sensitiver Mensch, der gewissermaßen als Kanal wirkt oder das Kraftfeld abgibt für die Übermittlung von Jenseits-Informationen. Seit 1959 gibt es nun eine ganz andere Art von Verbindung mit den Verstorbenen, bei der kein menschliches Medium erforderlich ist: es handelt sich um die sogenannten ‚Tonbandstimmen'. Hierbei dient als Vermittler ein elektronischer Apparat: das Tonbandgerät oder der Kassettenrecorder. Es mutet wie eine Fügung an, daß gleichzeitig mit dem Nachlassen echter medialer Kundgaben die Tonbandstimmen in den Vordergrund rücken.

Der Entdecker der Tonbandstimmen ist Friedrich Jürgenson. Auf seinen Tonbändern tauchten erstmals 1951 sprachliche Äußerungen auf, die er sich nicht erklären konnte. Nach und nach wurde ihm klar, daß es sich um Mitteilungen von verstorbenen Verwandten und Freunde handelte, die ihn ansprachen und zu erkennen gaben, daß sie an seinem Leben teilnahmen: „Friedel, du wirst beobachtet!" Er erkannte sofort die ungeheure Bedeutung dieser Entdeckung, doch hielt er sich einige Jahre bedeckt und forschte in der Stille weiter, bis er sicher sein konnte, daß es sich um ein echtes paranormales Phänomen handelte. Erst dann ging er an die Öffentlichkeit und informierte Presse, Rundfunk und Fernsehen. Er schrieb das wunderbare Buch „Sprechfunk mit Verstorbenen" (Goldmann Taschenbuch Nr. 11727), das zu einem echten Dauerbrenner geworden ist.

Jürgenson hatte in seiner Jugend und auch später den Spiritismus kennengelernt und wußte von dessen Schwächen: Da ein menschliches Medium die Informationen übermittelt, besteht immer die Gefahr, daß (auch ohne jede böse Absicht) etwas Eigenes mit einfließt, so daß die Jenseits-Information nicht unverfälscht durchkommt. Ein Medium ist ein Mensch wie jeder andere mit Gefühlen, mit Ängsten, Befürchtungen, Wünschen und bewußten wie unbewußten Zielen und Absichten. Man weiß bei einer medialen Kundgabe also nie mit absoluter Sicherheit, ob sie genau den Sinn und den Wortlaut wiedergibt, die der Absender ihr gegeben hat. Auch besteht die Möglichkeit, daß das Medium eine Aussage macht, die überhaupt nichts mit einer Jenseits-Kundgabe zu tun hat, die vielmehr aus ihm selbst stammt, ohne daß dies erkennbar wäre.

Dieser schwerwiegende Unsicherheitsfaktor fehlt bei den Tonbandstimmen. Ein Gerät hat keine Wünsche und keine Befürchtungen. Es zeichnet ganz kühl und objektiv auf, was ihm aufgeprägt wird. Der das Tonbandgerät bedienende Experimentator bleibt gewissermaßen draußen. Sein Gehirn, seine Hand usw. werden nicht – wie bei den Medien – von einem fremden Willen benutzt. Der Experimentator bedient nur die Knöpfe, etwa wie ein Telefonist, der durch Stöpsel eine Verbindung zwischen Anrufer und Angerufenem herstellt, selbst aber ganz unbeteiligt am Gespräch ist.

Die auf diese Weise erhaltenen ‚Stimmen aus dem Jenseits' sind jederzeit reproduzierbar und überprüfbar, da sie ja auf dem Band fixiert sind. Auch das ist ein wesentlicher Vorteil.

Ein weiterer Vorteil ist die Tatsache, daß man keine mediale Begabung braucht, um solche Stimmen zu erhalten. Jeder, der sich ernsthaft bemüht, kann seine eigenen Tonbandstimmen bekommen. Auf diese Weise ist es möglich, auch Skeptiker zu überzeugen. Der moderne Mensch will und kann nicht blind glauben. Er will Beweise sehen – und hören. Er kann sich das Evidenzerlebnis selbst verschaffen, indem er eigene Experimente macht. Er ist also nicht auf die Glaubwürdigkeit von Berichterstattern angewiesen.

Die Technik ist nicht schwer zu erlernen. Es bedarf auch keiner teuren Apparaturen. Deshalb gibt es weltweit bereits tausende von Tonbandstimmenforschern, die schöne Erfolge aufzuweisen haben. Man sollte sich die Erfahrungen nutzbar machen, die in drei Jahrzehnten erarbeitet worden sind und sich dadurch die Umwege ersparen, die sonst unvermeidbar wären.

Um die nötigen Informationen an Interessenten zu geben, ist der ‚Verein für Tonbandstimmenforschung (VTF) e.V.' im Jahre 1975 gegründet worden. Er gibt ein vierteljährlich erscheinendes Mitteilungsblatt sowie Merkblätter heraus, in denen alle Methoden und Geräte beschrieben werden, und in denen über den jeweils neuesten Stand der Forschung berichtet wird. Wer Näheres erfahren möchte, fordere kostenlos und unverbindlich Informationsmaterial an (VTF, Höhscheider Straße 2, 4000 Düsseldorf 13).

Warum ist die Tonbandstimmenforschung so wichtig? Jeder Feldforscher, der eigene Stimmen eingespielt hat, weiß (und glaubt nicht nur), daß er ein echtes personales Gegenüber hat, mit dem er im Gespräch ist. Er fände es absurd, etwa anzunehmen, er unterhalte sich dabei mit seinem eigenen Unbewußten. Allein die Inhalte der Aussagen lassen keinen anderen Schluß zu, als den, daß die Stimmen von Verstorbenen stammen. Wenn aber Verstorbene noch intelligent reagieren und sinnvoll auf Fragen antworten, dann können sie ja nicht tot sein. Damit wäre der Beweis erbracht, daß das Leben nach dem Körpertod irgendwie weitergeht. Diese Erkenntnis ist aber von allergrößter Bedeutung für die Menschen, weil sie weltanschauliche Konsequenzen nach sich zieht. Wer nur das eine Leben hier auf der Erde annimmt und meint, mit dem Tod sei alles aus, der lebt ganz anders als jemand, der weiß, daß es ein Weiterleben gibt. Jeder denkende Mensch fragt sich dann nämlich, welchen Sinn das Leben hier auf der Erde eigentlich hat, betrachtet vor dem Hintergrund einer ewigen Existenz. Wer in seinem Denken soweit gekommen ist, der lebt bestimmt nicht mehr so in den Tag hinein wie die meisten Zeitgenossen. Er fragt sich, welche Aufgabe er zu erfüllen hat, und ist damit auf dem Wege, ein sinnerfülltes Leben zu finden. Immer wieder bezeugen Tonbandstimmenforscher, daß sich ihre Einstellung zum Leben und ihr Leben überhaupt durch die Beschäftigung mit den Stimmen grundlegend geändert hat, und zwar zum Positiven. Von dieser Forschung geht eine große Faszination aus, denn sie kann Antwort geben auf viele ungelöste Fragen. Wir können erfahren, wie sich das Leben nach dem Tode gestaltet, was die Verstorbenen fühlen, denken und tun. Viele Rätsel lassen sich lösen. So hat es wertvolle medizinische Hinweise gegeben. Fragen nach der Todesart und der Todesursache können beantwortet werden. Historisch strittige Fragen lassen sich klären. Sogar Mordfälle wurden aufgeklärt. Gar nicht abzuschätzen ist der Trost, den die Stimme eines Verstorbenen für die Hinterbliebenen bedeutet, wenn sie klar zu erkennen gibt, daß der Tote weiterlebt. Wer Tonbandstimmenforschung betreibt, für den weitet sich der geistige Horizont in ungeahnter Weise. Er bekommt Einblick in eine andere Dimension, die wir gewohnt sind, das Jenseits zu nennen. Die Technik ermöglicht es heute jedermann, diese große innere Bereicherung zu erfahren.

Zäh hält die Menschheit fest am alten Wahn,
Wenn tausend Gründe auch dagegen sprechen.
Der Irrtum findet immer off'ne Bahn –
Die Wahrheit muß sie sich erst brechen!

W.

Schlußbetrachtungen.

„Die Frage des Überlebens der Person bleibt nun einmal das Hauptproblem aller Wissenschaft, mögen auch unsere offiziellen Philosophen und Psychologen alle einen weiten Bogen um sie machen und tun, als ob sie sie überhaupt nicht sehen" bemerkt treffend der große Philosoph und Psychologe Prof. Hans Driesch. „Ein einziger, ganz sicherer Fall der Betätigung eines Verstorbenen würde für die irdischen Menschen mehr bedeuten als alles, was bisher die sogenannte Kultur, einschließlich der Philosophie, für sie bedeutet hat ... Ich bekenne, daß mir hier das seltsamste Phänomen aller Parapsychologie vorzuliegen scheint; ein Phänomen, welches mir verbietet, die spiritistische Hypothese vollständig in jeder Form zu verwerfen."

Diese Worte darf man als klare Stellungnahme eines mutigen Wissenschaftlers kennzeichnen; denn für einen Gelehrten bedeutet es auch heute noch ein großes Wagnis, sich für die höchstwahrscheinliche Möglichkeit eines nachtodlichen Weiterlebens einzusetzen oder gar dasselbe als bereits erwiesen zu behaupten. Wissenschaft aber heißt: Wissen schaffen. Und zwar ein Wissen, welches uns unser Eingebettetsein in das untereinander harmonisch verflochtene Netz der Naturgesetze erkennen läßt; ein Wissen, aus dem sich beweiskräftige Lehren für unser richtiges Verhalten ergeben; ein Wissen letztlich, das uns unsere Bedeutung und Stellung im All klarwerden läßt und uns unser Verwobensein mit den Impulsen des göttlich-schöpferischen Prinzips zum Bewußtsein bringt. Alles andere ist keine Wissenschaft, sondern lediglich intellektuelle Jahrmarktsware des jeweiligen Jahrhunderts, über die spätere Geschlechter lächeln. Und wenn die große Masse der gegenwärtigen Wissenschaftler von einer Untersuchung des Unsterblichkeitsproblems nichts wissen will und alles ignoriert oder bestenfalls bespöttelt, was Generationen von Pionieren und „wissenschaftlichen Außenseitern" zur Lösung dieses wichtigsten Problems schon erarbeitet und beigetragen haben, so zeugt das bloß von mangelnder Vorurteilslosigkeit. Vorurteile aber sind – nach Louis Guillox – das Schneckenhaus der kleinen Geister. Wollte man nämlich das äußerst umfangreiche Beobachtungsmaterial und die Unbescholtenheit all dieser Arbeiten aus einem Zeitraum von über 100 Jahren bestreiten, so müßte man — wie Arthur Koestler in seinem neuesten Buch „Die Wurzeln des Zufalls" sagt — mit einer gigantischen Verschwörung von Tausenden ehrbarer Wissenschaftler und „Laien"*) rechnen. „Der Unglaube neuen Erscheinungen gegenüber ist meistens nur blinder Glaube an das alte System, worin für Neues kein Platz mehr ist" sagt du Prel, und Carl Ludwig Schleich erklärte: „Ich bin ein Feind jener Wissenschaft, die mit dogmatischer Engherzigkeit einfach alles befehdet, was außerhalb ihres selbst umzäunten methodischen Gartens liegt, der nur jene Gemüse trägt, die ihren Mann ernähren, vom schönen freien Urwald unbekannter Möglichkeiten aber nichts wissen will."

Bedauerlicherweise ist es aber heute so, daß selbst unter den von unserer „aufgeklärten" Gesellschaft offiziell anerkannten bzw. geduldeten Parapsychologen nur wenige den Mut aufbringen, zur Unsterblichkeitsfrage in bejahendem Sinne Stellung zu nehmen. Der Grund hierzu mag einesteils in der Besorgnis um ihr wissenschaftliches und gesellschaftliches Ansehen liegen, zum anderen aber in der allgemein verbreiteten Furcht vor dem Übersinnlichen. Vor allem jedoch scheint die unterschwellig lauernde Angst vor den allfälligen Konsequenzen, daß es wirklich ein Jenseits geben könnte, verhaltensbestimmend zu sein. Dieser Punkt sollte nicht unterschätzt werden, denn aus der bewiesenen Unsterblichkeit des Menschen ginge ja zwangsläufig die Verantwortlichkeit für seine irdischen Handlungen hervor; dies würde schon das Gesetz der stetigen Entwicklung erfordern. Demzufolge berührt der Unsterblichkeitsgedanke dermaßen unsympathisch, daß man ihn füglich gar nicht zu Ende denkt. Lieber quält man sich weiterhin mit der Formulierung gewundener Erklärungsversuche für Erscheinungen ab, die sich in das Gefüge des uns bekannten physikalischen Weltbildes partout nicht einordnen lassen wollen. — Wie, um ein Beispiel anzuführen, wäre die folgende von Gymnasiallehrer H. A. aus M. berichtete Begebenheit animistisch zu erklären:

Ein Schüler des hiesigen Gymnasiums saß allein in seinem Zimmer und arbeitete an den Schulaufgaben. Durch ein Geräusch veranlaßt, drehte er sich um und gewahrte an der Tür eine Gestalt, die ihn zu sich winkte. Da dieselbe jedoch im nächsten Augenblick verschwunden war, glaubte er an eine Sinnestäuschung und setzte seine Arbeit fort. Aber schon störte ihn dasselbe Geräusch abermals und der eben beschriebene Vorgang wiederholte sich, nur daß die Gestalt diesmal lebhafter zu winken schien. Unschlüssig darüber, was er tun solle, sah

*) Das Wort „Laien" ist deshalb in Anführungszeichen gesetzt, weil, wie die Geschichte der Wissenschaften beweist, grundlegende Neuerungen, Ideen und Impulse überwiegend von sog. Laien ausgegangen sind.

er, wie die Gestalt sich zur Tür hinausbewegt und ihm nun zum dritten Male — heftig und mit ängstlich-flehender Gebärde — bedeutet, hinauszukommen. Da glaubt er plötzlich in ihr seine verstorbene Mutter zu erkennen, springt auf, will zur Tür und ... im selben Moment stürzt krachend ein Teil der Zimmerdecke auf den Tisch herab, an dem er eben noch gesessen hatte!

Ein ähnliches Vorkommnis, das ihn zutiefst erschütterte, zugleich aber seinen Jenseits- und Gottglauben unangreifbar festigte, widerfuhr einem protestantischen Geistlichen. Sein Name spielt hier keine Rolle. In Kurzfassung gebe ich nachstehend wieder, was dieser Gottesmann zuweilen in vertrautem Kreise berichtete:

Ein schwüler Sommertag neigte sich seinem Ende zu und schien für die kommende Nacht ein schweres Gewitter anzudrohen. Es war ein Samstag und der Pfarrer, dessen Gattin vor kurzem gestorben war, arbeitete im Studierzimmer an seiner Sonntagspredigt. Seine drei kleinen Kinder hatte er bereits zu Bett gebracht. Sie schlummerten, als das Gewitter auszubrechen begann. Vorerst noch ohne kühlenden Regen, rollte der Donner immer dröhnender und die Blitze zuckten in immer kürzeren Abständen durch die drückende Luft. Der Pastor trat ans offene Fenster, um das sich anbahnende Naturschauspiel zu beobachten. Plötzlich springt die Stubentür auf und herein purzeln die drei Kleinen, begeistert durcheinanderplappernd: „Papa, die Mama ist wieder da, die gute liebe Mama, sie stand am Fenster als es gerade so heftig blitzte, ja, und wir haben sie ganz deutlich gesehen, und sie hat auch so freundlich uns angelacht." — „Kinderchen", erwiderte beruhigend der Pfarrer, „legt euch schön brav wieder schlafen. Das Gewitter hat euch aufgeregt, ihr habt euch sicherlich getäuscht." Und betrübt, daß die liebe Mama nun doch nicht dagewesen sein sollte, schlichen die drei wieder ins Schlafzimmer zurück.

Draußen blitzte und donnerte es mit unheimlicher Gewalt weiter. Der Geistliche wollte seine Arbeit fortsetzen und dachte über die unbedeutende Unterbrechung nicht länger nach. Doch eben im Begriff sich hinzusetzen, erschien seine kleine Mannschaft schon wieder an der Tür, diesmal ganz zaghaft dem Vater verkündend, daß Mama abermals am Fenster gestanden habe, als es blitzte. „Kinderchen, eure gute Mama kann doch nicht da sein. Seht, Mama ist im Himmel, und von da kann niemand wiederkommen ... Und nun legt euch wieder schlafen, ich komme auch gleich." Damit schob er sie behutsam zur Tür hinaus und die Kleinen, mit aufsteigenden Tränen kämpfend, weil ihr Vater ihnen nicht glauben wollte, folgten gehorsam seinem Willen.

Jetzt war des Pfarrers Ruhe allerdings dahin, in Gedanken weilte er bei seiner geliebten Frau ... schließlich zwang er sich zur Besinnung und widmete sich wiederum seiner Aufgabe. Näher und näher war das Gewitter herangerückt, Blitz und Donner wechselten in unmittelbarer Folge. Es störte den Pfarrer nicht. Doch da klopft es ganz leise und zaghaft an der Tür. „Herein", ruft er. Die Tür öffnet sich langsam und schüchtern stehen wieder die drei Seelchen auf der Schwelle. Die Kleinste faßt sich ein Herz und beginnt ängstlich: „Lieber Papa, sei nicht böse, aber es ist wirklich wahr, als es eben wieder so blitzte, da stand die Mama mitten im Zimmer, und sie war ganz traurig und winkte mit einem weißen Tuche."*) Und was die Kleinste gesagt hatte, bestätigten nun mutig die beiden Älteren. „So bleibt halt hier", erwiderte der Vater, „und setzt euch auf das Sofa. Ich bin gleich fertig und gehe dann mit." Die älteste Schwester nahm nun die beiden Kleineren rechts und links in den Arm und sich ängstlich aneinanderschmiegend, schliefen sie alsbald ein. — Da, o Gott, was war geschehen?! Ein greller Blitz, ein furchtbarer Donnerschlag, das Haus bebt! Erschrocken springt der Pfarrer auf, die Kleinen sind erwacht und weinend klammern sie sich an den Vater an ...

Das Pfarrhaus war von einem Blitz getroffen worden! Verheerend war seine Wirkung im Schlafzimmer: deutlich zeigten Wand und Decke, welchen Weg er genommen hatte. Die Bettstatt der Kinder war zerstört ... Seitdem habe jener Pfarrer nie mehr behauptet, daß vom Himmel keiner mehr zurückkommen könne. —

Anders würde ein „Fachgelehrter" über das Vorgefallene denken. Seine Beurteilung würde etwa lauten: Präkognition (d. h. Voraus- oder Zukunftsschau), verbunden mit Hellsehen, wobei das Unterbewußtsein der Kinder ihnen die Gestalt ihrer Mutter visuell ins Oberbewußtsein projizierte; ein rein emotioneller Vorgang, der sich aus dem Seelenleben der angesichts des Gewitters affektgeladenen Kinder „zwanglos" erklären läßt. — Klingt das nicht weitaus „natürlicher", als eine Geistererscheinung annehmen zu wollen?

In Rom lebt zur Zeit die österreichische Schauspielerin Marisa M e l l. Wie eine Illustrierte[154]) unlängst zu melden wußte, ist die geborene Grazerin von der Realität einer geistigen Welt überzeugt und glaubt, selber über paranormale Fähigkeiten zu verfügen. Sie gibt an, zwei Schutzengel zu haben, auf deren Ratschläge sie zu hören pflegt. „Es ist nicht so, daß ich ihnen blind folge", erzählt sie freimütig, „aber es hat sich bisher immer bewährt, wenn ich ihre Anleitungen befolgt habe." Von einem ihrer Schutzgeister, einem kleinen Schotten, erhielt sie ein in italienischer Sprache abgefaßtes Kurzgedicht. Übersetzt lautet dessen Inhalt ungefähr: „Es hat geschneit, mein liebes Mädchen, und die schönste der Schneeflocken habe ich für dich ausgesucht." — Und was dekretiert ein Parapsychologe hierzu?

---

*) Ein typisches Merkmal bei materialisierten Erscheinungen.

Prof. Dr. N., seines Zeichens Hochschullehrer, meint: „Marisa Mell's Ansicht, die Verstorbenen seien um uns, läßt sich weder widerlegen noch beweisen. Solche ‚Botschaften' könnten auch unbewußt hellseherische Leistungen des Mediums selbst sein. Um die angebliche Botschaft eines Toten zu bestätigen, muß ja ein Dokument oder ein Zeuge dafür existieren; von ihm kann das Medium sie hellseherisch empfangen." Das kleine Gedicht hält Prof. N. für eine Schöpfung des Unterbewußtseins ...

Das ist professorale Weisheit aus der zweiten Hälfte des 20. Jahrhunderts! Daß es eine beachtliche Anzahl bestbeglaubigter Fälle gibt, wo man Angaben erhielt, die niemand wissen *konnte*, z. B. bei dem Glastonbury-Experiment, scheint dem Professor leider unbekannt zu sein; desgleichen die reichhaltige Erfahrungs- und Forschungsliteratur älteren Datums, die ihm doch ohne Schwierigkeiten zugänglich sein müßte. — Ansonsten bleibt uns nichts übrig als abzuwarten, ob sich unser eigenes Unterbewußtsein vielleicht auch einmal dazu herbeiläßt, uns ein Gedicht darzubringen. —

Ein anderes seltsames Phänomen, welches von Zeit zu Zeit vorkommt, ist das der sogenannten „mysteriösen Wurfgeschosse". Es handelt sich hierbei um spukverwandte Erscheinungen, die bisher in keinem Falle eine plausible Erklärung finden konnten: Steine fliegen, manchmal schon aus der Entfernung sichtbar, von unbekannter Hand geschleudert, auf ein bestimmtes Ziel. Oder sie werden in geschlossenen Räumen erst kurz über dem Fußboden sichtbar. In Deutschland war es vor allem das Steinewerfen 1890 in der Elsässer Straße in Berlin, das damals die Gemüter erregte. Es dauerte sechs Wochen an. Trotz Polizeiaufgebotes und einer für die Ergreifung des Täters ausgesetzten hohen Belohnung blieb die Angelegenheit unaufgeklärt. — In der Rue de Grés in Paris erfolgte ein drei Wochen andauerndes Bombardement auf ein frei im Garten stehendes Haus. Die schweren Steine kamen aus so großer Entfernung geflogen, daß sie unmöglich katapultiert worden sein konnten. Die Leute betrachteten von den Dächern der umliegenden Häuser das eigenartige Schauspiel. Die Geschosse flogen hoch über ihren Köpfen an und trafen mit erstaunlicher Sicherheit ihr Ziel. Die Polizei mußte sich geschlagen geben. Als alle Fenster und Türen zerstört waren, verschalte man sie mit Brettern. Bei einem der Fenster war eine lange schmale Spalte frei geblieben. Von nun an flogen Steine der entsprechenden Form genau durch diesen Spalt.

Beim Spuk auf dem Münchhof[155]) waren einmal mehr als 60 Zuschauer anwesend, die sahen, wie sogenannte Sechtsteine von $^1/_4$ bis 15 Pfund Gewicht unter den Küchenbänken herausfuhren, dann durch das auf der gleichen Wandseite befindliche Fenster flogen und im Bogen rückläufig wurden, so daß ungefähr ein Dreiviertelkreis beschrieben wurde. Auch Hausgeräte aller Art wurden als Geschosse benutzt. Trotz der hohen Geschwindigkeit blieb mancher dieser Körper mitten in den Fensterscheiben stecken; andere berührten das Glas nur leicht und fielen senkrecht zu Boden. Menschen, die von Steinen getroffen wurden, empfanden zu ihrer großen Verwunderung den Aufschlag nur leicht. Was die Leute aus der Küche trugen, um die Zertrümmerung zu verhüten, wurde ihnen aus der Hand gerissen und fortgeschleudert.

In allen Fällen des Steinewerfens war das Ziel auf einen bestimmten Punkt, eine Örtlichkeit oder eine Person beschränkt. Die Absicht, jemand oder etwas zu treffen, trat stets deutlich hervor, mit anderen Worten: von blinden Naturkräften konnte keine Rede sein, denn sie zeigten sich stets zielbewußt benützt und somit als intelligente Kräfte. Ihre Urheber waren aber nie auszumachen.

Im Rathaus von Herbolzheim kann man vielleicht noch heute die Steine besichtigen, die dort in der Zeit vom Oktober 1949 bis 30. Januar 1950 Abend für Abend auf ein Haus in der Friedrichstraße geworfen wurden. Trotz intensiver kriminalpolizeilicher Bemühungen blieb der Abschußplatz unauffindlich. Ähnliche Fälle ereigneten sich 1955 in Täsch (Zermattertal) und 1970 auf der Wasenalp, ebenfalls im Wallis. Als spukauslösende Faktoren wurden junge Menschen im Pubertätsalter ermittelt. Das erklärt aber noch lange nicht, wieso es möglich ist, daß Steine durch Mauern oder Fenster in geschlossene Räume dringen, ohne daß man eine Beschädigung feststellen könnte, oder daß sie erst kurz oberhalb des Fußbodens sichtbar werden und sich heiß anfühlen. Es liegt mir fern, alle dergestalteten Vorkommnisse auf das Wirken von „Geistern“ zurückführen zu wollen, denn daß unbewußte seelische Kräfte hierbei eine Rolle mitspielen können, steht (wie im Falle des personengebundenen Spukgeschehens in einer Rosenheimer Rechtsanwaltskanzlei 1967/68) außer Zweifel. In dem Moment aber, wo die Phänomene intelligenten Charakter annehmen und *auf Verlangen* erfolgen, erweist sich die animistische Hypothese als unzureichend. Ganz abgesehen davon, daß wir uns angesichts der wändedurchdringenden Steine vor das Problem einer allfälligen vierten Raumdimension*) gestellt sehen und abermals den rätselhaften Ablauf der De- und Rematerialisation als schwer zu knackende Nuß übrig behalten.

---

*) Der erste, der eine vierte Dimension des Raumes behauptet hat, war Henry More (geb. 1616 zu Grantham). Er erkannte, daß die vierte Dimension „zur Aufnahme der Geisterwelt geschickt sei“. — H. More, „Enchiridion metaphysicum“; Zimmermann, „Henry More und die vierte Dimension des Raumes“.

Oder beleuchten wir einmal das einzigartige Phänomen „Prinzessin Nona". Bei einer jungen Lehrerin in Blackpool hatten sich 1928 Anzeichen von ASW-Begabung bemerkbar gemacht. Unter sachkundiger Anleitung des Musikgelehrten Dr. Frederic H. Wood entwickelte sich ihr Talent bis zum automatischen Schreiben und schließlich zum Sprechen in Halbtrance. Eines Tages meldete sich eine Wesenheit namens Nona. Sie gab an, von Geburt eine babylonische Prinzessin und später Nebenfrau des Pharao Amenhotep III., der um 1400 v. Chr. lebte, gewesen zu sein. Anfangs sprach sie das dem Medium gewohnte Englisch. Im August 1931 vernahm die Lehrerin beim Erwachen aus einer längeren Trance die Worte „A yit a sula". Während sie die Silben nachsprach, protokollierte Dr. Wood deren phonetischen Klang. Was die Worte zu bedeuten hatten, wußten beide nicht. Dr. Wood schrieb dieserhalb an den Ägyptologen A. J. Howard Hulme, den Verfasser einer ägyptischen Grammatik und eines Wörterbuches (die Hieroglyphen sind nämlich nur eine Art Kurzschrift, die lediglich aus Mitlauten besteht; was dazwischen fehlt, ist uns unbekannt). Nach drei Wochen schrieb Dr. Hulme zurück: „Ah yit a sula" ist altägyptisch und bedeutet „Damit schließen wir".

Im Laufe der folgenden Zeit kamen mehr und mehr ägyptische Worte und ganze Sätze durch. „Wenn man spricht", bemerkt die Lehrerin, „dann denkt man zuerst. Wenn Nona durch mich spricht, gibt es kein Denken. Meine Lippen bewegen sich und die Worte kommen hervor; aber wie, das kann ich nicht sagen. Manchmal habe ich ein Gefühl, als spräche ich im Schlaf. Immer kommen die Worte zuerst langsam. Sobald ich mich völlig entspannt habe, höre ich ganze Sätze in schneller Folge. Aber auf alles was gesagt wird, bin ich weder vorbereitet, noch kann ich mich später daran erinnern."

Nona gab noch 25 Jahre lang (!) Sprachunterricht. Mit ihrer Hilfe konnten bis 1961 insgesamt 4912 altägyptische Worte und Ausdrücke aus der Zeit der berühmten 18. Dynastie aufgezeichnet und somit die damals gesprochene Sprache rekonstruiert werden. Hervorzuheben ist hierbei, daß es sich um eine *erloschene* Sprache handelt, die dem Medium von lebenden Personen auf telepathischem Wege unmöglich übermittelt worden sein konnte. Wenn es sich bei „Nona" um ein „Spalt-Ich" bzw. eine Teilpersönlichkeit des Mediums gehandelt haben soll, so setzt eine derartige Annahme — meiner Überzeugung nach — einen weit größeren Wunderglauben voraus, als wenn man schlicht an das Vorhandensein von „Geistern", das heißt an das persönliche Überleben des Todes und somit an die Existenz entkörperter Menschen glaubt.

Daß Nona auch Englisch sprach, darf von der Spiritologie als Beweis dafür angesehen werden, daß man auch drüben weiterlernen kann und sich zu diesem Behuf nicht unbedingt wieder einverleiben muß. Nona nannte für ihre Rückkehr zur Erde drei Gründe: 1. die erloschene Sprache des alten Ägypten wiederherzustellen, 2. seine tote Vergangenheit mit neuem Leben zu erfüllen, und 3. das absolute (nicht nur befristete) Überleben des körperlichen Todes durch die Rückkehr einer „Seele" zu beweisen, die vor 3300 Jahren auf Erden lebte, und etwas über die Wahrheiten mitzuteilen, die sie im geistigen Reich gelernt hatte.[156])

Nona drängte darauf, auch andere Ägyptologen zur Mitarbeit zu gewinnen. Dr. Wood sandte daraufhin Exemplare seiner ersten Veröffentlichungen an die damals führenden Fachgelehrten A. H. Gardiner und B. Gunn zur Begutachtung. Während Gardiner antwortete, er könne „nichts akzeptieren, was aus einer solchen Quelle kommt", reagierte Prof. Gunn noch sauerer und lehnte es sogar ab, einer Unterrichtsstunde mit Nona beizuwohnen oder wenigstens eine Tonaufnahme zu hören (wie jene Gelehrten, die sich szt. weigerten, durch Galileis Fernrohr zu schauen). Prof. Gunn schrieb zwar eine Kritik über einen Vortrag Dr. Woods, weigerte sich aber, seinen Standpunkt öffentlich zu verteidigen. Wie recht hatte doch Goethe:

> Daran erkenn' ich den gelehrten Herrn:
> Was ihr nicht tastet, steht euch meilenfern.
> Was ihr nicht faßt, das fehlt euch ganz und gar;
> Was ihr nicht rechnet, glaubt ihr, sei *nicht wahr.*
> Was ihr nicht wägt, hat für euch kein Gewicht;
> Was *ihr* nicht münzt, das — meint ihr — gelte nicht.

Nona bat nun, noch einmal eine Tonaufnahme zu machen, was am 14. Juli 1938 im „International Institut of Psychic Research" vorgenommen wurde. Als der aufgenommene Text übersetzt war, stellte sich heraus, daß Nona dem Ägyptologen Gunn eine Antwort gegeben, die zu einer Beleidigungsklage ausgereicht hätte. Zu einer solchen kam es jedoch nicht, denn dadurch hätte der Gelehrte ja die Echtheit der Sprache Nonas zugeben müssen. Andererseits nahm Nona ihre Gegner in Schutz, indem sie zu Dr. Wood einmal sagte: „Du mußt versuchen, diese Männer zu verstehen. Sie verbringen Jahre damit, die verlorene Sprache Ägyptens mit Hilfe der üblichen Methoden zu übersetzen. Wenn sie nun hören, daß *ein Medium* diese Sprache spricht, daß etwas so leicht übermittelt wird, was sie so schwer gefunden haben —, ist es dann nicht natürlich, daß sie gegen diese verhältnismäßig so leicht erreichten Ergebnisse voreingenommen sind?" —

Fürwahr, eine vornehme Gesinnung spricht aus diesen Worten. Man muß den Bericht von P. Andreas und G. Adam in dem Buch „Was niemand glauben will" selber gelesen haben, um einen persönlichkeitsgerechten Eindruck von Nona, wie überhaupt von dem insgesamt dreißigjährigen Kontakt zwischen ihr, dem Medium und den Herren Dr. Wood und Dr. Hulme (Nona sprach einmal von einem „wohlgestimmten Quartett") sowie der Art ihres Zusammenarbeitens zu bekommen; aus dem hier skizzenhaft Wiedergegebenen kann das nur andeutungsweise erkennbar sein.

Angesichts der allgemein ablehnenden Reaktion auf die doch zur Genüge erwiesene Möglichkeit einer Verständigung mit der jenseits der Wahrnehmungsfähigkeit unserer Sinne befindlichen Welt erhebt sich die große Frage, was deren Bewohner denn überhaupt noch anstellen sollen, um uns von ihrem Dasein zu überzeugen? Um uns die Tatsache glaubwürdig zu machen, daß sie nicht „tot" sind, sondern leben? Daß der vielgefürchtete Tod nur ein Übergangsstadium darstellt, eine Fortsetzung des auf Erden beendeten Lebens unter veränderten Bedingungen? Was also müßte von Drüben aus geschehen, damit es in den materialistisch verstaubten Gehirnen der Erdenmenschheit — die einen Krieg nach dem andern anzettelt — endlich zu dämmern beginnt? Eine Massenmaterialisation etwa, schlagartig und zur gleichen Zeit jedem Einzelnen bequem frei Haus geliefert? Das wäre sehr bald als „atmosphärisch bedingte Massenhalluzination" wissenschaftlich hinwegerklärt; außerdem bedarf es zur Jenseitskommunikation bestimmter physikalischer Voraussetzungen, genau wie manche chemischen Reaktionen auch erst bei soundsoviel Grad Celsius exakt eintreten. — Oder würde vielleicht die Erfindung eines „Jenseits-Telefons"*) die große Wende bewirken? Ich bin sicher, daß auch da eine wissenschaftliche Ablehnung zu erwarten wäre, mit der jetzt schon vorausbestimmbaren Begründung: „Hier liegt lediglich ein Anzapfen der im Weltäther aufgespeicherten Gedankeninhalte vor, die mit dem neuen Gerät frequenzmäßig erfaßt werden." Und soweit Dialoge zustandekämen, „dürfte es sich um derzeit noch unerforschte Möglichkeiten der Kommunikation mit dem eigenen oder einem fremden Unterbewußtsein handeln, wie es bei mediumistischen Phänomenen beobachtet werden kann; die Annahme, daß Abgeschiedene zu uns sprechen, läßt sich aus alledem nicht ableiten".

Es mag jedenfalls kommen oder getan werden was will, alles und jedes Ding läßt sich so oder so auslegen. Der Mensch neigte schon immer dazu, Erscheinungen außergewöhnlicher Art, die seiner Kenntnis der Naturgesetze widersprachen, entweder als Wunder anzustau-

*) Ansätze hierzu zeigen sich in den Versuchen, Einspielungen über Tonband und einem von dem Wiener Ing. F. Seidl entwickelten „Psychofon" zu erhalten.

nen oder in Abrede zu stellen. Beides ist falsch. Denn gerade wegen ihrer Unglaubwürdigkeit, so lehrt uns schon Heraklit, entzieht sich die Wahrheit dem Erkanntwerden. Und wenn, wie Schopenhauer bemerkte, jedes Problem bis zu seiner allgemeinen Anerkennung drei Stufen durchläuft („in der ersten erscheint es lächerlich, in der zweiten wird es bekämpft, in der dritten gilt es als selbstverständlich"), so wäre es für unsere Wissenschaftler wirklich an der Zeit aufzuhören, die Parapsychologie scheel anzusehen und über die Jenseitsforschung zu lachen. „Ein Gelehrter, der über etwas an sich Mögliches lacht, ist beinahe ein Idiot" sagt in derber Geradheit Victor Hugo. Von der Masse unserer Professoren und Wissenschaftler können wir überhaupt keine Aufschlüsse in Bezug auf paranormale Erscheinungen erwarten, weil sie hierüber absolut nichts wissen und — von Ausnahmen immer abgesehen — auch nicht bereit sind, sich damit zu beschäftigen. Mangelnder Mut, Desinteresse, aber so manches Mal auch die liebe Eitelkeit hindern sie daran. Wenn Zöllner mit seiner Annahme nicht fehlgeht, wonach professorale Eitelkeit eine Rückbildung der Verstandesfunktionen bewirkt, dann freilich sieht es bei uns weiterhin trübe aus mit der Wissenschaft vom Übersinnlichen. Ob von dem neuerdings in Westberlin ins Leben gerufenen „Forschungsinstitut für Parapsychologie" mehr zu erwarten sein wird als das, was schon erforscht worden ist, bleibt abzuwarten; staatliche Zuschüsse werden kaum zu erhoffen sein, und ob sich mit der Rhine'schen Methode des Symboltestverfahrens genügend sensitive Personen finden lassen, ist ebenfalls zweifelhaft: erstens, weil diese Methode — nach Dr. Ryzl — die schwersten Anforderungen an Menschen mit noch unentwickelter ASW-Begabung stellt, und zweitens, weil es für Sensitive naturgemäß einer mehr oder weniger starken Selbstüberwindung bedarf, als Versuchsperson zu dienen und einem permanenten (als „wissenschaftliche Skepsis" deklarierten) Mißtrauen zu begegnen. Dennoch wäre zu hoffen und zu wünschen, daß jene jungen Wissenschaftler in Berlin das vernachlässigte Forschungsgebiet mit der richtigen Einstellung angehen und demzufolge erfolgreich wirken können. Als du Prel einmal in Wien weilte, erhielt er in Gegenwart eines Professors von einem in Tieftrance befindlichen jungen Philologen, der als Medium diente, eine *in Spiegelschrift* abgefaßte Mitteilung folgenden Wortlauts:

Aus dem Tod ersteht das Leben,
Aus dem Moder strömt das Licht,
Und was Ihr gesehn soeben,
Heischet weiter Worte nicht.

Über Zeit und Ort erhaben,
Webend in der Ewigkeit,

Spenden gern wir unsre Gaben,
Wenn Ihr deren würdig seid.

Die letzte Zeile wäre wert, zweimal gelesen zu werden, denn sie enthält eine Art Gretchenfrage: wie steht es mit unserem „Würdigsein"? — Woraus glauben wir ein Anrecht auf Gaben von höherer Seite herleiten zu dürfen, auf Einblicke in ein höheres Sein, das andere sich erworben haben? Können wir auf Grund unseres Verhaltens gewissermaßen einen Rechtsanspruch auf die Zugänglichmachung von Kenntnissen und Erkenntnissen geltend machen, die andere sich hart erarbeiten mußten? Oder steht nicht auch denen drüben ein Weigerungsrecht zu, ihre Perlen vor die Säue zu werfen? ... diese Fragen möge sich jeder selbst beantworten.

Wenn nun — wie wir jetzt wissen — das mit dem Jenseits eng verflochtene Diesseits nur als *Teil* des ersteren gelten kann und sich schon angesichts seiner offenkundigen Unbegrenztheit als das Überlegene, Primäre und somit Ursprüngliche erweist, so folgt hieraus, daß der Mensch wesens- und herkunftsmäßig *im Jenseits* wurzelt. Sein Dasein in der groben Materie wird infolgedessen nur ein vorübergehendes, dem jenseitigen eingepaßtes sein. Schon die Tatsache, daß wir lediglich über fünf Sinne verfügen, sollte uns nachdenklich machen. Dieselben reichen zwar zum Erkennen und Bewältigen unserer irdischen Aufgaben aus, aber von allem Vorhandenen erschließen sie uns nur einen Bruchteil, und auch den nur äußerlich. Wieviel uns verborgen bleibt, vermag niemand genau zu sagen. Wenn wir uns also erkühnen wollen, die an sich durchaus mögliche Existenz jenseitiger Wesen alias Fluidalmenschen oder „Geister" abzustreiten, so dürfte mit derselben Berechtigung ein von Geburt an Blinder unsere Angaben z. B. hinsichtlich der Farbskala in Frage stellen; denn Farben kann er weder fühlen noch riechen, hören oder schmecken. Ihm ist die Welt nur viersinnig erfaßbar und somit müßten wir seinen Zweifeln Verständnis abgewinnen. Uns zeigt sich die Schöpfung nur deshalb um so vieles reicher, schöner und größer, weil wir über einen einzigen Sinn *mehr* gebieten: weil wir sehen können und gottlob nicht auf die notgedrungen stets unzulänglich bleibenden und der Wirklichkeit nur annähernd entsprechenden Beschreibungen eines Blindenbetreuers angewiesen sind. Wie wäre es nun, wenn wir einen weiteren, einen *sechsten* Sinn besäßen? Wer wollte ernstlich bezweifeln, daß sich uns dann die Welt von völlig neuen, bisher unbekannten Seiten zeigen würde?

Prof. Dr. Heinrich S c h a d e weist in seinen kurzen aber inhaltsreichen „Betrachtungen über kausales Denken und Kausalität in Medizin und Humangenetik" (Münster, 1956) ebenfalls darauf hin, daß mit unserem Denken in Kausalität, Raum und Zeit *nur Ausschnitte* aus den Gegebenheiten des Kosmos adäquat (d. h. unseren Sinnen gemäß) erfaßt werden und daß darüber hinaus Tatsächlichkeiten vorhanden sind, die mit unseren Denkkategorien nicht übereinstimmen. Er meint, daß es im Menschen vorhandene, aber vernachlässigte Möglichkeiten gibt, mit den jenseits des rationellen Denkens befindlichen Lebensbereichen in Kontakt zu kommen. Damit wird zum Ausdruck gebracht, daß wir diese Wege wieder gangbar machen können, wenn wir die Vernachlässigung beenden und uns bemühen, unsere psychischen Anlagen wieder voll zu entwickeln. Dem Unterrichtsfach der körperlichen Ertüchtigung müßte sich also künftig ein solches der seelischen hinzugesellen. Vernachlässigung, Inaktivität, bewirkt ja immer und überall im organischen Ablauf der Natur Atrophie (Organschwund). Aktivität vermag sie meist wieder zu überwinden. Das gilt für Muskeln ebenso wie für Talente.

Wissen ohne praktische Nutzanwendung bleibt bekanntlich ein unfruchtbares, ein totes Wissen. Wir wollen deshalb das Wesentliche aus all den Einsichten, die wir der modernen Jenseitsforschung verdanken, in kurzen und einprägsamen Leitsätzen zusammenfassen:

1) **Mensch und Welt.** — Wir Erdenmenschen sind bereits jetzt Bürger zweier Welten, wobei das Jenseits als Gegenstück zum Diesseits schon von der Logik unserer Sprache her als existent vorausgesetzt werden muß.

2) **Der Fluidalmensch.** — Ausnahmslos besitzt jeder von uns außer seinem grobstofflich-physischen Leib noch einen zweiten, feinstofflich-fluidalen Körper. Derselbe besteht aus wandelfähiger subtiler Materie und darf, wie neuerdings das russische Kirlian-Verfahren bestätigte, als unser eigentlicher oder Primärkörper betrachtet werden. Er hat sich als Träger des Gedächtnisses, der Empfindungen und des Ichbewußtseins erwiesen und ist weitgehend unzerstörbar.
   Eine zwar seltene aber heute unbestreitbar feststehende Tatsache ist die Fähigkeit, seinen physischen Leib — bewußt oder unbewußt — vorübergehend verlassen zu können und trotzdem wahrneh-

mungs- und handlungsfähig zu bleiben. Carl du Prel folgert hieraus mit Recht: was ohne *Gebrauch* des irdischen Körpers geschehen kann, muß auch ohne den *Besitz* desselben möglich sein.

3) **Der Tod.** — Beim Sterbevorgang erfolgt eine endgültige Trennung unserer beiden Wesenshälften, wobei alle Persönlichkeits- und Charaktermerkmale an den Fluidalkörper gebunden bleiben.

Der Tod verändert somit nicht uns selbst, sondern nur die Art unserer Wahrnehmung. Die allgemeine Unwissenheit über die Natur des Sterbeprozesses kommt einem wissenschaftlichen Skandal gleich.

4) **Das Weiterleben.** — Das persönliche Überleben des Todes darf als erwiesen gelten; Tatsachen bleiben vom Nichtwahrhabenwollen unberührt. Unser Weiterleben besteht in dem Bewußtsein ICH BIN und in der Kraft, zu denken und zu handeln.

Die Beschaffenheit unseres künftigen Lebens wird ausschließlich von unserem irdischen Verhalten bestimmt. Dies deckt sich mit dem Gesetz der stetigen Entwicklung, wonach die Natur keine Sprünge macht.

Unser Leben Drüben kann also nur eine logische Folge des diesseitigen sein, so wie das Erdenleben als Folge unserer vorgeburtlichen Existenz angesehen werden muß, weil sich anders die scheinbare Ungerechtigkeit in der extremen Vielfalt menschlicher Schicksale logisch nicht erklären ließe.

5) **Das Jenseits.** — Das Jenseits beginnt bereits im Diesseits; wie die Farben des Spektrums fließen beide ineinander über.

Der Trennungsstrich wird durch die begrenzte Leistungsfähigkeit unserer Sinne gezogen; nach du Prel „Empfindungsschwelle" genannt. Diese ist bei Sensitiven in zuweilen beträchtlichem Maße verlagerungsfähig.

Der Zustand unseres Fluidalkörpers, der seinerseits unser wahres inneres Wesen äußerlich zum Ausdruck bringt, bedingt auch die Beschaffenheit der jenseitigen Umwelt, in der wir künftig beheimatet sind. Jeder gelangt somit gesetzmäßig in die seinem Wesenszustand angepaßte Sphäre, an deren Fortbestand und Ausgestaltung er persönlich teil hat.

Stand, Herkunft, irdischer Besitz oder Rasse spielen drüben keine Rolle mehr; Liebesfähigkeit und Gesinnungsadel bilden den alleinigen Wertmaßstab.

6) **Selbstmord.** — Mord und Selbstmord gehören zu den verhängnisvollsten menschlichen Irrtümern. Unser Ich entzieht sich jedweder

Vernichtung. Daraus ergibt sich die Unmöglichkeit, sich selbst oder anderen das Leben „nehmen" zu können.

Im übrigen beweist das umfangreiche Material der modernen Jenseitsforschung, daß keine ungerechte oder lieblose Handlung ohne naturgesetzliche Auswirkungen für den Urheber bleibt (Karmagesetz). Dies mögen sich besonders jene Mitmenschen gesagt sein lassen, die der massiv betriebenen Zerstörung sittlicher Werte Vorschub leisten und wähnen, auf Blut und Tränen eine bessere Gesellschaftsordnung aufbauen zu können. — Schuld muß nicht unbedingt auf Erden gesühnt werden.

7) **Zweck des Erdenlebens.** — Veredelung und Vervollkommnung sind, neben Fortpflanzung und Anpassung, das dritte Grundgesetz der irdischen Schöpfung.
Jeder Fortschritt bedingt Arbeit. Was wir jetzt an Entwicklungsmöglichkeiten versäumen, müssen wir früher oder später in irgendeiner Form, gegebenenfalls unter erschwerten Umständen, nachholen.
Wir haben aber allen Grund, an die mühselige Arbeit der eigenen charakterlichen Vervollkommnung und an unsere irdischen Aufgaben mit jenem Glücksgefühl heranzutreten, welches der Gewißheit von der persönlichen Fortdauer und dem Ausblick auf eine freudvollere Zukunft entspringt.

8) **Schutz und Geborgenheit.** — Jeder Mensch wird von Geburt an von einem oder mehreren unsichtbaren Helfern begleitet. Meist sind es liebe Vorangegangene. Wendet sich ein Mensch vom Guten ab, d. h. verläßt er schöpfungsgesetzliche Bahnen und wird dadurch seiner Bestimmung untreu, so verliert der Schutzgeist in zunehmendem Maße seine Einwirkungsmöglichkeiten und muß anderen Kräften Platz machen. Dem Ausspruch „Von allen guten Geistern verlassen" liegt somit eine tiefe Wahrheit zugrunde.

Unsere Schutzgeister sind unsere besten Freunde. Ihrem schwierigen Amt obliegen sie in völliger Selbstlosigkeit. Das Gespräch mit ihnen sollte jedem Wissenden zur vertrauten Gewohnheit werden.

9) **Unsere Zukunft.** — Aus allen Jenseitsbotschaften geht klar hervor, daß unser jenseitiges Wohl und Wehe ausschließlich von unseren diesseitigen moralischen Anstrengungen abhängt.

Unser Erdenleben so zu gestalten, daß seine Fortsetzung lohnens- und erstrebenswert erscheint und wir uns vor dem Wechsel — Tod genannt — nicht zu fürchten brauchen, ist weiter nichts als ein Gebot menschlicher Vernunft und Klugheit.

Aus den Schlußfolgerungen der vorgenannten neun Punkte ergibt sich zwanglos die klare und richtungweisende Einsicht, daß der Mensch als mit Vernunft, Verstand und relativ freiem Willen ausgestattetes Lebewesen *unsterblich* und für seine Handlungen *selbstverantwortlich* ist. Unser irdischer Aufenthalt ist ein vorübergehender und zweckgebundener. Das Ziel unserer individuellen Entwicklung liegt auf weit höherer Ebene. Spätestens beim Tode werden wir inne, daß wir *mehr* waren als wir wußten (du Prel). Der Tod kann für uns keinen Stachel mehr haben; er verhilft uns zur Erkenntnis des Erreichten und des Nichterreichten.

An sich sollte es längst überflüssig sein, denkfähigen Menschen des 20. Jahrhunderts das Vorhandensein einer größeren, vergeistigten Welt und die Folgerichtigkeit persönlichen Fortlebens überhaupt erst glaubhaft machen zu müssen. War es doch die Wissenschaft selber, die ihre offizielle Grundlage, den Materialismus, ad absurdum führte; nur vermeidet sie, die Konsequenzen daraus zu ziehen. — Auch des immer wieder geforderten Gottesbeweises bedarf es nicht: wenn man nämlich von Naturgesetzen spricht, so gibt man indirekt auch einen Gesetz*geber* zu.*) Die Natur selber bzw. die Materie kann es unmöglich sein, denn ihr fehlen Vernunft und Verstand. Dasselbe gilt von allen Naturkräften, wie Wellen oder Strahlen; sie sind als solche kein Gesetz, sondern *die Wirkung* von Gesetzen. Außerdem entbehren sie jeglicher Intelligenz. Es wird uns also vorerst keine andere Wahl übrigbleiben als den geheimnisvollen Gesetzgeber „Gott" zu nennen, solange das Gegenteil unbewiesen bleibt ... Das müßte eigentlich jedermann einleuchten, zumal die Wahrheit gewöhnlich recht einfach zu sein pflegt. —

Der Wissenschaft vom Übersinnlichen, wenn sie richtig betrieben wird, gebührt fraglos die Krone aller Wissenschaften. Sie allein vermag uns auf die Fragen nach unserem Woher und Wohin glaubwürdige und nützliche Antworten zu vermitteln. Wie keine andere Wissenschaft könnte sie auf alle Lebensbereiche befruchtend und entwicklungsfördernd wirken.

In unterhaltsamer und dennoch lehrreicher Form soll dieses Buch an Hand glaubwürdig verbürgter Erfahrungsberichte sowie durch eine notgedrungen knappe Skizzierung parapsychologischer Forschungsbereiche, die Berechtigung des uralten Unsterblichkeitsgedankens aufzeigen und untermauern. Das Dargelegte zu glauben, es zumindest für

---

*) Wie erforderlichenfalls ein Gottesbeweis zu führen wäre, hat Prof. H. Oberth in seinem „Katechismus der Uraniden" Seite 134 ff. aufgezeigt. — Was den Begriff „Naturgesetze" anbelangt, so seien dieselben im Grunde — nach Prof. Oberth — gar keine Gesetze, sondern einfache Aussagen. Juristische Gesetze hingegen „enthalten einen Befehl, den man auch übertreten kann; über diesen Gleichklang der beiden Worte sind schon viele Philosophen gestolpert".

möglich zu halten oder es gänzlich abzulehnen, obliegt nunmehr der Urteilsfähigkeit des unbefangenen Lesers.*)

Bewußt vermied ich eine trockene und ermüdende Aufzählung von Namen, Daten und Fakten. Wem wäre damit gedient? Wichtiger schien mir, verschüttetes Wissen um die persönliche Unvergänglichkeit des Menschen wieder freizulegen und das, was bei vielen nur noch ein dumpfes Ahnen ist, neu zu beleben und zur Gewißheit werden zu lassen.

Infolgedessen fehlt in diesem Buche so mancher Name, der wert gewesen wäre, genannt zu werden, und so manches Erwähnenswerte aus der bunten Vielschichtigkeit parapsychologischer Problematik. Wenn man aber bedenkt, daß — nach einer von Prof. Oberth genannten Schätzung — bis heute rund 27 000 Bücher einschlägigen Inhalts erschienen sind, so erhellt daraus der Schwierigkeitsgrad, Spreu vom Weizen zu scheiden und von letzterem die keimfähigsten Körner auszuwählen. In jahrelangen Studien habe ich einige hundert solcher Werke ausgewertet und mußte oft die Feststellung machen, daß die ältere Fachliteratur meist ergiebiger ist als diejenige jüngeren Datums. Demgemäß finden sich in der vorliegenden Arbeit neben neueren und neuesten, öfters auch ältere Quellen zitiert.

Auf langatmige Gedankengänge mit peinlichst genauer Abwägung des Für und Wider habe ich um des Lesers willen verzichtet. Ein Studienwerk zu schreiben war nicht beabsichtigt. Fachleuten wird also bestenfalls dieser oder jener Literaturhinweis evtl. von Nutzen sein. Genaue Quellenangaben habe ich auch deswegen vermerkt, um Ehre zu geben wem Ehre gebührt. Auf gut deutsch: weil ich mich nicht mit fremden Federn schmücken will.

Gegenüber der animistischen Deutungsweise betone ich ausdrücklich, daß es lächerlich wäre, sie in Bausch und Bogen verwerfen zu wollen. Aber ebenso unwissenschaftlich wäre die völlige Ablehnung der spiritistischen Hypothese. Animisten wie auch Spiritisten sollten endlich einsehen, daß keiner ihrer beiden Erklärungsmethoden die Alleinherrschaft gebührt; je nachdem wird man einmal dieser und das andere Mal jener Deutung den Vorzug größerer Wahrscheinlichkeit zugestehen müssen, in manchen Fällen beiden. Der hundertjährige animistisch-spiritistische Krieg sollte besser einer fruchtbaren Zusammenarbeit weichen. Die Spiritologie kann, wenn sie ernst genommen werden will, unmöglich auf den Animismus verzichten. Und das tut sie auch gar nicht, im Gegenteil: als eine Art advocatus diaboli zwingt er sie, bei der Prüfung paranormaler Vorgänge strengste Maßstäbe

*) Paracelsus drückte sich etwas derber aus als er sagte: „Wer nichts davon versteht, der schweige, oder er l e r n e etwas, oder er schere sich zum Teufel!"

anzulegen und keine Vorkehrung außer Acht zu lassen. — Alles in allem steht eines fest: die beliebte Redensart „von drüben ist noch niemand zurückgekommen“ und folglich könne man über das umstrittene Jenseits nichts aussagen, kann, von Unwissenden ausgesprochen, nur gleichermaßen Unwissende beeindrucken, denn sie beruht auf totaler Unkenntnis. Ein mit Vorbedacht zu urteilen gewohnter Mensch wird wohl auch kaum eine solche Leichtfertigkeit in der Ablehnung des an sich Möglichen an den Tag legen, selbst wenn er von der Jenseitsforschung noch nichts gehört hat. —

Der Grund, weshalb die vorliegende Arbeit verhältnismäßig oft auf die Werke Carl du Prels zurückgreift, ist nicht allein in deren unveränderter Aktualität zu suchen; ich möchte vielmehr dazu beitragen, das Andenken dieses bedeutenden Mannes in Ehren zu halten und seine heute fast unbekannten Arbeiten der drohenden Vergessenheit zu entreißen. Beim Studium seiner Schriften berührt besonders angenehm, daß er seine wissenschaftlichen Abhandlungen in eine klare, jedermann verständliche Sprache zu fassen verstand, so daß sie auch dem Nichtakademiker ohne Schwierigkeiten zugänglich sind.

Schlußendlich sei betont, daß irgendwelche Anleitungen zur Durchführung spiritistischer, hypnotischer oder magischer Praktiken von mir nicht erwartet werden können. Wir sollten es mit unserem Wissen um das persönliche, ichbewußte Fortleben nach dem Tode genug sein lassen. Es ist schon sehr viel gewonnen, wenn wir unsere Denk- und Handlungsweise diesem Wissen gemäß ausrichten. Wer dennoch Versuche unternimmt mit der Jenseitswelt in Verbindung zu gelangen oder meint, sich Kräfte dienstbar machen zu können, die er nicht kennt und demzufolge falsch einschätzt, tut dies auf eigene Gefahr und Verantwortung. Immerhin möge man sich gewarnt sein lassen; denn auch hier gilt das geflügelte Wort: „Der Wahn ist kurz, die Reu' ist lang.“

Genügt es etwa nicht, zu wissen — nicht zu glauben, sondern zu wissen — daß unsere lieben Hinübergegangenen nicht „tot“ sind, sondern leben? Und daß wir eines Tages wieder mit ihnen vereint sein werden? Wahre Liebe ist das verknüpfende Band, das durch den Tod nicht durchtrennt werden kann. Drum Schluß mit der Trauer um liebe Abgeschiedene ... wir sehen uns wieder! Außerdem wird im Zuge der stürmisch voranschreitenden Technik sowieso bald eine direkte Verständigung mit dem Jenseits möglich werden; das wurde von drüben schon mehrfach vorausgesagt. Dann wird die lähmende Unwissenheit in Bezug auf unsere wichtigsten Lebensfragen einer Aufklärung weichen, die diesen Namen verdient, und frohen Herzens werden wir sagen können: „Zu neuen Ufern lockt ein neuer Tag!“

Gegenwärtig bleibt es unsere vordringliche Aufgabe, weiterzuarbeiten und der parapsychophysikalischen Forschung zur allgemeinen Anerkennung zu verhelfen. Wir dürfen nicht zulassen, daß sie auf einen Punkt zurückgeschraubt wird, den sie um die Jahrhundertwende längst überschritten hatte. Der von Carl du Prel und anderen Pionieren errichtete Grundriß einer neuen, von klarem Wissen durchstrahlten Lebens- und Weltanschauung läßt eine grandiose Linienführung erkennen und es liegt jetzt an uns, das Begonnene fortzusetzen und seiner harmonischen Vollendung entgegenzuführen. Hier wäre eine Alma mater wahrhaft lebendiger Wissenschaft zu verwirklichen, die keinem Schüler Steine statt Brot bieten würde.

Viele von uns könnten zu diesem zukunftsfrohen Vorhaben einiges beitragen, zumal sich in der Öffentlichkeit ein zunehmendes Interesse an parapsychologischen Fragen und Problemen bemerkbar macht. Diese Aufmerksamkeit gilt es zu fördern.*) Neben vermehrten und guten Publikationen auf dem Büchermarkt — wie dies bereits von Seiten namhafter Verlage geschieht — wäre vor allem die Herausgabe einer allgemeinverständlich gehaltenen d. h. populärwissenschaftlichen Zeitschrift erforderlich, die alle Bereiche der Wissenschaft vom Übersinnlichen umfaßt und sich auch die Verwirklichung von Nahzielen (Errichtung von Forschungsinstituten und Lehrstühlen) zur Aufgabe macht. Irgendwie muß jedenfalls begonnen werden. Möglicherweise gibt dieses Buch Anregungen hierzu.

So könnten beispielsweise manche Leser geneigt sein, ihre eigenen übersinnlichen Erfahrungen und Erlebnisse zu berichten und hierdurch das vorhandene Studienmaterial zu vermehren. Andere vielleicht haben an sich selbst oder bei Menschen ihrer engeren Umgebung, mehr oder weniger stark ausgeprägte ASW-Fähigkeiten festgestellt und bräuchten fachgerechte Ratschläge; oder wären sogar zu gelegentlicher Zusammenarbeit mit vertrauenswürdigen Wissenschaftlern und Forschern bereit. All dies wäre von größtem Interesse, und ich bitte, dieserhalb Verbindung mit mir aufzunehmen. Das kann über den Verlag geschehen oder auch direkt an meine Anschrift: D-8341 Baumgarten. Diskretion ist in jedem Falle selbstverständlich.**)

---

*) . . . und zwar ohne den zahlreichen, unter der Flagge eines mystisch verbrämten Okkultismus sich tummelnden Wichtigtuern und Geschäftemachern Wasser auf die Mühlen ihrer Selbstsucht zu leiten; die parapsychische Forschung mit solchen Leuten in einem Atemzuge nennen zu wollen wäre genau so verfehlt, wie wenn man Kurpfuschertum und Ärzteschaft über einen Leisten biegen würde. Okkultistische Niederungen dürfen kein Hindernis sein, den Berg zu erklimmen, von dessen Gipfel eine herrliche Fernsicht winkt.

**) Zuschriften, die einer Antwort bedürfen, wolle Rückporto beigefügt werden.

Dagegen bitte ich von Versuchen, mich für irgendwelche Geistesrichtungen zu interessieren, freundlichst Abstand nehmen zu wollen; mir geht es nämlich nicht darum, wer in diesem oder jenem Punkt recht haben könnte, sondern allein um *das Wesentliche*, um die Lösung des Menschenrätsels, kurz: um unser Woher, Warum und Wohin.

Im übrigen dürften langwierige Diskussionen darüber, ob mit dem Tode „alles aus" sei oder was uns nach dem Sterben allenfalls erwarten könnte, überflüssig sein. Aus dem einfachen Grunde, weil es ja jeder einmal selbst erleben wird ... jeder, ohne Ausnahme. — Dann werden wir *mehr* wissen als jetzt ... Sie, ich, wir alle. Bis dahin stellt noch das Diesseits seine vielfältigen Anforderungen an uns; ihnen Rechnung zu tragen, gehört zu unseren Pflichten.

Eine Lebensregel besagt: Der kluge Mann baut vor. Das tun viele. Man baut seiner Familie ein Haus, legt Vorräte an, schließt Lebens- und Altersversicherungen ab. Alles Tun und Trachten läuft auf Vorsorge hinaus, auf Absicherung gegenüber der unberechenbaren Zukunft ... Wäre dann eine Art Jenseitsvorsorge nicht ebenso klug und überlegenswert? Mir dünkt, schaden könnte es keinesfalls, wenn man sich auch nach dieser Richtung hin absichert. Man kann ja nie wissen ... Zudem riskiert man weiter nichts als die Mühe eines ehrbaren Lebens. Und das müßte sich doch bewerkstelligen lassen. Es sei denn, man will unbedingt zu jenen gehören, die Johann Scheffler (Angelus Silesius) mit den Worten meinte:

> Du schlägst ums Zeitliche das Ew'ge in den Wind?
> Sieh ob die Welt einen *größeren* Narren find't!

... wenn es nun aber — so werden Skeptiker mit leichter Ironie fragen — trotz aller angeblichen Wahrscheinlichkeit *kein* Jenseits und kein Weiterleben geben sollte, was dann?

Nun, dann bleibt einem rückblickend immer noch die tröstliche Feststellung, daß man ein anständiger Mensch war — und das ist wohl auch etwas wert!

Begriffserklärungen

Zum leichteren Verständnis der in diesem Buch angeschnittenen Probleme mögen nachstehende Kurzerläuterungen verschiedener Begriffe dienen:

A S W = die Abkürzung für **Außer-Sinnliche-Wahrnehmung.**

Ätherleib = der feinstoffliche Körper, der zuweilen auch Astralleib, Nervengeist, Perisprit, Bioplasma- oder Energiekörper genannt wird. Aus Gründen der Vereinfachung wurde in diesem Buch die Bezeichnung „Fluidalleib" gewählt.

Agens = das Wirkende.

Agent = in der Parapsychologie bzw. Telepathie: der Sender einer „außersinnlichen" Mitteilung.

Animismus = Im Gegensatz zum Spiritismus versucht der Animismus, alle paranormalen Erscheinungen aus dem unbewußten menschlichen Seelenleben zu erklären. Dabei werden telepathische und hellseherische Möglichkeiten stark in Betracht gezogen.

animistisch = das Zurückführen okkulter Phänomene auf das Unbewußte des oder der Beteiligten.

Apport = ein durch geschlossene Räume transportierter Gegenstand. Apporte setzen den Vorgang einer Ent- und wieder Rück-Materialisierung (De- und Rematerialisation) voraus.

Archetypen = nach C. G. Jung urtümliche Bilder, die im Traum, im Dämmerzustand oder bei „geistiger Abwesenheit" auftauchen und als Produkte des „kollektiven Unbewußten" gelten sollen.

Atavismus = das Wiedervorkommen von Eigenschaften oder Anlagen verflossener Geschlechter, im Sinne eines Entwicklungsrückschlages zu verstehen.

Automatismus = eine animistischerseits vielfach gebrauchte Bezeichnung für willensunabhängige Handlungen durch „Steigrohre des Unterbewußtseins". Pendeln, automatisches Schreiben und Tischrücken gelten als „motorische", Kristallsehen, Muschelhören usw. als „sensorische" Automatismen.

Autoskopie = Selbstschau (des eigenen Körpers oder dessen Organismus) in hypnotischem oder somnambulem Zustand.

Aura = die bisher nur von Hellsehern beschriebene, jetzt mittels des Kirlian-Effekts sichtbar gemachte menschliche Ausstrahlung, die hauptsächlich vom Fluidalkörper ausgeht.

Bioplasmakörper oder bioplasmatischer Energie-Körper wird im Ostblock der Fluidalleib genannt.

Charisma = Begnadung, Gnadengabe („Geistesgaben" im Sinne paulinischer Theologie; „mediale Fähigkeiten" nach spiritistischer Auslegung, „ASW-Begabung" in der Parapsychologie).

Desinkarnierte = entkörperte (verstorbene) Menschen, sog. „Geister".

E S P = extra sensorial perceptions (außersinnliche Wahrnehmung).

Ekstase = Verzückungs- oder Entrückungszustand; Trance.

Ektoplasma = bei Materialisationen eine dem Medium entströmende plasmatische Substanz.

Emanation = Ausstrahlung, Ausströmung.

esoterisch = nur für Eingeweihte bestimmt bzw. nur diesen bekannt.

Exkarnation = Entkörperung (auch: Desinkarnation); Exkarnierte = Entkörperte (Verstorbene).

Exorzismus = beschwörende Austreibung niederer („böser") Geister bei Besessenen oder von Spuk befallenen Örtlichkeiten.

Exteriorisation = die Nachaußenversetzung des Fluidalkörpers, das „Außer-sich-sein" in buchstäblichem Sinne.

Fluidalmensch = ein in diesem Buche benutzter Ausdruck für Menschen ohne grobstofflich-physischen Körper (Jenseitige).

Geheimwissenschaften = ebenfalls eine Ersatzbenennung für Okkultismus resp. Parapsychologie. Du Prel bemerkt hierzu: „Die sog. Geheimwissenschaften verdienen ihren Namen auch insofern, als sie für die offizielle Wissenschaft noch immer Geheimnisse sind und von ihr nicht nur nicht anerkannt, sondern nicht einmal geprüft werden." (Vorrede zu seiner „Experimentalpsychologie und Experimentalmetaphysik", Leipzig 1891).

Halluzination = Sinnestäuschung.

Hypnotismus = ein Schlafzustand, in welchem Empfänglichkeit für Suggestionen eintritt.

Illusion = in der Parapsychologie: ein falsch gedeuteter Sinneseindruck, eine relative Täuschung.

Inkarnation = Fleischwerdung, ins Fleisch kommen.

Intuition = auf Eingebung beruhendes Wissen; intuitiv: gefühlsmäßig erfassend.

Karma = Schicksal; Karmagesetz: das Gesetz von Ursache und Wirkung, Schuld und Sühne.

Katalepsie = Glieder- und Muskelstarre.

Kirlian-Effekt = das nach seinen Erfindern, dem russischen Forscher-Ehepaar Semjon und Walentina Kirlian benannte Verfahren zur Sichtbarmachung des Fluidalkörpers.

Kontrollgeist = der leitende und für Ordnung sorgende Jenseitige in spiritistischen Zirkeln.

Kreuzkorrespondenzen = über verschiedene Medien (ggfs. an voneinander weit entfernten Orten) empfangene Botschaften, die zusammengesetzt eine geschlossene Mitteilung ergeben.

Levitation = ein ohne sichtbare Ursache bewirktes Schweben eines Gegenstandes oder einer Person.

magnetischer Schlaf = ein durch magnetische Striche hervorgerufener Schlafzustand.

Materialisation = das Sichtbarwerden von Gestalten und Formen bei physikalischen Medien oder beim Spukgeschehen.

Meditation = betrachtende Versenkung.

Medium = Vermittler. Mediumschaft muß nicht unbedingt mit Bewußtseinsminderung verbunden sein. Mittlertum für Jenseitiges reicht — nach Dr. H. Fritsche — vom Trance-Medium bis zum Apostel Paulus, vom Yogi im Samadhi-Zustand bis zum wachbewußten Hellseher.

Mentalsuggestion = gedanklich ausgeübte Beeinflussung.

Metaphysik = die Lehre von den „letzten Dingen".

Monoideismen = Zwangsgedanken.

Od = die von Baron Karl von Reichenbach eingeführte Bezeichnung für die allesdurchdringende, überall vorhandene, ständig fließende und sich erneuernde feinstoffliche Materie, die u. a. als Trägerin der Lebenskraft auftritt und zuweilen mit ihr identifiziert wird. Bei jeder neuerlichen Entdeckung bekommt das Reichenbach'sche Od einen neuen Namen: N-Strahlen, Helioda, Prana, psychotronische oder vitale Energie u. a. m.

Okkultismus = im 19. Jahrhundert die Sammelbezeichnung für alle übersinnlichen Erscheinungen, deren Erforschung heute der Parapsychologie obliegt (okkult = verborgen).

Parapsychologie (früher: Okkultismus) = der nicht ganz zutreffende Sammelbegriff für die Wissenschaft von den Erscheinungen rätselhaften Ursprungs (im Ostblock auch PSI-Forschung genannt), die herkömmlich nicht Gegenstand der psychologischen Forschung sind. Besser ist der von Charles Richet (1913 Nobelpreisträger der Medizin) geprägte Ausdruck:

Parapsychophysik, weil das Gebiet außergewöhnlicher Phänomene auch solche physikalischer Natur umfaßt (auch die Bezeichnung „Phänomenologie" wurde schon vor der Jahrhundertwende benutzt).

Perzeption = Wahrnehmung.

Perzipient = in der Parapsychologie bzw. Telepathie: der Empfänger einer außersinnlich übermittelten Botschaft.

Phantom = zuweilen verwendeter Ausdruck für materialisierte Erscheinungen.

Präexistenz = vorgeburtliches Dasein.

Präkognition = hellseherische Vorschau.

PSI-Forschung: PSI als griechischer Buchstabe dient als zusammenfassende Bezeichnung aller unbekannten Faktoren in der Parapsychologie (besonders im Ostblock).

Psychokinese (früher Telekinese = Fernbewegung) ist das Bewegen von Gegenständen ohne Berührung.

Psychometrie = „seelische Messung", d. h. die Fähigkeit, anhand von Gegenständen deren Geschichte abzufühlen (angeblich eine Kombination von Telepathie und Hellsehen).

psychosomatisch = die leib-seelischen Wechselwirkungen betreffend.

Radiästhesie = Strahlenfühligkeit; Ruten- und Pendelkunde.

Reinkarnation = Wiedereinverleibung (fälschlich: Seelenwanderung).

Reperkussion = Übertragung von Empfindungen oder Verletzungen des Fluidalkörpers auf den physischen Leib.

Silberschnur wurde von Hellsehern das fluidale Band genannt, welches den Fluidalkörper mit dem physischen Leib verbindet. Es ist von unvorstellbarer Dehnbarkeit. Beim Zerreißen desselben tritt das ein, was wir Tod nennen.

Somnambulismus = Nacht- oder Schlafwandeln; Ausführung von Handlungen mit geschlossenen Augen, ohne nach dem Erwachen eine Erinnerung daran zu haben. Ein tranceähnlicher Zustand. Nach du Prel ragen wir beim Somnambulismus in die jenseitige Welt hinein, während es beim Spiritismus umgekehrt sei. Hypnose, Trance und Somnambulismus scheinen lediglich verschiedene Grade des Tiefschlafes zu sein. Ein Somnambuler vermag z. B. „mit schlafwandlerischer Sicherheit" auf Dachfirsten entlangzulaufen; das ist selbst bei stärkster hypnotischer Suggestion nicht erreichbar.

Spiritismus = der Glaube an Verständigungsmöglichkeiten mit der jenseitigen Welt. Unter Sp. wird landsläufig das „Zitieren von Geistern" verstanden (Vulgär-Spiritismus). Der Spiritist anerkennt ein individuelles Fortleben des Menschen nach dem Tode.

Spiritologie = die Wissenschaft vom Geiste.

Spiritualismus = nach Jesianu „die Summe der vom Spiritismus erbrachten Beweise und der daraus abgeleiteten Schlußfolgerungen: die Lehre von der Herkunft und Bestimmung des Menschen, von der Gesetzmäßigkeit aller Vorgänge und Erscheinungen in der Natur, und von der Verantwortlichkeit des Menschen für seine Handlungen. Der Spiritualismus deckt sich in seinen Hauptpunkten vollkommen mit der christlichen Lehre".

Suggestion = seelische Beeinflussung auf unbewußtem Wege.

Telepathie = die Übertragung von Gedanken, Vorstellungen, Empfindungen, Wünschen u. dgl., ohne Gebrauch der uns bekannten fünf Sinne.

Transfiguration = die Fähigkeit mancher Medien, Aussehen und Charakter eines Jenseitigen vorübergehend anzunehmen bzw. darzustellen.

Transzendentales Subjekt = nach du Prel: das mit dem Fluidalkörper bekleidete, den irdischen Tod überdauernde Ich (das Höhere Ich oder Über-Selbst mancher esoterischen Richtungen).

Traum: gilt als „psychologische Spaltung des Ichbewußtseins".

Unterbewußtsein = nach Sulzer „das astrale, vom Gehirn unabhängige Bewußtsein". — Ein Unterbewußtsein als selbständiges „Zweites Ich" kann es nicht geben; der Mensch wäre dann für seine Handlungen nicht mehr verantwortlich zu machen.

Verbalsuggestion = sprachlich ausgeübte Suggestion.

Vatermedien = Medien, die glauben, direkt von Gott oder Christus Botschaften zu empfangen.

Weltseele = unklarer Begriff, wonach sich der menschliche Geist — manchen Lehren zufolge — nach erreichter Vollkommenheit im „Weltäther" auflösen soll. Jedes Aufgeben der Individualität kommt jedoch einer Vernichtung des Ichs gleich.

Quellenangaben

1) V. Marin in „Moskowskij Komsomolec", 7. 4. 1968
2) A. Messer, „Wissenschaftlicher Okkultismus", Leipzig 1927, S. 68
3) W. Horkel, „Jenseits des Todes", Stuttgart 1970, S. 64
4) C. Adlmaier, „Blick in die Zukunft", Traunstein 1961
5) G. Holmsten, „Okkultismus", Berlin 1950, S. 91
6) Deutsch in der „Zeitschrift für Parapsychologie" Nr. 2/1926, S. 82 ff.
7) Crowe, „Nachtseite der Natur", Bd. I, S. 127
8) Ségur, „Galerie morale et politique", zitiert bei du Prel, „Die monistische Seelenlehre".
9) Fr. Funcke, „Christentum als Weltanschauung und Lebenskunst", Lorch 1929
10) C. L. Schleich in „Wahres Leben" Nr. 19/Juli 1908, S. 148
11) Prof. H. Oberth hat in seinem Werk „Stoff und Leben" (S. 100—104) den Vorgang des Sterbens beschrieben und in prägnanter Form zu erklären versucht. Dieses kleine gehaltvolle Buch erschien 1959 im Otto Reichl-Verlag, Remagen.
12) M. Ryzl, „Hellsehen in Hypnose", Genf 1971, und L. Chertok, „Hypnose — Theorie, Praxis und Technik", Genf 1971, R. F. Keller-Verlag.
13) Gg. Sulzer, „Truggeister", Pfullingen 1924, S. 14
14) du Prel, „Die monistische Seelenlehre"
15) Gurney, Myers, Podmore: „Phantasms of the Living".
16) H. A. Dallas, „Leaves from a psychic note-book", London 1927, S. 90 ff.
17) S. J. Muldoon / H. Carrington, „The projection of the astral body", London 1929, S. 15
18) du Prel, „Nachgelassene Schriften", Leipzig 1911, S. 270
19) du Prel, „Der Spiritismus", Reclam Nr. 3116, S. 42
20) H. Durville, „Der Fluidalkörper des lebenden Menschen", Leipzig 1912, S. 88 ff.
21) „Der Dienst der Engel", deutsch von E. Umbeck, erschien 1972 in 2. Auflage beim Verlag der Gesellschaft für Geistforschung, Zürich.
22) C. L. Schleich, „Vom Schaltwerk der Gedanken", 33. Aufl., Berlin 1922, S. 285/86
23) „Er war da", schreibt der Berichterstatter, der Parapsychologe Georg Neidhart, in „Die andere Welt" Jahrg. 1963, S. 507
24) J. Björkhem, „Die verborgene Kraft", Olten 1954 (erwähnt in H. Herlin, „Die Welt des Übersinnlichen", München 1965).
25) M. Schrimpf, „Eppur si muove. Eine Sammlung neuester authentischer Beweise des Weiterlebens nach dem Tode", Leipzig 1912
26) K. Blöchlinger, „Merkwürdige übernatürliche Ereignisse aus dem Leben berühmter Personen", Leipzig 1901
27) W. Horkel, „Botschaft von Drüben", Stuttgart, 4. Aufl., S. 100
28) M. Seiling, „Goethe als Okkultist", Berlin 1919, S. 21
29) F. Neuhold, „Geistiges Licht in Siebenbürgen", München 1967, S. 23
30) Zitiert nach Prof. Aug. Messer[2]), S. 46/47
31) Ostrander-Schroeder, „PSI", München 1971, S. 123.
32) wie vor, S. 267/68
33) „Neue Wissenschaft" Nr. 4/1950, S. 29 ff.
34) Zitiert nach „PSI", S. 108.
35) wie vor, S. 59

36) H. Oberth, „Katechismus der Uraniden", Wiesbaden 1966, S. 146
37) 6. Auflage, Berlin 1969. — Amerikanische Ausgabe: „Spirit, Power and Matter", Cleveland/Ohio, 1948
38) H. Malik, „Baumeister seiner Welt", 2. Aufl. 1949, S. 429
39) Psychic experiences, London 1931, S. 228
40) F. Baumgartner in „Du, ich und die anderen", 1970, S. 65
41) H. Herlin, „Die Welt des Übersinnlichen", München 1965, S. 216
42) du Prel, „Der Tod, das Jenseits, das Leben im Jenseits", 5. Aufl. 1922, S. 95
43) Adelma Vay, „Aus meinem Leben", Bd. 1, S. 124
44) „Psychische Studien" Jg. 1874, S. 93
45) G. Cummins, „The Fate of Colonel Fawcett", London 1955
46) P. Andreas / G. Adams, „Was niemand glauben will", Ullstein, 1967
47) Jung-Stilling, „Theorie der Geisterkunde", § 118
48) E. Stead, „Die blaue Insel", Garmisch-Partenkirchen 1961
49) C. v. Lehsten, „Ich sterbe und lebe doch!", Düsseldorf 1892, S. 68 u. 73
50) H. Fritsche in seinem Kommentar zu du Prel „Das Rätsel des Menschen", Wiesbaden 1950, S. 161
51) 3. Aufl., München o. J., S. 191.
52) Hamburg 1957, S. 304 ff.
53) J. Greber, „Der Verkehr mit der Geisterwelt, seine Gesetze und sein Zweck", S. 238
54) H. Nielsson, „Eigene Erlebnisse auf dem okkulten Gebiet", Leipzig 1926, S. 25 ff.
55) B. Cyriax, „Wie ich ein Spiritualist geworden bin", o. J., S. 130 ff.
56) „Mensch und Schicksal", Nr. 1/1958, S. 50 ff.
57) Pakraduny, „Die Welt der geheimen Mächte", Innsbruck 1952, S. 386
58) „Die christliche Welt", Nr. 3/1928, S. 127
59) „PSI", S. 148. Das Gyroskop dient normalerweise zur Demonstration und zum experimentellen Studium der Kreiselgesetze.
60) du Prel, „Die Entdeckung der Seele durch die Geheimwissenschaften", Bd. 1, S. 231
61) Zitiert aus 2), S. 77
62) H. Ohlhaver, „Die Toten leben", Hamburg 1916, Bd. 1, S. 117 ff.
63) E. A. Brackett, „Materialisierte Erscheinungen", München 1889, S. 14
64) R. Noeggerath, „Das Fortleben", Leipzig 1904, S. 128
65) Th. Erismann, „Allgemeine Psychologie", Berlin 1965 (entnommen: O. Kuhn, „Die Widerlegung des Materialismus", Altötting 1970, S. 120)
66) Ritter v. Vesme, „Geschichte des Spiritismus", Bd. 3, S. 93
67) Aus dem Eichendorff-Kalender 1918
68) Berichtet von Prof. Ehrmann, Straßburg, in „Die Seherin von Prevorst", Reclam o. J.
69) G. Hildmann, „Jenseits des Todes", Stuttgart 1970, S. 66
70) 3. Aufl., Gröbenzell 1962. Früherer Titel: „Arme Seelen erscheinen in der Hölle von Schlesien 1945/46"
71) wie 42), S. 97/98
72) v. Schrenck-Notzing, „Experimente der Fernbewegung", Stuttgart 1924, S. 14 ff.
73) Roesermueller zitiert aus Mattiesen, „Das persönliche Überleben des Todes", Berlin 1939
74) wie 54), S. 27 u. 34
75) „Die andere Welt", Nr. 9/1964, S. 825
76) Aus „Vom Ewigen im Heute", Göttingen 1934, S. 89
77) wie 36), S. 39

[78] Zitate aus dem „Buch Emanuel" mit frdl. Genehmigung des Drei-Eichen-Verlags Herm. Kissener, München-60

[79] 1954, Lebensweiser-Verlag; zitiert mit frdl. Erlaubnis des Heinrich Schwab-Verlages, Schopfheim.

[80] Das Werk erlebte in England bis in die zwanziger Jahre hinein mehrere Auflagen. Ob es ins Deutsche übersetzt wurde, entzieht sich meiner Kenntnis; wenn nicht, so sollte dies alsbald erfolgen.

[81] in „Neue Wissenschaft" Nr. 11-12/1956, S. 367

[82] 1955 beim Karl F. Haug-Verlag, jetzt Heidelberg

[83] F. Feerhow, „N-Strahlen und Od. Ein Beitrag zum Problem der Radioaktivität des Menschen". Leipzig 1914

[84] Europa-Verlag Zürich, 1955. Das Buch ist leider vergriffen und scheint von der Fachwelt unbeachtet geblieben zu sein, obwohl der Verfasser als Kapazität galt.

[85] A. R. Wallace, „Die wissenschaftliche Ansicht des Übernatürlichen", S. 21

[86] wie [36]), S. 94/95

[87] A. Vay, „Geist, Kraft, Stoff", 26. Kap. (Berlin 1969)

[88] J. Stearn, „Der schlafende Prophet", Genf 1969

[89] wie [42]), S. 17

[90] H. Holzer, „Fenster zur Vergangenheit; Aufzeichnungen aufgrund außersinnlicher Wahrnehmung", Genf 1970

[91] J. Greber, „Das Gesetz der Odkraft", S. 79/80

[92] Aus der Zeitschrift „Das Haus" Nr. 10/1971

[93] E. Hartmann, „Krankheit als Standortproblem", 2. Aufl. 1967

[94] Aus der Fachzeitschrift „Wetter, Boden, Mensch" Nr. 13/1971 (Organ des Forschungskreises für Geobiologie e. V., Eberbach/Neckar).

[95] Aus „Bunte Illustrierte" Nr. 44/1970

[96] Vgl. Aufsatz „Erfahrungsheilkunde auf dem Hungerwege" von Dr. med. H. Sachsse in Nr. 2/1972 der Zeitschrift „Erfahrungsheilkunde" (Karl F. Haug-Verlag, Heidelberg).

[97] Vgl. das wissenschaftl. Werk von Ing. L. Straniak „Die achte Großkraft der Natur" (Diessen 1936)

[98] Aus dem 20. Kap. des Buches „Die Sphären zwischen Erde und Sonne" Berlin 1890)

[99] Aus „Natur und Kultur" Nr. 1/1951, S. 25. Der Herausgeber, Dr. Wetzel, fügt ergänzend hinzu, er erinnere sich eines Falles von verbrecherischer Hypnose, aus der ein Mädchen nicht mehr erwachte. Bei der Sektion fand sich Fischgift (!) im Gehirn dieses Opfers eines rachsüchtigen Hypnotiseurs.

[100] du Prel, „Experimentalpsychologie und Experimentalmetaphysik", Leipzig 1891, S. 239—41

[101] E. Igenbergs, "Transzendenz und menschliche Energie", München 1971, S. 22

[102] M. Ryzl, „Hellsehen in Hypnose", Genf 1971, Fotos auf S. 193

[103] O. Kuhn, „Die Widerlegung des Materialismus", Altötting 1970, S. 129

[104] W. Messing, „Über mich selbst" in Nr. 7/1965 der Zeitschrift „Wissenschaft und Religion" (erwähnt in „PSI"). Ob Messings Behauptungen der Wahrheit entsprechen, wage ich allerdings zu bezweifeln; manche Leute verstehen es ausgezeichnet, sich interessant zu machen.

[105] Goethe, „Faust" (Mephisto läßt vorwitzige Studenten in Hypnose imaginären „Wein" trinken und „köstliche Trauben" essen; in Wirklichkeit haben sich die Herren gegenseitig an den Nasen gefaßt).

[106] Diese und die nachfolgenden Beispiele sind du Potets „Journal", Band XI, entnommen.

[107]) Eine gute Methode dieser Art empfiehlt Dr. med. P. J. Stankovic in seinem überaus lesenswerten Buch „Medicina Divina": während eines zweiminütigen Schweigens jeweils genau um 12 Uhr mittags, verbinde man rhythmisches Atmen mit gedanklicher Konzentration auf den Begriff FRIEDEN als Wort und Vorstellung (Verlag H. Kissener, München 1972). Es wäre sehr wünschenswert, wenn alle Leser seines und meines Buches diese einfache mühelose Methode praktisch anwenden würden!

[108]) Aus du Prels „Programm der Psychologischen Gesellschaften („Nachgelassene Schriften", S. 234).

[109]) J. Stearn, „Der schlafende Prophet", Genf 1969, und M. E. Carter, „Prophezeiungen in Trance", Genf 1971.

[110]) Zitiert nach C. Brunner aus „Neue Wissenschaft" Nr. 3/1951, S. 106

[111]) wie [43]), S. 17.

[112]) wie [62]), S. 21.

[113]) wie [53]), S. 40—44.

[114]) Zitiert nach „Rebus" 1883, S. 228 ff., von I. Jesianu in „Wird der Mensch nach dem Tode leben?", Jena 1900, S. 160

[115]) Aus E. Nielsen, „Das große Geheimnis", München 1923, S. 49

[116]) wie [55]), S. 62 und 93

[117]) Mit frdl. Genehmigung des Scherz-Verlages, Bern-München, dem Buch „PSI" von Ostrander-Schroeder entnommen (1. Aufl. 1971, S. 223 ff.)

[118]) in „Neue Wissenschaft" Nr. 10/1951-52, S. 21 ff.

[119]) Aus „Geister warnen vor Geistern" von W. O. Roesermueller, Selbstverlag 1960

[120]) C. Wickland, „Dreißig Jahre unter den Toten", 2. Aufl., Remagen 1957

[121]) M. Ryzl, „Parapsychologie", Genf 1970, und „PSI", München 1971, S. 277 ff.

[122]) Magazin „DER SPIEGEL" Nr. 45/1971, S. 182

[123]) „Psychische Studien" Jg. 1917, S. 127 (Bamlers eigener Bericht).

[124]) wie [119]), S. 36

[125]) Übersetzt von Dr. P. Ringger in „Neue Wissenschaft" Nr. 1/1952

[126]) W. O. Roesermueller, „Unsere ‚Toten' leben; eigene Erlebnisse", Selbstverlag 1964

[127]) I. Kant, „Träume eines Geistersehers", Königsberg 1766; du Prel, „Immanuel Kants Vorlesungen über Psychologie", Pforzheim 1964 (mit der Einleitung: „Kants mystische Weltanschauung").

[128]) Aus Sulzers Erfahrungsbericht „Licht und Schatten der spiritistischen Praxis, nebst Angaben von Mitteln zur Verhütung und Wiedergutmachung von schädlichen Folgen", Leipzig 1913, S. 10 ff.

[129]) R. Friese, „Stimmen aus dem Reich der Geister", Leipzig 1880, S. 84

[130]) B. Forsboom, „Das Buch Emanuel", München o. J., S. 216 ff.

[131]) „Reflexionen", Budapest 1874, Band I, S. 161

[132]) Leipzig 1913 (s. [128]). Dieses Buch müßte aus psychohygienischen Gründen neu aufgelegt und jedem in die Hand gegeben werden, der Jenseitskontakte praktiziert oder beabsichtigt.

[133]) Wenn nicht anders vermerkt, stammen die Zitate dieses Kapitels aus den Landmannschen Jenseitsprotokollen, ausgewertet von Dr. Rudolf Schwarz und von ihm in dem Buch „Wie die Toten leben" 1954 veröffentlicht (Heinrich Schwab-Verlag, Schopfheim).

[134]) Reclam Leipzig, o. J., S. 409.

[135]) wie [130]), S. 95.

[136]) du Prel, „Die Psyche und das Ewige", Pforzheim 1971, S. 517/18

[137]) Berlin 1890

[138]) Entnommen dem Kapitel „Die neun Seelen des Menschen" in „Aus mei-

nem Leben" von Adelma Vay, Bd. 2, S. 742 ff.

139) wie 129), S. 388/89

140) wie 121), S. 233/34

141) Vgl. R. Schwarz, „Der geheime Weg zur Unsterblichkeit", Schopfheim 1957, S. 32 ff.

142) wie 42), S. 36/37

143) Vgl. H. Hieber, „Bücher haben ihre Schicksale", Kap. „Die Bibel"; Stuttgart 1959

144) wie 42), S. 52. — Das Gesetz von der Erhaltung der Kraft nennt man heute den „Satz von der Erhaltung der Energie".

145) wie 78), S. 187

146) in „Isis und Osiris", Ricard V, S. 319

147) Deutsch 1914 bei Max Altmann in Leipzig erschienen.

148) wie 138), S. 704 und 518

149) Entnommen den Kapiteln über die Wiedergeburtslehre im „Buch Emanuel", S. 109 ff.

150) Aus dem 2. Band der „Reflexionen aus der Geisterwelt", Budapest 1875, S. 126

151) wie 38), S. 460.

152) Leipzig 1874, S. 361 ff.

153) Entnommen der kleinen, aber inhaltsreichen Schrift von W. O. Roesermueller „Überlebt ein fortgeschritten individualisiertes Tier seinen Tod?", S. 22/23 (erschienen 1963 im Selbstverlag des Verfassers).

154) „Bild und Funk" Nr. 28/1972

155) Zeitschrift „Sphinx" Jahrg. VIII, S. 136 ff.

156) P. Andreas-G. Adams, „Was niemand glauben will. Abenteuer im Reich der Parapsychologie", Ullstein-Verlag, 2. Aufl. 1967. — Zitiert mit frdl. Genehmigung des Verlages.

Literaturhinweise

Es wäre wenig sinnvoll, eine lange Liste von Büchern anzuführen, die längst vergriffen sind. Derzeit greifbar sind folgende Titel:

Carl du Prel: „Die Psyche und das Ewige" (R. Fischer, Pforzheim 1971). Das Buch enthält du Prels grundlegendes Werk „Die monistische Seelenlehre" und seine aufschlußreiche „Mystik der alten Griechen".

Ostrander/Schroeder: „PSI, die Geheimformel des Ostblocks" (Scherz 1971)

Barbanell, „Wenn deine Tiere sterben" (Schroeder)

J. Nagel, „Joachims Wiederkehr" (Schroeder)

E. Stead, „Die blaue Insel" (Schroeder)

H. Oberth: „Stoff und Leben" (Reichl 1959) und „Katechismus der Uraniden" (Ventla 1966)

Landmann/Schwarz: „Wie die Toten leben", „Mehr Licht aus dem Jenseits" und „Der geheime Weg zur Unsterblichkeit" (Schwab, Schopfheim 1954-57)

B. Forsboom: „Das Buch Emanuel" (Kissener, München)

Für den Forscher ist die Kenntnis folgender Titel unerläßlich, die allerdings — mit Ausnahme von Mattiesens dreibändigem Standardwerk — nur antiquarisch erhältlich bzw. in Bibliotheken vorhanden sein dürften:

E. Mattiesen: „Das persönliche Überleben des Todes" (3 Bde.; de Gruyter 1936)

K. v. Reichenbach: „Der sensitive Mensch und sein Verhalten zum Ode" (2 Bde.) sowie „Die Dynamide" (2 Bde.)

Carl du Prel: „Studien auf dem Gebiete der Geheimwissenschaften" (2 Bde.)
„Die Philosophie der Mystik"
„Magie als Naturwissenschaft" (2 Bde.)
„Entdeckung der Seele durch die Geheimwissenschaften" (2 Bde.)
„Das Rätsel des Menschen", „Der Spiritismus" (Reclam) und „Der Tod, das Jenseits, das Leben im Jenseits"

A. N. Aksákow: „Animismus und Spiritismus" (2 Bde.; Leipzig 1894)

Eug. Matthias: „Die Strahlen des Menschen künden sein Wesen" (Zürich 1955)

L. Straniak: „Die achte Großkraft der Natur" (Diessen 1936)

de Rochas: „Die Ausscheidung des Empfindungsvermögens" (Leipzig 1909) und „Die Grenzen der Wissenschaft" (Leipzig 1911)

H. Durville: „Der Fluidalkörper des lebenden Menschen" (Leipzig 1912)

v. Güldenstubbe: „Positive Pneumatologie" (Stuttgart 1870)

K. O. SCHMIDT

NEUE LEBENSSCHULE

12. Auflage 63.—65. Tausend

Wie wichtig neben der beruflichen Ausbildung und Fortbildung die Arbeit an der eigenen inneren Entwicklung ist, erfährt praktisch jeder jeden Tag am eigenen Leibe, im Umgang mit Kollegen am Arbeitsplatz und bei der Bewältigung häuslicher Probleme. Selbstbeherrschung, Menschenkenntnis und geistige Überlegenheit sind im Leben genauso unerläßlich wie eine solide Berufsausbildung. — Sie erreichen damit nicht nur im Lebenskampf mehr, sondern gewinnen eine innere Sicherheit und Zufriedenheit, die auch schwere Rückschläge überwinden hilft.

Mit der NEUEN LEBENSSCHULE bekommen Sie ein Werk in die Hand, das in seinem inneren Aufbau und seiner Gliederung den heutigen Bedürfnissen nach Weiterbildung aus eigener Kraft entspricht. — In 52 Wochenlektionen wird der »Lebens-Schüler« in allen praktischen Lebensfragen unterwiesen, deren Beherrschung und Meisterung ihm eine dauerhafte Grundlage verschaffen, auf der die materielle und geistige Vervollkommnung aufgebaut werden kann. —

Die einzige Voraussetzung, die der »Lebensschüler« mitbringen muß, ist die, daß er den ernsthaften Willen hat, an sich zu arbeiten.

Das Werk eignet sich für ernsthaft Strebende aller Altersgruppen ebenso wie für die Angehörigen aller Berufsgruppen. Ganz besonders zu empfehlen ist es jedoch all denjenigen, die tagtäglich im engsten Kontakt mit einer Vielzahl von Menschen stehen und diesen Vorbild, Helfer und Berater sein wollen. — Das eigene gute Beispiel, die eigene erfolgreiche Leistung, die eigene charakterliche Festigkeit und geistige Schulung werden mehr als Worte überzeugen und Sie im Leben an den Platz stellen, der Ihren menschlichen Qualitäten, Ihrem Fleiß und Ihrem Können entspricht. — Die Grundlagen dazu können Sie mit der NEUEN LEBENSSCHULE erarbeiten.

Wie umfangreich das Arbeitsprogramm ist, wird aus den am Schluß des ersten Bandes stehenden Inhaltsangaben ersichtlich.

Band I 1.—26. Woche, 412 S., Leinen DM 28,—
Band II 27.—52. Woche, 384 S., Leinen DM 32,—
Ergänzungsband 384 S., Leinen DM 32,50

broschierte Ausgabe, je Band DM 16,—

Alle Bände Format 14,2 x 21,2 cm, Fadenheftung.

DER LEUCHTER
OTTO REICHL VERLAG D-5401 St. GOAR

Gesamtverzeichnis des Verlages auf Anfrage

GOLDMANN VERLAG

Grenzwissenschaften Esoterik

11762

11770

11766

11708

11758

11768

11760

11765

11754

GOLDMANN VERLAG

Esoterik

11751

11752

11753

11754

11755

11756

11717

11748

11740